企业内部控制培训教材

贾　康◉主　审

企业内部控制操作实务与案例分析

王保平　等　编著

控制精要·控制流程·控制关键·案例评析

中国财政经济出版社

图书在版编目（CIP）数据

企业内部控制操作实务与案例分析/王保平等编著. —北京：中国财政经济出版社，2010.7

ISBN 978-7-5095-2283-7

Ⅰ.①企… Ⅱ.①王… Ⅲ.①企业管理-案例-分析-中国 Ⅳ.①F279.23

中国版本图书馆CIP数据核字（2010）第106161号

责任编辑：贾延平　耿伟　胡懿　　责任校对：王　英
封面设计：卓越鸿鹄　　版式设计：董生萍

中国财政经济出版社出版

URL：http://www.cfeph.cn

E-mail：cfeph@cfeph.cn

社址：北京市海淀区阜成路甲28号　邮政编码：100142

发行处电话：88190406　财经书店电话：64033436

北京中兴印刷有限公司印刷　各地新华书店经销

787×1092毫米　16开　25.75印张　508 000字

2010年7月第1版　2013年4月北京第4次印刷

定价：48.00元

ISBN 978-7-5095-2283-7/F·1826

（图书出现印装问题，本社负责调换）

质量投诉电话：010-88190744

反盗版举报热线：010-88190492、010-88190446

编委会名单

编写组主要成员

王保平　博士后、教授级高级会计师
史习民　博士、教授、研究生导师
孙　娜　博士、副教授、研究生导师
朱莲美　博士、教授、研究生导师

前 言

随着市场经济的进一步发展和企业经营环境的持续变化，单纯依赖传统的内部会计控制已难防范企业所面对的各种内外风险。立足全面风险管理视角，实施全方位、全流程、全员式的企业内部控制，已经成为企业共同面临的时代使命。为此，财政部、证监会、审计署、银监会、保监会在 2008 年 6 月 28 日联合发布了《企业内部控制基本规范》，2010 年 4 月 26 日，五部委又联合发布相应的一整套指引，包括 18 项《企业内部控制应用指引》、《企业内部控制评价指引》和《企业内部控制审计指引》。基本规范与配套指引的有机融合，已经成功打造了一整套植根于现代市场经济环境的企业内部控制规范体系，也揭开了中国企业内部控制体系的全新时代。

加强对《企业内部控制基本规范》、18 个应用指引、鉴证指引、评价指引（以下简称为内部控制基本规范与配套指引）的学习和理解，在找寻企业内部控制普遍规律的同时，结合企业各自实际情况，进一步建立、健全和改进企业内部控制制度，是所有企业管理层的责任和义务。正是出于这样的想法，我们组织编写了这本《企业内部控制操作实务与案例分析》，主要是给企业界从事管理和控制的朋友提供一个学习、理解、应用整套规范与指引的专业读本。

本书在逻辑结构上，根据基本规范、应用指引、评价审计的不同情况，采取差异化解读与传授策略，对基本规范进行阐释，重在讲透管理道理、控制原理与作用，并通过相关知识的介绍，带领读者进入内部控制的全新境界。对于各界极为关注的 18 个应用指引，我们按照理论学习与控制实务相结合的思路，先解析其主要控制内容和基本流程、原理，再归纳分析其控制关键所在，最后选择一个控制案例进行相应的剖析与透视。我们广泛搜集了来自企业现实、商业杂志、网络媒体和作者亲自在管理与控制咨询一线获取的鲜活案例，一事一析，一案一评，以流程引导全面控制，以关键驱动整体控制。

在本书的编写过程中，我们力求总结与借鉴多种内部控制专业读本经验，吸收以往行之有效的内部控制解释成果，避免了条文抽象、笼统、教条，力求严谨、明确、具体可行，更好地服务于实务界的读者朋友。

春江水暖鸭先知。对新指引的解读源于多年以来的实战或理论。本书是集体智慧的结晶。全书总体框架设计、主导思想撰写以及最终审定，由贯康研究员、王君彩教授和于长春教授负责。各章节编写分工是：王保平博士负责第一章到第七章（即基本规范篇、应用指引篇之控制环境部分）；史习民博士负责第八到第十章；孙娜博士负责第十一章到第十六章、第二十一章和第二十二章；朱莲美博士负责第十七章到第十九章；柳玉景硕士负责第二十章。此外，整个书稿文字梳理与联络工作由王保平承担，全书流程图绘制由柳玉景协助完成。

本书荟萃了众多作者长期以来对内部控制学习与实战方面的真知灼见，不仅能让读者了解站在企业管理层的平台上如何应对内部控制领域的方方面面，更能让管理与控制（包括财务与会计）领域的同仁对自己的职业发展有一个新的认识。在本书的编写过程中，我们反复研读了内部控制规范与指引的条款，参阅了大量他人的研究成果，这些都使得我们获益匪浅。在此，我们向引用文献的作者以及其他曾给予我们相关知识营养的学者致以谢忱。

本书虽然追求完善，然而因时间仓促，尤其是作者水平所限，自愧未能尽善尽美，请各位专家学者和实务界同仁多加指正。如有相关意见，请与我们联系：cnwangbp@ yahoo. com. cn。

本书编写委员会

2010 年 5 月 20 日

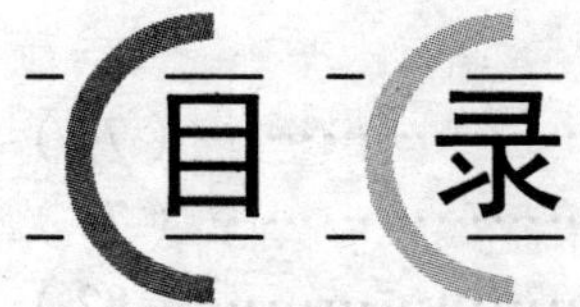

上篇　基本规范

中篇　应用指引

下篇 评价审计

上篇

基 本 规 范

第一章

导　读

第一节　企业内部控制理论的发展

一、主流内部控制理论的演进

内部控制（也称为"内控"）是一个古老而又充满活力的话题，其逻辑出发点在于"修己安人"。"修己"就是自我治理，这也是企业法人治理结构的精髓所在，通过一套由点、线、面结合而成的自我调节与约束的控制系统，规避风险，持续发展。内部控制经历了一个不断发展、逐渐完善的历史进程。

需要强调的是，每一次内部控制的进步，都是实质性的变革，而决不仅仅是概念的翻新。我们应该从"零散的内部控制—专项的内部控制—系统的内部控制—综合的内部控制"这一线索去理解和掌握内部控制的进化，从"原始的内部控制—现代手段辅助的内部控制"这一变化去理解内部控制手段的进步与变革。对多个属性的理解，可以帮助我们全方位地去探求内部控制的演进轨迹（见图 1－1）。

第一阶段，起步阶段，即内部牵制阶段。最初的内部控制定义就是内部牵制，它基本是以查错防弊为目的，以职务分离和账目核对为手段，以钱、账、物等会计事项为主要控制对象。内部控制作为一个专用名词和完整概念，直到 20 世纪 30 年代才被人们提出、认识和接受，但其核心主要关注于会计领域。

第二阶段，进化阶段，即内部控制制度阶段。20 世纪 40 年代至 70 年代，内部控制的发展进入内部控制制度阶段。在这一阶段，内部控制开始区分为内部会计控制和内部管理控制两方面，主要通过形成和推行一整套内部控制制度（方法和程序）来实施控制。内部控制的目标除了保护组织财产的安全之外，还包括增进会计信息的可靠性、提高经营效率和遵循既定管理方针。

1972 年，美国注册会计师协会审计程序委员会《第 54 号审计程序公告》对内部会计控制进行了重新定义，认为内部会计控制是组织计划以及关于保护资产安全完整和财务记录有

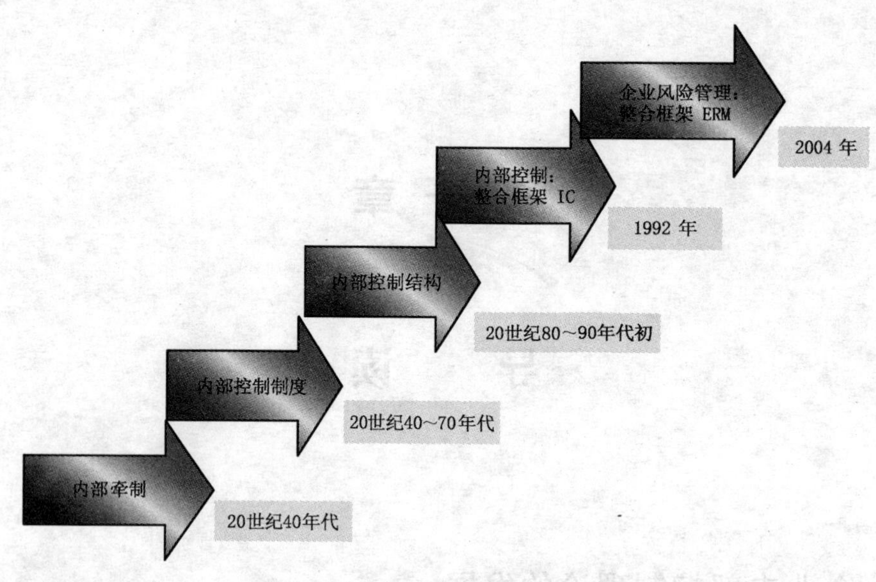

图 1-1　内部控制演进的历史阶段示意图

效性的程序和记录，并对下列事项提供合理的保证：交易经过合理的授权进行；公司对交易进行了必要的记录，以确保财务报表的编制与公认会计原则保持一致；资产的使用和处置经过管理层的适当授权；在合理期间内，对现存资产与资产的会计记录之间的任何差异采取恰当的行动。

第三阶段，提高阶段，即内部控制结构阶段。20 世纪 80 年代至 90 年代初，内部控制的发展进入内部控制结构阶段。这一阶段开始把控制环境作为一项重要内容与会计制度、控制程序一起纳入内部控制结构之中，并且不再区分内部会计控制和内部管理控制。控制环境反映着组织的各个利益关系主体（管理当局、所有者和其他利益关系主体）对内部控制的态度、看法和行为；会计制度规定各项经济业务的确认、分析、归类、记录和报告方法，旨在明确各项资产、负债的经营管理责任；控制程序是管理当局所确定的方针和程序，以保证达到一定的目标。1988 年 4 月，美国注册会计师协会发布《审计准则公告第 55 号(SASNo. 55)》，规定从 1990 年 1 月起以该文告取代 1972 年发布的《审计准则公告第 1 号》。该文告首次以内部控制结构一词取代原有的“内部控制”一词。该文告的颁布和实施可视为内部控制理论研究的一个新的突破性成果。其重点表现在：一是正式将内部控制环境纳入内部控制范畴；二是不再区分内部会计控制和内部管理控制。

第四阶段，演进阶段，即内部控制整合框架阶段。1992 年 9 月，美国反虚假财务报告委员会（通常以其首任主席的名字命名为 Treadway 委员会）的发起组织委员会（COSO）发布了一份报告《内部控制：整合框架》，提出了内部控制的三项目标和五大要素，标志着内部控制进入了一个新的发展阶段。内部控制的三项目标包括“合理地确保”：经营的效率和有效性；财务报告的可靠性；对适用法规的遵循。内部控制的五大要素包括：控制环境（包括员工的正直、道德价值观和能力，管理当局的理念和经营风格，管理当局确立权威性和责任、组织和开发员工的方法等）、风险评估（为了达成组织目标而对相关的风险所进行的辨别与分析）、控制活动（为了确保实现管理当局的目标而采取的政策和程序，包括审批、授权、验证、确认、经营业绩的复核、资产的安全性等）、信息与沟通（为了保证员工履行职责而必须识别、获取的信息及其沟通）、监控（对内部控制实施质量的评价，主要包括经营过程中的持续监控，即日常管理和监督、员工履行职责的行动等，也包括个别评价，或者是两者的结合）。

第五阶段，提升阶段，即全面风险管理阶段。2004 年，Treadway（美国反虚假财务报告委员会）下属发起组织委员会通过全面检讨修订 1992 年的 COSO 报告，发布了新的《企业风险管理——整合框架》。该框架指出：企业风险管理本身是一个由企业董事会、管理层和其他员工共同参与的，应用于企业战略制订和企业内部各个层次与部门的，用于识别可能对企业造成潜在影响的事项，是在其风险偏好范围内进行多层面、流程化管理的企业风险管理过程，它为企业目标实现提供了合理保证。

二、中国内部控制政策的进步

（一）中国内部控制整体态势回顾

相对于发达国家内部控制的产生与发展进程而言，中国企业的内部控制起步略晚。中国企业的内部控制是在企业经济活动的外在推动下，渐渐开始引起重视的。

1. 法律与法规层级，纲领性、标志性的内部控制行动指南。

（1）《会计法》。1999 年修订、2000 年 7 月实施的《会计法》是我国第一部体现内部会计控制要求的法律。该法第二十七条明确提出，各单位应当建立、健全本单位内部会计监督制度。这实质上就是内部控制最为直接有力的法律依据。

（2）《公司法》。2005 年 10 月 27 日修订的《公司法》载明股权控制是母公司实现对子公司控制的最重要的法律依据之一。

（3）《证券法》。2005 年 10 月 27 日修订的《证券法》也根据上市公司的特点，对作为中国企业先锋队的上市公司内部控制进行了相应的规范。

（4）深沪证券交易所的《上市公司内部控制指引》。2006 年，为加强上市公司内部控制，促进上市公司规范运作和健康发展，保护投资者合法权益，深圳证券交易所、上海证券交易所分别发布了相关的《上市公司内部控制指引》，要求上市公司执行。

（5）《中央企业全面风险管理指引》。国务院国资委 2006 年 6 月 6 日制定了《中央企业全面风险管理指引》，对中央企业内部控制与风险管理进行全面规范。该《指引》要求风险管理总体目标包括确保内外部，尤其是企业与股东之间实现真实、可靠的信息沟通，包括编制和提供真实、可靠的财务报告。

2. 规范层级，专业性、针对性的内部控制行动指南。我国自 20 世纪 90 年代起，开始加大对企业内部控制领域内具体规范体系的建立健全。

（1）1996 年，财政部发布《独立审计具体准则第 9 号——内部控制和审计风险》，要求注册会计师检查企业的内部控制。

（2）1997 年 5 月，中国人民银行颁布《加强金融机构内部控制的指导原则》。

（3）2000 年 7 月实施的《会计法》是我国第一部体现内部会计控制要求的法律。作为《会计法》的配套法规，财政部于 2001 年 6 月颁布了《内部会计控制规范——基本规范

(试行)》和《内部会计控制规范——货币资金（试行)》。

(4) 2003年，中国内部审计学会相继发布了《内部审计基本准则》、《内部审计人员职业道德规范》、《内部审计具体准则第1号—第24号》。

(5) 2004年8月，国务院国资委发布了《中央企业内部审计管理暂行办法》、《中央企业经济责任审计管理暂行办法》。

(6) 2008年6月28日，财政部、证监会、审计署、银监会、保监会在北京联合召开企业内部控制基本规范发布会暨首届企业内部控制高层论坛，会议发布了《企业内部控制基本规范》，自2009年7月1日起首先在上市公司范围内施行，鼓励非上市的其他大中型企业执行。2010年4月24日，财政部、证监会、审计署、银监会、保监会在北京正式发布《企业内部控制配套指引》。这套指引自2011年1月1日起首先在境内外同时上市的公司施行，自2012年1月1日起扩大到在上海证券交易所、深圳证券交易所主板上市的公司施行；在此基础上，择机在中小板和创业板上市公司施行；同时，鼓励非上市大中型企业提前施行。

(二) 中国内部控制专业规范的现实探索

在前期探索和相关层面分类推进的基础上，中国内部控制的现实性变化已经积蓄力量，开始努力将内部控制视野加以拓宽，即从会计内部控制到企业内部控制，这一历史性变革非常值得关注。

中国企业内部控制体系从2001年出台的企业内部会计控制基本规范开始，历经数次修正与不断完善，体现了艰辛历程之后的全新格局。

1. 2001年内部会计控制规范——以资产负债表项目控制为主线。从2001年6月22日财政部印发《内部会计控制规范——基本规范（试行)》及《内部会计控制规范——货币资金（试行)》的通知开始，财政部陆续发布了内部会计控制规范——采购与付款、销售与收款、工程项目、担保、对外投资等5个会计内部控制规范。另外，财政部发布了成本费用、预算两个会计内部控制规范的征求意见稿。这一《内部会计控制规范——基本规范（试行)》的具体结构包括总则、内部会计控制的目标和原则、内部会计控制的内容、内部会计控制的方法、内部会计控制的检查、附则6章。

2. 2007年企业内部控制规范——以财务报告内部控制为主线。2007年，财政部发布《企业内部控制规范——基本规范（征求意见稿)》以及17个企业内部控制具体规范（征求意见稿）及其起草说明。这一《企业内部控制规范——基本规范》共分8章，包括总则、内部环境、风险评估、控制措施、信息与沟通、监督检查、组织实施和附则。其适用范围仅限于企业，即“适用于中华人民共和国境内的大型企业、上市公司和其他涉及重大公众利益的企业（以下简称企业)”，“中小企业和其他有关单位可以参照本规范和具体规范建立健全本单位的内部控制”。

2007年版的具体规范涉及财务报告内部控制和其他方面的控制（如对符合企业经营目标的控制)。具体规范的设计主要以财务报告内部控制为主线，原初步拟定为26项。其中，17项已在2007年对外公开征求意见，另9项尚未有征求意见稿。

3. 2008年的企业内部控制规范体系——以防范风险和控制舞弊为中心。2008年，财政部、证监会、审计署、银监会、保监会联合发布《企业内部控制基本规范》，内容包括总则、内部环境、风险评估、控制活动、信息与沟通、内部监督、附则共7章，将原“控制措施”改为“控制活动”，将“组织实施”不再单列为一章，而并入其他相关章节，更为科学合理地融入相关控制环节中。其适用范围为大中型企业，即“适用于中华人民共和国境内设立的大中型企业”，“小企业和其他单位可以参照本规范建立与实施内部控制”。该“规范”适用范围较2007年更广，与《企业会计准则》的执行范围一致，是大中型企业执行《企业会计准则》的环境支撑。

2008年，财政部发布征求企业内部控制应用指引、鉴证指引和评价指引修正意见的通知，将原“内部控制具体规范”改为“企业内部控制应用指引”，原初步设定的“中介机构聘用规范”被“企业内部控制鉴证指引”所替代，同时增加《企业内部控制评价指引》。

2009年初，财政部又陆续针对新增的组织架构、发展战略、人力资源、企业文化、社会责任等5项内部控制应用指引征求意见，又调整修改了资金、采购、资产、销售、研发5个应用指引并征求意见；征求企业内部控制评价指引及工程项目等5项内部控制应用指引的意见，调整修改了企业内部控制评价指引和工程项目、全面预算、合同、内部报告、信息系统5个应用指引。

2010年4月26日，财政部、证监会、审计署、银监会、保监会联合发布了经过反复征求意见的《企业内部控制应用指引》、《企业内部控制评价指引》和《企业内部控制审计指引》。这一最新内部控制体系为企业建立一套以防范风险和控制舞弊为中心、以控制标准和评价标准为主体的内部控制制度体系提供了标准性的指引。其具体构架可参见图1－2。

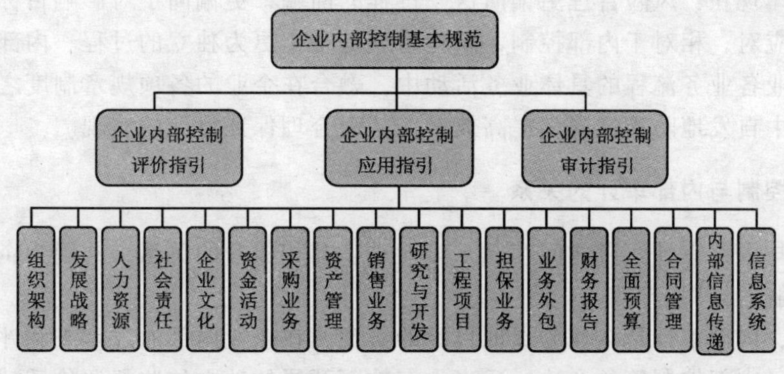

图1－2　中国内部控制规范层级框架示意

第二节　构建内部控制的统筹关系

内部控制是指组织（企业）为了提高其经营效率和充分有效地获取和使用各种资源，达到既定管理目标，而在组织内部实施的各种制约和调节的组织、计划、方法和程序。当我们从现实经济活动中去全方位、多视角地认知内部控制时，需要正确处理好内部控制在市场经营环境下的企业管理活动的定位，也就是说，如何科学地定位内部控制在企业运行中的作用，我们需要正确认知与处理以下几种关系：

一、内部控制与风险管理的关系

从目前许多国家的研究与实践看，企业对风险管理和内部控制达到了前所未有的重视程度。内部控制与风险管理是一对既相互联系又互有差别的概念。一般认为：内部控制是为了达到某些目的而进行的一种动态的管理过程，这个过程是通过纳入管理的大量制度及活动实现的。内部控制的目的一般包括提高经营效率，遵守国家有关法律法规和企业内部规章制度，保证信息的真实、可靠和资产的安全、完整，从而实现企业的目标。而风险管理则是指围绕特定目标，通过各种手段对风险进行管理，为实现目标提供合理保证的过程和方法。风险管理一般要先收集风险信息，进行风险评估，选择风险管理策略，制订风险管理方案，并对风险管理进行持续的监督和改进，同时还要构建风险管理组织体系和风险管理信息系统，营造风险管理文化。

内部控制与风险管理既有联系，又各有侧重，不存在包涵或被包涵关系，也无法完全互相替代，二者具有明显的相同点与差别点。

相同点是两者均是合理保证目标实现的过程。在实际操作中，内部控制的实施经常会运用风险管理方法，内部控制是基于风险的控制过程，是对风险进行评估和管理的必要过程。通过内部控制的实施，可将风险控制在可接受的范围内，确保企业的经营按照既定的目标前进。同时，风险管理的技术方法也常运用到内部控制的过程中。

差别主要体现在：风险管理更偏向这一过程的前端，更偏向于对影响目标实现的因素的分析、评估与应对；相对于内部控制，风险管理是一个更为独立的过程。内部控制更加重视实施，嵌入企业各业务流程的具体业务活动中，融合在企业的各项规章制度之中，使企业在正常运营过程中自发地防止错误，提高效率，从而合理保证目标的实现。

二、内部控制与内部审计的关系

内部控制与内部审计两者之间存在互相促进、互相提升的关系，共同为企业的健康发展发挥着保驾护航的作用。

一般认为，内部审计是企业为保证目标的实现，在企业内部通过审查和评价自身经营活动、财务行为、内部控制等的合法、适当、有效而开展的独立的监督评价活动。内部审计是企业治理的四大基石之一，是内部控制的重要组成内容，是内部控制五要素中监督的重要手段，同时也是内部控制不断完善、持续改进的建议与监督主题。相应地，内部控制是内部审计的工作对象之一，内部控制需要内部审计对其设计是否合理、执行是否有效等方面进行检查、反馈，从而实现自身的不断完善和提高。

当然，两者之间也存在差异。内部控制是一个内涵非常宽泛、连续不断的过程，几乎覆盖了企业周转运营整个流程中的各个方面。内部审计则是持续不断的检查评价行为，并且针对不同的审计对象发挥着不同的监督作用。

三、内部控制与企业管理的关系

内部控制与企业管理也是一对相互关联的概念。所谓企业管理，就是指由企业管理层或管理机构对企业的经济活动过程进行计划、组织、指挥、协调、控制，以提高经济效益的一系列活动的总和。管理工作有三个基本职责：计划、组织、领导。计划主要是组织的目标；组织就是要集中人力、物力、财力资源，按照组织的政策和计划分配到各部门各单位；领导就是运用行政职权，采取适当的措施，保证组织按照计划运转。为了实现组织的目标，必须制定一整套管理制度。这套制度包括计划、组织、领导以及各项政策、规章、制度、标准和程序，可以将其统称为内部控制。企业管理是一个非常宽泛的概念，不但涉及企业的内部经营管理，而且涉及企业的外部关系。内部控制是企业管理的重要组成内容，是企业内部为确保企业目标实现而建立起来的一系列政策、规则、程序，是从风险和控制的角度系统地将企业管理具体化。当然，企业管理的方法和工具较多，如六西格玛管理、7S 管理体系等。企业内部控制从控制环境、风险评估、控制活动、信息与沟通、监督等角度系统地提出了完善企业管理的方法。企业内部控制建设好了，企业管理水平就会提高。相反，企业内部控制不健全，企业管理水平也就不会提升。

第三节 内部控制规范的框架体系

企业内部控制规范是一个科学体系，包括基本规范、应用指引和评价与审计指引三个类别，依次是核心统领、应用指引和事后鉴定等三种类型（见图 1－3）。

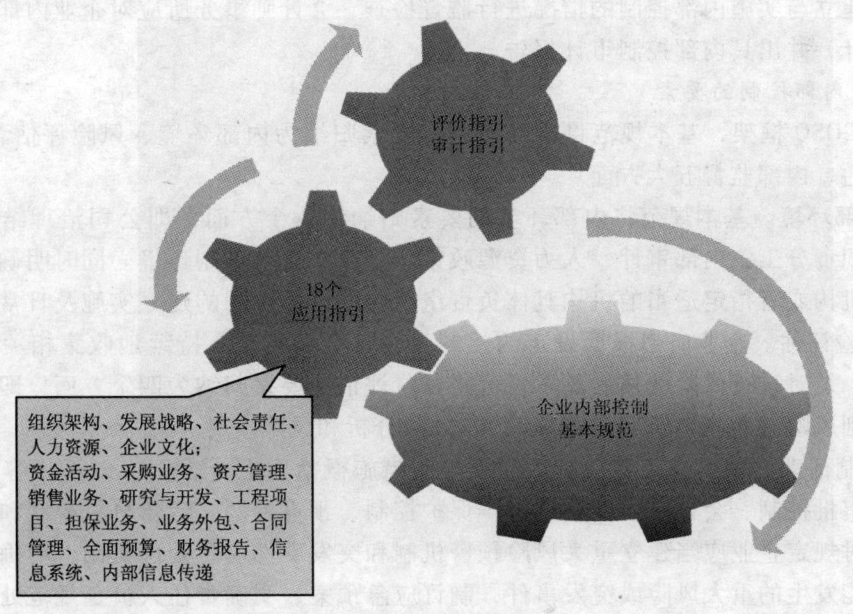

图 1－3　企业内部控制标准框架结构图

一、第一类——《企业内部控制基本规范》

《企业内部控制基本规范》共7章50条，主要内容包括：

（一）内部控制的目标

基本规范将内部控制定义为：由企业董事会、监事会、经理层和全体员工实施的、旨在实现控制目标的过程。

基本规范将内部控制的目标归纳为五个方面：合理保证企业经营管理合法合规；合理保证企业资产安全；合理保证企业财务报告及相关信息真实完整；提高经营效率和效果；促进企业实现发展战略。

（二）内部控制的原则和实施体系

《企业内部控制基本规范》提出，建立与实施内部控制应当遵循的五项原则是：全面性、重要性、制衡性、适应性和成本效益原则，同时规定了内部控制的实施体系。

1. 以法制为推动。强调要研究制定内部控制的规范体系，国务院有关部门也可以根据法律法规、本规范及其配套办法制定有关政策性文件，明确贯彻实施规范的具体要求。

2. 以企业实施为主体。企业应当根据有关法律法规、该规范及其配套办法，制定本企业的内部控制制度并组织实施。在组织实施内部控制制度时，应当充分利用信息技术手段，并建立内部控制实施的激励约束机制，将各责任单位和全体员工实施内部控制的情况纳入绩效考评体系。

3. 以政府监管和社会评价为保障。为推动企业有效实施内部控制规范，政府有关部门应对企业建立与实施内部控制的情况进行监督检查，会计师事务所应对企业内部控制的有效性进行审计，并出具内部控制审计报告。

（三）内部控制的要素

借鉴COSO框架，基本规范将内部控制的要素归纳为内部环境、风险评估、控制活动、信息与沟通、内部监督五大方面。

1. 内部环境。基本规范将内部环境的要素归纳为六个方面，即公司治理结构、内部机构设置与职责分工、内部审计、人力资源政策、企业文化和法制环境。同时明确，企业应当成立专门机构或者指定适当的机构具体负责组织协调内部控制的建立实施及日常工作。

2. 风险评估。企业应当根据设定的控制目标，全面系统、持续地收集相关信息，结合实际情况，及时进行风险评估。基本规范将风险评估的要素归纳为四个方面，即确定风险承受度、识别风险（包括内部和外部风险）、风险分析和风险应对。

3. 控制活动。基本规范将控制活动或控制措施概括为七个方面，即不相容职务分离控制、授权审批控制、会计系统控制、财产保护控制、预算控制、运营分析控制和绩效考评控制等。同时规定企业应当建立重大风险预警机制和突发事件应急处理机制，明确风险预警标准，对可能发生的重大风险或突发事件，制订应急预案、明确责任人员、规范处置程序，确保突发事件得到及时妥善处理。

4. 信息与沟通。基本规范主要围绕内部和外部信息的收集、信息在内部和对外部相关者间的传递、信息技术平台、反舞弊机制、举报投诉制度和举报人保护制度等展开。

5. 内部监督。基本规范主要针对内部监督的类型和方式、内部控制自我评价和缺陷认定机制、内部控制记录制度等进行规定。

二、第二类——《企业内部控制应用指引》

《企业内部控制基本规范》规定内部控制的基本目标、基本要素、基本原则和总体要求，是内部控制的总体框架，在内控标准体系中起统驭作用，但内控体系的有效实施，还需要一些具有可操作性的具体应用规范。五部委在2008年6月28日发布《企业内部控制基本规范》之后，于2010年4月26日又发布了共18个应用指引，包括组织架构、发展战略、人力资源、社会责任、企业文化、资金活动、采购业务、资产管理、销售业务、研究与开发、工程项目、担保业务、业务外包、财务报告、全面预算、合同管理、内部信息传递和信息系统。这18个应用指引，连同《企业内部控制评价指引》和《企业内部控制审计指引》组成了企业内部控制配套指引。其中，应用指引是对企业按照内部控制原则和内部控制“五要素”建立健全本企业内部控制所提供的指引，在配套指引乃至整个内部控制规范体系中占居主体地位。

三、第三类——《企业内部控制评价指引》及《企业内部控制审计指引》

（一）《企业内部控制评价指引》

《企业内部控制评价指引》主要内容包括评价的原则和组织、评价的内容和标准、评价的程序和方法、缺陷认定和评价报告等。企业应当对与实现整体控制目标相关的内部环境、风险评估、控制活动、信息与沟通、内部监督等内部控制要素进行全面、系统、有针对性的评价。应用信息系统加强内部控制的企业，应当对信息系统的有效性进行评价。

企业对内部控制评价过程中发现的问题，应当从定量和定性等方面进行衡量，判断是否构成内部控制缺陷，对内部控制缺陷进行分类分析。内部控制缺陷一般可分为设计缺陷和运行缺陷。同时，可根据内部控制缺陷影响整体控制目标实现的严重程度，将内部控制缺陷分为一般缺陷、重要缺陷和重大缺陷（也称实质性漏洞，以下统称重大缺陷）。可结合年末控制缺陷的整改结果，编制年度内部控制评价报告，作为进一步完善内部控制、提高经营管理水平和风险防范能力的重要依据。企业对于内部控制评价报告中列示的问题，应当采取适当的措施进行改进，并追究相关人员的责任。企业管理层和董事会应当根据评价结论对相关单位、部门或人员实施适当的奖励和惩戒。

（二）《企业内部控制审计指引》

《企业内部控制审计指引》规定，注册会计师在制定审计计划时，应当评价下列事项对企业财务报表和内部控制是否具有重要影响，以及对注册会计师程序的影响，包括：注册会计师执行其他业务时了解的内部控制情况；影响企业所在行业的事项，包括财务报告实务、经济状况、法律法规和技术革新；与企业业务相关的事项，包括组织架构、经营特征和资本结构；企业经营活动或内部控制最近发生变化的程度；注册会计师对重要性、风险以及与确定重大缺陷相关的其他因素所作的初步判断；以前与审计委员会或管理层沟通的控制缺陷；企业注意到的法律法规事项；针对内部控制可获得的相关证据的类型和范围；对内部控制有效性作出的初步判断；与评价财务报表发生重大错报的可能性和内部控制有效性相关的公共信息；注册会计师对客户和业务的接受与保持进行评价时了解的与企业相关的风险情况；经营活动的相对复杂程度。在进行风险评估以及确定必要的程序时，注册会计师应当考虑企业组织架构、经营单位或流程的复杂程度可能产生的重要影响和作用。

第四节 如何设计好企业自身的内部控制制度

一、内部控制的设计步骤

内部控制设计应该按照内部控制的构成要素进行，在对内部控制要素的整合和系统化的基础上开展有效的控制措施，实现内部控制的目标。内部控制设计的目标与步骤可以用图1－4描述。

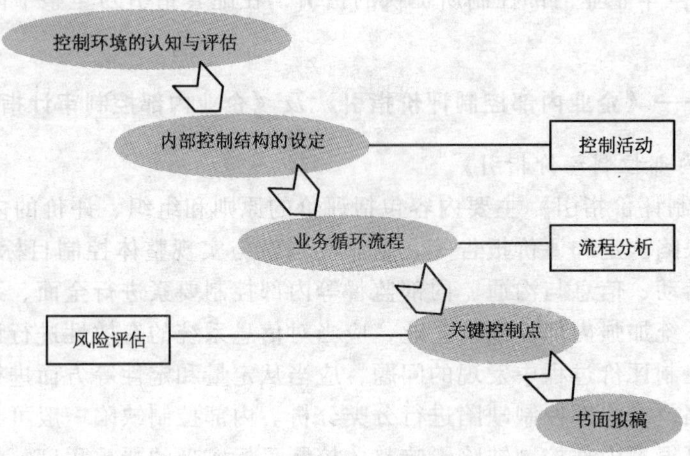

图1－4 企业内部控制标准框架结构图

从图1－4中可以看出，企业的内部控制环境影响着内部控制的各个方面，同时控制内容体现在业务流程中，关键控制点是对重要控制内容的体现，图中的箭头还体现了信息的流动和反馈过程。

（一）控制环境的认知与评估

内部控制环境是指对内部控制的效果起到促进或削弱作用的因素，企业在设计内部控制制度时首先要对内部条件和外部环境进行研究。

1. 经营情况。内部控制设计虽然有共同的原则和相近的内容，但是各个企业对这些原则的使用、内容的融合存在差异，在设计过程中，要根据自身经营活动的情况制定具体的控制制度。对经营情况的考察要注重以下几个方面：

（1）经营性质。企业组织形式的差异决定了各种资源的使用过程和业务流程的不同，例如股份有限公司内部控制的设计要结合公司治理结构进行，而个体企业的内部控制设计更关注人员行为的约束。

（2）经营规模和经营范围。经营规模是对企业经营的纵向描述，经营规模越大，内部控制的复杂性越高，在设计时就应该通过更多的制度和监督机制达到控制效果。经营范围是对企业经营的横向描述，经营范围的大小决定了企业业务流程的复杂程度，从而影响内部控制关键点和关键流程的选择。

(3) 经营方式。企业的管理理念决定了其经营方式，采取集权管理方式的企业，在内部控制设计时会注重控制和监督，而采取分权管理方式的企业在内部控制设计时更注重激励和约束制度的建设。

2. 资源状况。企业的主要资源有业务人员、材料、设备和厂房、资金和技术、管理资源等。之所以要了解企业的资源情况是因为这些资源的状况决定了内部控制的内容，内部控制设计时对不同的资源要实施有差别的控制活动。

(1) 人员和管理资源。内部控制坚持“以人为本”的原则，即人人是被控制的对象，也是实施控制的主体。在设计内部控制时要充分考虑企业人员的素质、行为曲线和价值观，重视内部控制在企业文化中的作用。企业的管理资源主要是经理层的管理才能和企业在经营过程中形成的管理经验，管理资源同样也是内部控制设计可利用的资源，在设计内部控制时要保证有关的控制活动能够充分发挥管理资源的能动作用。

(2) 材料、设备和厂房。这些都是内部控制的物质对象，与人员相对应但是有所区别。在设计内部控制时要考察材料、设备和厂房的使用特点及性质，了解有关的业务流程，以便根据这些情况开展控制活动。

(3) 资金和技术。内部控制最主要的控制内容是资金流和实物流。资金流主要包括资金的收入、支付和使用、预算等环节。在设计内部控制，特别是信息系统设计时，要根据企业资金的管理方式和流动情况进行。企业的技术资源主要是指专业技术，它是内部控制的重要工具，例如对材料的验收和设备的检测都需要专业技术。

以上主要是对内部控制环境的考虑，也是设计内部控制时主要了解的内容。随着企业经营活动的日益外部化，市场、供应商、顾客和法律政策等都对企业内部控制的设计产生了重要的影响，所以了解企业的外部环境也是内部控制设计的重要步骤。

内部控制的重要目标是保证管理政策的有效贯彻和实施，所以在设计内部控制制度时要充分考虑市场对企业管理的要求，以及供应商的选择过程控制。顾客对内部控制的影响体现在产品的质量和服务上，内部控制设计时应该全面考虑客户的需要。还有一个最重要的影响因素就是经济和法律政策，内部控制的目标之一是保证企业经营活动的合法合规性，所以在设计内部控制制度的过程中要熟悉相关的法律、法规和制度，防止企业的内部控制设计与法律规定相抵触。这里只列举了企业设计内部控制制度时的重要外部环境因素，对于不同企业而言外部环境因素会有所差别，企业在内部控制设计时应该充分考虑自身的具体情况。

(二) 内部控制结构的设定

系统论要求企业建立内部控制时，注意各个控制环节和组织机构的联系性，发挥各个组成部分的协同效应。控制论要求内部控制制度要能够有效监控经营活动过程，预防和发现风险并及时纠正。

企业在设计内部控制制度时，要坚持整体和局部、宏观与微观相结合，首先要建立内部控制的组织架构。在内部控制设计时还要对每个业务部门的机构设置情况进行考察。划分企业的组织架构时要防止机构之间职能的重叠，从而造成资源的重复使用和浪费。

企业在经营过程中会成立一些外设机构，例如分公司、驻外地的采购或销售部门，这些也是企业组织机构的组成部分。作为大型的集团企业，在设计内部控制时，一方面要建立集团、分支机构各自的内部控制制度，另一方面要保证集团对分支机构的有效控制。所以，在设计内部控制时要结合企业的实际情况，集团总部可以通过财务的集中控制和人员的委派等手段实现对分部的人员、资金、经营管理的监控。

（三）业务循环的流程确定

按照内部控制的内容可以将企业的主要业务循环划分为：货币资金控制、实物资产控制、采购与付款控制、销售与收款控制、对外投资控制、工程项目控制、筹资控制、成本费用控制和担保控制。这些都是企业重要的经营活动，由于业务性质的不同，企业又具有各不相同的业务流程。

1. 明确各个业务流程的起点和终点。在持续经营假设下，企业的各个业务都是不断循环的过程，因此，业务的起点同时也是业务的终点。要弄清业务流程的循环过程，首先要找到业务流程的起点，从而找到整条流程。以会计系统对资金的控制为例，应该将资金结算原始凭证传递到财会部门作为起点，从而形成了会计核算、资金使用报告、预算、支付再到形成结算原始凭证的完整循环过程。如果错误地将支付作为流程的起点，就可能忽视了预算等控制点，使得内部控制不能达到全面控制的效果。

2. 找到业务流程之间的联系。系统论要求内部控制建立控制活动之间的广泛联系，这意味着首先要找到各个业务流程之间的联系，从而可以通过协同控制措施降低内部控制的成本和提高控制效率。业务流程之间的联系可以划分为不同的类型，有的是逻辑联系，有的是财务资金联系，还有管理联系等。

（1）前后逻辑联系。前后逻辑联系是指业务之间的性质和控制思想基本相同，只是在具体的表现方式上有所差异，例如采购与付款和销售与收款、对外投资和筹资就是这种关系，这些环节之间内部控制的关注点很相似，但是它们的流程方向恰好相反。

（2）财务或资金联系。财务联系是指业务流程之间存在着会计核算的稽核关系，两个或多个流程之间形成了相互监督关系。例如：货币资金、采购与付款、实物资产这三个流程在进行购买固定资产业务时，就形成了会计上的稽核关系，在设计内部控制时可以适当减少监督程序，多利用制衡关系。资金联系是指业务流程之间会发生资金使用关系，例如在对外投资和货币资金之间，对外投资需要申请使用资金，对于这种关系，内部控制就要注意不相容职务的分离和授权审批控制。

（3）运行管理联系。运行管理联系是指业务流程可以实现共同管理的效果，例如实物资产与成本费用，在进行固定资产折旧业务时就会出现管理联系，内部控制可以设计出有效的信息交流和沟通机制，使实物资产流程能够提供更多的信息，以便进行成本费用控制。

（四）关键风险控制点的定位

内部控制的设计要受到经济性原则的制约，不可能面面俱到，因此只能抓住关键的控制环节才能建立有效的内部控制制度。关键的控制点是指业务流程和企业经营活动中那些容易产生风险的环节，要想找到关键控制点首先要对各个业务流程进行风险评估，经过风险排序后确定关键点。

1. 风险评估的方法。企业的风险有多种类型，因此对不同风险的控制方式也不同。对于资产使用中的风险，可以采取假设控制方法，即假设某些环节不采取控制措施，预想可能存在的风险。对于权限使用不当的风险，可以采取全面制衡法，即对所有权力进行制衡，然后分析制衡的效果，不断去掉没有效果的制衡措施。对于资金使用的风险，可以采用流程分析法，即对资金的流动过程进行描述，对各个环节的风险进行分析，找到需要重点控制的风险点。

2. 风险评估的原则。风险评估的原则主要有可控性原则、全面性原则和成本效益原则。所谓可控性原则是指，内部控制设计时，对各业务环节评估的风险要能够通过控制活动有效降低风险，而企业的一些固有风险是无法通过内部控制预防的。所谓全面性原则是指，风险评估要充分考虑到企业经营活动的各个方面、各个部门和环节，保证所有的风险点都能够找到。所谓成本效益原则是指，进行风险评估时投入的成本要小于发现风险控制点获得的效益，不进行不符合此原则的风险评估活动。

(五) 内部控制制度的书面拟定

企业设计内部控制最终都要形成文字性的规范，从而使内部控制成为企业各部门和人员的行为规范和业务程序指南，也是人员和部门进行互相监督的依据。企业在制定内部控制制度文件时要注意以下问题：

1. 坚持实事求是的原则。要根据企业自身的经营特点、特有的风险和人员机构安排，从实际情况出发，全面考虑后建立适合自身的内部控制制度，而不能盲目照搬其他企业的现成制度。

2. 保证制度的可理解性。必须让所有内部控制的参与者都能够明白内部控制制度的含义，只有保证可理解性才能实现制度实施的效果。

3. 内部控制制度制定权的分配。企业的各部门都应该建立自己的内部控制文件资料，企业的高层管理者应该将制定权分配到各部门，自己只掌握重要控制制度的制定和部门制度的审批权，这样才能发挥各部门的信息优势和管理积极性。

4. 注重对制度执行情况的监督。企业内部审计部门要定期或不定期对各个部门内部控制制度的执行情况进行考核，对于不严格执行，甚至违反会计控制制度的行为要进行制止和处罚，如果发现内部控制制度存在缺陷，则需要及时修正。

二、控制设计的注意事项

企业在内部控制设计的过程中，要注意的主要问题有，要保证控制活动与企业控制目标的一致性、通过有效手段加强内部控制的实施、改善企业各级员工对内部控制的认识。

(一) 控制活动与控制目标的一致性

企业内部控制设计在确定了关键控制点、业务流程和控制内容之后，就要针对这些内容采取相应的控制措施或控制活动，控制活动是内部控制设计是否有效的关键。企业的控制活动是否有效，主要的衡量标准就是控制活动能否与控制目标保持一致，也就是说，控制活动的执行是否能够实现控制目标的要求。

企业内部控制的目标主要有保证管理政策的有效贯彻和实施以及管理效率和效果，业务活动的合法性和会计信息的真实可靠。合法性是较容易实现的控制目标，因为内部控制的设计都要在有关法律法规的指导下进行。而管理效率和会计信息的可靠性是目前内部控制面临的主要问题，企业在设计内部控制时要尽可能增加对管理的效益性控制活动，通过预算和业绩考核等实现管理效益。内部控制系统的核心目标是保证会计信息的可靠性，但是在内部控制实务中这个目标并未很好实现，主要的原因是内部控制的基础不够牢固，而且企业的权责使用系统监督不够，企业要想使控制活动能够与控制目标保持一致，内部控制设计就要关注上述问题。

（二）保证内部控制的有效实施

从内部控制制度设计的角度来看，企业都能够找到关键风险业务流程，并且能够贯彻内部控制的制定原则，形成了较为完善的理论框架。如果企业的各个部门能够严格遵守规定的内部控制制度，就会有效降低企业的经营风险。但是，实际情况是很多企业都有较为完善、合理的内部控制框架或制度，却无法有效发挥作用，在执行过程中出现了问题。我们认为，企业要想保证内部控制的有效实施，应该妥善解决好以下几个问题：

1. 注重内部控制设计的制衡机制。从现实中的很多案例来看，内部控制无法发挥作用的根源在于管理人员的权力在很多情况下没有得到有效的制衡，大多采用监督的方式。缺乏对监督的有效激励，最终导致监督体制的虚设。例如，曾经的巨人集团，其衰落就是因为对重大投资项目上的决策权缺乏制衡，导致了错误的甚至是缺乏常识（如投资造楼时好大喜功的形象工程偏好、经营过程中不善融资的不识时务心态）的决策，最终使得企业的资金链发生断裂，致使企业破产。

制衡是内部控制设计的一种理念。所谓制衡是指，在企业重要的风险环节创造相互冲突的两极，在业务上形成对应关系，使两者都无法单独决定业务的最终决策。制衡机制能够加强内部控制实施的原因在于，只要制衡的一方按照内部控制的程序行事，就会使整个业务过程符合控制标准，这就大大提高了内部控制实施的可能性。

2. 在内部控制设计中合理使用激励手段。企业内部控制的实施者是具有自利动机的“理性经济人”，如果内部控制缺乏必要的激励手段，完全采取企业合约的权威性、强制性，就会导致抵触情绪的滋生，影响内部控制制度的实施。企业在设计内部控制制度时，可以使用的激励手段主要有：内部审计定期对企业各部门内部控制的实施情况进行测试和打分，对于执行较好的部门和优秀个人给予一定的物质奖励；通过全面预算的方式，考核内部控制的执行效果，并按照预算完成情况进行奖励；建立内部控制制度实施效果的反馈机制，奖励那些提出建议和发现内部控制弊端的人员。

（三）形成内部控制的企业文化

很多企业的领导错误地认为内部控制只是对下属和普通员工的控制，同时员工也错误地认为自己是进行内部控制的“局外人”。这些认识的存在就必然会降低企业各级管理者进行内部控制的积极性，从而影响控制的效果。内部控制在设计之前要对企业的各级管理者和员工进行培训，让他们清楚自己在内部控制体系中的地位、作用和责任，这样才能为内部控制的实施提供思想基础。

内部控制的实施要充分发挥每个参与者的聪明才智和热情，这不是一朝一夕能够实现的，企业必须将内部控制思想与企业文化建设结合起来，使内部控制的实施成为每个参与者的共识，使他们认识到积极参与内部控制的实施符合他们自身利益的要求，这样就会增加内部控制实施的执行力。

第二章

内部控制基本规范解读

第一节 框架体系安排

一、条款结构概述

《企业内部控制基本规范》由总则、内部环境、风险评估、控制活动、信息与沟通、内部监督和附则7章，共50条组成，除了一头（总则）一尾（附则）之外，整体的核心内容就是内部控制的五大要素，即内部环境、风险评估、控制活动、信息与沟通、内部监督，即本章所解读的核心内容。

第一章是总则，通过第1条至第10条的总括性规范，分别明确了“规范”的目的所在、应用范围，也包括内部控制的基本概念、五项原则与五大因素，以及对企业实施内部控制、强化信息技术控制、强化激励与约束的控制，此外，还专门针对政府有关部门和会计师事务所提出了相应的内部控制的要求。

第二章至第六章分别规范内部控制的五大要素。形象地看，内部控制的五大要素可以描绘成图2-1。

第二章内部环境通过第11条至第19条，专门明确企业应当设置一定的内部治理结构、权责分配、内部审计以及人力资源政策等。第三章风险评估通过第20条到第27条分别明确了根据控制目标进行风险评估、风险识别、风险分析、风险应对等内容。第四章控制活动通过第28条到第37条分别讲解了控制活动的分类、不相容职务分离控制、授权审批控制、会计系统控制、财产保护控制、预算控制、运营分析控制、绩效考评控制、重大风险预警机制和突发事件应急处理机制等控制内容。第五章信息与沟通通过第38条到第43条分别明确了企业信息搜集、信息传递、搭建共享信息平台、反舞弊机制、举报投诉制度和举报人保护制度等内容。第六章内部监督通过第44条到第47条分别明确了内部监督的组织架构和施行方式、内部控制评价以及内部控制档案记录和验证等内容。

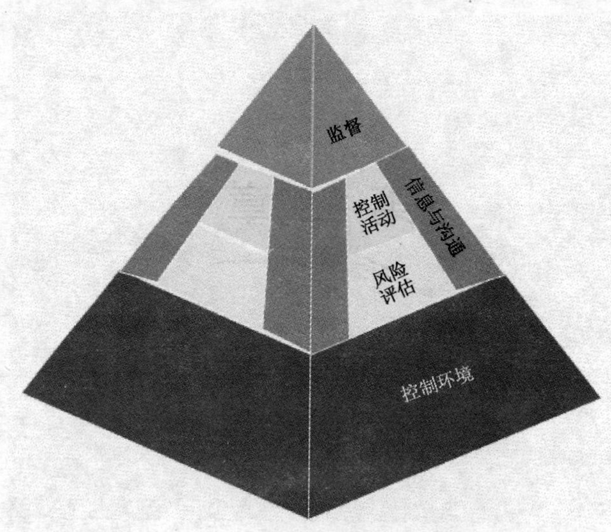

图 2-1 内部控制的五大要素关系示意图

二、几个核心理念

（一）内部控制的目标

内部控制是一个受到董事会、经理层和其他人员影响的过程。该过程的设计是为了提供实现以下三类目标[①]的合理保证：一是经营的效果和效率；二是财务报告的可靠性；三是法律法规的遵循性。

该定义反映了以下基本概念：内部控制是一个过程，它是实现目的的手段，而非目的本身；内部控制受人的影响，它不仅仅是政策手册和图表，而且涉及企业各层次的人员；内部控制只能向企业董事会和经理层提供合理的保证，而非绝对的保证；内部控制是为了实现三类既相互独立又相互联系的目标。

（二）内部控制的立体关系分析

组织机构努力去实现的目标同代表目标实现所需的企业内部控制要素之间存在着直接关系，这种关系可以在一个图 2-2 所示的三维立方体矩阵中得到刻画。

关注营运效率与效果的运营目标、关注财务报告数据可靠性的报告目标、关注遵守法律与合约的合规目标，这三类目标，由垂直栏从左而右表示。从基层到高层的控制环境、风险评估、控制活动、信息与沟通、监督等五个控制要素由水平栏代表。第三个维度由右侧所示的机构各个单元代表。这种形象的逻辑刻画描述了注重于机构整体企业风险管理的能力，或者根据目标类别、要素、机构单元或其任何下属单位实行企业风险管理的能力。

（三）企业建立与实施内部控制的原则

中国企业的内部控制建设面临着外部环境、文化理念、管理层经营哲学、各种竞争等多方面的环境变量与因素的影响，企业的内部控制体系也需将众多的因素与风险纳入控制范围

① 需要特别说明的是，目前主流的 COSO 报告是“三目标论”，而我国《企业内部控制基本规范》是“五目标论”，即增加了“资产安全”和“实现发展战略”目标。

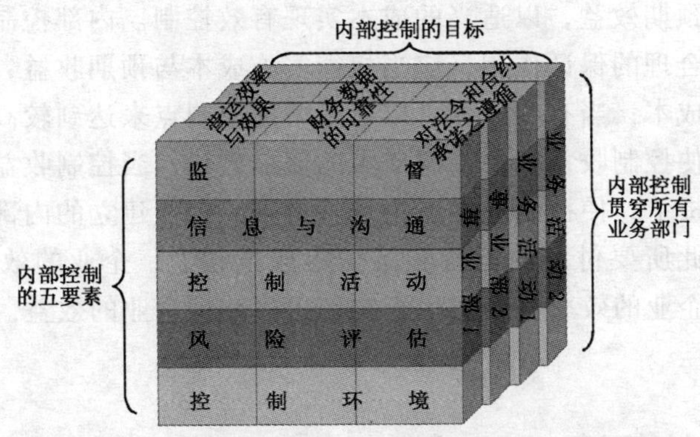

图 2-2 内部控制的目标、要素与主体关系示意图

予以考虑。在纷繁复杂的环境与因素影响下，企业构建并实施内部控制体系，应当遵循以下基本原则：

一是全面性原则。所谓全面性，就是强调内部控制应当贯穿决策、执行和监督的全过程，覆盖企业及其所属单位的各种业务和事项。需要注意到：内部控制是一种机制，是一个制度安排，包含了上至企业的文化、治理结构、员工守则等文化道德和公司治理层面，下到政策制度、操作流程、营运工具、内部审计、业绩考核等操作细节层面，并需要有强劲的管理子系统作支撑。所以，在构建内部控制体系时，应将该体系贯穿于决策、执行和监督的全过程，覆盖企业及其所属单位的各种业务和事项，也应考虑各子体系之间各自的独立性和相互联系，使之成为一个有机体，协同合作，更充分地发挥内部控制体系的作用。

二是重要性原则。所谓重要性，就是指在全面控制的基础上，内部控制应该关注重要业务事项和高风险领域。这就要求企业在内部控制建设的过程中要仔细甄别，应当在全面控制的基础上，关注重要业务事项和高风险领域，并根据自己企业的需要挑选适合企业现状的要素、子系统和控制流程，以保证建设过程中的简洁。甄别出需要的要素、子系统和流程后，应该进一步识别出关键流程的控制关键，辨清关键控制点的关键流程，以清晰的政策、简洁的流程框定出关键的控制程序。

三是制衡性原则。所谓制衡性，就是指内部控制应当在治理结构、机构设置及权责分配、业务流程等方面形成相互制约、相互监督，同时兼顾运营效率。内部控制规范的基本要求是在治理结构、机构设置及权责分配、业务流程等方面形成相互制约、相互监督的机制，同时兼顾运营效率。制衡作为一种机制是内部控制的重要构成部分，但是切忌一味地、片面地强调制衡，在权力分配和业务流程设置上过度制约，会影响企业的效率。

四是适应性原则。所谓适应性，就是强调内部控制应当与企业经营规模、业务范围、竞争状况和风险水平等相适应，并随着情况的变化及时加以调整。一个内部控制体系如果不具有可操作性，不能在实践中被应用，则这个内部控制体系设计得再完美、再严密，也是没有实用价值的，也不能给企业带来控制效益。因此，可操作性是构建内部控制体系应遵循的一条重要原则，要达到适用性原则，企业的内部控制建设应当与企业经营规模、业务范围、竞争状况和风险水平等相适应，并随着情况的变化及时加以调整。

五是成本效益原则。所谓成本效益原则，又称为成本与效率效果原则，就是指内部控制应当权衡实施成本与预期效益，以适当的成本实现有效控制。内部控制对防范企业活动的错弊和风险只能是起到合理的保证作用，应当权衡实施成本与预期收益，所有设置控制点应达到控制收益大于控制成本；当有些业务可以不断增加控制点来达到较高的控制程序，就应考虑采用多少控制点能使控制收益减去控制成本的值最大化；当控制收益难以确定时，应考虑在满足既定控制的前提下，使控制成本最小化。否则，企业建立的内部控制制度越严密，内部控制能力越强，为此所要付出的运行和维护等成本越大，企业的效益就会受到影响。同时，控制过于严密对企业的效率也会产生影响，也将减少企业的效益。

第二节　控制环境解读

准确地看，控制环境决定了企业的基调，影响企业员工的控制意识。它是其他要素的基础，提供了基本规则和构架。控制环境因素包括：员工的诚信度、道德观和能力；管理哲学和经营风格；管理层授权和职责分工、人员组织和发展方式；董事会的重视程度和提供的指导。

控制环境对企业行为架构、目标设立和风险评估的方式有潜移默化的影响。它也影响着控制活动、信息和沟通系统以及监控行为。实际上，控制环境不仅影响它们的设计，而且影响它们的日常运转。控制环境受企业文化和历史的影响。它能影响员工的控制意识。具有有效控制的企业，尽力聘用有能力的员工，灌输诚信的企业文化和控制意识，设定一个积极的“最高基调”（完美行为规范）。它们确立适当的政策和程序，常常包括一本书面操作手册，培养共同的价值和团队精神，以期实现企业目标。

在正式讨论控制环境之前，需要明确这样的前提：一是控制环境尽管受制于内部环境，但是，外部环境也相当具有影响力。比如，外部经济环境、法律法规环境、政府管制环境和技术进步环境等，都无一不对内部控制产生直接或间接的影响。二是尽管每个要素都很重要，但根据企业的不同，侧重的程度还是有所差异的。例如，一个集中经营的小作坊总经理，也许不会建立正式的职责分工和详细的经营策略，但其仍可能有一个适当的控制环境。

控制环境处于内部控制五大要素之首。内部环境包含组织基调，具体内容包括：治理结构、机构设置及权责分配、内部审计、人力资源政策、企业文化等。可以看出，内部环境主要侧重于企业文化和管理风格方面。这些内部环境下的次级因素还可以进一步细化，如人力资源政策可以细化为员工招聘、培训、辞退、绩效考核等。

一、法人治理的核心环境

《企业内部控制基本规范》第 11 条强调：企业应当根据国家有关法律法规和企业章程，建立规范的公司治理结构和议事规则，明确决策、执行、监督等方面的职责权限，形成科学有效的职责分工和制衡机制。

所谓治理，其实就是公司权力在股东（大）会、董事会、监事会和经理层等四个主体之间的配置问题。治理结构是由股东（大）会、董事会、监事会和管理层组成的，决定公司内部决策过程和利益相关者参与公司治理的办法，主要作用在于协调公司内部不同产权主体之间的经济利益矛盾，克服或减少代理成本。本规范所界定的边界线是：

股东（大）会享有法律法规和企业章程规定的合法权利，依法行使企业经营方针、筹资、投资、利润分配等重大事项的表决权。

董事会对股东（大）会负责，依法行使企业的经营决策权。

监事会对股东（大）会负责，监督企业董事、经理和其他高级管理人员依法履行职责。

经理层负责组织实施股东（大）会、董事会决议事项，主持企业的生产经营管理工作。

如果从全球视野看，治理结构的类型主要有单层制和双层制。单层制模式，即董事会集执行职能与监管职能于一身，其中监督职能在很大程度上是通过独立董事制度来实现的。单层制治理结构通常包括内部（或执行）董事和外部非执行董事以及一些专业委员会，特点在于业务执行机构和监督机构并不分离。双层制模式同单层制的主要区别在于，其执行职能和监督职能是分开的，即董事会负责执行，监事会负责监督。双层制模式有两种变形，即垂直式和水平式。从我国现行的相关法规和政策取向看，目前的公司治理结构显然是两种模式交叉的混合模式，具有双重特征。如上市公司，董事会中设置独立董事，且必配备至少一位会计专业人士出任独立董事，而又设置平行运作的监事会。在该种公司治理模式下，股东是公司的所有者，股东大会是公司的最高权力机构。董事会是由股东大会选举产生，由不少于法定人数的董事组成的，代表公司行使其法人财产权的必要会议体机关。监事会由股东大会选举产生的监事组成，主要对董事和经理行使监督的职能。监事会的权力来源于股东大会。经理人是由董事会聘任负责企业经营管理的负责人。经理层也是公司业务的执行机关，与股东大会、董事会、监事会等机关不同的是，前三者都是会议体机关，而经理层则是由总经理一个总负责的。

二、组织权责的配置环境

《企业内部控制基本规范》第 14 条规定，企业应当结合业务特点和内部控制要求设置内部机构，明确职责权限，将权利与责任落实到各责任企业。企业组织架构的设置是把实现企业目标所需要的工作进行分解，并根据专业化分工、有效协调和精简节约的原则进行机构与部门的设计，以规范企业成员的工作及其相互间联系，使企业成员能在一定的组织规范内既分工又协作地为实现企业目标而共同努力。

虽然各个组织所处的环境、采用的技术、制订的战略等有所不同，但是任何组织在进行机构设置时仍需要遵守的一些共同原则。这些原则主要有：任务目标原则、有效管理幅度原则、分工协作原则、权责对等的原则、便于操作的原则、动态适应性原则。

企业的组织管理活动总是在一定的环境中，受制于一定的技术条件，因此，企业组织架构的设置必须考虑组织现有的规模及其所处的生命周期。机构设置还需要遵循一定的程序：第一，确定组织设计的基本方针和原则；第二，进行职能分析和职能设计；第三，设计组织架构的框架；第四，管理规范的设计；第五，人员配备和训练管理；第六，反馈和修正。

我国相关法规反映出董事会在公司管理中居于核心地位，董事会应该对公司内部控制的建立、完善和有效运行负责。监事会对董事会建立与实施内部控制进行监督。公司管理层对内部控制制度的有效执行承担责任，其中处于不同层级的管理者掌握着不同的控制权力并承担相应的责任，同时相邻层级之间存在着控制和被控制的关系。

三、内部审计的配套环境

国际公认的内部审计之父劳伦斯·索耶曾经说过：内部审计师是内部咨询师，是家中的宾客，而不是街上的警察，他不仅要寻找或大或小的错误，而且要为改善业务提供指南，他不是处分众人的事后诸葛，而是鞭策人们“励精图治的咨询师”，他不仅关心事情是否做得恰当，而且关心事情是否做了。内部审计与政府审计、社会审计共同构成了维护一个主体财产的“看门狗（Watch Dog）”。《企业内部控制基本规范》第15条规定，企业应当加强内部审计工作，保证内部审计机构设置、人员配备和工作的独立性。内部审计机构应当结合内部审计监督，对内部控制的有效性进行监督检查。内部审计机构对监督检查中发现的内部控制缺陷，应当按照企业内部审计工作程序进行报告；对监督检查中发现的内部控制重大缺陷，有权直接向董事会及其审计委员会、监事会报告。

内部审计控制是内部控制的一种特殊形式，主要包括财务会计、管理会计和内部控制检查。内部审计主要具有监督、评价、控制和服务职能，作用主要是防护性作用和建设性作用。防护性作用是通过内部审计的检查和评价企业内部的各项经济活动，发现那些不利于本企业目标实现的环节和方面，防止给企业造成不良后果；建设性作用是通过对审查活动的检查和评价，针对管理和控制中存在的问题和不足，提出富有建设性的意见和改进方案，从而协助企业改善经营管理，提高经济效益，以最好的方式实现组织的目标。

根据有关规定，我国内部审计机构按照本企业主要负责人或者权力机构的要求，主要履行的职责有：

- 对本企业及所属企业（含占控股地位或者主导地位的企业，下同）的财政收支、财务收支及其有关的经济活动进行审计。
- 对本企业及所属企业预算内、预算外资金的管理和使用情况进行审计。
- 对本企业内设机构及所属企业领导人员的任期经济责任进行审计。
- 对本企业及所属企业固定资产投资项目进行审计。
- 对本企业及所属企业内部控制制度的健全性和有效性以及风险管理进行评审。
- 对本企业及所属企业经济管理和效益情况进行审计。
- 法律、法规规定和本企业主要负责人或者权力机构要求办理的其他审计事项。

内部审计程序通常包括准备阶段、实施阶段、终结阶段以及后续审计4个环节，审计人员应根据管理层确定的职责范围和委托的工作任务对审计项目开展内部审计工作。

四、人力资源的支撑环境

《企业内部控制基本规范》第16条规定，企业应当制定和实施有利于企业可持续发展的人力资源政策。

人力资源政策应当包括下列内容：员工的聘用、培训、辞退与辞职；员工的薪酬、考核、晋升与奖惩；关键岗位员工的强制休假制度和定期岗位轮换制度；掌握国家秘密或重要商业秘密的员工离岗的限制性规定；有关人力资源管理的其他政策。

从某种意义上说，企业内部控制的成效取决于员工素质的合格程度。因为任何内部控制制度的成效取决于其设计水平和高素质的人员的贯彻执行，所以员工素质控制是内部控制的一个重要因素。员工素质控制包括企业在招聘、培训、考核、晋升与奖励等方面对员工素质的控制。

《企业内部控制基本规范》第 17 条规定，企业应当将职业道德修养和专业胜任能力作为选拔和聘用员工的重要标准，切实加强员工培训和继续教育，不断提升员工素质。员工素质是内部控制得以有效实施的关键所在，员工的素质控制是内部环境的重要组成部分。培训则是保证和提高员工职业素质和专业胜任能力的重要方式。培训原则主要有激励、因材施教、实践、明确目标和统筹安排、合理规划等。当然，培训完成后，培训评估是不可缺少的环节，即依据培训目标、应用科学的评估方法来评价培训的效果。只有这样，企业才能知道培训是否达到了目的。

五、企业文化的软性环境

文化是软实力，是一种渗透力极强的精神能量。企业文化是一切从事经济活动的组织之中形成的组织文化，是企业在长期的经营实践中形成的共同思想、作风、价值观念和行为准则，是一种具有企业个性的信念和行为方式。企业文化包含四个要素：制度文化、物质文化、行为文化、精神文化。这四者相互影响、相互作用，共同构成企业文化的完整体系。因此，《企业内部控制基本规范》第 18 条明确了企业应当加强文化建设，培育积极向上的价值观和社会责任感，倡导诚实守信、爱岗敬业、开拓创新和团队协作精神，树立现代管理理念，强化风险意识。

“一个坏的制度可以使好人变坏，而一个好的制度可以使坏人变好”。不仅如此，无论是制度的建立，还是制度的实施，均离不开文化的支撑。对于两权分离的企业来说，出资人在外、依靠职业经理人代理经营所依托的文化，只能是法治文化、公开透明文化与诚信文化。另外，企业文化并不是静态的，而是动态的和不断发展的。企业文化变革是打破原有企业文化并建立新文化的过程，即剔除那些不适应企业发展和竞争环境要求的内容，通过一定的途径建立与企业内外环境相适应的新结构，赋予企业文化新的内容，并通过一定方式将其固定下来，形成一种新的、稳定的企业文化。

六、相关法律的强制环境

《企业内部控制基本规范》第 19 条规定，企业应当加强法制教育，增强董事、监事、经理及其他高级管理人员和员工的法制观念，严格依法决策、依法办事、依法监督，建立健全法律顾问制度和重大法律纠纷案件备案制度。

企业内部各级人员要有法律意识。提高企业各岗位人员法律意识的途径主要包括：一是提高企业经营者的法律意识；二是全面开展法制教育；三是充分发挥企业法律顾问机构或相关法律人员如企业法律顾问在企业法制教育中的作用。这样，企业可以有效降低法律风险的人为因素，从而控制法律风险。同时，还应建立法律顾问制度以及重大法律纠纷案件备案制度，为企业的经营活动提供法律保障，企业经营者可以凭借法律顾问提供的意见，确保经营决策的合法性，同时也能维护企业的合法权益。

第三节 风险评估解读

风险（Risk）通常是指某一特定危险情况发生的可能性和后果的组合。风险评估要求企业考虑潜在事件影响目标实现的程度和范围。外部和内部因素影响着哪些事件将发生以及这些事件的发生对企业目标实现的影响程度。

在评估风险时，管理层考虑各种预期和未预期事件。一些事件是经常性循环发生的，并且已经包括在管理层项目和运营预算中，而其他的则是未预期的事件。管理层应评估未预期潜在事件的风险，如果它还没有这样做，则评估的是对组织具有重要影响的预期事件。

尽管“风险评估”这一词语有时被用在与一次性活动的联系中，在企业风险管理中，风险评估因素是一个持续的、互动的、在整个企业中发生的活动。风险评估是组织辨认和分析与目标实现有关的风险的过程。风险评估提供了控制风险的基础。内部控制中的风险评估过程必须判明企业完成既定目标存在的外部风险与内部风险，分析各种风险的类型和程度。此处的风险评估是一个比较宽泛的概念，包括了风险管理的全过程，即设置目标、风险识别、风险分析、风险应对。

一、确定风险承受度

《企业内部控制基本规范》第 21 条规定，企业开展风险评估，应当准确识别与实现控制目标相关的内部风险和外部风险，确定相应的风险承受度。风险承受度是企业能够承担的风险限度，包括整体风险承受能力和业务层面的可接受风险水平。所以，企业只有根据设定的风险承受度，才能全面、系统、持续地收集相关信息，最后结合实际情况，及时进行风险评估。

如果企业能够恰当地设置自身的风险承受度，这将给企业带来长远利益。但企业必须有足够的能力承受设定风险承受度范围的风险，即最大可能损失。如果企业不能满足这个条件，那么企业就必须设定较低的风险承受度，考虑风险转移等其他可选择的措施。企业在确定风险承受度时，应当考虑的内容有：国家相关法律、经济方面的限制，企业自身控制能力的强弱，风险转移可行性，机会成本的高低等。

二、识别内外风险点

科学地识别风险是有效控制的必然前提。风险识别就是收集有关损失原因、危险因素及其损失暴露等方面信息的过程。风险识别作为风险评估过程的重要环节，主要回答的问题是：存在哪些风险，哪些风险应予以考虑，引起风险的主要因素是什么，这些风险所引起的后果及严重程度如何，风险识别的方法有哪些等。而其中企业在风险评估过程中，更应当关注引起风险的主要因素，应当准确识别与实现控制目标有关的内部风险和外部风险。

（一）内部风险因素

从企业所能影响的自身因素而言，与风险高低相关的内部因素主要有：

1. 董事、监事、经理及其他高级管理人员的职业操守、员工专业胜任能力等人力资源因素。

2. 组织机构、经营方式、资产管理、业务流程等管理因素。

3. 研究开发、技术投入、信息技术运用等自主创新因素。

4. 财务状况、经营成果、现金流量等财务因素。

5. 营运安全、员工健康、环境保护等安全环保因素以及其他因素。

（二）外部风险因素

从市场外部环境所产生的可能影响企业风险的各种因素而言，主要风险种类包括：

1. 经济形势、产业政策、融资环境、市场竞争、资源供给等经济因素。

2. 法律法规、监管要求等法律因素。

3. 安全稳定、文化传统、社会信用、教育水平、消费者行为等社会因素。

4. 技术进步、工艺改进等科学技术因素。

5. 自然灾害、环境状况等自然环境因素以及其他因素。

内外风险的识别是一个技术性强的活动，也是一个经验要求高的职业。经常使用的风险识别方法主要有：潜在损失列表法、财务报表法、事故树分析法、事件清单法、内部分析法、增量或临界触发器法、小组讨论或访谈法、调查问卷法等。各种方法或单独使用，或结合使用，以便根据情况收到良好的效果。

三、风险分析

在识别出一系列的风险之后，我们应对其进行分析。为此，《企业内部控制基本规范》第 24 条规定，企业应当采用定性与定量相结合的方法，按照风险发生的可能性及其影响程度等，对识别的风险进行分析和排序，确定关注重点和优先控制的风险。企业进行风险分析，应当充分吸收专业人员，组成风险分析团队，按照严格规范的程序开展工作，确保风险分析结果的准确性。

风险分析是在风险识别基础上对风险发生的可能性、影响程度等进行描述、分析、判断，并确定风险重要性水平的过程，是风险评估的独立环节。风险分析程序主要包括：分析风险因素、风险事故，捕捉风险征兆，确定风险的存在；分析风险可能性即风险发生的频率；分析风险发生的可能影响。

一个组织的风险评估方法由一系列定性和定量的技术组成。当风险不能进行量化或者对风险量化所需数据在现实中不易获得，或者是分析数据不具有较高成本效益时，管理层经常使用定性的评估技术。定量的技术往往带来更高的精确性，并且运用在更复杂的活动中作为对定性技术方法的补充。

定量评估技术往往需要投入更多的精力，要求也更为严格，有时需要使用数学模型。定量的技术对支持数据和假定具有很高的依赖型，在历史和变化频率可知的情况下最适用，并且据此可以做出可靠的预测。

风险分析的方法包含定性和定量技术的结合。定性分析方法是直接运用定性术语描述风险发生可能性的高低以及其对目标的影响程度。比较常用的定性分析的方法主要有：访谈、集体讨论、专家咨询、问卷调查以及标杆分析等。定量分析方法用数量方法描述风险发生可能性的高低以及其对目标的影响程度，大多数是建立在数学模型基础上的。如对风险发生的可能性用概率来表示，对目标影响程度用损失金额来表示。比较常用的定量评估方法主要有：概率技术、情景分析、压力测试法、敏感性分析等。不论是定性方法还是定量方法都有其适用范围，有时候能够采用定量方法，有时候只能采用定性方法，因此，比较现实的做法是将定性和定量的方法相结合。

四、风险应对

在风险识别和风险分析的基础上，企业就应该结合实际情况，选择合适的风险应对策略。企业风险应对策略有四种基本类型：风险规避、风险降低、风险分担、风险承受。因此，《企业内部控制基本规范》第26条规定，企业应当综合运用风险规避、风险降低、风险分担和风险承受等风险应对策略，实现对风险的有效控制。

风险规避（Avoidance）是企业对超出风险承受度的风险，通过放弃或者停止与该风险相关的业务活动以避免和减轻损失的策略。这是控制风险的一种最彻底、最有力的措施，它与其他控制风险方法不同，是在风险事故发生之前，将所有风险因素完全消除，从而彻底排除某一特定风险事故发生的可能性，同时也是一种消极的风险应对措施，因为选择这一策略也就放弃了可能从风险中获得的收益。企业在选择风险规避策略时必须考虑以下三方面的因素：某些风险即使能够规避，但从企业经营绩效角度而言也许不可行；某些风险可以规避，但其潜在利益将大大超过潜在损失；规避某些风险的同时产生了新的风险。

风险降低（Reduction）是企业在权衡成本效益之后，准备采取适当的控制措施降低风险或者减轻损失，将风险控制在风险承受度之内的策略。这是风险管理中最积极主动也是最常见的处理方法，包括两类措施：风险预防和风险抑制。

风险分担（Sharing）是企业准备借助他人力量，采取业务分包、购买保险等方式和适当的控制措施，将风险控制在风险承受度之内的策略。其主要措施包括业务分包、保险、出售、开脱责任合同以及合同中的转移责任条款等。

风险承受（Acceptance）是企业对风险承受度之内的风险，在权衡成本效益之后，不准备采取控制措施降低风险或者减轻损失的策略。这也是一种最普通、最省事的风险应对策略。企业对风险承受度之内的风险，在权衡成本效益之后无意采取进一步控制的，可以采用风险承受策略。例如，企业设有一个小型仓库存放一些待处理设备（市场价值很小），如果为了防止这些设备被偷盗而专门雇用一个保管员，这时支付保管员的费用要远高于设备的价值，显然不符合成本效益原则。因此，对于这种存在的失窃风险企业就应该采用风险承受策略。采用风险承受策略的风险一旦发生，造成的损失一般通过内部资金的融通来弥补。

风险应对的四种策略是根据企业的风险偏好和风险承受度制定的，风险规避策略在采用其他任何风险应对措施都不能将风险降低到企业风险承受度以内的情况下适用；风险降低和风险分担策略则是通过相关措施，使企业的剩余风险与企业的风险承受度相一致；风险承受则意味着风险在企业可承受范围之内。企业应该结合具体情况及时调整风险应对策略。所以，《企业内部控制基本规范》第27条规定了企业应当结合不同发展阶段和业务拓展情况，持续收集与风险变化相关的信息，进行风险识别和风险分析，及时调整风险应对策略。

第四节　控制活动解读

控制活动是有助于确保管理层的风险反应被执行的一些方针政策和程序。控制活动体现在组织的所有层次和功能中，它包含了一系列活动，如批准、授权、核查、协调、运营绩效评估、资产安全和职责划分等。尽管有些控制活动只与一个类型相关，但是大部分情况下它们是互相重叠的。根据所处环境不同，一个特殊的控制活动不只在一个类型上可以满足组织的目标需求。控制活动是一个企业实现自己商业目标活动的关键环节。控制活动的实施不仅仅是为了其自身利益或因为这样做好像是正确或恰当的。控制活动应作为一个机制来管理目标的实现。

《企业内部控制基本规范》第 28 条明确了企业应当结合风险评估结果，通过手工控制与自动控制、预防性控制与发现性控制相结合的方法，运用相应的控制措施，将风险控制在可承受度之内。

一、主要控制活动——基于控制措施的视角

控制措施一般包括不相容职务分离控制、授权审批控制、会计系统控制、财产保护控制、预算控制、运营分析控制和绩效考评控制等。

（一）不相容职务分离控制

《企业内部控制基本规范》第 29 条是不相容职务分离控制，要求企业全面系统地分析、梳理业务流程中所涉及的不相容职务，实施相应的分离措施，形成各司其职、各负其责、相互制约的工作机制。所以，企业进行组织规划，首先是要对不相容职务进行分离。比如，某职工既负责签发支票、记录支票登记簿，又负责银行账目核对。如果该职工伪造签名，贪污公款，就有可能隐瞒对贪污款项的支票记录，而且又因掌握对账工作，使得舞弊行为被隐瞒而不被发现。所以在企业中，通常有六大类主要的不相容职务：

1. 经济业务执行主体与授权审批主体的职务要分离，这是基于职责权限的垂直分离。
2. 经济业务执行主体与财产保管业务的职务要分离，这是基于财产安全的接触分离。
3. 经济业务执行主体与记录该项业务的职务要分离，这是基于交易轨迹的流程分离。
4. 经济业务执行主体与审核监督业务的职务要分离，这是基于交易活动的监督分离。
5. 经济业务执行主体与财产物资的使用主体的职务要分离，这是基于实物资产的采用分离。
6. 财产物资保管主体与该项业务的记录主体职务要分离，这是基于实物资产的账物分离。

这些不相容职务分离如图 2－3 所示。

当然，不相容职务分离需要各类员工恪守其责，如果担任不相容职务的职工之间相互串通勾结，则不相容职务分离就失去作用了。但如果企业没有适当的职务分离，则发生错误和舞弊的可能性就会大大增加。

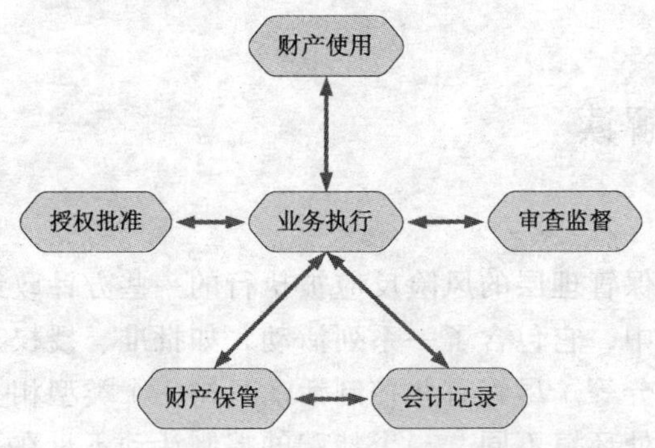

图 2－3 常见不相容职务分离情形

（二）授权审批控制

《企业内部控制基本规范》第 30 条的规定，授权审批控制要求企业根据常规授权和特别授权的规定，明确各岗位办理业务和事项的权限范围、审批程序和相应责任。企业应当编制常规授权的权限指引，规范特别授权的范围、权限、程序和责任，严格控制特别授权。常规授权是指企业在日常经营管理活动中按照既定的职责和程序进行的授权。特别授权是指企业在特殊情况、特定条件下进行的授权。企业各级管理人员应当在授权范围内行使职权和承担责任。企业对于重大的业务和事项，应当实行集体决策审批或者联签制度，任何个人不得单独进行决策或者擅自改变集体决策。

根据上述规定，授权控制的理念通常包括三层意思：企业所有职员都是控制当事人，不经合法授权，不能行使相应权力；不经合法授权，任何人都不得实施审批权；有权授权的人则应在规定权限范围内行事，不得越权授权；企业的所有业务不经授权不能执行；企业业务一经授权必须予以执行。

授权按照其控制对象出现频率的高低可分为常规授权和特别授权。常规授权是企业在日常经营管理活动中按照既定的职责和程序进行的授权；特别授权是对非经常经济行为进行专门研究后作出的授权。与常规授权不同，特别授权的对象是某些例外的经济业务，只涉及特定的经济业务处理的具体条件及有关具体人员。

为确保授权审批控制措施的有效运行，还要特别强调指出两个方面：

1. 企业各级管理人员应当在授权范围内行使职权和承担责任，是权利与责任对等的基本体现，既要明确授权的范围，不得越过边界线，又要权利与义务相匹配，实施相应的责任追究制度。

2. 企业对于重大的业务和事项，应当实行集体决策审批或者联签制度，任何个人不得单独进行决策或者擅自改变集体决策。

因此，实施授权审批控制措施时，应该奉行透明原则，以明确审批人员和审批权限、审批程序、审批内容、审批人员的责任；设立事后监督机制；以稽核、审计、纪律检查部门为基础，成立内部审计委员会。这些措施对企业及时发现问题、防范和化解企业经营风险都会具有重要的作用。

（三）会计系统控制

内部控制自始至终不应该离开会计信息系统这一主线。《企业内部控制基本规范》第 31

条规定，会计系统控制要求企业严格执行国家统一的会计准则制度，加强会计基础工作，明确会计凭证、会计账簿和财务会计报告的处理程序，保证会计资料真实完整。

会计系统从原始凭证到记账凭证、从明细账务到总账，从会计账簿到会计报表，其实都是为确认、汇总、分析、分类、记录和报告企业发生的经济业务，并保持相关资产和负债的受托责任而建立的各种会计记录手段、会计政策、会计核算程序、会计报告制度和会计档案管理制度等的总称。控制过程理所当然地贯穿始终。会计岗位责任制是在会计机构内部规定各项会计工作岗位的职责和权限，并把有关规定、要求等具体落实到每一会计工作岗位的制度。建立健全会计岗位责任制是贯彻执行国家财经法律法规的要求，也是强化会计机构内部管理、健全企业内部控制的需要。各企业应结合本企业的实际情况，以责定权，责权分明，严格考核，有奖有惩，切实做到事事有人管，人人有专责，办事有要求，工作有检查，建立层次分明、职责明确的会计岗位责任体系。

会计机构负责人和总会计师的控制关键点：一是会计机构负责人应当具备会计师以上专业技术职务资格。二是大中型企业应当设置总会计师，设置总会计师的企业，不得设置与其职权重叠的副职。

（四）财产保护控制

保护财产的安全完整，是内部控制的直接诉求。《企业内部控制基本规范》第 32 条明确了企业建立财产日常管理制度和定期清查制度，采取财产记录、实物保管、定期盘点、账实核对等措施，确保财产的安全完整；严格限制未经授权的人员接触和处置财产。这里所述的财产主要包括企业的现金、存货以及固定资产等。它们在企业资产总额中的比重较大，是企业进行经营活动的基础，因此，企业应加强实物资产的保管控制，保证实物资产的安全、完整。所以，就应建立科学的保管制度，明确限制接近控制、人员牵制控制以及定期盘点、进行账实核对、财产保险等。

（五）预算管理控制

预算是企业运营的“总控制器”。《企业内部控制基本规范》第 33 条明确要求企业实施全面预算管理制度，明确各责任企业在预算管理中的职责权限，规范预算的编制、审定、下达和执行程序，强化预算约束。企业通过预算控制，使得经营目标转化为各部门、各岗位以至个人的具体行为目标，作为各责任企业的约束条件，能够从根本上保证企业经营目标的实现。

预算编制是企业实施预算管理的起点，也是预算管理的关键环节。企业采用什么方法、什么编制程序来编制预算，对预算目标的实现有着至关重要的影响，从而直接影响到预算管理的效果。预算编制完成后，便开始进入执行阶段，企业各部门在生产经营及相关的各项活动中，需要充分按预算办事。同时，还应明确各项业务的授权审批权限及审批流程，对于无预算或者超预算的项目进行严格控制；预算制度制定后要进行后续管理，根据执行的具体情况和内外部环境变化及时有效地维护更新。企业应定期检查预算制度执行情况，必要时可进行制度修订。通过对相关数据的对比分析，找出差异的原因及应采取的措施。最后，企业还应该制定相关的考核指标，并定期对预算执行情况进行严格的考核。

（六）运营分析控制

开展运营活动分析的目的就在于把握企业经营是否向着预算规定的目标发展，一旦发生偏差和问题就能找出问题所在，并根据新的情况解决问题或修正预算。一个企业的成功不仅仅依靠安全生产、扩大销售等手段，还依靠对运营成果进行总结分析，因此，《企业内部控制基本规范》第 34 条规定，运营分析控制要求企业建立运营情况分析控制，经理层应当综合运用生产、购销、投资、筹资、财务等方面的信息，通过因素分析、对比分析、趋势分析等方法，定期开展运营情况分析，发现存在的问题，及时查明原因并加以改进。

运营活动分析内容，包括财务分析、经营分析、预算分析、专项分析和综合分析，并应做到事前、事中和事后相结合，既要有企业内部分析，又要兼顾外部分析，为经营决策提供及时有用的信息。通常，企业会结合具体的情况，采用定性或定量分析方法来反映企业的偿债能力、盈利能力、资金周转状况和盈余分配情况等。具体步骤可以是先确定分析目标，然后制定分析方案，搜集与整理资料、分析现状，最后作出分析结论，撰写分析报告。

（七）绩效考评控制

绩效考评是一个标杆，是引领企业全体人员共同前行的明灯。《企业内部控制基本规范》第 35 条规定，绩效考评控制要求企业建立和实施绩效考评制度，科学设置考核指标体系，对企业内部各责任企业和全体员工的业绩进行定期考核和客观评价，将考评结果作为确定员工薪酬以及职务晋升、评优、降级、调岗、辞退等的依据。所以说，绩效考评是一个过程，即首先明确企业要做什么（目标和计划），然后找到衡量工作做得好坏的标准进行监测，发现做得好的，进行相应的奖励，使其继续保持或者做得更好，能够完成更高的目标。对发现不好的地方，通过分析找到问题所在，进行改正，使得工作做得更好。这一过程就是绩效考评过程。

绩效考评，首先要确定绩效目标，然后进行绩效辅导，即管理者引导、帮助员工不断改进工作方法和技能，及时纠正行为与工作目标之间可能出现目标和计划进行跟踪和修改。其次，管理者要依据绩效计划阶段所确立的标准和收集的数据来对员工在考核期内的绩效进行评价。再次，管理者与员工之间的实现“互动”，有的放矢地进行激励和指导。最后，将绩效结果应用于奖金分配、晋升与职务调整、培训教育、员工职业生涯发展等。

（八）实施纵深控制

上述 7 个方面的控制基本包含了企业经营与管理进程中可能出现的主要风险，但是，花样翻新的风险应该引起企业上下时时刻刻的高度警觉。因此，任何一个企业，都应当根据内部控制目标，结合风险应对策略，综合运用上述各项控制措施，对各种业务和事项实施有效控制。此外，面对现实中变幻莫测的环境，企业应当建立重大风险预警机制和突发事件应急处理机制，明确风险预警标准，对可能发生的重大风险或突发事件，制订应急预案，明确责任人员，规范处置程序，确保突发事件得到及时妥善处理。

二、主要控制活动——基于控制实施的视角

（一）主要关注点

针对公司的每一项业务活动都应有必要和恰当的控制政策和控制程序。已确定的流程及控制行为是否得到恰当执行的判断标准，包括三条：其一，规定的流程和控制程序是否已实施，是否正确地按照设计意图执行；其二，出现例外或发生需要跟踪的情况时，是否采取了恰当、及时的措施；其三，监督人员是否有审核流程和控制行动的功能。

（二）主要措施和程序

1. 搭建内部控制组织。公司建立内部控制与企业风险管理机构，明确其职责分工、控制方法、控制设计程序、控制实施与监督、控制措施的更新与维护等。

2. 全面构建制度体系。该体系包括：在生产经营领域，企业针对各项生产经营活动，制定采购、生产、销售等业务活动方面的管理制度和流程；在企业管理领域，针对各项管理活动，制定财务、人事、审计、资本运营等管理活动方面的管理制度和流程；在特殊管理与控制领域，制定操作规程。

3. 形成控制流程。流程控制文档，包括流程图和流程文字说明等，用于确认、记录每个流程及每个步骤中存在的风险和应建立的控制，并与相应的制度和控制措施相对应。流程控制文档应重点强调与财务会计报表和附注的真实性、准确性有关的控制，防止舞弊、欺诈行为的控制以及资产安全的控制等。具体的执行步骤是：

（1）建立业务流程控制文档。内部控制与企业风险管理部门组织相关部门对业务流程上的风险和控制进行描述，形成流程控制文档。每个流程主要包括目标、风险、流程步骤与控制点、流程表和流程图等点、线、面、体的结构，并由有关业务主管部门的相关人员确认，以保证流程控制文档中描述的内容能够反映实际业务执行情况。

（2）分析查找差距，补充和完善现有控制措施。内部控制与企业风险管理部门组织相关部门对流程控制文档进行分析，查找现有控制措施的缺失和不足，由相关部门进行整改，并补充、修订相关制度。

（3）根据变化的内、外部环境，调整控制措施，并完善相应的制度文件。随着公司经营活动外部环境和内部管理的变化，风险评估的结果也会不断更新，控制活动也应随之发生变化。因此，内部控制与企业风险管理部门每年定期组织相关部门对新增或变动的风险进行以下判断——是否有新增的控制活动，已有的控制活动是否有变化，然后将这些新增或变化后的控制活动记录在程控制文档中，对流程控制文档进行更新。

（三）对应的主要控制性文档

主要控制领域的文档记录，其实是控制态势的直接参与记载，特别需要关注如下这些文档：资金业务控制流程文档、采购业务控制流程文档、存货业务控制流程文档、工程项目业务控制流程文档、固定资产业务控制流程文档、无形资产业务控制流程文档、长期股权投资业务控制流程文档、筹资业务控制流程文档、预算业务控制流程文档、成本费用业务控制流程文档、担保业务控制流程文档、合同协议业务控制流程文档、业务外包控制流程文档、对子公司控制业务控制流程文档、财务报表编制与披露业务控制流程文档、人力资源政策业务控制流程文档、信息系统一般控制流程文档、衍生工具业务控制流程文档、企业并购业务控制流程文档、关联交易业务控制流程文档和内部审计业务控制流程文档。

第五节　信息与沟通解读

信息不对称，是市场经济环境下交易成本加剧的内在原因，内部控制领域也不例外，因此，必须强调信息与沟通。

一、信息与沟通的定位

每个企业都会广泛地获取信息，包括内部的和外部的事项以及关于管理组织的活动。这些信息以一种形式和时间框架传递给组织的成员，使他们能够执行风险管理活动和履行其他职责。信息贯穿于组织的所有层次，是进行风险识别、评估和风险反应以及管理组织、实现组织目标所必需的。

（一）信息在控制中的功能

来自外部和内部的运营信息，不论是财务或者非财务的，都和多个商业目标相关联。例如，财务信息可以用于财务报表的编制，可以用于财务报告的编制，也可以用于经营决策。可靠的财务信息是计划、预算、定价、销售业绩评价、联盟评价和其他管理活动的基础。

运营信息对于财务报表和其他报表也是很重要的。它主要包括常规的采购、销售、其他交易等。

信息以定性和定量的方式来自于外部和内部的许多方面，有助于根据变化的条件作出反应。对管理的一个挑战就是把这些大量的信息和数据处理和提炼成有利于执行的信息。建立一个信息系统构架去收集、处理、分析和报告相关的信息就是为了应对这样的挑战。这些信息系统通常是计算机化的，但也需要手工输入或者人工操作接口。其实，这些信息系统有更为广泛的应用。它们可以处理很多的外部事项的信息，例如，市场和行业的经济数据对公司产品或者服务的需求影响、生产过程中的产品和服务的信息、关于客户倾向和需求的市场信息、竞争对手的产品研发信息和立法或者政策调整的信息。

（二）有效沟通的功能

在各种沟通渠道中，最重要的就是高层管理人员和董事会的沟通。管理层必须让董事会及时了解绩效、风险、企业风险管理的功能和其他一些相关的事项。这种沟通越通畅，董事会就越会有效履行监督职责，即监督管理层的活动，并提供建议、顾问和指导。同样道理，董事会应该同管理层沟通其对信息的需要，提供回馈和指导。

1. 外部沟通。不管在组织内部，还是在组织外部，都要有恰当的沟通渠道。通过公开的沟通渠道，客户和供货商能提供一些关于产品或者服务设计和质量的非常重要的输入信息，帮助公司更好地理解客户的需求和倾向。例如，客户和供货商会抱怨或者质疑关于货运、收据、账单或其他一些与运营相关的问题，这些问题可能是错误的或者不符合规范的。管理层应该识别出这种情况，调查和采取必要的纠正行动，主要集中在财务报告和合法性的影响和运营目标上。

对于组织的风险偏好和风险容忍度的坦率沟通是重要的，尤其是那些与供应链或电子商务系统密切相关的企业。在这种情形下，管理层不得不考虑风险偏好和风险容忍度及商业合作伙伴之间的关系，确保不会给商业合作伙伴带来更多的风险负效应。

与股东、监管部门、证券分析师以及其他外部团体的沟通，提供他们需要的相关信息，这样他们就能较轻松地理解企业所面临的环境和风险。这种沟通应该是有益的、中肯的、及时的，也是符合法律和政策要求的。

管理层与外部团体沟通的义务——不管在后续活动中是未决定的、即将来临的、严肃的还是其他别的方式——都会在整个企业内传递这些信息。

2. 沟通方法。沟通可以通过规则手册、备忘录、电子邮件、公告板、网络发布和录音等各种形式。如果信息是口头传递的——在大企业、较小的会议或者一对一的交流中——语调和肢体语言可以很好地说明所要表达的意思。管理层对员工的态度可以传达强烈的信息。管理层应该记住"行胜于言"。他们的举动反过来也受到企业历史和文化的影响。

如果一个组织具有诚实经营的历史，并且它的文化能被整个企业的员工很好地理解，那么信息的沟通在这个企业内是没有太大困难的。如果企业没有这样的传统，就需要付出更多的努力去实现这样的沟通效果。

及时、准确、完整地收集、加工、整理决策所需的信息是管理活动的重要组成部分。为此，《企业内部控制基本规范》第 38 条明确了企业应当建立信息与沟通制度，明确内部控制相关信息的收集、处理和传递程序，确保信息及时沟通，促进内部控制有效运行。这里所提到的信息是影响企业内部环境、风险评估、控制活动、内部监督等方面的信息。沟通是信息系统的一部分，是组织中的信息交流。信息交流是组织架构的核心，是组织存在的基础，没有信息交流就没有组织。因此，信息的沟通是组织稳定的基础，对一个组织的发展具有重要作用。

二、信息搜集与传送

（一）信息搜集

企业在进行信息搜集时应明确搜集的内容、方式等。《企业内部控制基本规范》第 39 条规定，企业应当对收集的各种内部信息和外部信息进行合理筛选、核对、整合，提高信息的有用性。企业可以通过财务会计资料、经营管理资料、调研报告、专项信息、内部刊物、办公网络等渠道，获取内部信息。企业可以通过行业协会组织、社会中介机构、业务往来单位、市场调查、来信来访、网络媒体以及有关监管部门等渠道，获取外部信息。因为不同企业需要的信息存在差异，各企业对每类信息的侧重点也存在差异，所以企业应结合自身特点以及成本效益原则，选择使用适合的方式搜集有价值的信息。

（二）信息传递

《企业内部控制基本规范》第 40 条规定，企业应当将内部控制相关信息在企业内部各管理级次、责任企业、业务环节之间与外部投资者、债权人、客户、供应商、中介机构和监督部门等有关方面之间进行沟通和反馈。信息沟通过程中发现的问题，应当及时报告并加以解决，所以信息传递对于企业来说也是非常重要的。但是，管理者对信息传递的认识不够或传递方式的问题往往使得信息传递中存在一些问题。常见的有准确性问题、完整性问题、及时性问题和安全性问题等。所以，企业应该加强信息传递过程的监督与复核，加强信息传递者和使用者的知识储备，加强对信息系统的改进以及信息传递与企业文化的结合。

三、信息共享管理

企业的内部控制系统实质上是一个信息系统，是一个对信息进行搜集、核对、整合、传递的过程，并且通过反馈机制改进信息的搜集、处理和传递，从而形成一个灵敏的信息沟通机制，促进内部控制目标的实现。信息系统的发展离不开信息技术的进步和人们对信息需求的增加，在信息化社会中，信息的需求无疑会持续增加，所以企业应当提高先进信息技术的应用水平，建设和完善自身的信息系统。同时，信息系统又是由许多子系统组成的，为了使信息流、物流、资金流在企业内部部门之间、企业与外部机构之间充分流动，企业就必须依赖信息技术搭建信息共享的平台。《企业内部控制基本规范》第 41 条明确了，企业应当利用信息技术促进信息的集成与共享，充分发挥信息技术在信息与沟通中的作用。企业应当加强对信息系统的开发与维护、访问与变更、数据输入与输出、文件储存与保管、网络安全等方面的控制，保证信息系统安全稳定运行。

四、三种监管渠道与机制

作为内部控制信息与沟通的配置措施，需要培植反舞弊机制、举报人投诉制度和举报人保护制度，以进一步通达控制信息的反馈机制。

（一）反舞弊机制

有效的信息交流机制可以对防范以及及时发现舞弊行为起到很好的作用。《企业内部控制基本规范》第 42 条规定，企业应当建立反舞弊机制，坚持惩防并举、重在预防的原则，明确反舞弊工作的重点领域、关键环节和有关机构在反舞弊工作中的职责权限，规范舞弊案件的举报、调查、处理、报告和补救程序。

企业至少应当将下列情形作为反舞弊工作的重点：一是未经授权或者采取其他不法方式侵占、挪用企业资产，牟取不当利益；二是在财务会计报告和信息披露等方面存在的虚假记载、误导性陈述或者重大遗漏等；三是董事、监事、经理及其他高级管理人员滥用职权；四是相关机构或人员串通舞弊。

对发现的舞弊情况如何处理，处理程度是否严格，将极大地影响员工是否作出舞弊行为。舞弊结果处理越严格、越及时，员工进行舞弊的风险就越大，他们采取舞弊的可能性就越小。因此，企业应对舞弊行为建立起完整的处理机制，并对员工进行宣传教育，使之充分了解到舞弊行为所带来的严重后果，同时企业在发现舞弊行为后要按照规定严格执行。

（二）举报人投诉制度和举报人保护制度

《企业内部控制基本规范》第 43 条规定，企业应当建立举报投诉制度和举报人保护制度，设置举报专线，明确举报投诉处理程序、办理时限和办结要求，确保举报、投诉成为企业有效掌握信息的重要途径。举报投诉制度和举报人保护制度应当及时传达给全体员工。举报投诉制度是企业内部建立的、旨在鼓励员工对企业内部涉及内部控制方面违法行为或不当行为以匿名或明示方式进行举报、投诉，并由专门机构对举报内容进行调查处理的一系列政策、程序和方法。该制度属于内部控制框架中的信息与沟通要素，具有预防、制止和揭露组织活动中的违法违规行为，保证企业各项活动的合法性和合规性的功能。

第六节 内部监督解读

一、内部监督的理性梳理

内部监督是对其存在的要素和功能进行的持续性或定期性评估，是通过一系列的监管活动、单独评估或者两者结合的手段实施的。监管活动体现在正常的管理活动中。单独评估的范围和频率主要取决于风险的评估和持续监管活动的有效性。

监控是通过持续活动和单独评估两种方法来实现的。企业风险管理机制本身就有一种自我监管的机制，至少在一定程度上是这样的。监管活动一般存在于企业重复性的经营活动中。这种监管活动是基于实时的基础，对变化的情况作出动态的反应，且根植于组织中。所以，它往往比单独评估更有效。因为单独评估在事后进行，常规的监管活动通常能更快地识别存在的问题。许多组织进行有效的监管活动，但是也定期对企业风险管理进行单独评估。一个企业如果觉察到需要频繁地单独评估，则应该集中增强监管活动。

在日常管理企业的过程中，许多活动被用于监督企业风险管理的有效性。它们都源自企业的日常管理活动，包括调查分析、不同来源的信息对比和对突发事件的处理。

监管活动一般是运营或者职能支持的管理人员对收到信息反映出来的情况进行的应对行为。通过关系分析、一致性分析或者其他有关情况，他们提出问题或者和其他人员进行必要的合作来决定是否纠正的现在活动或者需要其他活动。监管活动不同于商业活动中政策所要求进行的活动。例如，交易的批准、账户余额的调整、准确性验证以及按照信息系统或者财务流程步骤完成的活动。

内部监督是内部控制体系中不可或缺的一部分，是内部控制得到有效实施的有力保障，可以发现内控缺陷，改善内控体系，促进企业内部控制的健全性、合适性，提高企业内部控制施行的有效性，是外部监管的有力支撑，还可以减少代理成本，保障企业的利益。

二、内部监督的组织架构

不同的公司治理模式具有不同的内部监督机制，而不同的内部监督机制下的内部监督组织架构也不尽相同。国外有代表性的内部监督机制模式有：英美模式，即一元制公司体制，德日模式，即双元制模式。对我国来说，必须在借鉴国外公司治理成功经验的同时，充分考虑我国的具体情况，选择和设计适合中国特点的公司治理模式。

根据我国《公司法》的规定，上市公司股东大会下设置董事会和监事会（或监事），董事会和监事会处于平等的地位，董事会中必须有独立董事。董事会下可以设立战略、审计、提名、薪酬与考核等专门委员会。审计、提名、薪酬与考核委员中独立董事必须占多数，审计委员会中至少应有一名独立董事是会计专业人士。同时，公司必须设立监事会，监事会是依法产生、对董事和经理的经营管理行为及公司财务进行监督的常设机构。

任何一个企业都应当加强对内部控制及其实施情况的监督。内部监督的施行方式主要包括日常监督与专项监督以及两种方式的有机结合等。《企业内部控制基本规范》第 44 条规定，内部监督分为日常监督和专项监督。日常监督是指企业对建立与实施内部控制的情况进行常规、持续的监督检查；专项监督是指在企业发展战略、组织架构、经营活动、业务流程、关键岗位员工等发生较大调整或变化的情况下，对内部控制的某一或者某些方面进行有针对性的监督检查。专项监督的范围和频率应当根据风险评估结果以及日常监督有效性等予以确定。一般来说，风险水平较高并且重要的控制，对其进行专项监督检查的频率应较高。当然，如果企业的日常监督能够有效地起到监督效果，可以减少专项监督的频率。

应用指引

第三章

组织架构

组织架构，从静态方面看，是反映企业运行中关于人、职位、任务及相互之间的特定关系的架构网络与支撑系统。这一架构可以把承担组织职能的机构或岗位之间分工的范围、程度、相互之间的协调配合关系、各自的任务和职责等用部门和层级的方式确定下来，成为整个企业组织的框架体系。从动态方面看，它指企业在其成长、成熟等特定阶段，维持与变革其组织承载主体，以完成组织目标的过程。通过组织架构的建立与变革，将企业生产经营活动的各个要素、各个环节，从时间上、空间上科学地组织起来，使每个成员都能接受领导、协调行动，从而衍生出新增的、大于个人和小集体功能简单加总的整体效能。

《企业内部控制应用指引第 1 号——组织架构》着力解决企业应如何进行组织架构设计和运行，核心是如何加强组织架构方面的风险管理与控制。其主要内容包括：制定本指引的必要性和依据，组织架构的本质、设计和运行过程中应关注的主要风险以及如何设计和运行组织架构等，分三章共十一条。

第一节　组织架构的控制要义

一、组织架构的含义与风险

（一）组织架构的基本含义

组织架构是指从企业整体层面出发，自上而下地动员和组织全体员工实现企业目标而进行的分工协作，从职务范围、责任和权力方面所形成的结构体系，既包括侧重于股东会、董事会和监事会范畴的公司法人治理结构，也包括侧重于经理层、职能机构设置范畴，以团队为基础的业务管理与控制结构。因此，企业组织架构是依照一系列的制度安排而推进的组织运行机制。企业组织架构的设计与运行，必须是基于市场导向下的能够有利于增进收益、防范风险的决策科学、执行有力、监管有效同时并举的企业机器运转构件。组织架构首先是基于企业发展的特定条件而设计的，同时，这一组织架构是不是运行有效，需要在组织架构运行中严格注意防范风险，并保持适度的变革与调整。

（二）组织架构的衍生风险

关于组织架构设计和运行的主要风险，可以从企业治理结构和企业职能机构两个角度进行如下分析：

1. 从治理结构层面看，主要风险集中表现在治理结构形同虚设，缺乏科学决策、良性运行机制和执行力，可能导致企业经营失败，难以实现发展战略。

各类公司在公司法人治理层面的风险表现不尽相同，以上市公司为例，至少包括以下 9 个方面：

（1）股东大会是否规范而有效地召开，股东是否可以通过股东大会行使自己的权利。

（2）企业与控股股东是否在资产、财务、人员方面实现相互独立，企业与控股股东的关联交易是否贯彻平等、公开、自愿的原则。

（3）对与控股股东相关（如关联交易）的信息是否根据规定及时完整地披露。

（4）企业是否对中小股东权益采取了必要的保护措施，使中小股东能够和大股东同等条件参加股东大会，获得与大股东一致的信息，并行使相应的权利。

（5）董事会是否独立于经理层和大股东，董事会及其审计委员会中是否有适当数量的独立董事存在且能有效发挥作用。

（6）董事会是否能够保证企业建立并实施有效的内部控制，审批企业发展战略和重大决策并定期检查、评价其执行情况，明确设立企业可接受的风险承受度，并督促经理层对内部控制有效性进行监督和评价。

（7）监事会的构成是否能够保证其独立性，监事能力是否与相关领域相匹配。

（8）监事会是否能够规范而有效地运行，监督董事会、经理层正确履行职责并纠正损害企业利益的行为。

（9）对经理层的权力是否存在必要的监督和约束机制。

2. 从企业内部机构层看，主要风险集中表现为内部机构设计不科学，权责分配不合理，可能导致机构重叠、职能交叉或缺失、推诿扯皮、运行效率低下。

通常，企业在内部职能机构运转方面的风险，具体表现为以下 8 个方面：

（1）企业内部组织机构是否考虑经营业务的性质，按照适当集中或分散的管理方式设置。

（2）企业是否对内部组织机构设置、各职能部门职责权限、组织运行流程等有明确的书面说明和规定，是否存在关键职能缺位或职能交叉的现象。

（3）企业内部组织机构是否支持发展战略的实施，并根据环境变化及时作出调整。

（4）企业内部组织机构的设计与运行是否适应信息沟通的要求，有利于信息上传、下达和在各层级、各业务活动间的传递，有利于为员工提供履行职权所需的信息。

（5）关键岗位员工是否对自身权责有明确的认识，有足够的胜任能力去履行权责，是否建立了关键岗位员工轮换制度和强制休假制度。

（6）企业是否对董事、监事、高级管理人员及全体员工的权限有明确的制度规定，对授权情况是否有正式的记录。

(7) 企业是否对岗位职责进行了恰当的描述和说明，是否存在不相容职务未分离的情况。

(8) 企业是否对权限的设置和履行情况进行了审核和监督，对于越权或权限缺位的行为是否及时予以纠正和处理。

二、组织架构设计环节的控制之道

(一) 组织架构设计的目标

通过设计科学、合理的组织架构，需要实现如下四个方面的目标：

1. 公司治理的规范框架。企业应当根据国家有关法律法规的规定，明确董事会、监事会和经理层的职责权限、任职条件、议事规则和工作程序，确保决策、执行和监督相互分离，形成制衡。这种制衡机制是公司法人治理结构的核心作用所在，其中，董事会对股东（大）会负责，并依法行使企业的经营决策权。在董事会旗下，可按照股东（大）会的有关决议，设立战略、审计、提名、薪酬与考核等专门委员会，分工研究各类重大问题，并明确各专门委员会的职责权限、任职资格、议事规则和工作程序，为董事会科学决策提供支持。与董事会并驾齐驱的是监督机构——监事会，监事会本着对股东（大）会负责、与执行分离的原则，承担着对企业董事、经理和其他高级管理人员的依法监督职责。管理层作为董事会的执行机构，主持企业的生产经营管理工作，并对董事会负责。经理和其他高级管理人员的职责分工应当明确。董事会、监事会和经理层的产生程序应当合法合规，其人员构成、知识结构、能力素质应当满足履行职责的要求。

从内部控制的有效性、操作性和针对性出发，每一个企业都要结合自身的特殊情况细化相关的组织架构。比如，在上市公司治理结构的设计上，应当充分反映其公众性。其特殊之处主要表现在：建立独立董事制度、建立董事会专门委员会、设立董事会秘书等。在国有独资企业治理结构设计上，也要体现国资监管机构代行股东（大）会职权而国有独资企业董事会可以根据授权部分行使股东权，国有独资企业董事会成员中应当包括公司职工代表，国有独资企业监事会成员由国有资产监督管理机构委派，外部董事由国有资产监督管理机构提名推荐，并由任职公司以外的人员担任（企业的一般性组织架构见图3-1)。

2. 重要事项的科学决策。基于决策机制的科学与效率，企业必须区别各种事项的不同性质，总体原则是“管住重点，放开一般”，即对关系到企业投资、融资、经营等领域的重大决策、重大事项、重要人事任免及大额资金支付业务等（简称三重一大），应当按照规定的权限和程序实行集体决策审批或者联签制度。任何个人不得单独进行决策或者擅自改变集体决策意见。重大决策、重大事项、重要人事任免及大额资金支付业务的具体标准由企业结合自身的资产总额、营业规模、产业背景、发展阶段、管理体制等要素自行确定，充分体现风险控制信念，区别不同情况下的具体数量化标准。

3. 职能机构的配置效率。效率是企业组织架构运行的核心追求之一，务必充分落实到机构设置之中去，“既要数量少，更要质量高”。因此，企业应当按照科学、精简、高效、透明、制衡的原则，综合考虑企业性质、发展战略、文化理念和管理要求等因素，合理设置内部职能机构，明确各机构的职责权限，避免职能交叉、缺失或权责过于集中，形成各司其职、各负其责、相互制约、相互协调的工作机制。

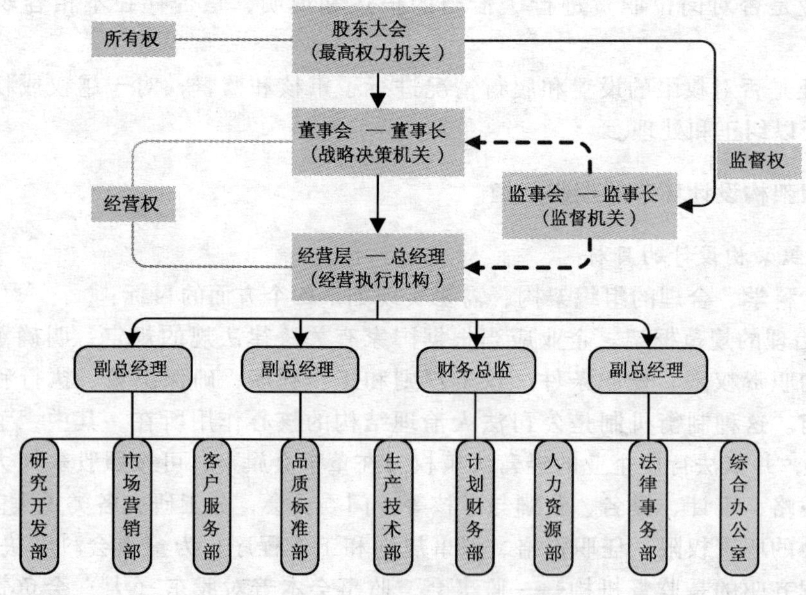

图 3-1 企业组织架构示意图

4. 赋予组织准确细化的定位。企业应当对各机构的职能进行科学合理地分解，确定具体岗位的名称、职责和工作要求等，明确各个岗位的权限和相互关系。企业在确定职权和岗位分工过程中，应当体现不相容职务相互分离的要求。组织架构领域的不相容职务，通常包括：可行性研究与决策审批环节、决策审批与执行环节、执行与监督检查环节等的各自独立运行。

5. 组织运行的明确清晰与便于认知。组织架构当然事关企业上到股东（大）会、董事会、监事会、经理层，下至各部门、各职能机构、各业务一线的全体员工。需要全体企业成员明确在整体流程中自己的相对位置与分工关系，这样才能配合运行。因此，企业应当制作组织架构图、业务流程图、岗（职）位说明书和权限指引等内部管理制度或相关文件，使员工了解和掌握组织架构设计及权责分配情况，正确履行职责。

（二）组织架构设计的原则

在组织架构的群体中，有些属于法定形式，如股东大会、董事会；有些属于自选形式，如职能机构的设置。不过，既然组织架构是企业运行与发展的组织保障，那么，必须遵循特定的原则来科学、务实地设置组织架构。组织架构的设置，应该遵循和体现如下原则：

1. 科学性原则。如何体现组织架构设计的科学性原则，一是要坚持前瞻眼光，整体设计应紧扣企业的发展战略，充分考虑企业未来所要从事的行业、规模、技术以及人力资源配置等，为企业提供一个几年内相对稳定且实用的平台；二是要体现优化处理，外部环境必然会对组织架构形式产生一定程度的影响，架构设计要充分考虑内外部环境，使企业组织架构适应于外部环境，谋求企业内外部资源的优化配置。

2. 精简性原则。坚持精简原则，就是要充分体现机构效能与效率，保证重点业务的机构设置。企业的发展、环境的变化，可能导致企业中各项工作完成的难易程度以及对组织目标实现的影响程度发生变化，组织架构中各部分的相对重要性亦随之变化，因此，设计也应该突出企业现阶段的重点工作和重点部门。

3. 高效性原则。组织架构设计应该有相应的协同作战理念，应力求均衡，不能因为企业现阶段没有要求而合并部门和职能，在企业运行一段时间后又要重新进行设计，一句话，职能不能没有，岗位可以合并。企业要综合考虑企业现有的人力资源状况以及企业未来几年对人力资源素质、数量等方面的需求，以人为本进行设计，切忌拿所谓先进的框架往企业身上套，更不能因人设岗，因岗找事。

4. 透明性原则。群众的眼睛是雪亮的，组织架构的设计应该公开、公正、透明。对于业务一线的机构、综合管理的机构、治理层面的机构，要遵循各自运行规律，采用择优排序方法确定必保组织和备选项目，减少主观随意性与暗箱操作，使架构设计更加规范、透明。

5. 制衡性原则。一句相当流行的社会名言就是：一个好的制度，能让坏人变成好人；一个坏的制度，能让好人变成坏。这就表明制度安排内在的限制、制衡效能，组织架构同样必须充分体现相互之间的制约关系，分工与配合、分工与制约，都是现代经济条件下的必然产物。此外，制衡原则的体现，在最后实施时，必须强制执行，严厉惩罚一切违规行为，确保整体运行的有序性，某些被证明不适合企业的设计可在运行两三个月后再进行微调。

（三）组织架构设计的思路

组织架构设计，应该是在经营目标的基础上，考虑经营环境等设计参数的影响，充分利用组织资源，确定组织的职能模块，选择适用的组织模式，实现岗位的合理设置，确定组织架构，运用业务流程检验完善组织架构。

1. 组织经营目标。组织通过实际的经营程序实现所寻求的结果就是组织所追寻的目标所在，目标也是出发点和归宿点所在。

（1）组织经营目标是组织未来业务组成和前进的目的地，对组织经营具有战略指导意义，为使组织经营目标具有一定可测性，将组织经营目标体系化，确定为明确具体的指标。

（2）组织是连续的、延伸的模型组合体，在明确组织的业绩指标时，要将组织放入全局中进行考虑，针对每一个组织内部单元制定具体的、可测度的、具有实际意义的业绩指标。

（3）组织业绩指标按照两种标准评价：一是财务业绩指标标准，包括收益率、资金流、投资回收率、成本控制率等。二是战略业绩标准，包括市场份额、产品成本、公司在客户中的声誉、市场竞争优势等。

（4）组织经营目标应该是近期与远期目标的结合，统筹安排近期、中期和远期目标。

2. 组织设计参数。组织设计参数即影响组织架构设计的环境因素与管理因素，这种参数的选择就是要求组织积极挖掘其生存发展所面临的主客观因素，将各项因素指标转换为组织资源，合理有效地善用资源。

（1）组织资源获取。从行业中，从职能部门与公司间、职能部门之间、职能部门与分公司之间、职能部门内部的关系中寻找组织资源，明确组织经营环境。获取的资源有：企业环境、企业战略、人员素质、企业生命周期、企业规模、业务流程重组、技术改进；管理层次与管理幅度、专业化程度、地区分布、分工形式、关键职能、集权程度、规范化与制度化程度、职业化程度、人员结构。

（2）组织资源善用。在资源整合上，以完成经营目标为中心，将获取的资源联合起来，整体运用资源。在资源利用上，与其他组织建立资源互享机制或利用外包、战略联盟等外联形式，将组织资源外延。

3. 组织设计模式。组织设计模式即组织架构的组成形式。按照设计方式的不同，组织设计模式分为职能模式和矩阵模式两类。职能模式就是按职能来组织部门分工的组织形式，其特点是：有明确的任务和职责、保证资源的充分利用、有利于强化专业管理和工作效率提高、有利于提高组织稳定性、部门间横向协作性差、管理层负担重。矩阵模式就是按照职能组织业务活动，以及按产品组合业务活动的方式结合起来运用的一种组织设计形式，即在同一组织内部，既设置具有纵向报告关系的若干职能分支，又建立具有横向报告关系的若干产品项目小组，从而形成纵向与横向管理系统相结合，形如矩阵的组织架构形式。在选择设计模式时，企业需要根据组织自身的职能特点，采用职能型与矩阵型相结合的形式，以矩阵型模式为主，建立各个职能模块，在各个职能模块中注入职能模式的管理形式。

4. 职能模块的确定。确定职能模块即将组织职能按一定类型划分为若干的执行模块，每个模块担负组织的一项或多项职能发挥的职责。职能模块分为基本职能模块、延伸职能模块两类，基本模块是职能部门基本工作职责的汇总，而延伸模块则是职能部门在保证基本工作职能基础上，为完成自身的经营目标，要赋予组织的其他工作职责。

5. 岗位设置。岗位设置即通过明确岗位设置目标，保证组织职能发挥的全面性、准确性。

(1) 岗位设置要求。岗位职责清晰、岗位目标明确、岗位规划性突出、岗位具有流动性（个别岗位的设置是适应组织一段时期或个别项目需要）。

(2) 岗位设置步骤。一是按照组织职能特点，分职能模块进行完成整体职能模块的岗位设置；二是职能模块内，按照基本业务项目、延伸业务项目进行岗位细分化设置；三是绘制岗位设置图，检验职能完成途径，寻找岗位设置盲区。

6. 组织架构检验。组织架构检验就是检验组织架构对经营目标完成的推动程度，检验方式有指标达成度、人员精简度、业务流程等多种方式，其中涉及各项数据的指标，如人员精简度、经营目标完成度、成本控制率等均是用计划性数据对组织架构进行计划执行状况的检验，要求的评判标准复杂，缺乏操作性。常规检验步骤可以分成两步走：

第一步，根据组织架构，划出组织内部的业务流程：一是业务流程路线应控制在2～3人的线段内；二是业务流程路线应尽量保持为职能一线制的形式，即一条业务流程路线就实现一项职能；三是是否存在业务流程未覆盖到的岗位空缺点；四是延伸职能模块是否参与了组织业务流程运作。

第二步，公司业务流程检验，它包括组织获取资源的路径、组织支援资源的路径、公司资源的分配路径。

（四）组织架构设计的程序

如何科学合理地设置能适应企业情况的组织架构，这是确保组织架构合理有效的前提条件。实施组织架构设计时，要遵循以下程序：

第一步，选择确定组织架构的基础模式。根据企业自身的实际情况，选择确定一个典型组织模式，作为其组织架构的基础模式。通常以直线职能式和矩阵式结构较为普遍，也有越来越多的企业选择增加弹性模式的相应特征来补充其基本模式的局限。

第二步，分析确定担负各子系统目标功能作用的工作量。根据目标功能分工，分析确定企业自身内部各个子系统目标功能作用的担负工作量，特别需要考虑的因素包括企业规模和行业性质等。

第三步，确定职能部门。根据企业内部各个子系统的工作量大小和不同子系统之间的关系，来确定企业职能管理部门的设置。

第四步，平衡工作量。通常，工作量大的单位、部门往往会出现管理跨度过大，工作量过小的单位、部门，往往会出现管理跨度过小。所以，需要通过单位、部门之间的工作量平衡来使管理跨度实现合理化，并保证相应的制衡关系。

第五步，确立下级对口单位、部门或岗位的设置。如果企业下属的子公司、独立公司、分公司规模仍然比较大，上级职能部门无法完全承担其相应子系统目标功能作用所转化的工作协调和汇总，就有必要在这个层次上设置对口的职能部门或者专门岗位。

第六步，绘制组织架构图。企业可以直观地勾画出整个企业的部门和岗位之间的关系，及其所承担的子系统目标功能作用的相应工作。

第七步，拟定企业系统分析文件。为企业组织架构确立规范，具体描述企业内部各个子系统的目标功能作用，该由哪些单位、部门或者岗位来具体承担，以及所承担的内容，并对职责和权力进行界定。

第八步，撰写组织说明书。在企业组织架构图的基础上，分析界定各个单位、部门组织和岗位具体工作职责、所享有的权利、信息传递路线、资源流转路线等。

第九步，拟定单位、部门和岗位工作标准。明确界定各个单位、部门和岗位的工作职责、工作目标、工作具体要求。

第十步，根据企业系统分析文件、组织说明书及单位、部门和岗位工作标准进行工作分析，并撰写工作说明书。除了界定前述内容外，企业还要明确界定任职的条件和资格。

第十一步，就上述文件进行汇总讨论，通过后正式颁布，组织架构调整改造工作完成。

三、组织架构运行环节的控制之道

科学的组织架构设置应该形成公司内部权责明确、相互协调、相互制衡、高效运作的机制，保证公司的有效运行。公司制企业组织制度一般具备以下几个基本特征：所有者、经营者和生产者之间通过公司的权力机构、决策机构、监督机构和执行机构，形成各自独立、权责分明、相互制约的关系，并以法律和公司章程加以确定和实现。这种组织制度既赋予经营者充分的自主权，又切实保障所有者的权益，同时能够调动生产者的积极性。以下从基本原则、重点定位和执行细则三个层面逐一分析。

（一）基本原则

按照《公司法》规定，公司制企业在法人治理层面所体现的组织架构主要体现为如下主体之间的委托代理关系：

1. 股东大会是公司的最高权力机构，有权选举和罢免董事会和监事会成员，制定和修改公司章程，审议和批准公司的财务预算、投资以及收益分配等重大事项。

2. 董事会是公司的经营决策机构，其职责是执行股东会的决议，决定公司的生产经营决策和任免公司经理等。其成员由股东代表和其他方面的代表组成[①]。董事长由董事会选举产生，一般为公司法定代表人。董事会实行集体决策，采取每人一票和简单多数通过的原则。这样，有利于决策的民主化和科学化。

3. 监事会是公司的监督机构，由股东和职工代表按一定比例组成[②]，对股东大会负责。监事会依法和依照公司章程对董事会和经理行使职权的活动进行监督。为了保证监督的独立性，监事不得兼任公司的高级行政管理职务。

4. 经理班子是公司的执行机构，负责公司的日常经营管理活动，依照公司章程和董事会的授权行使职权，对董事会负责。对公司经理实行董事会聘任制，其中，公司总经理由董事长提名并由董事会聘任，公司副总经理、财务负责人的聘任或解聘，由总经理提出，董事会决定。

（二）重点定位

1. 对照梳理既有组织架构。企业应当根据组织架构的设计规范，对现有治理结构和内部机构设置进行全面梳理，确保本企业治理结构、内部机构设置和运行机制等符合现代企业制度要求。企业梳理治理结构，应当重点关注董事、监事、经理及其他高级管理人员的任职资格和履职情况，以及董事会、监事会和经理层的运行效果。治理结构存在问题的，应当采取有效措施加以改进。

为防范董事、监事、经理及其他高级管理任职资格的先天不足，应该严格遵循《公司法》等相关法规的禁入红线，如有下列情形之一的，不得担任公司的董事、监事、高级管理人员：

第一，无民事行为能力或者限制民事行为能力。这是对公司董事、监事、高级管理人员的最基本要求。董事、监事、高级管理人员要执行公司职务，独立行使权利、履行义务、承担责任，因此，他们必须具备完全的民事行为能力。

第二，因贪污、贿赂、侵占财产、挪用财产或者破坏社会主义市场经济秩序，被判处刑罚，执行期满未逾五年，或者因犯罪被剥夺政治权利，执行期满未逾五年。董事、监事、高级管理人员管理、监督的是公司财产的运营，应当具有较高的诚信度，对于采取非法手段牟取私利的人，应当限制他们担任公司董事、监事、高级管理人员。

第三，担任破产清算的公司、企业的董事或者厂长、经理，对该公司、企业的破产负有个人责任的，自该公司、企业破产清算完结之日起未逾三年。有这类情形的人员通常在经营管理能力方面有欠缺，应该让他们经过一段时间的重新实践，提高能力后，再从事公司经营管理工作。

第四，担任因违法被吊销营业执照、责令关闭的公司、企业的法定代表人，并负有个人责任的，自该公司、企业被吊销营业执照之日起未逾三年。这类人员属于对公司、企业的严重违法行为负有领导责任的人员，由于缺乏守法意识，应当让他们经过一段时间的反省改过，增强法律观念、培养守法意识后，再担任公司领导职务。

① 我国《公司法》第45条规定，两个以上的国有企业或者其他两个以上的国有投资主体投资设立的有限责任公司，其董事会成员中应当有职工代表，董事会中的职工代表由职工民主选举产生。

② 根据《公司法》规定，股份有限公司监事会的组成人员包括股东代表和适当比例的公司职工代表。

第五，个人所负数额较大的债务到期未清偿。发生这类情形可能是由于当事人不信守承诺，到期不清偿债务，也可能是当事人无力偿还。不管属于哪种情况，聘请这类人员担任公司领导职务都是有很大风险的。

另外，根据《公务员法》的有关规定，国家公务员不得兼任公司的董事、监事、高级管理人员。

关于企业梳理内部机构设置，应当重点关注内部机构设置的合理性和运行的高效性等。内部机构设置和运行中存在职能交叉、缺失或运行效率低下的，应当及时解决。

2. 强化投资管理与控制制度。企业拥有子公司的，应当建立科学的投资管控制度，通过合法有效的形式履行出资人职责、维护出资人权益，重点关注子公司特别是异地、境外子公司的发展战略、年度财务预决算、重大投融资、重大担保、大额资金使用、主要资产处置、重要人事任免、内部控制体系建设等重要事项。对子公司控制一直是企业集团层面关注的一个重要问题，其组织架构需要在综合调研的基础上设置专门机构，实施专项的投资管理与控制。

3. 适时检查组织流程态势。企业应当定期对组织架构设计与运行的效率和效果进行全面评估，发现组织架构设计与运行中存在缺陷的，应当进行优化调整。企业组织架构调整应当充分听取董事、监事、高级管理人员和其他员工的意见，按照规定的权限和程序进行决策审批。

（三）执行细则

为具体落实上述基本原则与重点定位，需要强调如何落实到位。因此，许多企业先后通过制定法人治理结构下的执行细则来落实组织执行力。当然，鉴于企业股权结构不同、产业千差万别，各类企业的细则不可能完全相同，但是，现就比较容易出现的问题强调以下几点：

一是范围缩小、针对性更强。细则需要就股东大会、董事会、董事会和总经理各自的职责和义务作出详细明确，总体思路是要解决董事长、监事长、总经理到底“干什么”、“怎么干”、“干到什么程度”的问题，通过实施力争在企业实现权力、经营、管理分立，决策、监督、执行分离，做到用制度管权、用制度管事、用制度管人，规范企业行为，保证企业正常高效运转。

二是统筹结合，确保细则规范科学。一是继承与发展相结合，以法定框架为基础，尽可能与企业情况结合一致，适度超前，争取在未来一段时间内起到引导和规范作用；二是立足企业实际与借鉴国内外先进经验相结合；三是规范性与可操作性相结合，力求科学地界定各个层面的工作职责，详细清晰地规定工作程序，同时充分考虑企业自身治理结构的现状，做到既有利于科学决策、有效制衡、执行有力、保证监督，又有较强的可操作性，能为绝大多数企业成员所接受。

三是最大化地发挥企业领导层的整体合力。人事任免上，杜绝“一人说了算”；企业重大问题决策上，强调集体决策机制。此外，细则需要进一步明确诸如“三重一大”等具体范围，在对重大决策、重大项目、重要人事任免安排和大额度财务支出方面完善企业监管机制。根据具体情况，既可以采取列举法，也可以采取排除法，尽可能明确指出各个组织架构的运行边界线。

第二节 组织架构控制关键点

统观组织架构控制过程，从包括法人治理、职能机构、“三重一大”在内的组织设计，到组织架构的运行，都是整个控制链条中紧紧相扣的环节。从控制效率看，组织架构涉及面广，应该分析和掌握其贯穿企业经营管理的重要方面、重要环节，并选择一些关键的项目进行重点控制，从而保证组织架构方面的内部控制制度得以有效运行。

一、法人治理框架

公司治理结构是指关于公司内外部利害关系人之间权利、责任和利益的制度安排，其实质是各利益相关者之间的相互制衡机制。这种相互制衡机制及其有效运行，在公司内部是通过股东会、董事会、监事会及经理层之间的契约直接支撑的，在公司外部是通过资本市场、产品市场及经理市场上的竞争间接实现的。科学、合理的公司治理是保证现代企业有效运营的基础与条件。企业应根据我国公司治理原则架构公司治理结构，制定一套符合国家监管法规认可的公司治理指导方针。对于在我国香港或境外上市公司来说，则应根据中国内地和香港、美国的公司治理原则架构公司治理结构，制定一套符合中国内地和香港、美国等监管法规认可的公司治理指导方针。

具备相应规模的企业，其法人治理环境层面的组织架构控制，可以包括以下7个方面：

（一）治理方针

公司治理方针的控制目标就是全面遵循并符合政府公司治理原则的标准。公司治理方针的控制措施，主要包括公司应制定一套单独的公司治理方针。该方针应包括以下内容：董事任职资格、董事职责、董事定位和后续教育、经理层继任、董事会职责履行情况的年度评价以及“董事有权随时找经理层，在必要和适当的时候还可找独立顾问的规定”。

（二）董事会

公司董事会的控制目标就是建立一个积极、有效、完善的董事会。公司董事会的控制措施主要包括：董事会应规定明确的董事职责和义务，并符合有关法律法规的要求；董事会应严格履行章程规定的职责；应制定符合法律法规要求的董事会下设委员会章程；董事会的组成和选聘过程应符合相关法规规定；董事会成员兼职情况应符合相关法规规定；董事会成员应拥有必要的技能和经验；公司的董事应按有关规定履行其责任和义务；董事会薪酬委员会应批准所有经理层关于业绩的激励计划；针对发现的经营管理问题，董事会应当下发指导意见给经理层，详细描述应采取的具体行动；董事会应当进行监督，必要时进行后续调查；应保留所有董事会的决议；有关独立董事的独立性、权力、职责等的规定应符合相关法规；公司的非执行董事应能够在经理层人员不参与的情况下召开定期执行会议；公司应禁止对其董事或经理层以个人贷款的形式提供信贷或安排提供信贷。公司董事会及经理层应注意增强公司透明度，应积极支持董事会秘书履行职责，并在工作机构及人员配备方面给予必要的保证；董事会成员行事必须诚实、符合职业道德，并严格遵守诚信原则。

（三）监事会

公司监事会的控制目标就是充分发挥监事会审查董事履行职责，评价、监督公司的管理行为和经营决策等方面的重要作用。

公司监事会的控制措施主要包括：公司应有明确的制度阐述监事会的职责权限、具体工作规则和议事程序以及人员任职条件等事项，且符合法律法规的要求；公司应根据情况增加外部监事（不在公司内部任职的监事）的比重，如果公司监事会换届，外部监事应占监事会人数的1/2以上，并酌情增设相应的独立监事（独立于公司股东且不在公司内部任职的监事）；公司外部监事应向股东大会独立报告公司经理层的诚信及勤勉尽责表现，应协调监事会与审计委员会相互重合的职能，避免资源浪费或监管真空。

（四）审计委员会

公司董事会可根据需要设置审计委员会，审计委员会的控制目标是充分发挥审计委员会审核和监督公司财务报告程序及内部控制的作用。

审计委员会的控制措施主要包括：审计委员会必须有明确的书面章程，并符合有关法律法规的要求；审计委员会的宗旨应该有明确的规定；审计委员会的职责应当全面明确；审计委员会的组成、独立性和胜任能力应符合国家或证券交易监管机关的规定；对审计委员会成员兼职的规定和披露应符合有关法规的规定。

（五）与控股公司的关系

许多企业都会经常涉及与控股公司的关系，这也是组织架构发挥控制效能的重要载体。企业处理与控股股东的关系，其控制目标就是公司与控股机构（如集团公司）在法律关系上是互相独立的母子公司关系，各自独立核算，独立承担责任和风险。

企业处理与控股股东的关系，其控制措施主要包括：公司应仅接受控股公司通过股东会以法定程序对公司行使股东的权利；公司的机构，特别是董事会、经理层、财务、营销等机构应独立于控股公司；本公司各职能部门与控股公司的相应部门没有上下级关系，不得以执行控股公司文件等形式影响经营的独立性。

（六）内部审计独立性

内部审计机构的控制目标是充分保证内部审计的独立性。内部审计机构的控制措施，主要包括：应明确内部审计的职能；内部审计的章程、职能、权限、工作指导，应当被公司经理层和董事会所支持；应明确内部审计的报告机制；内部审计部门承担的审计项目不应该受到材料范围和获取途径的限制；实行公司上下系统内的审计部垂直领导、统一管理的体制，公司总部审计部向旗下分支机构审计组织下达年度审计工作计划。

（七）法律事务部

公司法律事务部作为内部控制的职能机构，其控制目标就是保证公司依法合规经营，维护公司合法权益。公司法律事务部的控制措施，主要包括：通过设立法律事务机构，满足公司在法规遵循性方面的需求；公司制定相应制度对法律事务部门的机构设置、职责权限、任职资格、工作流程等内容进行规范。

二、组织架构设置

在企业运行中，组织机构提供一个架构。在此架构中，规划、执行、控制和监督为实现企业目标而进行各项活动。每个企业都应该根据自己的需要确定适当的组织架构，定义关键领域的权责分工，确定合适的报告途径。企业组织架构的适当性取决于规模和所从事经营活动的性质。在承载职能的组织机构控制控制方面，需要掌握的关键控制点主要包括如下三个环节。

（一）职责认知

对组织机构的职责认知，其控制目标就是保证员工充分认识并履行其职责。其相应的控制措施，主要包括：高级管理人员要对其职责有明确的认识，并就其对该职责的理解认识进行沟通交流；公司经营管理活动的职责和期望要向对其负责的员工进行清晰的沟通；通过公司培训、岗位说明书和各种会议等其他方式让员工了解其职责、控制责任以及公司对其的基本要求，明确公司经营目标和各自所起的作用。

（二）胜任能力

对组织机构的胜任能力，其控制目标就是保证公司的高级管理人员和其他主要管理人员具备履行其职责的经验、知识和技能水平。其相应的控制措施，主要包括：公司应规定高级管理人员具备的必需知识、经验和技能，并进行充分的培训，以使其顺利地履行职责。

（三）组织机构的调整

组织机构不是一成不变的，而需要与时俱进地进行调整。组织机构调整的控制目标是保证组织机构适应市场环境的变化。其相应的控制措施包括：经理层应该在经营状况、自身发展和市场环境发生重大变化的情况下，对公司的组织架构进行评价，必要时进行调整；公司应建立一套完整的组织机构调整政策或程序，设立相应的审批权限，以保证组织机构调整的合规性和有效性。

三、经营决策机制

（一）股东大会的决策权

明确股东大会的决策权，就是确保证股东大会依法行使法律赋予的职权，这是其控制目标所在。股东大会的决策权，其控制措施主要包括：公司通过章程明确股东大会的职权；股东大会依法行使其决策职权，并形成股东大会决议；股东大会定期召开，并通常明确应于上一会计年度完结之后的数月之内举行；在规定情况下董事会应当在两个月内召开临时股东大会；会议记录由会议秘书记录，由出席会议的董事签名。

（二）董事会的决策权

强调董事会的决策职权，意在强化其控制目标，即保证董事会依法行使相应决策职权。其相应的控制措施主要包括：公司章程明确规定董事会的职权；董事会依法行使其决策职权。董事会每年至少召开两次会议，由董事长召集，有紧急事项时，经十分之一以上有表决权的股东、三分之一以上董事或者董事会提议，可以召开临时董事会会议；董事会应当对会议所议事项的决定作成会议记录，出席会议的董事和记录员应当在会议记录上签名，董事应当对董事会的决议承担责任。

（三）经营决策

经营决策的控制目标就是保证经营决策的科学、民主、合理、有效。其相应的控制措施包括：建立科学、民主、高效的决策程序；保证经营目标与战略目标的一致性；职工代表大会依法参与公司重大经营决策的制定；对省内外、国内外同类行业发展状况进行研究，为经理层进行经营决策提供参考。

（四）决策评估评价机制

为确保决策能够规范有效，需要强化对决策的评估评价机制。这一控制的目标就是保证决策的科学、民主、合理、有效，提高决策水平。其相应的控制措施主要包括：公司决策前要经过充分的可行性研究，实施过程中不断总结、修订，实施后进行科学的评价；公司决策实施过程中审计部门通过“审计关注”掌握具体实施过程出现的情况，必要时通过预警机制提请经理层对决策进行修正；实行决策问责制，提高决策者的责任心和决策水平。

五、经营管理模式

经营理念和经营风格影响着企业管理的方式，公司应依赖完善的制度、确定的流程、合理的业绩指标和例外报告来实施控制。

（一）岗位轮换

经验证明，特定岗位的定期轮换和强制轮换是一项富有实效的关键控制点。许多跨国公司在中国的企业已经给我们作出了很好的榜样。岗位轮换的控制目标是既达到防范舞弊风险的目的，又要防止人员过于频繁的轮换而造成资源浪费。其相应的控制措施主要包括：公司应对关键岗位（如业务操作、会计、数据处理、内部审计等）予以特别关注，视情况作不定期轮换，以避免关键岗位工作时间太长导致或长期掩盖不良行为；公司应对经理层和监督人员的过多轮换进行主动积极的监控。

（二）对待数据处理和会计职能的态度

对重要数据的控制目标就是确保财务报告的可信性和资产的保全。其相应的控制措施包括：公司经理层通过各种方式强调数据处理和会计职能的重要性；对数据处理和财会部门配备充足的硬件及软件予以支持，保障专业人员水平；公司对数据处理和会计职能存在的问题及时改进；对数据处理和会计职能方面的舞弊行为制定严厉的惩处措施。

（三）高层管理人员与基层的交流

上下沟通也是一项控制渠道，能够“上情下达，下情上传”。其控制目标就是保证高层管理人员及时了解基层公司情况并传达政策。其相应的控制措施包括：高层管理人员定期或不定期到基层公司调研；高层管理人员定期或不定期召开基层公司人员会议；高层管理人员设立基层公司对总公司计划或政策意见的反馈渠道。

（四）对财务报告相关事务的态度和采取的行动

财务报告是每一个企业相关利益者都十分关注的信息载体，关注财务报告的控制目标就是采用适当的财务报告系统和选用恰当的会计方法。其相应的控制措施包括：公司经理层通过会议发文等方式强调财务报告的真实与公允；公司选择稳健会计政策时趋向保守，不应使用激进的会计政策；制定对操纵、篡改会计记录行为的惩处办法；管理者要重视财务报表所反映的违规业务操作的信号；公司应聘请声誉良好的会计师事务所进行外部审计，并设立专门的董事会审计委员会与外部审计师进行定期会晤与沟通；公司有专门机构负责对外信息的披露事宜，公司相关经理层和律师对披露的信息进行审核。

六、相关权责划分

职责的分配、职权的授予和相关政策的制定为确立权利义务、内部控制以及员工的角色分工奠定了基础。

(一) 岗位职责的描述

科学的岗位职责陈述，能够保证员工清楚地了解其岗位的内容和标准。其相应的控制措施主要是管理部门应当编制岗位说明书，其中应包含适当的与其岗位相关的控制标准和程序，还应包括关于控制职责的说明。

(二) 职责的分解

职责分解的控制措施包括：公司将职责分解到相应的员工身上，以满足组织目标、经营职能和法规的要求；在决定对个人的职责分配时，应考虑到不相容职务相分离原则以及其他适当的信息。

(三) 权责的匹配

权责匹配就是保证权责分明，所拥有的权力与所承担的责任相匹配。其相应的控制措施包括：为了高效快捷地完成工作，公司将给予员工适当的授权；授权应当与其职责相匹配；适当层次的员工应该有纠正问题或推行改进措施的权力；对分支机构采取逐级授权的方式，这些授权应该与适当层次的胜任能力和明确的授权界限相匹配。

第三节 组织架构控制的案例

成败案析

组织架构：扁平化？可拓展型？

【案情扫描】

组织管理科学告诉我们，组织结构扁平化可以大大提高企业对市场的反应速度。国内许多企业也对扁平化组织架构十分心仪，但是，不少企业在实施扁平化改造时却遭遇了一系列的困惑与挫折，困惑之中，不少企业也在积极地探索组织架构的合理性。A 公司渐进推进的组织变革表明，在组织不具备实施扁平化改造的情况下，企业可以通过可拓展型组织结构，来追求提升企业竞争力并促使企业组织朝着扁平化的方向发展。让我们一起来关注 A 公司的组织架构改造之游吧！

A 公司是一家年销售额在 2 亿元左右的生产制造企业，近年来，公司为顺应内外环境的变化，提升公司的竞争力，决定在内部组织架构方面顺应市场拓展与管控需要，朝着组织结构扁平化变革。不过，反复分析后，公司经理层与外部咨询公司也都认为自身尚不具备扁平化条件，随后便接受专家意见首先实行“可拓展型组织结构”的变革，将原有 8 个部门划分为 32 个部门，设 32 个部门经理，另加 6 个总监分管 32 个部门经理，员工按照个人特长和部门需要进行细分。变革前的公司组织结构见图 3－2。

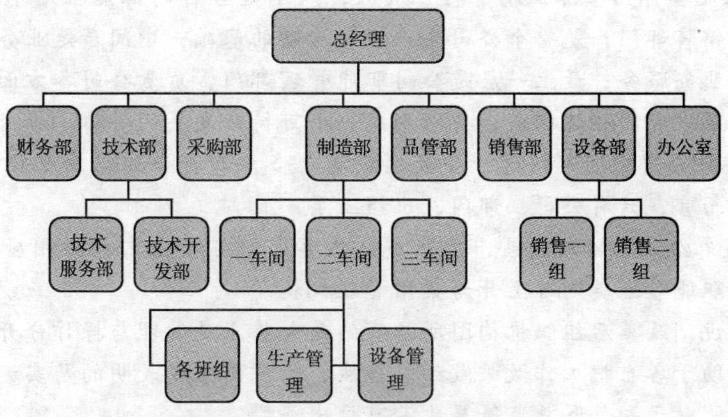

图 3－2　A 公司组织架构变革前示意图

由图 3－2 可以看出，原来组织架构属于典型的金字塔组织结构形式（本图仅是示意说明，并非详细准确组织结构图）。仅从制造部来看，就可以发现组织结构层次从上到下比较多：总经理——副总经理——制造部经理——制造分部经理——车间——班组。在日常经营管理工作中，公司上下也都强烈地感到，这种组织架构形式已经不能适应公司的进一步发展。经过反复论证，统一思想后，本着可拓展型思路搭建的组织架构示意图见图3－3。

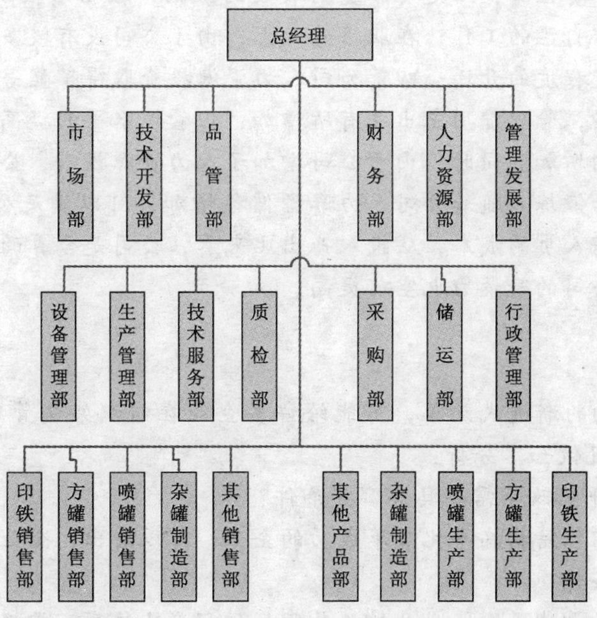

图 3－3　某企业变革后组织机构图

需要结合图中示意强调指出的变革要点是：

1. 上述各部门实际上属于同一层次，只不过各自的职能性质不同；最下一层是公司的生产与销售部门，是整个公司生产经营活动的基础；中间层是业务管理部门，直接为生产与销售业务服务；最上一层是公司职能管理部门，负责公司各方面的整体管理和开拓发展。三个层级部门相辅相成，共同形成一个可持续发展的整体。

2. 整个公司中间部门这一层虽然数量众多，却符合组织扁平化要求，整个组织从组织层次上而言，只有公司、部门、班组三层。

3. 随着组织的不断发展，生产与销售类部门可顺应需求而相应增加，并形成相应的事业部，职能管理类则可上升为集团管理机构。

可以说，改革后组织机构图所具有的最大特点是管理与操作分开，监督与管理、执行分开，有助于各自把工作做深做细。当然，示意图主要表明的是实施扁平化改革后的部门构成情况，对于副总和总监等层次没有画出。

A 公司的新组织架构经过两年的运行，证实了新的可拓展型组织架构形成了部门细化、责任明确的环境，公司业务额比原来增加了 30%，公司利润则增加了 50% 多。新的组织结构取得了巨大的成功，并朝着更加健康的方向发展。同时，相关调研发现，新架构主要的变化有四个方面：一是工作高度细分，员工在各自业务范围内慢慢地将工作做得很精很细，管理人员将一些常规的工作逐步制度化、程序化，工作程序化程度不断增加，有助于建立起科学的管理平台；二是员工可以在上级支持下充分发挥个人的创造性，既避免了成为“劳动的机器”，又不会由于能力不够而受到组织的淘汰。由于责任明确到人，因此增强了员工的工作责任心；三是员工受到有效的激励，在物质报酬上由于责任到个人，员工都十分重视做好自己的工作；在职位升迁上，由于公司设有较多层次的职位，员工通过努力都能实现一定程度的升迁；四是公司人力资源投资取得了显著的效果。虽然公司的部门经理增加了很多，管理费用支出也有所增加，但管理水平的提高节省下来的成本远超出了管理人员费用的增加。同时，由于公司增加了人力资源投入，公司员工和经理在工作中获得更多的培养和锻炼。随着公司人力资源储备增加，可以满足公司业务的发展需要，降低了公司外部招聘人员的成本，从投入产出比来看，公司是合算的。另外，员工对企业的忠诚显著增强，公司的凝聚力也空前提高。

【案例评述】

A 公司组织架构的渐进式改革，可能给许多企业在组织架构管理与改革提供一些启示，结合 A 公司情况做如下分析：

1. 组织结构扁平化改革需要具备哪些条件？

通过研究那些组织结构扁平化改革成功的企业，可以看出，企业进行组织结构扁平化改革必须具备以下条件：

一是拥有科学的管理平台。企业的工作程序化程度比较高，常规业务都是按照规章制度来进行，管理人员可以脱身于常规工作，从而可加大管理幅度，有更多的时间处理例外情况并进行创新工作。

二是拥有高素质的企业员工。企业员工为被管理对象，其整体素质在一定程度上决定了他们认可的管理模式。在扁平化组织中，员工必须确立“自主人”的地位，具有较强的参与意识，也必须具备相应的素质和能力，譬如说具有较强的自觉性、较强的责任心、优秀的工作能力。如果员工只有要求组织扁平化的需要却没有不具备相应的能力，那么一旦试行就会面临着失败的危险。

三是有一批高素质的职业经理人。在扁平化组织中，由于经理层次减少，管理幅度增大，职业经理需要具备更加全面的知识，并且由于面临的关系更加复杂，要求职业经理具有更高的素质。

我们概括为：科学管理平台是基础，员工素质是前提，高素质职业经理是关键。要实现组织结构的扁平化改造，三者缺一不可。

2. 中国企业的组织结构为何“扁平”不下来?

就多数中国企业而言，不能对接“扁平”的原因，主要包括：一是我国企业的基础管理非常薄弱，工作的规范化、流程化程度很低；二是我国的职业经理市场还不够成熟，缺少具备综合技能的经理人员；三是我国员工的整体素质比较低，员工的能力和责任心不强。而知识能力全面是组织扁平化对经理人员的基本要求，从目前看，我国职业经理的素质和数量都与企业实行组织结构扁平化的要求相差甚远。与此形成明显对照的是，国外企业的强流程化、少层次性特征，奠定了企业运行机制的高效定位，如已经深入中国各地的美国 KFC 或者麦当劳等著名企业，其“一流的流程、二流管理者、三流员工”模式则成为其能够成功的经典哲理。

3. 如何进一步认识可拓展型组织架构?

其实，我们周围的不少企业，都可以对照分析可拓展型组织结构，科学梳理自身情况，务实地找准走向组织扁平化的跳板。

可拓展型组织的基本设计思路是：首先，根据我国企业大多内部管理规范化程度低、知识和能力全面的管理者缺乏的情况，细分部门，在细分职能的部门内，要求将业务做精做细，并建立科学的内部管理平台，以提高工作的规范化程度；其次，实现各部门的协调，强调员工在工作中学习、在学习中提高；最后，逐步扩大部门经理的工作范围，培养其全方位的知识和能力，以适应组织规模不断扩大和组织扁平化的要求。

可拓展组织结构形式与扁平化组织、金字塔组织都不同，可拓展型组织结构总的特点是：兼顾金字塔组织和扁平化组织的优势，实行一定控制下的中层主导、全体参与的工作模式，促使组织、管理者、公司员工的共同发展。具体表现为：工作高度细分，中基层管理幅度窄，使下层管理者有更多的时间专注于内部管理平台的构建，有助于提高组织管理工作的规范化程度；经理层次少，高层管理幅度大，高层协调的工作量加大；权力适当下放，责任也适当分担，有助于提高下属人员的责任心和积极性；为更多的员工提供了施展自己才华的舞台，有助于管理人员的培养和为今后的发展储备管理人员。

在具体分析 A 公司可拓展型组织架构的同时，我们也注意到，国内一批有远见的企业都把管理控制提高到立企之本的高度上来，都希望能够“融细节入战略，积小胜为大胜”，在组织架构的系统整合与功能释释放方面，进行有益的启示与借鉴。比如，作为中国最大的家电生产企业，海尔集团从20世纪90年代开始的OEC（日事日清，日清日高），到流程再造、战略事业单元、“市场链”管理，再到2005年12月推出全球化品牌战略，已经跨越名牌战略、多元化战略、国际化战略之后进入的第四个发展战略阶段。从组织层面来看，海尔的全球化品牌战略及其每一个阶段的核心任务的实现过程，也就是组织架构与市场发展战略相互耦合，并在动态中不断加以改进。

尽管资产规模大小、经营业务范围等特征明显不同，但是众多中小企业也同样面临着组织架构的设置与再造，既有精心设计与自身情况匹配的组织架构，也有适时检查并积极调整组织的客观需求。组织架构改造，大有探索前行的价值！

第四章

发展战略

为了促进企业增强核心竞争力和可持续发展能力，企业必须在对现实状况和未来趋势进行综合分析和科学预测的基础上，制定并实施能够支撑其未来相当长时期的发展战略，确定长远的发展目标与战略规划。企业发展战略，是指企业以未来为重点，为赢得持久的竞争优势而作出的事关全局的重大筹划和谋略。现代企业在激烈的市场竞争中，无一不逐渐认识到制定长远发展战略的重要性，他们纷纷组织精兵强将，研究制定发展战略，以便能在未来的市场竞争中立于不败之地。

《企业内部控制应用指引第2号——发展战略》着力解决企业发展过程中如何制定和实施战略问题，核心是如何加强发展战略的风险管控。其主要内容包括：制定本指引的必要性和依据，发展战略的本质、制定和实施过程中应关注的主要风险以及如何制定发展战略和实施发展战略等，分三章共十一条。

第一节　发展战略的控制要义

“战略（Strategy）”起源于军事领域的战争计谋。战争讲究谋略，谋略有大有小，大谋略叫“战略”，小谋略叫“战术”。战略与战术的区别是：战略针对全局、长期和基本的问题，而战术针对局部、短期和具体的问题。军队从事战争，企业从事市场竞争，两者虽然本质不同，但都存在一个“争”字，从这个视角看，二者并无不同。企业既然要参与市场竞争，就要在市场竞争中讲究谋略。运筹于帷幄之中，决胜于千里之外！这既是战场上将军们取得战役胜利的一种境界，同时也是当今企业家取得市场竞争成功所必须追求的一种理想状态。因此，对发展战略的追求自然成为企业生存与发展的应有之道。

一、发展战略的内涵透析

战略就是方向。做企业要有一个方向，朝什么方向走、做什么行当、在哪儿做等都是战略问题。简而言之，战略就是集中思考三个核心问题：第一，到哪儿去竞争？也就是我们想干什么，不想干什么的问题。第二，如何竞争？比如，是低成本追求，还是差异化法宝。第三，凭什么竞争？实际上是指企业有什么能力和缺什么能力，企业是否有能力做到低成本，做到差异化。把这三句话进行系统的分析论证，选择评价，表达出来就是企业的发展战略。说得更直白一些，战略就是我们想干什么、凭什么、有什么和缺什么。所以，战略是一种差异化定位，指明我们做什么，不是指明我们怎么做，做什么是战略，怎么做是战略导向下的策略选择问题。

（一）什么是战略：战略的定义

简单地看，战略是确定企业长远发展目标，并指出实现长远目标的策略和途径。企业发展战略确定的目标，必须与企业的宗旨和使命相吻合。国有企业是这样，民营企业也是这样。从企业经营管理的角度看，企业发展战略并不神秘，战略是一种思想，一种思维方法，也是一种分析工具和一种较长远和整体的计划规划，是基于我们通常说的企业长远规划基础上的一种升华与提炼。一般来讲，一个完整无缺的企业发展战略，需要回答以下八个问题：

1. 企业将来发展的方向是什么？
2. 企业将来需要实现的目标是什么？
3. 企业现在和将来应该从事什么业务？
4. 企业应该采取什么样的策略，以及在预定的时间内实现设定的目标？
5. 在预定的时间内，企业将变成什么样子？
6. 企业发展中可能存在的主要风险是什么？
7. 这些风险应该如何加以控制？
8. 企业实现目标所需要的战略性资源是什么？

只有回答好了以上八大问题，并且将所有的答案融会贯通，才能形成一个统一、协调、互相协同的总体方案，一个真正的企业发展战略才算拥有了完整的架构。

（二）战略的分级

除上述战略包涵内容外，从企业发展战略内容囊括的范围从大到小，内容由粗到精来看，企业发展战略还可以分为不同的四个层次，各个层次既可以全部组合在一起，也可以单独进行研究。战略的四大层次分别是：

1. 战略指导思想。它也叫战略思想，表述的是企业制定具体发展战略所要遵循的思想原则和主要方法。战略思想提供的是方法指导和思考思路，其内容是观念性、精神性和总纲性质的，不包括太多具体的内容。战略指导思想是战略的出发点和灵魂，也是企业文化的重要组成部分。

2. 企业整体战略，即只从企业整体的层面研究企业的战略措施。企业战略必须具有具体内容，指出企业发展的方向和目标，指出实现目标的具体途径，并且清晰地定义和规定企业各子公司或事业部应该遵守的职能战略原则。但对各职能部门的具体战略内容不做研究和表述。企业整体战略是企业具体发展战略的总纲和指引，是企业各子公司或职能部门的经营管理活动能够保持方向和目标一致的重要保证。

3. 职能部门战略，即将企业战略细化，从各个子公司或职能部门的角度去深入细化企业总体战略，制定出与企业战略相配合的本职能部门的具体战略措施，如人力资源发展战略、市场营销战略、产品开发战略、财务战略等。职能部门战略是对企业战略的分解和落实，是整体战略实施过程的有机构成部分，也是能否实现企业战略的关键环节。

4. 具体战术安排，即将各子公司或职能部门的战略进一步细化，将战略方案进一步细化成日常操作层面的战术措施，在企业日常经营管理活动的各个环节，确保部门战略以最佳战术得以实施。战术的作用，如架构部局、人员配置、商品陈列、价格制定、客户数据挖掘、生产技术改进等，对战略实现起着根本和基础性质的作用。

（三）为什么要制定战略：战略的价值

战略的实施需要企业全体员工尤其是董事、监事和高级管理人员（俗称领导人物）对于战略准确的理解，更需要企业全体员工尤其是领导层对战略在企业发展中的重要意义和价值的深刻认识。没有对于战略深刻的理解，或没有对于战略之价值深刻的认识，就没有对战略真正的认同；没有真正的认同，战略的实施及其实施效果就没有根本的保证。对于企业甚至个人来讲，战略并非可有可无。简单扼要地讲，战略对于企业健康发展具有以下重要价值：

1. 战略能够为我们明确未来的发展方向。战略的重要价值之一是为企业明确未来的发展方向。只有方向明确了，企业的经营管理活动才不至于迷失方向。只有方向明确了，我们才能知道什么是正确的事，而只有坚持“做正确的事”，我们才能不浪费企业有限的宝贵资源。

2. 战略能够为我们明确追寻的目标。战略还能为我们明确将来应该实现的目标。清晰、可达到的目标是增强企业全体员工信心，鼓舞企业全体员工斗志，激发企业全体员工热情的重要工具。远大而可实现的目标是企业推进事业发展的加速器。

3. 战略能够指出我们实现目标的方法。战略不仅为我们指明方向和目标，战略还将告诉我们实现目标的正确方法。正确的方法包括策略、思路、措施，是高速度、高效率实现企业目标的重要保证。战略作为一种思想方法和思维方式，能够极大地拓宽我们的视野，提高企业总揽全局、把握未来的能力。

4. 战略能够使企业各部门更加协调一致。战略不仅告诉我们具体的业务发展计划，更重要的是，通过制定和实施战略，企业所有员工还得以深刻理解企业作为一个整体，各部门、各员工的工作都必须紧紧围绕着企业的战略来进行，所有员工的工作，都必须为实现战略目标而服务。因此，战略更能使企业全体员工领会到：企业是一个完整的大系统，要更好更快地实现目标，企业各部门、各员工必须认真履行自己的职责，与企业的其他成员紧密配合，协调一致。

5. 战略能够帮助企业经理层更好地进行业务选择。由于企业发展战略明确规定了企业的业务发展方向和业务框架，对企业的核心业务、增长业务、种子业务是什么，都作出了明确的界定。因此，企业经理层在进行业务决策时，可以减少难度，增强针对性。战略使企业明白：所有一切有利于实现企业战略目标的业务选择，才是真正有价值和应该进行的业务选择；所有与实现企业发展战略目标无关的业务选择，尤其是新业务开发，都是应该避免和否定的业务选择。

6. 战略能够帮助企业更好地组合资源，形成更强大的内在力量。企业经济发展战略还能帮助企业更好地组合和利用资源。由于战略明确了企业较长时期内的发展方向，理清了企业的业务结构，设定了企业较长时期内应该达到的目标，从而有利于企业根据战略需要，前瞻性地组织和配置企业有限的资源，使资源用到最需要和最恰当的地方，最终使同样多的资源发挥出更大的作用，对增强企业的综合竞争能力有巨大帮助。

7. 战略能够帮助企业更加有效地规避经营风险。企业发展战略还能帮助企业更加有效地规避经营风险。完整的战略对企业现今和未来发展中存在的经营管理风险作出了预见，并对企业应该如何防范风险提出了预案，凭借这种预警与防范机制，企业可以实施自己的风险管理和危机管理，在业务经营上、在公共关系上、在资本运营上、在经济形势判断上，均可以早做准备，化被动为主动。

8. 战略能够使企业更好地赢得市场竞争。企业发展战略还能帮助企业更好地获取市场竞争的胜利。由于战略的整体性和前瞻性，更由于战略的制定会充分考虑到行业状况和业内竞争对手的竞争态势，在战略计划中又制定出了针对对手的竞争战略性措施，从而有利于企业在与对手的市场竞争中获得竞争优势。

总之，企业发展战略并非只是一个梦想，或者只是一纸空文，完整、科学的战略方案对于企业改善经营管理、提升经营业绩，具有不可估量的巨大作用。战略对于企业的价值，就如同一个人的思想、智慧对于一个人的价值，没有思想、智慧的人是不可能创造出太大的经济价值和社会价值的。

（四）发展战略的特征定位

企业发展战略是关于企业发展的谋略。企业发展是成长、壮大的过程，其中既包括量的增加，也包括质的变化。企业发展也需要谋略，对企业发展整体性、长期性、基本性的谋略就是企业发展战略。企业发展战略有四个特征：一是整体性，二是长期性，三是基本性，四是谋略性。整体性是相对于局部性而言的，长期性是相对于短期性而言的，基本性是相对于具体性而言的，谋略性是相对于常规性而言的。企业发展战略必须同时具有这四个特征，缺少一个特征就不是企业发展战略。

严格意义上看，企业发展战略不是企业发展中长期计划。企业发展战略是企业发展中长期计划的灵魂与纲领。企业发展战略指导着企业发展中长期计划，而企业发展中长期计划则落实着企业发展战略；前者是纲，纲举目张。企业发展战略的这些本质特征决定了企业发展战略的历史价值与现实意义，这是我们应该对发展战略的历史性定位：

第一，谋划企业整体发展很有必要。企业是一个由若干相互联系、相互作用的局部构成的整体。局部有局部性的问题，整体有整体性的问题，整体性问题不是局部性问题之和，与局部性问题具有本质的区别。企业发展面临很多整体性问题，如对环境重大变化的反应，对资源的开发、利用与整合，对生产要素和经营活动的平衡，对各种基本关系的理顺等。谋划好整体性问题是企业发展的重要条件，要时刻把握企业的整体发展。不要认为每一个企业经理都能把握企业整体发展，现实经济中那种“只见树木，不见森林”的经理到处可见，短期行为到处都是。

第二，谋划企业长期发展很有必要。企业的寿命有长有短。投资者不能成为投机者，投资者、经营者都应该树立“百年老店”与“基业常青”意识。为了使企业“长寿”，不但要重视短期发展问题，也要重视长期发展问题。企业长期发展问题不是短期发展问题之和，与短期发展问题具有本质的区别。希望“长寿”的企业面临的长期性问题很多，如发展目标、发展步骤、产品与技术创新、品牌与信誉、人才开发、文化建设等问题。

第三，对企业发展进行整体性、长期性谋划时把握基本性问题很有必要。树叶长在树枝上，树枝长在树叉上，树叉长在树干上，树干长在树根上。在一个企业，树叶性的问题有成千上万，树叉性的问题有成百上千，树根性的问题可就不多了。这类问题虽然不多，但非常重要。要是树根烂了，任凭你怎么摆弄，树叶也不会再绿。企业领导层要集中精力谋划企业发展的基本性问题。假如企业发展的基本问题解决不好，那么即使再发动员工努力奋斗也不会收到成效，甚至越努力奋斗赔钱越多。所以，不要只注意把决定的事情办好，也要注意决定本身是否有毛病；不要只忙于摆脱困境，也要忙于铲除困难产生的根源。

第四，研究企业发展谋略很重要。企业发展战略不是常规思路，而是新奇办法。企业发展战略应该使企业少投入、多产出，少挫折、快发展。谋略是智慧结晶，而不是经验搬家和理论堆砌。智慧之中包含知识，但知识本身并不是智慧。智慧与知识具有本质的区别。许多军事家都有“空城计”知识，但没有诸葛亮那样的智慧，先知为智。智慧是对知识的灵活运用，也是对信息的机敏反应。谋划企业发展靠智慧，谋划企业整体性、长期性发展靠大智慧。谋划企业发展固然要借鉴先进理论和先进经验，但如何借鉴还要靠智慧。

可以说，认知企业发展战略，还要掌握其容易出现的四个偏差性误区：一是战略不是一个目标，而是方法。战略不是一种抱负和目标，而应该是如何实现抱负和目标的方法，是实现竞争优势、独树一帜的方法。二是战略不是一些行动、一些手段、一些做法，而是企业怎样定位，使企业有特色、有优势，然后再按照定位决定采取相应的步骤。三是战略不是所有的重要东西，战略只有一个，是一个总纲，其他都是策略。企业应该把战略、策略、计划分清，而不要张冠李戴。从大到小，依次是愿景、战略、规划、计划、行动。战略的核心就是整合，一个企业只有一个战略，不能有很多的战略。四是战略不是使命和愿景。不能把这样大而化之的愿景和使命替代成战略。战略应该是企业的竞争优势，是在产业中如何定位才能取得竞争优势，才能持续发展。

（五）发展战略的关注重点

企业发展战略因时而异、因地而异、因人而异、因事而异，没有固定的内容，也没有固定的模式。一般而言，企业发展战略涉及企业中长期干什么、靠什么和怎么干等三大方面的问题：

谋划企业中长期干什么，就是要定好位。市场已发生变化，连皇帝的女儿也愁嫁。企业要发展，定位很重要。定位是为了解决发展的方向、目标问题。企业发展要有正确方向，要灵活地运用规模化和差别化原则，要坚持专、精、特、新。定位要准确，定错位，劲儿白费。定位主要是为了解决核心业务问题。企业也可以开展多项业务，但核心业务不能多。可以搞多元化经营，但不可以搞多核心经营。用核心业务带动其他业务，用其他业务促进核心业务，这是先进企业的成功之道。不仅对经营范围要定位，而且对经营地区等也要定位。定位有阶段性，不同发展阶段应该有不同的定位。定位的方法很多，定位无定势。定位看起来很简单，实际上很复杂。许多企业认为自己的定位很正确，实际上存在很大问题，而这些问题足以使他们发展缓慢或失败。

谋划企业中长期靠什么，就是要广开资源。集四面潜在资源、成八方受益事业是企业的使命。广开资源是企业发展战略的重要方面，不广开资源，再好的定位也没用。要树立大资源观，不仅要重视物质资源，也要重视人力资源；不仅要重视体力资源，也要重视智力资源；不仅要重视国内资源，也要重视国外资源；不仅要重视空间资源，也要重视时间资源；不仅要重视现实资源，也要重视潜在资源；不仅要重视直接资源，也要重视间接资源；不仅要重视经济资源，也要重视政治资源；不仅要重视有形资源，也要重视无形资源。广开资源要运用智慧，运用智慧就能够善用资源。

谋划企业中长期怎么干，就是要制定好战略措施。战略措施是实现定位的保证，是善用资源的体现，是企业发展战略中关键、生动的部分。从哪里入手、向哪里开刀、先干什么、再干什么、保哪些重点、丢哪些包袱、施什么政策、用什么策略、怎么策划、如何运作等等，这些都是战略措施的重要内容。战略措施是省钱、省力、省时的措施，省钱、省力、省时不等于不花钱、不用力、不用时。战略措施要贴近实际、顺应趋势、新颖独特、灵活机动。战略措施要以定性为主。战略措施要有可操作性，但这种可操作性不同于与战术的可操作。

二、发展战略的主要风险

准确理解发展战略之后，我们可以归纳出这样的思路：为了促进企业增强核心竞争力和可持续发展能力，企业必须实施科学的发展战略控制。但是，发展战略是指企业在综合分析现实状况和未来趋势的基础上，制定并实施的长远发展目标与战略规划，因此，各种变化参数都会导致发展战略时时处处面临着不确定性，必须全面理解这些不确定性。

概括起来，企业发展战略所可能面临的风险主要包括三类：

第一，缺乏明确的企业发展战略或发展战略实施不到位，可能导致企业盲目发展，难以形成竞争优势，丧失发展机遇和动力。这一类风险在不同企业中，表现形式多种多样，但都是战略偏差引起的风险。

（1）制定的战略“跑调”了，字面上是战略，实质上与经营思路相重复，对外宣传是公司战略，结果贻误中长期发展规划。

（2）新战略提法多样化，没有形成集中统一的战略，让人捉摸不定，或下属陷入恐慌，或不知所措中，基层员工犹豫着、沉默着。

（3）战略朝令夕改，没有慎重考虑、科学决策之后的稳定性，出现这种状况时，这个企业发展战略就已经失败了。

（4）战略在企业生命周期的判断与选择上不合时宜，与企业现有基础完全脱节。

（5）战略在竞争策略的判断与选择上不够科学，混淆了不同竞争战略的适合环境，对总成本领先战略、差异化战略和目标集聚战略等不同战略下的优势、劣势、风险、收益分析不准确、选择不明知。

第二，企业发展战略过于激进，脱离企业实际能力或偏离主业，可能导致企业过度扩张，甚至经营失败。这一类风险包括：

（1）对战略环境、战略定位、企业的资源和竞争能力、企业领导者分析不透，从而延误了企业战略面对风险的应对之策，脱离实际地过于追求高大全，形成了劳民伤财的局面。

（2）对创业风险、运作风险、竞争风险分析不清，混淆了不同风险的防范策略，形成自身弱项对战强项，损失战机。

（3）应用SWOT分析不当，没有有效地趋利避害。

第三，发展战略因主观原因频繁变动，可能导致资源浪费，甚至危及企业的生存和持续发展。主观原因贻误的战略资源浪费也是经常会出现的风险。比如，对企业在市场竞争中的战略选择分析不透或执行不力，从而滋生了风险。

（1）中上层干部和高层领导两条心，当面不说，背后乱说，会上不讲，会下嘀嘀咕咕，第一把手在天上飞，中层干部在地上走，上下不沟通，相互之间不知道对方在想什么，危机慢慢出现、潜移默化地伤害了企业。

（2）企业家把企业看成自己的孩子，感情很深，而感情越深，越看不到企业存在的危机。

（3）企业之间的竞争非常激烈，企业家对自己的企业更要有非常理性的认识。否则，感性战胜了理性，风险就会来临。

（4）有些高层领导没有看到环境在变化，陶醉于自己过去的成功经验，不能与时俱进，开拓创新。

三、发展战略制定的控制之道

（一）发展战略制定的原则导向

企业要想长久发展就要制定并实施一套符合自己的发展战略，必须首先找准一个制定发展战略的原则性导向。企业战略的制定要从战略方向、战略目标、实现战略手段等三大方面着手，有点有面，层层深入。

首先是战略方向。纵横的战略方向有两个层次：第一个层次，企业要成为市场上的一个什么角色，是跟随者，还是树旗帜。围绕专业知识去拓宽和发展，这是发展的大方向。这一点与企业提出的“做大做强”目标较为一致。第二个层次，业务主体要牢牢占领战略经营制高点，不能从低端往上做。在牢牢占领战略经营制高点的同时，还要侧重于人力资源、组织结构的调整、财务管理建立，并积极推进信息化、企业文化的建设。

其次是战略目标。企业的战略目标要从企业实际出发，按照长期、近期依次制定。

最后，既定的战略靠什么来实现。再好的战略目标如果无法成功落地也是徒劳无功的。企业可以利用内外两种形式：对外战略保持良好的信誉，打造未来品牌，靠高品质产品和优质的服务赢得客户的肯定；对内依靠存量和增量资源支持，争取资金等方面的支持，壮大企业资金实力。

（二）制定发展战略的流程思维

为实现发展战略制定阶段的有效控制，必须从明确发展目标、制定战略规划、强化战略管理机构、履行战略决策程序等环节层层把关。

企业应当在充分调查研究、科学分析预测和广泛征求意见的基础上制定发展目标。企业在制定发展目标过程中，应当综合考虑宏观经济政策、国内外市场需求变化、技术发展趋势、行业及竞争对手状况、可利用资源水平和自身优势与劣势等影响因素。

企业需要从确定发展目标到战略规划来统筹安排发展战略的起步之举。发展目标确定之后，如何适应未来环境的变化，谋求持续和稳定的发展，掌握环境未来变化的趋势，朝既定的企业发展方向和奋斗目标进发，需要从发展规划进行进一步的落实。战略规划应当明确发展的阶段性和发展程度，确定每个发展阶段的具体目标、工作任务和实施路径。

（三）确保发展战略的落地

企业应当在董事会下设立战略委员会，或指定相关机构负责发展战略管理工作，履行相应职责。企业应当明确战略委员会的职责和议事规则，对战略委员会会议的召开程序、表决方式、提案审议、保密要求和会议记录等作出规定，确保议事过程规范透明、决策程序科学民主。战略委员会应当组织有关部门对发展目标和战略规划进行可行性研究和科学论证，形成发展战略建议方案；必要时，可借助中介机构和外部专家的力量为其履行职责提供专业咨询意见。战略委员会成员应当具有较强的综合素质和实践经验，其任职资格和选任程序应当符合有关法律法规和企业章程的规定。

（四）战略管理融入决策程序

企业应该严格区分经营管理与战略决策之间的边界。发展战略委员会主要行使下列职权：对企业的长期发展规划、经营目标、发展方针进行研究并提出建议；对企业的经营战略包括但不限于产品战略、市场战略、营销战略、研发战略、人才战略进行研究并提出建议；对占企业最近一次经审计的净资产一定比例以上的重大战略性投资、项目融资方案进行研究并提出建议；对占企业最近一次经审计的净资产一定比例以上重大资本运作、资产经营项目进行研究并提出建议；对其他影响企业发展战略的重大事项进行研究并提出建议；对以上事项的实施进行跟踪检查；企业董事授权的其他事宜。

董事会应当严格审议战略委员会提交的发展战略方案，重点关注其全局性、长期性和可行性。董事会在审议方案中如果发现重大问题，应当责成战略委员会对方案作出调整。企业的发展战略方案经董事会审议通过后，报经股东（大）会批准实施。

（五）企业发展战略制定的操作流程

尽管制定企业发展战略没有统一而固定的顺序可以套用，但是，就其内在规律性而言，一般都可以经过意识、调研、方案、咨询、决策等五个阶段：

企业发展战略始于意识，只有首先感觉或理解到发展战略有必要，才会下工夫研究它。认识到发展战略有必要并不容易，因为企业领导人往往想不到企业发展还面临整体性和长远性问题，也想不到现有发展思路还不太高明或存在重大毛病。为了拥有好的发展战略，企业领导人必须首先挑战自己的“想不到”。

一旦认识到（哪怕是初步的）企业发展需要战略，就要进行调查研究。这种调研必须视野开阔、思维灵活。社会的现实需求及潜在需求，竞争的现实对手及潜在对手，可用的现实资源及潜在资源，自身的核心优势及潜在优势，都应该得到周密观察与思考。思考这些问题必须冲破现有观念、应用相关知识、尊重自我发现，否则，只能是一次走过场。

在调研基础上要形成一个企业发展战略案。企业发展战略案不需要很具体、很系统、很严谨，但需要找准企业发展的主要矛盾，并提出解决这个主要矛盾的核心对策。提出企业发展战略方案对有关人员是一次重大考验。它要求说者富有责任心和事业感，富有智慧和勇气；要求听者虚怀若谷、深思熟虑，不要排新妒异、反驳为快。

为防止发展战略失误、提高发展战略水平，企业在确定发展战略之前，应该就非保密问题征求社会有关方面特别是企业战略专家意见。鉴于自身能力有限，有些企业采取委外办法研究企业发展战略。即使采取这种办法，在战略咨询服务机构提交发展战略研究报告之后，除了内部充分讨论，也要再适当征求外部有关方面的意见。

确定发展战略对企业具有里程碑意义。为了企业的长远利益，战略决策要“公”字当先，不唯书本，不唯经验，不唯上级指示，也不唯职务权力，只讲究实事求是。确定企业发展战略要充分发扬民主、依靠集体智慧，也要事先征求有关员工意见。

四、发展战略实施的控制之道

企业发展战略的实施，需要按照整体战略规划，结合阶段性实际情况，早安排，早部署分阶段，有步骤，有领导，有组织的认真实施。在实施进程中，需要特别关注如下几个方面：

第一，企业应当根据发展战略，制定年度工作计划，编制全面预算，将年度目标分解、落实，同时完善发展战略管理制度，确保发展战略有效实施。宏伟的发展战略为年度工作计划指明了企业前进的方向，明确了奋斗的目标，鼓舞人心，催人奋进。要把企业发展战略和数年间的年度工作计划结合起来，发展战略要通过年度工作分阶段地变成美好现实。“强本、创新、领先”，不是一蹴而就的，需要从每一年做起，一步一个脚印，从基础工作做起，固本强基。做好年度工作计划，自然需要落实到全面预算的实施框架下，提出切实可行的年度预算思路对策，趋利避害，积极应对，尤其要努力做好提高管理能力、管理水平，实现管理到位这篇大文章。进一步细化、量化年度工作目标和任务，层层分解，把各项任务具体落实到各个岗位和各个环节，明确责任，严格考核。预算管理是现代企业实现科学管理的一种重要管理方法，尤其是伴随着科技的进步，通讯手段和计算机技术、网络信息的发展，人们对信息的获取、分析的处理更加准确可靠，企业财务预算管理实现了信息的快速、准确的传递，为费用、成本控制提供了良好的基础，企业的管理者在市场竞争中的预见性和应变能力更为增强，财务预算的执行力和控制力应当得到了极大加强。然而在实际工作中，在企业管理的不同层面，仍存在着平时重具体事务，不重视全面预算管理的现象，具体表现为轻视经济预算、轻视目标分解、轻视管理监督、轻视过程控制等，由此出现阶段性的经济效益滑坡、管理失控等问题。因此，从企业预算管理的全过程来看，企业中长期的经营目标在实施过程中必须分解为年度经营目标、季度经营目标和月份经营目标，通过实行全面预算管理，使企业中长期的经营目标真正由书本计划变为具体行动，由理想变为现实。

第二，企业应当重视发展战略的宣传工作，通过内部各层级会议和教育培训等有效方式，将发展战略及其分解落实情况传递到内部各经理层级和全体员工。发展战略决不是仅仅局限于企业高层少数人范畴的“奢华游戏”。通用的总裁杰克韦尔奇曾说：“我坚信，如果组织内部的变化速度慢于外部变化的速度，那么失败就在眼前。”因此，上下联运一体才是通向未来辉煌的基础。通过宣传与培训，对企业上下全体组织成员对事关发展战略的流程管理从宏观与微观两个层面进行讲解，包括战略管理的发展、战略管理的工具、战略实施的系统工程构成部分。培训是企业为了提高劳动生产率和员工对职业的满足程度，以组织、计划和实施的形式对企业各类人员进行的一种教育投资活动，是通过员工将培训内容转化为工作行动以有效地为企业生产经营活动服务，提高企业绩效的过程。

第三，战略委员会应当加强对发展战略实施情况的监控，定期收集和分析相关信息，对于明显偏离发展战略的情况，应当及时报告。董事会发展战略委员会在战略发展的制定与实施使命中，自然担当着不可替代的责任。发展战略委员会是企业董事会下设的专门机构，主要负责对企业长期发展战略规划、重大战略性投资进行可行性研究，向董事会报告工作并对董事会负责。

发展战略委员会成员由七至九名左右董事组成，其中应至少包括两名独立董事或外部行业与管理领域的专家顾问，充分利用独立人士的谏言献策来集中智慧与谋略。发展战略委员会对规定的事项进行审议后，应形成发展战略委员会会议决议连同相关议案报送企业董事会进行审议。发展战略委员会行使职权应符合《企业法》、《企业章程》及有关规定，不得损害企业和股东的合法权益。发展战略委员会履行职责时，企业相关部门应给予配合，所需费用由企业承担。

战略委员会对发展战略实施情况的监控，可以要求企业相关董事、监事及其他高管人员列席会议。如有必要，发展战略委员会可以聘请中介机构为其提供专业意见，费用由企业支付。发展战略委员会决议实施的过程中，发展战略委员会召集人或其指定的其他委员应就决议的实施情况进行跟踪检查，在检查中发现有违反决议的事项时，可以要求和督促有关人员予以纠正，有关人员若不采纳意见，发展战略委员会召集人或其指定的委员应将有关情况向企业董事会作出汇报，由企业董事会负责处理。

第四，由于经济形势、产业政策、技术进步、行业状况以及不可抗力等因素发生重大变化，确需对发展战略作出调整的，应当按照规定权限和程序调整发展战略。当经济形势、产业政策、技术进步、行业状况发展质的变化时，当不可抗力突然降临时，当高科技、高速度、全球竞争转瞬间颠覆了既有环境时，只有适应变化的战略，通过在目标与环境、实力之间进行匹配，才能够帮助企业赢得未来。当企业规模小、影响决策因素少时，领导者可以仅凭直觉经验指导行动。但在企业规模大、因素复杂的情况下，单凭经验和直觉便远远不够。企业在制定战略性决策时，策略部门大量支持性的数据分析，对决策层的直觉判断，起着至关重要的辅助作用。在市场竞争中，好的企业战略能让企业掌握自己的命运，主动塑造企业未来。在变化的环境里，企业应该采取主动态度预测未来，影响变化，而不仅是被动地对变化作出反应。企业领导者如果仅仅是预见到了未来，而不采取行动适应变化，这样的企业战略是失败的。在当今瞬息万变的环境里，企业只有在变化中不断调整发展战略，保持健康的发展活力，并将这种活力转变成惯性，通过有效的战略不断表达出来，才能获得并持续强化竞争优势，构筑企业成功。

第二节 发展战略控制关键点

一个企业的可持续发展常常是科学战略支撑下的发展。因为，发展方向不能偏，发展步骤不能乱，发展重点不能多，发展措施不能软。这些都是企业发展中的整体性、长期性、基本性问题，不认真谋划是绝对不行的。许多企业重视竞争战术，轻视发展战略，这是一种偏见。这种偏见如果得不到克服，企业就得不到全面、协调、可持续发展，反过来也影响竞争战术的制定与实施。

一、准确定位、科学制定发展战略

（一）发展战略的定位提炼

企业发展战略不是经营问题，也不是管理问题，必须深刻认识发展战略的本质所在。把握好企业发展战略本质才能研究好企业发展战略。企业发展战略是对企业发展的谋略，是对企业发展中整体性、长期性、基本性问题的计谋。根据企业发展战略的这个本质，研究企业发展战略，应该始终围绕“一个中心”，坚持“两个面向”，突出“一个重点”，发挥“一种能力”。

1. 围绕“一个中心”——发展。

2. 坚持“两个面向”——坚持面向企业发展的整体性问题，面向企业发展的长期性问题。

3. 突出“一个重点”——把影响企业整体与长期发展的基本问题当作研究重点。

4. 发挥“一种能力”——发挥谋划能力。

（二）企业制定发展战略的“五项修炼”

在战略方向没有确定之前，任何战术都无所谓好坏。正如一句英国谚语：对一艘盲目航行的船来说，任何方向的风都是逆风。可见，正确的战略对企业发展是何等重要。那么，企业要建立科学的发展战略得修炼什么呢？一是要领先半步，炼就一双火眼金睛，灵光闪现就有战略眼光；二是要找准自己的战略高地；三是要善于把握自己相对优于对手的核心能力；四是通过“有所为有所不为”建立核心竞争优势；五是制定战略时要有危机意识、风险意识，可以借用外脑避免决策失误。

基于中国企业的现实发展基础，为真正实行战略管理，必须在制定企业发展战略前获得相关的“修炼”：

1. 与时俱进，炼就战略眼光。什么是战略眼光？纵观全球的商业巨子们，他们的成功皆得益于其高瞻远瞩的战略眼光。他们的战略眼光时时提醒人们：保持与时俱进的思想正是其眼光敏锐的温床。这种战略眼光除了智慧精灵般地闪现，还展现出这些智者坚定的决心和企业上下因此而形成的强大凝聚力。而中国的企业家不缺少智慧和足够的战略头脑，但要想摆脱企业因人而盛、因人而衰的怪圈，第一要做的是让企业也具备智慧的头脑，第二是让企业的头脑学会不断学习和更新。

2. 深谋远虑，寻找战略高地。什么是具有“远虑”的企业发展战略呢？可以说，一家企业就像一个人在整个社会环境中寻找自己的位置一样：其一，要看清楚自己所处的市场环境；其二，要弄明白眼下市场潮流的走向，其中还包括某些产品的特殊的市场规律。其三，要预测出未来 5 年自己行业的发展趋势。在分析以上三者后，逐步意识到方向性和未来发展的走势，并以此来调整自己，使企业朝着可持续、稳健性的良性循环方向发展。

3. 核心能力，抢占战略制高点。我们的企业还有一个通病：核心能力缺乏症。一些大企业资金雄厚，却往往同时向十几个领域发展，都铺开但都不深入。市场一旦发生变化，最先倒闭的正是那些四处撒网的企业，这是因缺乏核心能力所致。核心能力正是要强化自己的绝对优势，达到竞争中抢占战略制高点的目的。致力于专业化经营，强化企业核心竞争能力在市场不景气时正是规避风险的一种有效的方法。从顾客角度看，他们认为企业应专一于窄小的领域，尤其当你从中取得一定知名度时，更应如此，一旦你拓宽领域顾客即会产生疑虑。

4. 扬长避短，建立竞争优势。如今的供求关系变了，这是一个以买方市场为标志的过剩时代。应该“有所不为方可有所为”：“有所不为”是为了保证企业各项业务间的关联和资源共享，应放弃进入与企业核心能力相背离的业务领域；而“有所为”即集中企业的各项资源，建立企业的核心竞争能力。如果置核心能力于不顾，盲目地进行多元化经营，必然会分散企业资源，失去发展重点，耗散竞争优势。要知道，人的知识、精力都是有限的，把有限的精力、时间集中起来办一件事成功的几率更大，而四面出击，往往力不从心，做不深透，还会闹个鸡飞蛋打。

5. 投石问路，避免决策失误。有关调查表明，国内诸多行业都呈现出“三三制”特征，即1/3 赢利，1/3 持平，1/3 亏损。据一项课题研究表明：中国绝大多数优势企业已从过去那种无意识的经营管理逐步转变以现代经营战略为导向的有意识行为，并初具以下一些特征：一是在战略制定中开始注意对市场的调研和对企业内外环境的分析；二是一些企业的领导层已开始重视经营战略的实施；三是注意了在战略实施中不断进行修改和完善。

（三）深度分析内外两个环境

企业外部环境、内部资源等因素，是影响发展战略制定的关键因素。只有对企业所处的外部环境和拥有的内部资源展开深度分析，才能制定出科学合理的发展战略。在此过程中，企业应当综合考虑宏观经济政策、国内外市场需求变化、技术发展趋势、行业及竞争对手状况、可利用资源水平和自身优势与劣势等影响因素。

1. 分析外部环境，发现机会和威胁。外部环境是制定发展战略的重要影响因素，包括企业所处的宏观环境、行业环境及竞争对手、经营环境等。分析企业面临的外部环境，应当着重分析环境的变化和发展趋势及其对企业战略的重要影响，同时评估有哪些机会可以挖掘，以及企业可能面临哪些威胁。

（1）宏观环境分析。要在充分研究外部环境的现状及未来发展趋势的基础上，抓住有利于企业发展的机会，避开环境威胁的因素。宏观环境分析一般通过政治和法律环境、经济环境、社会和文化环境、技术环境等因素分析企业所面临的状况。

（2）行业环境及竞争对手分析。通过行业分析，确保企业在所提供产品或服务的类型、方式及地点，以及希望实现的产业规模等方面，能够与同行业竞争对手区别开来，建立和巩固自身市场优势，制定差异化竞争战略。

（3）经营环境分析。经营环境分析侧重于对市场及竞争地位、消费者消费状况、融资环境、劳动力市场状况等因素的分析。经营环境比宏观环境和行业环境更容易为企业所影响和控制，也更有利于企业主动应对其带来的机会和威胁。

2. 分析内部资源，识别优势和劣势。分析企业拥有的内部资源和能力，应当着重分析这些资源和能力使企业在相同行业中处于何种地位，与竞争对手相比，企业有哪些优势和劣势。

（1）企业资源分析。通过企业资源分析，确定企业资源的状态，找出企业资源优势和劣势；通过与主要竞争对手资源情况的比较，明确形成企业核心能力和竞争优势的战略性资源。

(2) 企业能力分析。它主要包括：研发能力分析、生产能力分析、营销能力分析、财务能力分析、组织管理能力分析等。通过分析和挖掘企业能力，了解发展战略能否适应企业面临的各种机遇和挑战，同时还可能发现让竞争对手无法企及的新机会和新领域。

(3) 核心竞争力分析。能够有助于企业构建核心竞争力的资源主要包括：稀缺资源、不可模仿的资源、不可替代的资源、持久的资源等。企业在战略分析时，应当将注意力特别集中在那些能够帮助企业建立核心竞争力的资源上。

(四) 科学编制发展战略

发展战略可以分为发展目标和战略规划两个层次。其中，发展目标是企业发展战略的核心和基本内容，是在最重要的经营领域对企业使命的具体化，表明企业在未来一段时期内所要努力的方向和所要达到的水平。战略规划是为了实现发展目标而制定的具体规划，表明企业在每个发展阶段的具体目标、工作任务和实施路径。

1. 确立发展目标。企业发展目标作为指导企业生产经营活动的准绳，通常包括：盈利能力、生产效率、市场竞争地位、技术领先程度、生产规模、组织结构、人力资源、用户服务、社会责任等。

(1) 发展目标应当突出主业。在编制发展目标时突出主业，将其做精做强，做成行业"独一份"，不断增强核心竞争力。这是许多成功的跨国公司的经验之谈。

(2) 发展目标不能过于激进，不能盲目追逐市场热点，不能脱离企业实际，否则可能导致企业过度扩张或经营失败。

2. 编制战略规划。发展目标确定后，就要考虑使用何种手段，采取何种措施，运用何种方法来达到目标，即编制战略规划。战略规划应当明确企业发展的阶段性和发展程度，制定每个发展阶段的具体目标和工作任务，以及达到发展目标必经的实施路径。

3. 严格审议和批准发展战略。发展战略拟订后，应当按照规定的权限和程序对发展战略方案进行审议和批准。企业发展战略方案经董事会审议通过后，应当报经股东（大）会批准后付诸实施。

二、认真组织、科学实施发展战略

在企业发展战略决策方面，始终需要坚持其控制目标在于企业应建立与经营目标一致的长远发展战略。对于发展战略的控制措施，应该从宏观的企业综合视角、中观的业务板块和微观的分区流程三个层面来推进：

(一) 如何实施发展战略

科学制定发展战略是一个复杂的过程，实施发展战略更是一个系统工程。企业只有重视和加强发展战略的实施，在所有相关目标领域全力推进，才有可能将发展战略描绘的蓝图转变为现实，铸就成核心竞争力。为此，企业应当加强对发展战略实施的统一领导，制定详细的年度工作计划，通过编制全面预算，将年度目标进行分解、落实，确保企业发展目标的实现。此外，还要加强对发展战略的宣传培训，通过组织结构调整、人员安排、薪酬调整、财务安排、管理变革等配套措施，保证发展战略的顺利实施。

1. 着力加强对发展战略实施的领导要确保发展战略有效实施，加强组织领导是关键。企业经理层作为发展战略制定的直接参与者，往往比一般员工掌握更多的战略信息，对企业发展目标、战略规划和战略实施路径的理解和体会也更加全面深刻，应当担当发展战略实施的领导者，统筹兼顾资源分配、内部机构优化、企业文化培育、信息沟通、考核激励相关制度建设等方面的协调、平衡和决策作用，确保发展战略的有效实施。

2. 着力将发展战略分解落实。第一，要根据战略规划，制定年度工作计划。第二，通过全面预算，将发展目标分解并落实到产销水平、资产负债规模、收入及利润增长幅度、投资回报、风险管控、技术创新、品牌建设、人力资源建设、制度建设、企业文化、社会责任等可操作层面，确保发展战略能够真正有效地指导企业各项生产经营管理活动。第三，要进一步将年度预算细分为季度、月度预算，通过实施分期预算控制，促进年度预算目标的实现。第四，要通过建立发展战略实施的激励约束机制，将各责任单位年度预算目标完成情况纳入绩效考评体系，切实做到有奖有惩、奖惩分明，以促进发展战略的有效实施。

3. 着力保障发展战略有效实施。在复杂动态的市场环境和激烈的市场竞争中，对企业内部不同部门之间的协同运作提出了越来越高的要求。为此，企业应当采取切实有效的保障措施，确保发展战略的顺利贯彻实施。

（1）要培育与发展战略相匹配的企业文化。企业文化是发展战略有效实施的重要支持。发展战略制定后，要充分利用企业文化所具有的导向、约束、凝聚、激励等作用，统一全体员工的观念行为，共同为发展战略的有效实施而努力奋斗。

（2）要优化调整组织结构。发展战略决定着企业组织结构模式的设计与选择；反过来，发展战略的实施过程及效果又受到所采取的组织结构模式的制约。要解决好发展战略前导性和组织结构滞后性之间的矛盾，企业必须在发展战略制定后，尽快调整企业组织结构、业务流程、权责关系等，以适应发展战略的要求。

（3）要整合内外部资源。企业能够利用的资源是有限的，如何调动和分配企业不同领域的人力、财力、物力和信息等资源来适应发展战略，是促进企业发展战略顺利实施的关键所在。企业在战略实施过程中，只有对拥有的资源进行优化配置，达到战略与资源的匹配，才能充分保证战略的实现。

（4）要相应调整管理方式。企业在战略实施过程中，往往需要克服各种阻力，改变企业日常惯例，在管理体制、机制及管理模式等方面实施变革，由粗放、层级制管理向集约、扁平化管理转变，为发展战略的有效实施提供强有力的支持。

（二）实施分层级战略管控

1. 企业综合层面的控制。企业董事会要组织研究企业的长远发展战略，根据需要成立战略委员会；战略委员会应该制定明确的议事规则，明确其主要职责权限、任职资格、运作程序等内容；战略委员会由三至七名成员组成，战略委员会委员由董事会选举产生，任期由董事会决定；对国内外相同行业发展状况进行研究，为董事会进行战略决策提供参考。

2. 相关部门及岗位专项层面的控制。总体原则是透明分层、角色定位。通常，企业战略委员会委员的使命就是对企业长期发展战略和重大投资决策进行研究并提出建议负责。投资者关系部——董事会、监事会办公室——董事会服务岗：对起草或者参与起草战略委员会议事规则负责；法律事务部——总经理——企业事务处经理——企业事务岗：对起草或者参与起草、审核战略委员会议事规则负责；业绩信息管理部——分析处——经营考核岗：对业绩信息进行分析，为企业战略决策提供参考而负责；战略规划部——战略规划处——战略规划岗：对进行企业战略研究，为董事会进行战略决策提供参考负责；战略规划部——战略合作处——战略合作岗：对研究企业的收购、兼并等资本运营战略，并向经理层提出实施建议负责，对组织研究并参与实施与国内金融机构的战略合作，组织研究并参与实施企业海外发展战略负责，对企业与国际机构的交流与合作负责；战略规划部——发展研究处——发展研究岗：对研究、制定企业长远发展计划负责。

（三）适时实现发展战略转型

环境处于不断变化之中。当这种变化累积到一定程度时，发展战略可能会滞后或其执行偏离既定的发展目标。因经济形势、产业政策、技术进步、行业状况以及不可抗力等因素发生变化时，确需对发展战略作出调整优化甚至转型的，应当按照规定权限和程序，调整发展战略或实现战略转型。

1. 要加强对发展战略实施的监控。企业应当建立发展战略评估制度，加强对战略制定与实施的事前、事中和事后评估。发展战略制定与实施过程中存在的问题和偏差，应当及时进行内部报告，并采取措施予以纠正。

2. 要根据监控情况持续优化发展。在开展战略监控和评估过程中，发现下列情况之一的，应当调整、优化发展战略，以促进企业内部资源能力和外部环境条件保持动态平衡：其一，经济形势、产业政策、技术进步、行业竞争态势以及不可抗力等因素发生较大变化，对企业发展战略实现有较大影响；其二，企业内部经营管理发生较大变化，确有必要对发展战略作出调整。发展战略调整牵一发而动全身，应当按照规定的权限和程序进行。

3. 要抢抓机遇顺利实现战略转型。企业战略转型不是战略的局部调整，而是各个战略层次上的方向性改变。比如，海尔从产品制造企业向高端制造服务型企业的战略转型；吉利汽车从低端汽车产品向中端产品的战略转型等。

常言道："三年发展靠机遇，十年发展靠战略"。加强战略管理，提高战略管理水平，是企业谋求长远发展的不懈追求。后国际金融危机时期，我国正处在世界经济大变革、大转型的重要战略机遇期，企业应当以此为契机，强化发展战略管理，积极推进战略转型，加快发展方式转变，提升企业核心竞争力，实现健康可持续发展。

第三节　发展战略控制的案例

成败案析

吉利汽车：产业发展战略的交响曲

【案情扫描】

1986 年 11 月 6 日，李书福以冰箱配件为起点开始了吉利创业的历程；1994 年 4 月，进入摩托车行业；1996 年 5 月，成立吉利集团，走上了规模化发展的道路。1997 年，吉利集团进入汽车产业，踏入轿车领域的那一天起，吉利集团凭借灵活的经营机制和持续的自主创新，取得了快速的发展，经过十年左右的努力，资产总值超过140亿元。连续六年进入中国企业500强，连续四年进入中国汽车行业十强，被评为首批国家“创新型企业”和首批“国家汽车整车出口基地企业”，是“中国汽车工业50年发展速度最快、成长最好”的企业。尽管吉利成功的经验相当丰富，但是，吉利集团的实践充分证明，制定和实施企业发展战略是企业实现跨越式发展的重要法宝之一。

吉利诞生之日起，就扎根于中国大众对汽车进入家庭梦想的现实环境。在当时的经济环境下，老百姓在货币购买力有限的情况下，对汽车的追求当然是经济实惠为第一要务，吉利想客户之所想，不断冲击和创造着轿车的价格底线。这应该成就了吉利在中国大众心目中的普及率，成为老百姓能够买得起的私家车首选品牌。在吉利中国市场推出经济型汽车的同时，始终牢记中国经济与社会的快速发展，必将为抢占商机者创造巨大的渐进式豪华车市场。谋划产品变革已经成为吉利的历史性转折。2007年初至今，细心的人们发现，吉利不再大做价格文章，战略转型正式展开，品牌形象正在全力提升进程中。吉利以前习惯于以价格取胜，一直定位于“造老百姓买得起的汽车”，初步实现其进入中国家用轿车领域之后，低成本的粗放式经营开始主动让位于精细化运行，吉利的经营自然考虑到目前的能源和环保压力，也必须考虑中国产品的国际形象。如今的吉利汽车战略已经被“打造最安全、最环保、最节能的好车，让吉利汽车走遍全世界”所代替。安全、节能和环保，是世界汽车工业发展的趋势，也是主要汽车企业的努力方向。经过十多年的不懈努力，公众欣喜地看见了吉利在汽车发动机、变速箱、制动器、转向器、电子电器控制以及前后桥、车身设计等领域取得了重大技术突破，取得了包括CVVT发动机、自动变速箱和EPS等一系列丰硕成果。吉利的爆胎检测与制动系统已知在140多个国家注册专利，吉利引进汽车爆胎检测与制动系统，这一世界首创的智能化汽车行车安全技术产品的应用，已经做到了可以有效大幅提高行车安全系数。品牌形象的提升只是吉利战略转型的一部分。

从单纯的低成本战略向高技术、高质量、高效率、国际化的战略转型。吉利将秉承已经确立的新战略时期的企业愿景：让世界充满吉利，认真行使企业的使命：造最安全、最环保、最节能的好车，让吉利汽车走遍全世界！吉利在自主创新的同时，经过八年奋斗，终于在2010年3月将国际汽车巨人——沃尔沃成功地收购过来，从此以后，吉利已经完全站在了全球汽车制造业的前列。

【案例评述】

建立战略是先导，执行战略是主体，调整战略是睿智。

吉利集团发展的整体战略思想，就是“总体跟随，局部超越，重点突破，招贤纳士，合纵联横，后来居上”。同时，吉利集团在其企业发展的不同历史阶段，先后推出了差异化的品牌战略。近几年内的主打方向就是“重点突破”。2007年6月，吉利集团开始进行战略转型，争取用三至五年时间完成从单纯的低成本战略向高技术、高质量、高效率、国际化的战略转型。

关于吉利发展战略及其整体性问题，吉利集团从进入汽车工业的那一天开始，就制定了清晰的发展战略。十年来的实践与发展证明了吉利的战略是正确的，是符合经济社会发展现实和汽车工业自身发展规律的。根据不同时期的市场需求变化，吉利集团顺应潮流，把握机遇，总体筹划，长短结合，作出了既符合世界汽车工业发展方向和适应国际竞争态势，又适应中国汽车产业发展特点和配套体系现状的生产力布局和经营管理决策。按照上述战略思想，吉利坚持自主创新、自主研发、自主知识产权的“三自”之路，不断掌握发动机、自动变速箱和EPS（电动助力转向系统）等汽车核心零部件和整车研发技术，终于首先在经济型轿车领域打开了局面，夺得了国内轿车市场的5%的市场份额，并以此为基础，开始向中高级轿车发力，陆续推出了吉利金刚、吉利远景等中级车新车型，与安全性能优异、节能环保的吉利自由舰，组成了吉利“新三样”产品，走在中国自主品牌汽车的最前沿。

吉利的实践充分证明：站得高、看得远，战略始终统领着企业的未来发展。通过持续的战略转型，吉利的各个方面，包括研发、技术、生产、销售、治理、企业文化等都发生了质的变化；吉利已经从“汽车婴儿”成长为“汽车少年”，经过十几年脚踏实地的发展，中国自主品牌汽车已经积蓄了从低端走向高端的能力和实力，完全能够实现“造最安全、最环保、最节能的好车，让中国汽车走遍全世界”这样一个愿景，或者说一个使命。吉利始终注重与环境相适应，吉利率先在海内汽车企业实施从“价格优势”向“技术领先”转变的战略转型。根据战略转型的需要，吉利在人才的培养培训、治理流程的再造、技术路线、产品路线、产品的规划、一些配套体系的建设、营销网络的建设、售后服务的建设等方面进行了有针对性的改造和革新，将整个基础工作都转移到适应新的形势的轨道上了。正是一系列成功的战略转型举措，成为吉利从容应对金融危机的“热身运动”，不仅避免了经济寒冬来临之际的手忙脚乱，而且逆势上扬，成为2008年汽车行业的一个亮点，并且延续到了今年。数次战略转型的初步成功，使得吉利企业的核心竞争力有了很大的提升。

第五章

人力资源

企业之间的竞争，归根结底是人才的竞争。

《企业内部控制应用指引第3号——人力资源》着力解决企业发展过程中如何引进、开发、使用人力资源，并合理规范退出机制，核心是如何合理控制人力资源开发与引进、使用与退出过程中的风险问题。其主要内容包括：制定本指引的必要性和依据，人力资源的本质、人力资源管理过程中应关注的主要风险，以及如何在引进与开发、使用与退出方面控制风险等，分三章共十四条。

第一节　人力资源的控制要义

一、人力资源的含义与风险

（一）人力资源的含义

为充分发挥人力资源对实现企业发展战略的重要作用，任何一个企业都应该始终重视人力资源的管理与控制，营造与企业发展相适应的人力资源环境。所谓人力资源，是指企业为组织生产经营活动而选拔任用的干部和录用的工作人员等，包括董事、监事、高级管理人员和全体在生产、经营、管理一线工作的全体员工，以及其他为一线业务活动提供相关配套服务的所有员工。企业应当重视人力资源建设，根据发展战略，结合人力资源现状和未来需求，建立人力资源发展目标，制定人力资源总体规划和能力框架体系，优化人力资源整体布局，明确人力资源的引进、开发、使用、培养、考核、激励、退出等管理要求，实现人力资源的合理配置，全面提升企业核心竞争力。

（二）人力资源的风险

人力资源伴随着企业生产、经营、管理活动的全过程，又有其自身的有序进人、有效使用和有节退出三个环节。有序进人就是通过招聘引进、培养发现等渠道增加企业人才规模；

有效使用就是营造人尽其才的环境，制定科学的激励和约束机制，最大限度地发挥人才效能；有节退出就是建立健全一种正常的退出机制，规避退出制度不合理而引发的“鱼死网破”现象。企业人力资源管理至少应当关注以下三个方面的风险：

1. 人力资源缺乏或过剩、结构不合理、开发机制不健全，可能导致企业发展战略难以实现。具体表现是：

(1) 企业对自身企业人力资源没有进行过系统规划，没有科学而详细的引进计划，而是“想当然”地盲目乐观，以至出现人员素质跟不上企业发展要求，人员流失严重，人才断档等问题。

(2) 企业人力资源增量与存量整体调配不科学，人才素质结构、专业结构等与企业需求失衡，人才队伍中能挑起业务“大梁”的高层次、创新型、复合型人才明显缺乏。

(3) 企业在人才引进后专业分工与岗位需要的对接工作没有跟上，也没有给予相应的工作衔接与未来岗位指向的科学匹配，使得人才不愿再为企业作贡献而随时准备跳槽或者故意怠工。

(4) 扭曲、不规范而且滞后的在职培训体系对提高企业人才素质作用甚微，质量矛盾十分突出。

(5) 人才开发机制大多是企业管理者多年的经验随机漫谈，企业舍不得投资，即使进行了培训投资，结果也经常随着员工匆匆忙忙流动而付诸东流。

2. 人力资源激励约束制度不合理、关键岗位人员管理不完善，可能导致人才流失、经营效率低下或关键技术、商业秘密和国家机密泄露，具体包括：

(1) 企业没有注重企业文化建设，员工缺乏共同的价值观念，对企业的认同感不强，往往造成个人价值观和企业理念的错位。

(2) 企业在用人方面急功近利、期望值过高，经常出现可供人才质量的逆向错位现象，也不能确保人才真正忠诚地为企业服务，很多人都不会安于现状，忙着找机会跳槽。

(3) 员工激励机制不完善，一切都凭一张嘴，仅有的制度也是朝立夕改，缺乏稳定可行的激励机制。

(4) 人才引进后使用不当，没有兑现当初的承诺，给人造成“忽悠”之感，使得人才不愿再为企业作贡献而随时准备跳槽或者故意怠工。

(5) 关键技术岗位员工存在潜在不稳定性，在某个特殊岗位掌握核心技术、人文知识、客户关系信息、配合默契等会构成企业生产力随着关键技术掌握者的流失而流失或降低，直接影响企业经营或生产。

(6) 掌握关键技术、商业机密和国家机密的员工，没有实施法规框架下的有效管理措施。如果稍有“风吹草动”此类人员流动所产生的流失成本已成为企业的一个黑洞，削弱企业的竞争能力，影响员工的士气和企业的生产率，也是企业利润的无形杀手。

3. 人力资源退出机制不当，可能导致法律诉讼或企业声誉受损。这方面的风险是比较敏感的话题，主要风险点包括：

(1) 被解聘的员工常常会散布不利于企业的言论，解聘的员工越多企业付出的代价越大。

(2) 不论是普通员工的离职，还是掌握核心技术或商业机密的知识型员工的离职，尤其是跳槽到竞争对手企业或另起炉灶时，企业将面临严峻的竞争压力。

(3) 员工主动离开企业，或多或少都存在对企业一定程度的不满，或受不了企业内部的约束，可能自觉或不自觉地损害企业的声望，对企业造成巨大影响。

(4) 人才大范围流动已经不可回避，社会信用机制的不全、企业内部控制的失效，涉及竞业行为、劳动诉讼风险、知识产权侵权诉讼索赔、不正当竞争诉讼索赔等风险。

企业人力资源管理，既要注重对人力资源的引进与开发，也要始终注意人力资源的引进与退出，包括制订整体规划、严格招聘计划与招聘过程控制，并让试用、聘用与培训评估、技能评估、绩效考核与薪酬管理、奖惩与晋升、福利政策等一系列措施全程配套。

二、人力资源的引进与开发

人力资源“三部曲”，选人、用人和留人。首先是选人。这方面的基本标准是“六颗心”，即雄心、信心、用心、专心、良心、爱心。对于人力资源事业而言，雄心就是指要有理想，信心是实现理想的驱动力，是达到目标的助推器，是必胜的信念，只有树立信心，才能实现雄心。更要学会用人，不要大材小用，也勿小材大用，得把合适的人放在适当的岗位上。许多成功企业的人力资源引进与开发工作，证明了应该从以下5个方面来掌握与控制整个人才引进与开发活动。

(一) 招聘计划控制

1. 人才需求掌控。企业各部门都应该根据部门实际情况以及年度发展需要，提出年度人力资源及培训需求，提交人力资源部门，人力资源部门汇总并根据人力资源规划调整人力资源需求后，形成年度人力资源需求计划，然后传送至分管业务领导审定。

2. 人力资源部门根据审定后的年度人力资源需求计划，拟订招聘实施方案。用人部门提出增补人员申请时，应该载明建议增补人员的方式，比如，是通过企业内部选取还是采用对外招聘，或者内部与外部同时进行，择优录取，若单独建议由内部选取，可推荐合适的人选。用人部门对所需增补人员的条件、资格等资料应详细说明。

3. 人力资源部门审核用人部门的用人需求，决定是否可以通过内部竞聘方式解决人力需求。当企业内部无适当人选时，且对人才的需求量较大时，主要考虑外部招聘，并比照职位技能需求确定选拔条件。外部招聘可以改变企业的组织气氛，而且可以招到不同组织文化背景的人。如果企业某些岗位需要具备特殊技术和专业知识人才，必须广泛对外招聘。

4. 人力资源部门根据当时的市场薪酬行情和企业的薪酬架构体系，初步拟订待招聘职位等级及基本薪酬范围。

5. 企业人力资源部招聘人才可以用以下方式进行：在专业网站上公开招聘、刊登报纸招聘广告向就业人才市场登记求才、向对口大专院校登记求才或者举行人才交流会、通过人员介绍。

(二) 规范选拔人力资源

1. 人力资源部门对应聘者的简历中各项数据进行初步的审核，审阅应聘者学历、经验是否符合岗位所需，初步淘汰资格不合格者。之后将审核通过的应聘者资料转交用人部门进一步审核，通过书面材料淘汰一部分不合格的应聘者。

2. 根据情况，由人力资源部门主导，对初审合格者进行各项测验，测验项目包括：性格测验、智力测验、专业技能测验、专业科目测验。

3. 用人单位主管对测验合格者进行复试，透过各种面谈技巧以进一步了解应聘者各方面的综合表现。

4. 不论录取与否，应在一定时间内通知应聘者是否录取及录取者报到时间。对于录取者还应该要求其出具医院的体检证明，以避免录取身心不适者。

5. 将其他优良人选资料记录在人力资源库里以备后查。

（三）依法签订劳动合同

针对企业劳动合同管理观念滞后、合同到期后没有考核激励机制、多元化用工下劳动合同管理不规范等问题，企业必须强化对员工的依法保护与管理观念，重视劳动合同管理。通常注意采取以下措施：

1. 使用规范统一的劳动合同文本。通常，所有需要签订无固定期限合同人员和固定期限合同人员，都采用政府管理部门的示范合同文本。

2. 加强劳动合同期管理，采取有效激励考核措施。要强化劳动合同期限（固定期限和无固定期限两种）管理。通常，无固定期限劳动合同是在本企业连续工作相当年份（如10年）以上的员工，可由本人提出与企业签订无固定期限劳动合同；固定期限合同分为5年和10年两种，连续工龄超过5年未满10年的员工，可以与企业签订期限为10年的劳动合同，连续工龄未满5年的员工，可以与企业签订合同期限为5年的劳动合同。这样，可以让员工增加一些紧迫感和竞争意识，调动员工的积极性，同时还可以终止一些劳动合同，提高员工队伍素质。

3. 建立员工择优录用、能进能出的用工制度。劳动合同到期后，不能简单地办理续签劳动合同手续，必须根据企业生产经营需要制定相关制度对员工进行考核，视考核情况作出决定。利用劳动合同续签给员工一个自我总结、自我反思的机会，也给企业对劳动者进行重新选择的机会。对于表现不好，出工不出力，不能胜任本职工作的要坚决终止合同。对确定给予续签的劳动者，看考核情况，对表现较差但不够终止条件的可签订较短期限合同，使其有危机感；对表现一般的可签订中期合同，使其有紧迫感；对表现好的生产工作骨干可签订较长期合同，使其有安全感。通过对劳动合同的终止和续签，可调动广大员工的工作积极性，使企业人员合理流动，达到优化企业人力资源配置的目的。

4. 夯实劳动合同基础管理，建立劳动合同台账制度。企业在建立劳动合同档案的情况下，应建立劳动合同台账，按劳动合同到期年度与员工签订劳动合同并分序造册，对劳动合同进行动态管理。

5. 采用劳动派遣方式，使多元化用工形式规范化。随着用工体制改革的不断深入，一些企业劳动用工已逐渐向多元化用工方向发展，除可直接和企业签订劳动合同外，其余形式的用工都在和当地劳动部门共同协商同意情况下，如采用劳务派遣方式，把员工输送给企业工作，应杜绝劳务合同、劳务协议、用工协议、聘书、签约等环节的错误或失当现象发生，使企业多元化用工逐步实现规范化管理。

6. 建立健全劳动管理的各项规章制度。企业要根据国家劳动法律、法规及上级公司有关政策规定，及时制定本企业的劳动管理规章，在签订劳动合同时作为劳动合同的附件，让劳动者清楚劳动规章的内容，避免劳动争议的发生。总之，要通过建立和完善劳动合同管理机制，使劳动合同的管理达到严格化、制度化、规范化。

（四）做好上岗前期工作

1. 人员报到时应先办妥下列各项手续。上交身份证复印件、上交最近半身正面相片、交验户籍证明、交验学历证件、交验有资格的医院出具的体格检查表、填写人事登记表、与企业签订试用期劳动合同。同时，对于涉及关键技术、知识产权、商业秘密和国家机密的岗位，还需要签署相关保密协议书。

2. 新进人员必须经过试用。在试用期内，由人力资源部门根据新进员工情况组织培训。培训内容包括：企业文化及理念、企业日常管理运作流程及部门、岗位运作培训。员工根据要求参加培训考试，考试结果作为试用期考核的依据之一。试用期由用人企业出具详细考核意见表，考核未合格者或品行欠佳者，就要终止试用。经终止试用者，仅支付试用期间的薪资。

3. 试用期的特别关注。在员工试用期期间，人力资源部门应对其背景情况进行进一步核实，包括向原企业同事了解。如发现欺诈行为，应立即终止合同。有下列情形之一者，也不得雇用为企业员工：通缉或者有案在身者、患有传染病或长期性疾病者、患有精神病者、吸食毒品或其他代用品者、亏欠公款处罚有案者。

4. 试用期的态势考核。员工试用期间，由人力资源部门制作试用期考核表，发给相应的试用部门。在试用期的每个月末，试用部门的主管领导填写考核表，对其表现进行评估，如发现员工表现较差，应尽早解除试用合同。如聘用员工通过试用期考核，则办理转正手续及签订正式劳动合同，人力资源部门参考用人部门负责人的考核评价核定新员工的工资级别。

5. 试用期的报酬处理。聘用员工的薪水由人力资源部根据规定核发，聘用前如与应聘者有相关协议，应按照相关协议核发工资。对试用不通过退回原职或辞退的员工，应妥善处理，以免造成不必要的损失。

（五）建立长效培训机制

1. 企业除对新进员工进行培训外，还应对企业在职员工进行有计划的培训。

2. 有素质的员工肯定是经过持续培训而修炼出来的。教育培训计划包括：新入职员工的教育培训、基层从业人员的教育培训、专业技术人员的教育培训、各中级经理层的教育培训、高级管理人员的教育培训等。

3. 人力资源部门于每年预算编制前，审核及综合协调各方面的教育培训需求计划，并依据企业人力资源规划，编制全年度教育培训计划，报总经理办公会核准，作为培训实施的依据。

4. 各项教育培训统一由人力资源部根据教育培训计划实施，并负责该项教育培训的全盘事宜。

5. 教育培训的实施方式可采用多种形式，如：主管人员利用会议、面谈等机会向下属实行机会教育，由企业统一办理教育培训，参加国内相关培训机构所举办的教育培训。

三、人力资源的使用与退出

（一）纳入业绩考核系统

绩效考核的控制点如下：

1. 绩效考核体系包括组织绩效考核管理与人员绩效考核管理。首先由总经理办公会决定成立由人力资源部门牵头的绩效考核小组。

2. 绩效考核小组汇总并确定关键绩效指标以及指标权重的设计与调整，并反馈各企业部门，征求意见。

3. 各部门提出部门及员工的关键绩效指标与权重的修改意见。绩效考核小组对部门、员工的关键绩效指标修改意见进行汇总，并根据企业整体战略、经营目标的分析，作出关键绩效指标与权重的设计、调整，同时拟订绩效考核实施办法细则，然后交总经理办公会审批。

4. 绩效考核实施办法细则通过审批后，向员工宣布绩效的标准与实施细则。

5. 人力资源部门负责日常的观察、记录、评估，讨论企业、部门、员工的绩效与成果。

6. 人力资源部门根据部门、员工绩效考核结果，计算月度奖金及年终奖金的评定，然后交总经理审批。

7. 财会部门根据审批后的考核结果发放绩效奖金。

8. 人力资源部门将考核结果存档以备晋升、降级以及培训计划参考。

（二）推行绩效薪酬管理

在市场经济条件下，企业需要认识到绩效薪酬管理是一个问题，也是一门大学问。推进以绩效挂钩为导向的薪酬管理。这对企业来说，是效率优先、兼顾公平的具体措施。薪酬和绩效挂钩的前提条件是有完善的绩效管理制度、科学的绩效考核方案（能提高公司效率与效益，同时员工又接受）、公正的绩效考核执行过程。从总体上推进业绩量化，并实施绩效与薪酬挂钩，需要从以下三个方面做起：

1. 科学掌握薪酬管理的控制点。

（1）企业各单位或各部门评估现有的职位，分析人员的工作性质和内容。

（2）人力资源部门参考各部门呈报的职位评估意见，结合市场薪酬调查情况制定职位分级原则与薪酬体系结构，然后交总经理办公会审批。

（3）人力资源部门根据审批结果，修正薪酬体系、资料。

（4）人力资源部门根据职位变动与职责变更调整员工个人档案。

（5）各部门根据实际业务情况和员工表现，提出个人薪酬的调整建议。

（6）人力资源部门汇总整理薪酬资料的分析结果，综合考虑各部门提出的薪酬调整建议，并结合员工的绩效考核结果，向总经理呈报薪酬建议。

2. 严格正常薪资核发程序。

（1）新入职的员工由人力资源部及用人企业主管根据企业相关薪酬制度开出薪资级别，列入员工资料卡以便核发薪资。

（2）若有调薪，应由用人企业填写调薪申请书，附相关资料具体佐证，经主管领导核准后，通知计薪人员，列入“员工信息卡”，并据以调薪。

(3) 依据“员工信息”来核发薪资、津贴、加给项等，由计薪人员编制“薪资表”。

(4) 依出勤记录计算加班费、值班费，迟到早退扣款等。

(5) 代扣款项。依据劳工保险及相关保险投保金额代扣薪资所得税，有关员工代扣款及福利金等款项，应依规定扣除。

(6) 薪资发放。“薪资表”经主管核准交由会计登账后，转出纳发放。若为直接汇入员工银行账户，则由出纳填妥“转账单”，核对无误后送银行转账。薪资单及代扣款收据等，分别交给员工。若为发放现金，则由出纳点清金额，连同代扣款的凭证、借据等装封袋中，由员工点收无误后，在“薪资领取登记簿”上盖章签名。

3. 注重奖惩与晋升程序。

(1) 依据员工奖惩相关规定，对员工表现应予以适当奖惩。

(2) 奖惩理由及方式应记入人事数据，并列入考绩。

(3) 奖惩案件要随时或定期公布。

(4) 晋升那些绩效优异、有具体事实佐证其可胜任高职者的员工。

(5) 有职位空缺时，报请晋升条件符合下列任一项者：记大功满两次者；考核优异，有具体事实佐证者；非常事故冒生命危险抢救幸免于难，或使人、物的损害程度降至最低者。

(6) 符合上述条件但当期无指标可资晋升时，将其数据存记，遇职位有空缺时优先办理。

(7) 依据员工管理相关规定处理。

(8) 调职：拟调职时应考虑是否确为工作需要，个别申请者原职务（工作）是否确不合宜。

4. 运用好福利政策。

(1) 企业根据政府相关法规及企业政策，拟定员工福利制度。

(2) 企业成立员工福利委员会，作为制定员工福利办法及执行的组织。

(3) 员工如有福利建议，交由员工福利委员会通过后，呈请董事会审核。

(4) 员工福利委员会对各项福利规定应确实追踪执行。福利委员会组织工作内容包括：推动及规划各种员工福利计划；企业拨付福利金及员工自缴福利金账务处理；各项支出设账处理；定期或不定期召开大会，并保存会议记录；其他有关员工福利的事项。

(5) 福利措施。福利措施包括：餐厅环境、炊具、餐具的清洁卫生；对伙食的营养、卫生、安全的监督；对整洁与舒适环境的维护；水电卫生设备的完善；休闲活动的安排；福利活动的举办。

(三) 关键岗位轮换制度

防止人事风险的发生，是人力资源管理的一项重要任务，它可以通过岗位轮换来实现，这以关键岗位人员岗位轮换为代表。关键岗位人员岗位轮换就是指为了消除小团体、避免一些要害部门的人员因长期在一个部门而滋生腐败的一种岗位轮换，它的两大职能就是预防和备份。作好这类岗位轮换，需要注意以下几个方面：

1. 识别关键岗位。公司通过对岗位的分析评价，根据岗位对公司价值贡献的大小，明确公司的关键岗位系列，建立相应岗位风险防范指标，确定关键岗位哪些内容是企业需要进行风险防范的，企业对于违反规定的人员如何处理，需要多长时间进行关键岗位员工的轮岗比较合适等，最终通过关键岗位的识别，建立起企业关键岗位轮岗的风险防范体系，这是实施岗位轮换的基础。

2. 做好内部交接工作。为了明确责任，保证岗位轮换的效果，必须建立起完善的岗位交接工作制度，并严格遵守交接制度，认真办理交接手续。以财务会计人员的岗位轮换工作为例：在财务会计人员调换交接时，应正式办理交接手续，填写工作交接表，填明交接的日期、账本、凭证名称和起讫张数号码以及其他文件资料等，由交接双方签章确认。相应的交接材料必须保存1年到3年备查，同时保留企业对未来出现问题追诉的权利。

3. 对关键岗位备份。这包含两个方面的含义：一是实施知识管理，通过企业的内部关键岗位的知识共享，例如采用定期汇报制度、部门专题会议、项目报告等方式，进行知识备份，将个人或者与工作相关的核心资料与知识，转化为企业的知识与经验。二是实施配角工作制，每个关键岗位配备两个或者以上的员工，避免个人知识的独享。在实践中，企业并不是对所有的岗位都有备份人员，他们往往将关键岗位进行细化，分成高度关键、中度关键、关键岗位三类，对中度关键以上的岗位进行人员备份，减少了人力资源的浪费。关键岗位备份避免了将企业的安危系在员工个人之上。

（四）稳步推行退出机制

1. 员工提出辞呈或退休时，应视其职务性质考虑是否应予挽留。用人企业主管应充分了解员工离职理由，作为日后改进的参考。员工若无法挽留，则用人企业应考虑是否向人事部门提出申请招募人员。

2. 应依相关法令的规定给予离职人员离职补偿金或退休金。核准离职后，通知人事部门计算应发放薪资。

3. “员工离职单”应经各有关企业签章，证明各项保管文件已交接清楚，并将工作职务交接完毕后，方算完成离职手续。

4. “员工离职单”签章完全后，转人事部门开出离职证明，并将员工数据抽出，列入离职员工档案。离职人员薪资待离职手续完成后再发。

5. 离职条件。离职条件包括：企业停业或转让、亏损或紧缩、遇不可抗力事故、停止工作在一个月以上时、营业性质变更、有减少劳力的必要而又无适当工作供安置、员工对于所担任的工作确不能胜任。

6. 退休：合乎年龄界定自请退休。限龄退休人员身体状况良好且能满足工作需要，仍可以留任，另按约聘人员办理。退休金依《劳动法》计算及给付。

（五）人力资源管理评估

1. 人力资源部门根据岗位描述，制定岗位技能评估表，即该岗位所需的技能。

2. 在人力资源部门的协助下，总经理作出各副总以及总经理直接领导部门的负责人的技能评估；各分管领导在人力资源部门的协助下，作出其分管部门领导的技能评估；各部门负责人负责作出部门员工的技能评估。

3. 人力资源部门审核技能评估结果并存档，作为考核依据之一。

第二节 人力资源控制关键点

著名管理学专家安德鲁·卡内基曾经针对企业人才话题说过："带走我的员工，把工厂留下，不久工厂就会长满杂草；拿走我的工厂，把我的员工留下，不久我们还会有个更好的工厂。"这无疑说明人才的重要性。

为防范和化解人力资源管理中存在的这些重要风险，人力资源应用指引强调：

一、招聘任用环节：匹配适用

企业在招聘录用和选择任用时，需要坚持人力资源管理的科学发展观，即强调应当根据人力资源总体规划，结合生产经营实际需要，制定年度人力资源需求计划。也就是说，人力资源要符合发展战略需要，符合生产经营对人力资源的需求，尽可能做到"不缺人手，不养闲人"。

企业在招聘录用和选择任用时，需要明确基于内部控制的控制目标，即聘用到足够数量的具备一定知识和技能的员工。在这样的控制目标下，主要应该采取如下控制措施：

1. 企业应建立一套包括聘用在内的完整的人力资源管理制度和流程，人力资源部应根据企业发展战略和管理要求，制定企业长期和短期人力资源需求计划。

2. 企业应当根据人力资源能力框架要求，明确各岗位的职责权限、任职条件和工作要求，通过公开招聘、竞争上岗等多种方式选聘优秀人才。

3. 企业应对招聘的前期准备、职位要求、信息发布等流程制订相应的规定。这项要求实际上意在强调，企业要选合适的人，要按公开、严格的程序去选人，防止"人情招聘"、暗箱操作。

4. 应建立一套适合企业要求的人才测评方法，对应聘人员进行测试，建立适当的批准录用权限，并对录取程序进行规定。

5. 对应聘人员的资料应制定相应的处理、保存、利用程序。

6. 对新员工在试用期内的工作进行督导，定期调查新员工对岗位的满意度。

二、正常用人环节：绩效考核

企业确定选聘人员后，应当依法签订劳动合同，建立劳动用工关系；已选聘人员要进行试用和岗前培训，试用期满考核合格后，方可正式上岗。企业应当建立和完善人力资源的激励约束机制，设置科学的业绩考核指标体系，对各级管理人员和全体员工进行严格考核与评价，并制定与业绩考核挂钩的薪酬制度。

如何留住引进的优秀人才，对企业至关重要。这就要求增强这一环节的控制目标与控制措施。很显然，用人环节的控制就是调动员工的工作积极性，增强其责任心，促进企业整体业绩的提升。在这种控制目标框架下的控制措施主要包括：

1. 建立员工激励政策，确定激励水平。

2. 为员工提供明确的晋升渠道并为员工所理解。

3. 通过定期业绩评估推动人员的轮换和提升，兑现企业将需要人员及时提升到更高级别的承诺，定期对激励方案进行评价。

同时，还要特别强调，为保证员工认真充分地履行其职责，还需要相应的问责制度。这种目标下的控制措施包括：

1. 企业应当针对员工的工作成果、执行岗位职责的具体情况建立科学有效的问责机制。

2. 企业问责机制在正式发布施行前应当充分征求企业工会的意见。

3. 企业高级管理人员的问责办法应当通过董事会进行审批或备案。

4. 企业应制订完整的培训计划，安排对全体员工进行问责的培训。

三、人才培养环节：持续修炼

人的一生就是修炼的过程。企业人力资源需要提供一个员工学习、修炼、提升的环境。企业不仅需要面向社会广泛吸引各路英才加盟，也需要培养内部员工渐渐成长起来。因此，重视在职培养始终是现代企业的重中之重。基于人才培育的控制目标是系统、及时、科学的对员工进行培训，提高员工的整体素质。

在这种人才培养目标框架下，应该采取的控制措施包括：

1. 逐步建立一套与员工岗位紧密结合的完整的培训体系，包括培训总纲、发展规划、员工培训管理程序。

2. 搞好培训计划的配套，包括：培训计划的编制，培训费用预算的编制，培训种类和资料，培训的实施，培训管理监督等。制订的培训管理程序，应对培训计划制订、培训单位和导师聘请、培训资料库建立、培训考试考核要求、培训证书发放、培训费用控制等具体工作予以明确。

3. 制定培训计划应考虑岗位实际需要和员工的业务素质情况。

4. 编制培训预算和培训过程中应对费用进行有效控制。

5. 建立培训资料库对培训资料进行归档保存。

6. 针对不同培训，制定与执行相应的培训实施方案。

7. 对培训效果进行评估。

此外，企业还应该建立适当的培训机制和储备计划。通过分析累积考核结果的记录，发现员工与组织要求的差距，组织有针对性的培训活动，培训合格者可以在内部寻找工作职位。对经过培训仍不能适应工作的员工，才将其置换到外部劳动力市场，即解雇。所以，企业的培训机制是保证退出机制有效运行的基础。

四、员工退出渠道：有理有节

企业应当建立健全员工退出（辞职、解除劳动合同、退休等）机制，明确退出的条件和程序，确保员工退出机制得到有效实施。只有退出机制健全，退出条件和程序清楚，才能够防范和化解当前企业人力资源退出方面存在的诸多问题，使企业人力资源管理步入良性循环的轨道。

员工退出机制的控制措施，主要包括：

1. 建立适合本企业发展的员工退出政策，这其中必须包括人员退出条件、标准、退出时间、退出数量、退出人员待遇及安置途径等方面的总括性纲领。

2. 完善绩效考核，根据员工的考核结果做好员工退出的缓冲工作。所谓缓冲是指员工绩效考核达不到要求并不直接导致其退出企业，企业要针对每个员工绩效考核的具体结果作出恰当的反馈。比如，对于那些本来很有潜力和能力，但是被安置到不适合其发展的岗位上而失去发展空间的员工，这时的退出就是指退出目前的岗位到新的适合的岗位上去；而对于那些有学习能力，但由于缺乏必要的专业技术培训而导致绩效低下的员工来说，这时的退出就是离岗培训或在职培训；只有那些绩效低下且已经没有潜力和那些与企业需求不相匹配的员工才会直接面对退出企业的结果。

3. 建立严密规范的员工退出流程。员工退出流程，规定了员工退出过程的操作环节、环节间的衔接过渡及各环节具体工作内容。由于人员退出的原因、退出方式和主要责任人不同，其流程也存在某种程度的差异。例如，由于劳动合同到期而导致的人员退出，其程序相对简单，即核对劳动合同内容、确定符合条件人员、报主管审批、通知退出人员、组织离职面谈、办理退出手续、欢送退出人员即可；如果是由于战略调整而导致的人员退出，还要增加宣传解释企业战略与政策、了解员工动态、为员工提供帮助等环节。人员退出流程要体现程序上的公平、公开、透明，并接受监督。

4. 给予员工退出的帮助，主要是为退出员工提供心理辅导、再就业和创业培训及信息、资金支持。例如，公布内部空缺岗位，鼓励员工应聘；为退出员工策划多条职业发展路线和提出建议；组织应聘技巧、适应新职业的技术以及二次创业的相关知识培训；为他们搜集职业线索，联系再就业单位；有条件的还可为再次创业的员工提供资金支持。

第三节 人力资源控制的案例

成败案析

绩效考核：理想在现实中变异[①]

【案情扫描】

A企业是一家生产和销售计算机的国有股份有限公司。由于近来企业经营情况欠佳，企业总经理M先生要求人力资源部对本企业部门经理及以上的干部实施绩效考核。

到了月末，企业生产部经理L先生收到一份要其填写的绩效考核表。L先生对绩效考核不甚了解，同时对绩效考核的目的有些担心，以为企业因为近来经营不善，要减薪或者裁员。于是，在考核表“工作内容”一栏，L先生将自己一个月里所做的事情做了一个简要的小结，并将自己觉得完成得不错的工作列在了前面。对“自评”一栏的回答，在“出

① 本案例原始素材来自某省国资委对出资企业监管信息的汇编。

色完成”、“较好完成”、“一般完成”、“基本完成”、“没有完成”5个档次的选择项目中，由于企业产品质量问题一直上不去，L先生担心考核结果会对自己不利，斟酌了一下便选了“一般完成”。到了“原因分析”一栏，L先生填了“物料部进料质量太差，生产时间又太紧张”。L先生填好后将考核表交给主管自己部门的公司副总经理B先生。B先生的日常工作已经非常烦琐，认为所谓绩效考核不过是无谓的文字工作，况且B先生也不愿得罪人，便在“直属领导考评”一栏中对所有下属都千篇一律地写上“同意自评意见”。然后公司副总经理B先生再将考核表交给人力资源部经理G女士。

G女士负责绩效考核表的汇总工作。她在汇总时，留意看了看“原因分析”一栏，其中物料部工作欠佳的主要原因是“财务部资金供给不足，使得工作被动”，财务部对相关原因的分析归因于“销售部应收账款太多，致使资金周转不灵”，而销售部却将销售过程中的困惑归因于“产品质量不好，应收款难以收回”。最终，G女士也不知道责任究竟出在哪里，况且自己这个人力资源部权力有限，便没有对各个方面的原因多加过问。最后，G女士对绩效考核表只是作了一个简要汇总就整齐地把考核资料归档放在了文件柜中，也未去采取其他的措施，这次考评就这样草草收场。

【案例评述】

A企业的绩效考核方法属于自下而上的绩效考核方法。自下而上的绩效考核具有操作简单、且能较真实地反映一些问题的特点。通常员工对“考核”二字都非常敏感，尤其在国有企业内，人情关系重，一般管理者都不愿触及“考核”这样的字眼，再加上日常工作非常繁杂，管理者不愿去为绩效考核而“大动干戈”，所以国有企业在进行绩效考核时，大多数倾向于采用上述这种自下而上的自我小结式的绩效考核方法。

客观地看，自下而上的绩效考核方法有其自身的局限性和方法缺陷，对管理绩效的推动非常有限，往往使得考核流于形式，就像前面提到的A企业的情况。

1. 考核双方缺乏对绩效考核的正确认识。在本案例中，M先生认为绩效考核只是人力资源部的事情，公司其他方面包括领导和业务部门仅仅将考核当成一个程序而非实质的工作加以重视；L先生误以为绩效考核是减薪或裁员的手段；B先生觉得绩效考核不过是文字游戏，毫无意义；人事主管部门也认识错位，G女士则认为人力资源部只需发放、回收表格，进行汇总就可以了。冷静思考，M先生已经意识到了绩效考核是提高管理绩效的手段，但对什么是绩效考核没有明确的概念，对绩效考核的具体实施程序没有给予足够的重视，最终导致在绩效考核过程中被考核者心怀疑虑，考核者重视程度不够，组织者不清楚自己在其中的角色，绩效考核当然也就没能发挥其应有的作用。

2. 考核内容没有规范，考核标准不明确。在本案例中，L先生对考核自己什么、考核哪方面并不清楚，只是根据自己的工作情况设定考核内容，进行自我评估。自下而上的绩效考核具有自发性的特点，考核内容没有一定的规范，使得被考核者所填写的考核内容是五花八门，与企业的总体目标关联不大，从而对整个组织的管理绩效推动作用甚微。另外，考核标准也十分模糊。本案例中，对于如何算“出色完成”，如何是“较好完成”，怎样又算“一般完成”和“基本完成”，以及它们之间又有何区别，人力资源部都没有作出明确的说明。L先生等一些被考核者只是凭自身的认识来进行判断。如此所得考核结果必然有失客观、公正。

3. 考核程序过于简单、缺乏沟通。从L先生填写表格交给B先生，再到G女士汇总绩效考核结果，该绩效考核采用的程序为：设定考核内容并自评——→评分——→归档。

B先生对L先生考核后，直接就将考核结果交给G女士，也没有就L先生的考核结果、工作成绩和不足以及今后应当改进的地方与L先生沟通面谈。该程序中只有下级对上级的汇报，没有上级对下级的意见反馈及工作指导。缺乏沟通的绩效考核对绩效改进是难以有所作为的。作为对生产部的工作情况比较了解的其他关联部门，在对质量的考核当中也没有发言权。只有垂直方向直属上级对下属的考核，没有水平方向关联部门的评价，也使得考核结果可能有失客观、公正。

4. 无相应的激励措施。在本案例中，G女士最终将绩效考核结果“束之柜中”，没有对考核结果进行分析，没能形成最终对被考核者绩效的评价，没有相应的激励措施，也没有起到奖勤罚懒，激励士气的作用，结果很可能导致工作懈怠的被考者能够得以偷安，暗自庆幸，而工作积极，成绩显著的被考核者的积极性反而会大受挫伤，从而产生对绩效考核的怀疑，对组织的信心产生动摇。整个组织的绩效也并未因绩效考核而有所提高。

通过上述分析，我们如何“对症下药”呢？现结合《企业内部控制指引第3号——人力资源》再进一步分析如下：

1. 明确“绩效考核”的概念。这是实施绩效考核的重要前提。绩效考核是以工作分析为基础，依据组织目标设定个人绩效目标，设定考核标准，通过公开、公正、客观程序对被考核者的绩效进行跟踪、评核、反馈的一种管理方法，目的是改进被考核者的绩效水平，分析其特长所在，从而优化组织的人力资源配置；同时，绩效考核也是被考核者晋升、培训、职业发展规划的依据所在；再则，企业可以通过绩效考核找出管理瓶颈并制定相应的措施。对于A企业，可以通过诸如举办专家讲座，在企业内部会议上展开专门讨论的形式使绩效考核的概念深入人心，使得考核双方都能够理解并接受绩效考核，避免实施过程中由于对绩效考核的误解而造成过分敏感、反感甚至反抗情绪的发生。

2. 设定与企业发展目标相一致的绩效目标。绩效考核应当服从企业的总体目标。这也是使员工行为与企业期望一致的一个重要途径。实行绩效考核之前，应当对被考核者进行科学的工作分析，对其职责，以及工作指标做一个明确的阐述，形成工作说明书，然后，将企业的总体目标层层分解至每一位被考核者，这个分解目标即为绩效目标。在本案例中，M先生就应将年度的经营目标与绩效考核结合起来，将总目标进行分解，其中部分分解目标就可作为B先生的绩效目标，而B先生就应当将上级下达给自己的目标分解，其中部分分解目标就可作为L先生的绩效目标。

此外，绩效目标应当尽量量化，以数据来说话。本案例中，L先生的绩效目标就可设定为诸如“检验周期由1.5天缩短至1天”这样的量化指标，而不仅仅是“缩短检验周期”。不能量化的绩效目标也应当尽量地细化，如对G女士的绩效目标就应是“有效实施员工培训计划，修改薪酬方案等”，而不是笼统地设为“改进人力资源部的工作”。

考核标准应当明确，避免考核者无据可考，仅凭个人好恶和印象评分的现象。如在本案例中，就可作出这样的“明确”：目标完成100%以上为出色完成，完成86% ~99%为较好完成，等等。

这样，经过目标的层层分解和适当量化，考核标准明确以后，就可逐步解决自下而上的绩效考核方法中考核内容不规范、考核标准不明确的问题，从而引导员工为实现企业的目标而共同努力，也可以使员工感觉到自己在企业中的价值所在，提高工作的热情和积极性。

3. 制定以沟通为基础的公开、公平、公正的考核程序。绩效考核的程序至关重要，直接关系到绩效考核的成败。要通过绩效考核对管理绩效有所推动，必须制定程序化、制度化、基于垂直方向上下级间沟通和水平方向关联部门评议的考核程序，仅有“自下而上”的考核程序是不够的。

在目标设定过程中，考核与被考核者应当充分地沟通，以便取得被考核者对绩效目标的认同，这也是被考核者发挥主观能动性的前提。B先生对L先生下达绩效目标时就应与L先生进行面谈，征求L先生的意见以设定合理的绩效目标。

绩效考核可分为垂直方向上的考核和水平方向上的关联部门的评核。自下而上的绩效考核方法就属于垂直方向上的考核。垂直方向的考核如图5－1所示。

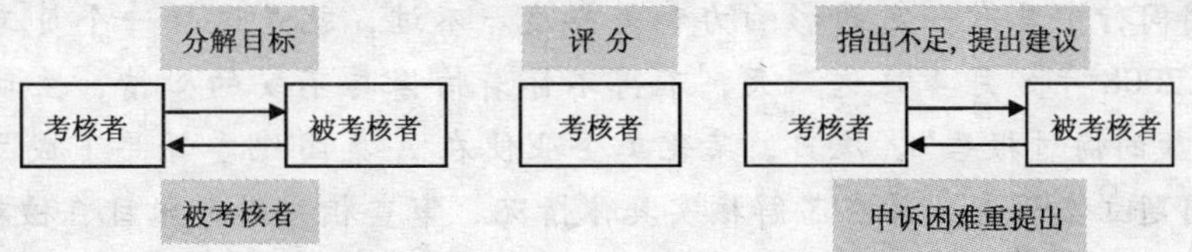

图5－1 垂直方向上的考核程序图

在自下而上的绩效考核中，直属上司考核后就应与下属进行沟通，将考核结果反馈给下属，指出不足之处，以及改进意见。下属亦可陈述自己的意见，提出自己的困难以及需要直属上司帮助解决的问题。

仅凭直接上司的考核并不能十分客观地反映员工业绩。企业中部门与部门之间有非常紧密的联系，每个部门都有其关联部门，关联部门对其工作情况了解得也都比较清楚，有一个客观的认识。因此，水平方向部门之间的意见也应成为考核的重要参考。

部门间的考核指标还可以直接量化，根据实际的数据直接给出评分结果，评分结果较客观、有一定的说服力。最后，可由垂直方向直属上级的评分和水平方向的部门间的评分共同构成考核结果，并各自给予相应的权重。这样，通过多条考核“路径”，也使得考核过程更具公平和公正性。

企业还应当设立类似考核小组的权威机构受理考核过程中所发生的争议，并有权对考核结果进行调整。同时，考核小组对考核过程发生的诸如公报私仇、结党营私等不良现象应有处罚的权力，以维护绩效考核的公正性。

形成公开的考核制度。对于绩效考核制度应当明确，本案例中，A企业就应明确规定人力资源部、考核者、被考核者各自在绩效考核中所应尽的责任与义务。考核制度应在企业最高权威机构中通过并取得企业上下的重视。上述案例中，可由M先生主持企业高层领导会议讨论并通过绩效考核的具体规章制度。

4. 对考核结果的分析和应用。对考核成绩的结果应当有一定比例的控制。在上述案例中，就可以设定出色完成的被考核者占总被考核者人数的5%，较好完成的占20%，一般完成的占50%，基本完成的占20%，没有完成的占5%，以避免考核者充当老好人，人人都评优，致使绩效考核没有实效。绩效考核结果还应当与相应的激励措施相配合使用。

成败案析

换防轮岗：蜕化变质的防腐剂①

【案情扫描】

王某曾是某省国有集团控股的某化工企业的财务部经理，拥有大学学历，入党多年，年富力强，精通业务。多年的财务经理身份，造就了他既是某化工企业的核心管理骨干，也在整个集团同行中具有一定的影响力和美誉度。不过，就是这样一个员工心中的“好经理”，却在2008年8月4日这一天，不得不怀着悔恨与不安的心情，主动向企业递交“关于挪用公款的悔过报告”。次日，某化工企业便在A集团纪委督导下成立调查组，对王某的经济问题立案调查，并在了解核实具体情况、审查相关财务账目、核对王某个人存款记录、检查王某保管的企业保险箱后，于2008年8月27日，将王某移送检察院立案查办。

后经司法机关查实，2006年至2008年期间，王某从已提现但尚未支付的员工工资和以技术咨询费名义提取的款项中，合计挪用资金2 765 903.75元用于其个人炒股。截至案发时为止，王某从上述挪用资金中分批归还用于支付职工工资和投资分红款1 474 100元，归还现金980 159.79元，尚有311 643.96元等待追交。具体情况如下：

1. 2007年12月28日，企业决定由劳资部门以361名员工工资（人均8 500元）的名义造册，将企业账面应付工资余额中的3 068 500元在扣除应缴纳个人所得税(290 685.86元）后，由财务部将2 777 814.14元资金以20名企业员工名义办理”银行定活两便存单”，用于日后账外发放职工工资和奖金。数日后的2008年1月6日，王某将20张“银行定活两便存单”转为以5名员工名义开立的6张“银行通知存款单”（通知存款利率高于定活两便存款利率），并由自己保管存单。

此后，王某分4次私自将其中的1 782 303.75元(含银行利息4 303.75元)转入其个人工商银行存折内，用于其个人炒股。此外，2008年8月5日，王某从信用社定期存单中提取20 000元支付其私车按揭尾款(以便出售私车筹款)。2008年6月4日和8月5日，王某根据企业决定，从其挪用资金中分别提取238 000元和570 500元合计808 500元，用于发放

① 本案例原始素材来自某省国资委对出资企业监管信息的汇编。

员工奖金；2008 年 8 月 19 日，王某不得不通过变卖其所持股票和借款等方式，归还企业资金 980 159.79 元。

目前，在王某所挪用的资金中，除了已提取现金用于发放职工奖金 808 500 元，以及已归还资金 980 159.79 元外，尚有 13 643.96 元资金未归还。

2. 2007 年，王某从已提现但尚未支付的员工工资中挪用资金 843 600 元，其中，从挪用资金中提取现金用于支付员工 665 600 元，尚有 178 000 元未归还。

2006 年 11 月底，企业以发放职工工资名义提取现金 843 600 元。截至 2007 年 1 月，王某分 5 次将该部分资金全部取出，挪用于个人炒股。

2007 年 5 月和 11 月，王某根据企业决定，从挪用资金中分别提取现金 249 600 元和 416 000元合计 665 600 元，用于支付企业投资分红。

2008 年 8 月 19 日，为了隐瞒该笔款项，王某抽走了相关的会计账页和凭证，并存放于其私车内。

目前，所挪用资金余款 178 000 元已在股市中损失。

3. 2006 年，王某从以技术咨询费名义提取的款项中挪用资金 120 000 元，尚未归还。

2006 年 11 月 29 日，为了支付技术咨询费，企业向税务部门申请开具了 163 000 元的技术咨询费发票，入账后全部支取现金。其中，支付技术咨询费 40 000 元，余款 123 000 元由王某以个人名义开立存折存储。2006 年 12 月，王某分 3 次将其中的 120 000 元挪用于个人炒股。该部分资金已所剩无几。

据悉，2009 年 1 月，王某被一审判处有期徒刑 5 年。看来，“好经理”应该为他的无控制行为付出代价了。

【案例评述】

分析王某在职务行为中的蜕变过程，除了其自身原因外，也暴露出企业在内部控制方面存在的问题：一是现金管理不严格。企业以工资、费用等名义提取大额现金，其后又以个人名义开立存单存储，且存单的名义持有人与实际保管人为同一人，造成了现金管理漏洞。二是费用报销不真实。企业实际支付技术咨询费 4 万元，却向税务部门申请开具了 16.3 万元的发票，使得原始票据与事实不符。三是工资管理不规范。企业以发放员工工资名义提取现金，却未及时足额发放给员工，部分还用于支付员工投资分红。四是企业资产账外存放。企业将以技术咨询费名义提取的现金，扣除实际支付的款项外，余款存放于公司账外，形成“小金库”。

再进一步看，可以从以下几个方面深度剖析：

一是“不相容职务分离”是内部控制的一条铁律，但是某化工企业却没有做到。处理任何业务，都要建立起严密的岗位职责、严格的审批程序、完整的信息记录和严格的复核制度等，规范财务运作程序，认真落实好各项监管防范措施，对关键岗位上的人员要严格管理，防范在先，防患于未然。剖析王某堕落的原因，对于我们改善内部控制有三条最为直接的启示：其一，建立健全各项关于资金尤其是现金管理的规章制度，完善各种内部控制监督措施。尽量减少和杜绝账外现金的大量流转，将资金、资产和经济活动全部、全程地纳入法定的会计账务之中，减少此类事件发生的土壤。建立健全规章制度，不仅是保证监督措施有效性的基础，而且会大大减少会计人员利用制度缺陷，进行职务犯罪的机会。其二，增加财务工作的透明度。财务工作有一定的保密性，但不能因为要保密而将财务工作神秘化，否则必然发生以“合理”借口“暗箱操作”的问题，从而回避群众监督。财务工作的内容应当公开，至少对其阶段性的结果情况应公开，接受监督。财务工作置于阳光之下，将为财务工作人员廉洁自律创造良好环境。其三，实施必要的内部联审互查和适度的内部财务人员流动机制。任何人在制度不健全、心理不健康、诱惑力太强的现实环境中，都可能放松心中的警戒，滑入各种不规范、不合法行为的边缘。在这种情况下，关键性敏感岗位的长期不动，事实上既害个人，也误企业。

我们可以很清楚地看到，本案的发生是由于某化工企业连起码的“职务分离”观念都没有。王某作为财务部经理，显然属于会计专业人才，明知“不相容职务相分离”是内部控制的初级原则，却故意违法乱纪。不相容职务相互分离控制实质上是组织规划控制在会计内部控制中的应用。它要求企业按照不相容职务相互分离的原则合理设置会计及相关工作岗位，明确职责权限，形成相互制衡的机制。由财政部颁布的《内部会计控制规范——基本规范》第四章“控制措施”明明白白地要求“不相容职务相互分离，确保不同机构和岗位之间权责分明、相互制约、相互监督”。可见，不相容职务不分离迟早是要出问题的。

二是采用岗位轮换制。因为公司需要制度化和经常化的轮岗，这样可以激活团队。针对此案，人的贪心与轮岗制度的失败俨然是最大病菌。常言道“常在河边走，哪有不湿鞋”，对于企业的敏感性岗位应当经常进行岗位轮换才能避免出现大的问题。专家认为，经常对岗位进行轮换，起码有三点好处：管理当事人知道企业或控股集团要经常轮换管理岗位，会因无法建立长期的私密关系而削弱主动进行暗箱操作的积极性。经理或科长们经常轮换使得他不容易与相关的供应商或关系户建立过于密切的关系。对经理或科长们进行轮换的同时，必然要对他的前一段工作情况进行总结和考核，这会使得业务员拿回扣时风险增大。

三是工资总额的消极影响需要关注。计划经济条件下的工资总额基数，在目前已经不再与现实环境相配套了。在这样一种背景下，继续沿用这个规定，其操作的客观性就必然受到质疑。特别是一些大型企业集团，下属各种性质、各种类型、各个行业的企业都存在，内部分配体系更为复杂，要以一个统一的模式统计出一个相对客观的工资总额基数，是一件十分困难的事情，因此很多企业在确定工资总额基数时都存在“拍脑袋”现象，或者打一个“富余量”，主观操纵的现象十分明显。同时，一些部门或企业通过学习与主管机构实施“寻租性”沟通，成功地获得高额指标，使企业自身或部门范围有了“灵活操作”的空间。特别是复合挂钩指标，更没有对其进行严格考核，对其工资基金进行倒扣，使工资增长具有“刚性”，造成工资基金失控。因此有人说，在市场经济条件下搞工效挂钩，有流于形式之嫌，并不能达到调控企业工资基金和社会消费基金增长的真正目的。

四是内部审计的监督效能。内部审计可以检查人力资源成本方面的问题，如特殊业务收入不入账、多收少记或少付多记，虚报冒领费用开支，对开假单据报销，隐瞒收入形成“小金库”，虚设账户从中侵吞公款，利用账目混乱浑水摸鱼，等等。

第六章

社会责任

企业作为依法存在的“法人主体”，与自然人一样，都生活在特定的现实环境中，与社会的关系是双向的、互相影响的。从人与社会的关系上看，每个人、每个法人都必须承担一份社会责任。作为以追求经济效益为天职的企业法人来说，完整的绩效理念应该涵盖经济绩效、环境绩效、产品责任绩效、劳动关系绩效、人权绩效、社会绩效等相关指标，履行企业社会责任成为企业内部控制的一道重要防线。

《企业内部控制应用指引第 4 号——社会责任》着力解决企业发展过程中如何履行相应的社会责任，核心是如何合理控制安全生产、产品质量、环境保护、资源节约、促进就业和员工利益保护等方面的社会责任与风险问题。该指引的主要内容包括：制定指引的必要性和依据、社会责任的本质与范畴、社会责任履行过程中应关注的主要风险和总体要求，以及如何在安全生产、产品质量、环境保护与资源节约、促进就业与员工利益保护等社会责任方面合理有效地控制风险等，分五章共二十条。

第一节　社会责任的控制要义

一、社会责任的含义

（一）社会责任的概念起源

近年来，“企业社会责任（Corporate Social Responsibility，简称 CSR）”一词越来越多地见诸媒体，类似的提法还有“企业公民”、“企业责任”等。这些词汇到底是什么意思呢？企业社会责任在全球并没有统一的定义，在不同的历史时期，它所代表的含义也不尽相同。随着时代的发展，企业社会责任的概念也在不断地充实着、完善着。稍稍回顾一下，从 20 世纪 30 年代到 20 世纪 60 年代早期，企业开始从向所有者负责转变为向更多的利益相关者负责。在这一阶段，公众成为推动这一转变的主角，他们要求企业更多地关注员工和顾客的利益和要求，更多地参与改善工作条件和消费环境的工作，为社会的发展发挥更突出的作用。优秀的企业积极满足公众的期望，并且取得公众的支持。20 世纪 90 年代以来，全球化的进程加快，跨国企业遍布世界各地。但是，生态环境恶化、自然资源破坏、贫富差距加大等全球化过程中的共同问题引起了世界各国，不仅是发达国家，而且包括发展中国家的关注和不安。恶意收购、"血汗工厂"等问题也引起了人们对过分强调短期利润与股东利益的不满。进入 21 世纪以来，企业在自身发展的同时，开始承担起包括尊重人权、保护劳工权益、保护环境等在内的社会责任。这也已经成为国际社会的普遍期望和要求。关于社会责任的倡议和活动也得到了全世界的广泛支持和赞同。企业社会责任领域渐渐呈现出促进力量多元化、责任运动国际化、责任发展标准化的趋势。

与此同时，企业社会责任概念在中国的发展，也经历了从被视为单纯的贸易壁垒到认为其符合和谐社会主流价值观的巨大转变。20 世纪 90 年代末，国内学者们研究认为企业社会责任是企业在谋求股东利润最大化之外所负有的维护和增进社会公益的义务。在我国政府提出全面落实科学发展观、构建社会主义和谐社会之后，企业社会责任的概念在我国得到了前所未有的普及与传播，引起了政府、企业与社会的极大关注。企业社会责任被学者们定义为：企业不仅应对股东负责，还应该向其他对企业作出贡献或受企业经营活动影响的利益相关方负责。在层次上，这些责任包括经济的、法律的、伦理的和其他酌情而定的要求。总之，"企业社会责任"的概念表述千差万别，说明此概念的内涵丰富，是一个在动态中不断发展的概念。无论是西方发达国家，还是在我国，定义企业社会责任主要包括三个维度：内容（履行哪些责任，WHAT），方式（如何履行，HOW），动力（为什么履行，WHY）。正是基于这样的时代背景，《企业内部控制应用指引第 4 号——社会责任 》才正式独立而出，成为新时期中国企业内部控制的一个创新之举。

可以说，为实现企业与社会的协调发展，每一个企业作为社会主体都无一例外地应承载一定的社会责任，而这种社会责任，就是指企业在经营发展过程中应当履行的社会职责和义务，如安全生产、产品质量（含服务，下同）、环境保护、资源节约、促进就业、员工权益保护，等等。企业重视履行社会责任，才能切实做到经济效益与社会效益、短期利益与长远利益、自身发展与社会发展相互协调，实现企业与员工、企业与社会、企业与环境的健康和谐发展。

（二）社会责任的主要归类

一般而言，关于企业主体的社会责任，我们需要进一步从外部（"浮出水面"）和内部（"藏于水下"）两个方面来深刻揭示：

1. 企业外部责任。企业外部责任主要是企业与企业外部门接触时应承载的相关责任，是企业社会责任的外在表现，往往成为大众关注的重点。这类外部责任主要包括商业关系责任和社会关系责任两大类。其中，商业关系责任包括：对债权人的责任，即企业有责任保护债权人的债权安全，做到债权兑现的及时足额；对消费者的责任，即企业对于消费者负有产品安全、产品知情权、售后服务等一系列的责任；对供应商的责任，即作为合作伙伴，企业对供应商负有切实履行协议或者合同、及时付款等多项责任；对竞争对手的责任，即企业对于竞争对手同样负有一定的责任，包括公平竞争、维护良好的市场秩序等。社会关系责任包括：社区责任，即企业对于社区以及社会应负的责任，涉及噪声控制、社区秩序维护、社会公益事业、社会救援与救济等多个方面，是狭义上的企业社会责任；环境责任，即企业对于相关环境保护应负的责任，涉及产品设计的环保化、污染排放控制等。在当今中国的经济转型与社会转轨时期，企业外部责任更加强调的是社会化责任，尤其是安全生产、产品质量（包括服务质量）、环境保护和资源节约等。

2. 企业内部责任。企业内部责任是指企业对组织内部成员或是涉及企业内部管理方面的责任与义务，更多的是体现企业自身的管理风格与意志，主要包括促进就业与员工权益保护方面的责任。这是企业社会责任中非常重要的一个方面，涉及人力资源管理的各个方面，涵盖招工规定、废除强迫劳动、健康与安全、最低工资、工作时间、禁止歧视等。企业和员工就像水和鱼的关系，如果没有水，鱼就无法生存；同样，如果没有鱼，水也没有生机。因此，水和鱼是这个微生态系统里不可或缺的两个要素。在市场经济规则下，企业追求企业利润最大化，降薪、裁员、延时工作都是可以增加利润的有效手段；同理，员工追求个人价值最大化，减量、降质、转移劳动都是调整付出增加价值的有用方法。因此，员工和企业在目标上存在错位，在方法上有可能南辕北辙。企业利润和员工价值的关系在一定程度上是互相制约互成反比的，利益冲突的升级需要适度掌握其差异。

在上述一般分析的基础上，置身于中国经济转轨、社会转型的特殊历史时期，企业社会责任的理念开始得到了传播并且效仿。但是，某种意义上看，责任意识既不广泛，也不深入，社会责任报告似乎只是一个"花瓶"，并没有引起人们的足够重视和用于投资决策；与之相反，环境污染、食品安全、矿难等却频频发生。个中奥妙，不得不引起人们思考。很显然，企业社会责任是指企业在经营活动过程中，在追求企业自身利益的同时，还应兼顾与企业行为有密切关系的环境、社会和利益相关者的利益，实现企业的可持续发展，共建和谐社会。

如果依照强制性程度差异来区分，可以划归三类：第一类是企业必尽责任，是指企业履行的法定责任，即自觉遵守国家制定的环境保护、资源节约、安全生产、职工权益保障、消费者权益保护、市场经济秩序等法律法规所规定的责任。第二类是企业应尽责任，是指企业履行创造价值的责任，即对股东给予回报，对消费者要提供优质的产品和服务，对职工要创造更好的劳动、生活和发展条件，对自然环境要给予更好的保护，对国家和社会要创造财富、提供就业岗位、缴纳税收等。第三类是企业愿尽责任，是指企业奉献社会的责任，即讲操守、重品行，保持高尚的道德伦理追求，对社会承担更多的义务，要有善心，行善举，做善事，热心参与社会公益事业。

在目前的初级阶段，企业社会责任主要包括：安全生产与产品质量的基本责任、加强节能减排的环保责任、为员工提供合法权益保障的权益责任、合法经营及正确处理利益相关者关系的诚信责任、热心公益事业促进社会稳定发展的和谐责任等，尤其是安全生产、产品质量、环境保护、资源节约、促进就业、员工权益保障等理应纳入企业内部控制的范畴。

因此，经过强化分析，我们将近年来国内发生并引起政府、社会普遍关注的企业社会责任问题整理成以下四个大类，现具体逐一解释：

（1）安全生产责任。安全生产责任是指在企业生产经营过程中，为防止和减少生产安全事故，保障人民群众的生命和财产安全，而应当履行的安全生产法定职责和义务。安全生产责任是对企业各级领导、各个部门、各类人员本着"横向到边、纵向到底"的原则所规定的在他们各自职责范围对安全生产应负责任的制度。安全生产责任制度规定了企业主要负责人是企业安全生产的第一责任人，也规定了经理（厂长）、副经理、总工程师、车间主任（项目经理）、班组长、车间安全员、工人、安全技术部门、机动部门、技术部门、生产部门、劳动人事部门、保卫部门、财会部门、储运销售部门、设计部门、工程建设管理部门和工会组织的安全生产职责。

（2）产品质量责任。产品质量责任是企业作为产品生产和经营的主体，不管企业生产、经营何种产品，必须是质量可靠、使用安全的，这是最基本的职业道德和伦理，是最大的社会责任。尤其是食品和药品，事关公众身体健康和生命安全，绝不允许出现产品质量问题。承担产品质量安全社会责任是企业的生存之本、立命之基，而保证产品质量则是企业社会责任的起点和基础。获得质量可靠、安全有保障的产品和服务是消费者的基本权利，企业要恪守法律法规和国家强制性标准、关于产品（包含服务）质量和安全性的规定，不能丧失良知，对违法违规行为熟视无睹。总之，企业要让所有的社会责任回归原点——产品质量安全，并形成刚性的制度化约束，将自己置于政府和社会舆论的监督之下，做一个真正负责任的企业公民。

（3）环境保护与资源节约责任。环境保护与资源节约责任是面对越来越多的江河污染、空气污浊、自然环境满目疮痍、人类与自然环境的关系急需调协等问题，必须由企业承担的挽救性责任。每一个企业，都应该在依法从事生产经营活动的同时，全面而忠实地尊重自然生态的生存权，承担起保护生态环境的社会责任，加强环境治理保护，促进人与自然相和谐，强化企业和全社会节约资源、保护环境的责任。

（4）促进就业与员工权益保护责任。促进就业与员工权益保护责任主要是指在积极安排就业、合理分担社会就业压力的同时，企业尚需要全面、忠实、规范履行劳动合同签订与管理、工会组织与集体谈判、工时工资与休息休假、职业安全卫生、特殊员工劳动保护、社会保险与职业培训等方面的应尽职责，推进企业社会责任运动，提升劳工权益保护策略，这也是社会主义市场经济的内在要求。

二、社会责任的风险

从我国目前的现实而言，企业至少应当关注在履行社会责任方面的下列风险：

第一类，安全生产措施不到位，责任不落实，可能导致企业发生安全事故。

这类安全事故是指生产经营单位在生产经营活动（包括与生产经营有关的活动）中突然发生的，伤害人身安全和健康，或者损坏设备设施，或者造成经济损失的，导致原生产经营活动（包括与生产经营活动有关的活动）暂时中止或永远终止的意外事件。这类事故按照发生的行业和领域可分为工矿商贸企业生产安全事故、火灾事故、道路交通事故、农机事故、水上交通事故等；事故灾难按其性质、严重程度、可控性和影响范围等，一般分为特别重大、重大、较大和一般事故四个级别；按照事故原因可分为物体打击事故、车辆伤害事故、机械伤害事故、起重伤害事故、触电事故、火灾事故、灼烫事故、淹溺事故、高处坠落事故、坍塌事故、透水事故、放炮事故、火药爆炸事故、瓦斯爆炸事故、锅炉爆炸事故、容器爆炸事故、其他爆炸事故、中毒和窒息事故、其他伤害事故等20种。

为加强安全生产管理，企业应该严格遵循国家有关安全生产管理法律法规，防止管理出现疏忽，以免被有关监管部门处罚，影响工程进度和公司经营。

第二类，产品质量低劣，侵害消费者利益，可能导致企业巨额赔偿、形象受损，甚至破产。

产品质量问题包括产品瑕疵和产品缺陷。产品瑕疵仅指一般性的质量问题，而产品缺陷是指产品存在危及人身、他人财产安全的不合理危险。产品的瑕疵风险发生在产品销售者和产品购买者之间，企业的产品瑕疵风险是基于产品交易合同而产生的责任，通常承担责任的方式是“三包”加“赔偿”相关的运输费、交通费、误工费等损失；产品缺陷导致产品质量风险的责任方是生产者，销售者可能承担产品侵权责任的法律后果，产品侵权责任是指因产品存在可能危及人身，财产的缺陷造成消费者获第三人的人身等损害，因产品存在缺陷造成人身、他人财产损害的，受害人可以向产品的生产者要求赔偿，也可以向产品的销售者要求赔偿。对于生产或销售企业来说，由于产品质量问题而产生的责任包括直接损失和间接损失，比如，间接损失主要是指因停产或减产造成的经济损失，也包括因经济合同纠纷和企业名誉受损带来的损失。

第三类，环境保护投入不足，资源耗费大，造成环境污染或资源枯竭，可能导致企业巨额赔偿、缺乏发展后劲甚至停业。

“万物并育而不相害，道并行而不相悖。”科学发展就是产生的污染越少越好，消耗的资源越少越好，即实现“资源节约”与“环境友好”。企业在自身发展的同时，应完善必要的环保投入机制，保证企业的发展不对环境造成损害。否则，在政府日益强烈的整治违法排污背景下，必将面临被依法查处、关闭取缔、停产治理、限期治理、吊销排污许可证、经济处罚、警告或其他处理等强制措施，从而导致作出巨额赔偿或者缺乏发展后劲甚至受到停业处罚。

第四类，促进就业和员工权益保护不够，可能导致员工积极性受挫，影响企业发展和社会稳定。

1. 扩大企业规模是吸纳劳动力就业的基本条件。如果企业不是想方设法地发展生产，并帮扶职工与企业共患难，那么极有可能出现下岗职工、待岗职工增多，或者企业裁减职工、轮岗、长休甚至直接解除劳动关系，也可能导致少数企业停产甚至不发工资。这就增加了社会负担。

2. 职工权益难以保障。刻意规避劳动法律法规，拖欠职工工资、任意加班加点而不发或少发加班费、随意裁员、用工短期化等“做空”劳动者权益现象突出，一些困难企业无力支付职工“五险一金”，职工自己交纳完“五险一金”后，家庭可支配收入锐减，生活压力骤然增大，成为新的社会救济对象。

3. 企业改制成绩明显，但部分改制企业“后遗症”问题较突出，出现“翻烧饼”式的反复现象，遗留问题处理难度较大，形成了新的影响社会稳定的隐患。资产重组不顺，导致职工多次上访，甚至发生阻断交通道路的群体性事件。

4. 企业用人制度、责任感缺失等问题，可能导致职工思想波动较大，思想不稳定。

三、社会责任的管制

总体而言，履行社会责任，是基于企业可持续发展的内在要求，同时，可能会影响到企业暂时、眼前、局部的经济效益，因此，企业履行社会责任需要强化自身的社会责任观，一要主动提升对社会责任的认知，二要充分认识社会责任的范畴。

（一）社会责任的理性认知

企业认知社会责任，在指导思想上，需要基于企业自身可持续发展的内在要求，尊重经济和社会协同发展的规律，深入贯彻落实科学发展观，坚持以人为本，坚持可持续发展，牢记责任，强化意识，统筹兼顾，积极实践，发挥企业履行社会责任的实际功能。在总体要求上，企业要增强社会责任意识，积极履行社会责任，成为依法经营、诚实守信的表率，节约资源、保护环境的表率，以人为本、构建和谐企业的表率，努力成为国家经济的栋梁和全社会企业的榜样；在基本原则上，应坚持履行社会责任与促进企业改革发展相结合，把履行社会责任作为建立现代企业制度和提高综合竞争力的重要内容，深化企业改革，优化布局结构，转变发展方式，实现又好又快发展。坚持履行社会责任与企业实际相适应，立足基本国情，立足企业实际，突出重点，分步推进，切实取得企业履行社会责任的成效。坚持履行社会责任与创建和谐企业相统一，把保障企业安全生产，维护职工合法权益，帮助职工解决实际问题放在重要位置，营造和谐劳动关系，促进职工全面发展，实现企业与职工、企业与社会的和谐发展。

（二）社会责任的基本导向

在深刻理解履行社会责任重要意义的基础上，牢固树立社会责任意识，高度重视社会责任工作，把履行社会责任提上企业重要议事日程，努力形成履行社会责任的企业价值观和企业文化，建立和完善履行社会责任的体制机制，有条件的企业要定期发布社会责任报告。可以明确地说，履行社会责任，涉及范围相当广泛，企业应该至少确立包括以下几项在内的社会责任基本导向：

1. 保障生产安全。严格落实安全生产责任制，加大安全生产投入，严防重、特大安全事故发生。建立健全应急管理体系，不断提高应急管理水平和应对突发事件能力。为职工提供安全、健康、卫生的工作条件和生活环境，保障职工职业健康，预防和减少职业病和其他疾病对职工的危害。

2. 切实提高产品质量和服务水平。保证产品和服务的安全性，改善产品性能，完善服务体系，努力为社会提供优质安全健康的产品和服务，最大限度地满足消费者的需求。保护消费者权益，妥善处理消费者提出的投诉和建议，努力为消费者创造更大的价值，取得广大消费者的信赖与认同。

3. 加强资源节约和环境保护。认真落实节能减排责任，带头完成节能减排任务。发展节能产业，开发节能产品，发展循环经济，提高资源综合利用效率。增加环保投入，改进工艺流程，降低污染物排放，实施清洁生产，坚持走低投入、低消耗、低排放和高效率的发展道路。

4. 维护职工合法权益。依法与职工签订并履行劳动合同，坚持按劳分配、同工同酬，建立工资正常增长机制，按时足额缴纳社会保险金。尊重职工人格，公平对待职工，杜绝性别、民族、宗教、年龄等各种歧视。加强职业教育培训，创造平等发展机会。加强职代会制度建设，深化厂务公开，推进民主管理。关心职工生活，切实为职工排忧解难。

5. 参与社会公益事业。积极参与社区建设，鼓励职工志愿服务社会。热心参与慈善、捐助等社会公益事业，关心支持教育、文化、卫生等公共福利事业。在发生重大自然灾害和突发事件的情况下，积极提供财力、物力和人力等方面的支持和援助。

第二节 社会责任控制关键点

不同的社会责任，其控制关键点与控制措施不尽相同，下面分别阐述：

一、安全生产

“安全责任重于泰山。”就企业内部而言，防范安全生产风险的途径包括建立严格的安全生产管理体系、设立相应的安全管理和监督机构、重视安全生产投入、始终贯彻预防为主原则，并实施安全生产问责制度，确保安全是人力资源、投资管理、运营流程等一切经营决策行为的否决标准。

（一）安全生产赢在制度落实

1. 健全、完善各岗位安全生产责任制，明确各级安全责任人的责任。“隐患险于明火、防范胜于救灾、责任重于泰山”，这句话不仅指明了安全生产工作的根源——消除隐患，还表明了抓安全生产的科学方法——预防为主，更指出了安全生产的关键环节——强化责任。消除隐患是根本，加强防范是重点，落实责任是关键。只有从企业主要负责人到每一个部门、每一个项目部、每一个岗位操作人员，都有明确的安全生产责任，并严格落实责任，严格按照安全规程、作业规程、操作规程“三大规程”的要求，按照岗位责任制的规定上标准岗、干标准活，做好每一项工作，安全生产工作才能真正落到实处。

落实安全生产责任是解决当前安全生产中存在的“严格不起来，落实不下去”现象的重要措施。据统计，70%左右的事故是“三违”造成的。“严格不起来”包括了安全生产内部管理、外部监督、行政执法、事故查处、责任追究等各个环节，“落实不下去”也包括了安全生产责任制、安全生产工作任务、隐患监控和整改措施等方面。通过实行安全生产责任制度来对生产负责人、生产管理者、生产操作人的行为提供动力和约束，强制企业建立健全上至企业法人，下至普通职工的安全生产责任体系、安全规章制度，层层落实安全生产责任，形成上下互保的安全生产责任体系，按照“谁主管、谁负责”原则，实行事故连带，从而解决“三违”事故居高不下的问题，才能促使企业安全生产实现根本好转，确保安全生产“横向到边、纵向到底、全面覆盖”。

2. 加强各岗位安全责任的履行和落实。造成安全生产责任制没有落实到位的主要原因有：第一安全责任者对安全生产工作在思想上没有高度重视、各级安全责任者在落实措施上执行不力、各级安全责任者在责任分担上不明确、安全监察体系不健全、指导监督跟不上。这就要求我们在认识上要有深度，在落实措施上要有力度，在力求取得实际效果上狠下功夫，狠抓落实。

总体而言，企业的安全管理具有重复性和日常性的特点。有些企业对上级文件只是一发了事，而没有进行细化和量化落实，认为这些工作都是基层班组的事。这种以发代管的现象，给安全生产造成了严重的影响。只要对各种事故分析研究一下，就不难看出某些管理环节上的漏洞。作业人员的某些违章惯性，往往就是我们管理人员违章惯性的进一步延伸。这样就使得安全管理工作与现场作业脱离，从而造成事故。所以安全管理工作要落到实处，各级行政正职应以身作责认真落实本职安全责任，认真对待每一天的工作和每一项工作，真正起到作为安全第一责任者，落实各级安全生产责任制的核心作用，带动广大职工积极、自觉地履行各自的安全职责。

3. 建立和完善安全责任的考核和奖惩制度。为更好地督促、落实安全生产责任制，企业必须依据相关考核奖惩规定制定企业内部的考核和奖惩制度。考核的目的是挽救、爱护职工，考核是避免事故发生的一种十分有效的激励和约束手段。事先考核，如交纳安全风险抵押金，目的是增强安全意识。个人的安全是与切身利益密切相关的。这样可以由他律变为自律，能有效地减少事故的发生。事后考核，如召开事故分析会，就是要对违反安全生产制度的行为进行严肃处理，毫不含糊，同时要大张旗鼓地宣传，引起职工的高度重视。要引以为戒，从中吸取教训，把个别事故变为搞好安全生产的宝贵财富。安全责任管理实行重奖重罚，是为了使广大职工都能正确对待对安全责任的考核工作，自觉地遵守安全生产责任制，并激励职工主动学安全、讲安全、保安全。

运用经济杠杆，将安全责任管理引入竞争机制，纳入企业经营管理的内涵，可提高安全管理的后劲。行之有效的控制方法主要包括：一是安全生产与职工工资挂钩，企业根据安全生产目标实现的情况和管理的优劣，在工资中增提或扣减一定的比例，由主管部门和企业的安全部门负责提取，用于安全生产的奖励和活动。二是与企业经营者收入挂钩，视安全生产的情况奖罚企业经营者的工资或奖金。三是与企业财产保险挂钩。投保单位完成投资历年度的安全目标，可以从无赔偿款优待费中提取一定比例，用于奖励安全生产的有关人员。为了奖惩安全生产而增提减扣的各种金额，都是专门鼓励安全生产而定的，应单提单奖，不能与综合奖金合并使用。

（二）安全生产志在投入落实

在经济领域，安全生产同样是一个有投入、有产出的项目。不过，其短期投入、长期回报的周期性特点却让许多短视企业不愿投资。因此，重视安全生产，必须重视安全投入，正确处理安全与发展的关系，在安全生产各个基础环节上投入相应的人力、物力和财力。从安全生产整体控制效果来看，安全生产预防工作特别要求各单位安全投入必须到位，舍得花钱买平安，加大安全投入，该配备的安全设施要配备，所有的建设工程项目必须执行安全设施和主体工程同时设计、同时施工、同时投入使用的“三同时”原则，决不能以节省投资为由而削减安全投入。既要结合企业安全生产要求加大所必需的硬件投入，又要建立健全覆盖面广、战斗力强的网络队伍所必需的软件投入，其中，特定的生产经营单位必须设置专门从事安全生产管理的机构，足额配备专职安全生产管理人员，比如煤矿企业，非煤矿山、冶金、建筑施工单位及危险物品的生产、经营、储存单位，必须依照行业安全规定配备相应的安全生产专员，其他生产经营单位也要配备专（兼）职安全生产管理人员。

（三）安全生产贵在预防为主

安全生产工作“预防为主”的方针，是带有规律性的认识，也是预防事故的最有效措施。落实“预防为主”的方针，应着重在“四个必须”上下功夫。

1. 预防工作必须坚持积极主动。预防事故是安全生产日常监管的重要内容，如果仅仅出了问题抓一阵，检查时抓一阵，消极保，被动防，事故就可能防不胜防，堵不胜堵。

需要搞好宣传教育。实现安全生产状况的根本好转，既要依靠必要的物质条件，更依赖于全员的安全素质和安全文化水平的提高。加强宣传教育，筑起思想上的安全防线，在防范事故中有时就会起决定性的作用。要大力开展安全生产宣传教育，学习、宣传、贯彻《安全生产法》，充分利用各种新闻媒介、宣传手段，广泛深入地宣传国家的安全生产方针、政策、法规、典型事故案例，倡导安全文化，引导员工逐步形成科学的行为准则和生活方式。

需要落实责任制。明确各级政府、安全生产监督管理部门和企业各级领导、从业人员的责任，是做好安全生产工作，保障人民群众生命、财产安全的保证。要建立严格的安全生产责任制，把安全生产责任落实到各级领导、每个管理岗位、每个从业人员，从上到下认真落实下去，一直落实到个人。各级管理部门要将安全生产目标管理控制指标进行细化分解，层层下达。各级主要负责人要分别与下属单位主要负责人签订安全生产责任状，形成环环相扣的安全生产管理网络。

需要积极探索规律。比如，一是预防工作受生产经营单位整体素质的制约；二是偶然性受必然性支配；三是预防工作受安全投入的影响；四是事故的发生常常有波浪式特点等。针对这些规律，一方面，要注重预防工作的整体性，加强企业安全生产的长效机制，提高整体水平，把预防工作建立在广大从业人员高度的安全意识、严格的遵章守纪、熟练的业务技能和严谨的科学态度上；另一方面，要加强预防工作的预见性。要大力开展调查研究工作，及时发现安全生产工作中的倾向性、苗头性、突发性、规律性的问题并进行科学分析，在遵循客观规律的基础上，超前预测，及时报告，有针对性地采取防范措施；再一方面，要连续抓好预防工作，不被表面和相对安全的形势所迷惑，始终保持清醒的头脑，树立忧患意识，从安全中发现漏洞和隐患。注意把外单位的问题当作自己的问题，做到警钟长鸣、常抓不懈。

2. 预防工作必须注意突出重点。需要强化抓重点的意识，做到无论何时抓重点的思路不变，抓重点的决心不变；工作繁忙，头绪多，抓重点的精力不变；问题少、形势好时，抓重点的劲头不变。

重点工作要全力抓。预防工作的重点往往也是工作的难点，所以一定要盯住重点，知难而进，舍得下功夫，下长功夫，下细功夫。以重特大事故多发、人民群众普遍关注的行业和领域为重点，集中开展专项整治，是解决安全生产薄弱环节和主要问题的有效措施，要一抓到底。

薄弱环节要反复抓。突出重点抓预防，还必须把眼光盯在本单位薄弱环节上，经常分析安全生产工作形势，查找薄弱环节，对发生的问题及隐患认真分析原因，总结教训。即使没有发生问题，也要积极借鉴外单位的经验教训，举一反三查苗头、堵漏洞、反复抓，力求突破弱项，使弱项变强项。

3. 预防工作必须善于发动和依靠群众。一些事故的苗头和隐患，不管多么细微、隐蔽，往往是群众首先发现的。各项安全制度、措施，没有群众的实践将会落空。

需要营造“人人参与”的局面。经常对生产经营单位从业人员进行预防事故的教育，把预防工作的任务、要求、方法及法律法规教给群众，把安全生产的意图变成群众的积极性，激发从业人员的主人翁精神和强烈的集体荣誉感，增强群众预防事故的行为和能力，形成“人人关心预防工作，人人都做预防工作”的良好氛围。

需要建立信息网络。要采取切实有效的措施，建立广泛而灵敏的安全信息网络，全方位、多角度地及时获取深层次、预警性信息，做到早发现、早报告、早处置、早整改。

需要推行注册安全主任制度。要从根本上改变安全生产“有组织无专职”或“无人管不会管”的现状，要积极推行企业注册安全主任制度，形成一支具有一定规模的高素质安全管理队伍，逐步建立安全生产的自我激励和自我约束机制，提高企业安全生产管理水平。

需要严明奖惩制度。一些单位预防工作不落实的主要原因，就是各级领导对安全事故没有压力，从业人员的积极性没有得到充分的发挥。要通过建立事故预防工作行政责任追究制度，实行安全工作“一票否决权”，把预防工作的好坏与各级领导的升迁挂起钩来，对预防工作尽职尽责、成绩突出者要奖励，对工作失职、造成事故者要处理。

4. 预防工作必须努力转变作风。需要端正指导思想。预防工作是管长远的基础性工作，必须着眼于加强基础建设。在衡量一个企业预防工作好或差时，不能只看开了多少会，查了多少遍，而要看实际工作效果，看生产经营单位安全生产意识和基础建设，做到生产服从安全，不安全就不能生产，在安全环境中促进发展，进而达到生产必须安全的要求。

需要知实情，办实事。各级干部要树立为官一任，保一方平安的意识，坚决摈弃和克服不知实情、不办实事的不良作风，切实做到勤检查、常督促、多指导。在严格制度、落实责任的基础上，还要经常算算发生事故后的政治账和经济账，不吃后悔药，少做“亡羊补牢”的事。

（四）安全生产重在责任追究

安全生产第一责任人的责任必须落实。生产经营单位是安全生产的责任主体，法人代表是安全生产的第一责任人，对本单位安全生产全面负责。生产经营单位必须加强安全生产投入，确保安全设备、设施和工艺符合法律、法规、规章和有关标准的规定。

安全生产承诺制必须拓展深化。生产经营单位要全面开展安全生产承诺制深化年活动，所有单位都必须作出安全生产承诺。承诺的内容要扩展到安全生产工作的各个方面。要在企业内部进一步推行“三项制度”建设，切实落实企业安全生产管理制度、安全生产责任制度和操作规程，使其覆盖企业每个员工、每个工作环节，做到有法可依、有章可循。

安全生产教育培训必须强化。生产经营单位要制定严格的培训制度，把安全生产法律法规、标准和操作规程作为年底培训计划的主要内容，认真开展全员化培训工作，保证从业人员具备必要的安全生产知识，提高其安全操作技能。教育从业人员应遵守安全生产规定，坚决杜绝违章指挥、违章操作、违反劳动纪律等行为。高危行业的生产经营单位主要负责人、主管副职、安全管理人员、特种作业人员必须参加相关部门组织的培训和考试，并取得资格证书。其他生产经营单位的相关人员，要按照有关规定参加主管部门组织的培训和考试，并取得合格证书，未经教育培训合格，不得上岗作业。

重大危险源必须监控。企业必须依据政府安全生产监管部门相关规定，对自身所涉及的各类重大危险源进行辨识，委托具有安全评价资质的机构对确认的重大危险源进行安全评估。对安全评估后的重大危险源要及时登记建档，建立安全管理制度，制定安全管理技术措施，明确安全管理负责人，指定专人负责监控。要依据重大危险源的等级，建立相应的安全监控系统或者安全监控设施，并保证其有效运行；定期对重大危险源的工艺参数、危险物质、危险能量和安全设备进行检测；制定重大危险源应急救援预案，定期组织应急演练，提高应急处置能力。

安全事故隐患整改必须到位。生产经营单位必须严格按照国家安监规定开展经常性的隐患排查治理。隐患治理要落实人员、责任和整改资金，及时消除安全隐患。对重大隐患在短时间内难以整改的，属于企业的，要立即停产，属于建设项目的，要立即停工，属于人员密集场所的，要立即撤离人员。

发生事故必须按规定及时上报，事故发生后，生产经营单位必须按规定及时、如实报告，不得瞒报、谎报、漏报或者迟报，不得故意破坏事故现场、毁灭有关证据，同时要启动应急救援预案，科学施救。

二、产品质量控制

常言道："质量是企业的生命"。企业理应像珍惜生命一样地珍惜自身产品和服务的质量，牢固树立质量意识、规范生产流程、加强售后服务，在切实保护消费者权益的同时，赢得企业自身的基业常青。

（一）产品质量意识

上至公司股东会、董事会、经理层，下至操作一线，都需要深刻地认识到：产品质量不仅是企业的生命，甚至是决定未来发展的法宝。所有产品都需要严格质量管理与控制措施。不论是食品、药品等老百姓衣食住行类产品，还是各类生产资料类产品，质量始终是消费者最为关心的基本问题，也是生产企业赖以生存与发展的命根子。譬如，食品行业中不断出现添加"苏丹红"的辣椒油和咸鸭蛋、甲醛超标的银鱼，甲醇中毒等事件，严重地侵害了国家的利益，危害了广大消费者的身体健康和生命安全，影响了行业的健康发展，扰乱了市场正常的流通秩序。2008 年发生的三鹿牌婴幼儿配方奶粉重大食品安全事件，再次向人们敲响了食品安全的警钟，食品安全，人命关天，企业要发展壮大，只有踏踏实实把好生产的每一道关，从细微入手，从源头抓起，"以质量求发展、以质量求效益"，不断完善质量管理制度。

面对生产一线的员工，增强相关人员的质量意识，可采取下列方法：一是通过会议或其他形式来宣传产品质量的重要性，强调人与产品质量的关系，每个人的工作不到位，都可能导致产品不合格；二是定期编制"警示"影片，组织相关人员观看，尤其是一线操作人员；三是上岗前，对相关人员进行质量意识教育，必要时可签订"质量责任书"，以约束其质量行为。

（二）规范操作流程

规范的操作流程是推动企业走向良性发展的保障系统。但是，一些企业虽然也已通过 ISO9000 认证或 HACCP 认证，持久的、实质性的、扎根于"骨子"里的规范流程还没有生根开花结果。因此，有针对性地演化各个环节的流程规范，是一个重要的安全话题。提高质量首先要建立、健全质量管理的规范流程体系，在此基础上不断完善质量管理制度。从企业领导层到操作一线，都要明确职责，责任到人，将操作流程层层分解下去。比如，在生产过程中强化危害分析，从材料进厂、初步生产控制、半成品生产控制、储存过程控制以及运输销售入手进行全方位的危害分析与评估，识别一些关键控制点，并建立关键控制点，控制、降低和消除生物的、物理的和化学的危害，结合企业生产设备，对产品安全管理职能进行分配和落实，确保产品的安全性。同时，要形成特定产品安全管理体系手册，有效确保企业产品生产和销售过程中的全程安全。

通常，产品质量的控制应该通过以下控制措施来实现：

1. 提高设计质量。提高设计质量可采取下列措施：

（1）抓源头，切实做好与产品设计有关的评审，满足质量标准中相应条款的要求。

（2）严格执行“设计和开发”程序，对于产品的交付进度有特殊要求的，方式可灵活多样。

（3）对于生产定型，即使用户没有强制要求，各单位也应该做质量检测，尤其是对那些批量生产暴露出问题的产品。

2. 加强材料控制。加强材料控制可采取下列措施：

（1）要充分认识原材料研究的重要性，应设立专项原材料性能研究。

（2）应把原材料从采购文件的制定到最终使用的众多环节贯穿起来，其中相对重要的是采购文件的制定。

（3）要加强对外协、外购厂家产品质量的控制。

3. 严控操作质量。严控操作质量可采取下列措施：

（1）减少人员的流动性，尤其是对那些以手工操作为主、特殊工序较多的产品更应如此，可以针对人员的工作情况采取相应的措施。

（2）减少产品的流动性。通过合理地编排研制生产计划，可有效地避免产品的流动性。

（3）加强操作人员的责任心。

（4）充分发挥检验人员对产品研制、生产过程的监督检查作用。

4. 增加产品评审力度。增强产品评审力度可采取下列措施：

（1）评审会的时间要充分，不能仅限于对会议文件的审查，还要对实物产品进行审查。

（2）在评审过程中，不能忽略各种瑕疵与疏漏。

（3）除进行产品出厂质量评审外，还应加强产品生产前状态评审的力度，含原料、设备、环境、加工方法、人员资格等方面，将产品质量控制点前移，尽可能地避免后续出现不合格品，而给单位造成经济损失。

（三）售后配套

质量是企业的生命。要提供优质的有形产品和优良的售后服务，努力做到“售前、售中、售后”服务态度一个样，使产品质量或服务质量不断得到提升，树立起企业良好的品牌形象。企业要对销售的商品负责，做好售后服务工作，对消费者的投诉要做到“急事急办、新事新办、特事特办”，难事想方设法，努力去办，实在不能办的，要向消费者解释清楚，提高消费投诉处理的办结率和成功率。对销售的产品质量要向社会负责，对经国家权威部门鉴定的属于不合格的产品（如有严重的瑕疵）应予以召回；对不能召回的，经修复后能使用的产品，按照法律的有关规定予以经济补偿。

三、环境保护与资源节约

经济结构不合理，经济增长方式粗放，资源环境对我国经济可持续发展的制约日益明显。能源消耗高、环境污染重已成为当前我国经济社会最突出的问题之一。企业如何承担环境保护与资源节约的社会责任问题，已经引起了政府和社会各界的广泛关注。将节能降耗、保护环境作为转变经济增长方式的突破口和重要抓手，这已经成为众多企业家的共识。从社会层面看，节能环保与民生紧密相关，也事关社会公平，涉及社会的各个阶层、各种利益主体。节能环保是构建人与自然和谐共存的资源节约型、环境友好型社会的主要内容。环保领域内的公众参与，也是推进社会主义民主和法制建设的良好切入点。

关于环境保护与资源节约的社会责任，企业应该有针对性地实施控制：

1. 结合实际，采取措施，形成上下一致的责任意识。企业应当按照国家有关环境保护与资源节约的规定，结合本企业实际情况，建立环境保护与资源节约制度，认真落实节能减排责任，积极开发和使用节能产品，发展循环经济，减少污染物排放，提高资源综合利用效率。企业应当通过宣传教育等有效形式，不断提高员工的环境保护和资源节约意识。

2. 重视相关投入，切实保证相关措施落实到位。企业应当重视生态保护，加大对环保工作的人力、物力、财力的投入和技术支持，不断改进工艺流程，降低能耗和污染物排放水平，实现清洁生产。企业应当加强对废气、废水、废渣的综合治理，建立废料回收和循环利用制度。

3. 采用新技术确保资源回收利用。企业应当重视资源节约和资源保护，着力开发利用可再生资源，防止对不可再生资源进行掠夺性或毁灭性开发。企业应当重视国家产业结构相关政策，特别关注产业结构调整的发展要求，加快高新技术开发和传统产业改造，切实转变发展方式，实现低投入、低消耗、低排放和高效率。

4. 经常性检查和监控环境保护与资源节约制度的执行态势。企业应当建立环境保护和资源节约的监控制度，定期开展监督检查，发现问题，及时采取措施予以纠正。污染物排放超过国家有关规定的，企业应当承担治理或相关法律责任。发生紧急、重大环境污染事件时，应当启动应急机制，及时报告和处理，并依法追究相关责任人的责任。

四、促进就业与员工权益保护

保护劳动者权益和促进就业不可偏废。企业在“促进就业、保障权益、构建和谐企业”中，担当着积极安置就业，扩大社会保险的覆盖面，积极构建和谐稳定的劳动关系，保障民生、民安、民权的重要职责，为经济发展和社会稳定作出贡献。

（一）促进就业

1. 无论从企业长期人才开发战略来看还是从企业的社会责任感角度出发，简单裁员或一味压缩人员编制的做法是不可取的，要在坚持不裁员、不降薪的原则下，采取自主创新、转型升级、轮换上岗、组织培训等措施渡过劳动力暂时过剩的缓冲期，坚决不把包袱丢给社会，不给政府增加负担。

2. 企业应当依法保护员工享有劳动权利和履行劳动义务，保持工作岗位相对稳定，积极促进充分就业，切实履行社会责任。企业应当避免在正常经营情况下批量辞退员工，增加社会负担。

3. 专门成立人才开发团队，出台轮休方案，有条不紊地组织员工共同度过就业寒冬，同时，在受到外界影响或危机冲击时，未雨绸缪，预先招聘进行人才储备，为新一轮的经济复苏打好基础。

4. 企业应当按照产、学、研、用相结合的社会需求，积极创建实习基地，大力支持社会有关方面培养、锻炼社会需要的应用型人才。企业应当积极履行社会公益方面的责任和义务，关心帮助社会弱势群体，支持慈善事业。

（二）员工权益保护

企业劳动关系和谐稳定，实现企业和职工“双赢”，则可能确保无越级上访和群体性突发事件发生，有利于改革、发展和稳定。其控制措施主要包括：

1. 严格遵守劳动保障法律、法规和规章，即劳动合同管理制度健全，劳动合同的签订、变更、续订、解除和终止及备案等各个环节管理完善；全部职工（包括农民工）都签订劳动合同；劳动合同管理工作监督制度健全，措施到位，意见和建议反馈渠道畅通。

2. 工会组织健全，工作制度完善，能够独立自主地开展工作；职工入会率达到95%以上；有工会活动记录，档案整齐完备。

3. 能够按规定在平等协商的基础上及时签订、续签、重签集体合同或劳动报酬、劳动安全与卫生、女职工权益等专项集体合同；合同文本规范，监督检查和履约考核制度健全；合同履约率100%，职工满意率95%以上；劳动争议调解组织和制度健全，能够及时调解劳动关系矛盾，调解成功率95%以上。

4. 坚持以人为本，加强职工代表大会和工会组织建设，维护员工合法权益，积极开展员工职业教育培训，创造平等发展机会。企业应当尊重员工人格、维护员工尊严，杜绝性别、民族、宗教、年龄等各种歧视，保障员工身心健康。

5. 能够按时足额支付职工工资，为职工缴纳社会保险费，保障员工依法享受社会保险待遇；改制企业能够妥善处理劳动关系，接续社会保险关系，按规定发放经济补偿金或生活补助费，妥善解决拖欠职工债务的问题，不得克扣或无故拖欠员工薪酬。企业应当建立高级管理人员与员工薪酬的联运性增长机制，切实保持合理水平，维护社会公平。

第三节 社会责任控制的案例

成败案析

“三鹿事件”：是否足以让我们警醒?①

【案情扫描】

“三鹿奶粉事件”在全国上下引起了很大震动，众多知名国产奶粉品牌都查出含有三聚氰胺，刺痛了国人的心，而质检监管的缺失，又震惊了公众。“没良心的企业一个也不放过”、政府官员问责制的出台，让我们在痛定思痛后燃起新的希望。这个“企业社会责任”的大事件，必将引发企业对社会责任的深思和重构。本案例以企业社会责任为诉求，

① 本案素材根据国内主流媒体2008年、2009年的相关报道整理而成。

以整个社会、各级政府、全体国民都眼睁睁看着的案例为素材，分析揭示企业社会责任绝不是危言耸听的故事，而是多少个活生生的性命、多少个企业家的悔恨所带来的教训。作为企业管理者，是应该从社会责任出发，全面、全程、全员地重视内部控制了，否则说不准下一个类似的惨案就可能发生在你的身边。

★2008 年 6 月 28 日，兰州解放军第一医院收治首例“肾结石”病症患儿。该患儿从出生起就一直食用三鹿婴幼儿奶粉。7 月中旬，甘肃省卫生厅接到医院婴儿泌尿结石病例报告后，随即展开调查并报卫生部。随后两个月，该医院收治的患婴人数就迅速扩大到 14 名。甘肃省省委省政府和相关部门对“肾结石事件”也高度重视，要求卫生部门及各监管部门做好患儿救治，迅速排查。

★9 月 9 日，甘肃 14 名婴儿同患肾结石，疑因食用某同一品牌奶粉。

★9 月 11 日，陕西、宁夏、湖南、湖北、山东、安徽、江西、江苏等地都有类似案例发生。

★9 月 11 日晚卫生部通报，经相关部门调查，高度怀疑三鹿牌婴幼儿配方奶粉受到三聚氰胺污染。专家指出，三聚氰胺是一种化工原料，可导致人体泌尿系统产生结石。

★9 月 11 日晚，石家庄三鹿集团发布产品召回声明称，经自检发现 2008 年 8 月 6 日前出厂的部分批次三鹿牌婴幼儿奶粉受到三聚氰胺的污染，市场上大约有 700 吨，全部召回。

★9 月 13 日，党中央、国务院对严肃处理三鹿牌婴幼儿奶粉事件作出部署，立即启动国家重大食品安全事故Ⅰ级响应，并成立应急处置领导小组。

★9 月 14 日，卫生部部长陈竺带领有关司局领导及专家飞抵兰州，针对有关三鹿奶粉事件应急处置工作展开专题调研。

★9 月 16 日，国家质检总局检测结果表明，共有 22 家乳品企业 69 批次产品检出了三聚氰胺，蒙牛、伊利、雅士利等知名品牌均榜上有名。

★9 月 17 日，三鹿集团党委书记、董事长田文华被拘。

★10 月 27 日，北京三元股份首次正式承认正与三鹿进行并购谈判。

★10 月 31 日，经财务审计和资产评估，三鹿集团资产总额为 15.61 亿元，总负债 17.62 亿元，净资产 -2.01 亿元，已资不抵债。

★12 月 8 日，三元股份公告称，其董事会已经批准了《关于在河北石家庄成立子公司的议案》。三元股份以现金出资人民币 500 万元，在河北省石家庄市注册成立全资子公司。

★12 月 13 日前后，三鹿二厂开工复产，这是三元在“托管”模式下，启动生产的首个厂区。此后传出消息，三鹿集团的 7 家非核心企业已陆续开工生产，但全部更名。

★12 月 19 日，三鹿集团又借款 9.02 亿元付给中国奶业协会，用于支付患病婴幼儿的治疗和赔偿费用。

★12 月下旬，债权人石家庄商业银行和平西路支行向石家庄市中级人民法院提出了对债务人石家庄三鹿集团股份有限公司进行破产清算的申请。

★12 月 23 日，石家庄市中级人民法院宣布三鹿集团破产。

★12 月 24 日，三鹿集团收到石家庄市中级人民法院受理破产清算申请民事裁定书，一切工作正在按法律程序进行。三鹿将由法院指定的管理人（三鹿商贸公司）来管理，管理人将对三鹿资产进行拍卖，然后偿还给债权人。这一过程将在 6 个月内完成。

★12 月 24 日，石家庄市政府、三鹿集团选取 20 多个代理商代表到三鹿集团商谈，最终三鹿与代理商达成还款意向。

★12 月 25 日，三元回应三鹿破产，称重组方案调整须董事会决定。

★12 月 26 日 ~31 日，法院审查债权人申请。

★12 月 26 日，清算工作组进驻三鹿集团。

★12 月 26 日，石家庄市中级人民法院开庭公开审理张玉军、张彦章非法制售三聚氰胺案。无极县人民法院、赵县人民法院、行唐县人民法院分别开庭审理了张合社、张太珍以及杨京敏、谷国平生产、销售有毒食品三案。

★12 月 31 日，石家庄市中级人民法院开庭审理了三鹿集团股份有限公司及田文华等 4 名原三鹿集团高级管理人员被控生产、销售伪劣产品案，庭审持续 14 小时。

★1 月 22 日，三鹿系列刑事案件分别一审宣判。田文华被判生产、销售伪劣产品罪，判处无期徒刑，剥夺政治权利终身，并处罚金人民币 2 468.7411 万元。另外，同期宣判的三鹿系列刑事案件中，生产、销售含有三聚氰胺的“蛋白粉”的被告人高俊杰犯以危险方法危害公共安全罪被判处死刑缓期执行，被告人张彦章、薛建忠以同样罪名被判处无期徒刑。其他 15 名被告人各获 2 年至 15 年不等的有期徒刑。

【案例评述】

分析这一案例，是为了忘却的纪念，质量控制丝毫不能松懈，更是为了警示乳品行业和任何一个行业，始终不能忘记其肩负的企业社会责任。

警告之一：内部控制失效，可能引发外部控制。

多年的积累转眼化为乌有，“三鹿奶粉事件”就是这样一个样本。在一个人人皆知质量前行的乳制品行业，没有严格甚至于死板的原料进厂、生产、存储、运输等全过程的内部质量控制，哪里有市场？哪里有客户？哪里有发展？三鹿工厂肯定也有一些质量控制制度，但是没有始终如一地忠实执行内部控制制度。企业不能持续执行内部控制制度，势必面临风险，因为当内部控制失败时，企业这架机器已经没有了自身的免疫系统，当企业将病毒性产品输入市场时，客户、市场、政府、社会的控制机制自然发挥作用了。用一句俗话表达：敬酒不吃吃罚酒。

从政府环节上来看，国家对优秀的食品企业实行免检制度，是为了减少企业的运营成本，给企业更多的自主经营权。同时，国家实行这项制度本身也是对企业的一种信任。然而，部分食品企业在获得国家的信任后，并没有自主发挥好企业的社会责任，“三鹿奶粉事件”说明部分奶制品企业连最起码的法律责任都没有担当起来，更谈不上什么社会责任了。这次事件不仅暴露出三鹿集团存在严重的产品质量问题，也暴露出其他知名奶制品品牌也存在问题。这样的表现让国家很痛心，国家给你自由，你却不好好享用，企业的这种不自重和危害消费者的行为，必须受到严厉的惩罚，必须要为自己的不诚信付出惨痛的代价。

警告之二：捐助行为切莫做秀。

中国企业目前对于履行企业社会责任存在误区，有的企业误认为给予社会慈善捐助就等于履行企业社会责任，这是十分错误的。企业社会责任最基本的要求就是生产出合格的、高品质的产品，然而一些国内企业的做法显然是本末倒置的，他们的慈善捐助行为更像是在做秀。“三鹿奶粉事件”的曝光让我们看到，这些所谓的“名优”企业连最基本的经济和法律方面的社会责任都没有承担起来。一些企业把承担社会责任只停留在口头上，并不是真心去做，因为会增加成本；还有一些企业对产品夸大其词、虚假宣传，而不在提高产品质量上下工夫；更有甚者，为了暴利，明知其产品对人身体有害，照样昧着良心赚黑钱。一些厂家，形成品牌之后可能放松了对质量的要求，但是任何一个百年品牌、百年老店都应知道，任何一个时期的放松、任何一个管理环节的懈怠都可能造成功亏一篑。企业公民社会责任建设是一个“线性发展”的过程，容不得半点“偷工减料”。

警告之三：“免检”不是不“抽检”。

食品类企业目前出现如此大的问题，取消免检，说明我们的政府部门是负责任的，发现问题是及时的，纠正问题是得力的。对一个负责任的企业，若长期以来其产品质量优秀，实行免检应该也是可以的。如何保证食品类企业的产品安全、健康，健全食品质量标准和监督体系，严格执法是一个方面；倡导企业自觉承担社会责任，做优秀企业公民，也是至关重要的。我们的社会风气好了，企业道德风尚高了，实行“免检”能减少企业成本，减少政府执法成本，也就减少了全社会的成本，这是变相增加社会财富。需要提醒的是，“免检”不是不“抽检”。科学的抽检，适时发现问题，亦能起到事半功倍的作用。

第七章

企业文化

文化是一个企业的灵魂，体现了企业的历史渊源、文化积淀、时代精神和奋斗方向。文化也是一种软实力，是一种看不见但确实存在的实力。企业拥有大力倡导蓬勃向上、充满创新和智慧的文化，就能始终保持强大的核心竞争力，凭借独具魅力的文化品牌，变文化资源优势为经济资源优势，无疑将强力推动文化软实力向经济硬实力转化。因此，企业文化的控制功能无处不在。

《企业内部控制应用指引第5号——企业文化》着力解决企业发展过程中如何建设企业文化的问题，指出企业文化建设的核心是通过企业文化建设，形成更加有利于企业可持续发展的控制环境。其主要内容包括：制定指引的必要性和依据、企业文化的核心内涵、企业文化建设过程中应关注的主要风险，以及如何建设企业文化、如何评估企业文化等，分三章共十一条。

第一节　企业文化的控制要义

一、企业文化的含义与风险

“同心同德，方可成就大业。”你一定对此哲理并不陌生。那么，什么因素能使企业做到“上下同欲，同心同德”呢？答案就是企业文化。企业文化是支撑企业生产经营大厦的“第一个基石”。企业文化与教育一样，它的作用不一定马上见效，但它对企业的影响更基础、更根本，也更持久。文化往往可供企业员工共享，它是一种超个性的群体意识，其价值具有更广泛、更深刻、更长远的社会意义。

在企业发展的两股内在驱动力中，一种是物质、利益、产权的纽带，另一种是文化、精神、道德的纽带。企业如果只有前一种纽带而没有后一种纽带，是不能得到健康发展的。更深入的持久竞争优势的研究正指引我们走向文化，而文化不是包装，现代管理的底蕴在于文化。

准确地说，企业文化中的文化不是指企业拥有多少工程师、经济师，也不是拥有多少文凭，而是拥有什么样的发展概念、对员工的影响程度、企业发展过程中的变革以及超越自我的能力。经营失误的企业给人的警示是：文化的丢失是生存权的丢失，文化的缺憾必然带来企业的畸形。文化虽然是无形的，但它是无处不在、无时不有的，“无形的比有形的重要、软件比硬件重要”，这就是社会经济时代的特征。在市场经济背后，有一只看不见的手，是经济规律；在此之外还有一只看不见的手，也是不能忽视的，那就是文化。世界500强企业的发展进程已经表明，企业文化是一个企业获得成功的关键动力，更是企业经营管理中一座有待挖掘的富矿！企业文化是指企业在生产经营实践中逐步形成的、为整体团队所认同并遵守的价值观、经营理念和企业精神，以及在此基础上形成的行为规范的总称。

加强企业文化建设至少应当关注下列风险：一是缺乏积极向上的企业文化，可能导致员工丧失对企业的信心和认同感，企业缺乏凝聚力和竞争力；二是缺乏开拓创新、团队协作和风险意识，可能导致企业发展目标难以实现，影响可持续发展；三是缺乏诚实守信的经营理念，可能导致舞弊事件的发生，造成企业损失，影响企业信誉；四是忽视企业间的文化差异和理念冲突，可能导致并购重组失败。

二、企业文化的内涵与外延

“文化”正逐渐成为企业管理的一股重要力量，但是不少企业在企业文化建设上存在着认识误区。正如在本章案例所描述的调研情况一样，不少企业在企业文化建设方面重形式、轻内涵，存在着认识误区。因此，需要集中分析企业文化的功能与作用机制。

（一）企业文化的动力区间

企业文化，从其长期体现的动力功能来说，主要包括以下几点：

1. 凝聚力。企业文化搞好了是一种“黏合剂”，可以把上下左右、领导与员工紧紧地黏合、团结在一起。这是一种凝聚功能和向心功能。

2. 导向力。导向力包括价值导向与行为导向，在企业行为中该怎么想，怎么做。企业价值观与企业精神，发挥着无形的导向功能。

3. 激励力。企业文化所形成的文化氛围和价值导向是一种精神激励，能够调动与激发职工的积极性、主动性和创造性，把人们的潜在能力激发出来。

4. 约束力。在企业行为中哪些不该做、不能做，企业文化、企业精神经常发挥着一种“软”约束的作用，是一种免疫功能。

5. 纽带力。企业，包括大企业集团，维系发展要有两种纽带：一个是产权、物质利益的纽带；另一个是文化、精神道德的纽带。这两种纽带相辅相成，缺一不可。

从某种层次看，企业在市场上的实力并不仅仅取决于商品力和销售力，而常常与文化所滋生的软实力密切相关。

（二）企业文化的建设误区

调研发现，不少企业在文化建设领域，存在着一些相同或相似的误区，这些误区包括：

1. 将企业文化等同于企业形象识别。现阶段，国内不少企业将企业文化等同于企业形象识别。基于这一认识，这些企业将建立企业形象识别系统看成是企业文化建设的全部，这也正是它们在言及企业文化时必谈“CI”、“MI”、“BI”、“VI”的根本原因。事实上，企业文化包含了企业作为一个组织所追求的价值观念、行为模式和信仰等内容。企业文化的核心在于企业员工所共同认同的价值理念和受此价值理念指导的行为模式。从这个意义上说，企业文化并不完全等同于CI，CI仅仅是表象、是初始的、局部的。企业文化建设从CI入手是可以的，但如果将企业文化建设等同于CI设计，则设计出来的企业文化难免会成为一种对外对内的摆设，“做秀”的成分远大于组织员工的力量。准确而言，企业文化不是秀给别人看的，有哪个优秀企业的文化是“秀”出来的呢？成功的企业文化核心只有一个理念，却能够始终如一地坚持和升华，并且从总经理到普通员工都对这一理念身体力行，从而使消费者更充分地感受到这家企业“爱的氛围和爱的行动”。

2. 将企业文化等同于全员文化。企业文化最终应成为被全体员工共同接受和遵守的价值理念、行为机制和行为模式。然而，对企业文化的形成起决定性作用的并非全体员工，而是企业的核心。可以说，企业文化便是企业家的文化，优秀的企业文化背后总有一位或几位优秀的企业家。大量的案例告诉我们，企业文化的形成呈现出由核心向核心管理层、中坚力量、普通员工逐层推进的特点，这点在创业型企业中尤为明显。企业文化的核心价值理念和行为模式很大程度上代表了核心的价值理念和行为模式，为核心所大力倡导，而普通员工更大程度上是对这个核心层企业文化的接受和认同，以及在既有基础上对它的延续和发展。

3. 就企业文化本身论企业文化，将文化孤立于战略、组织、团队之外。一个企业由优秀到伟大，其核心竞争力的最重要组成要素便是企业文化，而使企业文化能有效发挥价值的关键在于企业战略、组织、团队的有效支持。孤立地谈论企业文化，将其脱离于企业其他管理元素之外；大而统之地认为文化无所不包，不需要其他管理元素的支持；在不明确企业战略的情况下便可以完成企业文化设计，在管理基础非常薄弱的情况下便可以进行企业文化建设等都是眼下我们见怪不怪的现状。成功的企业无不是战略、组织、团队、文化四个要素的有机融合与互动。其中，文化是企业的价值核心和理念精髓，是制定企业战略、构建企业架构、指导团队建设的理念基础。文化必须落地，而文化落地需要一整套的战略和制度支持，需要被团队真正地理解、接受、认同和实践。战略、组织、团队、文化形成企业的四个支点，它们有效构建起企业生存发展的基础，而且相互之间必须相互适应，相互匹配。离开战略、组织、团队三个维度的有效支持与协同，文化只能成为空中楼阁。

4. 将企业文化的关键定位于设计。许多企业认为企业文化是请人设计出来的，设计的语言越漂亮越好。基于这种思想，许多企业的企业文化建设将设计作为核心，追求语言的华丽，追求口号的响亮，这也正是为什么10个企业中有6个企业的企业文化雷同。其实，企业文化是对企业和企业员工价值理念的深层发掘和提炼，而非不着边际的空洞设计；是在企业的发展历程中积累而成，并由企业核心层向外围逐渐延伸、扩展，最终为企业员工所接受。企业文化并非语言越漂亮越好，越拔高越好，企业文化不仅要叫得响，而且更要用得着、分得出、立得住。对于企业文化建设而言，设计环节的重要性远远低于实施环节，不能有效实施的设计必然是失败的设计，具体的设计内容并不重要，重要的是要始终不渝地、持续一贯地对企业文化加以坚持和实践，要反反复复、不厌其烦地对员工进行宣传并使其贯彻。可以说，尽管并非有独特企业文化的企业一定能成功，但是成功的企业一定有文化。在这些成功企业的文化中，既找不出设计的痕迹和华丽的语言来，也找不出与他人雷同的地方。这些企业创造了独具特色的文化，文化成为了它们独特的象征。

5. 将企业文化定位于职能部门的事情。有些企业管理者认为，企业文化建设与自己关系不大，只需将其作为一项工作分派下去即可。但事实上，离开了核心参与，企业文化建设根本不可能取得成功。领导者在企业文化建设中起码发挥着三个核心作用：一是所认可的企业的价值理念、目标设定、战略思考、经营动机、管理方针等是形成企业文化的核心基础。应当成为企业真正的精神领袖和形象代言人，就像我们谈到联想集团必然想到柳传志，谈到万科集团必然想到王石一样。二是应当身体力行地向员工宣传企业文化的精髓，推动员工对企业文化的认同和实践。企业应当通过高层－中层－基层的顺序逐层感染和影响员工，使企业文化的根基越来越牢靠。三是应当亲自推动建立以文化认同为核心的人才选拔、培养、使用、激励体系。

6. 企业文化的“唯变论”与“不变论”。企业文化既不是一成不变的，也不是捉摸不定的。在企业文化“变”与“不变”的问题上存在着两个相反的误区：一是将企业文化奉为圭臬，认为企业文化的各项内容甚至每一个理念、每一句话、每一个词都不应当被改变。二是认为唯一不变的是变化，企业的一切都应当不断改变，企业文化当然也不例外。誉满全球的企业研究力作《基业长青》，对企业文化的变化与否总结出了八字箴言“保存核心，刺激进步”，指出企业的核心价值观应当始终保持不变。该书所研究的 18 家著名企业都虔诚地保持着它们的核心理念，它们的核心价值基础坚如磐石、始终不变。部分企业的核心价值观已经历百年而一成不变。同时，这些企业在稳保核心理念之余，也展现出追求进步的强大动力，不断改变却不会有损于其所珍视的核心理念。由此，我们可以得出结论：企业的核心价值观应当保持不变，而除了核心价值观外，其他的一切都是可变并必须改变的。企业文化建设是一个随着企业发展壮大不断规范、成形、优化、再发展的一个过程。

第二节　企业文化控制关键点

一、积极向上的团队精神

1. 企业应当采取切实有效的措施，积极培育具有自身特色的企业文化，引导和规范员工行为，打造以主业为核心的企业品牌，形成整体团队的向心力，促进企业长远发展。

2. 企业应当培育体现企业特色的发展愿景、积极向上的价值观、诚实守信的经营理念、履行社会责任和开拓创新的企业精神，以及团队协作和风险防范意识。企业应当重视并购重组后的企业文化建设，平等对待被并购方的员工，促进并购双方的文化融合。

3. 企业应当根据发展战略和实际情况，总结优良传统，挖掘文化底蕴，提炼核心价值，确定文化建设的目标和内容，形成企业文化规范，使其构成员工行为守则的重要组成部分。

二、诚信度和道德观

诚信度和道德观是控制环境的关键因素，它们影响其他内部控制要素的设计、管理和监控。制定、管理和监控企业制度的人员的诚信度和道德观，不得影响内部控制的有效性。董事、监事、经理和其他高级管理人员应当在企业文化建设中发挥主导和垂范作用，以自身的优秀品格和脚踏实地的工作作风，带动影响整个团队，共同营造积极向上的企业文化环境。企业应当促进文化建设在内部各层级的有效沟通，加强企业文化宣传贯彻，确保全体员工共同遵守。

1. 员工行为准则。控制目标是员工保持高水准的行为准则及道德规范。控制措施包括：企业制定员工行为准则，并对外披露；对员工进行充分的培训，确保对行为准则的理解，确保每位员工在工作和相关商业活动中，以最高职业道德标准从事专业活动，维护企业和员工的良好信誉；对违反员工行为准则的行为进行处理。

2. 经理层的行为准则和道德规范。控制目标就是确保执行官、董事及全部高级管理人员本着诚信的原则行事，保护企业及股东、客户、其他社会利益团体和本企业员工的利益。其控制措施包括：企业健全内控机制，建立一套针对经理层的行为准则和道德规范，规范他们的日常商业行为，防止不道德或非法行为发生。企业应对外披露对经理层制定了行为准则和道德规范，要及时披露高级经理层违反行为准则和道德规范的情况，对经理层的行为准则和道德规范的废止必须由董事会通过，并应向股东及时披露该信息。

三、文化立体渗透

企业文化建设应当融入生产经营全过程，切实做到文化建设与发展战略的有机结合，增强员工的责任感和使命感，规范员工行为方式，使员工自身价值在企业发展中得到充分体现。企业应当加强对员工的文化教育和熏陶，全面提升员工的文化修养和内在素质。

1. 共同诉求管理理念。控制目标就是保持企业上下一致，提高企业营运效率。企业应始终坚持“成己为人，成人达己”的经营理念，遵循“诚信为本、稳健经营”的经营方针，以市场为导向，以经济效益为中心，努力以提高经营管理水平，促进企业持续健康发展，切实保障企业、员工和股东的利益。控制措施始终包括：企业制定统一明确的管理理念；通过培训、宣讲等具体措施提高员工对管理理念基调的认知程度；经理层和员工在日常工作中应运用管理理念处理各项事务。

2. 兼顾各方利益原则。控制目标就是体现企业经营管理的需要和管理理念及高级管理人员的诚信度和道德价值。经理层应公平对待本企业员工，公平对待客户、竞争对手、股东以及其他社会利益团体和个人，不得隐瞒、滥用、操纵专有信息或通过错误表达等任何不公平交易做法获得任何不当利益。这方面的控制措施包括：企业及高级管理人员在与员工、外包服务商、客户、投资者、竞争对手和外部审计师等打交道过程中，应本着“公开、公平、公正”的原则对待；建立相应措施，防止企业员工隐瞒、滥用、操纵专有信息或通过错误表达等任何不公平交易做法获得任何不当利益。企业应将这一原则深植于各项主要管理制度和业务操作规程中。

四、企业文化的评估

企业应当建立企业文化评估制度，明确评估的内容、程序和方法，落实评估责任制，避免企业文化建设流于形式。

企业文化评估，应当重点关注董事、监事、经理和其他高级管理人员在企业文化建设中的责任履行情况、全体员工对企业核心价值观的认同感、企业经营管理行为与企业文化的一致性、企业品牌的社会影响力、参与企业并购重组各方文化的融合度，以及员工对企业未来发展的信心。

企业应当重视企业文化的评估结果，巩固和发扬文化建设成果，针对评估过程中发现的问题，研究影响企业文化建设的不利因素，分析深层次的原因，及时采取措施加以改进。

1. 企业文化评估的价值理念。随着中国企业文化建设的不断深入，企业文化建设的必要性以及操作性已经普遍获得中国企业的认同，并且逐步在实践中开展不同程度的尝试。人们已经不再停留于文本式、口号化的文化形态，不再停留于纯粹思想政治工作层面的文化形态，不再停留于CI导入的文化形态，而是期望能够建立一套能够支持公司战略的文化体系。于是，如何相对准确地评估当前企业的文化现状，把握员工的主流价值观，评估企业文化战略建设目标与当前企业文化状态之间的差距，是企业文化战略建设的第一步。只有我们有效地把握了企业文化建设目标与现状之间的差距，才能够准确对企业文化进行定位，才能对企业文化建设进行战略规划，所以企业文化建设问题的焦点便集中在如何建立有指导性意义的企业文化评估框架。这个企业文化评估体系我们称之为企业文化测评体系。

2. 企业文化评估的技术方法。测评体系在管理学上是一个很新的课题，当前世界上没有一个相对比较成熟的理论或管理实践对这方面有所研究，可以给我们借鉴的内容非常少。我们认为目前中国的企业文化测评应当以“定性+定量”的综合研究方法进行，其中：定性分析法主要通过与绝大部分企业高层领导、部分中层干部、少数基层员工的深度访谈、座谈探讨、文献梳理、观察体验等方法，了解企业的发展历程及他们对企业文化和企业经营战略等方面的具体看法；定量分析法主要通过企业文化理念体系导向分布、文化战略、核心价值观、文化领导力、文化环境以及个性文化等6个模块的定量测评，科学分析企业文化的现状、发展方向、基本规律、主要资源的优劣性，及其相互之间的适应性、冲突性等特征。

3. 企业文化评估的范畴。企业文化评估，最重要的目标是人，而不是设备、厂房和其他的固定资产。基于企业文化评估的代表性特征，在评估所需成本适当的前提下，应该选取尽可能广泛的评估对象。通常，企业文化评估应该覆盖企业各个部门和下属一线生产机构，包括：全部高层领导、80%的中层干部和20%左右的基层干部和员工。评估内容主要包含：企业文化与战略关系评估、企业文化与利润的关系评估、企业文化战略发展趋向、企业文化理念作用导向评估、核心价值观、文化领导力、文化环境以及个性文化等几大部分。

4. 企业文化评估的关注内容。通过对企业文化在战略趋势、理念导向、价值观、文化领导力、文化氛围和个性文化6方面的分析，可以形成企业文化发展的趋势、规律以及企业文化功能、价值、内在结构及文化资源状态的认识，主要关注内容包括：

（1）企业文化整体上是否呈现出较为成熟的市场型特征。一是文化体系形成了以“市场导向”为中心的科学、完善、独特结构。文化体系的来源体现出价值与战略驱动的特点；文化体系的变化体现出针对性特点；文化体系的结构体现出务实的系统性特点；文化体系的元素体现出稳固的主题性特点。二是以“市场”为导向的文化内涵已经趋于成熟。以“市场”为导向的文化内涵已经完成了向理念导向、价值观、文化领导力方面的渗透，并逐步对文化氛围、员工个性文化及需求产生了影响，初步步入了成熟、稳定的发展阶段。

（2）企业在文化建设和管理方面是否具备“文化管理”模式的雏形。企业文化工作包括企业文化建设和初步的管理工作，经过了由无到有，由浅到深，由粗到细再到精的三个发展阶段，已经初步走出了以“建设”为主的初级阶段，开始尝试迈入以“管理”为主的高级阶段，在不断完善“文化系统管理”的同时，逐步迈向真正意义上的“文化管理”模式的高级发展阶段。在这个阶段，企业文化建设和管理工作表现出如下几个特征：文化建设过程中采取了与企业战略并驾齐驱的协同路线；在企业文化渗透中与企业管理紧密结合形成了多维的执行路线；在企业文化效果中与利润水平等紧密结合形成了清晰的价值路线。

（3）企业文化应实现从“市场型”向“团队型”、“创新型”、“层级型”战略方向的微观转移。排除不可预期的干扰因素，按照可预期的结果，在未来3~5年企业文化是不是将可能也应该出现如下一些变化：

企业文化整体特征上，是否将会在“团队型”和“创新型”上有所明显增加，在“市场型”特征上将会有显著的降低，而“层级型”的特征在保持数值变化不大的情况下，在结构上会有显著的优化整合；目前企业理念导向分布中的处于短板状态的“创新导向”、“和谐导向”和“进取导向”将会有显著的提升。

企业价值观结构中，是否具有创新属性的“卓越”和“创新”，具有团队属性的“协作”和“人本”，具有层级属性的“诚信”等基本价值元素将会逐步在企业中得到了广泛的理解和认同，认同的比例将会从目前的15%左右提升到45%左右。

企业经理层的文化领导力方面，是不是会得到进一步提升，尤其是在管理创新、管理未来、管理客户、开发人员四项领导能力上要有显著提升，经理层新的素质将会表现在长于带领、鼓励并支持下属改进工作，善于为下属、部门或企业规划清晰而美好的未来，与客户有良好沟通，维护渠道等方面。

全体员工的个性文化和职业发展倾向结构上，是否在保持目前以“超越型”为主导特征的前提下，进一步消除内部的冲突和矛盾，员工的个性文化和需求结构将会更加成熟和自觉，在个人回报需求上注重自我实现、自我发展，关注企业和部门前景的比重将会持续上升。

整体文化氛围上，企业文化氛围在保持较高的使命感氛围中，还会继续增加成就感的内涵，员工不仅能受到企业远景的鼓舞，也同样会脚踏实地地从持续改善自身工作质量，不断超越自我做起。

总之，文化是企业的内在驱动力。企业唯有将目标、价值观、使命感有机地结合起来，才能真正增强壮大企业的核心竞争力，发挥出自身价值。

第三节 企业文化的控制案例

成败案析

文化病变：上市公司的“滑铁卢”①

【案情扫描】

从不良的企业文化中，往往可以看到企业领导人的影子。企业老总个人价值观上的一些致命缺陷，可导致企业内部不良文化的滋生、蔓延，使企业在一种畸形的氛围中走入歧途。企业是否具有健康的企业文化，对企业的发展至关重要，而企业主要领导者个人的价值观往往对企业文化的形成起着关键的，有时甚至是决定性的作用。

D企业是国内一家知名的上市公司，企业董事长兼总经理A从原来无线电厂的工人干起，一步步地成为这家企业的当家人。多年来，在他的带领下，企业一直保持着高速发展，并于1997年底成功上市。

不可否认，在A总的引领下，企业的文化不乏一些闪光的亮点：

重视人才引进工作——A总从基层成长起来，深知技术和知识的重要性，所以从1994年开始，企业每年都招收大量的高学历新员工，给予较高的工资、福利待遇，该企业很快聚集了大量的名校学士、硕士、博士等，极大地提高了企业的产品技术含量和质量，并增加了产品品种。同时，A总对人才的重视，在企业造成了一种尊重人才的氛围，在一定程度上，起到了留住人才的作用。

干部任命唯才是举——随着企业业务的不断发展，企业对各部门的要求不断提高，有一些干部明显不能符合要求，在这方面，A总推出了新的干部任命办法：每年年底，中层干部自动离任（但还代行中层干部之职），开始一年一度的干部竞争上岗制度，任何人都可来竞争任何干部岗位，但是，必须要交书面“竞争上岗报告”，通过后，还要经过答辩（企业有临时组织起来的考核委员会来主持答辩）。在报告中，要详细说明为对这一部门制订的下一年的工作目标、具体计划及实施方案，并论证其可行性等。难能可贵的是，企业不是在走形式，而是动真格的，每一年都有干部落马，都有新人、能人上岗。这一制度的实施，使企业里（尤其是销售部门和技术部门）得过且过的风气为之一变，中层干部干不好可以下岗，相应地也就有权让本部门员工下岗，这在企业里造成了一种紧迫感和危机感，除了产品对路之外，这种氛围也是企业快速发展的最大原因之一。

但是，A总个人价值观上的一些致命缺陷，也导致了企业内部不良文化的滋生、蔓延，使得D企业在一种畸形的氛围中走入了迷途。员工们普遍的感觉主要是：

---

① 本案例素材取自一家上市公司的真实情况，原案例参见钟鸣主编《成败探源——当代中国企业管理全景案例》，企业管理出版社2006年版。

缺乏人情味。D企业虽然是一家上市公司，但总的来说还是个国有企业，股份制只是个名义而已，所以A总还是比较专权（也许他是不得已而为之），在企业内部，严厉打击异己以及不太驯服的员工和干部。不论你以前有多大贡献，一旦冒犯“天威”，你是一定要下来、要倒霉的。这就是所谓的“杀鸡儆猴”的策略。但是，那种对人性、人的尊严的伤害，是让人寒心彻骨的。曾经有一位技术部经理，只说了句不太恰当的闲话，就被处罚,写悔过书，三十七八岁的男子汉，在保卫处痛哭流涕地检讨自己“我罪该万死……”,即使这样，部门经理的职务还是被撤掉了，并且以后永不得翻身。其实，在企业里没有谁把企业真正当成是自己的事业，只不过当成一个不错的饭碗而已。

还有这样一件事：当初，A总从西安请来了一位电力自动化控制学界泰斗级的教授，刚来的第一年，由于有A总的关照，人事处等部门还给教授过了一回生日，到第二年，就没人记得教授的生日了。后来，教授走的时侯，企业连送都不送，完全看作仇人一样。教授为什么要走呢？这又透出企业的小家子气：欺负老教授刚从学校出来，不懂行情，给的工资待遇很低，教授出了几次差，跟同行们、师兄弟们一比，大怒——丢不起这个人，非走不可。企业就是这样，进的时候，难进，走的时候，把你看作叛徒，视作仇寇……

等级制度森严，压抑了人的主动性和创造力。A总为了自己的权威搞“一言堂”，搞“杀鸡儆猴”，中层干部们自然也不例外。领导们的权威是不可冒犯的，冒犯了会有苦果吃。企业的工资水平在他们所在的城市是第一位的，没人愿意丢掉饭碗，所以说话办事都极其小心，企业内小报告盛行，你说句闲话，不知什么时候就会传到领导耳朵里，有时甚至是最高领导的耳朵里，那你就要倒霉了。企业有不成文的规定：不允许与辞职人员来往。有一位同志，与从企业辞职的朋友一起到海边游泳，被人看到，报告了A总，该同志的工资被降了下来，几年里，一直不给他涨工资。一谈到什么敏感话题，在企业工作时间长一些的老员工就会神秘兮兮地说：“哎，咱不说，不说这事儿，莫谈国事，莫谈国事……”。于是，大家就都很知趣地闭上嘴巴。企业里，老员工之间少有信任，信任只是才入厂的毛孩子、大学生们之间的游戏。由此可以想象，企业对人的思想、创造力都造成了什么影响。在这种环境下，永远不可能出现像杰克·韦尔奇所说的那样的场面：遇到问题，企业里或部门里任何一个人都有权召集相关人员开会、讨论，解决问题……

过度追究责任、矫枉过正，导致扯皮推诿。A总希望大家都认真做事，所以，对不认真做事的人，也就处罚得很严厉。但是，相应的岗位设计、职能分工又不是很完善。另外，企业里琐事很多，情况也复杂，很难都落实到人，这就留下了隐患。又加上企业里有人浮于事的根子，互相推诿扯皮的事情很多，遇到事情，没人想担责任——因为担责任没什么好处，却有相当大的风险，功劳归不到你头上，出了事情，却一定有人千方百计地把责任推到你身上。这样一来，没有人愿意当冤大头！

即使品德再好的人，也难以忍受白干活儿，还得当“替罪羊”的结果。这一点在生产部门、技术部门、质检部门体现得尤为突出。企业的质量标准是这样：技术部门出检验方法、标准；生产部门按设计生产；质检部门照技术部的标准检验。一般来讲，一旦产品出问题，先找质检部门，质检部门说，我们检验的时候没问题，这是质量不稳定，应该找技术部门，是技术部的责任，或者说：“我们是按标准检验，是不是技术部的标准有问题？”。

如此一来，球儿就踢给了技术部。技术部的人更聪明，把检验标准提高再提高，一直到完美无缺，也就是生产部门的工艺水平达不到的地步，这样，他们就没问题了，安全了。生产部门干不出那么高水平的产品，只能干到一般水平，于是质检部门按照完美无缺的产品的标准，检验一般水平的产品，那肯定通不过，于是产品就开始在车间里积压，生产线中止生产，但三个部门谁也不让步。时间耽搁长了，销售部开始着急，因为延迟交货是要罚款和丢失客户的。销售人员开始多方协调，但各部门互不相让。质检部说："让我们放行，也可以，但是首先技术部要把标准降下来，我们才可以照章检验，才能放行。"技术部的人更不含糊："我们的标准没问题，标准如果降低了，出了问题，谁负责？你负得了责任？"最后，销售部不得不哀求质检部和技术部，最后终于把技术部和质检部说动了，对销售人员说："你让你们的客户出个证明吧，证明上要写明此批产品出厂后，出了质量问题，与D企业无关！如果你们客户出了这个证明，我们就放行。"最后，销售部又厚着脸皮去求客户出证明，但客户怎么可能出这种证明？（但是，确实有几次，客户看在个人的交情上，出了证明，接受了一些这种产品）。有制度如此，什么样的质量管理体系会发挥作用？说到底，制度是死的，人是活的，要搞好战略实施，战略制定、战略控制，首先要建设好企业文化。

职能部门与直线部门的关系紧张，矛盾很大。企业的业绩考评标准，最主要的考核指标是销售额，所以销售部门压力很大。同时，由于销售部门年底奖金也稍多，于是销售部门又成了一块肥肉，哪个部门照顾不到，就有可能出问题：生产部门不给你好好安排生产，你就不能按时交货，你的努力就要被毁掉，因为交货期也是质量的一个方面，顾客不满意，下次就有可能不订你的货。所以，要时不时"孝敬"生产处的头儿。车队的头儿可能告诉你：出去办事儿？没车，车都发出去了，所以车队也要"孝敬"……说到底，这种企业文化，与现代企业制度格格不入。

股票上市后，造成一种浮躁、快速致富、不劳而获的情绪。1997年底，企业股票上市，老员工们都有原始股，一夜之间，身家百万，钱就像是从天上掉下来似的。在此后的3年里，企业的股票价格连年翻番，刚上市时，每股17元，到了2000年初，那17元已经变成了240元~250元（老员工买原始股，价格是1.6元/股），一夜的暴富，影响了企业许多员工的心态——一有钱了，不再害怕失业、丢饭碗，工作自然也就松懈，做事情不踏实起来，飞扬浮躁，马马虎虎，大部分注意力都放在炒股上，能一夜暴富，为何那么努力，那么苦？这种情绪也影响了企业的技术研发、销售、质量管理……反正小活儿、细活儿都没人愿意干了……

【案例评述】

一个好端端的企业，由于在企业文化方面出了问题，最后导致满盘皆输。可惜可惜！就是这家企业，在原来总经理出问题之后，也请外部企业咨询管理公司帮其会诊。

在咨询公司针对企业中层员工所做的相关调查问卷中，相当比例（约占有30%以上的中层）的被调查者通过冷静分析发生在身边的事件，认识到文化已经不是看电影、发洗澡票的时代层次了，他们已经认同这样的观点，对一个企业来说，优秀的文化能起到以下四大作用：

一是凝聚作用。企业文化像一根纽带，把职工和企业的追求紧紧联系在一起，使每个职工产生归属感和荣誉感。企业文化的这种凝聚作用，尤其在企业危难之际和创业开拓之时更显示出巨大的力量。

二是激励作用。企业文化注重研究的是人的因素，强调尊重每一个人，相信每一个人，凡事都以职工的共同价值观念为尺度，能最大限度地激发职工的积极性和创造性。

三是协调作用。企业文化的形成使企业职工有了共同的价值观念，对很多问题的认识趋于一致，增强了他们相互之间的信任，相互的交流和沟通，使企业的各项活动更加协调。

四是约束作用。企业文化对职工行为具有无形的约束力，经过潜移默化形成了一种群体道德规范和行为准则，实现外部约束和自我约束的统一。

文化的力量还体现在：当战略与文化发生冲突时，文化恒胜；当企业文化与变革的精神不相容时，变革的努力将遭到失败。对于在企业文化的形成上起引领作用的领导者来说，不可不慎。

不过，同样的问题，当调查者将从一线员工中回收的答卷进行分析时，其开放型答案也让人仍然担心企业文化并没有深入基层员工心里。那么，这些一线员工是如何认知企业文化的呢？在问卷的回收率为46%的情形下，对于“企业文化是什么”的回答，其中主流答案为：

第一种观点，认为企业文化就是精神文明建设，就是单位党委搞的那些活动，就是党务活动搞得比较多些。

第二种观点，认为企业文化顾名思义就是企业里面的文化活动，就是各种俱乐部、诗歌竞赛、图书馆建设、歌咏比赛等，也就是工会搞的文化娱乐活动。

第三种观点，以比较专业的口气回答，企业文化就是企业的形象标志，是企业里面的策划部门搞的标识等，还有一些口号。那些是企业文化，干什么用的？骗人用的，是美化企业形象的。

还有一些人认为，企业文化第一比较虚，第二说不清楚，总而言之是领导要搞的事情，企业文化跟我们没关系。总结各种各样的答复，调查结果，认为企业文化要么是党委、要么是工会、要么是职能部门或者是领导的事情，跟员工是没有关系的。显然，这些观点都是不对的。

这些情况，都说明企业对企业文化建设的重视程度不够，宣传教育不到位，使得员工对企业文化缺乏认识，这势必影响企业的竞争力和长期发展。

企业文化建设工作任重而道远。在国内外企业界曾经流行这样一句话：“一流企业做文化，二流企业做品牌，三流企业做产品”。好像这句话经常会挂在一些企业界朋友的嘴边。不过，要真正进入这种境界可不是一朝一夕的事。将支撑企业发展的“文化因子”提炼出来，归纳整理，保留成功中的“文化基因”，应该属于一项有意义的举措。

第八章

资金活动

资金是企业运行的“血液”。为了促进企业正常组织资金活动，防范和控制资金风险，保证资金安全，提高资金使用效益，企业应当根据自身发展战略，科学确定投融资目标和规划，完善严格的资金授权、批准、审验等相关管理制度，加强资金活动的集中归口管理，明确筹资、投资、营运等各环节的职责权限和岗位分离要求，定期或不定期检查和评价资金活动情况，落实责任追究制度，确保资金安全和有效运行。

资金活动的控制，包括企业筹资、投资和资金营运等活动的内部控制。在企业资金活动中，随时随地都伴随着风险和损失的发生，至少应当关注下列类别的风险：一是筹资决策不当，引发资本结构不合理或无效融资，可能导致企业筹资成本过高或债务危机。二是投资决策失误，引发盲目扩张或丧失发展机遇，可能导致资金链断裂或资金使用效益低下。三是资金调度不合理、营运不畅，可能导致企业陷入财务困境或资金冗余。四是资金活动管控不严，可能导致资金被挪用、侵占、抽逃或遭受欺诈。

《企业内部控制应用指引第 6 号——资金活动》着力解决企业发展过程中筹资、投资和资金营运的有序运转、有度调节、有效使用问题，核心是通过资金活动的控制，形成更加有利于企业可持续发展的资金运营环境。其主要内容包括：制定指引的必要性和依据，资金活动的核心内涵、资金活动过程中应关注的主要风险、总体控制要求，以及筹资、投资和资金营运控制等，分四章共二十一条。

第一节 筹资控制

筹资活动是指企业为了满足生存和发展的需要，通过改变企业资本及债务规模和构成而筹集资金的活动，主要由负债交易和股东权益交易组成。筹资活动的特点是交易事项的频率较少，但每笔交易的金额较大。

纵观市场经济背景下企业筹资领域的种种表现，可谓“景色各有不同”，有的企业能够及时得到资金，又能够用好资金，企业因此日益发展壮大，而有的企业因为盲目筹资，缺乏完善的筹资控制，致使所筹资金没有发挥其应有的作用，不仅没有解决企业的资金需求，反而使企业背上沉重的还债包袱，甚至破产。所以，企业至少应当关注涉及筹资活动的下列风险：筹资活动违反国家法律法规，可能遭受外部处罚、经济损失和信誉损失；筹资活动未经适当审批或超越授权审批，可能因重大差错、舞弊、欺诈而导致损失；筹资决策失误，可能造成企业资金不足、冗余或债务结构不合理；债务过高和资金调度不当，可能导致企业不能按期偿付债务；筹资记录错误或会计处理不正确，可能造成债务和筹资成本信息不真实。

企业筹资控制就是为了确保筹资活动按照既定的业务流程和授权制度正常进行，有效防止、及时发现和纠正筹资活动过程中可能存在的各种差错和舞弊行为。筹资控制不仅对筹资活动本身具有重要意义，而且对企业经营发展战略的实现也具有非常重要的意义。

一、筹资控制的内容

筹资控制的主要内容包括：筹资计划和审批的内部控制、筹资合同或筹资协议的内部控制、债券和股票签发的内部控制、债券和股票发行的内部控制、债券和股票保管的内部控制、利息支付的内部控制、股利发放的内部控制、取得所筹集的资金和使用资金的内部控制、会计核算控制、筹资业务监督检查等内容。

（一）筹资计划和审批的控制

筹资业务虽然在大多数企业中发生的次数较少，但其一旦发生，对企业的财务状况就会有很大的影响。因此，在筹资业务发生前即对其进行有效的控制往往被认为是一个重要的环节。董事会在事先应批准授权一名负责筹资业务的高级管理人员，通常是财会部门负责人，将其应负的责任予以明确。如果筹资计划是由财会部门负责人授权其他职员拟订的，则其必须对最后的审定负责。筹资计划必须提交董事会审批。一般来说筹资计划应做到以下四点：

1. 权衡筹资总体得失。综合考虑筹资产生的总收益与总成本是一个基本出发点。在筹资决策中首先考虑的是企业是否真正需要筹资，筹资完成后资金的使用效果如何。筹资是要花费代价的，这些代价就是在筹资过程中发生的资本成本，如负债筹资的利息费用，或者股权筹资中支付的股利或分配的利润。此外，筹资还可能发生较高的筹资费用和不确定的风险成本。因此，只有经过深入分析，确信所筹集资金预期的总收益大于筹资总成本时，才有必要考虑筹资。

2. 合理确定筹资规模。企业在进行筹资决策时要根据企业对资金的需要、企业自身的实际条件以及筹资的难易程度和成本情况，量力而行地确定合理的筹资规模。在实际操作中，企业确定筹资规模一般可使用经验法和财务分析法。经验法是指企业在确定筹资规模时，首先要根据企业内部筹资与外部筹资的不同性质，优先考虑企业自有资金，然后再考虑外部筹资。财务分析是指通过对企业财务报表的分析，判断企业的财务状况与经营管理情况，从而确定合理的筹资规模。

3. 选择最佳筹资机会。企业选择筹资机会的过程，就是企业寻求与企业内部条件相适应的外部环境的过程。为此，企业要能够及时掌握国内和国外利率、汇率等金融市场的各种信息，了解国内外宏观经济形势、国家货币及财政政策以及国内外政治环境等各种外部因素，同时考虑具体筹资方式的特点，并结合企业自身的实际情况，寻求企业最佳筹资时机。

4. 科学制定最佳筹资期限。企业在短期筹资和长期筹资两种方式之间进行权衡时，做何种选择，主要取决于筹资的用途和筹资人的风险偏好。从资金用途上看，如果筹资是用于企业流动资产，宜选择各种短期筹资方式，如商业信用、短期贷款等；如果筹资是用于长期投资或购置固定资产，则适宜选择各种长期筹资方式。从风险性偏好角度来看，有中庸型、激进型和稳健型三种类型。中庸型筹资的原则是，企业对流动性资产采用短期筹资的方式筹资，对永久性资产则采用长期筹资的方式筹资。激进型筹资的原则是，企业用长期资金来满足部分永久性资产对资金的需求，余下的永久性资产和全部流动性资产都靠短期资金来融通。稳健型筹资的原则是，企业不但用长期资金融通永久性资产，还融通一部分甚至全部流动性资产。

筹资管理人员的筹资计划应经过董事会的审批，董事会会同法律顾问和财务顾问审核筹资计划的合理性和可行性。如果同意筹资计划，董事会应授权财会部门负责人策划具体的筹资事项，包括拟定债券或股票的发行合同条款，确定债券的面值、利率以及利息发放方式和时间、股票的面值，确定债券或股票的代理发行机构等，具体筹资事项拟定后，董事会应逐项审核和确认。董事会的审核结果应进行书面记录，这一方面是控制程序的需要，另一方面，董事会纪要也是证券监督管理委员会要求呈报的资料之一。

(二) 筹资合同协议的控制

企业在作出决策筹资、落实了出资机构之后，就应该及时与这些机构签订筹资合同或筹资协议。企业向银行或其他金融机构借款，必须与这些机构签订借款合同；若发行有价证券，则需要签订证券承销或包销合同或协议。筹资企业必须按照国家有关法律和法规的具体要求，与各出资企业签订详细的、完整的、合法的筹资合同或筹资协议。

(三) 债券和股票的控制

1. 签发环节的控制。经董事会审核批准发行的债券或股票在正式发行前，还需经董事会指定的高级管理人员签字，且签字的形式往往采取会签制度，即必须有两个以上的高级管理人员共同签发。每一位被授权签发债券或股票的管理人员，应仔细检查将发行的债券或股票是否和董事会所核准的相一致，各种应办理的手续和文件是否齐全。这一控制实际上是在债券或股票正式发行前，防止发生错误或弊端的最后审核环节。得到所有指定签发人的签字后，债券或股票才能正式发行。

2. 发行环节的控制。债券筹资的金额往往比较大，其推销过程有时会延续较长的时间，对于信誉并非卓著的企业来讲尤其如此。同时，推销债券还需要专门的技巧和经验。因此，企业应委托有一定资信的银行、信托投资企业、证券交易商来代理发行债券。事实上，有些债券的发行也受到政府法令的限制，不允许自行推销。

委托独立的代理机构发行债券，通常是为顺利地达到筹资的目的。因为大银行或信托投资企业资本雄厚，在其能获得一定利润的情况下，经常能包销发行企业的全部或大部分债券。这将有利于发行企业的内部控制。因为对一笔交易的控制往往比对在一段时间内分批交易和小额交易的控制更为简单、容易和有效。即使代理机构发行债券的形式不是包销而是代销，由于它们信誉较高、拥有专业人员和设施、与投资人委托的经纪人或交易商有一定的业务交往，代销也能有效的进行。

从内部控制的要求来讲，委托独立的代理机构发行债券，往往有助于揭示发行企业在筹资业务中因疏忽产生的错误、与有关法令或举债一般应遵循的义务相悖的做法，以及筹资业务中的不当行为。因为代理机构对其本身的行为负有一定的法律责任，所以它将严格地审查发行企业提交的财务报告、在政府部门登记注册的证明以及所承诺的各种义务等。代理机构将在债券发行后，检查发行企业所保持的营运资本、偿债基金的设置及提取等情况。债券代理发行机构的这些活动，从外部协助了债券发行企业内部控制制度的有效执行。这些服务使股票发行企业能较快地实现其筹资目标。同时，由独立机构负责股票发行和过户等交易事宜，可使发行企业职责分离的内部控制延伸到企业外部，而这种控制的结果往往是令人满意的，因为一项经济活动能够由两个经济实体来共同处理，控制的有效性将大大加强。

3. 保管环节的控制。由于债券或股票在法律上代表了债权人或股东对企业资产拥有的权利，同时由于它们和其他证券一样，具有相当强的流通性。特别是息票债券，因其可以自由流通，无论是债券代理机构或发行企业，一般均不保留债券持有人的名单，但对它们的实物控制应当像库存现金那样受到重视。

为了加强控制，对于核准后且已印刷好但尚未发行的股票、债券，应当委托独立的机构代为保管。这是限制性接触控制最为有效的方法。它不仅可避免企业内部人员有机会接触证券，同时由于独立的银行或信托企业有专门的保管设备和接触控制程序，证券的保存也更为安全。负责证券签发的人员在证券签发后，应会同银行或信托投资企业指派的人员一起亲自监督对证券的加封，并且与该指派人员共同在交接单上签字。企业应设置股票登记簿和证券登记簿，按照交接单上载明的名称、数量、编号、面值、交接日期和人员等记录以及存放于银行或信托企业的证券情况予以登记。企业内部审计人员应定期根据证券登记簿的记录同银行或信托企业进行核对。

如果自行保管未发行的企业债券，应指定专人存放于保险箱中保管，并详细记录股票登记簿和债券登记簿。保管人不能同时负责证券发行、现金收入和账簿记录工作，对该部分证券未交独立发行机构发行之前，被授权职员不得签字，企业内部审计人员必须定期清点在库的证券。清点记录应同证券登记簿核对。

对到期收回的债券，必须于归还本金的同时，戳盖作废记录或注销的记号。在该类债券全部收回后，由财会部门负责人、内部审计人员、债券保管人等组成的小组，应按顺序号清点所有债券，在确认无缺号债券或对缺号债券的原因作调查后，填写包括债券名称、数量、编号、面值、销毁日期等内容的销毁证书，并当场销毁所有证券，防止债券被不合法地再次使用。

（四）资金使用的控制

企业应该及时取得银行或金融机构划入的款项，及时收取发行股票和债券所筹集的资金，严格控制资金的实际投向。企业对于所筹集的资金，应该按照筹资计划的要求合理使用。一般情况下，企业不得任意改变筹资用途，如因特殊原因需要改变用途的，必须经过企业最高管理机构集体决策，并按照有关规定和程序进行公开披露。在资金的使用过程中，应当加强控制，提高资金利用率。

（五）利息支付的控制

支付利息是发行债券所承诺的保证。如果违反诺言，必将造成债务的加速到期，给企业财务状况带来严重影响。因此，企业应指定专人对不同债券支付利息的日期分别在利息支付备忘录上予以记载，防止可能发生的违约事件，同时这一制度对于企业在利息支付日前筹备一定数量的现金也能起到保证作用。对于应付长期票据，受息人可能只有一个或少数几个，因而内部控制制度就比较简单。负责利息支出业务的职员，应根据票据面值和利率，计算应付的利息，在得到其他职员的复核和被授权人审核批准后，即可支付利息。其控制程序同其他的现金付款相同。

企业债券的受息人较多，企业可将到期应支付的利息总额，开出单张支票，委托独立的机构代为发放。这一制度可减少支票签发的次数，防止有人超发或贪污债券利息的弊端，从而达到有效控制利息支付的目的。企业应明确代理机构的控制责任，并获取其定期的报告。企业债券发行企业应以代理机构交来的利息支付清单作为企业已支付利息的原始凭证。该清单上记载的持票人姓名和利息支付金额，应同企业计算的利息总额及开出支票的金额相核对。利息支付清单上的金额与划拨支票上金额之间的差额，大多为债券持有人未领的利息，或代理机构邮寄利息支票后因某种原因被退回的利息。在法定利息支付期满后，代理机构应将该差额退回发行企业，发行企业应监督该差额的退回。

（六）股利发放的控制

需发放的股利属于留存收益的范围，它的发放取决于本年度净收益，以前年度留存收益、现金余额以及企业对未来经营发展的规划。所以对股利发放的控制制度应规定股利的发放必须由董事会决定。董事会应根据法律的规定范围、企业章程和企业当年实现的净收益等情况，表决通过是否发放股利、股利发放的时间和形式以及每股的股利数。没有董事会有关发放股利的决议，不得发放股利。这项控制可避免不恰当的股利发放给企业未来经营发展带来的困难。

股利的支付有企业自行办理或委托代理机构办理两种形式。从控制的有效性来讲，选择后一种方式更为明智，它可减少发放股利时发生欺诈舞弊或错误的可能性。因为发行企业除向代理机构签发一张应付股利总额的支票之外，不再接触大量的、向每位股东签发的支票。企业的责任在于核对代理机构支付股利后所编制的详细支付清单，并在会计记录上进行控制。如果企业自行办理支付股利，首先，应根据发行在外的股份总数和董事会宣布的每股收益，确定应发放股利的总额；其次，根据股东明细账上记载的每位股东股份持有数和每股收益，计算每位股东应得的股利，并开列股利支付清单，按每一股东填制股利支票，支票上应列明收款人姓名和金额，严禁无收款人支票，股利支付清单编制人应同支票填制人在职务上分离；再次，财会部门负责人或其他被授权签发支票的职员，应将所有需签字支票的金额合计数同确定的应付股利总额相核对，并检查是否存在无收款人姓名的支票，核对无误后，才能在每张支票上签字。签字后的支票，应指派专人直接向股东邮寄或递交，不得交回支票填写人。邮局或股东开具的收据应予以编号保存，并应受到内部审计人员的检查。对于从邮局退回或无法递交的支票，应及时加盖作废的戳记，以防被非法利用。

（七）会计核算的控制

企业应当按照国家统一的会计准则制度的要求，做好筹资活动的会计核算。会计核算控制的内容主要有以下三点：

1. 正确设置有关会计账户，进行会计核算。除了正确设置总账之外，在筹资活动的会计核算中，重点是加强对有关备查账簿的控制。

（1）为了有效地控制发行在外的债券，发行记名企业债券的企业应在债券存根簿（应付债券的备查账簿）上详细记载债券持有人的姓名或名称、住所，债券持有人取得债券的日期，以及债券的编号、债券总额、债券的票面金额；发行无记名债券的企业应在企业的债券存根簿上记载债券总额、利率、偿还期限和方式、发行日期和债券的编号等。

（2）为了有效地控制发行在外的股票，企业应当设置股东明细账及股东登记簿。发行记名股票的企业应当在股票登记簿上详细记载股东的名称及住所、各股东所持股份的数量、各股东所持股票的编号、各股东取得股票的日期等；发行无记名股票的企业，应该在股东登记簿上详细记载股票的数量、股票的编号及发行日期。各企业要定期将股本总账和股东明细账、应付债券总账与应付债券备查账簿进行核对，确保会计记录准确无误。

2. 合理地摊销债券的溢价或折价。长期债券溢价和折价的会计处理相对复杂，各企业应当按照会计制度的有关规定确保溢价和折价摊销的正确性。首先应正确选择溢价和折价的摊销方法。在账务处理上，每期的溢价或折价是对债券应计利息的扣除或追加，因此，每期的利息支出应为“应计利息”与溢价摊销额之差或者“应计利息”与折价摊销额之和。

3. 正确地计提和恰当地支付利息或股利。债权人和股东进行投资的目的是及时、恰当地获取投资收益，即利息和股利。企业只有及时、恰当地计算和支付利息和股利，才能取得良好的信誉，保持筹资的优势。企业筹资业务的内部控制制度应当保证利息的正确计算。对于大额的利息支出，应该按权责发生制的原则，采用预先计提的方式进行处理。股利的支付，既要满足股东的利益，又要符合企业发展的需要。

二、筹资控制的流程

筹资活动的风险主要表现为筹资决策与筹资偿付两个阶段，其相应的控制流程可描绘如图 8－1 所示。

三、筹资控制关键点

企业在建立与实施筹资活动内部控制的过程中，至少应当强化对下列关键方面或者关键环节的控制：在职责分工、权限范围和审批程序方面，应当明确规范，机构设置和人员配备应当科学合理；在筹资决策、执行与偿付等环节，控制流程应当清晰合理，筹资方案的拟订与审批、筹资合同协议的审核和签订、筹集资金的收取与使用、还本付息的审批与办理等应当有明确规定；在筹资活动的确认、计量和报告方面，应当符合国家统一的会计准则制度的规定。现强调分析以下几个关键控制点：

（一）岗位分工与授权控制

筹资并不是多多益善，也是需要理性分析并严格控制的。因此，从岗位与流程诸方面都需要密切关注：

1. 企业应当建立筹资业务的岗位责任制，明确有关部门和岗位的职责、权限，确保办理筹资业务的不相容岗位相互分离、制约和监督。同一部门或个人不得办理筹资业务的全过程。筹资业务的不相容岗位至少包括：筹资方案的拟订与决策、筹资合同或协议的审批与订立、与筹资有关的各种款项偿付的审批与执行、筹资业务的执行与相关会计记录。

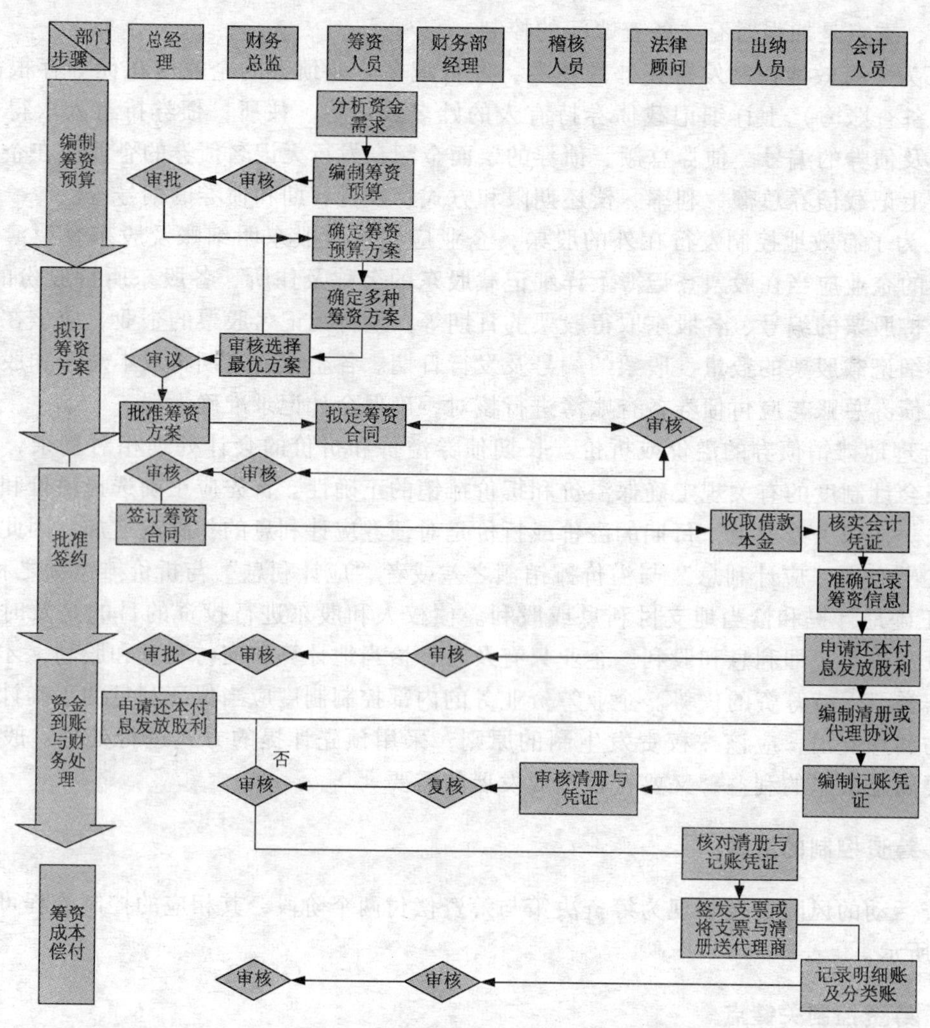

图 8－1 筹资业务控制流程图

2. 企业应当配备合格的人员办理筹资业务。办理筹资业务的人员应具备必要的筹资业务专业知识和良好的职业道德，熟悉国家有关法律法规、相关国际惯例及金融业务。企业应当对筹资业务建立严格的授权批准制度，明确授权批准方式、程序和相关控制措施，规定审批人的权限、责任以及经办人的职责范围和工作要求。

3. 企业应当制定筹资业务流程，明确筹资决策、执行、偿付等环节的内部控制要求，并设置相应的记录或凭证，如实记载各环节业务的开展情况，确保筹资全过程得到有效控制。

4. 企业应当建立筹资决策、审批过程的书面记录制度以及有关合同或协议、收款凭证、支付凭证等资料的存档、保管和调用制度，加强对与筹资业务有关的各种文件和凭据的管理，明确相关人员的职责权限。

（二）筹资决策控制点

企业拟订的筹资方案应当符合国家有关法律法规、政策和企业筹资预算要求，明确筹资规模、筹资用途、筹资结构、筹资方式和筹资对象，并对筹资时机选择、预计筹资成本、潜在筹资风险和具体应对措施以及偿债计划等作出安排和说明。企业拟订筹资方案，应当考虑企业经营范围、投资项目的未来效益、目标债务结构、可接受的资金成本水平和偿付能力。

企业对重大筹资方案应当进行风险评估，形成评估报告，报董事会或股东大会审批。评估报告应当全面反映评估人员的意见，并由所有评估人员签章。未经风险评估的方案不能进行筹资。企业应当拟定多个筹资方案，综合考虑筹资成本和风险评估等因素，对方案进行比较分析后，履行相应的审批程序后，确定最终的筹资方案。

1. 梳理筹资风险。筹资风险主要表现在：如债务规模过大，利率过高，则会导致筹资成本费用过高。在市场经济条件下，市场行情瞬息万变，企业竞争日益激烈，容易导致决策失误，管理措施失当，从而使得筹集资金的使用效益具有很大的不确定性。

2. 应对筹资风险。企业应建立有效的风险防范机制。企业必须立足市场，建立一套完善的风险预防机制和财务信息网络，及时地对财务风险进行预测和防范，制定适合企业实际情况的风险规避方案，通过合理的筹资结构来分散风险。如通过控制经营风险来减少筹资风险，充分利用财务杠杆原理来控制投资风险，使企业按市场需要组织生产经营，及时调整产品结构，不断提高企业的盈利水平，避免由于决策失误造成财务危机，把风险减少到最低限度。

3. 拟定筹资决策方案。

（1）确定适度的负债数额。为了在获取财务杠杆利益的同时避免筹资风险，企业一定要做到适度负债经营。企业负债经营是否适度，是指企业的资金结构是否合理，即企业负债比率是否与企业的具体情况相适应，以实现风险与报酬的最优组合。在实际工作中，如何选择最优化的资金结构，是复杂和困难的，对一些生产经营状况良好，产品适销对路，资金周转快的企业，负债比率可以适当高些；对于经营不够理想，产销不畅，资金周转缓慢的企业，其负债比率应适当降低，否则就会使企业在原来商业风险的基础上，又增加了筹资风险。企业还应根据自己的实际情况，制定负债计划。企业应根据一定的资产数额，按照需要与可能安排适量的负债。同时，还应根据负债的情况制定出还款计划。如果举债不当，经营不善，到了偿还日无法偿还到期债务，企业信誉就会受到影响。因此，企业利用负债经营加速发展，就必须从加强管理、加速资金周转上下功夫，努力降低资金占用额，尽力缩短生产周期，提高产销率，降低应收账款，增强对风险的防范意识，在充分考虑影响负债各项因素的基础上，谨慎负债。虽然适度举债是企业发展的必要途径，但必须以自有资金为基础，如资本结构中债务资本过大，必然造成恶性循环。同时，企业偿债能力强弱是对负债经营最敏感的指标，偿债能力即企业拥有现金的多少或其资产变现能力的强弱；债务资本在各项目之间的配置合理程度，从偿债能力看，负债比率越低，企业偿债能力越强，但未必合理，如企业借款利率小于利润率。企业应充分利用负债经营的好处，不同产业的负债经营合理程度是不一样的。在制定负债计划的同时须制定出还款计划，使其具有一定的还款保证，企业负债后的速动比率不宜低于1∶1，流动比率应保持在2∶1左右的安全区域。

（2）因地制宜地确定资本结构。合理安排主权资本与借入资本的比例，降低资本成本，也就是选择合适的筹资组合。企业在经营过程中，要根据所处的行业特点和自身情况，确定合理的资产负债结构。在企业的资产负债结构上，保持适当的短期变现能力（如流动比率和速动比率）和长期偿债能力（如资产负债率和产权比率），可以提高企业的市场竞争力，提高企业抵抗筹资风险的能力。改善企业的资产负债结构，主要应该动态地监控资产负债率、流动比率、速动比率等反映企业偿债能力的财务指标，确定最佳负债结构。在实际工作中，如何选择最优的资产负债结构，合理确定自有资金和借入资金的比例，是非常复杂和困难的。对一些生产经营好、产品适销对路、资金周转快的企业，负债比率可以适当高些；对于经营不理想、产销不畅、资金周转缓慢的企业，其负债比率应适当低些，否则就会使企业在原来经营风险的基础上，又增加过多的筹资风险。

（3）选择合适的银行。企业在选择负债筹资方式时，也要对具体银行作出选择。通常，应选择那些愿意承担风险，勇于开拓，肯为企业分析潜在财务问题，有着良好的服务，乐于为具有发展潜力的企业发放贷款，在企业有困难时帮助其渡过难关的银行。同时，要关注银行的专业化程度，选择那些拥有丰富专业化贷款经验的银行进行合作，并尽量保证所选银行的稳定性，使企业的借款不至于中途发生变故。

（三）筹资执行控制点

1. 对筹资执行控制的要求。企业应当建立筹资决策执行环节的控制制度，对筹资合同协议的订立与审核、资产的收取等作出明确规定。

2. 筹资执行的具体控制。

（1）对筹资合同或协议的相关控制。企业应当根据经批准的筹资方案，按照规定程序与筹资对象，与中介机构订立筹资合同或协议。企业相关部门或人员应当对筹资合同或协议的合法性、合理性、完整性进行审核，审核情况和意见应有完整的书面记录。

企业筹资通过证券经营机构承销或包销企业债券或股票的，应当选择具备规定资质和资信良好的证券经营机构，并与该机构签订正式的承销或包销合同或协议。

（2）对资产取得及筹资费用的相关控制。企业应当按照筹资合同或协议的约定及时足额取得相关资产。企业取得货币性资产，应当按实有数额及时入账。企业取得非货币性资产，应当根据合理确定的价值及时进行会计记录，并办理有关财产转移手续。对需要进行评估的资产，应当聘请有资质的中介机构及时进行评估。企业应当加强对筹资费用的计算、核对工作，确保筹资费用符合筹资合同或协议的规定。企业应当结合偿债能力、资金结构等，保持合理的现金流量，确保及时、足额偿还到期本金、利息或已宣告发放的现金股利等。

（3）对筹集资金的使用控制。企业应当按照筹资方案所规定的用途使用对外筹集的资金。由于市场环境变化等特殊情况导致确需改变资金用途的，应当履行审批手续，并对审批过程进行完整的书面记录。严禁擅自改变资金用途。

企业应建立持续符合筹资合同协议条款的控制制度，其中应包括预算不符合条款要求的预警和调整制度。

（四）筹资偿付控制点

筹资偿付控制是一个重要环节，企业应当指定财会部门严格按照筹资合同或协议规定的本金、利率、期限及币种计算利息和租金，经有关人员审核确认后，与债权人进行核对。本金与应付利息必须和债权人定期对账。如有不符，应查明原因，按规定及时处理。企业支付筹资利息、股息、租金等，应当履行审批手续，经授权人员批准后方可支付。企业通过向银行等金融机构举借债务筹资，其利息的支付方式也可按照双方在合同协议、协议中约定的方式办理。

同时，授权审批是企业内部控制制度中一项非常重要的环节。在筹资偿还过程中，对于偿付资金利息、股息等金额以及款项的支付都是必须经过授权人员批准的，以保证资金使用安全和款项按期偿付。

四、筹资控制的案例

成败案析

筹资控制：制度如何，你我都来审议①

【案情扫描】

本案例通过全面检视一家企业在筹资控制方面的实用制度，分析其制度安排的合理性与严密性。

××省××股份有限企业的筹资内部控制制度

（一）总则

第一条 为了加强对××省××股份有限企业（以下简称本企业或企业）筹资活动的内部控制，保证筹资活动的合法性和效益性，根据《中华人民共和国会计法》等相关法律法规，结合本企业的实际情况制定本制度。

第二条 本制度所称筹资是指本企业通过借款、发行企业债券和股票三种方式取得货币资金的行为。

第三条 企业筹措资金应比较各种资金筹措方式的优劣和筹资成本的多少，要讲求最佳资本结构，确定所需资金如何筹措。

第四条 筹资业务的授权人和执行人、会计记录人之间应相互分离。

第五条 重大筹资活动必须由独立于审批人之外的人员审核并提出意见，必要时可聘请外部顾问。

（二）分工及授权

第六条 本企业的筹资活动集中在企业总部进行。2 000 万元以上的借款计划由本企业董事会或股东大会审议批准，500 万～2 000 万元的借款计划由本企业总经理班子集体审批，500 万元以下的借款计划由本企业主管财务工作的总经理班子成员审批；发行企业债券或股票由企业董事会审议通过后，提请股东大会以特别决议的形式批准。

债券或股票的回购必须获得董事会的授权和股东大会批准。

第七条 与借款有关的主要业务活动由企业财务部负责具体办理；与发行企业债券、股票有关的主要业务活动由企业证券部和财务部分别在各自的职责范围内具体办理，如有必要，也可由企业总部指定其他相关部门提供协助。

① 本案例素材取自迅达商务资料网，http：//www.57l.com/zl/44/47/zl_list20677.html。

第八条 财务部、证券部应指定专人负责保管与筹资活动有关的文件、合同、协议、契约等相关资料。

（三）实施与执行

第九条 在实施筹资计划之前，为了避免盲目筹资，要对筹资的效益可行性进行分析论证，确保筹资活动的效益性；要合理确定筹资规模和筹资结构，选择最佳的筹资方式，降低筹资成本，并严格根据有关法律法规依法筹资，确保筹资活动的合法性。

第十条 借款方案（包括贷款额、贷款方式、结构及可行性报告等资料）由财务部以书面的形式提出，经有权机构或人员批准后，由财务部出面与金融机构联系、洽谈，达成借款意向，签订借款合同或协议，办理借款手续，直至取得资金。

第十一条 发行企业债券或股票由证券部起草方案，经董事会、股东大会授权并取得有关政府部门的批准文件后，证券部和财务部在各自职责范围内整理发行材料，由证券部负责联络中介机构，与券商签订债券承销协议或股票承销协议，直至发行完毕取得资金。

不得由一个人办理筹资业务的全部过程。

发行企业债券，应设立企业债券存根簿，用以记载以下内容：如发行记名债券，应记载债券持有人的姓名或名称及住所；债券持有人取得债券的日期及债券的编号；债券总额、债券的票面金额、债券的利率、债券还本付息的期限和方式；债券的发行日期。如发行无记名债券，应记载债券总额、利率、偿还期限和方式、发行日期和债券编号。

未发行的债券必须由专人负责保管。

保存债券持有人的明细资料，应同总分类账核对相符，如由外部机构保存，需定期与外部机构核对。

发行股票应设立股东名册。发行记名股票，股东名册应记载以下内容：股东的姓名或名称及住所；各股东所持股份数；各股东所持股票的编号；各股东取得其股份的日期。发行无记名股票，应记载股票数量、编号及发行日期。

第十二条 有关筹资合同、协议或决议等法律文件必须经有权批准筹资业务的人员在各自的批准权限内批准。企业应授权有关人员或聘请外部专家对重要的上述文件进行审核，提出意见，以备批准决策时参考。

第十三条 财务部要加强审查筹资业务各环节所涉及的各类原始凭证的真实性、合法性、准确性和完整性。

第十四条 财务部要按照有关会计制度的规定设置核算筹资业务的会计科目，通过设置规范的会计科目，按会计制度的规定对筹资业务进行核算，详尽记录筹资业务的整个过程，实施筹资业务的会计核算监督，从而有效地担负起核算和监督的会计责任。

第十五条 筹措资金到付后，必须对筹措资金使用的全过程进行有效控制和监督。首先，筹措资金要严格按筹资计划拟定的用途和预算进行使用，确有必要改变筹措资金的用途或预算，必须事先获得批准该筹资计划的批准机构或人员的批准后才能改变资金的用途或预算；其次，对资金使用项目进行严格的会计控制，确保筹措资金的合理、有效使用，防止筹措资金被挤占、挪用、挥霍浪费，具体措施包括对资金支付设定批准权限，审查资金使用的合法性、真实性、有效性，对资金项目进行严格的预算控制，将资金实际开支控制在预算范围之内；再次，投资项目建成后要及时进行验收，验收合格后方可正式投入使用。

第十六条 财会部门要通过有关凭证和账簿，随时掌握各项需归还的筹措资金的借款时间、币种、金额及来源等内容，了解有关方面的权利、责任、义务，及时计算利息或股利，按时偿还借款或债券本息，根据股东大会决议及时发放股利，给债权人和股东留下良好的信用形象。

第十七条 偿还企业债券应根据董事会的授权办理。

发生借款或债券逾期不能归还的情况时，财会部门应报告不能按期归还借款的原因，必要时提请企业最高经理层关注资金状况，并及时与债权人协商，通报有关情况，申请展期。

（四）监督检查

第十八条 筹资活动由内部审计人员行使监督检查权。

第十九条 筹资活动监督检查的内容主要包括：

1. 筹资业务相关岗位及人员的设置情况。重点检查是否存在一人办理筹资业务全过程的现象。

2. 筹资业务授权批准制度的执行情况。重点检查筹资业务的授权批准手续是否健全，是否存在越权审批行为。

3. 筹资计划的合法性。重点检查是否存在非法筹资的现象。

4. 筹资活动有关的批准文件、合同、契约、协议等相关法律文件的保管情况。重点检查相关法律文件的存放是否整齐有序以及是否完整无缺。

5. 筹资业务核算情况。重点检查原始凭证是否真实、合法、准确、完整，会计科目运用是否正确，会计核算是否准确、完整。

6. 所筹资金使用情况。重点检查是否按计划使用筹集资金，是否存在铺张浪费的现象。

7. 所筹资金归还的情况。重点检查批准归还所筹资金的权限是否恰当以及是否存在逾期不还又不及时办理展期手续的现象。

第二十条 内部审计人员对监督检查过程中发现的筹资活动内部控制中的薄弱环节，应要求被检查企业纠正和完善，发现重大问题应写出书面检查报告，向有关领导和部门汇报，以便及时采取措施，加以纠正和完善。

第二十一条 本制度自公布之日起生效，由本企业董事会负责解释。

××省××股份有限企业董事会

【案例评述】

这是××省××股份有限企业关于筹资的内部控制制度，可以说是比较典型的一项案例。该筹资内部控制制度也是比较完整的，在（一）总则中首先明确了筹资活动的定义，随后概括了有关筹资活动最主要的几项内部控制制度，包括不相容职位的分离、授权审批以及筹措资金的决策控制，并分节具体列示了有关内部控制的实施细则：

1. 分工及授权。这就是我们上一节关键内部控制中重点讲述的“企业应当建立筹资业务的岗位责任制，明确有关部门和岗位的职责、权限，确保办理筹资业务的不相容岗位相互分离、制约和监督。同一部门或个人不得办理筹资业务的全过程”。企业对此的规定是“与借款有关的主要业务活动由企业财务部负责具体办理；与发行企业债券、股票有关的主要业务活动由企业证券部和财务部分别在各自的职责范围内具体办理，如有必要，也可由企业总部指定其他相关部门提供协助”。这里明确规定了不同部门人员在自己的权限范围内办理各自的筹资业务，如果需要其他相关部门协助，则必须有企业总部指定，如此保证了部门职责的分离，以便相互制约。另外还制定了分明的层级审批制度：“本企业的筹资活动集中在企业总部进行。2 000 万元以上的借款计划由本企业董事会或股东大会审议批准，500 万~2 000 万元的借款计划由本企业总经理班子集体审批，500 万元以下的借款计划由本企业主管财务工作的总经理班子成员审批；发行企业债券或股票由企业董事会审议通过后，提请股东大会以特别决议的形式批准”。这就明确了授权的范围、授权的层次以及授权的职责，可以有效避免授权责任不清、越级审批和违规审批等情况的发生。此外还规定“财务部、证券部应指定专人负责保管与筹资活动有关的文件、合同、协议、契约等相关资料”。相关部门的专人保管就保证了筹资业务相关资料文件的保管安全，也相应避免了其他人员接触资料带来的不安全隐患。

2. 实施与执行。此案例中对于筹资实施与执行的控制与本规范中筹资决策的控制、执行的控制以及偿付的控制相对应。我们可以看到（三）第九条的规定：“在实施筹资计划之前，为了避免盲目筹资，要对筹资的效益可行性进行分析论证，确保筹资活动的效益性；要合理确定筹资规模和筹资结构，选择最佳的筹资方式，降低筹资成本，并严格根据有关法律法规依法筹资，确保筹资活动的合法性”。如此是在充分考虑筹资风险的情况下，对筹资活动进行决策，可见企业此项内部控制是非常合理的，兼顾了资本结构和筹资成本效益的问题，并严格遵守国家有关法律法规的规定，同时也符合本规范对风险评估的要求：“企业拟订的筹资方案应当符合国家有关法律法规、政策和企业筹资预算要求，明确筹资规模、筹资用途、筹资结构、筹资方式和筹资对象，并对筹资时机选择、预计筹资成本、潜在筹资风险和具体应对措施以及偿债计划等作出安排和说明。企业拟订筹资方案，应当考虑企业经营范围、投资项目的未来效益、目标债务结构、可接受的资金成本水平和偿付能力。”这里对筹资业务具体执行方面的控制规定非常详细，当然这主要是与企业的发展进程有关，其中规定了借款筹资和债券、股票筹资的不同执行方案，“借款方案（包括贷款额、贷款方式、结构及可行性报告等资料）由财务部以书面的形式提出，经有权机构或人员批准后，由财务部出面与金融机构联系、洽谈，达成借款意向，签订借款合同或协议，办理借款手续，直至取得资金。发行企业债券或股票由证券部起草方案，经董事会、股东大会授权并取得有关政府部门的批准文件后，证券部和财务部在各自职责范围内整理发行材料，由证券部负责联络中介机构，与券商签订债券承销协议或股票承销协议，直至发行完毕取得资金。”同时还规定了如何设置与筹资相关的记录，包括债券存根簿、债权人明细资料和股东名册等，以及规范了与筹资相关的财务处理系统“财务部要加强审查筹资业务各环节所涉及的各类原始凭证的真实性、合法性、准确性和完整性。财务部要按照有关会计制度的规定设置核算筹资业务的会计科目，通过设置规范的会计科目，按会计制度的规定对筹资业务进行核算，详尽记录筹资业务的整个过程，实施筹资业务的会计核算监督，从而有效地担负起核算和监督的会计责任”。

第二节　投资控制

所谓投资，既包括企业围绕自身主业或相关业务所进行的股权投资，也包括企业实际发生的股票投资或其他金融投资。股权投资则是指对子公司投资、对联营企业投资和对合营企业投资及投资企业持有的对被投资企业不具有共同控制或重大影响，并且在活跃市场中没有报价、公允价值不能可靠计量的权益性投资。

对于企业来说，通常至少应当关注涉及投资业务的下列风险：一是投资行为违反国家法律法规，可能遭受外部处罚、经济损失和信誉损失；二是投资业务未经适当审批或超越授权审批，可能因重大差错、舞弊、欺诈而导致损失；三是投资项目未经科学、严密的评估和论证，可能因决策失误导致重大损失；四是投资项目执行缺乏有效的管理，可能因不能保障投资安全和投资收益而导致损失；五是投资项目处置的决策与执行不当，可能导致权益受损。

强化对投资的控制，目标可以归结为经营目标、财务目标和合规目标三类，其中，经营目标主要是通过规范对外股权投资业务流程，确保投资业务按规定程序和适当授权进行，实现预期投资目标；财务目标主要是确保投资业务会计核算真实、准确、规范，防止出现差错和舞弊，保证财务报表合理揭示投资成本及其收益；合规目标则主要是确保投资业务符合我国的会计准则、会计制度以及与投资有关的法律、法规以及企业的规定。

一、投资控制的内容

投资的控制，应该从股权投资预算、投资计划、取得权益、持有投资、投资处置、账务处理、信息披露等方面进行全程控制。

（一）投资预算的控制

企业应对投资业务实行预算控制。预算控制是内部控制的一个重要方面，加强投资预算的控制作业，可以使投资计划书的编制有据可依，可以加强对各部门投资预算的控制，有助于有效实施企业的投资战略，有助于使投资业务部门所制定的投资决策符合企业整体资金的安排和发展战略的要求。

每个年度开始之前，企业财会部门应根据企业发展战略、企业经营状况以及企业的外部投资环境，根据各部门的预算，编制投资预算，并报送预算委员会进行审批。如果审批通不过，预算委员会应要求财会部门对投资预算进行调整，审议通过后，则进入下一控制环节。同时，预算委员会应根据投资预算执行情况的反馈及时有效地对投资预算进行调整。投资预算控制主要包括：

1. 投资预算的编制必须适应投资环境的变化和企业发展战略的安排。

2. 投资预算是企业预算的一个分支，编制内容、编制程序应符合规定要求。

3. 投资预算完成后应交由本部门主管进行检查批复，编制人员根据批复意见进行修改，直至通过主管审批签字，方可交给财会部门。

（二）投资计划控制

为了保证投资项目符合企业发展目标，从投资起始环节开始保证投资业务操作的科学性、可行性，使以后的投资业务环节有据可依，从而防止投资项目的盲目性，保证企业资源的有效运用，在投资预算的指导下，投资主管认为投资机会已经成熟，即应着手制定投资计划。

在投资计划编制审批这一控制作业中，投资业务相关部门应根据投资预算初步编制投资计划书，送交财会部门进行复核检查，通过检查后，不重要的投资项目交由董事会授权的专人审批；重要的投资项目须进行可行性研究，由董事会进行联签批准。

投资计划的主要控制内容包括：

1. 企业应当根据投资预算，分析实际情况，进行投资计划的初步编制。

2. 投资计划的初步编制内容应当包括投资项目所涉及的人力、物力、财力的初步说明。

3. 投资计划书进行复核审查，应经投资决策机构或董事会或授权专人审批通过，复核审查的内容主要有：证券投资市场的估计是否合理；投资收益的估算在计算上是否有错误；投资的理由是否恰当；计划购入的股票份数是否能达到控制的目的；若用少量的闲置现金进行临时性的短期投资，其变现能力、收益能力及风险情况如何；投资计划的复核审查，可由董事会掌权的财务负责人来进行，复核审查后，必须在该项投资决定的文件上签字认可；投资计划复核审查后，投资计划必须经董事会讨论表决通过、批准；在审批过程中，企业董事会应聘请与投资交易活动各方无直接利益关系的投资专家对投资计划提出意见；所有投资决策都应当用书面文件予以记录。这些书面文件应进行编号控制，以便日后追查经济责任。

（三）投资方案可行性的控制

可行性研究是指在项目投资决策前，调查、研究与拟建项目有关的自然、社会、经济、技术资料，分析、比较可能的投资建设方案，预测、评价项目建成后的社会经济效益，并在此基础上综合论证投资建设的必要性，财务盈利性、经济合理性、技术先进性和适当性以及建设条件可能性和可行性，从而为投资决策提供科学依据。

1. 可靠性报告的内容。投资项目可行性研究是指在投资决策之前，对拟投资项目进行全面的技术经济分析论证，并试图对其作出可行或不可行的评价的一种科学方法，它是投资前期工作的重要内容，是投资程序的重要环节，是项目投资决策中必不可少的一个工作程序。一个完整的可行性研究报告至少应包括三方面的内容：

（1）分析论证投资项目建设的必要性，这主要是通过市场预测工作来完成的。

（2）项目投资建设的可行性，这主要是通过生产建设条件、技术分析和生产工艺论证来完成的。

（3）项目投资建设的合理性。其合理性分析是可行性研究中最核心的部分。

2. 可靠性报告的控制。可行性研究报告的主要控制内容有：

（1）投资可行性研究报告应当包括投资的合法性控制，既要确保投资项目的合法运行，还要关注相关禁止性规定。

(2) 投资的可行性研究报告应当包括投资的效益性控制，具体包括：投资方案的预期现金流量、投资预期现金流量的风险、投资项目成本的一般水平、投资方案的预计收入现值。

企业计划部门负责投资项目可行性研究的组织工作，并提出可行性分析论证报告。企业财会部门应参与投资的可行性研究、论证和决策。

(四) 投资取得的控制

对于直接投资方式，投资执行的控制主要是流程控制和授权批准控制，投资业务执行关系到投资是否能实现预期的投资目标，而且涉及企业资产的改变，如不严加控制就不能保证企业资产的完整性。加强投资业务执行的控制，一方面可以为保证投资业务的成功，为实现投资目标并完成投资战略打下基础；另一方面可以保证企业资产的安全，避免失败的投资导致企业资源的流失。

(五) 权益凭证保管与变动控制

投资资产的实物有其特殊性，大多数（证券投资）只是以纸为载体的凭据，类似于文件记录，但其中许多有价证券是可以流通的，如被遗失或毁损，对投资人来讲，无疑会带来许多麻烦和巨大的损失。因此，对投资资产的实物保护至关重要。对于投资资产保管与变动的控制作业不仅可以保护企业资产的安全性和记录的真实可靠性，而且对下一步控制环节的有效运行起到了保障作用。

购入的投资资产经核对无误登记后，移交保管部门，保管部门负责对投资资产进行保管。在投资资产发生变动时进行控制，保管部门还要经常性地对资产变动情况及相应会计记录进行审核，如有差错，应对保管和变动过程进行检查，企业应授权相关部门进行定期或不定期的投资资产盘存管理。

(六) 投资处置的控制

投资的处置从某个角度而言，也是投资战略的一部分。有的投资在取得时就确定了它的处置时间（如大多数债券投资或其他财务投资），但大多数的投资资产只有在恰当的时间处置才能获得预期的投资收益，实现投资目标。因此，投资资产的收益及处置也应得到企业管理当局相应的重视，经过相应的授权控制，经过恰当的流程控制才能执行。

企业投资处置必须经过董事会或经理层批准。以有价证券投资为例，任何有价证券出售须视金额大小报经企业财务经理、企业负责人或董事会批准；企业委托的证券出售业务经纪人应受到严格的审定；企业与经纪人之间的各种通讯文件应予以记录保存；反映经纪人处置证券结果的应根据处置指令受到检查。

投资如果清盘，应当委托社会中介机构办理法律手续。清盘结束后，应将所有账簿、传票、财务报表、工资表、合同、发票、报税单及一切法律文件上交一级企业或有关机构（如清算组）妥善保管。清理过程中，如发现违反财会制度规定的行为，企业财会部门应向企业董事会或负责人报告。对于长期不再运作的投资项目，企业必须予以清理，核清债权、债务，撤销有关的担保、抵押，并妥善保管所有账簿、传票、财务会计报表等材料及一切法律文件。

（七）披露投资活动信息的控制

当期发生的投资净损益，其中重大的投资净损益项目应单独披露，应当在利润表上反映投资收益净额（扣除投资损失），企业当期出售子公司等所产生的重大的投资损益，应作为非常项目单独披露。企业一般应披露的投资活动信息有：

1. 当年提取的投资损失准备。在会计报表附注中应披露当年计提的短期投资跌价准备和长期投资减值准备的金额。

2. 投资的计价方法。在会计报表附注中应披露投资的计价方法，如短期投资的计价采用成本与市价孰低等。

3. 短期投资的期末市价。应在资产负债表短期投资项目中单独披露，或在会计报表附注中单独披露短期投资在资产负债表日的市价。

4. 投资总额占净资产的比例。在会计报表附注中，应披露投资企业期末的短期投资和长期投资账面价值合计占该企业净资产的比例。

5. 合并会计报表时，投资企业与被投资企业会计政策的重大差异。在会计报表附注中，应披露投资企业与被投资企业会计政策的重大差异，如投资企业的存货计价与被投资企业不同等。

6. 投资变现及投资收益汇回的重大限制。

（八）投资监督的检查

企业应当建立投资内部控制的监督检查制度，明确监督检查机构或人员的职责权限，定期或不定期地进行检查。对监督检查过程中发现的投资业务内部控制中的薄弱环节，负责监督检查的部门应当及时报告，有关部门应当查明原因，采取措施加以纠正和完善。企业监督检查部门应当按照企业内部管理权限报告投资业务内部控制监督检查情况和有关部门的整改情况。投资监督检查的内容主要包括：

1. 投资业务相关岗位设置及人员配备情况。重点检查岗位设置是否科学、合理，是否存在不相容职务混岗的现象（如检查负责证券购入、出售业务和投资会计记录的工作职务分离情况，检查证券保管人与负责投资交易账务处理的人员职务分离情况等），以及人员配备是否合理。

2. 投资业务授权审批制度的执行情况。重点检查分级授权是否合理；检查投资项目的审批制度是否健全，是否存在越权审批行为；检查投资的联签制度；检查投资处置的授权批准手续是否健全，是否存在越权审批等违反规定的行为。

3. 投资业务的决策情况。重点检查投资决策过程是否符合规定的程序。

4. 投资的执行情况。重点检查各项资产是否按照投资方案投出；投资期间获得的投资收益是否及时进行会计处理，以及投资权益证书和有关凭证的保管与记录情况。

5. 投资的处置情况。重点检查投资资产的处置是否经过集体决策并符合授权批准程序，资产的回收是否完整、及时，资产的作价是否合理。

6. 投资的会计处理情况。重点检查会计记录是否真实、完整。

二、投资控制的流程

投资需要一个相当严密的控制规范，同时，实业性的投资与证券性的投资也存在着明显的差异。因此，我们依照通常的实业投资为标杆具体分析其控制流程。投资业务流程步骤与控制点主要包括：投资管理部提出初步投资方案，投资方案的审批与执行，项目涉及资产的审计与评估，投资项目谈判，签订投资合同，订立被投资企业的章程，企业的投资款项控制流程，投资项目的收益管理。上述流程，可以分成两个阶段，其一是投资决策论证阶段，其二是投资执行、持有和处置阶段的内部控制阶段。

投资论证与决策阶段的业务流程如图 8 - 2 所示。投资执行、持有和处置阶段的业务流程如图 8 - 3 所示。

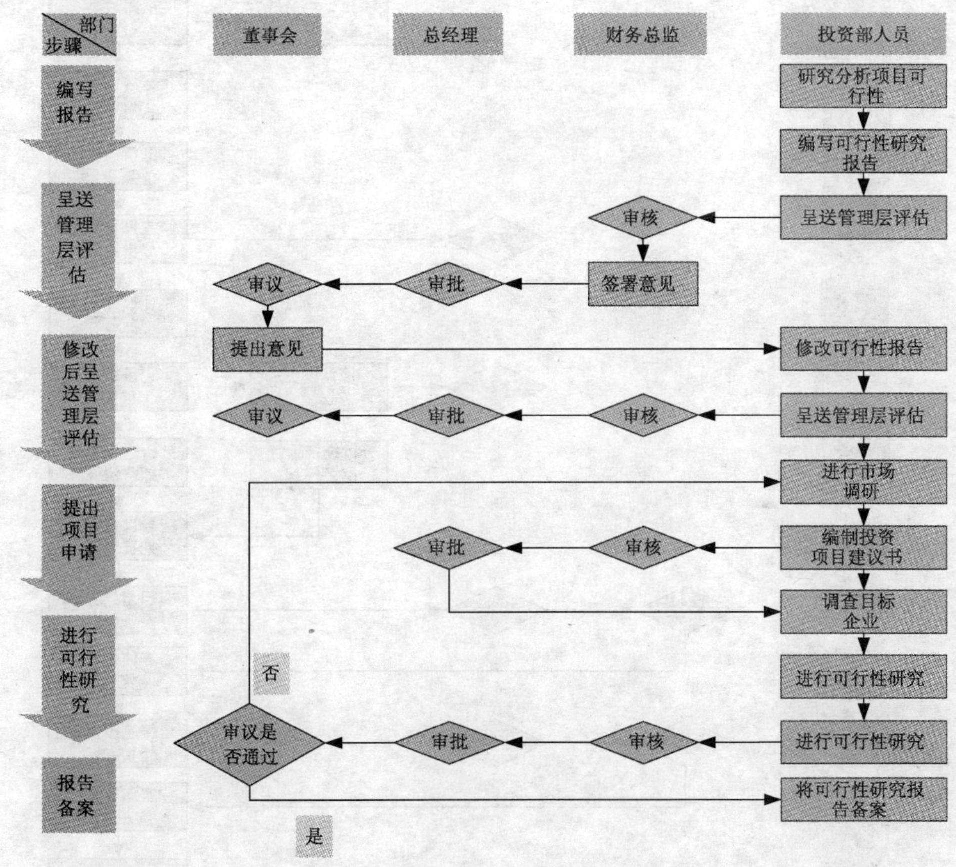

图 8 - 2　投资论证与决策控制流程图

三、投资控制关键点

企业在建立与实施投资业务内部控制中，至少应当强化对下列关键方面或者关键环节的控制：在职责分工、权限范围和审批程序上，应当明确规范，机构设置和人员配备应当科学合理；投资项目建议书和可行性研究报告内容，应当真实可靠，支持投资建议和可行性的依据与理由应当充分恰当，投资合同或协议的签订应当征求法律顾问的意见；投资实施方案，应当科学完整，对投资项目的跟踪管理应当全面及时，投资收益的确认应当符合规定，投资权益证书的管理应当严格有效，计提投资减值准备的依据应当充分恰当；投资处置的方式和

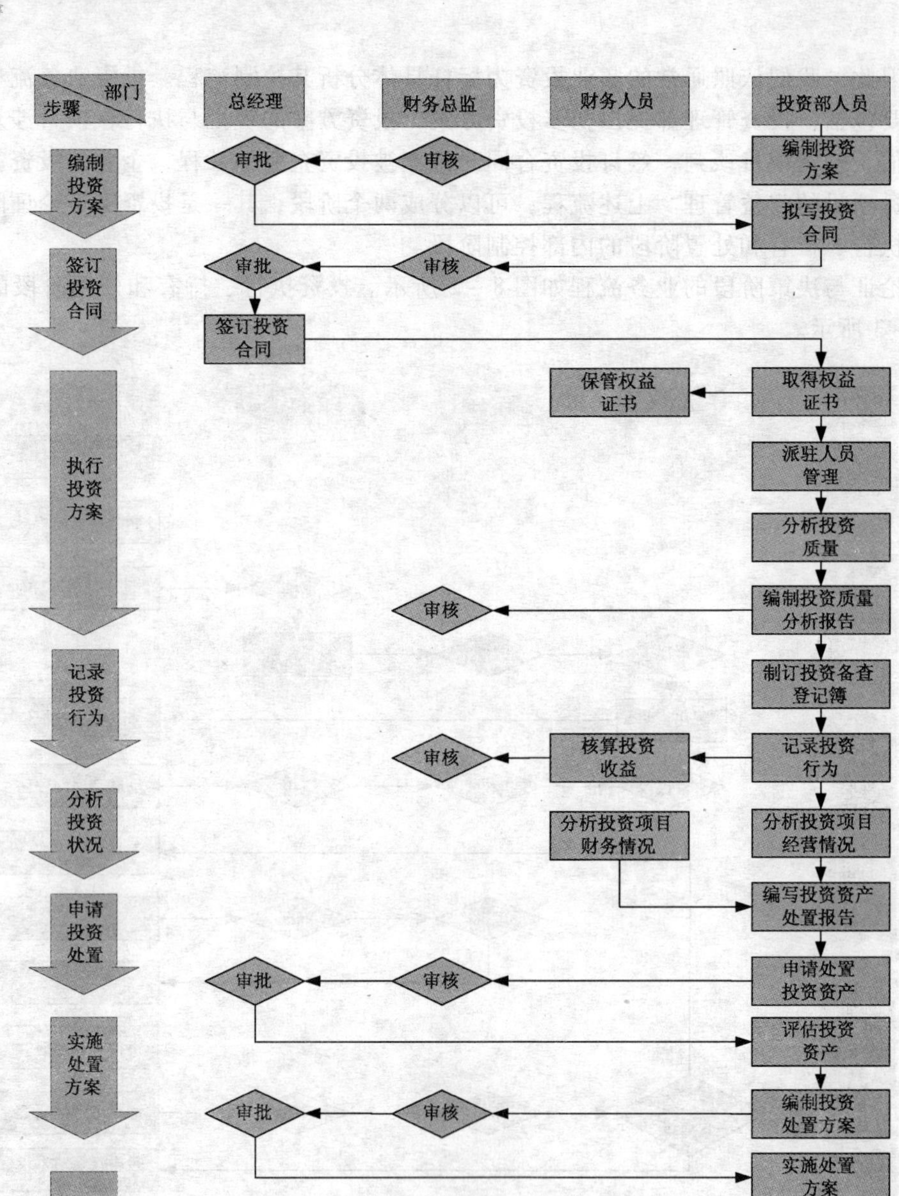

图 8－3　　投资执行与处置控制流程图

程序，应当明确规范，与投资处置有关的文件资料和凭证记录应当真实完整。这些控制关键点可描绘如图 8－4 所示。

现逐一对四个关键点进行具体分析：

（一）职责分工与授权批准控制

不相容职务分离制度是内部控制的一个重要原则。合法的投资业务应在业务的授权、业务的执行、会计记录以及资产的保管方面都有明确的分工并相互制约，不得由一人同时负责上述任何两项工作。其相应的控制政策和措施包括：

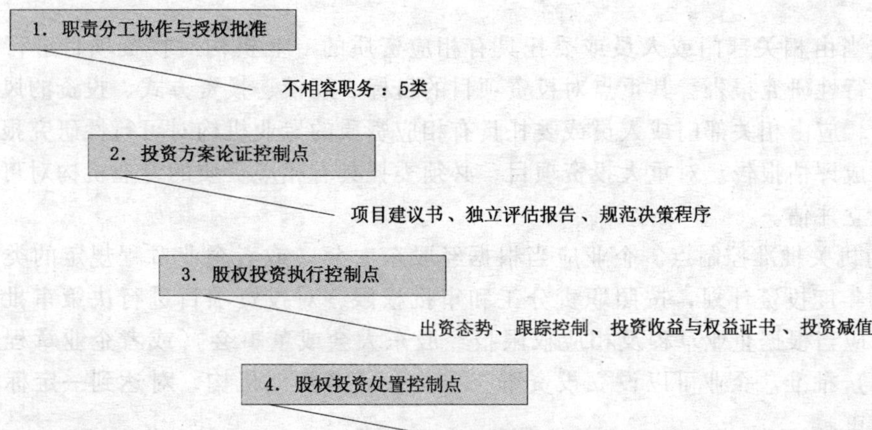

图 8－4　投资控制关键点示意图

1. 企业应当建立投资业务的岗位责任制，明确相关部门和岗位的职责权限，确保办理投资业务的不相容岗位相互分离、制约和监督。尽管不同投资业务所需要的职位设置有所不同，但是起码的投资业务不相容岗位当包括：投资项目的可行性研究与评估，投资的决策与执行，投资处置的审批与执行，投资绩效评估与执行。

2. 企业应当配备合格的人员办理投资业务。办理投资业务的人员应当具备良好的职业道德，掌握金融、投资、财会、法律等方面的专业知识。

3. 企业应当建立投资授权制度和审核批准制度，并按照规定的权限和程序办理投资业务。应根据投资类型制定相应的业务流程，明确投资中主要业务环节的责任人员、风险点和控制措施等。

4. 企业应当设置相应的记录或凭证，如实记载各环节投资业务的开展情况，明确各种与投资业务相关文件资料的取得、归档、保管、调阅等各个环节的管理规定及相关人员的职责权限。

（二）投资项目方案论证控制点

投资项目建议书和可行性研究报告的内容应当真实可靠，支持投资建议和可行性的依据与理由应当充分恰当，投资合同或协议的签订应当征求法律顾问的意见。

具体控制政策和措施包括：

1. 可行性论证控制点。企业应当加强投资可行性研究、评估与决策环节的控制，对投资项目建议书的提出，可行性研究、评估、决策等作出明确规定，确保投资决策合法、科学、合理。投资可行性研究是指在投资决策之前，对拟投资项目进行全面的技术经济分析论证，并试图对其作出可行或不可行评价的一种科学方法，它是投资前期工作的重要内容，是投资程序的重要环节，是项目投资决策中必不可少的一个工作程序。

企业应当编制投资项目建议书，由相关部门或人员对投资项目进行分析与论证，对被投资企业资信情况进行尽职调查或实地考察，并关注被投资企业经理层或实际控制人的能力、资信等情况。投资项目如涉及其他投资者，应当根据情况对其他投资者的资信情况进行了解或调查。

企业应当由相关部门或人员或委托具有相应资质的专业机构对投资项目进行可行性研究，编制可行性研究报告。其重点对投资项目的目标、规模、投资方式、投资的风险与收益等作出评价，应由相关部门或人员或委托具有相应资质的专业机构对可行性研究报告进行独立评估，形成评估报告。对重大投资项目，必须委托具有相应资质的专业机构对可行性研究报告进行独立评估。

2. 权力机关批准控制点。企业应当根据经股东大会（或者企业章程规定的类似权力机构）批准的年度投资计划，按照职责分工和审批权限，对投资项目进行决策审批。重大的投资项目，应当根据企业章程及相应权限报经股东大会或董事会（或者企业章程规定的类似决策机构）批准。企业可以设立投资审查委员会或者类似机构，对达到一定标准的投资项目进行初审。

在初审过程中，应当审查下列内容：拟投资项目是否符合国家有关法律法规和相关调控政策，是否符合企业主业发展方向和投资的总体要求，是否有利于企业的长远发展；拟订的投资方案是否可行，主要的风险是否可控，是否采取了相应的防范措施；企业是否具有相应的资金能力和项目监管能力；拟投资项目的预计经营目标、收益目标等是否能够实现，企业的投资利益能否确保，所投入的资金能否按时收回。只有通过初审的投资项目，才能提交上一级管理机构和人员进行审批。

企业集团根据企业章程和有关规定对所属企业投资项目进行审批时，应当采取总额控制等措施，防止所属企业分拆投资项目、逃避更为严格的授权审批。

（三）投资执行控制点

投资实施方案应当科学完整，对投资项目的跟踪管理应当全面及时，投资收益的确认应当符合规定，投资权益证书的管理应当严格有效，计提投资减值准备的依据应当充分恰当。具体控制政策和措施包括：

1. 企业应当制订投资实施方案，明确出资时间、金额、出资方式及责任人员等内容。投资实施方案及方案的变更，应当重新履行审批程序。企业应指定专门的部门或人员对投资项目进行跟踪管理，掌握被投资企业的财务状况、经营情况和现金流量，定期组织投资质量分析，发现异常情况，应当及时向有关部门和人员报告，并采取相应措施。

2. 企业应当对派驻被投资企业的有关人员建立适时报告、业绩考评与轮岗制度。企业可以根据管理需要和有关规定向被投资企业派出董事、监事、财务负责人或其他管理人员。

3. 对于被投资企业以股票形式发放的股利，应及时更新账面股份数量。企业应当加强投资有关权益证书的管理，指定专门部门或人员保管权益证书，建立详细的记录。未经授权人员不得接触权益证书。财会部门应当定期和不定期地与投资管理部门和人员清点核对有关权益证书。

企业应当定期和不定期地与被投资企业核对有关投资账目，保证投资的安全、完整。每年至少应对被投资企业进行一次清查，详细清查被投资企业的财务状况、经营成果。

4. 企业应当加强对投资项目减值情况的定期检查和归口管理，减值准备的计提标准和审批程序，按照企业资产减值内部控制的有关规定执行。企业应对长期投资的账面价值定期或者至少每年度终了时逐项进行检查。如果由于市价持续下跌或被投资企业经营状况变化等原因导致其可收回金额低于投资的账面价值，应当计提减值准备。

5. 企业应当建立投资项目后续跟踪评价管理制度，对企业的重要投资项目和所属企业超过一定标准的投资项目，有重点地开展后续跟踪评价工作，并作为进行投资奖励和责任追究的基本依据。

（四）投资处置控制点

投资处置的方式和程序应当明确规范，与投资处置有关的文件资料和凭证记录应当真实、完整。具体控制政策和措施包括：

1. 企业应当加强投资处置环节的控制，对投资收回、转让、核销等的决策和授权批准程序作出明确规定。对于投资的收回、转让与核销，应当按规定权限和程序进行审批，并履行相关审批手续。对应收回的投资资产，要及时足额收取。在转让投资时，应当由相关机构或人员合理确定转让价格，并报授权批准部门批准，必要时可委托具有相应资质的专门机构进行评估。对于核销投资，应当取得因被投资企业破产等原因不能收回投资的法律文书和证明文件。

2. 企业应当认真审核与投资处置有关的审批文件、会议记录、资产回收清单等相关资料，确保资产处置真实、合法。

四、投资控制的案例

成败案析

长期投资：控制不力，大而不强①

【案情扫描】

HT 集团注册资本 5 亿元，总资产由 1992 年成立时的 2 亿元增至 2005 年底的 33 亿元。该集团下辖全资、控股机构 18 个，20 多家企业，其中 3 家控股上市公司（“HT 酒店”、“YH 动力”、“LY 新材”），经营范围涵盖酒店旅游、电子信息、能源新材料、装饰材料、机械制造、远洋海运、出口贸易、房地产装饰等诸多领域，投资分布在成都、北京、上海、广州、南昌、长沙、郑州、深圳、中国香港等十多个城市。到 2005 年末，集团总资产达 33.19 亿元，净资产达 13.69 亿元，经营收入达 13.5 亿元，利润 1.01 亿元。集团投资涉足酒店业、高新技术、房地产等多个产业。不过，通过全面、审慎地分析 HT 集团在投资领域的态势，其表面繁荣之下的潜伏问题也渐渐显现出来。

经过全面的现场调研，HT 集团投资内部控制程序的缺陷渐渐显露出来，主要表现为重大决策缺乏内部监管。

首先，重大决策缺乏内部监管。以 HT 集团投资深圳天宇节能科技有限企业项目的内部控制情况为例。一是投资计划、审批及决策程序作用受限。集团曾聘请有关专家研究该项目发展前景，并派人到该企业考察论证，向董事会提交了可行性调查分析报告，草拟了合作协议。2003 年 7 月，HT 集团董事会进行会议表决，大部分董事对可行性报告与协议

① 本案例素材来自电子科技大学周剑岚硕士学位论文，原文标题为《HT 集团长期股权投资内部控制研究》。

持保留意见，个别反对。因董事长坚持，董事会决议以无形资产出资，受让30%的股权（600万元），转让价格为人民币1元。允许深圳HT天宇节能科技有限企业（以下简称深圳HT天宇）使用“HT”注册商标。二是风险意识淡薄。深圳HT天宇向集团借款时，结算中心主任批示“等深圳HT天宇借紫烟HT大酒店的投资归还后再借”，但HT集团总经理批示“考虑到产品市场前景好，又是子公司，为支持该企业渡过难关，同意在控制风险的前提下借款，分期拨付”。于是，该企业顺利得到了借款，而其过程明显没有得到有效的内部监管。集团派驻深圳HT天宇的人员也没有很好地履行职责，尤其是财务总监，没有对企业的资金流动进行监控，即使发现问题也没有及时向HT集团汇报，以致HT集团借出的800万元资金被该企业总经理个人操纵，挥霍一空。三是投资活动未进行会计记录。HT集团账上对该企业的投资没有反映，加上该企业已经停止运作，集团合并报表上没有对该企业的资产状况和经营情况进行反映，内部财务监管也是缺位。

其次，投资的事前控制不全面。投资可行性分析不严谨，导致投资HT光电惯导技术企业存在巨大风险：一是可行性研究分析不严谨。HT集团旗下子公司HT大酒店于2002年投资HT光电惯导技术企业，该项目的投资可行性分析报告非常不严谨，缺乏经济指标分析和投资回收期分析。二是未掌握技术、人员及市场，在投资HT光电惯导技术企业，该项目所要求的核心技术掌握在某科技大学手中，且其技术人员均由国防科技大学派出。该项目的产品主要供国防使用，民用化还有很长一段时间，而部队的市场变幻莫测，其规律性难以把握，且该项目的投资额较大，规划总投资1亿元人民币，目前已投资9 153.33万元，实际到位资金约5 500万元，除注册资本2 000万元外，HT集团共提供贷款担保3 500万元，该项目今后的投资回报很难预测，风险较大。三是投资产品盈利能力不高。该产品虽然毛利率较高，但规模化生产的难度较大。2002年，该企业实现主营业务收入346.24万元，其中产品销售收入116.24万元。2003年一年只实现销售收入469.5万元。2005年该项目开始盈利，HT大酒店实现投资收益210.60万元，但未分配现金红利。如果产品规模不能做起来，该项目就很难做到盈利。

再次，投资的中期控制缺失。HT大酒店于2001年8月收购了原秦台计算机网络有限企业50%的股权，并将该企业更名为HT秦台计算机网络有限企业。在投资立项阶段后，该企业账上体现出严重亏损，但出资协议约定HT大酒店用1 050万元资金收购该企业50%的股权（注册资金300万元），然后再增资450万元，共1 500万元，占该企业（增资后注册资金1 000万元）股权的50%，HT大酒店实际出资1 200万元，享有被投资企业的权益仅303万元，溢价897万元。由于该企业原股东未履行出资义务，HT大酒店于2002年向法院起诉该企业原股东。法院于11月8日一审判决HT大酒店胜诉，裁定被告返还企业股权收购款并进行清算。至2006年4月，该诉讼仍在处理中，HT大酒店对该诉讼可能带来的损失计提了长期投资减值准备400万元。

最后，投资的后期控制不力。HT铝业企业第三期技改投资项目，虽然前期调研较全面、决策过程没有“一言堂”，但是后期内部控制情况缺少与合作方和第三方保持及时的信息沟通，被动地任由事态发展，导致投资受损。

【案例评述】

针对HT集团投资领域的运行态势，可以通过内部控制理论进行相应措施的分析。

在控制环境缺陷方面。控制环境是指对企业控制的建立和实施有重大影响的多种因素的统称，具体包括企业的董事会、监事会、组织机构设置，企业管理者的品德、操行、价值观念、素质与能力和管理人员的管理理念、经营作风等。从案例情况分析，控制环境确实存在着一些问题：

一是集团法人治理结构缺陷。企业法人治理结构形同虚设，缺乏相互制约的法制环境。HT集团及其上市子公司的法人治理结构在形式上是完整的，但从内部分析来看，不难发现其弊端。

二是关于HT集团及其子公司"内部人控制"的问题。HT集团董事会成员中，100%为内部董事，在2005年以前党委书记、董事长和总经理由一人兼任。作为HT集团的董事长，在资本运作方面，他不需要经过董事会批准，可以决定一次调度500万元以内的资本；作为HT集团的总经理，他握有集团内的部门经理以上高层管理人员的提名权，由其报党委会和董事会批准。集团内子公司HT大酒店董事长和总经理由一人兼任，导致权力过分集中，在一些重大事项的决策上有绕开大股东HT集团监督的迹象。2001年度HT大酒店的经营目标经HT集团审计部审核时，由于双方分歧，最后没有结果。2002年，HT大酒店没有与HT集团签订经营目标，董事长兼总经理的年薪没有报HT集团备案。2002年HT大酒店监事会对酒店财务进行监督检查时，也遭到了部分抵制。另外，在委托理财形成董事会决议时，也没有HT集团派出董事的签名。在整个资金调度过程中，原任HT集团投资发展研究中心经理（曾任YH动力董事长、LY新材副董事长）在履行职务期间因涉嫌挪用公款于2005年被刑事拘留。其口头禅是"董事长说好那就是好"，但从其2002年1月掌管YH动力，企业每股收益从2002年到2004年逐年下降直至亏损，分别为0.056元，0.055元，-0.12元，经营业绩较差。钟某作为LY新材的股东，所持股份占总股本的16%，又兼任LY新材的总经理，而大部分时间却在经营自己任法人代表的民营企业远景企业，其工资和职务消费均在LY开支，费用上很难分清，不符合LY新材企业的章程。钟某作为上市公司的总经理，与其自办企业的关联交易并没有公开披露，且为回避披露，在账务上作了技术处理。

可见，这种所谓的企业治理结构几乎没有相互制约的力量，这在一定程度上妨碍了民主决策的程序，同时也使决策的监督失去效果，加之在权力的制衡以及外部的约束上，还没有真正形成有法可依、执法必严、违法必究的大环境，因此，在一个企业也就很难形成有章必循，违章必究的局面。

在投资交易授权及职责划分方面，分析HT集团投资业务，发现其并未严格执行投资的集体决策制度以及授权批准制度。HT集团投资的一般授权是按照《投资项目管理办法》规定，集团企业董事会负责审批以集团企业为投资主体的全部投资项目、子公司投资100万元以上的项目投资。子公司董事会负责审批100万元以下的投资项目。集团企业1 000万元以上、子公司500万元以上的投资项目，还须经董事会的专门委员会审查评价并提出意见后交董事会审议。子公司的投资项目在提交子公司董事会表决前按下列方式处理：200 万元以下的投资项目交集团企业投资发展部审查，200 万元以上的投资项目提交集团企业董事会审议。集团企业委派的产权代表按集团企业的意见表决，但在执行中交易授权控制有名无实。集团大量的账外资产和账外证券就是在交易授权外产生的。HT 集团放松了对账户的授权控制，使得利用老账户越权违规交易，以掩盖亏损的情况发生。集团董事长在资本运作方面，不需要经过董事会批准，可以决定一次调度 500 万元以内的资本，2000 年 6 月 ~2001 年 2 月，有人通过集团董事长，从 HT 集团融资进行个人炒股。董事长安排集团证券投资部资金监管人到某证券营业部，以 HT 集团在该证券企业的股票作质押两次共融资 700 万元，用于个人炒股，共盈利 70 多万元。直至 2001 年 4 月，这笔借款才归还。

在 HT 集团投资的职责划分分析，投资循环的分离制度要求，合法的投资业务应在业务的授权、业务的执行、会计记录以及资产的保管方面等都有明确的分工，不能由一个人同时负责投资计划的编制和计划的审批。HT 集团在不相容职务分离上存在缺陷，出现以下两个重要岗位由一人兼任：负责投资业务处理人员与会计记录人员未分离；证券保管人员与会计记录人员未分离；参与投资交易活动的人员同时负责有价证券的盘点工作。酒店总经理陈某对于投资理财业务是“一支笔”说了算，由负责人一手包办投资业务，没有具体的投资计划，也没有专门的投资审核人员，对账外证券也没有规范的会计核算和盘点。显然，集团在职务分离制度上存在缺陷。两个重要岗位没有分离，导致重大亏损得以转移到账外进行隐藏，使错弊得以掩盖。

在 HT 集团投资内部控制的业务流程与操作规程方面，投资业务企业一般应通过投资建议、可行性论证、投资决策、投资投出与管理、投资记录、投出资产处置、监督评价等环节实施控制。HT 集团在投资的建议、可行性论证方面的控制存在着明显的缺陷和不足，这造成了集团许多投资项目的损失。

在投资的审计监督方面。HT 集团的内部审计人员共 5 人，占集团职工 7 847 人的万分之六，其中会计师 1 人，审计师 1 人，大学毕业不到 2 年的新员工 2 人。HT 集团内部审计主要从事的是财务审计工作，即对各个责任中心责任报表的真实性进行审核，以确保经营者能够获得真实的业绩报告。内部审计的监督职能虽起到了一定的作用，但也存在一定的局限性。集团存在的会计信息失真、国有资产流失、经营者腐败等问题都证明了这一点。HT 集团的内部审计没能充分发挥监督作用，笔者认为主要原因在于企业内部审计监督经营者的制度安排与企业管理中下级服从上级的原则背道而驰，其结果必然是流于形式。在这种状态下，国有企业的监督不力不是个别的，而是普遍的，而且是严重的。次要原因是内部审计人员的素质还有待提高，内部审计人员有 2 人是原集团财务部会计人员，对审计方法和业务经验没有经过系统的培训，对于投资和合并报表这类较复杂的问题，无法形成准确的判断。对于管理审计，即对企业的各级管理制度及其运行进行调查和评价，完善和发展企业内部管理，保证经营者制定的各项政策在各个责任中心得到贯彻执行，这些内部审计部门还没有开展。

第三节　资金营运控制

所谓资金，通常是指企业所拥有或控制的现金、银行存款和其他货币资金。这是企业资本在周转过程中暂时处于货币形态的部分资金。资金具有极强的流动性和高度的通用性，随时都可能成为不法分子眼中的“唐僧肉”，必须分析其风险所在、掌握其控制焦点所在。现金、银行存款和其他货币资金等3项资金之间，在管理与控制特点上，既有相同之处，也有不同之处。因此，根据《企业内部控制应用指引第6号——资金活动》第四章（营运）的精神，需要对资金控制活动采取分门别类的控制措施。

资金控制的主要目标有：

1. 经营目标：规范货币资金的流程，确保货币资金业务按规定程序和适当授权进行。

2. 财务目标：确保货币资金账目核算真实、完整、规范，防止差错和舞弊，保证账实相符，财务报告合理揭示货币资金业务。

3. 合规目标：保证货币资金业务符合法律法规规定，确保货币资金管理符合法规要求。

在资金管理领域，如果控制措施不当，则可能面临许多工作风险，其中主要风险包括三个层面，比如：在经营风险方面，由于资金管理业务流程设计不合理或控制不当，可能导致对货币资金监控不力，管理混乱，资金被非法挪用、盗用，出现差错、舞弊和经济犯罪；在财务风险方面，可能导致资金存放分散、资金冗余、资金使用效率低下；在合规风险方面，可能导致货币资金管理业务违反国家有关部门和企业的相关规定而受到处罚。

面对资金管理领域的控制，企业务必梳理清楚资金内部控制的重点、难点，对这些容易引发事故的关键方面或者关键环节，应该作为资金控制的焦点进行相应的科学控制。

1. 职责分工、权限范围和授权审批程序应当明确规范，机构设置和人员配备应当科学合理。

2. 现金、银行存款的管理应当合法合规，银行账户的开立、审批、使用、核对、清理严格有效，现金盘点和银行对账单的核对应当按规定严格执行。

3. 资金的会计记录应当真实、准确、完整和及时。

4. 票据的购买、保管、使用、销毁等应当有完整记录，银行预留印鉴和有关印章的管理应当严格有效。

一、资金控制的内容

企业资金的控制内容，显然是围绕着资金流动的方方面面而展开的，归类而言，应该包括以下几个类别：

（一）不相容岗位的分离

企业应当建立资金业务的岗位责任制，明确相关部门和岗位的职责权限，确保办理资金业务的不相容岗位相互分离、制约和监督。这种不相容至少应当包括：

1. 涉及货币资金经济业务的执行要与经济业务的记录相分离。

2. 货币资金的保管要与货币资金的记录相分离。

3. 会计人员与出纳人员的分工要明确。

4. 保管支票簿的人员不能同时负责现金支出账和调整银行存款账。

5. 核对银行对账单和银行存款余额的人员应与负责银行存款账、现金账、应收款、应付款的人员分离。

6. 货币资金支出的审批人员应同出纳员、支票保管员和记账员分离。

7. 对涉及货币资金管理和控制的业务人员实行定期轮换岗位。

8. 单位内部批准支付的人员应当与编制支付的人员相分离。

9. 银行存款的审批人同出纳、支票保管人员和记账员的职责相分离，负责调整银行往来账的人员同现金收付、负责应收和应付款的人员职责分离。

（二）定期轮换与授权审批

经验与教训一再告诫我们，资金经管人员是需要实施定期轮换的，这既是对个人负责的制度设计，也是对资金安全负责的制度安排。企业应当配备合格的人员办理资金业务，并对办理资金业务的人员定期进行岗位轮换。关键资金管理岗位，可以实行强制休假制度，并在最长不超过5年的时间内进行岗位轮换。此外，严格资金流动领域的授权批准，也是一项相当重要的控制措施。企业要明确审批人对资金业务的授权批准方式、权限、程序、责任和相关控制措施，规定经办人办理资金业务的职责范围和工作要求。审批人根据资金授权批准制度的规定，在授权范围内进行审批，不得超越审批权限。经办人要在职责范围内，按照审批人的批准意见办理资金业务。对于审批人超越授权范围审批的资金支付业务，经办人员有权拒绝办理，并及时向审批人的上级授权部门报告。

（三）遵循银行管控规则

我国规定，银行是企业资金的集中存放与结算枢纽，因此，企业必须遵循银行的相关规定，包括两个方面：

1. 严守银行结算纪律。企业应当严格遵守银行结算纪律，不得签发没有资金保证的票据或远期支票，套取银行信用；不得签发、取得和转让没有真实交易和债权债务的票据；不得无理拒绝付款，任意占用他人资金；不得违反规定开立和使用银行账户。

2. 银行账户开立注销制度。

（1）企业因业务需要，由财会部门提出开立或注销银行账户申请，经企业分管领导或财务总监批准后，由财会部门办理开立、注销银行账户手续。

（2）需要注销的银行账户，必须停止账户往来业务一个月，并进行对账，清理完所有未达账后才能办理注销手续。银行对账单、对账原始资料按照会计档案规定保存。

（3）账户的类型、用途和限额必须符合国家有关部门的相关规定，不准出借本企业账户为外企业代收、代付款项。

（4）对于有指定用途的临时专用账户，开立须经总经理审批，报审计部备案。在相应业务结束后，应及时清户，经审计部审计后办理销户。

（5）企业必须对银行账户预留印鉴严格管理，财务专用章由专人保管，个人名章必须由本人或其授权人保管，严禁一人保管支付款项的全部印章。这是因为多人同时疏忽或失职的可能性更低，或者多人共同谋划作案的可能性更低。

（6）企业应明确与货币资金相关的票据的管理程序，确定专人（非出纳）负责票据的购买、保管、领用、背书转让和注销等环节的职责权限，并设立相应登记簿进行记录，防止空白票据遗失和被盗用。

（四）严防电子系统漏洞

在资金营运实行电子信息化流程处理的情况下，需要针对信息系统可能存在的漏洞，本着内部控制的原则，实施相应的控制措施。

实行网上交易、电子支付等方式办理资金支付业务的企业，应当与承办银行签订网上银行操作协议，明确双方在资金安全方面的责任与义务、交易范围等。操作人员应当根据操作授权和密码进行规范操作。

使用网上交易、电子支付方式的企业办理资金支付业务，不应因支付方式的改变而随意简化、变更支付货币资金所需的授权批准程序。企业在严格实行网上交易、电子支付操作人员不相容岗位相互分离控制的同时，应当配备专人加强对交易和支付行为的审核。

（五）会计系统集中控制

会计系统是一个科学、完整又前后左右相互牵制的控制系统。应通过会计自身的系统性控制，凭借会计凭证、会计账簿、会计报表等系统性信息，监督业务活动的过程。此外，还必须通过会计档案的保管与核对、授权审批程序、现金盘点等方式对现金收付业务进行全面控制。具体内容包括：

1. 会计记录系统。会计记录是会计信息的重要保障系统，会计信息的生命在于真实性、相关性和及时性。这种会计记录系统是管理与控制的核心系统，其具体构件如下：

（1）会计凭证。保证资金收付凭证的真实、合法和及时传递，是通过会计凭证实施资金控制的重要载体。这方面的控制内容包括：各类资金收付凭证都要按照发生顺序进行编号；出纳人员根据经批准的支付申请填制收付款单据，并随即传递给会计人员；资金业务主管审核原始凭证内容是否完整、处理程序是否完备、业务处理是否合法，然后作审核标记并编制资金记账凭证；财会部门主管应对资金收付的原始凭证和记账凭证等有关方面进行审核，确认无误后才能进行传递和有关账务处理。主管银行存款业务的会计应该审核出纳提供的银行存款收支原始凭证，验证业务内容的合法性、真实性以及凭证内容的完整性，同时，还应该核对银行结算单据与原始凭证的一致性，最后签字盖章以示核对完毕；财会部门负责人应该复核银行存款收支有关的凭证、单据，检查其经济内容是否合法，处理程序是否规范，最后签章表示经过复核；出纳和会计要对各类凭证按照发生的顺序编号；财会部门主管还应该经常和银行沟通，及时了解银行存款账户的变动情况。

（2）会计账簿。从现金日记账记录到总分类账登记，是对会计凭证的进一步归类与汇总，同时也是编制会计报表的基础。这方面的控制内容包括：出纳人员按照现金收付单据登记现金日记账，现金主管会计正确编制记账凭证汇总表；财会部门主管审核汇总表的分类之恰当性、数据之准确性，并签字盖章以示审核；现金主管会计按时登记总账，定期结账。

（3）会计报表。资产负债表日，主管会计要根据规定编制有关报表，向会计报表使用者提供系统的会计信息。其控制内容包括：主管会计要对会计凭证、账簿进行技术性分析，最后形成会计报表；财会部门主管应该考察会计报表信息披露的合法性和完整性；财会部门主管对会计报表编制与披露的专业技术负责，而企业领导需要对会计报表编制与披露的外部法律责任承担责任。

2. 授权审批控制。为确保企业资金收支业务的规范运行，资金授权审批的控制内容包括：要对接近资金资产进行控制，业务经办人员办理资金收支业务要经过授权批准，任何未经授权的人员、部门不得进行资金收支；业务部门使用资金要提出用款申请，说明用途、金额、收付方式，同时要与资金预算相结合；为了明确责任，业务经办人员应该在资金收付的原始凭证上签字，另外，经办业务部门的主管要审核原始凭证并签字盖章。

银行存款授权审批的控制内容包括：发生银行存款收支业务的部门主管要对银行存款业务进行审批并签字盖章以明确责任；建立有关规定，限定业务执行人员使用银行存款的权限和责任。

3. 凭证账簿核对。会计凭证、会计账簿的核对，有利于保持会计信息的可靠性。通过会计凭证与会计账簿的相互核对实施控制，其内容主要包括：

（1）证证核对。通过对现金收支业务的原始凭证进行检查，确保原始凭证与记账凭证在金额、经济内容上的一致性，以及相应原始凭证的完整性。

（2）账证核对。通过核对现金收支业务的原始凭证和记账凭证的数额、内容，确保凭证和总账反映内容的一致性。

（3）账账核对。通过组织相关会计账簿的彼此核对，监督会计和出纳核对现金总账和日记账的发生额及余额，最后各自取得对方的签章，以示经过核对。

4. 会计档案保管。会计凭证、会计账簿、会计报表是企业管理与实施审计的重要依据，企业应该遵循有关的规定保管会计档案，同时对能够接近现金类会计档案的人员进行限制。

5. 货币资金盘点清查。出纳在每个工作日结束后，清点库存现金并与现金日记账数额进行核对，保证账实相符；财会部门主管应组织清查小组定期或不定期清查库存现金，并与现金日记账进行核对；对清查结果进行反映，编制现金盘点表，记录现金盘盈、盘亏情况，然后进行分析和处理。

（六）重大事项报告制度

1. 资金管理重大事项报告制度。

（1）企业财务部负责人是企业资金营运管理第一责任人，财务总监是资金营运主要责任人。

（2）企业发生的重大资金管理事项，包括发生或涉及重大诉讼和仲裁案件、在金融机构的存款和代保管的有价证券到期不能收回、银行账户被法院冻结、存款金融机构被关闭、有关人员涉嫌经济犯罪等，必须及时报告财务总监和企业高管层。

2. 资金使用风险管理制度。

（1）资金使用风险是指资金使用不当所造成的不能按期付款的风险。资金无效管理所造成的风险，如一方面下属投资企业大量资金闲置，另一方面另一下属投资企业进行大量贷款。

（2）企业财会部门必须根据预算按周编出资金调度计划。各部门如有超预算收支时，应提前一周告知财会部门。

（3）企业财会部门应按月定期对应收账款客户进行询查。企业财会部门应建立应收账款的催讨制度。

二、资金控制的流程

科学设计并监督实施严格的资金管理业务流程，能够为实现资金管理的控制目标提供相应的制度环境。就资金控制的业务流程步骤和控制点来看，需要特别注意财务预算编制、货币资金预算编制、开立与注销银行账户、货币资金收入业务、货币资金支出业务和货币资金日常业务，货币资金管理重大事项报告制度。通常，企业货币资金管理活动的控制流程如图8－5所示。

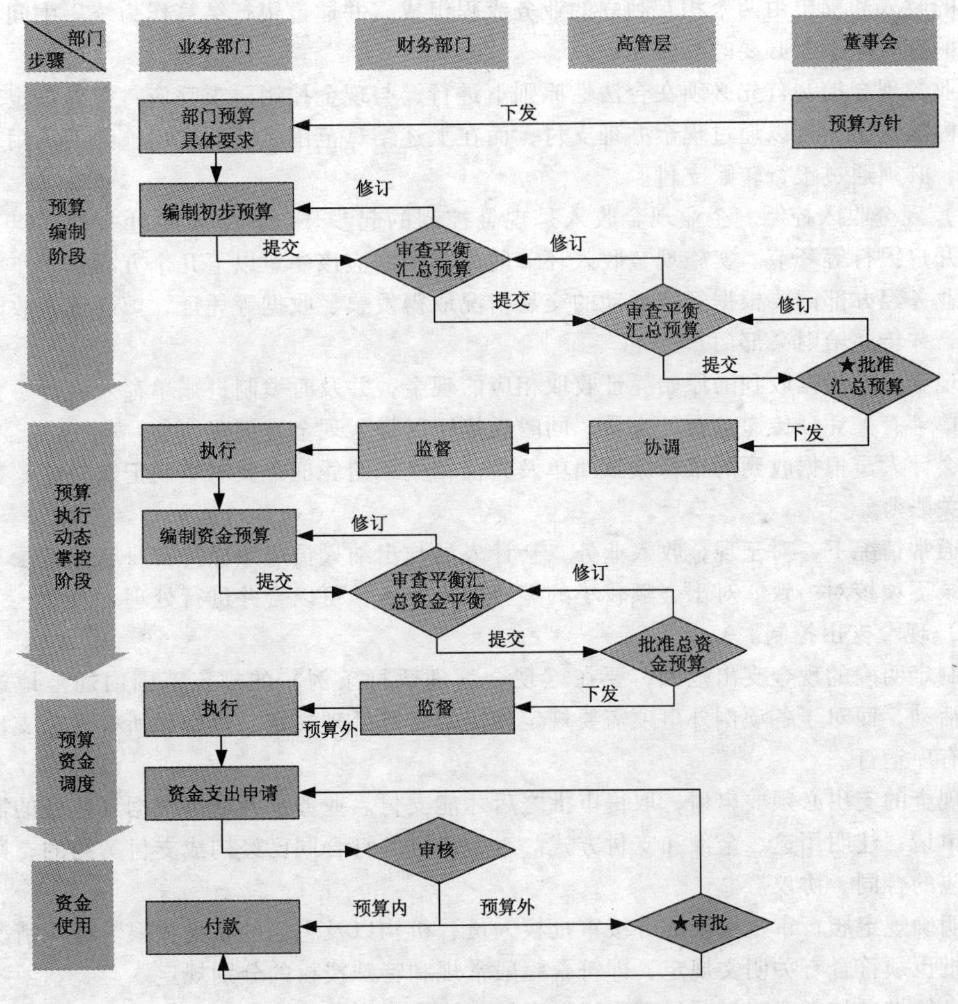

图8－5 资金业务控制流程图

三、资金控制关键点

企业的资金营运涉及面广、政策性强、相关的背景情况又错综复杂，期待对每一个收支环节都实施事无巨细的控制，显然不符合内部控制的成本效益原则。根据企业建立和实施内部控制的成本效益原则，资金控制领域也应该权衡实施成本上升控制与预期收益，以适当的成本实现有效控制，即对涉及资金收支的一些重点领域和关键项目实施核心性控制措施，主要从现金与存款直接控制、票据与印章控制和制度化的监督检查机制三个关键控制系统做起。

（一）企业库存现金控制点

现金是一种具有高度流动性、极度通用性的资金项目。现金的内部控制内容主要包括：

1. “收支两条线”控制。将企业现金的收入流与支出流相互分离是现金内部控制的重要内容，也是现金控制与管理得以安全的基本保证。具体来看，现金的“收支两条线”是指现金的收入和支出由两个相互独立的业务流程组成，并通过银行结算作为统一中间平台实现两者的有效联系与必要时的转化。

企业的现金控制首先必须在合法性原则下进行，与现金控制要求呼应：符合法定现金结算范围内的支出，可以通过现金办理支付，而在上述结算范围之外的支出，则不得用现金形式支付，必须通过银行转账支付。

（1）现金收入控制。企业现金收入是现金控制的起步环节，主要经过业务部门、财会部门和开户银行等环节。实施现金收入环节的内部控制应该注意以下几个方面：

①业务经办部门要根据经济活动的交易情况取得发票、收据等凭证，填制现金收入的详细记录，并传递给财会部门。

②现金出纳根据收到的原始凭证收取相应的现金，并及时填制进账单存入银行，将现金缴款回单等有关凭证传递给会计人员，同时逐笔序时登入现金日记账。

③会计人员根据收到的银行缴款回单及其他相关原始凭证，及时编制记账凭证，并据以登记相关账簿。

④通常情况下，对于现金收入业务，会计人员与出纳人员应该保持自身账务记录与银行款项记录逐项核对一致。对于金额较小的零星收入业务，可以合并进行处理。

（2）现金支出控制。

①制定明确的现金支出范围，要在《现金管理暂行条例》的规定范围内规范地进行现金支付活动，而对于各项例外事项需要规定相应的特殊处理规定，以确保所有现金支出业务的规范有序运行。

②现金的支出必须要申请，取得审批之后才能支付。业务承办部门根据其业务的需要提出支付申请，注明用途、金额和支付方式。对于通过签订合同已经构成支付契约的，则需要出具相应的合同、协议。

③明确规定履行审批权限的分级审批权人员、机构以及它们的审批权限。特殊情况下的越权审批也须符合有关明文规定，即符合一般常规和特殊授权的分别规定。

④已经批准的现金支付项目需要经过审核，检查支出范围、审批权的使用、执行程序是否正确，另外还要验证有关文件资料的真实合法性。

⑤出纳人员在复核支付申请、审批意见的基础上，按照主管领导审查批准的金额支付现金，并据以登记现金日记账。

（3）现金盘点清查。出纳在每个工作日结束后，清点库存现金并与现金日记账数额进行核对，保证账实相符；财会部门主管应组织清查小组定期或不定期清查库存现金，并与现金日记账进行核对；对清查结果进行反映，编制现金盘点表，记录现金盘盈、盘亏情况，然后进行分析和处理。

（二）企业银行存款控制点

按照《支付结算办法》关于银行开户办法的规定，企业应该申请银行账户，发生的各项业务收支活动，除允许用现金结算方式直接以现金收支外，其余款项必须经过银行转账。同时，企业必须加强对银行存款的各项内部控制措施。

银行存款收支数额通常都比较大，如果将收支活动互相交叉会导致银行存款的损失，企业必须与银行配合完成银行收支的分离。

1. 银行存款收入的控制。

（1）开立账户控制。企业存款账户按其性质可以分为基本存款账户、一般存款账户和临时存款账户，对于企业的现金收入、转账收入都可以根据具体情况存入以上账户中。

（2）账户设置控制。企业应该督促有关执行人员及时将银行存款收入交存到企业财务的统一账户，业务部门主要负责人对收入资金安全收回承担监督责任。

2. 银行存款支出的控制。

（1）支出申请控制。业务部门使用银行存款必须提出申请，详细列出金额、用途、与业务活动有关的合同和证明材料；出纳人员收到银行存款使用部门主管审核批准的文件后，经过财会部门主管复核才能支付款项。特别需要注意：支出申请人和审核人不应为同一人。

（2）银行对账控制。企业应该指定专门人员（非出纳人员）定期从银行取得对账单，然后与银行存款日记账进行核对，并编制“银行存款余额调节表”，使银行对账单与银行存款日记账核对相符，如果存在差异，则要进一步检查是否有未达账项和记账错误、挪用舞弊。

（三）其他货币资金控制点

其他货币资金主要包括外埠存款、银行本票和汇票存款、信用保证金存款、信用卡存款和存出投资款。这些款项的存款地点和用途与现金、银行存款有所不同，这些项目都在“其他货币资金”账户核算。

1. 外埠存款控制。外埠存款是企业到外地进行业务活动时，汇往外地银行开立账户的款项。由于空间和时间的限制，企业对外埠存款的管理与控制措施主要包括：

（1）加强账户管理。企业应该对外埠账户的设立进行审批，重点审查账户设立的必要性、规范性。只有那些业务活动时间较长，发生资金收支较频繁的经营活动才能够开设账户。财会部门要监控外埠存款账户的使用情况，及时准确地进行账务处理与会计核算。

（2）建立岗位、人员责任制。外埠存款的使用不能完全由单个部门或个人控制，企业必须指定外埠存款的使用者和账户管理者，必要时，企业财会部门应该和账户管理者签订责任书，明确其职责、使用权限、使用范围等内容。同时，财会部门应该设专门的会计人员核算外埠存款业务；外埠存款使用的授权审批、实际支付、会计记录工作要进行职务分离。

2. 本票汇票控制。银行汇票、银行本票是由企业申请并存入款项且由银行签发的存款形式。企业收到汇票、本票后，首先要看收款人是否为自己，其次检查内容是否完备。汇票、本票要由指定人员保管和使用，使用后要及时取得银行的结算单据。

3. 信用卡、信用证存款控制。企业向银行申请取得信用卡、信用证存款后，应及时取得银行开出的凭证、单据，并进行会计处理。

4. 存出投资款。存出投资款是指企业存入证券企业但尚未进行短期投资的款项。将企业的资金转入存出投资款需要经过授权审批，财会部门主管应该确认该笔资金为闲置资金，并且将其金额控制在合理的范围内，投资部门应指派专人管理该款项。

（四）财务票据印章控制点

由于财务票据和印章是资金增加与减少的直接证据，从某种意义上看，票据可能替代资金，而印章则是资金进出的必要关口，所以细化对票据和印章的控制丝毫不亚于对其他资金项目的控制，企业应当加强对与资金相关的票据和银行预留印鉴的管理。

1. 票据控制。

（1）票据使用过程的控制。

①领用票据要提出申请，并说明用途、数量，经财会部门主管批准后才能办理领用手续；各部门应指定专人负责领取，领用凭证时要签字确认。

②领用人员要检查票据的内容是否有误，如有问题应及时更换；票据用完后，领用部门应将收入款项和票据存根交回财会部门，会计人员对票据进行核对无误后才能领取新票据。

③财会部门应该按照号码顺序发放票据，同时在备查簿记录发出日期、起讫号码、数量等内容。

票据的填写要规范，首先要按顺序填写，并且保证填写内容的完整，以反映经济活动的全貌。填写错误不得在原处随意修改，而应该用红笔划去并修改后签字，或者盖“作废”章并保留票据，在下一张票据上重新填写。

（2）票据专业保管的控制。票据保管人员、办理货币资金业务人员、财会部门审核人员以及出纳人员应进行职务分离。对票据保管要实行分类专门管理，票据保管人员之间要形成制衡，防止票据的非法改动、丢失和毁坏，建立保管制度，明确程序和责任。同时，还要保证票据保管地点的清洁、有序。

（3）银行票据的管理控制。银行票据管理包括授权管理和使用管理两个方面。授权管理要求银行票据的取得都要经过部门主管的审批，同时执行人员要监督审批人员。使用管理内容包括：一是银行票据在结算后要加盖“收讫”、“付讫”印章，防止重复付款和记账；银行票据不得更改，任何有改动痕迹的银行票据都应该作废，并加盖“作废”印章。二是票据转让通过票据背书完成，票据背书应该遵循有关规定进行，背书票据上的内容包括日期、被背书人的具体名称，多次背书时应注明顺序。

2. 印章控制。企业印章是明确责任、说明业务执行情况的印记，任何经济业务的审批、执行、监督都要留下印章的轨迹。尤其需要强调的是，预留银行的财务印鉴是直接支取和办理资金支付业务的唯一重要证据。因此，对印章的统一管理工作与控制是整个控制工作中的重中之重。

（1）印章保管的不相容职务分离原则。企业财务专用章和企业领导名章应该实施分离保管制度，这能有效防止财务印章被个人操纵乱用。印章保管人员要互相牵制，如保管箱设两道锁，钥匙由两个以上的人员持有。

（2）印章的使用。

①制定内部印章使用规则，对印章的使用内容、范围和程序进行规定。

②印章离开企业需要经过各部门主管的批准，印章使用者取得印章后要签字证明，印章

保管人员要备查登记，及时收回。

（五）重点部位监督控制点

企业应建立对资金营运监督检查制度，明确监督检查机构或人员的职责权限，定期和不定期地进行检查，对监督检查过程中发现的货币资金内部控制中的薄弱环节，及时采取措施，加以纠正和完善。资金监督检查的内容主要包括：

1. 资金业务相关岗位及人员的设置情况。重点检查是否存在资金业务不相容职务混岗的现象。

2. 资金授权批准制度的执行情况。重点检查资金支出的授权批准手续是否健全，是否存在越权审批行为。

3. 支付款项印章的保管情况。重点检查是否存在办理付款业务所需的全部印章交由一人保管的现象。

4. 票据的保管情况。重点检查票据的购买、领用、保管手续是否健全，票据保管是否存在漏洞。

四、资金控制的案例

成败案析

资金管控："小金库"演绎"大染缸"①

【案情扫描】

2007 年冬天，江苏省沛县审计局在对该县某企业主管部门例行审计时，从发现的蛛丝马迹开始，采取内控制度测评、广泛审前调查、突击现金盘点、审查相关会议记录，并实施账账核对、财务核算与业务工作核对等方式，一举查出该企业主管部门在长达 7 年的时间里采取将下属企业上交的资产转让等收入单独设置流水账、虚报离休干部经费、收入不入账等手段，隐瞒收入设置"小金库"6 个，私存私放资金达 1 392 万元的严重违规问题。在如此巨额的违法行为面前，原本以为"小打小闹"的"小金库"已经完全成为一个滋生腐败的"大染缸"。

那么，这 6 个隐藏 7 年之久的千万元"小金库"是如何暴露在审计人面前的呢？

第一步，疑点渐现。在审前调查阶段，审计组通过走访有关职能部门了解到，该系统的资产转让收入可能未纳入大账统一核算，有关部门对主管部门进行检查问起这部分收入时，说账在基层企业；对其基层企业检查时，基层企业讲账都让主管部门收走了，长期逃避有关部门的监管。这一重要线索引起了审计人员的高度重视。

第二步，迷雾重重。审计组进点后，首先对财会部门的现金进行了突击盘点，未发现异常情况；其次，审查了有关明细账，也未发现审前调查所了解的情况，询问财务人员，财务人员讲前几年基层企业确有资产转让收入，但都是由主管部门审批后各记各的账，这

---

① 本案例材料取自于江苏省审计厅网站 http：//www.jssj.gov.cn/newsfiles/138/2008－07/7533.shtml，原文标题《千万元"小金库"现形记》。

两年各企业的资产都卖光了，也就没有这块收入了。看来，这些家伙对付审计组肯定是事先有准备。难道审前调查了解的情况有误？此案一度陷入查不下去的境地。

第三步，柳暗花明。就在审计人员准备将此案放一放时，一张会计上的往来分户明细账拨开了重重迷雾。审计人员在审查该企业“其他应付款”明细账时发现了一张名为“基层企业”的分户明细账，该分户明细账的期末余额高达246万元。本应按债权人设置的“其他应付款”明细账，为什么设置得如此笼统？在基层企业普遍经济效益极差的情况下，是哪些企业有闲钱借给其主管部门？这是否就是从“小金库”中借的资金？带着这些疑问，审计人员找财务科长进行了谈话。在事实面前，财务科长看到再也难以隐瞒下去，就道出了事情的真相。原来他们暗箱操作已久，自2002年以来，为了隐瞒收入，他们将下属企业上交的资产转让费、农资管理费和房屋租赁费等收入940万元单独设置流水账并委派专人以个人存折方式管理，除返还基层企业558万元、借给基层企业77万元、发生少量其他业务支出以外，借给本机关使用246万元，审计时结余59万元。

第四步，乘胜追击。初战告捷，审计人员仍然保持着清醒的头脑。从审前调查和内控制度测评的情况来看，该企业应该还有审计人员暂未发现或遗漏掉的疑点，甚至有其他私存私放公款的行为。于是，审计人员决定进一步进行：拉网式排查。首先，进一步审查该企业“其他应付款”明细账，发现了欠破产组10万元的线索；其次，审查“其他收入”明细账，发现了“老干部办公室”交来离休干部医药费2万元的线索；最后，查阅该企业的会议记录，发现了其所属化肥厂设备转让款318万元和地块开发借款100万元的线索。带着这些疑点，审计人员再次找财务科长、现金出纳和资产会计进行谈话，通过摆事实和政策攻心，他们分别提供了3个“小金库”的资料：一是私存私放某罐头厂小工工资款17万元。2005年4月，该罐头厂破产组交给该企业财务科（罐头厂）小工工资款17万元，交接后至审计时共发放175人计5.66万元，账面反映2006年6月该企业借用罐头厂小工工资款10万元，余1.35万元。二是私存私放某化肥厂设备转让等款项318万元。2005年3月至4月，收取所属某化肥厂因不能按期归还银行贷款其抵押设备被转让的差价款318万元，支出302万元，结余16万元。三是私存私放该企业地块开发借款100万元。2005年收到地块开发借款100万元，支出99.45万元，结余0.55万元。

至于“老干部办公室”交来离休干部医药费2万元，只有已退休的人事科长能说清楚。于是，审计人员又把原人事科长请到了审计组。人事科长道出了该企业通过虚报欠发离休干部医药费和3项经费套取财政补助资金的行为，结余资金全部在财务科存放。于是，审计人员跟踪追击，再次找到资产会计进行个别谈话，并对其不主动配合审计组工作、隐留原始资料的行为提出了严厉地批评教育，在事实面前说出了设置两个“小金库”的经过。一是私存私放老干部3项经费15万元。2003年12月，该企业收老干部局拨来老干部3项经费15万元，至审计时止结余7万元未拨付；二是私存私放离休干部医药费。2001年1月，该企业从县医保办领取离休干部医药费2万元，发给某轧花厂等企业离休干部1万元，结余1万元以资产会计个人之名存入邮政局，从县老干部局领取离休干部医药费2万元入了大账。

至此，该单位由领导和财务人员共同参与非法设置1 000多万元“小金库”的事实全部查清。对此，县审计局已严格依法作出了处理，主要责任人被移送县纪律检查委员会追究责任。

【案例评述】

作为企业主管部门，理应是财经纪律的率先垂范者，却在长达7年的时间内一意孤行地设置"账外账"，其所暴露的企业资金管理领域的控制漏洞，难道不值得我们总结与借鉴吗？让我们依照《会计法》及《企业内部控制指引第6号——资金活动》的金规铁律来一一道出其内忧外患：

《会计法》第三条明确规定："各企业必须依法设置会计账簿，并保证其真实、完整。"《企业内部控制配套指引》相关条款也有类似规定：企业取得的货币资金收入必须及时入账，不得账外设账，严禁收款不入账。这对防止私设"小金库"现象的发生，从法律上给予了强有力的支持。但要消除这一现象，除加强外部监督检查外，更重要的是还需从源头开始，抓好内部控制，在企业内部切实形成相互制约的机制，做到环环相扣，杜绝个别人从中操纵，从源头上防止产生"小金库"现象的种种可能。这个企业的领导显然是明知故犯。同时，从内部控制的实际应用来看，需要特别剖析如下几点：

第一，建立相互制衡机制。应根据企业的实际情况，对企业的授权批准、业务经办、会计核算、财产保管等关键环节，按照不相容职务相分离的原则，合理设置岗位，在此基础上制定明确的岗位职责和权限，确保不同机构、岗位之间责权分明、相互监督、相互制约，做到钱物分开、钱账分开、经办与批准分开，实现在授权批准下，财会部门、财产保管部门、业务经办部门相互制约、相互牵制，防止某一部门或某个人包办。

第二，建立分级授权管理制度。企业应结合实际，对各级经理层制定相应的授权批准的权限、范围、程序和相应的责任，做到在授权范围内行使职权与承担责任的统一。特别是对形成企业经济利益流入的各项业务活动，要建立起严格的审批制度，如对销售产品的数量、规格、价格、付款方式，以及售后纠纷处理等方面建立起严格的审批制度。

第三，严格实物资产管理制度。重点要抓好资产的验收入库、领用或提货、租赁和处置等涉及资产安全或减值的环节管理，同时应加大对企业半成品的监管，附属产品、回收物品的保管，防止这些产品的流失、毁损或被盗，做到资产进出手续清楚完整，资产管理台账健全。

第四，加强现金管理和票据管理。应根据《现金管理暂行条例》的规定，结合企业生产经营的实际，制定出企业的现金开支范围，特别是应加强库存现金额度的管理，建立定期或不定期的现金盘点制度，检查现金实际库存数与其账面余额是否相符，开支范围是否合规，检查督促出纳人员不能兼任的工作事项是否落实，如有无兼任保管、收入等账务的登记工作。同时，要加强对货币资金有关的票据管理，建立起票据管理的各项制度，包括票据的购买、领用、缴销等环节的规定，做到票据的保管、使用和印鉴相分离，特别要加强对内部使用票据的管理，如提货单、租赁单据的管理，防止没有实际交易的票据使用现象的发生，坚决杜绝全部印章由一人保管的现象。

第五，建立重要岗位轮换制。企业应配备有良好职业道德、较高业务素质的货币资金业务人员，对关键岗位应实行定期轮岗，如对收入核算、银行结算、审计稽核等岗位实行轮换，通过轮岗防止个别人经手、操作“小金库”。

第六，规范处置企业有形资产。企业对于报废的固定资产，或对闲置的有形资产的处理，应通过市场公开拍卖的方式，避免实行私下个别交易，杜绝暗箱操作现象，做到阳光作业、保护企业资产价值，乃至实现增值。如对汽车的处置，可通过市场公开竞争拍卖，确定汽车的价值，这样不但可防止“小金库”的形成，还可防止资产的流失，甚至可增加企业的资产价值，可谓一举两得。

第七，加强企业内部控制制度建设的指导和监督检查。财政部门应加强对企业财务人员的培训，提高他们的业务素质，为企业建立内部控制制度打好基础，同时根据企业的自身实际情况，帮助建立健全一套内部制约机制，还应把内部制度建设及其贯彻执行情况，列入企业财务管理和评比的范畴，以此推动企业内部制度建设。审计部门除开展会计业务审计外，还应监督检查企业内部控制制度的建设执行情况，做到寓监督于服务之中，从根本上防止各种违法违纪现象，特别是“小金库”现象的发生。

第九章

采购业务

采购业务是企业取得运营资本之后的第一要务，也是企业生产经营管理活动得以顺利进行的重要保证。采购部门根据业务部门的需求要购入各种物质资料，在满足生产经营需要的同时，相应形成付款业务。《内部控制应用指引第 2 号——采购》中指出，企业应该加强对采购与审批、采购与验收和付款业务的规范，防范采购过程中的差错与舞弊现象，采购控制任重道远。许多发生于采购环节的教训告诉我们，采购环节是一个高风险环节，既会发生经营风险，即由于采购业务流程设计不合理或控制不当，可能导致采购物资及价格偏离目标要求，或出现舞弊和差错，也会出现财务风险，即可能导致会计核算多记、错记、漏记物资采购成本和应付账款以及其他应计负债，造成核算和反映不真实、不完整、不规范，还可能存在合规风险，即可能导致采购业务处理违反国家有关规定而受到行政处罚或法律制裁。

再进一步分析，企业至少应当关注涉及采购业务的下列风险：一是采购行为违反国家法律法规，可能遭受外部处罚、经济损失和信誉损失；二是采购未经适当审批或超越授权审批，可能因重大差错、舞弊、欺诈而导致损失；三是采购依据不充分、不合理，相关审批程序不规范、不正确，可能导致企业资产损失、资源浪费或发生舞弊；四是采购行为违反法律法规和企业规章制度的规定，可能受到有关部门的处罚造成资产损失；五是验收程序不规范，可能造成账实不符或资产损失；六是付款方式不恰当、执行有偏差，可能导致企业资金损失或信用受损。

一般而言，采购控制的业务目标分为三个层面：一是经营目标，即通过规范采购业务流程，确保采购业务按规定程序和适当授权进行，实现预期目标；二是财务目标，确保采购业务及其相关会计账目的核算真实、完整、规范，防止差错和舞弊；保证账实相符，财务会计报告合理揭示采购业务享有的折扣、折让；三是合规目标，保证采购及付款业务、相关采购、招标合同等符合国家有关法律法规，确保付款、与采购相关的货币资金管理符合中国人民银行等国家有关部门的要求。

《企业内部控制应用指引第 7 号——采购》着力解决企业采购过程中如何结合实际情况，全面梳理采购业务流程，完善采购业务相关的管理制度和办法，执行请购、审批、购买、验收、付款、采购后评估等环节的职责和审批权限，形成更加有利于企业科学化采购的控制环境。其主要内容包括：制定指引的必要性和依据，采购活动的核心内涵、采购过程中应关注的主要风险，以及购买、付款等控制，分三章共十六条。

第一节 采购控制的内容

采购控制的目的在于规范采购活动的程序、防范采购业务风险，在保证企业经营活动所需物料使用的情况下最大限度地降低采购成本和付款风险。主要控制内容包括：采购计划管理控制、申请与审批控制、采购业务实施过程控制、验收入库控制、款项支付控制和账务处理控制。按照业务流程的进行顺序，可以将采购控制内容划分为事前控制、事中控制和事后控制。

一、采购前期控制

事前控制包括采购预算控制、采购人员管理、采购申请程序执行和审批控制。事前控制是对整个采购业务流程的全面把握，通过有计划地开展预算、审批等工作，能够促进采购业务的规范运行，从而降低业务流程中的潜在风险。

（一）采购预算控制

采购预算是企业进行采购活动的依据，当业务部门需要购进有关物资时，首先要编制资产购置计划或预算，既需要对采购物资实物属性进行预算，包括采购品种和数量、品种等，从总体上反映物料的需求状况和需求结构，保证采购活动的有效性，也需要对采购资金进行预算，以充分利用好企业的资金，防止资金的闲置和不当使用，实现资金使用的效益性。

1. 采购控制的实物预算视角。采购的实物预算通常由企业的物料需求部门进行编制，这方面的控制主要包括预算权责的划分、制订预算方案和完成审批工作等内容。

（1）采购实物预算部门和权责划分。采购预算的编制遵循“谁需要谁申请”的原则，不由某个主要部门统一制定，这有利于实现采购的最佳效果。首先，要区分申购部门，各部门经常使用物料的采购，由使用部门直接向采购部门提出申请。对于部门非重要的物料，如低值易耗品等价值较小而且不经常使用的物料采购，可以由掌握信息最多的仓库管理部门及后勤部门向采购部门提出申请。采购申请权归属明确后，申请部门还要结合拟采购物料的市场需求状况、企业自身的生产情况和规模经济分析并编制有关经济采购批量、库存成本和采购价格区间等计算表，形成最初的采购预算单。

（2）采购实物预算方案的拟定。这是最重要的控制内容，有时甚至关系到整个采购活动的成败，主要原因是采购部门往往认为物料使用部门掌握了最准确的需求信息，所以在进行采购决策时把采购预算方案作为最主要的参考。编制采购预算方案环节，主要控制内容有：编制所需采购物料的数量信息和质量标准、规格；确定物料采购过程中的业务分工，主要是进行限制接近控制，防止实物采购中的实物损失风险，还应该对企业的产能进行估计，说明采购计划的可行性，并且分析企业是否还能通过购买物料扩大生产规模，以实现经营活动的规模经济效益。

（3）采购实物预算的审批。实物采购审批制度，需要根据物料采购的性质和类型划分各级管理部门的审批权限，并保持采购权与审批权的职务分离。通常，事关全局的物料或劳务采购，审批权集中在总经理层，零星的、金额较小的物料采购由使用部门主管批准即可。各级管理人员在审核有关的实物购买申请或计划时，应该关注的内容有：采购预算和企业的生产、销售计划以及实际经营状况是否一致，采购预算的内容是否足够全面具体，采购预算方案是否具有可行性、采购权责分配是否合理。

2. 采购资金管理的控制内容。采购资金管理控制主要由财会部门和请购部门共同完成，主要的控制内容有：采购资金需要量的确定、采购资金使用的监控和采购资金的收付控制。

（1）采购资金需要量的确定，需要结合采购实物预算的内容，如采购数量、品种等，同时还要查看请购计划并且进行必要的市场调查，确定采购预算价格。采购需要量应该随着采购活动的进行不断调整，主要是市场供求关系的变化对物料或劳务的购买价格产生了影响。确定了存货采购资金需要量之后，申请部门要编制采购资金使用计划表，说明资金的使用方式并上报拥有审批权限的主管部门审批。

（2）采购资金使用过程监控，采购资金计划到采购部门后，由具体的执行人员使用，这时就要做好资金使用的监督工作，主要的内容有：采购部门做好不相容职务分离工作，关键是将资金的支付和业务执行岗位分离，财会部门要做好资金归口管理工作，出纳人员要及时取得资金支付的原始凭证，并登记有关账簿；采购和财会部门应该设置专门的稽核岗位，定期核对采购资金使用情况和采购预算的复核性，防止采购资金的不合理使用。

（3）采购过程中采购资金的调整控制。随着采购活动的不断进行，采购资金预算可能会出现不足或多余，这就需要重新补充或收回一部分资金，对采购资金的使用进行调整。当出现采购资金不足的情况时，采购人员需要向本部门主管和财会部门提出补充资金的申请，经过规定的审批流程后实施资金调整。当出现了资金多余的情况时，采购人员要及时通知财会部门，并编制资金盈余情况表，说明采购资金盈余的数量、使用情况等信息，然后经过必要的审批控制程序，由出纳人员将资金划转到企业的账户中并将有关的银行进账单传递给会计人员，进行会计账务处理。

（二）采购人员管理

事在人为。企业相关部门都要进行采购人员使用计划的编制，这是事前控制的重要内容。采购人员管理计划的内容是根据采购活动的主要流程制定的，包括在采购预算、申请购买、采购活动实施、货物验收、资金结算等重要的环节设置人员岗位，并说明采购管理人员的主要任务。

1. 采购预算人员管理。采购预算人员主要包括采购预算信息调查人员、采购资金管理人员、采购预算编制人员和采购活动实施人员。信息调查者负责对各部门物料或劳务需求情况进行市场考察，并搜集市场信息，为进一步编制预算做好准备；资金管理者负责对采购资金的运动过程进行监督和管理，实现资金的使用效率和保证资金使用安全；采购实施者负责具体的物料或劳务的购买，与供应商、各类市场主体进行交易，并对采购成本进行控制和对物料质量进行管理。

2. 申请购买人员管理。在人员管理计划中，要专门说明申请购买人员的岗位设置、责任内容，采购和物料使用部门的主管要对请购人员的安排进行审核，保证请购活动的可行性。因为各部门都会提出购买申请，所以申请购买人员计划应该按部门进行。

3. 采购实施人员管理。采购活动的实施是整个采购环节的核心，如果该环节出现问题，就会导致本业务流程出现间断的现象，最终使业务活动失败。在实施采购活动的过程中，采购人员能够控制整个业务过程，如果能做好采购实施人员的计划管理，就有利于高效地完成采购业务活动。采购活动实施人员的计划应该包括的内容有：采购活动实施的人员安排，例如在企业中会安排不同采购人员负责不同项目或区域的采购活动；采购活动实施人员的行为规范和有关的岗位责任制度，包括责权对等制度；采购活动实施人员的差旅费标准控制和资金调度限额的规定。

4. 货物验收人员管理。制订验收人员计划的目的是保证采购物料和劳务的质量和安全，主要是对仓库管理人员的使用进行规划。主要内容有：仓库管理人员的数量安排以及需要具备的素质标准；仓库管理责任制度的制定；货物验收过程中人员行为规范和主要程序；人员结构与人员工资成本之间的关系。

二、采购中期控制

采购中期控制，即事中控制，是指对实际采购过程中的部门、人员、资金、物料或劳务、业务程序等方面，按照内部控制的方法和原则开展全面的控制活动。采购活动的事中控制是本业务循环的最主要内容，也是实现内部控制目标的关键。

（一）采购部门与岗位管理

主要的控制措施是组织机构的设置、人员岗位责任分工和业务授权审批程序。

1. 组织机构的设置。设置合理有效的组织机构是采购活动顺利进行的组织保证，其中最重要的两个部门是采购部门和财会部门，采购部门主要负责采购活动的实施，财会部门主要负责付款业务。除此之外，采购业务还涉及企业预算和计划部门、物料或劳务的使用部门、验收部门和仓库保管部门。组织机构控制的原则，主要是责任和权限明确，岗位适当分离和有效制衡。

（1）采购业务部门。采购部或采购科主要负责建立、实施本企业和供应商、市场主体的采购契约关系，编制和处理请购单、签署采购订单或合同，并执行企业的采购流程，保证资金的合理有效使用，主管人员或审核授权人员还要负责审核采购发票的内容是否完整、合法，最后采购部门要对采购活动的全过程进行控制和监督。

（2）预算或计划部门。通常，预算或计划部门的任务是编制、汇总、实施和监控企业的采购计划和资金预算。主要的控制内容有：按照年度、半年、季度、月份等会计期间编制采购业务计划，并进行规定的审批程序；当采购活动实际情况与采购计划出现差异时，负责办理采购计划的调整手续；监控采购计划的执行情况，对偏离计划的差异进行分析，查明原因并提出解决方案；对日常的采购活动进行管理。

（3）物料或劳务的使用部门。这些使用部门是形成采购需求的主要动因，也是接受采购物料或劳务的部门，使用部门在企业采购政策和程序的约束下，提出采购申请和对采购对象的具体要求。使用部门主要的控制内容有：考察部门物料或劳务的短缺情况，及时向主管部门或采购部门上报本部门的采购申请；按照规定格式编制请购单据，并经过审批程序报送给有关部门；评价供应商的劳务或物料质量和服务等信息，监督采购实施过程。

（4）物料或劳务的验收部门。必须强调，验收环节也是采购活动过程中重要的控制措施，验收部门要按照合同的标准，负责对购进物料或劳务的数量、规格、质量等属性进行检查。具体的控制内容有：根据购进物料或劳务的验收结果，评价供应商的产品质量，协助采购部门的供应商选择决策；按照使用部门的要求制定验收标准，并将信息传达给采购部门；制定有关的验收程序和验收人员管理制度，对购进的物料或劳务进行实际的验收工作。

（5）仓库管理部门。仓库管理部门是采购领域的前沿阵地。主要控制内容有：负责制定仓库管理制度，对接近采购商品的人员进行控制，例如出入库的登记制度；根据库存商品的数量等信息，负责审核使用部门的请购单；仓库管理部门自身需要使用的商品的请购；按照企业规定的要求妥善保管采购商品。

（6）财会部门。财会部门负责对采购付款活动的资金运动过程进行控制，并确认、计量采购业务活动的会计信息，以及进行采购资金的结算和使用控制。财会部门主要的控制内容有：负责制定采购资金预算和使用规范；传递采购资金运动的结算单据和凭证；设置专门管理采购业务的会计岗位；对采购经济活动进行会计核算。

2. 人员岗位责任分工。企业应该建立采购业务的岗位责任制，明确有关部门和岗位的职责、权限，确保办理采购业务的不相容职务相互分离、制约和监督。任何企业不得由同一部门或人员办理采购业务的全部过程。采购业务不相容职务至少包括：

（1）请购与审批。采购业务申请必须由使用部门提出，例如生产、行政管理、仓库等部门。请购申请的审批由申请部门之外的采购部门或其他授权部门负责实施。

（2）询价与确定供应商。采购询价人员负责与采购商品供应商进行讨价还价，如果由询价人员进行供应商的选择，就可能产生舞弊行为，所以企业应该规定采购询价人员不得负责选择供应商。

（3）采购合同的订立与审订。采购合同是进行采购活动的纲领，采购合同的签订、谈判主要由采购部门人员完成，审订业务是对采购合同的监督。为了保证采购合同的内容真实合法，合同的订立与审定职责应相分离。

（4）采购的实施与验收。采购活动的实施主要是对采购商品、资金的管理和控制，验收部门的工作是对采购活动的监督。按照监督和执行业务分离的原则，执行采购的岗位要和验收岗位相分离。

（5）采购、验收与相关会计记录。有关的会计记录，例如采购物料的成本记录、验收商品的历史成本信息，都是对采购、验收等环节的监督依据，所以采购、验收及仓库保管人员不得担任会计核算工作。购进劳务的使用部门主管不得兼任会计记录工作。

（6）付款审批与付款执行。企业采购资金的管理主要是付款的执行与审批，付款审批由使用部门主管和财务主管负责，付款执行由出纳员或采购执行人员负责，付款的审核人员不得执行付款业务。为了保证采购资金的安全使用，付款的审核与执行人员不能同时负责询价和选择供应商的业务。最后，付款执行和记录岗位要分离。

为使于掌握，现把采购领域不相容职务总结如下（见表 9－1，灰色部分为不相容职责）：

表 9－1　　　　　　　　采购领域的不相容职责

采购业务领域	批准	执行	记录	控制
批准新建供应商				
批准可以接触供应商主文档资料				
填写请购单				
批准请购单				
填写采购单				
批准采购单				
发送采购单给供应商				
填写进料验收单				
收货				
比对三方凭证：发票、采购单、进料验收单				
制作应付账款凭证				
复核应付账款凭证				
批准付款				
准备支票				
核准盖章				
将支票交给供应商				
制作付款凭证				
复核付款凭证				
总账和明细账核对				
编制银行余额调节表				

3. 业务授权审批程序。业务授权审批是对组织机构设置和人员岗位分工的权责管理机制，企业应当建立严格的授权批准制度规范采购业务操作，明确采购业务的审批人对审批事项及授权批准方式、权限、程序、责任和有关控制要求，同时还要规定采购业务执行人员的职责范围和行为准则。具体的控制内容有：

（1）审批人员或部门应该遵循采购业务授权审批制度的规定，在授权范围内开展审批活动，不得进行越权审批。

（2）业务执行人员应该在权责范围内按照审批意见进行采购业务活动。执行人员要监督审批人的行为，对于越权审批的采购业务，业务执行人员有权拒绝进行，并要向有关高层管理人员或部门报告。

（3）对于金额较高、技术性较强的采购业务，企业应该聘请有关专家进行论证，进行集体决策和审批，防止出现个别人员的决策失误，从而造成严重损失。禁止任何未经授权或审批的部门和个人实施采购业务。

（4）企业应当按照规定的业务流程进行采购活动，做好请购、审批、采购、验收、付款等业务环节的衔接和配合工作，并在采购各环节设置相关的记录，填制相应的凭证。建立完善的采购登记和记录制度，加强请购程序、采购订单、验收和入库登记、采购发票等文件资料的相互核对工作。

4. 业务记录控制。企业应当按照请购、审批、采购、验收、付款等规定的程序办理采购业务，并在采购各环节设置相关的记录、填制相应的凭证，建立完整的采购登记制度，加强请购手续、采购订单或采购合同协议、验收证明、入库凭证、采购发票等文件和凭证的相互核对工作。

为实现采购控制目标，企业应建立以请购单、合同、验收单、入库单等结算凭证为载体的业务记录控制系统。在该系统中凭证要连续编号、记录，签字盖章，做到账证、账账、账表、账实相符，并且检查有编号签字的凭证与记录是否按程序要求处理，这样可以有效防止经济业务的遗漏和重复，并可检查是否存在舞弊现象。

5. 往来账户管理。企业的采购业务有很大一部分都利用了商业信用，采取了应付账款和预付账款等形式，所以建立往来账户管理制度，这是付款控制的重要部分。企业应该加强预付账款和订金的授权审批管理，使其规范化。企业还要定期核对应付账款、应付票据等往来账的明细账，对各个供应商的账户余额等信息进行分析和控制。另外，企业财会部门还要分析供应商的信用政策，充分利用信用杠杆，延长付款期限，降低资金使用成本。

6. 建立严格的退货、退款管理制度。企业采购和验收部门在检查购入商品时，如果发现采购的商品出现数量、规格、种类和质量不满足合同要求等问题，应该及时和供应商取得联系，决定是否退货或者要求供应商给予一定的折扣，并制定有关退货条件、退货手续和退货货款回收的执行程序和制度，使退货退款业务规范化。按照退货条件进行退货业务时，应该凭退货通知单并要经过审批程序才能办理退货和退款。如果企业要求供应商提供折让，应该按照合同约定和供应商进行协商，确认责任后及时由相关部门审批，并由财会部门进行款项的结算和收回，会计人员还要核算应付账款和银行存款等账户，核销有关金额。

第二节 采购控制的流程

对于企业采购环节而言，需要根据其业务流程步骤与控制点来确定控制流程。总体而言，这几个方面是值得关注的：采购申请和采购计划，编制、审定采购实施方案，选择确定采购价格及供应商，签订采购合同，跟踪监督合同执行，采购物资验收入库，发票校验、货款支付及核算记账，定期清理、关闭合同。采购业务的控制流程如图 9－1 所示。

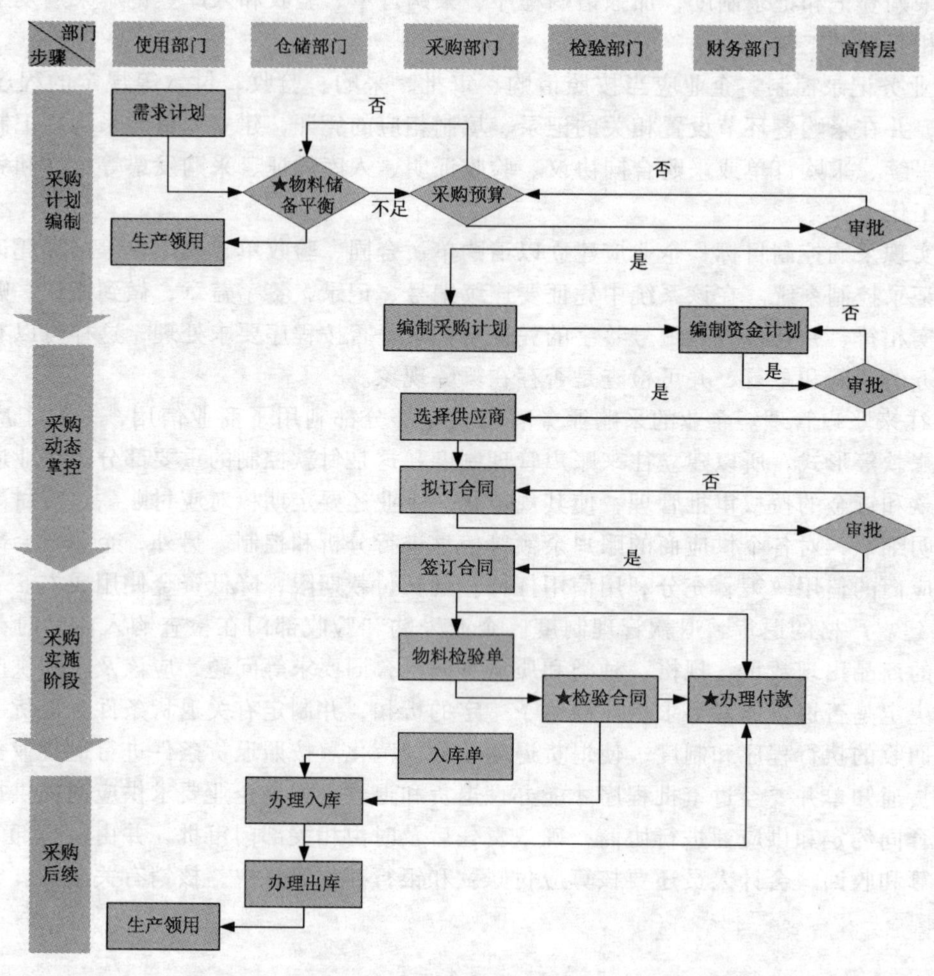

图 9－1 采购业务控制流程图

第三节 采购控制关键点

企业在建立与实施采购内部控制中，至少应当强化对下列关键方面或者关键环节的控制：在职责分工、权限范围和审批程序中应当明确规范，机构设置和人员配备应当科学合理；在请购事项方面，应当明确，请购依据应当充分适当；采购行为应当合法合规，采购与验收流程及有关控制措施应当明确规范；在付款方式和程序、与供应商的对账办法上，应当有明确规定。现详细阐述以下几个控制关键点（见表 9－2）：

表 9－2 采购业务的风险与关键控制点

序号	子流程	应对的风险	控制点描述
1	采购计划和采购申请的审批	采购未经适当授权和审批	每月末，编制下月采购计划，采购计划提交企业领导审批
2	采购计划和采购申请的审批	采购未经适当授权和审批	采购人员根据审批的采购计划编制采购申请单，采购申请单列明拟采用的采购方式、采购量以及金额等信息，采购申请单按企业规定的审批权限进行审批
3	采购合同的签订	采购未经适当授权和审批	采购经办人员负责填写对外签订合同审批单，审批单后附合同草稿以及必要的有关记录招标结果、谈判结果、询价结果的文件，并需经合同管理部门、生产部和财务部等相关部门会签以及企业总经理审批
4	到货验收	采购不合格的货物	由独立的验收部门或指定专人对所购物品或劳务等的品种、规格、数量、质量和其他相关内容进行验收，出具验收证明
5	应付账款、其他应付款的确认	多计或少计应付账款	货物或劳务验收后，应核实订货单、验收单以及供应商开具的供货发票，经核对一致无误，查阅预付款情况及各项付款条件
6	付款审批	采购交易未能在账上得以及时、真实、准确和完整地反映	采购经办人员填写付款申请单，申请向供应商支付到期应付款项。付款申请单须后附采购合同、发票、入库单等原始单据，按审批权限对付款申请单进行审批后由财务部安排付款

一、职责分工及审批制度

（一）职责分工

企业应当建立采购业务的岗位责任制，明确相关部门和岗位的职责、权限，确保办理采购业务的不相容岗位相互分离、制约和监督。

企业采购业务的不相容岗位至少包括：

1. 请购与审批。企业物品采购应由使用部门根据其需要提出申请，并经分管采购工作的负责人进行审批。

2. 供应商的选择与审批。企业应由采购部门和相关部门共同参与询价程序并确定供应商，但是决定供应商的人员不能同时负责审批。

3. 采购合同协议的拟订、审核与审批。企业应由采购部门下订单或起草购货合同并经授权部门或人员审核、审批。

4. 采购、验收与相关记录。企业采购、验收与会计记录工作职务应当分离，以保证采购数量的真实性和采购价格、质量的合规性、采购记录和会计核算的正确性。

5. 付款的申请、审批与执行。企业付款的审批人与付款的执行人职务应当分离，付款方式不恰当、执行有偏差，可能导致企业资金损失或信用受损。

（二）授权审批制度

企业应当建立采购业务的授权制度和审核批准制度，并按照规定的权限和程序办理采购业务。有条件的企业或企业集团，采购职责权限应当尽量集中，以提高采购效率，堵住管理漏洞，降低成本和费用。

企业应明确审批人对采购业务的授权批准方式、权限、程序、责任和相关控制措施，规定经办人办理采购业务的职责范围和工作要求。根据采购业务，控制的审批要点主要包括：企业的生产计划部门一般会根据顾客订单或者对销售预测和存货要求的分析来决定生产授权；企业对资本支出和租赁合同通常会特别授权，只允许特定人员提出请购；企业对于重要和技术性较强的采购业务，应当组织专家进行论证，实行集体决策和审批，防止出现决策失误而造成严重损失；采购合同的签订需经有关授权人员审批；采购款项的支付应经有关授权人员审批。

（三）业务记录控制

企业应当按照请购、审批、采购、验收、付款等规定的程序办理采购业务，并在采购各环节设置相关的记录，填制相应的凭证，建立完整的采购登记制度，加强请购手续、采购订单或采购合同协议、验收证明、入库凭证、采购发票等文件和凭证的相互核对工作。

为实现采购业务控制目标，企业应建立以请购单、合同、验收单、入库单等结算凭证为载体的业务记录控制系统。在该系统中凭证要连续编号、记录，签字盖章，做到账证、账账、账表、账实相符，并且检查有编号签字的凭证与记录是否按程序要求处理，这样可以有效防止经济业务的遗漏和重复，并可检查是否存在舞弊现象。

二、请购与询价控制点

采购申请一般由使用部门提出或由仓储部门提出，物资供应部门根据采购企业的采购申请，根据年度采购计划、工程用料计划和库存消耗定额编制月度采购计划，由部门主管或其授权人员审核是否合理，若合理则签字认可交采购部门，金额巨大或特殊采购应由主管副总经理审批。

（一）请购控制

请购环节可能存在的风险主要包括：请购不应采购的货品，请购货品超量，请购人混淆不清。这些问题可能造成企业的库存积压、增加不必要的开支、资金效率低、负债增加或现金流不充足。为了防止这些问题的发生，企业应当建立采购申请制度，依据购置商品或服务的类型，确定归口管理部门，授予相应的请购权，并明确相关部门或人员的职责权限及相应的请购程序。

企业采购需求应当与企业生产经营计划相适应，具有必要性和经济性。需求部门提出的采购需求，应当明确采购类别、质量等级、规格、数量、相关要求和标准、到货时间等。不同的需要有不同的确定和提出请购的方法，不同的需要由不同的授权部门提出采购申请。

1. 原材料或低耗品的请购程序。材料或低耗品的请购首先由生产或使用部门根据生产计划或近期签发的生产订单和通知单提出请购单。仓库管理人员收到请购单以后，应将材料或低耗品的库存情况同生产部门需要的数量进行比较，当使用部门所需要的数量超过库存数量时，就应签字同意请购。不同企业的采购管理方法存在差异，例如从事大批量生产的企业，仓库管理人员拥有较多的管理信息，可以根据库存材料是否达到最低库存标准执行请购程序，然后由采购部门和使用部门进行审批。

2. 日常物料或劳务的请购。企业各部门日常的商品采购申请由使用部门直接提出，请购单上要注明购进商品的用途、数量、质量等信息，并且要取得本部门主管的批准和财务资金管理人员的审核，最后由采购部门执行具体的采购活动。

3. 例外采购商品的请购程序。例外采购商品是指企业不经常发生的或收益期较长的物料或劳务，其中劳务居多，例如财产保险、独立审计、广告策划和法律顾问等服务项目。由于此类请购不经常发生，企业一般不设长期岗位，而是指定专人进行请购活动，由这些人员选择保险企业、会计师事务所和广告商等。

有条件的企业应当设置专门的请购部门，对需求部门提出的采购需求进行审核，并进行归类汇总，统筹安排企业的采购计划。

提出物品和劳务的需要是采购环节的开始，企业可以根据不同的需要制定不同的请购审批制度。企业生产经营需求量比较多的原材料、零配件等物品，由采购部门、财会部门、业务主管部门的人员共同参与请购的审核，由本企业授权采购负责人审批。请购单一式三联，注明请购部门，请购物品名称、规格、数量、要求到货日期及用途等内容。重要物品或劳务的请购应当经过决策论证和特殊的审批程序；零星需要的物品，通常由使用者根据实际需要直接提出，不经采购部门签批。使用者在请购单上一般要解释请购目的和用途，经使用部门主管审批，并经财会部门同意后，交采购部门办理采购；紧急需求的特殊请购制定特殊审批程序；遇特殊原因需取消申请时，原请购部门应通知采购部门停止采购，采购部门应在原请购单上加盖“撤销”印章，并退回请购部门。

（二）询价控制

企业应当加强采购业务的预算管理。对于预算内采购项目，具有请购权的部门应当严格按照预算执行进度办理请购手续；对于超预算和预算外采购项目，应当由审批人对请购申请进行审批，设置请购部门的，应当由请购部门对需求部门提出的申请进行审核后再行办理请购手续。企业对预算的管理，也就意味着必不可少的要加强询价控制。

设置专职询价员，询价员不参与采购谈判和采购决策。除特殊情况外，须向两家以上合格供应商询价，询价单要统一编号，返回的询价单由专人统一管理，并将报价数据放进报价信息数据库。为确保价格机制透明，企业应制定合理的询价程序，并重点了解供应商的相关情况。控制措施有：定期了解供应商的基本资料，如产品价格、质量、供货条件、信誉、售后服务以及供应商的设备状况、技术水平和财务状况等，为企业采购决策提供可靠信息；对潜在供应商应就其质量、技术、财务状况的可行性进行调查；对于大宗和重要物品的采购，应建立由采购、技术等部门参与的比质比价体系，综合考虑价格、质量、供货条件、信誉和售后服务等；对某些采购可以采用招标方式，在满足采购方物品质量、送货时间等要求的情况下，以公开方式进行，招标不能以价格作为唯一因素；对于零星物品的采购，由于采购量低、价格也不高，采用上述方式采购成本会过高，一般授权直接采购，但也应形成由独立的人员抽样暗访的制度；就以上各因素确定目标价格并与相关供应商协商以达到最优价格。

三、采购与验收控制点

询价程序完成后，采购部门须作出以下决定：根据资产存储情况，确定采购物品的批次和数量；根据询价控制制度，选择最有利于企业生产和成本最低的供应商；将请购单一联退请购部门，以示答复，一联退财会部门筹备资金，一联采购部门作为签订购销合同的依据。

（一）采购控制

业务或采购部门在接到请购单后，与采购计划核对，审核采购申请的合理性，对合理的采购申请核算出采购额后，由采购部门主管或其授权人员签字认可；交财务部对采购申请与资金预算进行核对，审核其合理性并由部门主管或其授权人员签字认可。

企业应当建立采购与验收环节的管理制度，对采购方式确定、供应商选择、验收程序及计量方法等作出明确规定，确保采购过程的透明化以及所购商品在数量和质量方面符合采购要求。

企业应当建立供应商评价制度，由企业采购部门、请购部门、生产部门、财会部门、仓储部门等相关部门共同对供应商进行评价，包括对所购商品的质量、价格、交货及时性、付款条件及供应商的资质、经营状况、信用等级等进行综合评价，并根据评价结果对供应商进行调整。采购部门必须随时寻求新的供应商，以利于企业的运作以及降低企业的成本。图9－2是某知名企业供应商的选择流程。

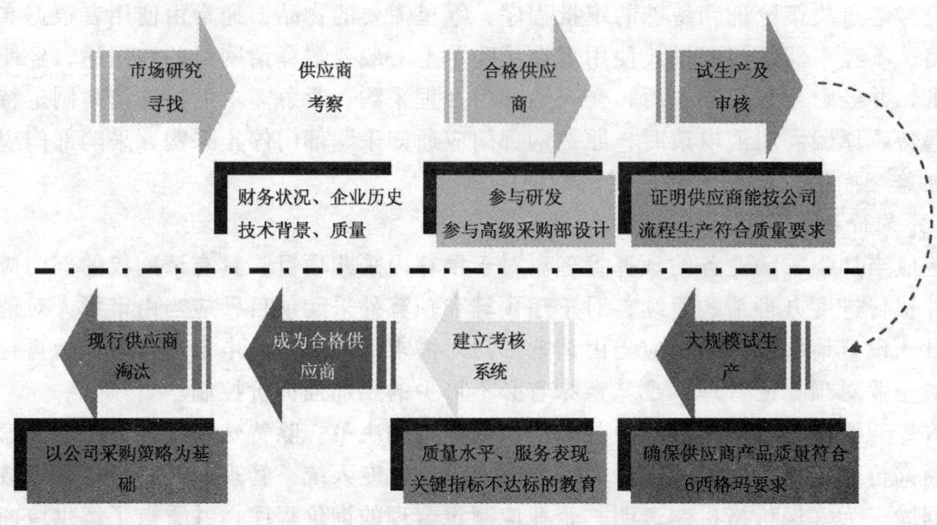

图9－2 某知名企业供应商的选择流程

企业应当对紧急、小额零星采购的范围、供应商的选择作出明确规定。

无论何种需要的请购，采购部门在收到经过审批的请购单后都必须作出以下3方面的决定：应订购多少，向谁发出订货单，什么时候发出订货单。

1. 订购数量的控制。首先，由采购人员审查每一份请购单是否在执行后又重复提出，请购数量、品种是否合理，是否在控制限额的范围内。其次，对大量采购的原材料、零配件、商品、物资等进行各种采购数量对成本影响的分析，分析的内容主要是将各种请购项目进行有效归类，然后利用经济批量法测算成本及采购的批次和数量。对请购数量不大或零星采购物品，采购批量的成本分析控制可对照资金预算来执行。

2. 向谁发出订货单。购货部门在正式填制购货订单前，必须向不同的供应商索取供应物品的价格、质量指标、折扣和付款条件以及交货时间等资料。应比较不同供应商所提供的资料，选择最有利于企业生产和成本最低的供应商。对于一些大宗的交易，采购部门还应当采用一套有效的指标程序来进行。

3. 何时发出订货单。为了生产经营的正常进行，避免存货资产的闲置，存货管理部门人员在接到请购单后，对存货应运用经济批量法和存货最低点法进行分析，决定什么时间请购最为合适，并在请购单上签署意见，由部门授权人审批。

在上述3方面的决定作出之后，应将请购单一联退请购部门，以示答复，一联退仓库准备验货，一联退财会部门筹备资金，一联退采购部门作为签订购销合同的依据。

采购部门根据签批后的请购单，应及时与确定的供应商签订符合国家法规的附有编号的购销合同，在合同中要列出所购物品的品名、规格、数量、单价、交货日期、交货方式、折扣条件、售后服务等内容，作为供销双方共同遵守的契约。对采购合同必须按照采购权限规定，由各级授权人进行审核，审核同意后，才能加盖合同专用章。在向供应商发出订货单之前，还必须由专人核查订货单是否授权审批，以及是否有经批准的请购单作为支持凭证，确保订货单的有效性。采购合同一般一式四份，一份交供货商请求发货，一份由采购部门专人保管，负责合同的执行，一份交财会部门以监督合同的执行，一份交仓库保管部门作为验收物品时与发票核对。

对某些采购数量不大，不经常采购的物品，也可以不签订合同而直接购买，以简化手续，加快进货速度。

（二）验收控制

货物到达后，由仓储部门指派验收人员对货物进行实物计量，并与货运单、订购单进行核对。验收的标准包括：品名与规格、数量、品质、凭据等。企业应当根据规定的验收制度和经批准的订单、合同协议等采购文件，由专门的验收部门或人员、采购部门、请购部门以及供应商等各方共同对所购物品或服务等的品种、规格、数量、质量和其他相关内容进行验收，出具检验报告、计量报告和验收证明。

对验收过程中发现的异常情况，负责验收的部门或人员应当立即向有关部门报告，有关部门应当查明原因，及时处理。

为了达到控制目的，验收入库的职能必须由独立于请购、采购和财会部门的人员来承担。收货部门应根据购销合同的数量和质量的要求，独立地检验收到的物品。收货人员在货运单上签字之前，应通过计数、过磅或测量等方法来证明货运单上所列货品的数量。收货部门还应在可能的范围内对物品的质量进行检验，对有技术要求的物品应将部分样品送交专家和实验室进行质量检验，将验收单或检验报告单或作为入库单的一项内容，发现问题应及时报告并按批准意见处理。对于已经检验的物品由保管人员将发票、购销合同、请购单进行认真核对，同时点收实物的数量和质量，核对无误后填写按顺序编号的入库单。入库单一式三联，注明供应商名称、收货日期、物品名称、数量、质量以及运货人名称等内容。保管员在入库单签字后，将其一联留存，登记仓库台账，一联随有关凭证送交财会部门，办理结算，一联退回采购部门与购销合同、请购单核对，核对后归档备案。

（三）审核控制

对购货业务的各种凭证进行严格的审查，是保证业务的合法、合理、符合内部控制制度的重要手段。财会部门在正式记录采购业务、支付货款之前，应对各有关部门送来的各种原始凭证，包括发票、运费收据、代扣代收税款、入库单以及购销合同、请购单等进行认真的审查、核对。不仅要审查每一凭证的购货数量、金额计算的正确性，还要检查各种凭证之间是否内容一致、时间统一、责任明确、手续清楚等，如果发现问题，应及时查明原因，分清责任，合理解决。

四、货款支付的控制点

付款环节的主要风险包括：付款给非供应商、对未经核准的采购进行了支付、重复付款、开具支票未及时入账。这可能导致货款支付业务没有记录、负债和资产的高估、错误付款、资产流失、企业内部人员贪污。因此，企业的财会部门应对发票、运费单、验收单、入库单以及其他有关凭证审核，并与合同进行核对，经企业授权人审批后向供应商办理结算。货款到期后，应及时支付，以维持企业良好的信用。采购需预付货款或订金的，应适当授权后才能支付，并需收到供应商的相关票据。企业采用赊账方式购买物品，由此而形成的债务结算业务也必须加强控制。具体要求是：应付账款的入账必须在发票等凭证经企业授权人审批后方可入账；由专门人员定期与供应商核对账目，如果对账中发现问题，应及时查明原因，分清责任，按有关规定处理，确保双方的账目相符；按双方事先约定的条件及时清理债务，支付欠款后，依据相关凭证登记账簿。

（一）付款控制

财会部门应当参与商定对供应商付款的条件。企业采购部门在办理付款业务时，应当对采购合同协议约定的付款条件以及采购发票、结算凭证、检验报告、计量报告和验收证明等相关凭证的真实性、完整性、合法性及合规性进行严格审核，并提交付款申请，财会部门依据合同协议、发票等对付款申请进行复核后，提交企业相关权限的机构或人员进行审批，办理付款。

付款环节表示采购业务的结束。一般由财会部门根据审核后的发票、运费单、代扣代收税款凭据、质检部门出具的验收单、仓库开具的入库单以及其他有关凭证与合同规定的付款条件和发货情况进行核对，核对无误后经企业授权人审批后向供应商办理结算，并作相应的采购的账务处理。图 9－3 列示了付款控制流程。

对于现金支付的交易，为了强化内部控制，还应当提倡根据付款凭证而不是原始凭证支付现金，即财会部门在接到发票等原始凭证后，先由部门授权人审核批准，再由会计人员据其编制付款凭证，注明会计科目、款项用途及金额等，交给出纳员由其根据付款凭证列出的金额支付现金，并登记现金日记账，然后将付款凭证退交财会部门，以便登记总账和明细账。这样，出纳人员应付出多少现金财会部门已经记录在案，更有利于形成控制关系。

企业采用赊账方式购买物品，必然形成债务，由此而引发债务结算业务也必须加强控制。具体要求是：

1. 应付账款的记录必须由独立于请购、采购验收、付款的职员来进行，以保持采购环节中得到有效的控制，防止错误和欺诈的发生。

2. 应付账款的入账还必须在取得和审核各种必要的凭证以后才能进行。审核内容主要包括：原始凭证是否齐全、日期和货物内容是否一致，验算它们之间的数量、价格，加总合计是否正确。

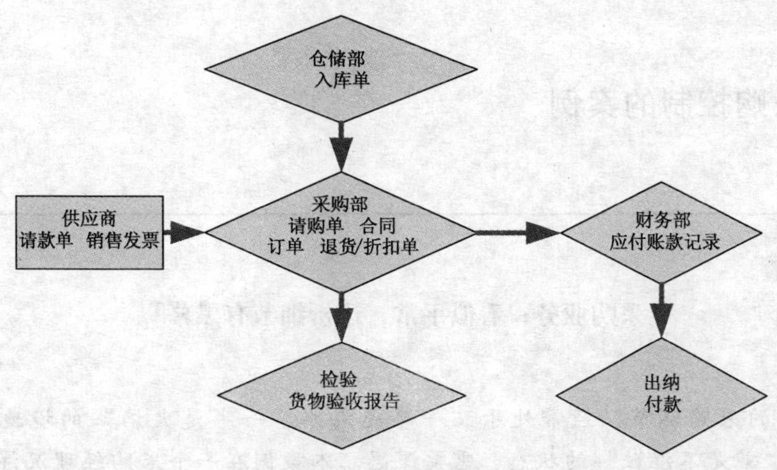

图 9-3 付款控制流程图

3. 对于有预付货款的交易，在收到供应商的发票后，应将预付金额冲抵部分发票金额后记录应付账款。

4. 必须分别设置应付账款的总账户和明细账。

5. 总账根据汇总的应付凭单登记，明细账分债权人根据发票登记。

6. 每月末来自供应商的对账单必须同应付账款明细账余额相核对。这项工作应由财务经理或其授权的、独立于应付账款明细记录的职员来办理。

财会部门在办理付款业务时，应当对购货发票、供应商发票、结算凭证、订购单、验收单以及入库单等资料的真实性、完整性、一致性、合法性进行严格审核。对于未经核准的款项不能支付，对于上述资料不全的款项，应要求补齐资料后，才能支付。对于采购需预付货款或订金的，应适当授权后才能付出，并收到供应商的相关票据。预付款最好通过银行结算。当收到供应商产品和发票后，应将预付款冲抵后记录应付账款，并支付余额。应付账款在约定付款到期后，应及时支付，以维持企业良好的信用。财会部门每月底对于每月末结清的预付明细账应及时与供应商核对，保证预付款的准确性，并分析其账龄。

（二）退货和折让控制

企业应当建立退货管理制度，对退货条件、退货手续、货物出库、退货货款回收等作出明确规定，及时收回退货款。

采购部门接到收料单后与采购合同核对，相符则登记采购登记簿，不相符，如数量缺少则与供应商联系要求补足，如质量问题则应考虑是退货还是要求供应商给予折让。决定退货的应填制退货通知单，授权运输部门退回，在获得物资供应站的退货单后编制借项凭单，借项凭单连同退货单送交财会部门。借项凭单的内容包括供应商名称、退货数量、价格、日期以及金额计算等。

第四节 采购控制的案例

成败案析

采购业务：看似平常，透析细节有黑幕[①]

【案情扫描】

置身企业的采购环节，经常处于“一半是海水，一半是火焰”的境地，如何保持“常在河边走，就是不湿鞋”的状态，需要深思。本案例在一个采购经理沉浮的案件中剖析一个企业的采购内部控制制度。

本是实权在握的国有企业工作人员，却没有将权力释放在规定的活动，而是利用职务上的便利，骗取国有财产64余万元，面对法院的终审判决，被告人刘某不得不低下头，吞下自己“精心隐藏”7年的苦果，等待他的将是15年的牢狱生活。自导自演这一悲剧的是风华正茂的原上海同协技术工程企业（以下简称同协）轻纺工程部经理。

1992年11月，山东某企业向同协求购精疏机一套，但当时同协没有购买此类机械的配额。头脑活络的刘某想出一个办法，利用其他企业的配额到上海纺机总厂定购。随后，刘某将本企业的45万余元划入纺机总厂。然而，1993年初，他代表企业到纺机总厂核账时发现，纺机总厂财务出错：把已提走的设备，当作其他企业购买，而他划入的45万余元却变为同协的预付款。于是，一场偷梁换柱的把戏开始上演。1993年3月至4月，刘某派人到纺机总厂以同协的名义购买混条机等价值60余万元的设备。因为有了45万余元的“预付款”，刘某仅向纺机总厂支付了15万元。随后，他找到了亲戚经营的大发纺织器材企业，开出了同协以67万元的价格购得这批设备的发票。而同协不知内情，向大发企业支付了全部购货款，刘某从中得利52万元。1993年7月至10月期间，刘某又以相同手段骗得同协11万余元，占为己有。1993年底，刘某终于梦想成真，开办了自己的企业——中岛纺织机械成套设备企业，并担任法定代表人。

2000年上半年，纺机总厂发现45万元被骗，向公安机关报案，刘某随后被捕。法院认定刘某贪污公款64万余元，构成贪污罪，判处刘某有期徒刑15年。

同协在其采购经理出事后，暗下决心，防微杜渐。企业根据其生产经营的业务流转特点，制定了企业材料采购业务内部控制制度，并经过企业董事会审议后统一实施。在先后4年的采购制度实施过程中，尽管没有出现重大问题，但是一些小的漏洞与问题也层出不穷。注册会计师在提供企业年度财务报告审计时，也曾经调阅过相关制度。通过摘要其内部控制制度的核心内容，可将相关要点表述如下：

---

① 本案例素材取自作者曾经现场审计过的一家企业的基本情况，由作者改编成采购管理与控制的案例，基于企业方面不愿对外披露其管理与控制态势的原因，此处对其公司名称进行了技术处理。

(1) 首先由企业仓储管理科根据库存和生产需要提出材料采购业务申请，填写一份材料请购单，并交给企业采购部门批复。

(2) 企业采购部门根据前制定的采购计划，对材料请购单进行审批。如符合计划，便组织采购，否则请示企业总经理批准。

(3) 决定采购的材料，由企业采购部门填写一式二联的材料订购单，其中一联由企业采购部门留存，另一联由采购部门交给材料供应企业。采购员凭材料订购单与材料供应企业签订供货合同。

(4) 供货合同的正本留企业采购部门并与材料订购单核对，供货合同的副本分别转交仓库和财务管理部，以备查。

(5) 采购来的材料运抵仓库，由仓库保管员验收入库。验收时，将运抵的材料与采购合同副本，供货企业发来的发运单相互核对。然后填写一式三份的验收单，一联仓库留存，作为登记材料明细账的依据，一联转送供销科，一联转送财务科。

(6) 企业采购部门收到验收单后，将其与采购合同的副本、供货企业发来的发票、其他银行结算凭证相核对，确定此采购业务的完成情况。

(7) 财务管理部科接到验收单后，由主管材料核算的会计，将验收单与采购合同副本、供货企业发来的发票、其他银行结算凭证相核对，以相符或不符作为是否支付货款的依据。

(8) 应支付款的，由会计开出付款凭证，交出纳员办理付款手续。

(9) 出纳员付款后，在进货发票盖“付讫”章，再转交会计记账。

(10) 财务管理部的材料明细账，定期与仓库的材料明细账核对。

【案例评述】

首先来剖析采购经理的教训。一个普通的采购经理，利用手中的职权和相关内部控制的漏洞，竟采用相同的伎俩两次贪污公款共64万多元，这个案例不能不引起我们反思其内部控制究竟出了什么问题，会给犯罪分子以可乘之机。

(1) 从同协企业角度来看，其采购业务的相关职务未分离。一般而言，健全的采购业务中，采购员、审批人和执行人、记录人应分离。如果其中关键的职务没有分离，那极有可能发生舞弊，同协企业就是这样的案例。工程部经理刘某利用手中的职权，未经审批就私下决定向纺机总厂购买价值60万元的设备，这已经暴露出了授权审批控制的弱点。本来应该有第三方执行付款，并与纺机总厂核账，但令人惊讶的是，核账竟然也是刘某一人所为。所以，采购、审批、执行和记录的职务分离漏洞给了刘某可乘之机，使其掩盖了同纺机总厂的交易问题，进而上演了后来偷梁换柱的把戏。

另外，同协企业的验收和付款也存在漏洞。付款员明明将67万款项划给了大发企业，这纯粹是刘某利用其亲戚的关系虚构的交易，如果验收员按照同大发企业签订的购货合同上写明的条款以及发货发票来仔细验货，是不难发现刘某冒用大发企业的名义却购进了纺机总厂价值仅60万元的设备的偷梁换柱的把戏。一般而言， 财会部门应该在按购货协议划出款项之后将购货单和购货发票转到验收部门，而验收部门应该收到财会部门转来的购货单和购货发票副联仔细查验其发货企业、收到货物的数量和质量后签收。但是同协企业没有做到，验收部门根本就没有仔细查验发货企业，以致刘某的把戏得以蒙混过关，使同协企业支付了67万元买进了价值60万元的设备，白白损失的7万元落入了刘某的腰包。

(2) 从轻纺总厂的角度看，其内控存在的问题也不容忽视。首先，从职务分离来看。对于轻纺总厂来说，这是一笔销货业务。收款、发货和记录应该分离，使这些职务相互查验和监督，以防止因一人操纵关键职务而发生错误和舞弊。收款部门收到同协企业的45万元，财会部门应该在银行日记账借记“银行存款”，其他的职员应贷记“主营业务收入”。但是，由于销售部门、收款部门和财会部门协调不力，同协企业的购货款被记成了预付款项。

其次，轻纺总厂销货业务的执行制度存在问题。企业仓储部门的基本职责是，只有得到一定的授权才能发货。这一授权是取得由销售部门编制和其负责人签字认可的发货通知单来获得的。实际发货的品种和数量应记录在有关账册和发货通知单各副联上，并将其中一联交财会部门做账。在整个发货业务中，发货执行者的行为必须受到其他独立职员(通常是门卫)的监督。

再次，从发货通知单的编制和落实制度来看，轻纺总厂在这方面也存在漏洞。发货通知单的作用首先是将各种不同的客户订单内容，如货物的货号、数量、价格等以完整和规范化的格式反映出来，同时，还能使销售过程中所需的各种授权和批准在发货通知单上得到证明。发货通知单的另一个作用是使各与销售环节有关的部门在执行发运业务或记录有关账册时有书面依据，并通过各环节的签字来监督每一环节中的业务处理工作。如果轻纺总厂建立了健全的发货通知单的编制和核对制度，并真正有效执行，就不可能发生把已提走的设备当作其他企业购买，而刘某划入的45万余元却变为同协企业的预付款这样的事故。

对照《企业内部控制指引第7号——采购业务》，上述案例在控制制度设计方面，存在着以下控制弱点：

一是仓储管理只填一张“材料请购单”，无法核对采购部门所订立的材料是否为本企业所需，也不易发现采购部门未经企业领导批准前自行订货的问题。

二是虽然要求材料采购按计划执行，但对无相应的检查措施，加上对采购业务的批准与执行均由一个部门来负责，因而缺乏必要的控制。

三是采购部门未设立材料明细账，不便于随时掌握材料的收发动态，不便于确定合适的采购时间。

根据该企业内部控制制度的情况，应该适当进行修改完善，主要的改进意见如下：

1. 仓储管理部门填制的材料请购单应为一式三联。

2. 材料采购业务的审批，应由生产计划部门负责，采购部门只负责材料的采购业务。

3. 材料请购单的处理程序应该调整其流程：第一步，仓储管理部门填写材料请购单后，交生产计划科审批；第二步，生产计划部门审批后，一联留存，一联退回仓储管理部门备查，一联交采购部门办理订货和采购手续；第三步，仓储管理部门将批准的材料请购单内容与原定的采购计划不一致的，由企业领导审查批准。

4. 相应增加一份采购合同副本转给生产计划科，以便与批准的请购单相核对。

5. 供销科增加一套材料明细账（可只记数量），以便随时掌握材料的增减变动。

第十章

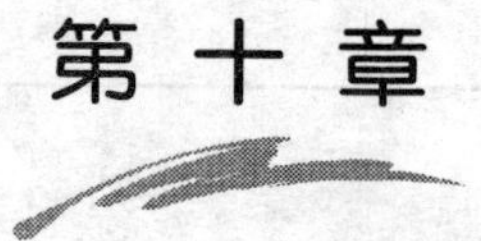

资产管理

资产是企业的有形支柱，既是企业利润产生的母体，也是风险集中发生的领域。本章所阐述的资产是指企业拥有或控制的存货、固定资产和无形资产。企业应当加强各项资产管理，全面梳理资产管理流程，及时发现资产管理中的薄弱环节，切实采取有效措施加以改进，并关注资产减值迹象，合理确认资产减值损失，不断提高企业资金管理水平。

企业资产管理至少应当关注下列大类风险：一是存货积压或短缺，可能导致流动资金占用过量、存货价值贬损或生产中断。二是固定资产更新改造不够、使用效能低下、维护不当、产能过剩，可能导致企业缺乏竞争力、资产价值贬损、安全事故频发或资源浪费。三是无形资产缺乏核心技术、权属不清、技术落后、存在重大技术安全隐患，可能导致企业法律纠纷、缺乏可持续发展能力。

《企业内部控制应用指引第 8 号——资产管理》着力解决企业运营和发展过程中如何管理与控制好资产，形成更加有利于提高企业资金周转效益的控制环境。其主要内容包括：制定指引的必要性和依据，资金的核心内涵、资金控制过程中应关注的主要风险，以及如何存货、固定资产和无形资产控制等，分四章共三十二条。

第一节 存货控制

通常，企业至少应当关注涉及存货管理的下列风险：一是存货业务违反国家法律法规，可能遭受外部处罚、经济损失和信誉损失；二是存货业务未经适当审批或超越授权审批，可能因重大差错、舞弊、欺诈而导致资产损失；三是请购依据不充分，采购批量、采购时点不合理、相关审批程序不规范、不正确，可能导致企业资产损失、资源浪费或发生舞弊；四是验收程序不规范，可能导致资产账实不符合资产损失；五是存货保管不善，可能导致存货损坏、变质、浪费、被盗和流失等；六是存货盘点工作不规范，可能由于未能及时查清资产状况并作出处理而导致财务信息不准确，资产和利润虚增。

建立健全合理有效的存货内部控制，不仅有助于防止存货业务的错误记录和舞弊行为的发生，还能使企业加强成本控制，实施低成本战略，促进企业生产经营持续稳步发展，达到以效益为中心，向管理要效益的目的，是企业实现经营目标的重要保证。

一、存货控制的内容

存货控制的内容可以进一步细分为购入前控制、购入和使用控制、处理控制。每个阶段又有相应的内容。

（一）购入前控制

1. 预算控制。预算控制是对存货的购入种类、数量、质量、价格和绩效的计划控制。此种控制能够使企业有限的资源达到最佳的配置，是开展存货控制和业务管理的前提和基础。

企业的生产经营活动应该保持时间上的连续和空间上的并存，这就意味着应该持有一定数量的生产资料，包括存货等内容。企业各业务部门要根据市场的需求和自身的生产能力、成本控制要求，确定存货采购的经济批量，编制有关的预算，最后经过高层管理人员审核后才能开展采购活动。

（1）存货采购种类控制。存货采购种类控制主要包括：计划部门应根据客户的订单、销售预算和存货市场状况，分析和制定存货的采购种类决策，应该保证与生产计划相匹配，在制定采购策略时还要有应急方案，考虑使用替代品的可能性；财会部门要分析采购计划的财务可行性，特别是库存成本、价格的控制，还要坚持授权审批的原则，由主管部门审核存货采购的综合资料。当审批后的采购计划传递到业务部门，依然要不断调整，作好信息的交流和沟通，不断完善决策结果；确定存货采购种类的过程中，始终要进行监督，防止人为操纵采购计划，出现“吃回扣”现象。对存货的采购预算控制是动态的过程，预算制定部门应该根据实际情况的变化随时调整预算，这是预算环节的事后控制。

（2）存货采购库存量的控制。存货采购库存量的控制主要包括：根据存货的性质决定库存量。对于不允许缺货的存货，应该制定保险库存水平，预算主要解决成本节约问题；对于可以缺货的存货，可以进行软预算，根据实际需要确定库存，甚至可以是零库存；根据企业的经营环境、条件确定库存水平。主要的影响因素有：企业使用物料的稳定性和储存能力；供货商的信誉和保证供货的稳定性、时间长短；企业的运输条件和距离；存货使用结构的显著性，各种存货是否具有使用上的相关性和可替代性。

（3）经济采购批量的预算控制。采取永续盘存制存货管理的企业，应该在出库后清点库存量，包括两个方面：第一，在采购总量确定的情况下，按照数学方法计算固定的经济批量，使采购成本最低。第二，采购批次之间的时间间隔不固定，主要取决于产品生产的存货需要量。

如果企业对存货的管理是定期检查，就要对未来的存货需求量进行预测，根据每次检查库存的结果调整采购时间和数量，这种方式的关键在于检查频率的确定。

业务部门完成存货采购批量的有关预算和决策之后，应该报告最高管理当局审核，批准后才有权执行。

2. 生产业务的趋势分析。存货的重要用途是满足生产的需要，企业在采购存货之前，应该根据企业存货使用的历史资料和市场因素，分析在相连的经营期内产品生产的变动程度，相应调整存货购买的有关决策。另外，按照价值链管理的理念，企业应该将存货决策与财务、销售等流程结合在一起，进行客户关系管理（CRM），供应商、生产商和购买者形成有机系统，这样才能实现存货的使用效率和采购效率。制定和调整生产预算的过程中，生产、财务、销售和库存管理等部门应该协同工作。

3. 自制存货的预算控制。为了满足企业的特种需要和降低存货采购成本，企业都会自制一部分存货，在自制存货生产之前，财务和生产部门应该对自制存货的成本、种类、数量等内容进行预算管理。此环节内部控制的关键是对成本的预算和控制，应该关注以下方面：原材料购买价格的确定和购买过程的控制，成本、费用的分摊是否符合有关规定，防止成本信息失真。

（二）购入和使用控制

1. 存货结算控制。无论是通过哪种方式取得的存货都应该对有关的结算环节进行控制，包括银行存款、现金支付控制和非货币的单据控制。结算控制需要分类实施：对于购入的存货，采购部门应该关注货币资金的控制重点，降低支付风险；对于自制的存货，财会部门进行成本结算时要取得生产过程中耗费情况的有关凭据，还要对成本、费用进行合理的分摊，最终形成产品成本；对于委托加工的存货，取得存货后，企业在结算时应根据实际耗费的材料、支付的费用和税金计算存货的成本，对于采取不同方式加工的存货，财会部门应该明确核算方法；对于投资者投入的存货，企业应该根据有关合同或约定确定存货成本，并保留有关单据；对于捐赠所得的存货，应按照市场价格或重置成本确定其成本，保留有关的所有权证明；对于以其他方式取得的存货，在结算时应该依照会计制度、准则和法规的规定处理。

2. 生产增加的存货控制。企业自己生产的存货，包括一些低值易耗品在生产、使用时，应该关注存货的入库和出库管理。存货生产完毕之后，生产部门应该编制入库单，并交给仓库管理人员、财会部门和生产部门分别持有。存货入库时，仓库管理人员应该根据有关规定和标准办理验收手续，保证产品的数量完整和质量合格，交接完毕后有关人员应该在验收交接单据上签章，以明确责任，最后由仓库的记录人员对产品进行簿记管理，登记产品的名称、规格、库存数量和顾客需求信息。由于使用、销售等原因，存货出库时，应该以生产、销售部门的领料单或销售出库单为依据，仓库管理人员确认单据的真实性后按照核准的数量、规格发出存货。这一过程最好由至少两个人员共同完成，防止发出存货过程中的错误。

仓库管理人员应该对出库单、入库单进行严格管理，并实施连续编号，对于购入和自己生产的存货进行分别管理，这样可以随时掌握材料的成本信息，经过比较后提高经济效益。

3. 存货保管控制。存货保管控制主要对存货的安全和存货储存、使用效率进行控制。具体的控制内容包括：

（1）授权使用。存货的使用需要经过授权审批，并且生产、销售、财务等部门应该保持协调，得到共同授权之后才能使用存货。

（2）库存成本控制。过多的存货闲置会导致企业存货储存成本的增加，降低存货使用的经济效益。仓库会计应该及时与生产、销售部门沟通，反馈存货余缺的情况，保持合理的存货库存水平，既能满足经营活动的需要，又能够节约成本。

(3) 限制接近控制。存货是容易丢失、毁坏的重要资产，应该制定严格的存货限制接近制度，任何人未经许可都不得接触存货以及有关的记录。应该设专人对重要的存货仓库进行保护。

(4) 实物存放控制。应该根据存货的物理性质将其放在适宜的环境中，延长存放时间，防止存货的变质和污染。同时，企业还要注意存货仓库的选址，应该尽量靠近生产车间，特别是沉重、面积较大的存货，这样可以提高使用效率。

(5) 存货抽检制度。存货经常处于快速流动的状态中，虽然财会部门定期对存货的结存进行盘点，但是仍然可能出现问题。这就要求对于重要的存货，仓库管理人员应该每天都对存货的出、入情况进行抽查，在存货使用种类不多的情况下可以全部检查，在期末再由会计稽核人员进行复核，将风险降低到最低水平。

(6) 仓库保管牵制。仓库记录人员和保管人员不能由同一人担任，仓库管理人员应该按照有关制度规定行使权力。货物进出仓库时需要进行登记，并且签字确认，以明确责任。要建立仓库的约束激励机制，对于管理绩效好的仓库和人员给予一定的物质奖励。

(三) 存货退出的控制

1. 存货损坏的控制内容。存货的毁损导致企业资产的减少，而且在很多情况下损坏的存货还具有一定的使用价值。存货的管理人员应该对存货经过的业务环节进行检查，找到存货毁损的原因和有关责任人，无法明确责任时按照有关规定处理。

仓库记录人员应该填制存货毁损清单，记录存货损坏的数量、品种以及产生的影响；财会部门根据毁损记录进行相应的会计处理，及时形成报告传递给上级管理人员。

2. 存货丢失的控制内容。存货丢失从性质上讲不同于损坏，大量的存货丢失必然隐藏着舞弊的可能。仓库人员应该及时登记存货丢失的有关记录，如存货入库日期、数量、名称和出库记录，并与涉及的部门和人员进行核对，查明丢失的原因。如果是发货过程中的合理丢失、损耗，由会计人员直接记入成本；如果是人为错误、疏忽导致丢失的情况，由直接责任人赔偿；如果查明是人为舞弊造成的丢失，则仓库管理员应该向企业的高层管理人员报告，等待批准后处理。

3. 存货期末清点的控制内容。仓库部门和财会部门应该定期或不定期对重要的存货进行清点，清点频率和清点品种的确定要符合成本效益原则，清点之后要填制存货盘点报告以备查，对于出现的问题及时处理。

存货盘点工作由财务、仓库和各级主管共同进行，主要检查账面记录的发生额、余额，发出量、剩余量与实际库存量、发出量是否吻合。对于实行标准成本预算的企业，还应该根据清点的结果分析预算执行的效果，对产生的差异进行分析，编制差异分析报告，注重效益分析。

企业存货的清点工作应该结合实物流转和价值流转的特点进行，如先进先出法与后进先出法计算的存货发出、结存量会产生差异，对存货发出成本的影响也不同，存货清点要与存货出库计算方法保持一致。

(四) 期末计价的控制

资产负债表，应该对存货按照“成本与可变现净值孰低法”计价，存货跌价准备按照单项方式计提。不同类型的存货应该采取不同的标准，对于没有市价的存货，应该尽量以类似商品的市场价格为参照；对于发生损坏、变质、使用价值减小的存货，应该根据具体情况多提减值准备，及早收回成本，使企业的损失降到最低水平。

二、存货控制的流程

存货内部控制涉及的部门较多，一般会涉及计划部门、仓库、生产部门、销售部门、财会部门，所以其控制点也多，主要包括计划控制、合同订立、材料验收、付款、审核、账账核对、清理、领料、发料、复核、分析等多个控制点。根据存货的业务流程，存货内部控制可以分为采购、库管、领用、盘存等多方面，其中采购和领用两个方面是重点。建立完善的存货内部控制系统应重点抓好存货计价的合理性、对存货的保管和定期核对。

存货的整体流程可以区分为前后两个阶段，前期以形成仓库存货（货币形态转换为实物形态）为主，后期以使用或销售仓库存货为主（实物形态转换为增值的价值形态为主），其前端控制流程如图 10 - 1 所示。

从一定意义上看，如何将存货转化为数量增值了的价值，同样是存货控制与管理的重要使命。因此，加强仓库存货的日常管理、领用出库、实物监督等周转环节的管理与控制，同样是一个重要的控制环节，存货后端流程见图 10 - 2。

三、存货控制关键点

企业在建立与实施存货内部控制中，至少应当强化对下列关键方面或者关键环节的控制：在职责分工、权限范围和审批程序方面，应当明确规范，机构设置和人员配备应当科学合理；在存货请购事项方面，应当明确，请购的依据应当充分适当；在存货管理控制流程上，应当清晰严密，存货管理原则及程序应当明确规范；存货的确认、计量和报告应当符合国家统一的会计准则制度的规定。

（一）岗位分工与授权批准

职责分工、权限范围和审批程序应当明确规范，机构设置和人员配备应当科学合理。企业应当建立存货业务的岗位责任制，明确内部相关部门和岗位的职责、权限，确保办理存货业务的不相容岗位相互分离、制约和监督。

企业应当对存货业务建立严格的授权批准制度，明确审批人对存货业务的授权批准方式、权限、程序、责任和相关控制措施，规定经办人办理存货业务的职责范围和工作要求。

存货的采购、领用要经过适当的审查批准，存货保管人员与记录人员职务应相分离。企业内部除存货管理部门及仓储人员外，其余部门和人员接触存货时，应由相关部门特别授权。对于属于贵重物品、危险品或需保密物品的存货，应当规定更严格的接触限制条件，必要时，存货管理部门内部也应当执行授权接触。

（二）存货请购与采购控制点

存货采购审批内部控制。要保证存货采购业务按计划申报程序进行，由采购部门根据企业生产经营的计划和材料请购单编制采购计划，提出具体的采购目录，经主管计划的负责人审核后报主管领导审批。企业应当对采购环节建立完善的管理制度，确保采购过程的透明化。企业应根据预算或采购计划办理采购手续，预算外或计划外采购需经严格审批。企业应当根据预算有关规定，结合本系统的业务特点编制存货年度、季度和月份的采购、生产、存

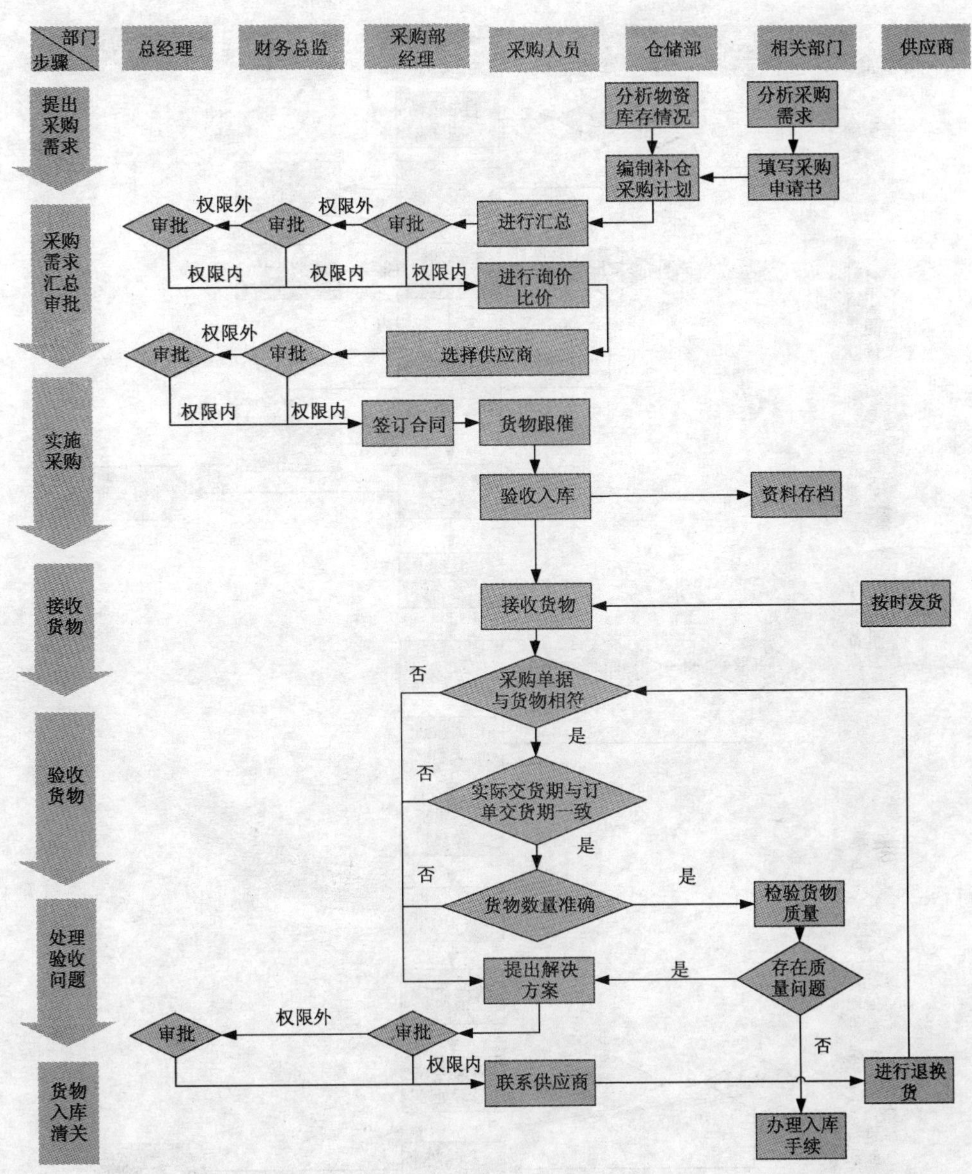

图 10－1 存货前端控制流程图

储、销售预算，并按照预算对实际执行情况予以考核。

存货收入、发出更频繁，流动性更强（除了停产、滞销等情况），种类更繁多，核算更复杂，但是无论收入量有多大，流入、流出有多快，种类如何繁多，存货总能有“据”可查。这个“据”，就是入库单、巡库单、领料单、发货单、出库单、销售凭证等各种单证。企业有关部门，尤其是仓储保管部门只要紧紧盯住这些单证的来龙去脉，就不怕存货丢失。同时，企业所有的存货都要按品种、规格、型号等建立库存实物明细卡片，妥善保管。要定期对存货的收、发、存数量和金额进行动态核算，确保账实相符。

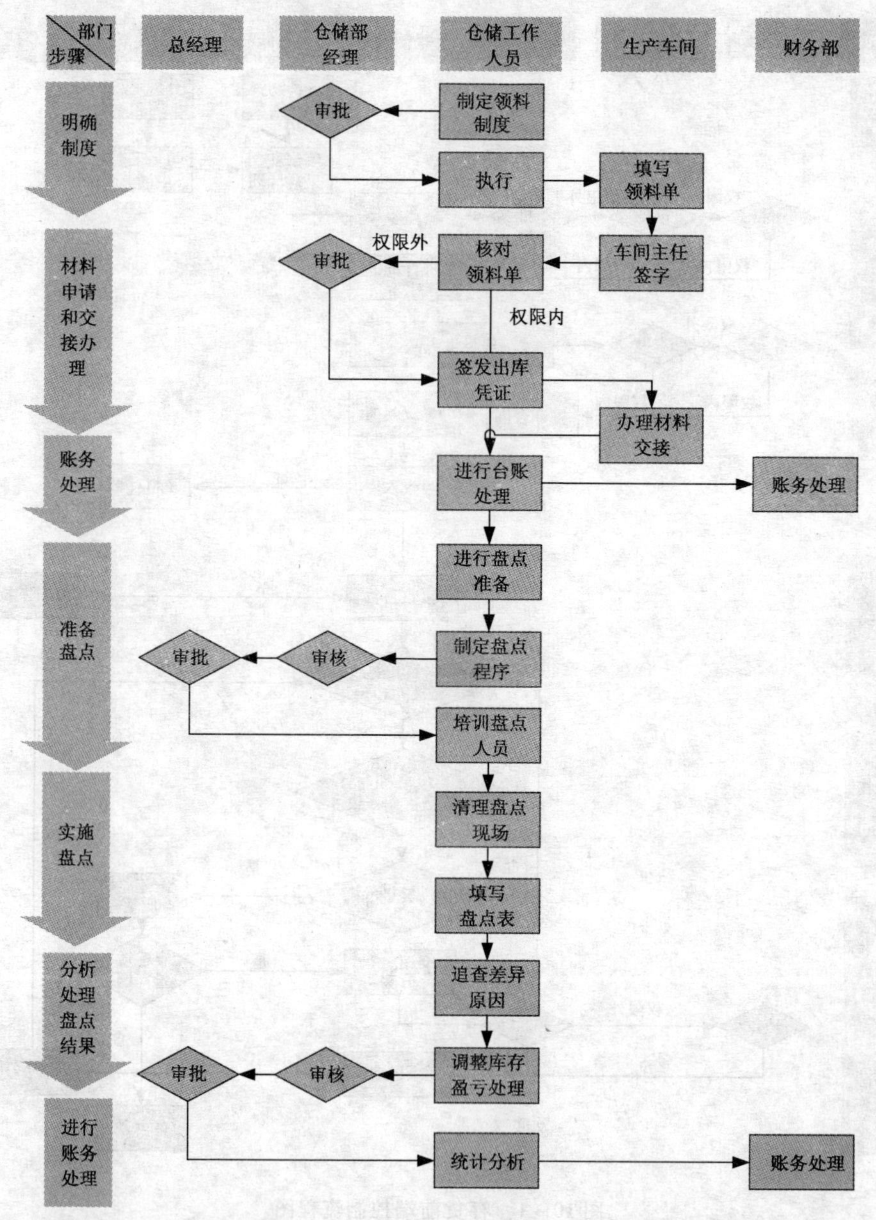

图 10－2　存货后端控制流程图

（三）存货验收与保管控制点

企业应当对入库存货的质量、数量、技术规格等进行检查与验收，保证存货符合采购要求。应当建立存货保管制度，仓储部门应当定期对存货进行检查，加强存货的日常保管工作。

要保证存货采购数量、品种、质量符合合同的要求，做到准确、安全入库。采购人员应按合同的交货时间催交，在收到供货企业发票、运单后填写收料单，一式四联，采购部门自留一联，其余三联连同发票及合同副本送库房办理入库。采购部门应验收收到材料的品种、数量，填制验收单；质量检验部门检验质量，签署验收单；仓库保管部门根据验收单验收存货，填制入库单，登记存货台账，将发票、运单连同收料单送回采购部门。

外购存货入库前一般应经过以下验收程序：

1. 检查订货合同、入库通知单、供货企业提供的材料证明、合格证、运单、提货通知单等原始单据与待验货物之间是否相符。

2. 对拟入库存货的交货期进行检验，确定外购货物的实际交货期与订购单中的交货期是否一致。

3. 对待验货物进行数量复核和质量检验，必要时可聘请外部专家协助进行。

4. 对验收后数量相符、质量合格的货物办理相关入库手续，对经验收不符合要求的货物，应及时办理退货或索赔。

（四）存货领用与发出控制点

企业应当建立严格的存货发出流程和制度。存货的发出需要经过相关部门批准，大批商品、贵重商品或危险品的发出应当得到特别授权。仓库应当根据经审批的销售通知单发出货物，并定期将发货记录同销售部门和财会部门核对。存货发出的责任人应当及时核对有关票据凭证，确保其与存货品名、规格、型号、数量、价格一致。

1. 存货领用审批内部控制。存货领用应制定定额，同时经批准才能进行。领用的材料应由工艺部门核定消耗定额，属于间接费用的消耗、修理用料等，应编制计划或核定费用定额，生产部门根据计划、定额填制限额领料单向库房领料。存货领用须经部门负责人审批签字。

2. 存货发出内部控制。应保证存货领用无误，手续齐全。仓库保管要审核领料单，双方要检查数量和质量，并签字或盖章。材料发出后，保管人员要按计划价格标明金额，登记材料卡片，并转材料记账员记账后随发料汇总表定期送往财会部门。

3. 存货领用核算内部控制。应保证存货领用业务记录真实，领发无误。要求仓库保管员发货后及时登记存货台账；财会部门根据材料记账员的发料汇总表按用途汇总分配，汇总领料单，分摊材料成本差异，分类制证，登记有关账务。

4. 存货领用内部稽核。应保证存货安全，记录正确。由内部稽核人员审核领料单，核对收发凭证和存货台账，检查收发记录和结存余额，查看存货的领用会计核算是否准确。

（五）存货盘点与处置控制点

1. 存货计价的合理性。存货的确认、计量和报告应当符合国家统一的会计准则制度的规定。存货成本核算方法、跌价准备计提等会计处理方法应当符合国家统一的会计制度的规定。企业应当根据存货的特点及企业内部存货流转的管理方式，确定存货计价方法，防止通过人为调节存货计价方法操纵当期损益。计价方法一经确定，未经批准，不得随意变更。

仓储部门与财会部门应结合盘点结果对存货进行库龄分析，确定是否需要计提存货跌价准备。经相关部门审批后，方可进行会计处理，并附有关书面记录材料。

存货核算内部控制，是确保存货计价准确性的重要控制点，应通过采购部门和财会部门的日常核算保证存货采购业务资料准确、真实。采购部门和库房保管部门要对存货的购进、发出和库存进行日常核算，库房应登记材料卡片，采购部门登记既有数量又有金额的明细账，定期将收料单送财会部门；财会部门根据入库单、验收单、付款通知单、付款凭证编制记账凭证，登记存货账簿及有关账簿，月末与采购部门和库房管理部门进行核对。

在存货盘点的环节上，仓储部门应当定期对存货进行检查，确保及时发现存货损坏、变质等情况。企业应重视生产现场的材料、低值易耗品、半成品等物资的管理控制，防止浪费、被盗和流失。

存货盘点及处理的内部控制。应保证存货账实相符。仓库保管员应定期盘点库存存货，编制存货盘点表，并提出处理意见。财会人员年底应抽查存货盘点表，对于生产中已无转让价值的存货及其他足以证明已无实用价值和转让价值的存货，根据主管领导和相关部门批准的处理意见，同仓库保管员共同调整存货账务，以确保账实相符。

2. 存货的保全控制。财产保全控制是指企业必须限制未经授权的人员对财产的直接接触，要采取定期盘点、财产记录、账实核对、财产保险等措施，确保各种财产的安全完整。财产保全的控制方法主要是财产保险。财产保险是以企业财产，包括动产、不动产等各种物质财富以及它们的利益作为保险对象。保险人对被保险人所遭受的各种自然灾害或外物所造成的财产及其利益的损失负责赔偿。企业应当制定并选择适当的存货盘点制度，明确盘点范围、方法、人员、频率、时间等。制订详细的盘点计划，合理安排人员、有序摆放存货、保持盘点记录的完整，及时处理盘盈、盘亏。对于特殊存货，可以聘请专家采用特定方法进行盘点。

存货盘点应当及时编制盘点表，盘盈、盘亏情况要分析原因，提出处理意见，经相关部门批准后，在期末结账前处理完毕。

四、存货控制的案例

成败案析

存货态势好坏，命牵企业生死①

【案情扫描】

一、公司简介

北京桑普电器有限公司是北京市科委系统中实业型股份制新技术企业。公司成立于1991年，以小家电开发、生产、销售为一体，并努力将新产品开发作为其核心竞争力，在很短的时间里已开发生产出30多种小家电产品。其主打产品电暖器、浴室暖风机，也曾经在全国进入过同行业销量前两名，并且进入国际市场。不过，相对占据主导地位的模式是“自主创新研发”与“贴牌”平分秋色。电热水器产品在1998年被国家商业联合会推荐为“国内十大主导品牌”。1998年同丹麦“METRO”公司合作推出具有世界先进技术的第三代产品“丹普”电热水器。空气净化器、暖风机、电热水器分别获取通过国际市场的TUV/GS和CE认证。桑普公司于1996年进行第二次创业，同年从导入CIS入手，提高员工的整体意识，并在北京顺义建起亿元生产基地。

① 本案例素材取自某会计师事务所企业博客信息，http://xinhecpas.co.bokee.net。原文标题为《存货舞弊案例分析》。

1998年，公司进一步强化企业内部管理，渐进式迈向电暖器、电热水器、电热器具、电子等产品。在全国20多个省（市、自治区）设有分公司和办事处，拥有200多个合作单位，300多个销售网络和售后服务网点。不过，市场风云变幻莫测，当进入20世纪90年代末的时候，由于国内外进入小家电行业的厂家急剧增加，市场竞争异常激烈，再加上内部管理跟不上，桑普公司不仅没有迈上新台阶，反而几乎到了生死存亡的关头。

二、存货背景的相关透视

从企业财务运行规律来看，一个企业利润的多少与企业资产的质量、资产营运效率密切相关。企业资产质量的高低反映了企业的盈利能力和可持续发展能力，确定着企业经济效益和利润潜力。因此，在企业财务成本管理中，加强企业资产的管理，分析企业资产的结构、经营管理水平显得尤为重要。翻开桑普公司在1998年的会计数据，只要进行常规性分析，其中的隐患便一目了然。

通常，在公司流动资产中，存货一般应该占用着企业大部分流动资金，它是企业财务成本管理的重要对象，因为只有销售存货，才能产生利润。另外，存货的增加可以增强企业组织生产、销售活动的机动性，但是任何事情都有一个适度的问题。如果存货比例过于高，那么，过多的存货必将占用较大的资金，而这直接加剧企业财务利息的支出，而且也会增加与存货有关的各项开支，如采购成本、仓储成本、管理成本等，从而会导致成本上升、利润受损。因此，科学的存货管理标就是在充分发挥存货作用的同时降低存货成本，使存货效益和存货成本达到最佳结合，使存货量在达到生产经营需要的同时，追求最低存量。

再看桑普公司，资产1.5亿元，存货却达到了近7 000万元，这种格局不能不说存货已成了关系企业生死存亡的大事。桑普公司只自主进行部分研发与生产，大部分品种的产品都进行贴牌生产，销售与营销成为公司工作的重中之重，而与这两者息息相关的就是存货管理工作。

存货在理论上属于企业可以控制的内部因素，但事实上，对企业来说，存货管理一直是一个挑战，它在企业自我膨胀、扩张的时期往往是企业自身难以控制的。桑普公司从最初的扩张到后来的收缩策略，存货却是逐年增加。

进一步分析，存货的第一个特性是有时会自我膨胀，同时还会消耗企业可观的储存费用。存货的第二个特性是不断贬值和消耗企业的资源。对于企业来说，存货上述两个特性可能还不是最致命的，它还有第三个特性，即占用企业的资金，降低企业的资金的周转率。对于一个企业来说，最核心的就是现金流，一旦资金周转不灵往往直接威胁到企业的生存。存货有时会自我膨胀的特性与以下两个因素关系密切：一是传统的制造方式需要很长的前置时间（从订货到交货的间隔时间）；二是企业生产计划部门和市场销售部门之间的职责和目标不一致。专家指出由于漫长的前置时间需要销售预测来引导生产计划，而销售预测的错误增加之后，库存将会膨胀，各生产层面的安全存货也会上升。如果前置时间越长，销售预测的准确性就越低。

在桑普公司，制定销售目标是营销中心的事，而生产部门的任务是保证完成营销中心发过来的计划，如果没有完成计划的产量则责任在生产。为了实现生产目标，就必须保证原料的供应及时，不至于发生原料短缺的现象，因此，采购计划必定按照生产计划来进行。生产部门只是管生产，其目标就是完成计划中的产量，如果完成了就没有自己的责任；采购部门按照生产部门的要求进行采购，只要保证原料供给正常，也就完成了自己的使命。因此，营销中心的预测是否准确具有决定性的意义，一旦销售预测失误，就会导致生产和存货的大幅度振荡。

营销中心过高地预测销售的需求，存货的膨胀就难以避免。因为制造过程至少需要半个月到一个月的时间的提前期，所以当时营销中心发出的计划生产量本来就是一个预测量，到生产部门完成产量后，因为营销中心相对独立，在提货出库时，如果市场行情没有当初预计的那么好，就则不提当初自己订的那么多的数量，这是导致存货增加的一个原因。第二个原因是，营销中心人员素质过低，在公司效益下滑的过程中，人员流失严重，导致销售力量不足，即使在他们减少了提货量的情况下，仍然不能完成销售任务。第三个原因是，财务控制体系不够完善，不按照流程办事进行销售的状况时有存在。桑普公司的市场一直处于收缩当中，存货数量却急剧上升。存货占用了公司的资金，导致公司现金流不好，生产不能顺利进行，不得不占用供应商和部分经销商的资金；反过来，原材料供应不及时、销售不顺畅，形成了恶性循环，公司效益日益下滑。1999 年，因为销售预测的失误导致了大量的成品库存，以至于最后出现了提出要用库存来向供应商付货款、以货抵款的尴尬局面。

【案例评述】

通过分析桑普公司的存货问题，我们认为，其改革存货现状与营销和财务控制密切相关，应从以下几个方面着手：

对目前的存货进行彻底的清理，按年限进行清理划分为基本不值钱部分、贬值部分和市场行情好的情况下仍能保值的部分，向母公司提出对近 10 年的部分存货进行核销的报告和建议。短期内对改善公司的财务报表有很大的好处，以切实提高资产的质量。

其实，桑普公司在 1999 年就作为国家 50 家试点企业实行过 ERP，但是后来的实际情况是根本没能好好地应用和发挥作用。通过信息技术在企业中的运用（如 ERP、MRPⅡ等），可以使企业的生产计划与市场销售的信息充分共享，计划、采购、生产和销售等各部门之间也可以更好地协同。通过互联网技术可以使生产预测较以前更准确可靠。因此，解决的办法是要切实推行 ERP 系统，加强财务控制，真正控制好库存。

桑普的库存根据其在生产作业的不同阶段可分为三类：一是原材料库存；二是在制品库即半成品库存；三是制成品库存。从存货管理的变革上看，首先应削减的是原材料库存，紧接着是在制品库存，最后是制成品库存。看起来这像是一个巧合，但库存变革的过程是基本符合生产链从上游向下游的变迁的，如果忽略技术促进的因素，这似乎是一个生产链的生态演变过程。

同时，可以尝试供应链管理。供应链在制造业管理中得到普遍应用，成为一种新的管理模式。供应链管理是对供应链中的信息流、物流和资金流进行设计、规划和控制，从而增强竞争实力，提高供应链中各成员的效率和效益。它是在企业资源规划（ERP）的基础上发展起来的，它把公司的制造过程、库存系统和供应商产生的数据合并在一起，从一个统一的视角展示产品制造过程中的各种影响因素，把企业活动与合作伙伴整合在一起，成为一个严密的有机体。供应链管理能帮助管理人员有效分配资源，最大限度提高效率和减少工作周期，实现在正确的时间把正确的产品或服务送到正确的地方。具体地说，从企业财务成本管理的角度来看：其一，供应链管理可以降低采购成本。供应商能够方便地取得存货和采购信息，节约了采购人员的工资，而且由于采用无纸化订货管理，大大提高了效率、节省了定单管理成本。其二，供应链管理可以最大限度地降低存货水平。通过扩展组织的边界，供应商能够随时掌握存货信息，组织生产，及时补充，因此企业已无必要维持较高的存货水平，既能生产出需要的产品，又不会形成存货堆积，从而降低存货持有成本。其三，供应链管理可以减少交易成本和获取信息的成本。用互联网整合供应链将大大降低供应链内各环节的交易成本，缩短交易时间，提高交易的透明度和信用，建立相互信任的伙伴关系。

桑普公司对供应链管理的应用，将会降低企业整体的经营费用，保证销售量，扩大销售额，提高企业的存货周转率。这正是我们财务成本管理所追求的目标，所以企业实施供应链管理，可以达到财务成本管理的目标，实现最佳存货状态，从而更加有效地管理好企业的物流和资金流。

第二节　固定资产控制

固定资产是指为生产商品、提供劳务、出租或经营管理而持有的，使用寿命超过一个会计年度的有形资产。

在固定资产领域，至少应当关注涉及固定资产的下列风险：固定资产业务违反国家法律法规，可能遭受外部处罚、经济损失和信誉损失；固定资产业务未经适当审批或超越授权审批，可能因重大差错、舞弊、欺诈而导致资产损失；固定资产购买、建造决策失误，可能造成企业资产损失或资源浪费；固定资产使用、维护不当和管理不善，可能造成企业资产使用效率低下或资产损失；固定资产处置不当，可能造成企业资产损失；固定资产会计处理和相关信息不合法、真实、完整，可能导致企业资产账实不符或资产损失。

通过严密有效的固定资产内部控制措施，可以实现经营目标，即确保资产完整地保存及使用，价值得到公允反映，达到预期资产管理目标，可以实现财务目标，即对固定资产的历史记录完整，及时准确地计提折旧，公正地反映固定资产价值，还可以实现合规目标，即企业为防止并及时发现和纠正固定资产业务中的各种差错和舞弊，保护固定资产的安全完整，提高固定资产的使用效率，必须全面企业加强对固定资产的内部控制。

一、固定资产控制的内容

固定资产控制的内容与其业务流程紧密相关，固定资产的业务流程可划分为购入、使用和处置三个阶段，每个阶段都有更细化的业务活动，这些活动决定了固定资产控制的主要内容。

从形式上来看，有以下内容：固定资产预算控制、固定资产增加控制、固定资产的使用和转移控制、维护费用控制、固定资产的盘点控制和报废控制。

（一）固定资产增加的控制

1. 预算控制。无论是自己生产还是购入固定资产，企业都会投入大量的资源，如果固定资产增加之后不能给企业带来经济效益，就会形成投资风险，因此企业必须对固定资产的增加进行预算管理。企业生产部门应该根据实际生产情况编制固定资产需求报告，这是预算的初步控制。在此过程中应该注意的问题是：需求计划应该符合企业的总体战略，而且要与企业的资本预算计划相匹配。

企业财务、采购等管理部门以及高层管理者要对固定资产的需求计划进行复核，提出修改意见，一方面关注企业是否需要以及具体需要量，另一方面对固定资产增加的财务可行性进行考察，保证投资资金的效率和控制投资风险。

正式预算方案的编制由生产部门协同财会部门完成，主要的内容有：根据产品销售计划确定固定资产的需求量以及迫切程度；确定购买或生产固定资产的资金来源，是利用企业留存还是贷款融资，或者权益融资，并计算各种融资方式的资本成本，然后与未来现金流量的折现值对比，采用专业方法进行财务分析；如果是外部购买还应该确定生产商的选择，主要是固定资产购买价格的确定，一般可以采取竞标的方式，这样可以通过市场竞争方式降低购买成本；对采购部门的费用进行预算，确定资金的使用责任，防止舞弊的发生。

预算方案形成之后，要经过最高经理层的审批通过，所有的审核程序都要记录并保留备查。高层管理人员主要考察预算方案与企业总体战略的协调性，以及对资本、资产结构的影响，审核通过后由财会部门监督预算的执行和资金的使用。

2. 各种增加方式的控制内容。企业固定资产的增加方式有很多，主要包括外部购进、自己生产、捐赠收入和融资租入等，不同的增加方式有不同的控制方式。

（1）外购的固定资产。它主要是购买资金的使用控制，应该成立专门的项目小组，必要的情况下可以聘请中介组织把关，企业财会部门要配备专人监控采购资金的使用情况，及时收回相关结算凭证。

（2）自产的固定资产。企业自己生产固定资产具有很多优势，例如，更能适应企业的需要、更具有实用性。主要的控制内容有：生产部门的研发人员提出设计方案，最终需要由高级管理人员批准；采购部门应该确定合理的采购程序和议价策略，确定最合适的材料生产商；生产与财会部门合作进行固定资产的生产成本核算，并定期与预算标准比较，超预算的成本支出需要提出申请，经主管部门批准后才能实施；设计出有效的管理和监督制度，通过人员和部门的制衡降低管理风险，通过业绩考核方式实施激励和约束。

（3）融资租赁取得的固定资产。企业采取融资租赁固定资产时，多数情况是由于资金不足或者借入资金成本较高。具体的控制内容包括：确定是采取经营租赁还是融资租赁的方式，主要是比较不同方式的成本；租赁合同在签订之前应该得到主管人员的审批，具体的细节由财会部门控制，根据会计制度、准则的规定计算租赁资产的成本和收益，并进行会计核算；在得到批准后，具体办理人员和供货商签订正式的租赁合同，形成租赁事实，未经过批准不得随意改变；固定资产租赁期限内和期满后，企业的相关部门要始终关注合同的履行情况，最后还要决定是否在期满后购买资产。

3. 进入企业后的控制。验收、财产保险、入库管理等内容是固定资产增加控制的最后环节，对于需要安装的固定资产在完成安装后才能进入企业。

（1）资产验收，主要是对固定资产的质量、数量等进行控制。采购部门和仓库部门核对资产的数量、规格、品牌是否与合同的相符，检查无误后填制验收单，并按照业务流程传递到其他部门。对于需要安装的固定资产，验收部门应该监督安装人员的工作，之后由生产技术人员或其他人员操作、使用设备，达到既定的标准后再填写验收单，并由验收人员签章以示明确责任。

自制生产的固定资产制造完成后，生产部门将完工情况报告主管部门，财会部门收到完工的支出资料后，与投资预算进行比较，如果和预算的差距较大则需要上报最高经理层处理，并对有关的结算款项进行报销。最重要的控制活动是完工验收，生产部门提出验收申请后，企业聘请专门的技术人员对设备的使用进行检查，财会部门收集有关信息，并汇总生产报告编制最终的验收报告。

接受捐赠的固定资产到达企业后，验收人员应该按照有关规定执行验收程序，检查捐赠资产的数量、规格，核对无误后编制验收单。财务人员获得有关的结算单据后，按照会计准则、制度的规定进行会计处理，特别要注意的是取得所有权证明。

（2）仓库入库管理，不同于固定资产的保管，只发生在初次购买时。具体的控制内容有：固定资产首次入库时，仓库管理人员应该建立档案，并确定固定资产的管理人员和责任制度；根据固定资产的特性和使用情况，确定在仓库中的存放地点，等待使用部门将其转移；在固定资产的暂时存放期间，仓库应该委派专人进行看管，以防损坏和丢失。

（3）固定资产的保险控制，主要为了防止固定资产的意外损失。固定资产的价值较大，蕴藏着巨大的风险，企业为了转移经营风险，应该对价值较大的固定资产进行保险，这就需要进行控制。

进行固定资产保险时，企业需要支出一部分成本，如果选择的保险种类不合适，就不符合成本效益原则。选择的原则是，投保金额应该和投保的固定资产相适应，例如投保时间长度应该与固定资产的使用年限相匹配。

确定了投保的保险企业和有关事项之后，企业的管理部门应该及时签订保险合同，详细协商有关的权利义务细节。财会部门根据保费的支付情况进行会计处理，还要注意进行成本核算，控制保费的支出。

在投保期间，如果固定资产遭到损失，企业应该协同保险企业的有关人员进行现场调查，明确造成损失的原因，编制分析报告，待保险企业核实批准后进行索赔。保险期限届满后，如果固定资产的使用年限尚未结束，在有必要的情况下可以向保险企业申请续保。

（二）固定资产使用的控制

固定资产的使用控制主要是对固定资产在业务运行中的风险进行的控制活动。从固定资产的转移到具体的使用、折旧的计提、修理等都是固定资产使用过程中的控制内容。

1. 固定资产领用或移送。固定资产由于价值较大，各个业务部门没有能力购买，所以企业的很多固定资产都是各部门公用的，于是就会出现固定资产的领用或移送，这样才能够充分发挥资产的使用价值。具体的控制内容有：

（1）企业的业务部门使用固定资产之前应该向管理部门提出申请，资产调度人员根据资产的库存数量和使用需求情况编制计划，力求保证固定资产在企业内部的有效配置。

（2）确定了固定资产领用或移送的部门之后，仓库管理人员记录资产的出库情况和状态，并得到经办人员的签章，同时检查经办人员是否得到了主管部门的批准。进行固定资产管理的部门负责编制“资产领用或移送单”，并在传递过程中得到各有关部门的签章证明。

（3）财会部门负责在备查簿上登记固定资产的去向并在备查明细记录中记载各项固定资产所处的部门。

（4）随着市场的变幻莫测，企业使用固定资产的情况也会发生变化，如果需要临时紧急转移固定资产，要向最高经理层提出申请，并在办理移送之后将有关的材料传递给各部门。

2. 固定资产使用的记录。固定资产的使用记录是反映固定资产使用过程和轨迹的重要文件资料，是进行监督控制的重要工具，企业固定资产的使用记录主要有转移记录、使用情况登记表、固定资产卡片等。

（1）领用、转移记录，这是固定资产管理部门在移送固定资产时开出的证明文件，主要记录固定资产的去向、用途、使用时间等，是企业内部转移固定资产必须办理的使用依据。此记录一式三份，一份由仓库管理部门持有，一份交给使用部门，另一份交给财会部门作为编制记账凭证的依据。

（2）使用情况登记表，固定资产登记簿和固定资产记录卡是主要的使用情况登记表，主要是对固定资产的使用情况进行分类，划分为在用、未用和不需用三大类，还要记录固定资产的现时状态，例如新旧程度、目前的市场重置价格、在用情况等；按照实现效益性目标的要求，企业还应该根据固定资产的使用情况考察其使用的效率、产能状况，对于不能满足成本效益要求的固定资产要进行工艺改革或者重新购买。

（3）固定资产卡片，这是全面记录其特征的明细资料，详细记录了固定资产的名称、规格、历史成本信息、折旧、修理等内容，每个固定资产都应该有对应的卡片，由固定资产的使用和管理部门分别持有。

3. 固定资产折旧的计提。对固定资产计提折旧是企业进行扩大再生产的前提条件，折旧是对固定资产生产耗费的补偿，计提折旧是固定资产内部控制的重要内容，主要体现在账务处理过程中。

（1）确定计提折旧的年限、方法，这是进行固定资产会计控制的前提。固定资产的原值按照历史成本原则确定，同时要遵循国家有关的会计制度、会计准则和税法规定。在固定资产的会计处理过程中，折旧年限、方法的选择和残值率的计算需要会计职业判断。会计人员应该以同类固定资产的历史资料为参考，并结合资产的风险反映固定资产的会计信息。对于新使用且没有历史资料的固定资产，企业应该按照同行业该固定资产的折旧计提平均水平计提折旧，如果不能适应企业的需要就应及时调整。

固定资产的折旧计提方法、年限确定之后，主管会计应该报财务主管审核，财务主管要考虑企业的实际情况，对折旧方法进行修正、调整，并在签字之后生效。

（2）折旧计提方法、固定资产使用寿命的调整、固定资产使用寿命的确定带有会计估计的成分，在实际的使用过程中应该进行调整。例如，由于新技术的出现可能导致现有的固定资产发生无形减值，这样企业就应该加速计提折旧，尽可能减小损失。企业财会部门主管负责对折旧计提方法进行复核，企业的折旧方法发生改变会导致会计核算的变化，应该按照会计制度的规定进行会计政策变更的核算，同时还要将有关情况报告给税务机关。

4. 固定资产减值准备的控制。企业对固定资产计提减值准备能够真实反映资产的实际价值，企业应该按照减值准备计提的规定定期检查固定资产的实际价值，并与市场价格或重置价格进行比较，确定计提的数额。

按照我国现行企业会计准则的相关规定，企业应当在期末或至少每年年度终了，对固定资产逐项进行检查，如果由于市价持续下跌，或技术陈旧、损坏、长期闲置等原因导致其可收回金额低于账面价值，应当将可收回金额低于其账面价值的差额作为固定资产减值准备。固定资产减值准备应按单项资产计提。如果固定资产实质上已经发生减值，应当计提减值准备。当存在以下情况之一时，应当按照该项固定资产的账面价值全额计提固定资产减值准备：长期闲置不用，在可预见的未来不会再使用，且已无转让价值的固定资产；由于技术进步等原因，已不可使用的固定资产；虽然固定资产尚可使用，但使用后产生大量不合格产品的固定资产；已遭毁损，以至于不再具有使用价值和转让价值的固定资产；其他实质上已经不能再给企业带来经济利益的固定资产。

企业固定资产减值准备计提方法确定之后，应该由财会部门主管进行审核，财务主管要根据有关规定调整计提标准，然后签章以示批准。在固定资产的使用过程中，同样需要修正减值准备计提标准，调整减值准备的同时还要重新确定折旧的计提额或折旧率。

5. 固定资产保管。企业的仓库管理部门应该按照固定资产的类别或者使用部门进行集中保管，建立固定资产的记录索引系统，最好是存储在计算机里，这样可以提高管理效率。主要可以把握以下方面：

(1) 固定资产实行编号管理，即建立固定资产编号管理制度，按类别、级次确定划分编号体系，保证每项固定资产都有相应的编号和标识。固定资产在企业内部转移时不需要重新编号，只需改变明细登记即可。

(2) 资产保管和负责人挂钩。为了明确固定资产管理的责任和权力，提高保管效果，在对固定资产编号的同时还应该确定固定资产的管理主体，以保证固定资产发生丢失、损坏等意外情况时能够很快找到线索。同时，还要制定科学的奖惩制度，规范仓库人员的行为。

(3) 建立综合管理制度。生产、管理部门等都是固定资产的使用者，虽然固定资产管理制度明确了责任人，但是由于固定资产的使用、转移过程较为复杂，这就需要各相关部门能够协调一致，建立以责任人、责任部门为主线的综合管理制度。该制度应至少包括以下内容：企业部门暂时使用固定资产的保管责任如何确定，固定资产保存的审批权限，保管费用的分摊与核算方法。

6. 固定资产的修理和维护。为了使固定资产的生产能力发挥到最大水平，企业的固定资产管理部门需要定期对固定资产进行修理和维护，包括日常修理和大修理等。固定资产的修理既要发生成本又面临着一定的修理风险，财会部门要对有关的经济活动内容进行会计记录控制，生产部门要对修理的结果进行质量控制，这些都是重要的控制内容和方面。

(1) 生产部门对固定资产修理和维护的控制。生产设备是企业最主要的固定资产，同时也是修理最频繁的固定资产，主要的控制内容有：细致考察生产设备的使用情况，制定合理的修理和维护计划；选择科学的修理时间，保证设备修理不会影响生产活动的进行；选择适应企业生产情况的修理、维护周期，保证企业生产活动的健康、可持续进行；生产部门的修理支出较高，应该提前作出费用申请，并由部门主管审批签章；如果是由企业外部的专业人员进行修理、维护，应该派专人监督和考察固定资产的修理效果，保证修理质量。

（2）其他使用部门的控制。除了生产设备之外，企业各部门都拥有和使用固定资产，这些固定资产的修理和维护控制有别于生产设备，主要原因是这些固定资产的使用不是很频繁，修理、维护支出也不是很高，一般由各部门自身控制即可。主要的控制内容有：各部门应该制定固定资产修理预算，预提修理资金，证修理的计划性；确定专门的人员负责部门固定资产的修理和维护工作，以明确责任；严格管理修理预算资金，防止挪用和丢失；加强部门各项固定资产的日常维护，有效节约修理成本。

（3）财会部门对固定资产保管的控制。企业财会部门应该对各种生产设备、房屋和其他固定资产的修理、维护情况进行会计记录，保存固定资产的历史成本资料，制定部门修理费用预算并考核预算的执行情况，合理分摊修理成本。具体的控制内容主要有：遵循会计制度、准则的规定进行固定资产修理费用的核算；财会部门主管复核各部门提交的固定资产修理预算；严格区分资本性支出和收益性支出，确定不同的费用标准；关注各项固定资产的修理、维护支出情况，对于不正常的波动进行控制；建立固定资产修理的费用明细账，全面反映固定资产的修理费用结构和支出总额。

（三）固定资产处置的控制

固定资产的处置控制是对固定资产退出企业经营活动过程的控制。一般来说，固定资产退出的方式有两种：一是正常的退出，即固定资产使用寿命期满，不能为企业带来经济效益或提高生产效率；二是非正常退出，即由于出售、不合理的使用或意外的丢失、损坏导致的固定资产无法继续使用。固定资产的处置关系到企业正常生产活动的顺利进行，特别是非正常的处置很可能导致固定资产的投资成本无法收回，因此企业的管理部门应该对固定资产的处置过程进行控制。

1. 固定资产销售的控制。固定资产的销售经常发生，企业的各部门共同完成销售过程，主要的控制内容如下：固定资产的使用部门要对销售的原因进行说明，各部门合作编制销售申请，然后上报到最高经理层；销售部门编制销售计划，了解市场价格、分析销售的效益性，必要的情况下要聘请专业的评估机构对固定资产的余值进行评估；仓库管理部门应该根据销售计划编制“固定资产销售明细表”，详细记录固定资产的数量、种类、存放地点和使用历史；固定资产销售之后，财会部门应该及时取得销售发票和有关税、费的票据，记录和报告固定资产的销售情况和其他资产资料，同时要对固定资产的销售收入进行资金管理和监控。

2. 固定资产出租的控制。固定资产的出租主要有融资租赁和经营租赁两种，两种租赁的性质和内容存在差异，所以对固定资产出租的控制内容也有所不同。

（1）融资租赁的控制内容。固定资产融资租赁的期限较长、风险较高，而且租出的固定资产大多不打算收回，属于重大的资产处置项目，所以各部门在出租固定资产之前要向有关主管部门提出申请，并提交相应的分析报告和资料，待批准后再进行固定资产租赁业务。

项目获得审批通过之后，仓库管理人员应该根据取得主管签章的批准材料清点拟出租的固定资产，在此过程中要记录出租固定资产的规格、库存数量、使用情况以及出租期限，清点完毕后还应该在备查登记簿上记录固定资产的详细资料。

固定资产在出租之前要在企业内部转移，集中到同一个仓库中。固定资产出库时，仓库管理人员应该按照规定的出库程序办理出库，对接近固定资产的人员进行监督，防止舞弊的发生。仓库管理人员办理固定资产出库之后，还应该协同有关记录人员修改固定资产的文件资料，保证记录和实际相符。

融资租赁固定资产到期后，如果承租方不购买，企业应该及时收回固定资产，履行规定的入库手续，恢复有关的记录；如果承租方决定购买，企业应该作销售处理，并注销出租固定资产的所有记录，各部门要保持一致性，防止出现虚列资产的现象。

企业财会部门在融资租赁中发挥着重要的控制作用，财会部门的控制内容有：对固定资产融资租赁的效益性进行评价，编制固定资产融资租赁损益表；按照会计制度的规定准确计算租金收入，合理确定租金分摊的方法；遵循实质重于形式的原则，结合融资租赁合同的内容，调整出租固定资产的核算内容，反映企业经营活动的真实情况。

（2）经营租赁的控制内容，企业用于经营租赁的固定资产多处于闲置不用或暂时不用的状态，所以经营租赁控制的首要内容是确定租出资产的范围。出租固定资产的部门要向主管部门提出申请，说明出租固定资产目前不在使用中，可以短期出租，只有得到批准之后才能继续出租业务。

仓库管理部门、人员的控制内容与融资租赁固定资产的控制内容相似，可参照前文内容。固定资产经营租赁完成之后，企业仍然要负责固定资产的修理和维护，固定资产的出租部门应该结合修理和维护的控制内容进行管理。经营租出的固定资产企业基本都会收回，如果租赁合同上签订了有关的购买约定，企业应该履行合同，并注销相应的固定资产记录。

财会部门主要的控制内容是：分析固定资产经营租赁的效益性，确定合理的租赁期限，选择信誉好有能力的承租企业；准确计算经营租赁的租金收入，对租金收入的资金进行严格管理；按照配比原则对各租赁期内的租金收入和费用进行对比，并监督承租方租金支付情况；资产收回后合理确定折旧计提期和折旧率，对固定资产的价格进行调查，按照可变现净值与市价孰低的原则计提减值准备。

3. 固定资产意外毁损和丢失的控制。固定资产放置在仓库中可能发生损坏或丢失，一旦出现了损坏、丢失就需要及时地处理和补救，这些补救措施就是主要的控制内容，具体有：建立快速反应机制，当发生固定资产的毁损、丢失时仓库管理人员和固定资产使用部门应该及时提出书面报告，并上交给有关管理部门；仓库管理人员根据发生损坏、丢失的固定资产的实际情况修改或清除固定资产的文字记录，防止固定资产记录与实际情况不符；对于固定资产的损坏，应该查明原因。如果是由于人为使用不当或保管失职，要责令直接责任者赔偿损失，如果是不可抗力因素造成的损失，企业应该根据固定资产的投保情况获取保险企业的赔偿；损坏或丢失固定资产的部门要及时评估对正常经营活动的影响，如果必要应该及时向有关管理部门提出修理或购进固定资产的申请。

4. 固定资产的正常报废控制。固定资产具有一定的使用寿命，当使用了较长的年限之后其使用效率就会急剧下降，企业就应该按照一定的报废程序进行处理。由于固定资产的价值较大，报废过程较为复杂，为了保证固定资产处置工作的顺利进行和保持计划性，应该对报废过程进行控制。主要的控制内容有：固定资产管理部门应该经常检查各部门持有的固定资产的使用情况，如果出现了以下情况：

（1）严重的毁损，使固定资产失去了原有的功能并且无法恢复到可正常使用的状态。

（2）由于生产事故导致固定资产使用寿命提前结束。

（3）其他造成固定资产处于报废状态的原因。上述几种情况出现之后，管理部门需要对固定资产进行报废处理。

如果固定资产报废后直接退出企业经营活动过程，不进行对外销售，有关管理部门应该编制“固定资产正常报废单”，记录报废固定资产的型号、所属部门、数量等信息。同时，还应该进行必要的清理程序，评估固定资产的残值以及清理费用，防止出现残料丢失的现象。

如果企业打算出售报废的固定资产，则控制内容有所不同。首先，固定资产的使用部门应该提出销售申请，并向主管部门报告等待审批通过。其次，要编制“报废固定资产单”，记录报废固定资产的有关信息，以便顺利执行相应的出库和清理程序。各部门应该结合固定资产出售的控制内容开展有关的控制活动：要对清理和出售过程进行记录控制，对销售收入进行严格的资金管理。

固定资产报废过程的控制需要企业各个部门进行合作与协调，固定资产报废清理之后，仓库、使用、财务等部门要注销报废固定资产的记录资料。仓库管理人员还要重新安排固定资产的库存结构和人员配置，保证管理效率的提高。企业财会部门发挥着重要的作用，首先是对固定资产报废的经济效益进行评价；其次是要获取固定资产报废过程中的收入、费用、资金等票据，按照会计制度、税法的规定进行会计核算和报告；最后是对有关的票据、合同进行编号控制，防止处置固定资产过程中的舞弊和错误。

二、固定资产控制的流程

伴随着固定资产管理业务流程，企业应该严格遵循其业务流程的步骤与控制点。通常表现为如下几点：外购固定资产方面，需要关注购置前的计划审批、设备购置流程；固定资产日常管理、固定资产清查和盘点，还要注意固定资产处置环节的控制。固定资产业务流程图如图 10－3 所示。

三、固定资产控制关键点

企业在建立与实施固定资产内部控制中，至少应当强化对下列关键方面或者关键环节的控制：在职责分工、权限范围和审批程序上，应当明确规范，机构设置和人员配备应当科学合理；在固定资产取得依据上，应当充分适当，决策过程应当科学规范；在固定资产取得、验收、使用、维护、处置和转移等环节，控制流程应当清晰严密；在固定资产的确认、计量和报告方面，应当符合国家统一的会计准则制度的规定。总之，固定资产的内部控制可以紧紧把握住如图 10－4 所示的四个关键控制点。

现特别分析以下几个关键控制点：

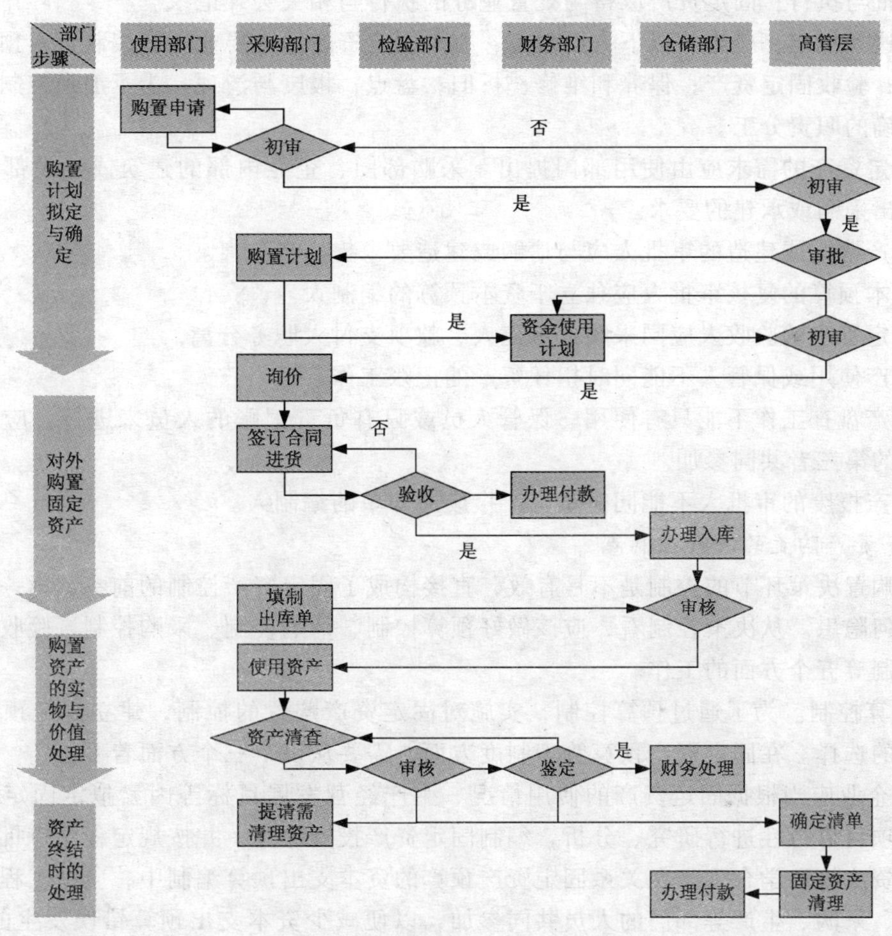

图 10－3　固定资产控制流程图

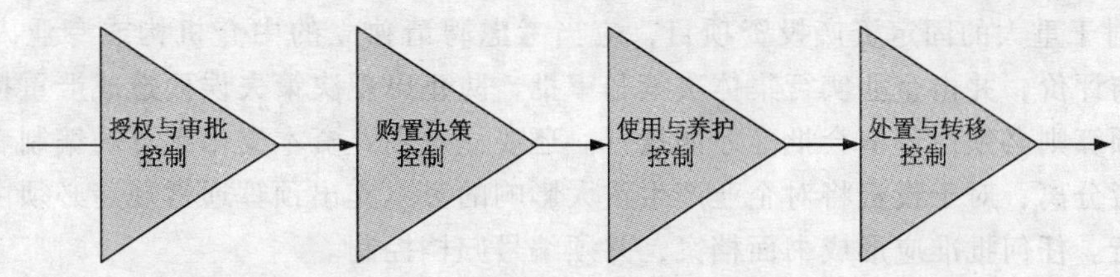

图 10－4　固定资产控制关键控制点

（一）职责分工与授权控制

企业应当建立固定资产业务的岗位责任制，明确相关部门和岗位的职责、权限，确保办理固定资产业务的不相容岗位相互分离、制约和监督。同一部门或个人不得办理固定资产业务的全过程。

固定资产业务不相容岗位至少包括：固定资产投资预算的编制与审批；固定资产投资预算的审批与执行；固定资产采购、验收与款项支付；固定资产投保的申请与审批；固定资产处置的审批与执行；固定资产取得与处置业务的执行与相关会计记录。

对于这条规定，应当从以下方面理解：有关固定资产的主要业务有编制资本预算；购置固定资产；验收固定资产；保养和维修；折旧；盘点；报废与清理。为了加强控制，各业务必须有明确的职责分工。

1. 固定资产的需求应由使用部门提出。采购部门、企业内部的建筑或建设部门一般无权首先提出采购或承建的要求。

2. 资产请购或建造的审批人应与请购或建造要求提出者分离。

3. 资本预算的复核审批人应独立于资本预算的编制人。

4. 固定资产的验收人应同采购或承建人、款项支付人职务分离。

5. 资产使用或保管人不能同时担任资产的记账工作。

6. 资产盘查工作不能只有使用、保管人员或只有负责记账的人员来进行，应由独立于这些人员的第三者共同参加。

7. 资产报废的审批人不能同时是资产报废通知单的编制人。

（二）资产购置的决策控制点

资产购置决策环节的控制是不是有效，直接构成了固定资产控制的前奏，第一关坚实才能不留任何隐患。从决策控制看，应该做好预算控制、请购控制、采购控制、验收控制和会计入账控制等五个方面的工作。

1. 预算控制。为了通过预算控制，实施对固定资产购置的控制，建立健全预算制度显然是理性的选择。在固定资产预算管理制度方面，需要从以下三个方面着手：

（1）企业应当根据固定资产的使用情况、生产经营发展目标等因素拟定固定资产投资项目，对项目可行性进行研究、分析，编制固定资产投资预算，并按规定程序审批，确保固定资产投资决策科学合理。在关系固定资产预算的资本支出预算编制中，应由工程技术、计划、财务、采购、生产等部门的人员共同参加，以便减少资本支出预算错误发生的可能性。资本支出预算必须在考虑多种因素的基础上予以编制。这些因素包括投资预算额、该投资的机会成本、投资的资本成本、预计现金净流入等。

（2）对于重大的固定资产投资项目，应当考虑聘请独立的中介机构或专业人士进行可行性研究与评价，并由企业实行集体决策和审批，防止出现决策失误而造成严重损失。重大资本支出预算则必须由董事会批准才能执行。还要注意到：资本支出预算的编制者应与该预算的审批者分离；对于投资将对企业产生重大影响的资本支出预算通常规定必须由董事会批准才能执行。任何批准应形成书面档案，并须编号归档控制。

（3）企业应当严格执行固定资产投资预算。对于预算内固定资产投资项目，有关部门应严格按照预算执行进度办理相关手续；对于超预算或预算外固定资产投资项目，应由固定资产相关责任部门提出申请，经审批后再办理相关手续。

2. 请购控制。企业对于外购的固定资产应当建立请购与审批制度，明确请购部门（或人员）和审批部门（或人员）的职责权限及相应的请购与审批程序。固定资产采购过程应当规范、透明。对于一般固定资产采购，应由采购部门充分了解和掌握供应商情况，采取比质比价的办法确定供应商；对于重大的固定资产采购，应采取招标方式进行。

固定资产购置，严格按照企业制定的固定资产内部控制制度和业务流程来进行。规定企业所有固定资产由设备部门统一购买（专用固定资产如电脑等信息资产除外），但必须先由各部门填写请购单，并由设备部门作技术经济论证，进行询价和价格比较，填写好拟采购设备的名称、规格、型号、性能、质量、估计费用等资料，送相关部门会签并报总经理批准。

对重大工程建设项目，企业成立专门管理小组。成员应来自工程部，审计、财务，投资、专家及使用企业，共同参与项目论证、公开招标等环节的工作。既体现公平、公正原则，又通过招标等良性竞争手段，为企业创造经济效益。

3. 采购控制。采购环节是事故的隐患滋生环节，也是资产控制的重中之重。采购部在执行固定资产采购程序时，应先向供货商询价，并取得厂商之报价单，进行比价，以报价较低且品质佳的核准厂商为采购对象。在实际工作中，必须建立健全分档次的供应商选择机制，比如，单批次某个确定金额以下寻找至少 2 家以上的供应商进行询价比价；单批次在此金额以上至另一个相对较高金额之间寻找至少 3 家以上的供应商进行招标采购，并报财务总监审批；单批次规定金额以上寻找至少 3 家以上的供应商进行招标采购并组织招标小组确定出最优方案，报财务总监、总经理审批。依请购单填写订购单并与供货商联络订购事宜，按一般采购程序办理。

4. 验收控制。对于固定资产实物而言，实物验收是第一关。企业应当建立严格的固定资产交付使用验收制度，确保固定资产数量、质量等符合使用要求。固定资产交付使用的验收工作由固定资产管理部门、使用部门及相关部门共同实施。对验收合格的固定资产应及时办理入库、编号、建卡、调配等手续。对于验收控制，企业应当重点关注：从外部购入的设备，采购人员应与厂商联系送货时间及地点。固定资产送达时，请购企业采购人员、管理部门均应派员会同点收数量、检查品质及规格是否与请购单相符。其验收程式可按照存货验收程式进行，所不同的是固定资产一般要求有较高等级的技术人员来检查其质量或精密程式，故购入设备必须经过专职工程师的检查，并在收货报告单上签字同意。通过建筑或通过安装取得的设备在正式向承包商签发验收合格证书前，应作全面和综合性的测试验收验查工作。

各种监督和测试工作应当加以文字记录，并作为工程验收合格证书的附件妥善保管，验收合格证书必须由指定的授权人审核签字。具体需要分别各种情况进行处理：

（1）对于由外部购入的固定资产，应当根据合同协议、供应商发货单等对所购固定资产的品种、规格、数量、质量、技术要求及其他内容进行验收，出具验收单或验收报告。验收合格后方可投入使用。

（2）对于自行建造的固定资产，应由制造部门、固定资产管理部门、使用部门共同填制固定资产移交使用验收单，验收合格后移交使用部门投入使用。

（3）对于由企业股东以实物形态投入或接受捐赠、债务重组、企业合并、非货币性资产交换、外企业无偿划拨转入以及其他方式取得的固定资产，都必须严格依照企业内部固定资产管理规定办理相应的验收手续。

（4）对于由于经营租赁、借用、代管的固定资产应设立登记簿记录备查，避免与本企业财产混淆，并应及时归还。

5. 会计入账控制。企业应当按照国家统一的会计准则制度的规定，及时确认固定资产的购买或建造成本。对于固定资产，应分类设置各种账户，分别记录。其分类有房屋、机器设备、家具、办公设备、运输设备等。各类资产账户应附有单独的卡片或表单，记录财产各种详细有用的资料。每张卡片或表单应记录每项资产的简要说明、存放地点、购入或建造日期、相应的凭单或工作单号码、资产的价值、规定的计量单位、折旧计算方法、估计残值、每个会计期应提折旧及累计已提折旧金额。此外，固定资产记录还应表明该项财产维修和保养情况。所有卡片或表单应编上交叉索引号码，以便同控制账户或其他记录相核对。

明细分类账的记录至少每年同总分类控制账户核对一次。控制制度应规定核对中发现的差异应用加以揭示。对差异作出任何调整前，应由一名指定的企业高级管理人员负责对差异进行调查，并对调查结果进行审批。

财会部门在登记各类资产明细账时，应有适当的复核程式来验证各种应计入资产价值的费用成本，防止多计或少计财产价值。

（三）资产使用与维护控制点

固定资产需要在较长时间内为企业生产或管理活动提供服务，因此，这一阶段的控制是长期的，分散的任务，更加需要扎实有效地开展。在固定资产使用与维护阶段，主要包括资产使用、折旧、维护、盘点与清查等方面的控制。

1. 使用控制。企业应加强固定资产的日常管理工作，授权具体部门或人员负责固定资产的日常使用与维修管理，保证固定资产的安全与完整。同时，还需要定期或不定期检查固定资产明细及标签，确保具备足够详细的信息，以便固定资产的有效识别与盘点。

对固定资产都应设立卡片，有条件的企业，应尽量选用合适的固定资产管理系统，用电脑来管理固定资产数据；要及时对系统中的数据进行清理，查错防漏。在科技发展、环境及其他因素发生变化时，应调整相关固定资产的净残值。

加强对在建工程账户的检查和清理，对已经在用或已经达到预定可使用状态的固定资产及时验收入账或暂估入账。对精密贵重以及容易发生安全事故的仪器设备，归口管理部门应制定具体操作规程，指定专人进行操作。

2. 折旧控制。折旧是企业控制与管理固定资产的重要手段，任何一个企业，都应依据国家有关规定，结合企业实际，确定计提折旧的固定资产范围、折旧方法、折旧年限、净残值率等折旧政策。折旧政策一经确定，不得随意变更。确需变更的，应当按照规定程序审批。

企业通常应该选择符合政策规定、符合企业实际情况的固定资产折旧方法来计提折旧。常用的折旧方法主要包括平均年限法、工作量法、双倍余额递减法和年数总和法等。同时，还要特别注意：当月增加的固定资产，次月开始折旧。当月减少的固定资产，从下月起不再计提折旧。提前报废的固定资产，其净损失计入营业外支出，不再补提折旧。按照规定提取的固定资产折旧，分别按用途性质计入制造费用、管理费用和销售费用等。折旧方法一经选定，不得随意改变，确实需要改变的，必须履行必要的核准手续并披露其理由。

3. 维护控制。企业应当建立固定资产的维修、保养制度，保证固定资产的正常运行，提高固定资产的使用效率。因此，企业应设置专门管理固定资产的机构，加强固定资产的维修和保养工作。该机构的职责包括：每年制订出各类房屋设备等的维修计划与实施维修计划或根据使用中出现的应急情况采取修理措施；监督使用部门的使用情况；对使用、维修和保养的结果进行记录等。

在企业中，必须明确固定资产正常使用、日常维护、技术大修等活动的明确责任部门。其中，固定资产使用部门负责固定资产日常维修、保养，定期检查，及时消除风险；固定资产大修理应由固定资产使用部门提出申请，按规定程序报批后安排修理；固定资产技术改造应组织相关部门进行可行性论证，审批通过后予以实施。

在固定资产使用、维修和保养阶段，除了定期计提固定资产折旧之外，还需要采用必要的市场保险措施来防范风险。企业应当根据固定资产的性质和特点，确定固定资产投保范围和政策。投保范围和政策应足以应对固定资产因各种原因发生损失的风险。

企业应当严格执行固定资产投保范围和政策，对应投保的固定资产项目按规定程序进行审批，办理投保手续。对于重大固定资产项目的投保，应当考虑采取招标方式确定保险企业。

4. 盘点控制。在固定资产的持续使用过程中，定期或不定期地进行资产实物形态的盘点极为重要。因此，企业应当定期对固定资产进行盘点，同时，当发生某些变化情况时，也要随时进行盘点，还需要特别注意盘点前的准备工作和盘点后的处理。

（1）盘点准备。在盘点前，固定资产管理部门、使用部门和财会部门应当进行固定资产账簿记录的核对，保证账账相符。企业应组成固定资产盘点小组对固定资产进行盘点，根据盘点结果填写固定资产盘点表，并与账簿记录核对，对账实不符，固定资产盘盈、盘亏的，编制固定资产盘盈、盘亏表。盘点工作应由负责保管、记账等不同职能的人员以及厂房设备无关的其他局外人共同担任。盘点结果记录在盘点清单上，清单内容包括固定资产的名称、类别、编号、存放地点、目前使用状况和所处状态等。盘点人员（一般要求2人以上）应在盘点清单上签字。实地盘点结束后，应将盘点清单内容同固定资产卡片相核对，如发现差异或固定资产已处于不能正常使用状态，应由固定资产保管部门负责审查其原因，经过一定的批准程式，才能进行账面调整。每次盘点的清点单应归档保存。

（2）盘点处理。固定资产发生盘盈、盘亏，应由固定资产使用部门和管理部门逐笔查明原因，共同编制盘盈、盘亏处理意见，经企业授权部门或人员批准后由财会部门及时调整有关账簿记录，使其反映固定资产的实际情况。

5. 清查控制。企业应至少在每年年末由固定资产管理部门和财会部门对固定资产进行检查、分析。检查分析应包括定期核对固定资产明细账与总账，并对差异及时分析与调整。

企业建立固定资产清查制度，清查分年中清查和年末清查，由管理部门和财务部共同执行。固定资产的清查应填制“固定资产盘点明细表”，详细反应所盘点的固定资产的实有数，并与固定资产账面数核对，做到账务、实物、和固定资产卡片相核对一致。若有盘盈或盘亏，需编报“固定资产盘盈盘亏报告表”，列出原因和责任，报部门经理、生产部门经理、财务部和总经理批准后，财务部进行相应的账务调整。管理部门对台账和固定资产卡片内容进行更新。

（四）资产处置和转移控制点

1. 固定资产的处置。

（1）一般处置原则。对基本完成经济寿命与使用年限的固定资产，企业应当建立固定资产处置的相关制度，确定固定资产处置的范围、标准、程序和审批权限。企业应区分固定资产不同的处置方式，采取相应控制措施。

对于使用期满、正常报废的固定资产，应由固定资产使用部门或管理部门填制固定资产报废单，经企业授权部门或人员批准后对该固定资产进行报废清理。

对于使用期限未满、非正常报废的固定资产，应由固定资产使用部门提出报废申请，注明报废理由、估计清理费用和可回收残值、预计出售价值等。企业应组织有关部门进行技术鉴定，按规定程序审批后进行报废清理。

对于拟出售或投资转出的固定资产，应由有关部门或人员提出处置申请，列明该项固定资产的原价、已提折旧、预计使用年限、已使用年限、预计出售价格或转让价格等，报经企业授权部门或人员批准后予以出售或转让。

固定资产的处置应由独立于固定资产管理部门和使用部门的其他部门或人员办理。固定资产处置价格应报经企业授权部门或人员审批后确定。对于重大的固定资产处置，应当考虑聘请具有资质的中介机构进行资产评估。对于重大固定资产的处置，应当采取集体合议审批制度，并建立集体审批记录机制。

(2) 产权变动时的控制措施。固定资产处置涉及产权变更的，应及时办理产权变更手续。应当从下面两个方面把握：

①固定资产的出售。固定资产使用部门应将闲置的固定资产书面告知管理部门，填写“闲置固定资产明细表”，管理部门拟定处理意见后，按下面步骤执行：固定资产如需出售处理，需由固定资产管理部门提出申请，填写“固定资产出售申请表”；列出准备出售的固定资产明细，注明出售处理原因，出售金额，报部门经理、生产部门经理、财务部和总经理审批；固定资产出售申请经批准后，固定资产管理部门对该固定资产进行处置，并对固定资产卡片登记出售日期，台账做固定资产减少；财务部根据已经批准的出售申请表，开具发票及收款，并对固定资产进行相应的账务处理。

②固定资产的报废。当固定资产严重损坏，没有维修价值时。由固定资产使用部门提出申请，填写“固定资产报废申请表”，交固定资产管理部门报财务总监和总经理审批；经批准后，固定资产管理部门对实物进行处理。处理后对台账及固定资产卡片进行更新，并将处理结果书面通知财务部；财务部依据总经理批准的固定资产报废申请和实物处理结果，进行账务处理。

2. 固定资产的转移控制。固定资产的转移包括多种情况，需要区别对待，分类处理。对于企业出租、出借固定资产，应由固定资产管理部门会同财会部门按规定报经批准后予以办理，并签订合同协议，对固定资产出租、出借期间所发生的维护保养、税负责任、租金、归还期限等相关事项予以约定。对于固定资产的内部调拨，应填制固定资产内部调拨单，明确固定资产调拨时间、调拨地点、编号、名称、规格、型号等。经有关负责人审批通过后，要及时办理调拨手续。固定资产调拨的价值应当由企业财会部门审核批准。

关于固定资产的转移，应注意以下控制措施：

(1) 固定资产在企业内部部门员工之间转移调拨，需填写“固定资产转移申请单”一式四联，送移入部门签字，确认后交固定资产管理部门，第一联由管理部门留存，更新固定资产卡片，第二联送交财会部门，第三联送交移入部门，第四联送交移出部门。之后，需将固定资产转移单交固定资产管理部门办理转移登记。

（2）固定资产管理部门将固定资产转移登记情况书面通知财务部，以便进行账务处理。

（3）注意固定资产编号保持不变，填写清楚新的使用部门和新的使用人，以便监督管理。

四、固定资产控制的案例

成败案析

固定资产控制：平凡之中露真情①

【案情扫描】

中国石化仪征化纤股份有限企业（以下简称仪征化纤）是中国石油化工股份有限企业的控股子公司，是我国最大的现代化化纤和化纤原料生产基地。仪征化纤主要从事生产及销售聚酯切片和涤纶纤维业务，并配套生产聚酯主要原料精对苯二甲酸（PTA），经营范围包括化纤及化工产品的生产及销售，原辅材料的生产、化工化纤及纺织技术开发，自产产品运输及技术服务。

在固定资产的内部控制方面，仪征化纤实行管理信念与管理措施的同步推进。管理信念是仪征化纤的先行官。2000 年中石化进行重组，中石化股份企业成为仪化股份的大股东。随即仪化股份进行了较大规模的财务纪律整改，逐步完善内控机制。在仪征化纤管理层眼中，内部审计的角色是经济活动形影不离的，他们认同国际审计大师劳伦斯的经典论断：内部审计是内部咨询师，是家中的宾客（是经济良医）而不是街上的警察。内部审计不仅要寻找那些或大或小的错误，而且要为改善业务提供指南，不是处分众人的事后诸葛亮，而是鞭策人民励精图治的咨询师，它不仅关心事情是否做得恰当，而且关心该做的事情是否做了。仪征化纤管理层管理中最害怕的事实是规章制度既不废止，也不执行固定资产投资控制涉及范围广，控制难度大，因而内审人员在管理中应有目的的收集问题，剖析问题，将这些问题按性质分类，把问题的来龙去脉搞清楚，针对每一个问题采取相应的对策。在实际工作中有这样的现象，每一类问题的提出和剖析的深入，一定会带起另一类问题的暴露，如对工程超预算的问题分析时，会引起设计变更的问题，追索涉及变更的问题，又可能涉及立项、合同条款争议、材料代用、现场签证、管理失误……等一系列问题，这正是事物相互联系的辩证法。建章建制的任务就是从最薄弱的环节和最突出的问题入手，各个击破、打歼灭战，当每一个环节的问题都基本得到控制的时候，我们便已经把工程造价全方位控制各个链条有机地连接起来了，然后一个环节带动一个环节，促使整个运行机制的良性循环，将制度渗透到工程造价控制的全过程，覆盖建设投资涉及的所有领域。

在固定资产投资与管理的全过程中，仪化股份将其视为竞争力的储备，从决策开始瞄

① 本案例根据上海金融学院丁小云主持的 2006 年度财政部立项资助的重点科研课题的部分成果整理改编，该文献《关于固定资产内部控制典型案例分析》发表于《会计之友》2007 年第 5 期。

准的就是国内外的市场空间及企业份额，尽早加入国际竞争的主流。企业在追逐效益的时候，始终注重防范固定资产领域的舞弊及管理的漏洞来侵蚀企业的利润，力争避免决策环节的无效投资、使用环节的侵吞、转移和挪用，设计环节的差错失查，招标环节的幕后交易、违规操作，合同环节上无原则让利，采购环节的“舍近求远、舍廉求贵、舍优求次”，施工环节的偷梁换柱、粗制滥造，工程审价环节的内外勾结。这些问题使得企业资产在不健全的各类制度下不显山、不露水地悄然流失。同时，应对内强调控制，对外强调法制，因为法制建设是控制的基础和条件。现有的市场准入、项目法人负责制、招标投标、工程监理、合同管理、工程质量监督等制度，为逐步建立起更加科学、更加完善的建筑市场运行规则和管理制度体制提供了条件，并将成熟有效的改革措施通过法律、法规加以确定，是我国建设体制改革的主要目标。企业通过开展固定资产投资内部控制，能够大幅度地降低固定资产投资领域舞弊发生的可能性，及时堵塞管理工作中出现的漏洞，真正为企业起到“增值服务”的作用。因此，固定资产投资领域的内部控制工作还应得到重视和加强，它为企业带来的好处将日益显现出来。

管理措施是仪征化纤长期以来科学探索的重要目标。固定资产控制方面，通过明确整个企业固定资产内部控制的业务目标、控制点及业务流程，进一步强化了该企业关于固定资产的内部控制有以下特点：

其一，围绕经营目标、财务目标、合规目标进行控制。内部控制目标是指导其设计和实施的根本指南。内部控制必须围绕所要实现的目标，才能找到企业管理、经营活动中与最终控制结果相关的因素。企业的控制活动是否有效，主要的衡量标准就是控制活动能否与控制目标保持一致。企业内部控制的目标主要有保证管理政策的有效贯彻和实施以及管理效率和效果，业务活动的合法性和会计信息的真实可靠。企业要想使控制活动能够与控制目标保持一致，内部控制设计就要关注上述问题。因此，该企业在阐述关于固定资产管理的经营目标、财务目标及合规目标的基础上，提出固定资产管理过程中可能出现的经营风险、财务风险及合规风险，围绕业务目标设计了有关固定资产业务流程步骤与控制点，可以保证关于固定资产会计信息的可靠性、企业财产的安全性和合法性。

其二，组织架构严密，岗位责任明确，强调授权审批控制。企业经营活动的开展具有很强的层次，权力的归属呈现出“金字塔”的特征。由于精力有限，上级管理者必须进行分权管理，这就产生了授权的问题，企业固定资产相关的业务活动也应该按照一定的审批程序进行。内部控制必须确定授权审批的程序、保证权力的分配与责任界定相配合，既要设计出合理的授权审批控制措施，又要保证授权活动的贯彻实施。

按照授权审批对象的发生频率和范围可以把授权审批活动划分为一般授权和特别授权。一般授权针对的是企业中经常发生、涉及范围较广的日常经济业务，其主要内容包括不同数额业务审批权的归属、授权审批责任的确定以及交易活动的具体审批程序，在实际工作中还会发生在同级别管理者之间，这也属于一般授权。比如，设备管理部门和固定资产使用部门依据有关单据对新增固定资产共同进行验收；固定资产使用部门根据固定资产性能及使用现状提出维护修理计划，由设备管理部门审核，报企业分管副总经理审批后实施；关于固定资产的清查由设备部和资产财务部共同定期组织实施。

特殊授权针对的是企业中发生频率较低，较为重要的非常规活动，例如重大的项目投资决策、债券和股票的发行等等，主要规定了这些活动的决策程序、制衡机制和权责分布。例如，该企业关于固定资产报废的处置，单台原值在5万元以上50万元以下的固定资产由使用企业提出初步鉴定意见，企业鉴定组鉴定，报董事长审批；关于固定资产减值数额需经资产财务部会同设备部审核，报总经理班子、董事会审批，资产财务部根据审批结果及时计提入账。

其三，突出闲置固定资产的处置。企业闲置的固定资产是指连续停用1年以上或新购设备因计划变更不用以及技改等更换下线，仍具有使用价值的固定资产。闲置固定资产不仅占用了企业大量的资金，而且对于闲置资产不合理的处置将会造成资产流失，给企业带来较大的损失。因此，在此案例中，该企业对于闲置固定资产的处置从审批同意到妥善保管、到正确核算再到充分有效利用都作了相应的规定，并在此过程中注意各部门的有效制衡。

【案例评述】

仪征化纤企业均是国内同类企业中较为成功的企业，关于固定资产的内部控制制度均体现了重视流程管理，重视IT技术，注意授权审批，强调记录控制等内部控制的关键环节，其中值得借鉴和注意的有：

其一，关于固定资产取得的控制。固定资产投资本身所具有的投入资金多，影响持续时间长、回收慢、风险多的特点，决定了固定资产投资决策直接影响着企业未来的长期效益与发展。因此，企业在进行固定资产投资决策前，应开展投资项目的可行性研究。可行性研究包括宏观与微观两方面的研究，在考虑投资项目满足社会需要程度的前提下，重点研究投资项目的必要性、技术上的可行性以及经济上的合理性等，在经过充分的技术经济论证和方案比较，并经审查认定后选择最佳可行方案作为编制计划任务书的依据。也就是说，企业必须对固定资产的增加进行预算管理。

在这方面，仪征化纤企业对于固定资产的预算以及以各种取得方式增加的固定资产的验收、入库、保险控制较少涉及，容易盲目购建，造成投资失误，预算失控。

其二，关于固定资产使用成本与费用的控制。固定资产使用过程中的成本和费用主要有固定资产修理成本、固定资产转移成本、固定资产管理成本和无形损耗成本。会计系统对成本和费用的关键控制点就体现在上述成本费用的控制中。正确确认和计量固定资产修理费用，会计和出纳人员要监督修理资金的收付、结余情况，进行预算控制；融资或经营租入固定资产的运输费用的核算，计入管理成本或固定资产成本；在企业中转移大型的设备需要雇佣车辆和人员的劳动报酬等。因此，在此过程中，主要是要划分资本性支出和收益性支出的界限，否则就会带来资本化利息计算不正确，资本性支出挤占生产成本或费用等问题。关于这方面的问题，在调研过程中发现，仪征化纤是严格按照会计制度进行处理的。

其三，良好的企业文化和员工素质是内部控制有效实施的保证。仪征化纤股份企业的内部会计控制系统是建立在较高的信息管理平台上的，特别是该企业的ERP系统成功运行以来，给内部会计控制系统设计的完备性添上了亮丽的色彩。ERP 系统为固定资产的内部控制提供了技术的基础。

第三节　无形资产控制

无形资产，是指企业拥有或者控制的没有实物形态的可辨认非货币资产，即能够从企业中分离或者划分出来，并能够单独或者与相关合同协议、资产、负债一起用于出售、转移、授权许可、租赁或者交换的，以及源自合同协议性权力或其他法律权利的非货币性资产。无形资产通常包括专利权、非专利技术、商标权、著作权、特许权、土地使用权等。

从一定意义上看，随着市场经济环境下交易形式的升级与技术进步带来的价值变异，无形资产将越来越成为企业价值形态的重要组成部分。企业至少应当关注涉及无形资产的下列风险：无形资产业务违反国家法律法规，可能遭受外部处罚、经济损失和信誉损失；无形资产业务未经适当审批或超越授权审批，可能因重大差错、舞弊、欺诈而导致损失；无形资产购买决策失误，可能导致不必要的成本支出；无形资产使用和管理不善，可能导致损失和浪费；无形资产处置决策和执行不当，可能导致企业权益受损；无形资产的会计处理和相关信息不合法、真实、完整，可能导致企业资产账实不符或资产损失。

对无形资产实施严格的内部控制，主要目标是：确保无形资产的安全及有效使用；确保有关无形资产的会计及记录、财务及其他信息的可信性与可靠性；确保减少不必要的开支，提高企业盈利水平，避免意外风险，预防和发现差错及违纪行为，外部审计能够查明已经发生的差错及违纪行为，但不能预防其发生。对差错和违纪行为的预防和发生，则主要依赖于企业内部采取的内部控制措施。

一、无形资产控制的内容

无形资产在为企业创造利润的过程中担当着越来越重要的角色，因此，企业应当越来越重视无形资产的控制与管理。因此，无形资产控制的内容，可以归纳为以下几个方面：

（一）无形资产内涵与外延的理念梳理

根据《企业会计准则第 6 号——无形资产》的规定，无形资产是指企业拥有或者控制的没有实物形态的可辨认非货币性资产。资产在符合下列条件时，满足无形资产定义中的可辨认性标准：一是能够从企业中分离或者划分出来，并能单独或者与相关合同、资产或负债一起，用于出售、转移、授予许可、租赁或者交换；二是源自合同性权利或其他法定权利，无论这些权利是否可以从企业或其他权利和义务中转移或者分离。

《企业会计准则第 6 号——无形资产》明确指出，同时满足下列条件的无形项目，才能确认为无形资产：一是符合无形资产的定义；二是与该资产相关的预计未来经济利益很可能流入企业；三是该资产的成本能够可靠计量。

根据《中华人民共和国企业所得税法实施条例》第 65 条的规定，无形资产是指企业为生产产品、提供劳务、出租或者经营管理而持有的，没有实物形态的非货币性长期资产，包括专利权、商标权、著作权、土地使用权、非专利技术、商誉等。

对于企业内部控制而言，除了已经确认记录在会计账务中的无形资产外，还要从市场潜在价值方面关注账外无形资产。这些所谓"无形资产"是指企业拥有的"软性"资产：持有专利、软件、品牌、商标、标识、特许经销权、科研开发资源、创意、专门知识与客户关系。利用一个企业的无形资产制度一般涉及技术开发管理、市场营销、工商管理、财务管理（含会计核算）、对外经济技术合作、情报信息管理、质量管理等若干领域。它一般应包括：无形资产开发方面的管理制度，无形资产权益（权益的取得、维护、保护）方面的管理制度，无形资产对外许可、转让、合作管理制度，无形资产档案管理制度，无形资产投入产出考核制度，无形资产融资管理制度，无形资产评估管理制度，无形资产审计管理制度，无形资产投资管理制度等内容。其制定原则是既要考虑到无形资产自身的发生发展的客观规律和企业的无形资产存量，又要考虑到无形资产之间的联系和管理的特殊要求。

（二）无形资产取得与形成环节

无形资产管理制度是对企业无形资产的形成、积累、评估、管理、使用和创新整个过程的控制和管理的制度。企业应根据无形资产法规和无形资产确认、计量等方面的准则，设立专门的机构或人员负责无形资产的培育和开发，根据企业自身的文化传统、技术水平、管理经验、核心业务和科技实力以及本地资源、市场、生产条件等优势培育和开发独具特色的无形资产。其中，在取得与形成环节，通常需要建立如下制度：

1. 实行无形资产预算管理制度。把无形资产的管理列入企业的财务管理范畴，由财会部门协同各专门机构对无形资产的投入产出效果进行管理和评价，对企业内价值高的无形资产进行集中、分类、管理，通过市场或非市场途径传播，使之得到消费者的理解、认同和支持，并关注其价值的变化。

企业根据无形资产的使用效果、生产经营发展目标等因素拟定无形资产投资项目，对项目可行性进行研究、分析，编制无形资产投资预算，并按规定程序审批，确保无形资产投资决策科学合理。对于重大的无形资产投资项目，应当考虑聘请独立的中介机构或专业人士进行可行性研究与评价，并由企业实行集体决策和审批，防止出现决策失误而造成严重损失。

2. 执行无形资产投资预算。目前，企业通过自主研究与开发而形成的无形资日益增长，对于预算内无形资产投资项目，有关部门应严格按照预算执行进度办理相关手续；对于超预算或预算外无形资产投资项目，应由无形资产相关责任部门提出申请，经审批后再办理相关手续。

对于外购的无形资产应当建立请购与审批制度，明确请购部门（或人员）和审批部门（或人员）的职责权限及相应的请购与审批程序。无形资产采购过程应当规范、透明。对于一般无形资产采购，应由采购部门充分了解和掌握产品及供应商情况，采取比质比价的办法确定供应商；对于重大的无形资产采购，应采取招标方式进行；对于非专有技术等具有非公开性的无形资产，还应注意采购过程中的保密保全措施。无形资产采购合同协议的签订应遵循企业合同协议管理内部控制的相关规定。

（三）无形资产交付使用验收制

无形资产交付使用的验收工作由无形资产管理部门、使用部门及相关部门共同实施。并根据具体情况实行分类处理与控制。

1. 对于企业外购的无形资产，必须取得无形资产所有权的有效证明文件，仔细审核有关合同协议等法律文件，必要时应听取专业人员或法律顾问的意见。

2. 对于企业自行开发的无形资产，应由研发部门、无形资产管理部门、使用部门共同填制无形资产移交使用验收单，移交使用部门使用。

3. 对于企业购入或者以支付土地出让金方式取得的土地使用权，必须取得土地使用权的有效证明文件。除已经确认为投资性房地产外，在尚未开发或建造自用项目前，企业应当根据合同协议、土地使用权证办理无形资产的验收手续。

4. 对于企业对投资者投入、接受捐赠、债务重组、政府补助、企业合并、非货币性资产交换、外企业无偿划拨转入以及其他方式取得的无形资产均应办理相应的验收手续。

需要注意的是，对验收合格的无形资产应及时办理编号、建卡、调配等手续，而对需要办理产权登记手续的无形资产，企业应及时到相关部门办理。

（四）无形资产使用与处置环节

企业应加强无形资产的日常管理工作，授权具体部门或人员负责无形资产的日常使用与保全管理，保证无形资产的安全与完整。在使用保全环节的控制，包括对会计账上无形资产的保全控制和对会计账上未记载无形资产的保全控制。

1. 使用环节的控制。

（1）对会计账面无形资产的保全控制。一是核查无形资产的价值。企业应当定期或者至少在每年年度终了检查各项无形资产，预计其给企业带来未来经济利益的能力，对预计可收回金额低于账面价值的，应当计提减值准备，进行相应的调整。二是记录保护。应对无形资产各种文件资料（尤其是资产、财务、会计等资料）妥善保管，避免记录受损、被盗、被毁的可能。对某些重要资料应留有后备记录，以便在遭受意外损失或毁坏时重新恢复，这在当前计算机条件下尤为重要。

（2）对会计上未记载无形资产的保全控制包括：一是用好法律手段。要通过法律手段确立无形资产的合法地位，主动配合执法部门整顿市场秩序，依法打假治劣，及时利用媒体揭露侵权行为。二是不断的调整与创新。要适应消费者的需要，在保持无形资产内在特色的前提下及时适应消费者习惯、偏好的变化，以使企业生产经营与市场和消费者的需要保持同步。只有不断创新才能增强竞争力，才能巩固已取得的优势地位和避免竞争对手模仿，也才能真正不断满足市场需要。三是保证质量。开发和创造无形资产需要高质量，维护无形资产也需要高质量。高质量是无形资产的灵魂和生命力所在。在无形资产运营中，应慎重选择联营或并购的企业，切不可为一时之利葬送自己长期苦心经营的品牌。

2. 处置环节的控制。企业应区分无形资产不同的处置方式，采取相应控制措施：

（1）对使用期满、正常报废的无形资产，应由无形资产使用部门或管理部门填制无形资产报废单，经企业授权部门或人员批准后对该无形资产进行报废清理。

（2）对使用期限未满、非正常报废的无形资产，应由无形资产使用部门提出报废申请，注明报废理由、估计清理费用和可回收残值、预计出售价值等。企业应组织有关部门进行技术鉴定，按规定程序审批后进行报废清理。

(3) 对拟出售或投资转出的无形资产，应由有关部门或人员提出处置申请，列明该项无形资产的原价、已提摊销、预计使用年限、已使用年限、预计出售价格或转让价格等，报经企业授权部门或人员批准后予以出售或转让。

3. 其他相关控制。无形资产的处置应由独立于无形资产管理部门和使用部门的其他部门或人员办理。无形资产处置价格应当选择合理的方式，报经企业授权部门或人员审批后确定。对于重大的无形资产处置，无形资产处置价格应当委托具有资质的中介机构进行资产评估，并采取集体合议审批制度，并建立集体审批记录机制。无形资产处置涉及产权变更的，应及时办理产权变更手续。

企业出租、出借无形资产，应由无形资产管理部门会同财会部门按规定报经批准后予以办理，并签订合同协议，对无形资产出租、出借期间所发生的维护保全、税负责任、租金、归还期限等相关事项予以约定。对无形资产处置及出租、出借收入和发生的相关费用，应及时入账，并保持完整的记录。

企业对于无形资产的内部调拨，应填制无形资产内部调拨单，明确无形资产名称、编号、调拨时间等，经有关负责人审批通过后，及时办理调拨手续。无形资产调拨的价值应当由企业财会部门审核批准。

(五) 无形资产会计核算环节

无形资产账面价值与市场价值的差异悬殊，是会计界长期面临的挑战。从会计核算对无形资产价值的保值增值责任来看，主要需要着手以下控制：

1. 认清无形资产管理领域的价值运营规律，建立健全内部会计管理规范和监督制度，且要充分体现权责明确、相互制约以及及时进行内部审计的要求。在当前深入开展企业改革的过程中，企业参与合资、兼并、分立、转让、租赁等一系列资产活动与重组活动越来越多，在涉及企业资本运作过程中，必然会涉及无形资产的运作，因此，企业必须加强内部监督和约束，通过坚持对企业无形资产开展内部审计监督，特别注意查明并纠正人为低估或高估无形资产等弄虚作假、违法侵权以及急功近利的短期行为，以便有效避免或减少企业无形资产的转移和流失。

2. 统一无形资产的会计政策。尽管国家对于无形资产制定了统一的会计制度，但其中有些会计政策是可选的。因此，从企业内部管理要求出发，必须统一执行所确定的会计政策，以便统一核算汇总分析和考核，企业会计政策可以以专门文件的形式予以颁布。

3. 统一会计科目。在实现国家统一一级无形资产的有关会计科目的基础上，企业应根据经营管理需要，统一设定明细科目，但是不可以乱开设会计科目和混淆会计科目。

4. 明确无形资产相关会计凭证、会计账簿和财务报告的处理程序与方法，遵循会计制度规定的各条核算原则，使会计真正实现为国家宏观经济调控和管理提供信息、为企业内部经营管理提供信息、为企业外部各有关方面了解其财务状况和经营成果提供信息的目标。

5. 加强对无形资产维护费用的监督和控制。为了保证无形资产这一获利能力的完整性、持续性和有效性，企业就必须依法支付各项与无形资产有关的维护费用。例如：为维护专利权有效，就须支付专利年费；为获得商标权，就须支付注册申请费等。对于当前无形资产的维护费用，其会计处理方法仍没有明确的规定，同时很多企业并没有建立有效的约束和监督机制，这使得无形资产维护费用很可能成为企业隐形费用的一部分。因此，必须加强对无形资产维护费用的内部审计监督和控制，从而保证无形资产维护费用性质和数量的合法性、合理性。

6. 加强对无形资产价值的监督检查，有效防止企业无形资产的转移和流失。无形资产具有价值属性，其价值的反映具有多种不同形式。例如，当企业知识产权发生转让时，其转让价格就是最常见的一种无形资产价值量化形式。在实际转让过程中，往往由于价格不合理，又未经内部审计部门监督把关，极易造成无形资产的严重流失。这方面我国已有过很多惨痛的教训。这些都需要切实加强控制，防范无形资产流失。

二、无形资产控制的流程

围绕无形资产的取得与验收、使用与保全、处置与转移等活动，无形资产控制需要在相应的流程进行科学而合理的控制。无形资产控制流程如图 10－5 所示。

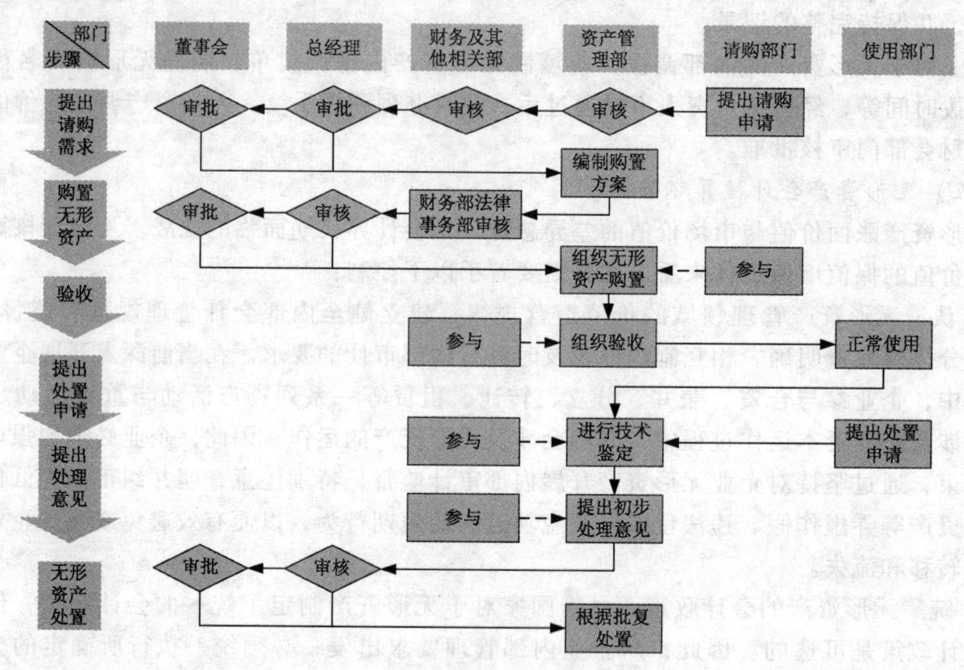

图 10－5 无形资产控制流程图

三、无形资产控制关键点

企业在建立与实施无形资产内部控制中，至少应当强化对下列关键方面或者关键环节的控制：在职责分工、权限范围和审批程序方面，应当明确规范，机构设置和人员配备应当科学合理；在无形资产取得依据方面，应当充分适当，决策过程应当科学规范；在无形资产取得、自行开发并取得、使用及保护、处置报废等环节，注意其相应的控制流程要清晰严密；在无形资产确认、计量和报告方面，符合国家统一的会计准则制度的规定。现摘要分析以下几个关键控制点：

（一）职责分工与授权审批

无形资产管理领域需要职责分工、权限范围和审批程序应当明确规范，机构设置和人员配备应当科学合理。

企业应该设置专门的无形资产管理部门，配备专业无形资产管理人员对企业的无形资产进行综合、全面、系统的管理。同一部门或个人不得办理无形资产业务的全过程。有效的内部控制制度应该保证对同一项业务的审批、执行、记录和复核人员的职务分离，以减少因一人多权而导致的舞弊现象发生。

无形资产业务不相容岗位至少包括：无形资产投资预算的编制与审批，无形资产投资预算的审批与执行，无形资产取得、验收与款项支付，无形资产处置的审批与执行，无形资产取得与处置业务的执行与相关会计记录，无形资产的使用、保管与会计处理。

企业应当配备合格的人员办理无形资产业务。办理无形资产业务的人员应当具备良好的业务素质和职业道德。

企业应当对无形资产业务建立严格的授权批准制度，明确授权批准的方式、权限、程序、责任和相关控制措施，规定经办人的职责范围和工作要求。严禁未经授权的机构或人员办理无形资产业务。

（1）授权批准的范围。通常无形资产研究与开发、购置和转让计划都应纳入其范围。授权批准的层次，应根据无形资产的重要性和金额大小确定不同的授权批准层次，从而保证各经理层有权亦有责。

（2）授权批准的责任。应当明确被授权者在履行权力时应对哪些方面负责，应避免责任不清。

（3）授权批准的程序。应规定每一类无形资产业务的审批程序，以便按程序办理审批，以避免越级审批、违规审批的情况发生。各级经理层必须在授权范围内行使相应职权，经办人员也必须在授权范围内办理经济业务。审批人应当根据无形资产业务授权批准制度的规定，在授权范围内进行审批，不得超越审批权限。对于审批人超越授权范围审批的无形资产业务，经办人员有权拒绝办理，并及时向上级部门报告。

企业应当制定无形资产业务流程，明确无形资产投资预算编制、自行开发无形资产预算编制、取得与验收、使用与保全、处置和转移等环节的控制要求，并设置相应的记录或凭证，如实记载各环节业务开展情况，及时传递相关信息，确保无形资产业务全过程得到有效控制。

（二）取得与验收控制点

这一领域，通常是无形资产管理的重要环节，其控制措施需要从图 10－6 所示的四个方面实施。

1. 建立无形资产预算管理制度。

（1）企业根据无形资产的使用效果、生产经营发展目标等因素拟定无形资产投资项目，对项目可行性进行研究、分析，编制无形资产投资预算，并按规定程序审批，确保无形资产投资决策科学合理。

（2）对于重大的无形资产投资项目，应当考虑聘请独立的中介机构或专业人士进行可行性研究与评价，并由企业实行集体决策和审批，防止出现决策失误而造成严重损失。

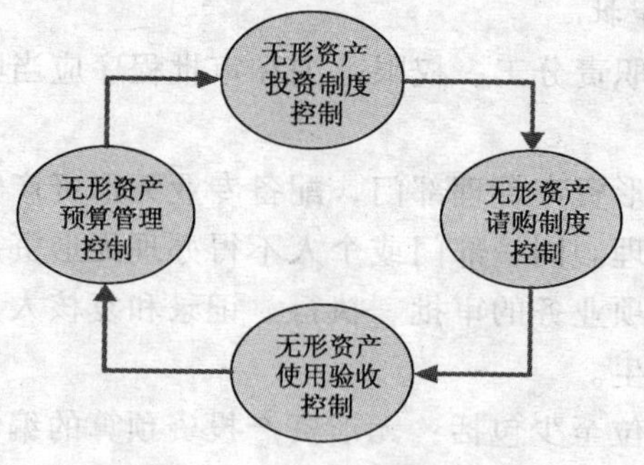

图 10－6 无形资产控制态势图

2. 无形资产投资制度。企业应当严格执行无形资产投资预算。对于预算内无形资产投资项目，有关部门应严格按照预算执行进度办理相关手续；对于超预算或预算外无形资产投资项目，应由无形资产相关责任部门提出申请，经审批后再办理相关手续。

3. 无形资产请购制度。

（1）企业对于外购的无形资产应当建立请购与审批制度，明确请购部门（或人员）和审批部门（或人员）的职责权限及相应的请购与审批程序。

（2）无形资产采购过程应当规范、透明。对于一般无形资产采购，应由采购部门充分了解和掌握产品及供应商情况，采取比质比价的办法确定供应商；对于重大的无形资产采购，应采取招标方式进行；对于非专有技术等具有非公开性的无形资产，还应注意采购过程中的保密保全措施。

（3）无形资产采购合同协议的签订应遵循企业合同协议管理内部控制的相关规定。

4. 无形资产使用验收制度。

（1）企业应当建立严格的无形资产交付使用验收制度，确保无形资产符合使用要求。无形资产交付使用的验收工作由无形资产管理部门、使用部门及相关部门共同实施。

（2）企业外购无形资产，必须取得无形资产所有权的有效证明文件，仔细审核有关合同协议等法律文件，必要时应听取专业人员或法律顾问的意见。

（3）企业自行开发的无形资产，应由研发部门、无形资产管理部门、使用部门共同填制无形资产移交使用验收单，移交使用部门使用。

（4）企业购入或者以支付土地出让金方式取得的土地使用权，必须取得土地使用权的有效证明文件。除已经确认为投资性房地产外，在尚未开发或建造自用项目前，企业应当根据合同协议、土地使用权证办理无形资产的验收手续。

（5）企业对投资者投入、接受捐赠、债务重组、政府补助、企业合并、非货币性资产交换、外企业无偿划拨转入以及其他方式取得的无形资产均应办理相应的验收手续。

（6）对验收合格的无形资产应及时办理编号、建卡、调配等手续。

（7）对需要办理产权登记手续的无形资产，企业应及时到相关部门办理。

（三）使用与保全控制点

1. 专责使用。

（1）企业应加强无形资产的日常管理工作，授权具体部门或人员负责无形资产的日常使用与保全管理，保证无形资产的安全与完整。

（2）企业应根据国家及行业有关要求和自身经营管理的需要，确定无形资产分类标准和管理要求，并制定和实施无形资产目录制度。

（3）企业应根据无形资产性质确定无形资产保全范围和政策。保全范围和政策应当足以应对无形资产因各种原因发生损失的风险。

（4）企业应当限制未经授权人员直接接触技术资料等无形资产；对技术资料等无形资产的保管及接触应保有记录；对重要的无形资产应及时申请法律保护。

2. 关注会计核算。

（1）企业应依据国家有关规定，结合企业实际，确定无形资产摊销范围、摊销年限、摊销方法、残值等。

（2）摊销方法一经确定，不得随意变更。确需变更的，应当按照规定程序审批。

（3）企业应当定期或者至少在每年年末由无形资产管理部门和财会部门对无形资产进行检查、分析，预计其给企业带来未来经济利益的能力。检查分析应包括定期核对无形资产明细账与总账，以及对差异及时分析与调整。

（4）无形资产存在可能发生减值迹象的，应当计算其可收回金额；可收回金额低于账面价值的，应当按照国家统一的会计准则制度的规定计提减值准备、确认减值损失。

（四）处置与转移控制点

1. 处置控制。企业应当建立无形资产处置的相关制度，确定无形资产处置的范围、标准、程序和审批权限等。企业应区分无形资产不同的处置方式，采取相应控制措施：

（1）对使用期满、正常报废的无形资产，应由无形资产使用部门或管理部门填制无形资产报废单，经企业授权部门或人员批准后对该无形资产进行报废清理。

（2）对使用期限未满、非正常报废的无形资产，应由无形资产使用部门提出报废申请，注明报废理由、估计清理费用和可回收残值、预计出售价值等。企业应组织有关部门进行技术鉴定，按规定程序审批后进行报废清理。

（3）对拟出售或投资转出的无形资产，应由有关部门或人员提出处置申请，列明该项无形资产的原价、已提折旧、预计使用年限、已使用年限、预计出售价格或转让价格等，报经企业授权部门或人员批准后予以出售或转让。

（4）无形资产的处置应由独立于无形资产管理部门和使用部门的其他部门或人员办理。无形资产处置价格应当选择合理的方式，报经企业授权部门或人员审批后确定。对于重大的无形资产处置，无形资产处置价格应当委托具有资质的中介机构进行资产评估。

（5）对于重大无形资产的处置，应当采取集体合议审批制度，并建立集体审批记录机制。

2. 其他转移。

（1）企业出租、出借无形资产，应由无形资产管理部门会同财会部门按规定报经批准后予以办理，并签订合同协议，对无形资产出租、出借期间所发生的维护保全、税负责任、租金、归还期限等相关事项予以约定。

（2）对无形资产处置及出租、出借收入和发生的相关费用，应及时入账，保持完整的记录。

（3）企业对于无形资产的内部调拨，应填制无形资产内部调拨单，明确无形资产名称、编号、调拨时间等，经有关负责人审批通过后，及时办理调拨手续。

四、无形资产控制的案例

成败案析

无形资产，管控失策成泡影

【案情扫描】

曾经红极一时的YXY商场于1989年5月开业，之后仅用7个月时间就实现销售额9000万元，1990年达1.86亿元，实现税利1315万元，一年就跨入全国50家大型商场行列。那时候，东西南北都流传着一句广告语："中原之行哪里去，郑州×××"。到1995年，其销售额一直呈增长趋势，1995年达4.8亿元。该商场当年以其在经营和管理上的创新创造了一个平凡而奇特的现象。来自全国30多个省市的近200个大中城市的党政领导、商界要员去参观学习。然而，1998年8月15日，YXY商场悄然关门，面对这残酷的事实，人们众说纷纭。导致商场倒闭的原因是多方面的，而其内部控制的极端薄弱是促成倒闭的主要原因之一。下面仅就其无形资产内部控制方面进行分析。该商场的冠名权属于无形资产，其转让都是由总经理一个人说了算，只要总经理签字同意，别人就可以建一个YXY商场。在经营管理上，YXY商场有派驻人员，但由于并不掌控管理，所起的作用不大。这种冠名权的转让，能迅速带来规模的扩张，可也给YXY的管理控制带来了风险。对这些企业的管理上，YXY并不严格，导致了某些企业在管理方面、服务质量或者产品质量等诸多方面给客户们留下了不好的印象，在社会上造成了不良影响，对YXY这个品牌的影响起了负面作用，也给企业带来不少经济上的损失，企业产品销量下降，经济效益下滑。

【案例评述】

YXY商场没有进行职责分工、权限范围和审批程序不明确规范，机构设置和人员配备不科学不合理。关于无形资产的转让，照理应该经董事会讨论通过，但实际上是总经理一个人说了算，只要他签字同意，别人就可建个"YXY"，这样不可避免的会导致一人多权形成舞弊的现象发生。

曾经有专家建议商场：应该设置专门的无形资产管理部门，配备专门的无形资产管理人员，并统一对商场无形资产进行综合、全面、系统的管理。无形资产管理部门的主要职能包括：对企业所有无形资产的开发、引进、投资进行总的控制；就无形资产在企业生产经营管理中的实施应用的客观要求，协调企业内部其他各有关的职能部门的关系；协调与企业外部国家有关专业管理机构的关系；协调企业与其他企业的关系；维护企业无形资产资源安全完整；考核无形资产的投入产出状况和经济效益情况。

企业应当建立无形资产业务的岗位责任制，明确相关部门和岗位的职责、权限，确保办理无形资产业务的不相容岗位相互分离、制约和监督。同一部门或个人不得办理无形资产业务的全过程。有效的内部控制制度应该保证对同一项业务的审批、执行、记录和复核人员的职务分离，以减少因一人多权而导致的舞弊现象发生。

在授权审批方面要明确授权批准的范围。通常无形资产研究与开发、购置和转让计划都应纳入其范围。授权批准的层次，应根据无形资产的重要性和金额大小确定不同的授权批准层次，从而保证各管理层有权亦有责。明确被授权者在履行权力时应对哪些方面负责，应避免责任不清的情况发生。应规定每一类无形资产业务的审批程序，以便按程序办理审批，以避免越级审批、违规审批的情况发生。单位内部的各级管理层必须在授权范围内行使相应职权，经办人员也必须在授权范围内办理经济业务。审批人应当根据无形资产业务授权批准制度的规定，在授权范围内进行审批，不得超越审批权限。经办人在职责范围内，按照审批人的批准意见办理无形资产业务。对于审批人超越授权范围审批的无形资产业务，经办人员有权拒绝办理，并及时向上级部门报告。对于重大的无形资产投资转让等项目，应当考虑聘请独立的中介机构或专业人士进行可行性研究与评价，并由企业实行集体决策和审批，防止出现决策失误而造成严重损失。

第十一章

销 售 业 务

销售是指企业销售商品以及由此引起的款项收取的业务活动。销售是企业获利的前提和必要条件，是形成一定时期经营成果的重要基础。不过，销售环节也存在着相应的风险，至少表现为五类：一是销售行为违反国家法律法规，可能遭受外部处罚、经济损失和信誉损失；二是销售未经适当审批或超越授权审批，可能因重大差错、舞弊、欺诈而导致损失；三是销售政策和信用政策管理不规范、不科学，可能导致资产损失或资产运营效率低下；四是合同协议签订未经正确授权，可能导致资产损失、舞弊和法律诉讼；五是应收账款和应收票据管理不善，账龄分析不准确，可能由于未能收回或未能及时收回欠款而导致收入流失和法律诉讼。

强化销售控制，其目标主要表现为：保证销售收入的真实性和合理性；保证产品的安全、完整；保证销售折扣的适度性；保证销售折让和退回的合理性与正确性；保证货款及时足额地收回。

《企业内部控制应用指引第 9 号——销售业务》着力解决企业销售过程中的内部控制。其主要内容包括：制定指引的必要性和依据，销售业务的核心内涵、销售过程中应关注的主要风险，以及具体的销售、收款两个环节的内部控制等，分三章共十二条。

第一节　销售控制的内容

一、销售控制的具体内容

搞好销售环节的内部控制对整个企业内部控制系统来说是至关重要的。销售控制的内容主要包括销售预算控制的内容、接受订单控制的内容、开单发货控制的内容和收款控制的内容。

（一）销售预算控制

销售预算是全面预算系统的起点，销售预算是全面预算编制的基础。它不仅是企业的年度销售计划，同时决定着企业年度生产安排、费用支出等经营活动，是企业战略管理的一部分。销售预算内部控制的内容包括销售预测、销售预算编制和销售预算的审批。

1. 销售预测。销售预测应由销售部门根据市场状况、企业自身状况、竞争对手状况、顾客状况等方面情况编制，编制完成后需销售主管检查批准。企业应该根据以下步骤进行销售预测：

（1）市场调查分析。对现有市场状况进行分析，具体内容包括人口分析、经济因素分析、科技因素分析、政治法律因素分析、自然风俗和文化因素分析、区域发展因素分析等。对企业自身状况分析，具体包括企业营运资源分析、企业影响力分析、公共大众分析等。对竞争对手分析，具体包括竞争对手的财务实力、现行战略、发展战略、核心竞争力、竞争弱点等。对顾客状况分析，具体内容包括市场容量、顾客范围、顾客结构、顾客收入水平等。

（2）预测组织。企业可以责成销售部门或专门成立预测委员会，也可以聘请专家参与预测过程，预测绝不是某一个人或某领导凭空预见，而是一个科学的分析过程，是一个集思广益的成果。

（3）预测方法——销售预测的关键。在市场调查的基础上，企业应结合自身的特点，选择适合的预测方法进行预测。预测方法包括定量预测法和定性预测法。定量预测法包括趋势分析法和因果分析法等；定性预测法包括判断分析法和局期分析法等。企业应当将定量分析法和定性分析法结合应用。

2. 销售预算的编制。以销售预测为基础，在全面预算总方针的指导下，由销售部门编制销售预算。销售预算应保持与企业发展战略以及企业的内部环境要求的一致性。销售预算的内容应包括销售的品种结构、销售的季节性、销售价格金额、销售策略等。

3. 销售预算的审批。销售预算编制完成后应交由销售部门主管进行检查批复，编制人员根据批复意见进行修改，直至通过主管审批签字，方可上交给企业预算委员会进行审批。销售预算送交董事会授权的预算委员会进行审议，预算委员会对销售预算的修改意见应形成书面意见稿，送回销售部门进行修改。预算委员会审议通过的销售预算，必须经过签字，方可生效执行。

（二）销售单证账表管理制度

企业应当在销售与发货各环节设置相关的记录，填制相应的凭证，建立完整的销售登记制度，并加强销售合同、销售计划、销售通知单、发货凭证、运货凭证、销售发票等文件和凭证的相互核对工作。

销售部门应设置销售台账，及时反映各种商品、劳务等销售的开单、发货、收款情况。销售台账应当附有客户订单、销售合同、客户签收回执等相关购货单据。

（三）应收账款管理制度

企业应当及时办理销售收款业务。对以银行转账方式办理的销售收款，应当通过企业核定的账户进行结算。企业应当将销售收入及时入账，不得账外设账，不得擅自坐支现金，应当避免销售人员直接接触销售现款。

1. 建立应收账款账龄分析制度和逾期应收账款催收制度。销售部门应当负责应收账款的催收，催收记录（包括往来函电）要妥善保存，财会部门应当督促销售部门加紧催收。对催收无效的逾期应收账款可通过法律程序予以解决。

（1）应收账款应分类管理，针对不同性质的应收款项，采取不同方法和程序。应严格区分并明确收款责任，建立科学、合理的清收奖励制度以及责任追究和处罚制度，以有利于及时清理催收欠款，保证企业营运资产的周转效率。企业应当按客户设置应收账款台账，及时登记并评估每一客户应收账款余额增减变动情况和信用额度使用情况。

（2）企业对于可能成为坏账的应收账款，应当按照国家统一的会计准则制度规定计提坏账准备，并按照权限范围和审批程序进行审批。对确定发生的各项坏账，应当查明原因，明确责任，并在履行规定的审批程序后作出会计处理。企业核销的坏账应当进行备查登记，做到账销案存。已核销的坏账又收回时应当及时入账，防止形成账外款。

2. 稽核应收账款形成与风险。为确保应收账款账户数据的真实性、及时性，对于信用期内收回的款项应重点检查款项到账后是否立即对应收账款清账，同时记录客户资信情况、调整客户赊销额度；对于确实无法收回的坏账，应获取货款无法收回的确凿证据，经适当审批后再及时注销；对于会计期末未收回的款项，企业应将对客户的风险评估纳入客户管理内容，在此基础上制定针对该客户的信用政策和坏账预期。为应对坏账风险的冲击，在控制程序上应充分利用系统的信息处理能力，分别对客户制定坏账准备提取方案，提高坏账准备提取的准确性。坏账政策的制定要经过适当的授权，符合企业会计制度，并与坏账提取进行职责分离。

3. 控制销售政策和信用政策。应当加强对应收票据合法性、真实性的审查，防止购货方以虚假票据进行欺诈。应收票据的贴现必须经由保管票据以外的主管人员的书面批准，应当有专人保管应收票据，对于即将到期的应收票据，应当及时向付款人提示付款；已贴现但仍承担收款风险的票据应当在备查簿中登记，以便日后追踪管理。企业应当制定逾期票据追索监控和冲销管理制度。企业应当定期抽查、核对销售业务记录、销售收款会计记录、商品出库记录和库存商品实物记录，及时发现并处理销售与收款中存在的问题；同时，还应定期对库存商品进行盘点。企业应当定期与往来客户通过函证等方式，核对应收账款、应收票据、预收账款等往来款项。如有不符，应当查明原因，及时处理。

（四）销售折扣、折让与退回的管理制度

对销售折扣、折让与退管理制度如下：

1. 销售折扣。对于大多数企业来说，给予客户一定的折扣是普遍的销售行为，因此企业应当制定较为详细的折扣政策或规定。例如：商业折扣规定应详细说明可以享受折扣的客户的条件，不同数量和品种的购货订单可以享受的折扣比例；现金折扣规定应详细说明适用的范围和不同的还款时间可以享受的折扣比例。

2. 销货折让。当客户提出折让要求时，企业应对其提出的理由加以记录，并派专人核实理由，最后由授权人员复核客户提出的理由和企业调查的结果，并决定在特定情况下给予客户的特定折让金额。

3. 销售退回。企业的销售退回必须经销售主管审批后方可执行。为了维护企业的良好形象，当顾客对商品不满意要求退货时，企业都应该接受，但必须经过企业销售主管审批后才能办理。

二、销售与收款监督检查

建立销售与收款业务内部控制制度的最后一个重要环节就是要制定监督检查制度，没有有效的监督检查，再完善的制度也必将流于形式，得不到贯彻执行。企业监督检查机构或人员应通过实施符合性测试和实质性测试检查销售与收款业务内部控制制度是否健全，各项规定是否得到有效执行。销售与收款内部控制监督检查制度应规定以下内容：

1. 销售与收款业务相关岗位及人员的设置情况。对销售与收款业务相关岗位及人员的设置情况进行检查，重点检查是否存在销售与收款业务不相容职务混岗的现象。

2. 销售与收款业务授权批准制度的执行情况。对销售与收款业务授权批准制度的执行情况进行监督检查，重点是检查授权批准手续是否健全，是否存在越权审批行为。

3. 销售的管理情况。对销售的管理情况进行检查，重点是检查企业的信用政策、价格政策的执行情况是否符合规定的程序，是否合理合法。

4. 收款的管理情况。对收款的管理情况进行检查，重点是检查企业是否按照国家制定的结算纪律和结算办法进行结算、收款，收入是否及时入账，应收账款的催收是否有效，坏账核销和应收票据的管理等等是否符合规定。

5. 销售退回和折让的管理情况。对销售退回和折让的管理情况进行检查，重点是检查销售退回制度和折让政策的执行情况；退回货物的入库手续是否齐全，退回货物是否及时入库以及是否及时入账，有没有形成账外物资。

对于在监督检查过程中发现的销售与收款内部控制中的薄弱环节，企业应当采取措施，及时加以纠正和完善。

第二节 销售控制的流程

在企业销售环节，同样需要严格遵循自身的业务流程步骤，并体现相应的销售控制点。其基本思路是，在受理订单与编制销售计划、审定销售方案和信用政策的基础上，确定生产订单，签订销售合同，组织销售与收款，销售折让或退货，盘点对账，清理、关闭合同。销售业务控制流程见图 11 - 1。

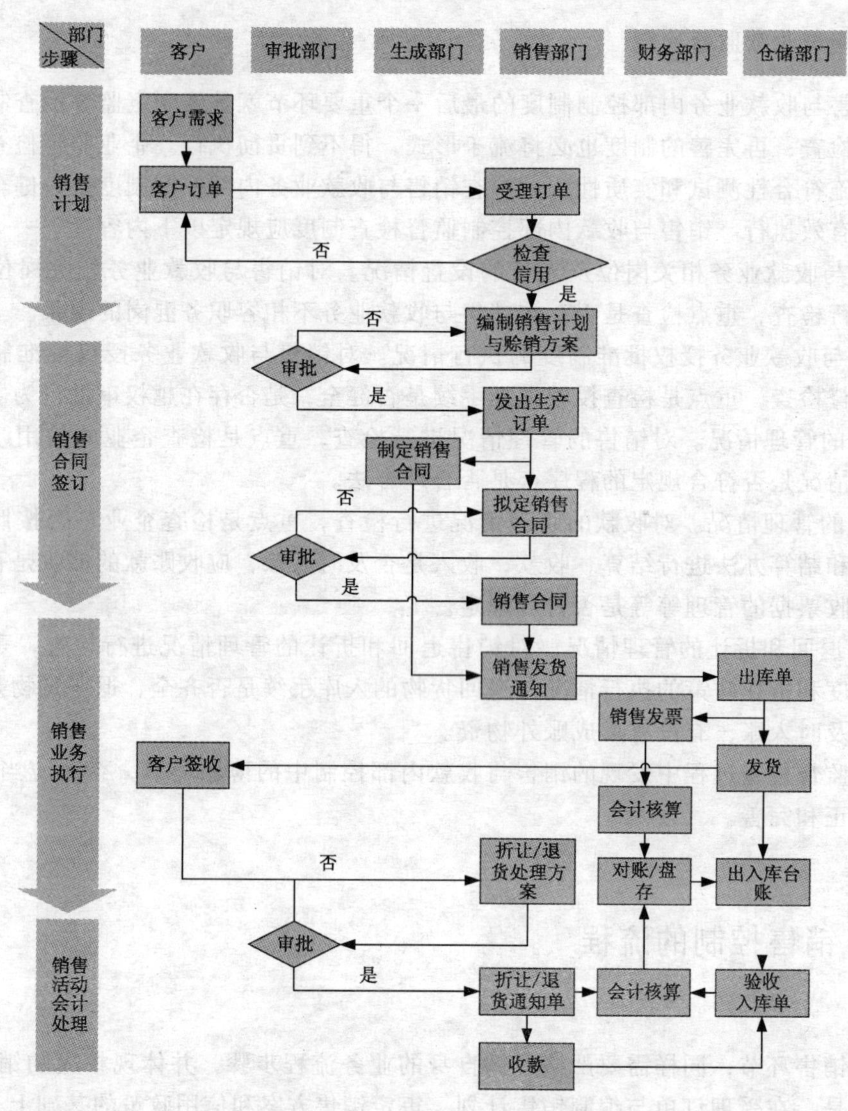

图 11－1 销售业务控制流程图

第三节 销售控制关键点

在建立与实施销售内部控制中，企业至少应当强化对下列关键方面或者关键环节的控制：在职责分工、权限范围和审批程序方面，应当明确规范，机构设置和人员配备应当科学合理；在销售政策和信用管理方面，应当科学合理，销售与发货控制流程应当规范严密；在应收账款管理上，应当有效管理，及时催收，并对往来款项定期核对，如有差错，及时改正；在销售的确认、计量和报告方面，应当符合国家统一的会计准则制度的规定。

一、梳理风险与对应的关键控制

对风险与对应环节规律情况的具体分析见表11－1。

表11－1 风险与对应的关键控制点

序号	子流程	应对的风险	控制点描述
1	定价	销售业务，未经适当授权和审批或职责分离不当	企业通过会议的形式对价格的调整进行讨论，与会人员包括财务总监、销售部经理等
2	资质审查	销售业务，未经适当授权和审批或职责分离不当	赊销业务应遵循规定的销售政策和信用政策。对符合赊销条件的客户，应经审批人批准后方可办理赊销业务
3	签订销售协议	销售业务，未经适当授权和审批或职责分离不当	销售协议应采用标准格式。销售协议模板草稿提交销售部经理、财务总监、法律专业人士审阅后定稿
4	信用管理	应收账款不能及时收回	企业给予合作时间长、信用良好的销售商一定的赊销额度，并通过会议纪要的形式进行记录，销售部经理、财务总监和主管会计参与会议
5	发货并取得收货确认	应收账款不能及时收回	财务部收到发货票后负责确认是否已收到销售商的预付款项，如未收到，检查该销售商是否属于允许赊销的销售商之一，且赊销额度的审批符合规定
6	发货并取得收货确认	销售业务，未经适当授权和审批或职责分离不当 应收账款不能及时收回	库管员检查确认发货票经过财务部的签字后方可按照发货票进行发货，然后在发货票上签字确认
7	确认销售收入、结转销售成本	预收账款、应收账款、销售收入、销售成本未能及时、准确、完整地确认，导致财务报表信息的不准确	对发货的，财务部编制确认销售收入的记账凭证，同时结转销售成本
8	应收账款的管理	1. 应收账款不能及时收回 2. 预收账款、应收账款、销售收入、销售成本未能及时、准确、完整地确认	财务部每月编制应收账款账龄分析表
9	应收账款的管理	预收账款、应收账款、销售收入、销售成本未能及时、准确、完整地确认	每季度末根据应收账款账龄分析表，按照账龄分析法计提坏账准备
10	应收账款的管理	1. 应收账款不能及时收回 2. 预收账款、应收账款、销售收入、销售成本未能及时、准确、完整地确认	每季度与客户进行对账。财务部会计填写对账函，加盖财务章后交销售部人员，由其负责传真或邮寄至客户，要求客户填写金额

二、职责分工与授权审批

对于销售控制来说，职责分工、权限范围和审批程序应当明确规范，机构设置和人员配备应当科学合理。企业应当建立销售与收款业务的岗位责任制，明确相关部门和岗位的职责权限，确保办理销售与收款业务的不相容岗位相互分离、制约和监督。

销售与收款不相容岗位至少应当包括：客户信用管理、与销售合同协议的审批、签订；销售合同协议的审批、签订与办理发货；销售货款的确认、回收与相关会计记录；销售退回货品的验收、处置与相关会计记录；销售业务经办与发票开具、管理；坏账准备的计提与审批、坏账的核销与审批。

三、接受订单控制点

销售订单环节可能存在如下风险：可能在没有有效的客户承诺的情况下制造和装运产品，或履行劳务。制造订单上的产品、数量、售价、付款条件、销售或运送地址可能有误。可能根据无效订单支付销售佣金。产品或劳务可能售给一未经核准或资信不足的客户，结果导致账款无法收回或可能接受、处理了管理部门不能接受的价格或条件的订单。为了防止以上风险，接受订单的控制循环见图 11 –2。

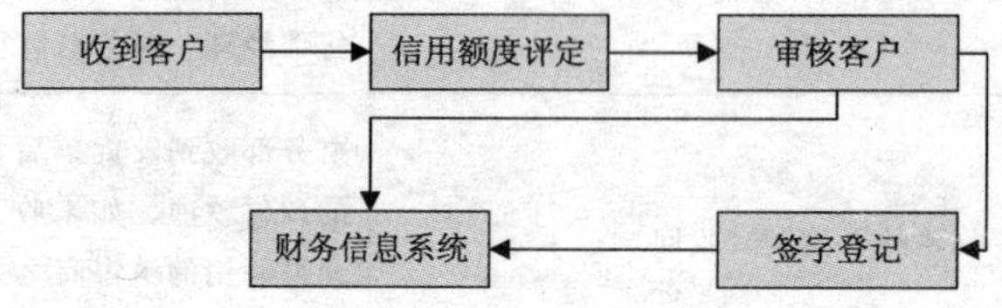

图 11 –2　订单循环控制图

（一）收取订单

销售部门人员在收取订单时，应对订单上的售价、产品要求、交货时间进行初步确定。核准订单上的售价不能超过权限，超过权限的应向主管人员报批。产品要求、交货时间必须符合企业的生产能力。订单变更时应随即处理，订单涂改应有盖章或注记。

（二）信用额度的评定

对申请赊销的客户进行信用额度评定是有效防止坏账发生、强化责任批准的关键，是良好的内部控制制度所必备的部分之一。信用政策应当明确规定定期（或至少每年）对客户资信情况进行评估，并就不同的客户明确信用额度、回款期限、折扣标准以及违约情况下应采取的应对措施等。企业应当合理采用科学的信用管理技术，不断收集、健全客户信用资料，建立客户信用档案或者数据库。有条件的企业，可以运用计算机信息网络技术集成企业分、子公司或业务分部的销售发货信息与授信情况。

销售部门收到赊销订单后，首先应送到企业的信用部门办理批准手续。未经过信用审批的赊销订单不得执行。企业应授权给信用部门，建立完整的客户信用体系，建立客户信用资料档案，制定有效的信用审查制度。信用部门通过调查分析客户的信用状况，与企业的信用标准进行综合比较，作出是否给予信用并形成书面意见稿的意见，送交信用部门经理审批。

（三）信用额度审核登记

无论何种客户提出的赊销购货订单，都应检查是否符合企业的信用规定。信用的批准必须有经信用部门经理或其他被授权人复核审查、签字同意的书面证明，且必须送交信用部门经理审查签字后，方可执行。所有送交信用部门经理进行审批的信用文件都必须编号保存，留底备查。信用文件审批人应根据企业信用审查的相关规定逐项审查。如信用额度评定不合格应交有关审定人员进行调整。

经过信用评定、信用部门主管签字的赊销订单应送交销售部门经理或其他被授权人进行审批签字。对收到的每一份经审批的购货订单必须登记在购货订单登记簿上，成交后销售执行情况和客户支付情况也将记录在该登记簿上，保证从可以信赖的客户那里收到的订单尽快地给予满足和为日后再处理客户的购货订单积累材料。

经同意通过的销售业务订单应在财务信息系统中留底保存，亦作为日后差异分析之用，与销售执行结果进行比较，进行差异分析。经过信用部门主管审批的信用额度评定的文件应编号保存，应进入财务信息系统留底备查。在财务信息系统中应对销售预算和销售业务订单进行比较，确保销售订单符合企业销售预算的要求。

四、开单发货控制点

企业经过信用审批，接受客户的购货请求，进入销售业务的执行环节。此环节包括：销售通知单的编制、销售通知单的证实、发货等内容。发货的控制流程见图 11－3。

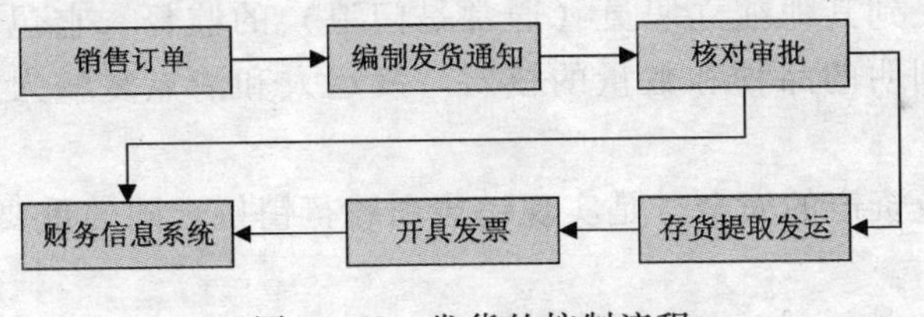

图 11－3　发货的控制流程

（一）编制发货通知单

从客户那里收到的购货订单的格式是多种多样的，要使企业内部的销售业务得到有效的控制，应对每个客户不同格式的购货订单转录登记在企业内部统一格式的发货通知单上，并用发货通知单来控制整个销售业务的执行程序。控制重点在于：

1. 在编制发货通知单前，销售部门首先应向仓储部门询问所订货物是否有库存。如无库存，应填写暂无供应单并通知客户；如有库存，应及时编制发货通知单。发货通知单应将各种不同的客户定单内容，如所定货物的货号、数量、价格等以完整和规范化的格式反映出来。

2. 销售过程中所需的各种授权和批准均应在发货通知单上得以证明。

3. 应使各与销售环节有关的部门在执行发运业务或记录有关账册时的书面依据落实在发货通知单上，并通过各环节的签字来监督每一环节中业务处理工作。

4. 发货通知单必须在事先进行连续编号，并有能反映出各销售环节控制作用的统一格式。它在执行后应归档管理，并由专门的职员对其进行定期检查。

（二）发货通知单核对签字

1. 在发货通知单正式执行前，企业应根据需要将发货通知单同客户进行证实。这样可有效避免由于执行发货通知单后，因客户改变或取消订单而发生的损失。如果销售业务处理的时间相当短的话，对发货通知单同客户的证实程序也可以省略。

2. 发货通知单核对无误后，应送交销售部门主管或相应被授权人进行审批签字。相应审批人应根据销售预算，详细审核销售订单、信用额度评定文件和发货通知单是否一致，避免人为舞弊和错漏。

3. 只有经过审批签字的发货通知单方可进入下一操作步骤，否则视为违规操作，应追究相应责任人。

（三）发货

在销售通知单编制完成并经过证实后，对它的执行就是存货的提取、包装和发运工作。企业仓储部门只有得到一定授权才能发货，这一授权是由销售部门编制和其负责人签字认可的销售通知单来获得的。实际发货的品种和数量应记录在有关账册和销售通知单各副联上，并将其中一联交财会部门登账，如果包装业务也由仓储部门执行，则它还应填制包装联表，记录其完成的工作量。

运输部门为了决定运输路线和安排运输日程，除需得到仓储部门转来的销售通知单外，还应有销售部门填制的装运单，以证明已得到授权来运出货物。这些授权证明和其运输部门工作量完成的记录应归档保存，以便日后检查之用。不管是仓储部门还是运输部门，发货业务执行者的行为必须受到其他独立职员（通常是门卫）的监督，它包括对所发运实物的清点及同发货通知单上列明的品种和数量的核对。发运人和清点复核人应在有关凭证上签字负责。

开单发货涉及企业资产的安全，是实现销售和履行销售合同的重要环节，必须严格按照以下程序操作：

1. 生产部门应根据业务部门与客户签订的合约或订单安排生产日程，并呈报总经理（或厂长）核准。业务部门应根据合约或订单组织资源，以备按期交货。

2. 业务部门按交货日期，填写“销货通知单”或“销货计划指令”给开具销货发票的部门。

3. 企业开票和发货的职能分离，不能出现开票和发货由一个人包办到底的情况。

4. 销货部门根据销货通知单，开具合法、合理的销货发票，其内容要与销售合同一致，并由开具发票的人员签证。同时，将发票的有关联次分别传递给财会部门。

5. 财会部门的收款员审核货款结算合规后，发票的有关联次传递给仓储和装运部门，并据以出货。

6. 发货前，应检查选配的商品是否与发票上注明的品种、规格、型号、牌号、款式和数量等相符；选配的商品包装是否完好。发货前必须由复核人复核后签证。发货人和复核人的职权应分离。

7. 发出的产品应由发货人先核对（将发出的产品与发票核对），后发货。发货时，发货人和收货人在发票（发货单）上要签证验收。如客户在外地的，发运时要取得运输部门的签收；如实行送货制的，在货物送到后要取得购货方的收货签证或回执。

8. 发往外地客户的，若有为客户支付代垫运费的情况，要收取代垫运费的凭证，并收回代垫款项。

9. 凡实行提货制的，要有提货单。提货单的签发部门，签发人要签证。提货时，发货人和提货人都需签证。

10. 货物出库时，仓管员应将品名、规格、数量登记库存明细账和领料单。

11. 承运货物时，当事人应在“出货单”联上签字，并将其车（船）号码登记备查。

12. 财会部门根据“记账联”登记销货收入和应收账款或现金，并根据规定将货物成本转入销货成本。

（四）开具发票

在会计上，销售发票是销售业务的正式记录。在发票和向客户开出账单方面缺乏有效的控制，会导致企业财务状况的反映不实和舞弊行为的发生。控制重点是：

1. 对开具发票的控制，是通过对开票的授权来进行的。而这一授权应以适当的凭证为依据。当得到客户的购货订单、发货通知单等后，开单人就自动地得到了授权，并可以开出发票。

2. 开票应依据发货通知单等上的连续编号，以保证所有发出货物均要开单。

3. 发票人客户的名称应同主要客户一览表或客户购货订单相对照。

4. 发票上的数量必须以发货通知单上载明的实际发运的货物数量记录或完成的劳务数量记录为依据，并应受到非记录发运数量人的检查。

5. 发票上的价格必须以信贷部门和销售部门批准的金额或价格目录表为依据，并应受到独立于销售职能的其他人员的检查。

6. 开票人算出的金额和其他内容应受到其他独立于发票编制人的复核。

7. 发票总额应加以控制，即所有发票应定期加出合计金额，以便同应收账款或销货合计数相核对。

五、收款内部控制点

应收账款的控制是整个销售环节中的一个控制重点。收款作业作为整个销售业务的结束，如不严加控制，将直接影响到整个流程结果的获取，同时应收账款是否可收回对企业的真实财务状况影响很大。因而，加强对应收账款及收款作业环节的内部控制，是销售与收款内部控制中极为重要的一环。图 11 - 4 为收款流程的控制图。

（一）应收账款管理关键控制点

应收账款是企业经营中的重要项目，管理和控制的好坏直接影响到企业的经济利益和经营安全，历来受到企业经营者的重视。控制重点如下：

1. 应收账款的记录必须以经销售部门核准的销售发票和发运账单等为依据，以防止不存在的应收账款被虚列，并根据不同的应收账款授权相应的应收账款管理人员。

2. 企业应当建立应收账款账龄分析制度。信用管理部门定期对应收账款进行账龄分析，编制应收账款的账龄分析表，从中分析是否有虚列的应收账款或不能收回的应收账款，发现异常情况及时通知有关部门催收。

3. 企业应当建立逾期应收账款催收制度，指定专人对应收账款账龄较长的客户进行催

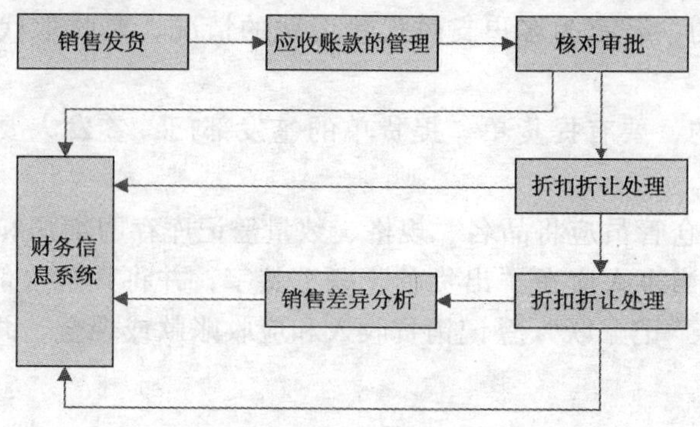

图 11－4　收款循环

收和索取货款，以保证企业的债权得以收回。对催收无效的逾期应收账款应及时追加法律保全程序。

4. 企业对于挂账时间长的应收账款应当报告管理部门，由其进行审查，确定是否应确认为坏账。

5. 单位发生的各项坏账，应查明责任，并在履行规定的审批程序后作出会计处理。单位注销的坏账应当记录于备查登记簿，做到账销案存。

6. 已注销的坏账又收回时要及时入账，严禁形成账外款。

7. 由于退货、折扣和折让的原因，在报请有关审批人员审批签字后，应收账款应予以抵扣。

8. 有关应收账款的文件应预先按顺序编号，妥善保管并定期与有关资料核对和调整。

9. 客户如欲出具应收票据，应经过专人审批，欠款客户须在票据上签章。

10. 应由出纳员和应收账款记账员以外的其他人员负责应收票据的有关处理工作。

11. 对于附有抵押物的应收票据，其抵押物应由出纳员和记账员以外的人员保管。

（二）应收账款核查关键控制点

应收账款的核查工作是有关应收账款内部控制不可或缺的控制措施之一，其控制重点是：

1. 应定期与客户进行应收账款和应收票据的余额核对。根据应收账款的明细账户定期编制应收账款余额核对表，编制该表的职员不能同时担任记录或调整应收账款的工作。

2. 余额核对表应由独立于应收账款记账员和开单员以外的人员负责寄发，回函必须由独立的第三方（如内部审计部门或外部审计人员）收取。

3. 欠款客户回函上的金额和对账单上的金额之间的差异，由信用和收款部门进行及时报批处理，确保企业债权。

4. 账款差异发生原因必须详细分析检讨，并采取各种防范改进措施。账款差异情况及相关责任人必须记录在案，留底备查。

（三）折扣与折让处理关键控制点

折扣和折让是销售和应收账款的减少额。严格的制定制度和审核应使这种减少额保持在合理的范围内和为企业最终的利益带来好处。控制重点是：

1. 对多数企业而言，给予客户一定的折扣是相当普遍的一种销售行为，因此企业应由相关部门制定出较为详细的折扣政策或规定，经最高管理当局批准后予以确认，作为日常操作中可依据的规定。企业可事先印制反映授权、批准、享受折扣的品种、数量和金额等内容的表格或单子。

2. 销售部门在销售业务中应严格执行折扣政策。一项给予客户的折扣应经过销售部门经理的审核签字认可。

3. 办理现金收入或记录应收账款明细账业务的人不能同时办理给予客户折扣的业务。

4. 由于销售折让通常是偶尔发生的，当客户提出折让要求时，企业应对其提出的理由加以记录，并派人核实这些理由，报请已确定的被授权人来复核客户提出的理由和企业调查的结果，并决定在特定情况下给予客户特定折让的金额。

5. 任何折让的批准文件应记录在事先连续编号的折让事项备忘录上，并由专门的职员定期检查这一备忘录。对遗缺的备忘录应通过调查来说明原因。

（四）收款作业关键控制点

1. 企业销售部门必须根据实际经营环境和企业经营能力以及不同收款政策对企业的实际影响，制定适合本企业的收款政策，并经企业经理层审批后实行。

2. 收款政策制定后，由销售部门或者企业收款部门授权专人执行该收款政策，由财会部门进行考核和监督。

3. 企业的收款应由财会部门派出的出纳收取，不论是现金还是银行存款，都必须当日存入银行或保存于保险库中。

4. 其他相关控制应参照有关货币资金内部控制规定。

（五）销售差异分析关键控制点

1. 销售结果差异分析应根据销售预算和销售订单进行分析，差异分析应由与销售业务相独立的部门执行。

2. 差异分析结果应尽快报送企业最高管理当局，最高管理当局应定期召开会议讨论本期内销售差异，寻找原因，并追究相关责任。

3. 因销售预算编制差异，应将差异分析结果送交预算委员会，及时进行调整。

六、投诉退货控制点

在正常情况下，企业客户投诉及退货事务在销售环节中不多，但如果对退货理赔事项处理不善，企业的信誉会受到较大的影响。

客户投诉及退货环节的内部控制流程是：企业首先应授权建立客户投诉处理中心，负责处理客户投诉及退货事务，非退货客户投诉事务由客户投诉中心处理后报主管审批，退货事务则应收取退回货物，由客户投诉中心调查退货原因并形成处理意见报相关部门审批，批复后由财会部门负责理赔付款，客户投诉处理中心应及时将处理结果及相关责任报送企业最高管理层。客户投诉及退货环节内部控制流程见图 11－5。

（一）授权建立客户投诉服务中心关键控制点

企业销售业务运作如何，有一个窗口最能反映情况，这就是客户投诉处理中心。对它的控制重点在于：

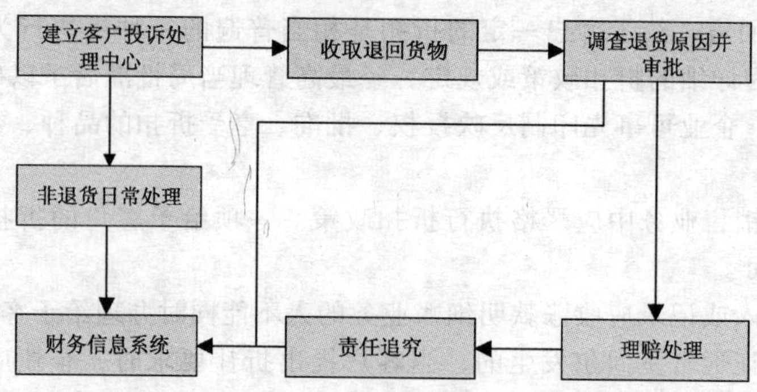

图 11－5 客户投诉及退货环节内部控制流程

1. 企业最高管理当局应建立客户投诉处理中心，并授权客户投诉处理中心负责客户投诉及退货的相关业务。

2. 由企业销售管理与控制委员会制定企业客户投诉处理基本规定和退货控制标准，客户投诉处理中心按照此规定和标准处理顾客投诉，决定退货与否及如何退货。

3. 客户投诉处理中心应该是一个独立行使监督职能的机构。其职责是：一方面授权处理顾客投诉，控制和监督退货行为；另一方面，独立地对企业销售活动进行评价，通过处理投诉，分清顾客责任和企业责任。如果是企业的责任还必须分清责任所在——是销售部门的责任还是生产部门或者质量部门的责任。

（二）非退货日常处理关键控制点

1. 发生客户投诉现象，客户投诉中心应及时受理并授权给专人进行处理；处理人对于客户投诉事务，应作迅速妥当的处理；对顾客质疑事项，应作适当说明；对客户所提意见，应分类统计并分析检讨。

2. 客户投诉问题发生，责任应明确归属，理赔金额力求合理，手续必须完备。

3. 对于理赔事件，必须详加检讨，并采取适当的改进措施；对于销售问题需奖惩者，也应确实执行。

4. 对于客户投诉事件的处理意见应定期报送部门主管进行审核批复，有关记录应编号保存，留底备查，作为考评奖惩的依据之一。

（三）收取退货关键控制点

客户将货物退回时，企业应制定相应控制程序来收取退回的货物。控制重点是：

1. 客户退回的货物应由收货部门来验收，其验收方法与验收采购货物的方法相同。

2. 验收时应清点、检验和注明退回货物的数量和质量情况，为日后确定给予客户退货金额和确定退回货物是否需要修理或再存放提供依据。

3. 根据验收情况填制退货接收报告。填制该报告的职员不应同时从事货物发运业务。一切有关的验收资料必须记录在该报告上。填制完成的退货接收报告应受到独立于发货和收货职能的职员的检查。

（四）调查退货原因并审批关键控制点

1. 收货部门收到和清点检验退回货物后，客户的退货要求应由客户投诉处理中心来调查。

2. 如可能，在接收退货的同时应记录客户所述退货理由，报告应该当着客户的面全部填写完毕，以保证客户所有退货理由已被全部记录，避免日后的麻烦。

3. 如不能当面记录，客户投诉处理中心应电话咨询或函证，将客户退货原因如实记录。

4. 根据客户所述退货理由，客户投诉处理中心应在企业内部进行调查，予以核实，同时确定对退回货物要求索赔的有效性，以及如索赔有效应给予客户的金额和记录报告相应处理意见。

5. 客户投诉中心调查认定确属于企业责任的应给以退货，客户投诉部门开具退货单并签署意见，如属于部分责任，可给予适当的折让；不属于企业责任的，客户投诉中心应向顾客说明，并说服客户。

6. 客户投诉处理中心将调查结果和意见记录在退货接收报告上，并交信贷、会计和销售部门作最后核准。

7. 经过相应部门核准并签字的退货接收报告方可进入下一控制环节，如无签字则视为无效处理意见。

（五）理赔处理及责任追查关键控制点

1. 财会部门在收到经过核准签字的退货报告和相应发票方可进行理赔退款。

2. 理赔退款金额交付时，应收取收据，与退货报告粘贴存档备查。

3. 客户投诉处理中心应定期递交责任鉴定报告上缴企业最高管理当局，以便管理当局考核部门或追究相关责任部门的职责，按规定进行奖惩。

第四节　销售控制的案例

成败案析

销售主战场，内控常挂心

【案情扫描】

本案例通过全面检视一家企业在销售与收款内部控制方面的实用制度，并分析其制度安排的合理性与严密性。

××企业销售与收款控制制度

（一）目的。本规则用来规范企业的销售相关业务处理方式。

（二）适用范围。本规则的适用范围包括集团及分公司、控股子公司的销售业务及与销售相关的业务。

（三）连带保证制度。对于从事销售业务人员，集团分公司、控股子公司应依据本企业、本地区、产品类型等特点制定用以规范销售行为的连带保证制度、风险金抵押制度，并报集团企业备案。

（四）销售计划。销售经理应根据企业全年的销售预算拟定月（季）销售计划，销售计划不仅包括以销售额为主体的预算数值，还应包括计划的具体实施步骤。

销售计划的编制应注意的事项：

1. 配合已拟定的销售方针与政策，来制订计划。

2. 拟定销售计划时，应以企业的整体利益为最终出发点，而不能只关注部门或个人的局部利益。

3. 销售计划的拟定必须以经理为中心，全体销售人员均参与为原则。

4. 销售计划的制定应切合实际，并能在实际工作中贯彻实施。

5. 销售计划的实施与管理。

（1）经理对于销售计划的彻底实施，必须负完全的责任。

（2）拟定计划后，要确实施行，并达到目标，计划才有意义。所以，对于销售计划的实施与管理必须贯穿于日常的业务管理控制。

（五）销售合同审批及信用管理。为控制销售风险，应在本集团范围内推行标准的合同管理审批制度与信用管理制度。各分公司、子公司应设定分级审批程序及审批权限。

第一级：销售经理

第二级：负责销售的副总经理

第三级：董事长

第四级：董事会

推行合同审批与信用管理制度应达到以下目标：

1. 强化客户资信管理，防范销售中的信用风险。

2. 控制应收账款，加快资金周转，提高企业财务管理质量。

3. 加强欠款追收，减少呆账、坏账损失，提高企业经营利润。

4. 规范赊销管理，提高企业市场竞争力。

5. 建立企业内部信用风险管理制度，全面提高企业管理素质。

所有销售业务必须按标准合同文本与客户签订销售合同，并送商务部进行统一的合同管理；销售员填写手工销售单一式四联，按审批权限由部门经理审批，超过审批额度，由总经理进行两级审批，并留一联销售单。

商务合同管理员核对销售单，信用管理员进行信用审核，超出信用额度的销售单须报信用管理总部审批。

信用管理员根据手工销售单录入网上订单，同时将销售单传真至库房。

库管员看到手工销售单和网上订单进行核对，核对无误办理出库手续；如不符，库管员须查明原因。

信用管理员确认网上订单已经库管员确认发货后，输出一张网上订单，在销售单上加盖“已出库”章，将销售单两联转财务部。

财务部以加盖出库章的销售单为凭证，更新库存明细及客户应收账款记录。

库管员根据销售单、发货明细制作“货物签收单”，货到客户后要求客户签收，将签收单原件交商务部合同管理员。

信用管理员配合销售人员/销售部门货款的催收，监督销售合同的执行，并将应收账款的管理与销售人员的业绩考核挂钩。

（六）发票管理制度流程图。（略）

（七）收款。办理和记录现金、银行存款收入。保证全部货币资金都必须如数及时地记入现金、银行存款日记账或应收账款明细账，并如数及时地将现金存入银行。财会部门要严格审核银行汇款通知单。

办理和记录销货退回、销货折扣与折让。

办理销货退回和现金折扣业务必须经过主管领导的授权审批，并保证与办理此事有关的部门和职员各司其职，负责实物接收、保管的人员应与账务处理的人员职务分离。

（八）注销坏账提取坏账准备。对于赊销业务中由于债务人破产、死亡等各种原因无法支付货款的情况，企业应明确原因，积极获取充足的证据，根据合理的理由确实认为某项货款再也无法收回，应按照企业的授权权限，经主管领导审批，核销该笔货款，并及时进行正确的会计处理。

【案例评述】

该企业销售与收款内部控制制度包括目的、范围、连带保证、销售计划、销售合同、销售发票等内容。但销售计划、销售合同、销售发票等内容都非常简单，缺乏完善的控制程序。如销售计划，其程序是什么，如何编制，哪些部门参与等，没有具体控制程序。如"（三）连带保证制度对于从事销售业务人员，集团分公司、控股子公司应依据本企业、本地区、产品类型等特点制定用以规范销售行为的连带保证制度、风险金抵押制度，并上报集团企业备案。"仅仅规定了要承担连带保证制度，但如何承担、如何控制、其标准是什么等，这些关键内容都没有规定。如"（五）销售合同审批及信用管理"，没有审批权限的规定，而仅仅写一些非具体的目标。如"（八）注销坏账提取坏账准备"，仅仅规定"对于赊销业务中由于债务人破产、死亡等各种原因无法支付货款的情况，企业应明确原因，积极获取充足的证据，根据合理的理由确实认为某项货款再也无法收回，应按照企业的授权权限，经主管领导审批，核销该笔货款，并及时进行正确的会计处理"。但是，这些如何控制坏账呢？坏账又是如何计提的呢？制度中没有说明。

一般来说，销售与收款的业务控制流程，通常包括产品价格、登记客户需求、签订合同、运输发货、财务评审和结算、产品质量异议处理管理等全过程控制。其主要流程是处理订单、签订合同、发出货物、结算货款四个基本环节。

处理订单。对用户填写的订货卡片，销售部组织生产、制造部等部门对品种、规格、价格等进行技术评审，并负责生产能力评审、运输方式评审。如评审通过，由销售业务人员在订货卡片或草约付款清单上签字或盖章确认，再送交财务评审。财务人员对付款草约的结算方式、货款金额、票据安全性等进行审核，确认收款依据。

签订合同。销售业务人员按评审通过的内容，打印正式合同，经供需双方确认签字后，合同生效，下发给制造部并根据合同的交货期和生产计划编制原则进行生产。制造部依据生产计划及交货期及时安排、调整生产计划，确保合同按时完成。

发货。销售部根据制造部合同规定的运输方式，向运输部提交成品厂内转库计划。运输部据以编制厂内装船、装车作业计划，核对实物，按规定要求装车（船），承运方办理实物交接，办理出库提货手续。销售部收到成品装运出厂信息，负责配齐码单、质量保证书和运单（以下简称“三单”），与用户进行产品最终交付。

财务结算。财务人员根据接收到的“三单”信息，开具增值税发票，进行销售结算，确认销售收入，核销预收款或进行收款。

销售与收款控制点主要体现在职务分离、业务流程控制、财务结算控制等方面，主要的控制措施如下：

职务分离。产品销售主要由销售部统一管理，财务结算由财会处负责，内部检查由审计处负责。

销售部在其组织机构与管理职责中明确规定了其内设部门的职责，并特别强调由各产品室负责处理国内外市场开拓及销售、产品订单、合同签订、执行销售政策和信用政策、用户使用情况的跟踪及反馈、催收货款等职能。物流运输部门负责出厂运输、物流及配货、出口船期跟踪、运输合同审核及签订、运输供应商管理、产成品库存管理、运输异议处理。市场营销室负责营销环境分析，负责销售渠道综合管理，贸易纠纷处理及风险管理，营销策划及负责综合销售计划管理。市场营销室、各产品室、物流运输室分别负责政策制定、执行、运输库存管理。财会处主要负责对销售合同的财务评审和销售款项的结算和记录，并监督销售回收。审计处根据企业销售方面的规章制度及各部门职责权限的规定，定期和不定期地进行内部控制检查。

业务流程控制包括以下各个方面：①销售政策制定控制。销售部严格按照企业制定的价格管理制度，执行相关销售政策。该文件明确了价格管理的基本原则、产品价格制定依据、价格管理领导小组和市场营销室职责、价格管理范围。②客户信用控制。销售部制定了“信用风险管理岗位和职责”、“信用风险评估流程”，根据客户信用评级方法和客户信用授信表，建立客户信用档案。③合同签订控制。销售合同的签订管理，主要体现在订货信息的核对管理上。应根据付款清单内容，对产品的品种、规格、价格和资源量进行评审，核对订货结算企业名称是否与其合同印章的内容相符等。④发货控制。成品生产结束后，制造部作生产完成标记，销售按销售合同和生产厂的成品准发信息，进行产品出厂的合同和资源管理，按合同规定的运输方式落实车（船），并编制各运输方式的成品出厂组批计划；运输部按成品出厂组批计划，编制厂内装船、装车作业计划，核对实物，按规定要求装车（船），与承运方办理实物交接，确保按期发货，并确保货物运送的安全性和及时性。

企业的销售财务管理通过销售收款和发票结算两个子系统完成，设立资金管理、结算管理、会计管理三类岗位，对收款、发票结算、应收账款、应收票据四类业务流程进行全方位的财务控制。

订立合同阶段的财务控制。销售业务人员根据相关部门确认的订货信息打印出合同付款清单，并将核对无误的清单明细表送交财会处审核；销售财务接到订货合约后，进行系列财务评审，对于有欠款的用户，须得到销售部主管领导书面同意后方可订货。收款作业的主要流程和控制措施为：根据订货政策，每收到一笔款项，先由系统生成连续编号的收款单，并向普通会计系统报账，生成会计凭证，然后将款项分配至合约或合同。出厂中心发货时，向销售财务结算组报送发货信息，财务结算组根据出厂的发货信息进行结算开票，确认销售收入。同时，销售资金管理也对预收款的补合约欠款和退余款进行了明确规定。企业销售发票的开具，是由金税系统控制的，每天开完发票后都必须核实所剩的空白发票实物是否与金税系统的库存发票数一致，如有出入必须及时查找原因，并予以正确处理。发票存根联要按规定定期装订成册。应收票据是企业在销售过程中，收取客户为订购货款所支付的商业汇票。企业应收票据的管理分两部分：应收票据的收取、票据信息的录入和入账工作由销售财务人员在"销售收款子系统"中完成，票据的日常库存管理、收款、贴现和分析由企业资金管理人员在"票据管理模块"中完成，企业的"票据管理模块"与"销售收款子系统"相结合实现了票据的信息化管理。企业的应收票据设有专人保管，票据的接受、贴现和延期换新都要经保管票据以外的主管人员的书面批准，各种票据信息都能在管理模块中查询并进行追踪控制。应收票据管理实现了人员分工和信息系统的双重控制。应收账款分事前、事中、事后三阶段进行管理，明确规定了对客户信用管理、企业内部的账务处理、信息互通和日常监督、催款管理、应收账款分析报告、账龄管理、对账管理以及申报坏账八方面的管理工作。坏账损失是指因应收款项预计不能收回而发生的损失。应对坏账核销的处理程序有明确规定，特别强调坏账申报、账务处审核、坏账核销的批准、坏账核销的会计处理等环节的规范化处理，同时要求坏账核销后要继续催款，做到账销案存。已注销的坏账收回时能及时入账，不会形成账外款。通过上述职务分离、业务控制、财务控制等内部控制手段，可以实现销售与收款不相容岗位相互分离、制约和监督，并最终促成企业销售目标的实现。

第十二章

研究与开发

如何使企业在激烈的竞争中保持不败，成为每个企业的首要问题。更多的企业通过竞争的洗礼，明白了“要立于不败之地，必须具备核心竞争力，而核心竞争力必须靠提高企业研究开发的自主创新能力来实现”的道理。从微观经济看，研究与开发是企业增强自身市场竞争力和实现可持续发展的迫切需要；从中观经济看，研究与开发是优化产业结构、推进产业升级的中心环节；从宏观经济看，研究与开发在提高企业核心竞争力的基础上，形成一个国家综合竞争力的重要标志。所以，每一个企业，为了赢得市场，增强核心竞争力，必须有效控制在研究开发过程中的风险，从而为实现其发展战略确立牢固的核心竞争力。

企业开展研发活动至少应当关注下列风险：一是研究项目未经科学论证或论证不充分，可能导致创新不足或资源浪费；二是研发人员配备不合理或研发过程管理不善，可能导致研发成本过高、舞弊或研发失败；三是研究成果转化应用不足、保护措施不力，可能导致企业利益受损。

《企业内部控制应用指引第 10 号——研究与开发》着力解决企业应如何组织、控制企业研究和开发活动，核心是如何加强研究与开发活动方面的风险管理与控制。其主要内容包括：制定指引的必要性和依据、研发过程中应关注的主要风险、总体要求、立项和研究、开发和保护环节的控制等，分三章共十三条。

第一节　研究与开发控制的内容

一、研究开发的概念及其管控要求

（一）基本概念

通常，研究开发（Research and Development，简称为 R&D）活动是指企业为获得科学技术新知识，创造性运用科学技术新知识，或实质性改进技术、产品和服务而持续进行的具有明确目标的系统活动。研究开发活动可理解为由科学研究活动与技术开发活动两大部分构成。科学研究活动是指为获得科学技术的新知识、创造性地运用科学技术新知识、探索技术的重大改进而从事的有计划的调查、分析和实验活动；技术开发活动是指为了实质性改进技术、产品和服务，将科研成果转化为质量可靠、成本可行、具有创新性的产品、材料、装置、工艺和服务的系统性活动。基于这样的背景分析，可以说，对于企业来说，研究与开发，是指企业为获取新产品、新技术、新工艺等所开展的各种研发活动。

（二）研发管控要求

研发管理就是在研发体系结构设计和各种管理理论基础之上，借助信息平台对研发过程中进行的团队建设、流程设计、绩效管理、风险管理、成本管理、项目管理和知识管理等进行一系列协调活动。研发管理首先要确定研发体系结构，然后按照体系结构组建高水平研发团队，设计合理高效的研发流程，借助合适的研发信息平台支持研发团队高效工作，以绩效管理调动研发团队的积极性，以风险管理控制研发风险，以成本管理使研发在成本预算范围内完成研发工作，以项目管理确保研发项目的顺利进行。其中：研发团队建设是创造性工作的基础，卓有成效的研发需要优秀的研发团队来完成；研发流程设计是研发活动唯一的可持续源泉，研发流程管控保证研发流程设计与改进的持续性、规范化、程序化；研发成本控制能够减少研发中不必要的开支，用较少的投入获取较大的研发成果；研发项目管理实现研发作业的动态化、导向化调控；研发绩效管理能够有效地激励研发团队积极工作，促成研发成果；研发风险管理则是以风险为主要控制目标，制定一系列规章制度有效将风险降低到可接受水准以下，否则就必须增加控制措施。

二、研究与开发的特征分析

（一）研究阶段的技术特征

对于企业自行进行的研究开发项目，《企业会计准则第 6 号——无形资产》要求区分研究阶段与开发阶段两个部分分别进行核算。其中：研究阶段是指为获取新的技术和知识等进行的有计划的调查：为了获取知识而进行的活动；研究成果或其他知识的应用研究、评价和最终选择；材料、设备、产品、工序、系统或服务替代品的研究；新的或经改进的材料、设备、产品、工序、系统或服务的可能替代品的配制、设计、评价和最终选择。研究阶段的特点在于：

1. 计划性。研究阶段是建立在有计划的调查基础上，即研发项目已经董事会或者相关经理层的批准，并着手收集相关资料、进行市场调查等。例如，某药品公司为研究开发某药品，经董事会或者相关经理层的批准，有计划的收集相关资料、进行市场调查、比较市场中相关药品的药性、效用等活动。

2. 探索性。研究阶段基本上是探索性的，为进一步的开发活动进行资料及相关方面的准备，在这一阶段不会形成阶段性成果。

（二）开发阶段的技术特征

开发阶段是指在进行商业性生产或使用前，将研究成果或其他知识应用于某项计划或设计，以生产出新的或具有实质性改进的材料、装置、产品等，包括：生产前或使用前的原型和模型的设计、建造和测试；含新技术的工具、夹具、模具和冲模的设计；不具有商业性生产经济规模的试生产设施的设计、建造和运营；新的或经改造的材料、设备、产品、工序、系统或服务所选定的替代品的设计、建造和测试等。开发阶段的特点在于：

1. 具有针对性。开发阶段是建立在研究阶段基础上，因而，对项目的开发具有针对性。

2. 形成成果的可能性较大。进入开发阶段的研发项目往往形成成果的可能性较大。

（三）研究阶段的财务特征

从研究活动的特点看，其研究是否能在未来形成成果，即通过开发后是否会形成无形资产均有很大的不确定性，企业也无法证明其研究活动一定能够形成带来未来经济利益的无形资产，因此，研究阶段的有关支出发生时应当费用化计入当期损益。

由于开发阶段相对于研究阶段更进一步，且很大程度上形成一项新产品或新技术的基本条件已经具备，此时如果企业能够证明满足无形资产的定义及相关确认条件，则所发生的开发支出可资本化，确认为无形资产的成本。而这些判断可以将有关支出资本化记入无形资产成本的条件包括：完成该无形资产以使其能够使用或出售在技术上具有可行性、具有完成该无形资产并使用或出售的意图、无形资产产生经济利益的方式、有足够的技术和财务资源和其他资源支持，以完成该无形资产的开发，并有能力使用或出售该无形资产、归属于该无形资产开发阶段的支出能够可靠地计量。

二、研究与开发的风险

研发活动是一种高风险的创新活动，企业必须关注其中的问题，通常，企业开展研发活动至少应当关注下列三个层面的风险：

1. 研究项目未经科学论证或论证不充分，可能导致创新不足或资源浪费。

（1）由于没有目标和方向，缺乏明确的研发战略。

（2）研发在公司的定位不清晰，不能有效整合有限的研发资源，也无从发挥研发在企业的价值。

（3）研发需求信息的获取较为被动，缺乏对公司内部需求和外部需求的深入调查和分析。

（4）研发信息可能被研发人员泄密或者破坏，也可能因为遭受灾难、意外事件或者别人的攻击导致风险。

2. 研发人员配备不合理或研发过程管理不善，可能导致研发成本过高、舞弊或研发失败。

（1）缺乏研发专业性人才。

（2）研发人员可能被竞争对手挖角，对外泄密或者恶意破坏。

（3）研发工作的组织形式不合理，缺乏整体规划。

（4）在项目制定中，项目成员没有明确合理的责权利规定，项目的配合和协调工作基本是由研发人员推动的，其他成员和部门只是被动参与。

（5）研发基础性总结工作做得很少，知识管理体系不健全，研发和技术的思路及成果系于个人而不是系于公司，破坏了研发的延续性。

3. 研究成果转化应用不足、保护措施不力，可能导致企业利益受损。

（1）形成初步的研发需求清单后，也缺乏相应的机制对其进行甄别和筛选，以形成最终的研发课题。

（2）没有相关的机构和制度来监督和控制项目的运行，项目存在较大的风险，也缺乏项目评审机制对项目进行科学的考核和分析。

（3）研发成果风险指研发出来的产品或者服务可能是过时的或者是不受欢迎的，或者研发的投入太大引致企业经营风险，或者研发投入大于研发产生效益。

第二节　研究与开发控制的流程

企业从制订研发计划，推进立项与组织研发活动，到研发成果的开发与保护，应该全程实施科学有效的控制，其控制流程描绘见图 12－1。

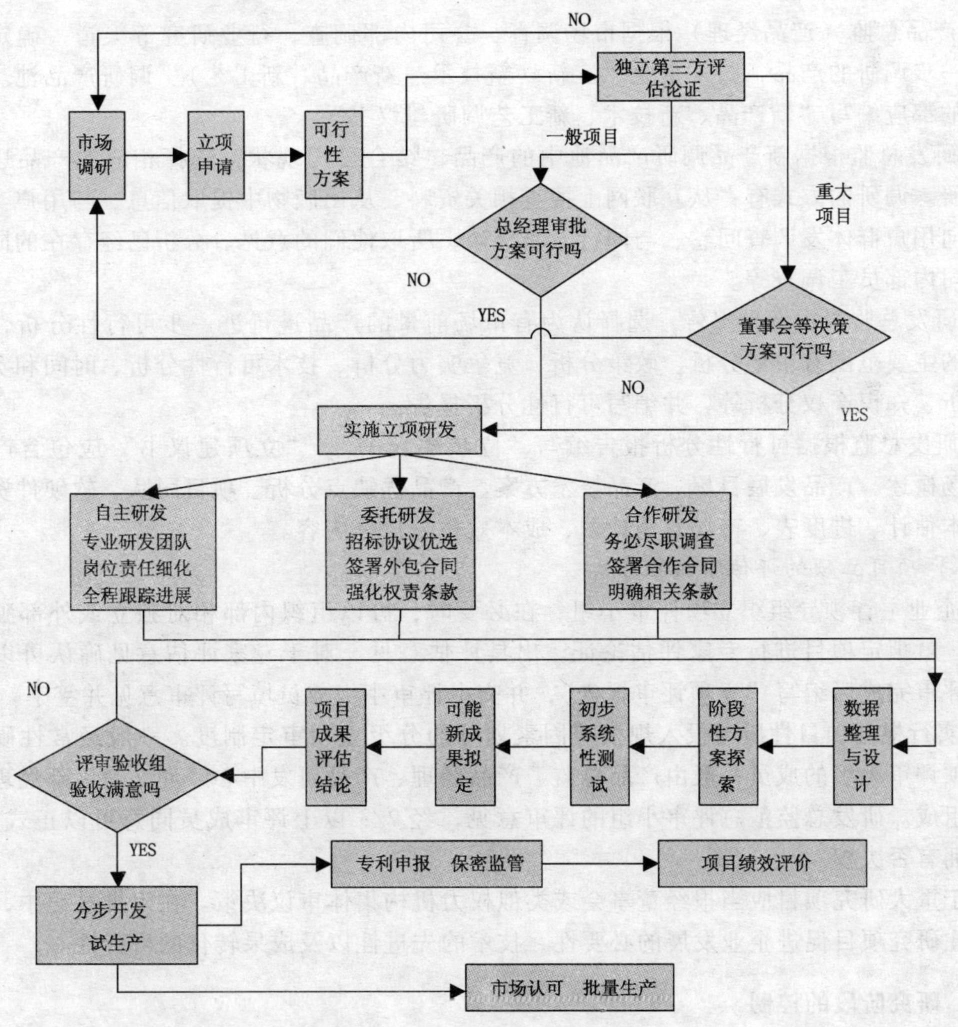

图 12－1　企业研究与开发控制流程

第三节 研究与开发控制关键点

一、立项阶段的控制

项目立项是否科学在很大程度上直接关系到项目的最后成败。为了加强企业应用研究与产品开发管理控制，规范项目立项管理，企业应当根据实际需要，结合研发计划，提出研究项目立项申请，开展可行性研究，编制可行性研究报告，并经过独立第三方评估论证后，按照规定权限和程序报经审查批准。因此，应该从三个方面进行控制：

（一）项目立项的一般初始程序

1. 产品总监（产品经理）根据市场调查、公司内部调查、行业研究等渠道，确定需要进行进一步调研的产品，归入企业“三新（新技术、新产品、新工艺）”调研产品池。每个研发标的都应编写“新产品、新技术、新工艺调研建议书”。

2. 研发总监根据新产品调研产品池中的产品，结合公司现状，选择相应的产品进行进一步调研。调研的方式有：从互联网上搜查相关资料、从出版物中提取信息、与用户交谈中提问、向用户群体发调查问卷、与同行专家交谈，听取他们的意见、分析已经存在的同类产品、公司内部员工调查等。

3. 研发总监根据调查报告，选择认为有市场前景的产品进行进一步可行性分析，可行性分析的主要范围有市场分析、政策分析、竞争实力分析、技术可行性分析、时间和资源可行性分析、知识产权分析等，并编写可行性分析报告。

4. 研发总监根据可行性分析报告编写“立项建议书”。“立项建议书”应包含产品介绍、市场概述、产品发展目标、产品技术方案、产品优缺点分析、项目团队、软硬件资源估计、成本估计、进度表、市场营销计划、成本效益分析等内容。

（二）项目立项的评估审核程序

1. 企业主管领导组织立项评审小组，在必要时，可以组织内部相对独立或外部独立专业机构，就拟定项目进行专家评估论证，出具评估意见。对于专家评估意见确认可以立项的，在评审完成后编写“立项评审报告”，并交由评审小组成员填写评审意见并签字。

2. 实行根据项目性质与投入规模等因素划分的分级立项审定制度。一般经常性硬性项目，立项评审小组的成员一般由产品总监、产品经理、产品研发中心经理、销售部经理、总经理等组成。研发总监汇总评审小组的评审意见，经 2/3 以上评审成员同意可以正式立项，总经理拥有否决权。

对于重大研究项目应当报经董事会或类似权力机构集体审议决策。在审批过程中，应当重点关注研究项目促进企业发展的必要性、技术的先进性以及成果转化的可行性。

二、研究阶段的控制

（一）自主研发的控制

企业应当加强对研究过程的管理，合理配备专业人员，严格落实岗位责任制，确保研究过程高效、可控。同时，企业应当跟踪检查研究项目进展情况，评估各阶段研究成果，提供足够的经费支持，确保项目按期、保质完成，有效规避研究失败风险。

通常，为控制研发过程中各种风险，实践中采取了一些能够防范风险的管理方法，这些传统研发管控制方法主要包括：

1. “双岗制”，即在研发过程的重要位置上设立两个岗，完成同样的工作，互为备份。

2. 重要的部分由多个人分解承担。

3. “记者式”的研发方法，即根据上级领导的要求立项和接受项目，自行搜寻和定义市场需求，自行归纳核定系统功能需求，独立自由完成功能的实现，自行定义测试和验收的标准。“记者式”研发管理方法容易导致知识产权落入个人控制之中。

4. “逐级下达式”研发管理方法。

5. “小炉匠式”研发方法，知识产权掌握在个人手中，容易造成知识产权流失。

（二）委托研发的控制

企业研究项目委托外单位承担的，应当采用招标、协议等适当方式确定受托单位，签订外包合同，约定研究成果的产权归属、研究进度和质量标准等相关内容。

（三）合作研发的控制

合作研发是指企业与科研院所、高等院校、行业基金会和政府等组织机构，为了克服研发中的高额投入和不确定性、规避风险、缩短产品的研发周期，应对紧急事件的威胁，节约交易成本而组成的伙伴关系。它以合作创新为目的，以组织成员的共同利益为基础，以优势资源互补为前提，通过契约或者隐形契约的约束联合行动而自愿形成的研发组织体。

企业与其他单位合作进行研究的，应当对合作单位进行尽职调查，签订书面合作研究合同，明确双方投资、分工、权利义务、研究成果产权归属等。合作研发的形式多种多样，既可以以资金、人才、成果形式合作，也可以以资金入股形式合作，还可以技术供方、技术中介和技术需方进行合作等。该组织体在形成之后，有明确的合作目标和合作期限，共同遵守契约规定的合作行为规则、成果分配规则、风险承担规则。

1. 通过尽职调查，夯实基本情况。尽职调查作为揭示风险的主要手段之一，其质量与效果，很大程度上决定了业务的潜在风险状况。基于这种原因，企业在签署合作合同之前，应该充分进行尽职调查。目的就在于探明合作研发可能存在的陷阱，弥补信息获知上的不对称，通过核实交易对方的各项情况，明确对方存在哪些隐蔽的风险和问题。在此基础上确定可行性，为业务交易的最终实施提供参考。尽职调查的信息管理，主要包括：从被调查对象内部人获得信息，从专业性中介机构获得信息，实地考察获得信息或其他外部信息来源。

2. 签署合作研发书面合同。合作开发合同的各方当事人，以平等主体身份参加合作开发项目的研究开发工作，在履行各自义务的同时，享有下列权利：对研究开发工作提出合理化建议的权利；有依研究开发的实际情况，要求作出有利于研究开发项目的计划方案的修改的权利；有权对合作廾发投资的资金的使用进行监督检查；有权派员参加各方代表组成的协调指导机构，对重大问题的决策、协调有建议、发言权；合作开发完成的发明创造，享有申请专利权，在他方转让权利权时有优先受让权；声明放弃共有专利申请权的当事人，在他方申请取得专利权后，有免费实施其专利的权利；共同开发研究的各方共同享有开发研究成果，并有在使用、转让中的受益权。

三、研发成果控制

（一）成果验收与管理的控制

1. 成果验收的控制。企业应当建立和完善研究成果验收制度，组织专业人员对研究成果进行独立评审和验收。研发成果鉴定是指按照规定的形式和程序，对成果是否完成项目任务书或合同要求进行审查和评价，并作出相应的结论。新产品、新技术、新工艺鉴定是指按照规定的形式和程序，对新产品、新技术的主要性能、技术水平、试（投）产的可行性、市场前景、社会及经济效益等进行综合审查和客观评价，作出可否批量生产和推广应用等相应结论。通常的要点包括：

（1）进入评审验收程序。凡符合评审验收条件的项目，由项目组填写相应的企业研发成果评审验收申请表，成果主管部门进行初步形式审查，即按照鉴定内容的要求进行形式审查，确认提交的文件是否符合要求。

（2）评审验收阶段。企业组织内部研发管理人员并邀请外部同行专家，可从评审专家库选聘适当的单数专家组成评审委员会，其中主任委员 1 人，副主任委员 1 ~ 2 人。评审委员包括技术、管理和经济学家。召开评审验收会，听取成果完成单位和成果实施单位的汇报，专家组的专项评价与考察报告，评审鉴定专家委员会讨论评审鉴定结论等。

2. 成果管理的控制。

（1）专利控制渠道。企业对于通过验收的研究成果，可以委托相关机构进行审查，确认是否申请专利或作为非专利技术、商业秘密等进行管理。企业对于需要申请专利的研究成果，应当及时办理有关专利申请手续。

（2）分级控制办法。研发科研成果的推广应用是科学技术转化为生产力的关键，凡经评审验收的研发成果，均应积极推广，按年度制订新技术推广课题计划并检查落实。

企业应当根据研发项目的事前合约，确定研发成果权利归属是企业自身独立所有权，还是与他人共同拥有研发成果。对于企业独立拥有所有权的研发成果，企业相应拥有独立应用的权利。对约定研发成果所有权由企业和合作单位共享的，企业拥有依约推广应用的权利。

（二）研发过程与成果的保密控制

1. 强化保密措施。

（1）企业应当建立严格的核心研究人员管理制度，明确界定核心研究人员范围和名册清单，签署符合国家有关法律法规要求的保密协议。

（2）企业与核心研究人员签订劳动合同时，应当特别约定研究成果归属、离职条件、离职移交程序、离职后保密义务、离职后竞业限制年限及违约责任等内容。

2. 重视成果保护。企业应当建立研究成果保护制度，加强对专利权、非专利技术、商业秘密及研发过程中形成的各类涉密图纸、程序、资料的管理，严格按照制度规定借阅和使用，禁止无关人员接触研究成果。

3. 明确保密责任。通常，参与研发的人员承诺对其获得的资料和信息保密，并妥善保管，不泄漏项目决策中的相关机密，使各资料处于受控状态。尤其是，核心技术机密存在外泄的风险，对公司来说确实是一个很大的威胁，公司应当采取一切措施避免这种情况的发生。一方面，要防止核心技术外泄；另一方面，不能导致兼职技术人员的抵制和不满，还需要鼓励这些技术人员对公司的贡献。保密责任的确定可以综合采用以下方法：

(1) 与所有技术人员签订技术保密协议。虽然这些协议可能很难真正起到限制核心技术外泄的作用，但也可以起到一定的防范作用。如果以后真的需要通过法律途径解决争议的话，这些协议有助于公司处于相对有利的位置。

(2) 技术保密协议应该包含这样的条款，即技术人员掌握的技术资料只能留在公司，并且建立相应的公司制度不允许技术资料离开公司。这样，即使兼职人员掌握了大部分的核心技术，但是还有一部分重要的技术留在公司；即使部分核心资料外泄也不至于立即对公司造成威胁。

(3) 让不同的技术人员掌握部分技术，防止出现某一位或两位技术人员掌握公司所有核心技术机密的情况。

(4) 将这些兼职人员的利益和公司的产品（或技术）挂钩。兼职技术人员将技术外泄的动机无非是受利益的驱动，增加技术人员在公司的长期利益会降低技术人员将核心技术外泄的动机，并增加技术人员外泄核心技术的机会成本。

(5) 培养技术人员对公司的忠诚度。

四、开发阶段的控制

（一）成果评估确认

企业应当建立研发活动评估制度，加强对立项与研究、开发与保护等过程的全面评估，认真总结研发管理经验，分析存在的薄弱环节，完善相关制度和办法，不断改进和提升研发活动的管理水平。其中，需要结合企业自身研发项目特点，建立健全研发成果评价体系，包括研发成果计划和成果评价方法，研发成果计划和成果评价标准研发成果计划，以及成果平分标准研发成果开发项目优先级、开发进度、开发成本的评价方法。

（二）成果转化应用

企业应当加强研究成果的开发，形成科研、生产、市场一体化的自主创新机制，促进研究成果转化。研究成果的开发应当分步推进，通过试生产充分验证产品性能，在获得市场认可后方可进行批量生产。

针对研发成果转化特征，建立健全研发成果商业化应用转换率收益指数评价方法，确定研发成果商业开发事前、事后评价方法，三新（新产品、新技术、新工艺）开发业绩评价指标。

第四节 研究与开发控制的案例

成败案析

研究开发：企业前行内在驱动力①

【案情扫描】

在困难和机遇并存的环境中，中国生物制药企业不断探索自己的发展之路。有的企业在竞争中被淘汰，也有的企业克服了困难，承受了挫折和失败走到了今天。例如长春金赛药业有限责任公司（以下简称金赛药业）。应该说，金赛药业的发展历程是中国的生物制药企业成功发展的一个缩影。

从1996年创办至今，金赛药业的利润每年以30%~60%的速度在增长，在全国同类行业中排名第一。公司从国内第一支生长激素粉针金磊赛增，到亚太第一支水针，到全球第一支PEG化长效生长激素，并拥有全国唯一的成人GHD缺乏适应症和全球唯一的烧伤适应症，从而成为在人生长激素领域的剂型和适应症最全的企业。

创业初期，产品开发的艰难选择。公司通过初期研究，掌握了市场行情，即生长激素是目前治疗大部分儿童身高不足的唯一有效药物，属于生物制药领域中一个极为细分的行业。之后，投入巨额资金，组织强有力的研发团队，通过连续通过几年的研发，核心产品重组人生长激素于1998年上市销售。生长激素领域未来的增长潜力非常大，除了目前的矮小适应症外，未来还可能将应用于中老年抗衰老以及一些慢性消耗性疾病的治疗。目前，美国FDA已批准生长激素用于10种适应症，全球超过30万人使用生长激素；中国使用生长激素治疗长高市场尚不足2万人。

面对新产品，生长激素已经在全球60多个发达国家列入了医保，但此前在我国仅以烧伤适应症列入工商医保。2008年年初，生长激素首次列入中国国家儿童医保，对该领域产品而言，是个极大的利好。今天的金赛药业，正在以成为中国儿童发育疾病治疗领域的第一品牌为目标而奋斗。

【案例评述】

以研发带动企业的持续发展，这一道理其实并不神秘，但是，现实中，许多企业却没有像金赛药业这样取得成功。

如果分析原因，可能大致有四个：

一是能不能拥有研发兴企的宏大战略。金赛药业在儿童生长发育领域有一个整体的、系列的、长期的产品研发和推广战略，并且在很多产品的研发和生产上已经实施了这个战

---

① 本案资料来源于2008年12月19日《21世纪经济报道》。

略。公司在研发上还将继续投入，研发方向包括四大核心技术平台，预计未来6年上市8个新药，分别涵盖儿童生长发育、不孕不育、慢性传染病和糖尿病四大领域。不过，我们周围的一些企业，却没有科技人才，存量人才没有培训，增量人才难以引进。

二是舍不舍得投资搞研究开发。研发是一项风险性投资，经常会没有收益，一些企业或目光短浅，或实力不强，总是对眼下运营能够应付自如就很满意了。

三是流程管理搞得怎么样。企业应当根据实际需要，结合研发计划，提出研究项目立项申请，开展可行性研究，编制可行性研究报告。程序是最好组织独立于申请及立项审批之外的专业机构和人员进行评估论证，出具评估意见。而不是凭借领导或个别人的看法去立项搞研发。同时，研究过程中需要适当的保障，包括研发管理制度、合理配备专业人员、相应的岗位责任制。在研究成果的开发阶段，也要继续进一步深化，形成科研、生产、市场一体化的自主创新机制，促进研究成果转化。此外，在市场经济条件下，企业应当建立研究成果保护制度，加强对专利权、非专利技术、商业秘密及研发过程中形成的各类涉密图纸、程序、资料的管理，严格按照制度规定借阅和使用，禁止无关人员接触研究成果。

四是科学的研发与成功的市场相结合。对于一个新兴企业来说，研发并不是一定要成为世界第一的创新者，而是应该根据自己在每一个时期不同的实力和机会来研发，例如从全面仿制到部分创新，再到全面创新，金赛药业走的就是这么一条路。

第十三章

工 程 项 目

工程项目是指企业根据需要，自行或委托他人设计、建造、安装和修护，以便形成新的固定资产或维护、提升既有固定资产性能的活动。工程项目具有金额巨大、程序繁杂、次数稀少的特点，现实经济生活中，许多企业的工程项目在形成新生产能力的同时，也往往成为各种损失浪费和腐败现象的高发区。

工程项目面临的可能风险主要包括：一是立项缺乏可行性研究或者可行性研究流于形式，决策不当，盲目上马，可能导致难以实现预期效益或项目失败；二是项目招标暗箱操作，存在商业贿赂，可能导致中标人实质上难以承担工程项目、中标价格失实及相关人员涉案；三是工程造价信息不对称，技术方案不落实，概预算脱离实际，可能导致项目投资失控；四是工程物资质次价高，工程监理不到位，项目资金不落实，可能导致工程质量低劣，进度延迟或中断；五是竣工验收不规范，最终把关不严，可能导致工程交付使用后存在重大隐患。

《企业内部控制应用指引第 11 号——工程项目》着力解决企业工程项目领域的内部控制，核心是通过内部控制，形成健康规范有序的工程项目控制环境。其主要内容包括：制定本指引的必要性和依据，工程项目过程中应关注的主要风险，以及如何在工程立项、工程招标、工程造价、工程建设和工程验收等环节控制，分六章共二十七条。

第一节 工程项目控制的内容

企业加强工程项目内部控制就是为了保证工程项目业务顺利进行，实现工程项目管理目标，提高企业资金使用效益，从工程项目决策开始，经过工程项目招标、投标、定标、工程项目施工到工程项目竣工验收整个周期的控制活动。伴随着工程项目的业务推进，全程控制成为工程项目控制的基本内容。

一、工程项目立项决策

工程项目决策控制既包括决策实施的程序性行为控制，也包括决策实施的实质性行为控制。所谓工程项目决策是指企业对拟建项目必要性、可行性进行技术经济评价，对不同建设方案进行比较选择，以及对拟建项目的技术经济指标作出判断和决定的过程。它是工程项目的起点，是工程项目管理的关键环节。为保证企业工程项目决策的成功进行，在决策时应遵循科学性、民主化、系统性和合理性等原则。工程项目决策先后经过工程项目投资机会研究与项目初选、项目建议书的编制、工程项目可行性研究设计任务书、项目的评估与决策，每一个环节必须经过审批，才能进行下一个环节。

（一）工程项目投资机会研究与项目初步可行性研究

投资项目是实现投资回报的载体，对工程项目进行投资机会研究重点一般放在财务与经营方面，目的是在初步调查研究结果的基础上探讨该项目投资的必要性与可能性，最终形成工程项目建议书。因此，企业管理当局应高度重视工程项目投资机会研究，授权各有关部门参与，充分考虑以下一些因素：

1. 拟建项目所生产产品的市场基本前景。
2. 初步的市场需求调查结论，包括当前需求和潜在需求。
3. 现有诸种经济因素的调查，主要指涉及未来产品生产的匹配要素。
4. 相关地区或厂家从事同一或类似产品生产活动的调查。
5. 拟建项目与上下游产业环节的关系，主要是原料来源或在未来出口的国际市场地位。
6. 产品更新换代、多样化方向延伸的机会及潜在问题。
7. 经济分析与财务测算的初步分析。
8. 投资倾向和保护政策要求。
9. 总体预测性结论。

经工程项目投资机会研究认定有前途的项目，可进入项目初步可行性研究阶段，也可称为项目初选阶段。进入这一阶段的项目通过了工程项目投资机会研究的认定，值得继续研究，但一般又不能肯定是否值得进行详细可行性研究。在这个阶段，需进一步判断项目是否有较高的经济效益，决定对项目中哪些关键性问题作进一步辅助研究。研究的结果须明确两个方面的问题：一是工程项目的概貌，包括产品方案、生产规模、原料可能的来源、可供选择的技术、比较满意的厂址、建设进度安排等；二是比较精确地估算出经济指标，从而作出经济效益评价。按照我国目前的项目管理程序，经项目初选后认为可行的工程项目，进入编写项目建议书环节。

（二）项目建议书的编制

项目建议书是拟建项目的企业用文字形式，对投资项目的轮廓进行描述，从宏观上就项目建设的必要性和可能性提出预论证，进而向政府主管部门推荐项目，供主管部门选择项目的法定文件。编制项目建议书的目的是提出拟建项目的轮廓设想，主要编制内容包括：项目名称、承办企业、项目负责人；项目提出的目的、必要性和依据；项目的产品方案、市场需求、拟建生产规模、建设地点的初步设想；资源情况、建设条件、协作关系和引进技术的可能性及引进方式；投资估算和资金筹措方案及偿还能力预计；项目建设进度的初步安排计划；项目投资的经济效益和社会效益的初步估计；等等。

项目建议书经批准，称为“立项”，项目即可纳入项目建设前期工作计划，列入前期工作计划的项目可开展详细的可行性研究。

（三）项目可行性研究

项目可行性研究是一种系统的投资决策分析研究方法，是在项目投资决策前，对拟建项目的所有方面（工程、技术、经济、财务、生产、销售、环境、法律等）进行全面的、综合的调查研究，对备选方案从技术先进性、生产可行性、建设可能性、经济合理性等方面进行比较评价，从中选出最佳方案的研究方法。

详细可行性研究既是企业投资决策最基本的依据，又是银行及其他融资机构提供贷款的依据。它是投资项目建设前期研究工作的关键环节，从宏观上可以控制投资规模和方向，改进项目管理；微观上可以减少投资决策失误，提高投资效果。

可行性研究报告是一个能够体现多方面价值的综合报告，它能够作为投资项目决策的依据，作为投资项目设计的依据，作为向银行贷款的依据，作为向当地土地、环保、消防等主管部门申请开工建设手续的依据，作为项目实施的依据，作为项目评估的依据，甚至可以作为科学试验和设备制造的依据，当然，还可以作为项目建成后，企业组织管理、机构设置、职工培训等工作的依据。

可行性研究报告的主要内容包括：总论、建设必要性分析、产品市场分析与结论、生产规模的确定、建设条件分析与结论、技术条件分析和结论、财务绩效估算、不确定性分析、环境效益分析与社会效益分析、结论与建议。

（四）工程项目的评估与决策

上述工程项目建议书和可行性报告必须提交企业最高决策机构，由决策机构聘请专家或委托有资格的咨询企业进行评估。工程项目评估就是在可行性研究的基础上，在最终决策之前，对其市场、资源、技术、经济和社会等方面的问题进行再分析、再评价，以选择最佳投资项目（或投资方案）的一种科学方法。项目评估是投资前期对工程项目进行的最后一项研究工作，也是建设项目必不可少的程序之一。它是由项目的审批部门委托专门评估机构及贷款银行，从全局出发，根据国民经济的发展规划，国家的有关政策、法律，对可行性研究报告或任务设计书提出的投资项目方案，就项目建设的必要性，技术、财务、经济的可行性等，进行多目标综合分析论证，对可行性研究报告或任务设计书所提供的材料的可靠性、真实性进行全面审核，最后提出项目“可行”或“不可行”或“重新研究”的评估报告。如认为项目可行，即批准该项目。

工程项目的评估机构应遵循客观公正、实事求是的原则，认真科学地进行项目审查和评估。审查是基础，在审查的基础上才能进行科学的评估。审查分为一般审查和详细审查。评估机构和银行在收到项目的可行性研究报告之后，进行一般性审查和核实，以判断可行性研究报告的编写程序和内容是否符合要求，数据资料是否齐全，编写报告的经济、技术人员是否具备资格，可行性研究报告是否客观、科学、公正。

详细审查包括：

（1）应对编制可行性研究报告的企业的资格进行审查。

（2）应审查编写人员的任职资格及其签字盖章是否真实。

(3) 应审查拟建项目是否为重复建设项目，产品有无销路。

(4) 应审查技术水平是否可靠，拟建项目的原材料供应有无可靠来源。

(5) 对环境保护措施进行审查，还要审查厂址的环境情况、项目施工和投产后正常生产时对环境的影响以及“三废”治理措施。

(6) 要对项目的经济效益进行审查，一方面对投资、产品成本、价格、利息等经济指标和计算公式的正确性进行检查，另一方面要审核项目的财务评价和国民经济评价是否正确。

一旦项目评估对可行性研究报告予以肯定，投资决策形成，经有关部门批准，项目进入执行阶段。

本环节中，内部控制应侧重以下四点：

(1) 企业应当建立工程项目决策环节的控制制度，对项目建议书和可行性报告的编制、项目决策程序等作出明确规定，确保项目决策科学、合理。

(2) 企业应当组织会计、技术、工程等部门的相关专业技术人员对项目建议书和可行性报告的完整性、客观性进行技术经济分析和评审，出具评审意见。

(3) 企业应当建立工程项目的集体决策制度，决策过程应有完整的书面记录。严禁任何个人单独决策工程项目或者擅自改变集体决策意见。

(4) 企业应当建立工程项目决策及实施的责任制度，明确相关部门及人员的责任，定期或不定期地进行检查。

二、工程项目招标控制

按照惯例，工程项目应采用公开招标方式确定承包商，防止发包、承包中的舞弊行为，保证工程项目的质量。所谓招标是指项目建设企业（业主）将工程项目的内容和要求以文件形式标明，招引项目承包企业（承包商）来报价（投标），经比较，选择理想承包企业并达成协议的活动。所谓投标是指承包商向招标企业提出承包该工程项目的价格和条件，供招标企业选择以获得承包权的活动。企业应根据技术胜任能力、管理能力、资源的可利用性、收费的合理性、专业的全面性、社会信誉以及质量保证等因素来选择承包商。下面以建设工程为例说明这一过程：

（一）招标准备阶段

1. 具有招标条件的企业填写“建设工程招标申请书”，报有关部门审批。

2. 获准后，组织有关招标人员和评标委员会，编制招标文件和标底，发布招标公告，审定投标企业，发放招标文件，组织招标会议和现场勘察，接受投标文件。

（二）开标评标阶段

1. 按照招标公告规定的时间、地点，由招标投标方派代表并有公证人在场的情况下，当众开标。

2. 招标方对投标者作资格后审、询标、评标。

3. 投标方做好询标解答准备，接受询标质疑，等待评标决标。建设企业应当要求投标人提供有关资质证明文件和业绩情况，并按确定的标准和程序对潜在投标人进行资格审查。建设企业的会计机构或人员应当对潜在投标人的财务情况进行综合审查，审查内容至少包括投标人以前年度经审计的财务报表以及下一年度的财务预测报告。建设企业应依法组建评标委员会负责评标。评标委员会应由建设企业的代表和有关技术、经济等方面的专家组成，建设企业的代表应当包括会计人员。评标委员会应当按照招标文件确定的标准和方法，对投标文件进行评审和比较，并择优选择中标。

4. 决标签约阶段。

(1) 评标委员会提出评标意见，报送决定企业确定，依据决标内容向中标企业发出“中标通知书”。

(2) 中标企业在接到通知书后，在规定的期限内与招标企业签订合同。

建设企业应当依据《合同法》的规定，分别与勘察设计企业、监理企业、施工企业及材料设备供应商订立书面合同，明确当事人各方的权利和义务。

建设企业会计机构或人员应当参与合同的签订，审核合同的金额、支付条件、结算方式、支付时间等内容。书面合同应留存会计机构一份，以便监督执行。

建设企业应监督审查合同的履行情况，运用法律的手段保证工程项目的质量、投资、工期和安全。会计机构或人员应当审核有关合同履行情况的凭证，并以此作为支付合同价款的依据。对方企业违约的情况下，会计机构或人员应当拒绝支付有关款项。

招标、投标是一种复杂的竞争性贸易方式，是一个严肃的法律行为，要求招标业务人员对招标程序、招标技巧特别精通，还要了解法律、金融、经济、外贸等知识，因此，必须由专门的人员来执行，否则容易产生法律纠纷。

三、工程建设全过程控制

（一）工程建设控制

工程的施工期较长，而且这一阶段严重影响工程的质量好坏，企业应加强施工阶段的监督管理，保证工程质量。在这一阶段，应从以下几方面进行内部控制：

1. 企业应当指定工程项目的负责人及组织机构，或委托具有相应资质的监理企业，对项目施工全过程的质量、投资、进度和安全进行管理控制。会计机构要配备专人管理基本建设的财务与会计核算。

2. 企业应当做好开工前的准备工作，满足工程开工所必需的各项条件。会计机构或人员应对各项建设资金的筹集和到位情况进行审查，保证工程项目资金来源的合法性、可靠性，不得非法集资，不得挤占生产资金。

3. 企业应当认真审查施工企业开工报告及相关资料，符合条件才能开工。按规定必须申请领取施工许可证的工程项目，企业应当在开工前取得施工许可证。在未经批准开工前，企业的会计机构或人员不得支付工程款。

4. 建设企业应当选择工程项目质量控制的重点部位、重点工序和重点的质量因素作为控制点，进行重点控制。

5. 建设企业应当对监理工作进行不定期的检查，确保监理资料的真实性、完整性、及时性，掌握工程质量、进度、投资的实际情况。

6. 建设企业应当制定工程变更的提出、论证及决策程序，明确相关人员的职责。建设企业不得通过设计变更扩大建设规模、增加建设内容、提高建设标准。需要追加投资的重大变更，必须经过会计机构或人员的审查论证，并落实资金来源。

7. 建设企业应当建立严格的工程款、材料设备款及其他费用的支付审批程序，按照有关规定使用工程项目资金，将实际投资额控制在批准范围内。建设企业不得将项目资金用于计划外项目，不得随意列支工程管理费。

8. 建设企业会计机构或人员应当严格控制工程项目各类款项的支付：工程预付款应当在建设工程或者设备、材料采购台同已经签订、施工或者供货企业提交了经建设企业财会部门认可的履约保函和保险企业的担保书后，按照合同给定的条件支付；工程进度款项应严格按建设工程合同规定条款、实际完成的工作量及工程监理情况结算和支付；设备、材料货款按采购合同规定的条件支付；工程结束后，建设企业应按合同规定的金额或比例提留质量保证金，并在质量保证期满、经有关部门验收合格后，将其支付给施工企业。

9. 建设企业会计机构或人员应当定期清查工程物资，核实基本建设支出，及时编制准确、完整的会计报告，如实反映建设资金的来源和占用、建设成本和投资效果、概预算和年度投资计划的完成情况。

10. 建设企业应当定期或者至少于每年年度终了核定各项在建工程的成本，按可收回金额低于账面价值的部分及时提供减值准备。建设企业的会计机构或人员应该及时查明在建工程减值的原因，追究相关人员的责任并做出相应的会计处理。

（二）工程造价控制

企业应于投资准备期估算成本控制总目标，组织主要管理人员对指标进行认真分析，然后，落实成本控制目标。

企业工程项目成本控制的主要方法有：

1. 建立工程成本管理责任制。进行成本控制是整个企业各个部门和全体职工的责任。企业总负责人应当对工程项目的成本负完全责任，总会计师协助总负责人组织领导企业的成本管理工作，总工程师则负责在技术方面采取有效措施以降低成本，总经济师则在管理和决策上下功夫以求降低成本。

计划部门应当合理安排施工进度和任务，选择最佳施工方案，配合财会部门做好成本计划的编制工作。材料供应部门应当建立和健全材料制度，加强对材料采购和收、发、领、退的管理，努力降低材料的采购成本，节约仓储保管费，降低材料费支出。劳动工资部门应加强对劳动力的管理，改善劳动组织，严格控制非生产用工，运用社会心理学的方法，调动职工的积极性，提高劳动效率，节约工资支出。生产技术部门则须做好技术组织措施计划的编制和贯彻工作，以保证降低成本计划的实现。设备管理部门必须加强机械设备的调度和维修，以提高企业机械设备的完好率和利用率。行政管理部门应当在必要的范围内精简机构，紧缩开支，节约行政管理费用等。

2. 建立严格的限额领料制度和费用开支审批制度。通常，材料费约占工程成本的65% ~75%，进行成本控制首先应当建立和健全材料的收、发、领、退制度。实行限额领料制度是节约材料费用支出的重要措施。其次是改进施工技术，推广使用降低料耗的各种新技术、新工艺、新材料，并在不降低工程质量的前提下，考虑廉价材料的替代；加强周转材料的管理，延长周转次数等；努力减少材料运输和储存过程中的损耗，制定损耗定额，加强材料稽核，查找短缺原因，追究责任人。

3. 人工费的控制。随着人们生活水平的提高，用工的薪资报酬也不断上升，人工费占全部工程费用的比例由过去的7%、8%涨到了15%左右，有的甚至达到了25%以上，所以人工费的控制越来越成为成本控制的重要一环。

4. 其他方法。降低项目成本的方法还有多种，包括：高效率的项目组织机构设置；优化施工组织设计，采用新技术、新材料；按质量体系和相关规范施工，减少返工率；加强合同的研究，防止被对方索赔等几个方面采取措施控制。

（三）工程竣工验收控制

工程竣工是指工程项目按照批准的设计图纸和文件的内容全部建成，达到使用条件的标准。工程项目竣工验收就是由建设企业、施工企业和项目验收委员会，以批准项目的设计任务书和设计文件，以及国家（或部门）颁发的施工验收规范和质量检验标准为依据，按照一定的程序和手续，在项目建成并试生产合格后，对工程项目的总体进行检验和认证（综合评价，鉴定）的活动。

1. 明确竣工验收标准。竣工验收准备工作全部完成以后，即可按竣工验收标准和合同规定正式办理竣工验收手续，验收标准包括：

（1）生产性工程和辅助公用设施，已按设计要求建完并能满足生产要求；

（2）主要工艺设备已安装配套，经试生产合格，构成生产线，形成生产能力，辘够生产出设计文件中所规定的产品；

（3）职工宿舍和其他必要的生活福利设施，能适应投产初期的需要；

（4）竣工决算已完成；

（5）工程技术档案资料（包括竣工图）在内已经准备齐全。

2. 企业应加强竣工验收工作的组织领导。企业一般应在竣工前，根据项目性质、大小，成立竣工验收领导小组或验收委员会，来负责竣工验收工作。

3. 竣工验收的程序。

（1）单项工程验收。一个单项工程或一个车间，已按设计要求建完，能满足生产要求或具备使用条件，即可由企业组织验收。企业要组织施工企业和设计企业整理有关施工的技术资料和竣工图，据以进行验收和办理交接手续。验收后，由企业根据有关规定投入使用。

（2）全部验收。整个建设项目已符合竣工验收标准时，即应按规定进行全部验收。验收准备工作，以企业为主，组织设计、施工等企业或聘请外部专门机构进行验收。在整个项目进行全部验收时，对已验收过的单项工程，不再办理验收手续。

在工程项目竣工验收这一环节，应侧重以下内部控制：

（1）企业会计机构或人员在工程竣工后，应及时开展各项清理工作，主要包括各类会计资料的归集整理、账务处理、财产物资的盘点核实及债权债务的清偿，做到账账、账证、账实、账表相符。

（2）企业应会同监理企业、设计企业对施工企业报送的竣工材料的真实性、完整性进行审查，并依据设计与合同的要求组织竣工验收。对存在的问题，应及时要求施工企业进行整改。

（3）企业对符合竣工验收条件的工程项目，应及时组织竣工验收。验收合格的工程项目，会计机构或人员应建立交付使用财产明细表，并转增固定资产。未经验收或验收不合格的工程不得交付使用。对于竣工验收后留有收尾工程的项目，建设企业应按照验收中审定的收尾工程内容、数量、投资和完成期限进行扫尾工作。

（四）工程竣工决算控制

竣工决算是以货币为计量单位，以日常核算资料为主要依据，通过编制报表和文字说明书的方法，综合反映经济活动和财务成果的总结性报告文件。它综合反映工程项目从筹建到竣工的全过程的财务状况和建设成果。

竣工决算由竣工决算报表和竣工财务决算情况说明书两部分组成。竣工决算报表一般包括竣工工程概况表、竣工财务决算表、交付使用资产总表、建设成本总表、未完工项目表等。

竣工审查前应搜集有关计划、财务方面的资料，如设计文件、概（预）算文件等，竣工决算应重点审查下列内容：

1. 准确性和完整性。首先，审查竣工决算的文字说明书和所叙述的事实是否全面系统，是否符合实际情况，有无虚假不实，掩盖矛盾等情况，报表中各项指标是否准确真实。其次，要审查竣工决算各种报表是否填列齐全，有无缺报和漏报，已报的各表的栏次科目、项目填列是否正确完整。

2. 审查竣工决算表内的有关项目填列是否正确。企业应核对竣工财务决算表中工程项目投入款项、交付使用资产等项目余额是否正确。

3. 工程项目支出的审查。企业应根据批准的初步设计概算，审查工程成本中有无不属于工程范围的开支，所有工程项目是否属于计划范围内，有无搞计划外工程；增加的工程项目是否经企业管理部门批准；属于设计变更方面，要审查有没有设计部门的设计变更手续。结合财务制度审查各项费用支出是否符合规定，有无乱挤乱摊成本，扩大开支范围；有无乱立标准，铺张浪费等情况。

企业应审查建设成本超支或节约的原因。首先应将其实际数与概算进行。与分项目对比，考核建设成本总的和各项构成内容的节超情况，并计算节超额和节超率。然后，根据节超情况，进一步查找影响建设成本节和超的原因。

4. 竣工时间的审查。竣工时间提前或拖后，对投资效果有着直接的影响。提前竣工，不仅可以提前交付使用、提前投产，还可以减少建设过程的费用支出；相反，竣工时间拖后，上述各项经济效果就要变成经济损失，造成极大的浪费。

在工程项目竣工决算这一环节，应侧重以下内部控制：

（1）建设企业应当及时组织会计机构或人员对施工企业提交的竣工结算书进行审核，以审定金额作为工程款结算的依据。

（2）建设企业应当按照国家有关规定及时编制竣工决算，如实反映工程项目的实际造价和投资效果，不得将应计入当期经营费用的各种支出计入建设成本。

（3）建设企业应按有关规定及时组织决算审计，对建设成本、交付使用财产、结余资金等内容进行全面审查。会计机构或人员应当按照审定的金额确认新增固定资产的价值。

（4）建设企业应当建立由相关机构或人员参与的概算、预算及决算分析考评制度，在竣工决算后组织分析概算、预算执行情况及差异产生原因。对于实际投资规模超过审定的投资规模的项目，应当追究相关决策者和执行人员的责任。

（5）建设企业应当建立工程项目的后评估制度，由会计机构或人员负责对投入使用的生产性项目进行成本效益分析。如果项目实际经济效益严重低于可行性研究分析，应追究相关人员的决策责任。

第二节 工程项目控制的流程

对工程项目的全程控制，从立项决策、概算预算、价款支付、工程实施到到竣工决算，是一个涉及时间长、环节多、情况复杂的系统。从前后流程看，可以分为三个阶段，即上马前决策阶段、施工中工程进程和竣工验收阶段。每一个环节都需要关注其流程控制的节点。其中，决策阶段控制流程见图 13－1。

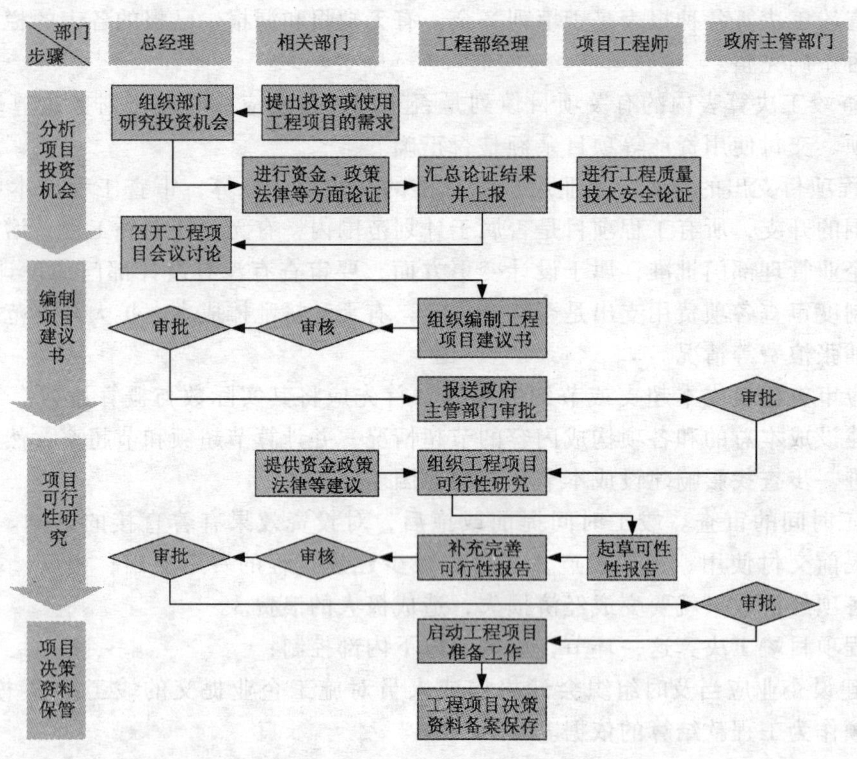

图 13－1 工程立项决策阶段控制流程图

施工中的工程动态控制流程见图 13－2。

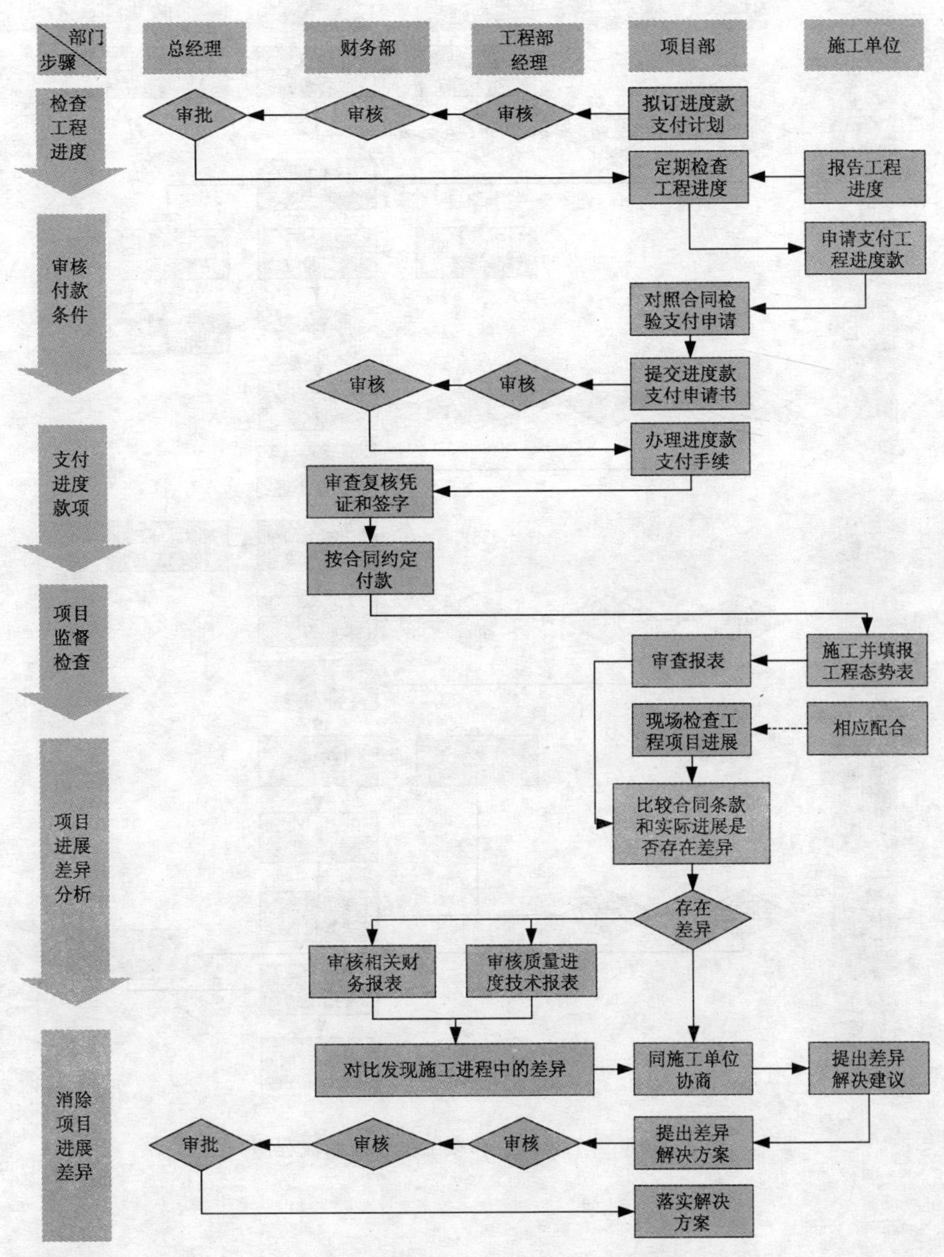

图 13－2　工程项目动态控制流程图

验收和竣工决算控制流程见图 13－3。

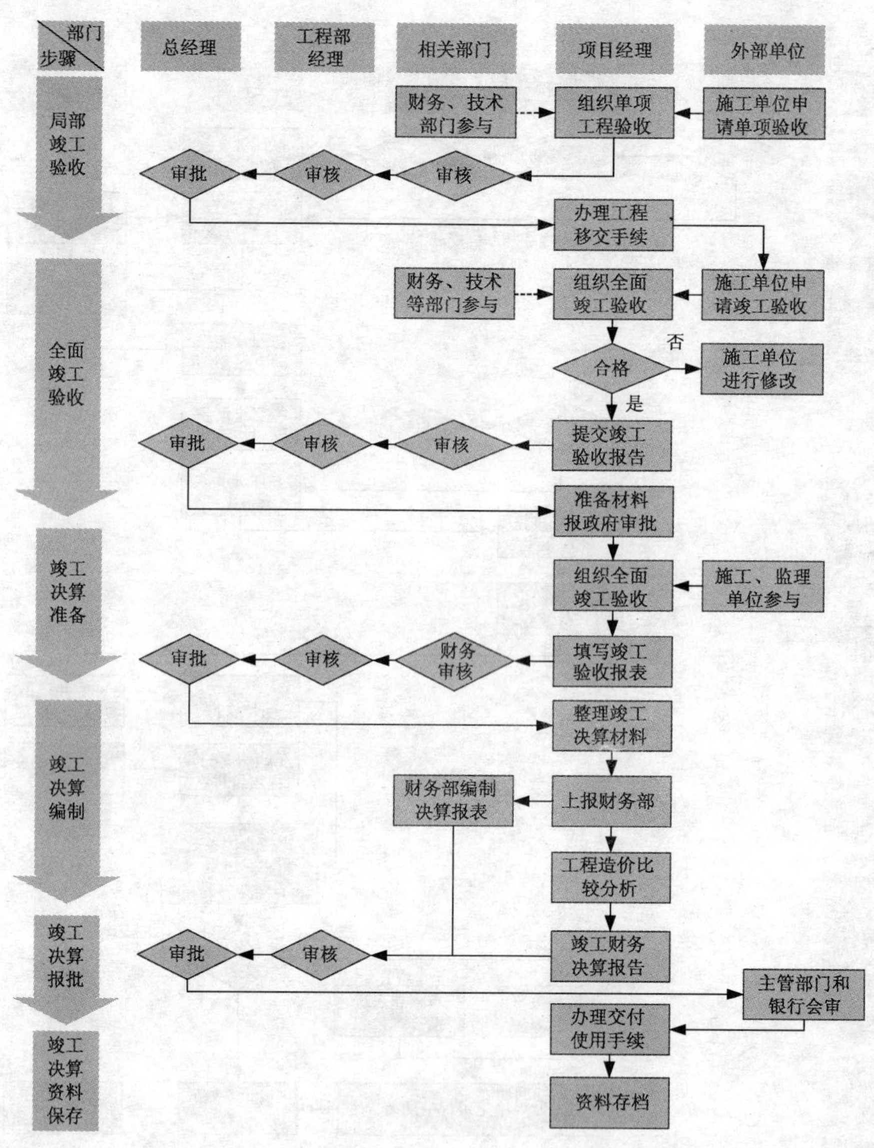

图 13－3　工程验收和竣工决算控制流程图

第三节　工程项目控制关键点

工程项目自然是一个系统工程，需要前后多个环节的配合，其中的控制机制也必须加强。企业工程项目内部控制中，至少应当强化对下列关键方面或者关键环节的控制：在职责分工、权限范围和审批程序上，应当明确规范，机构设置和人员配备应当科学合理；在工程项目立项决策依据上，应当充分适当，决策过程应当科学规范；在概预算编制的依据、内容、标准应当明确规范；在委托其他单位承担工程项目时，相关的招标程序和合同协议的签订、管理程序应当明确；在价款支付的方式、金额、时间进度上，应当明确；在竣工决算环节的控制流程上，应当科学严密，竣工清理范围、竣工决算依据、决算审计要求、竣工验收程序、资产移交手续等应当明确；在工程项目的确认、计量和报告方面，应当符合国家统一的会计准则制度的规定。

一、职责分工与授权控制

（一）明确工程项目业务的岗位责任制

明确相关部门和岗位的职责权限，确保办理工程项目业务的不相容岗位相互分离、制约和监督。通常，工程项目业务不相容岗位一般包括：项目建议、可行性研究与项目决策；概预算编制与审核；项目决策与项目实施；项目实施与价款支付；项目实施与项目验收；竣工决算与竣工决算审计。

（二）配备合格的专业人员办理工程项目相关业务

办理工程项目业务的人员应当具备良好的业务素质和职业道德。企业应当配备专门的会计人员办理工程项目会计核算业务，办理工程项目会计业务的人员应当熟悉国家法律法规及工程项目管理方面的专业知识。对于重大项目，企业应当考虑聘请具备规定资质和胜任能力的中介机构（如招标代理、工程监理、财务监理等）和专业人士（如工程造价专家、质量控制专家等），协助企业进行工程项目业务的实施和管理。企业应建立适当的程序对所聘请的中介机构和专业人士的工作进行必要的督导。

（三）实施严格的授权与审批制度

企业应当建立工程项目授权制度和审核批准制度，并按照规定的权限和程序办理工程项目业务。完善的授权批准制度包括：企业的资本性预算只有经过董事会等高层治理机构批准方可生效；所有工程项目的立项和建造均需经企业管理者的书面认可。

（四）实施科学而严格的工程资金运营的流转程序

应当制定工程项目业务流程，明确项目决策、概预算编制、价款支付、竣工决算等环节的控制要求，并设置相应的记录或凭证，如实记载工程项目各环节业务的开展情况，确保工程项目全过程得到有效控制。除在建工程总账外，企业还必须设置在建工程明细分类账和工程项目登记卡，按工程项目类别和每项工程项目进行明细分类核算。对投入工程物资等及时、正确进行记录和核算。

二、项目立项控制点

（一）工程立项总体控制

工程立项环节的控制，需要从控制机构、综合把关、规范决策法定程序诸方面进行：

1. 工程企业应当指定专门机构归口管理工程项目，根据发展战略和年度投资计划，提出项目建议书，开展可行性研究，编制可行性研究报告。

2. 企业应当组织规划、工程、技术、财会、法律等部门的专家对项目建议书和可行性研究报告进行充分论证和评审，出具评审意见，作为项目决策的重要依据。在项目评审过程中，应当重点关注项目投资方案、投资规模、资金筹措、生产规模、投资效益、布局选址、技术、安全、设备、环境保护等方面，核实相关资料的来源和取得途径是否真实、可靠和完整。企业可以委托具有相应资质的专业机构对可行性研究报告进行评审，出具评审意见。从事项目可行性研究的专业机构不得再从事可行性研究报告的评审。

3. 企业应当按照规定的权限和程序对工程项目进行决策，决策过程应有完整的书面记录。重大工程项目的立项，应当报经董事会或类似权力机构集体审议批准。总会计师或分管会计工作的负责人应当参与项目决策。任何个人不得单独决策或者擅自改变集体决策意见。工程项目决策失误应当实行责任追究制度。

4. 企业应当在工程项目立项后、正式施工前，依法取得建设用地、城市规划、环境保护、安全、施工等方面的许可。

（二）工程前期论证控制

严格实施对项目建议书和可行性研究报告的编制、项目决策程序等的控制措施，确保项目决策科学、合理。组织来自于工程、技术、财务、法律等部门的相关专业人员，对项目建议书和可行性研究报告的完整性、客观性进行技术经济分析和评审，出具评审意见，作为项目决策的重要参考依据。这种论证通常从市场分析、技术分析、财务分析等三个方面进行：市场研究是第一分析要素，市场现存或潜在的需求是一切投资的动因；技术分析也是重要因素，包括工程项目适用技术在一定范围的同行中的地位、具体制造与工艺技术、设备选型、土建施工、安装和经营管理技术等；财务状况和经济分析是确定项目是否可行的决定因素，阐述与分析筹资的来源、方式及成本，核算生产成本，分析该项目的预期投资回报率和预期投资回收期。

经过三个方面的统筹分析，即可形成一份工程项目可行性研究报告，提交给企业最高决策机构，必要时还需要聘请专家或委托有资格的咨询企业进行专业评估。未经这一评估程序的项目不得立项，更不能付诸招标。

（三）相互制衡控制

企业应当根据职责分工和审批权限对工程项目进行决策，决策过程应有完整的书面记录。重大的工程项目，应当报经董事会或者类似决策机构集体审议批准。严禁任何个人单独决策工程项目或者擅自改变集体决策意见。

这一环节的控制，还要求企业应当建立工程项目决策及实施的责任制度，明确相关部门及人员的责任，定期或不定期地进行检查。

三、工程招标控制点

按规定应进行招标的，应当按照相关法律法规的规定建立健全并有效实施相应的控制程序，形成招标各环节的相互制衡，使招标工作更趋规范，既要有效杜绝“工程上马、干部下马”等现象，又要对招标代理单位进行事前备案、事中监督、事后考核，防止在招标过程中出现招标代理单位为某些投标单位“量身定做”招标文件的行为，也要坚决杜绝靠招投标信息牟取非法利益的行为，防止投标人之间的信息不对称，同时，增强了招标工作的计划性，扩大了社会的知情权、参与权、监督权。

（一）全面组织招标

1. 企业的工程项目一般应当采用公开招标的方式，择优选择具有相应资质的承包单位和监理单位。在选择承包单位时，企业可以将工程的勘察、设计、施工、设备采购一并发包给一个项目总承包单位，也可以将其中的一项或者多项发包给一个工程总承包单位，但不得违背工程施工组织设计和招标设计计划，将应由一个承包单位完成的工程肢解为若干部分发包给几个承包单位。

2. 企业应当依照国家招投标法的规定，遵循公开、公正、平等竞争的原则，发布招标公告，提供载有招标工程的主要技术要求、主要合同条款、评标的标准和方法，以及开标、评标、定标的程序等内容的招标文件。企业可以根据项目特点决定是否编制标底。需要编制标底的，标底编制过程和标底应当严格保密。

3. 在确定中标人前，企业不得与投标人就投标价格、投标方案等实质性内容进行谈判。

（二）规范公开议标

1. 企业应当依法组织工程招标的开标、评标和定标，并接受有关部门的监督。企业应当依法组建评标委员会。评标委员会由企业的代表和有关技术、经济方面的专家组成。评标委员会应当客观、公正地履行职务、遵守职业道德，对所提出的评审意见承担责任。企业应当采取必要的措施，保证评标在严格保密的情况下进行。

2. 评标委员会应当按照招标文件确定的标准和方法，对投标文件进行评审和比较，择优选择中标候选人。评标委员会成员和参与评标的有关工作人员不得透露对投标文件的评审和比较、中标候选人的推荐情况以及与评标有关的其他情况，不得私下接触投标人，不得收受投标人的财物或者其他好处。

3. 企业应当按照规定的权限和程序从中标候选人中确定中标人，及时向中标人发出中标通知书，在规定的期限内与中标人订立书面合同，明确双方的权利、义务和违约责任。企业和中标人不得再行订立背离合同实质性内容的其他协议。

四、工程造价控制点

（一）项目概算预算控制

企业应当建立工程项目概预算环节的控制制度，对概预算的编制、审核等作出明确决定，确保概预算编制科学、合理。企业应当组织工程、技术、财会等部门的相关专业人员对编制的概预算进行审核，重点审查编报依据、项目内容、工程量的计算、定额套用等是否真实、完整、准确。概预算制度是工程项目内部控制中最重要的部分。通常，大企业都应该编制旨在预测与控制工程项目立项、建造和合理运用资金的年度预算；小企业即使没有正规的预算，工程项目的建造也要事先加以计划。工程项目的立项和建造都应依据预算，对实际支出与预算的差异以及未列入预算的特殊事项，履行特别的审批手续。企业概预算编制的依据、内容、标准应当明确规范。具体控制政策和措施包括：企业应当建立工程项目概预算环节的控制制度，对概预算的编制、审核等作出明确规定，确保概预算编制科学、合理。组织工程、技术、财会等方面的相关专业人员对编制的概预算进行审核，重点审查编制依据、工程量的估计、定额、参数、模型等的采用是否合理，项目内容是否完整，计算是否准确。此外，审核人员应出具书面审核意见，并签章确认。

（二）工程价款支付控制

企业委托其他企业承担工程项目时，相关的招标程序和合同协议的签订、管理程序应当明确。价款支付的方式、金额、时间进度应当明确。具体控制政策和措施包括：

1. 按照工程进度支付工程价款的控制制度。对价款支付的条件、方式以及会计核算程序作出明确规定，确保价款支付及时、正确。企业会计人员应当对工程合同协议约定的价款支付方式、有关部门提交的价款支付申请及凭证、审批人的批准意见等进行审查和复核。复核无误后，方可办理价款支付手续。工程进度款的支付要按工程项目进度或者合同协议约定进行，不得随意提前支付。企业会计人员在办理价款支付业务过程中发现拟支付的价款与合同协议约定的价款支付方式及金额不符，或与工程实际完工进度不符等异常情况，应当及时报告。

2. 自营建设项目的材料价款控制。对于自行建造的工程项目，以及以包工不包料方式委托其他企业承担的工程项目，企业应当建立针对材料采购、收发、保管和记录相关的控制程序。

计划部门应当合理安排施工任务和进度，选择最佳施工方案，配合财会部门做好成本计划的编制工作。材料供应部门应当建立和健全材料制度，加强对材料采购和收、发、领、退的管理，努力降低材料的采购成本、节约仓储保管费，降低材料费支出。劳动工资部门应当加强对劳动力的管理，改善劳动组织，严格控制非生产用工，调动职工的积极性，提高劳动效率，节约工资支出。生产技术部门则需做好技术组织措施计划的编制和贯彻工作，以保证降低成本计划的实现。设备管理部门必须加强机械设备的调度和维修，以保证企业机械设备的完好率和利用率。行政管理部门应当精简机构，紧缩开支，节约行政管理费用等。建立健全材料的收、发、领、退制度。实行限额领料制度是节约材料费支出的重要措施。

3. 变更项目时的控制。企业应当严格控制项目变更，对于必要的项目变更应经过相关部门或中介机构（如工程监理、财务监理等）的审核。重大的项目变更应比照项目决策和概预算控制的有关程序严格加以控制。因工程变更等原因造成价款支付方式及金额发生变动的，应当提供完整的书面文件和其他相关资料。企业会计人员应当对工程变更所涉及的价款支付进行审核。

4. 项目进程的财务控制。围绕工程实施进程中的价款结算问题，财务控制始终是一个重要环节。需要从三个方面强化其相应的控制：

（1）企业应当加强对工程项目资金在筹集与运用环节的控制，加强对工程实施中物资采购与使用环节的控制，还要注意与工程实施过程中有关财产清理与变现等业务的会计核算控制。通过这些控制措施的真正兑现，真实、完整地反映工程项目成本费用发生情况、资金流入流出情况及财产物资的增减变动情况。

（2）企业应当加强对在建工程项目减值情况的定期检查和归口管理，建立健全和严格执行减值准备的计提标准和审批程序。在建项目的减值迹象判断与减值价值计提，需要严格遵循《企业会计准则第8号——资产减值》的相关规定，严格履行规定的程序与手续进行。

（3）企业应当针对工程项目质量、安全、进度等方面建立健全和有效实施相应的控制程序。质量、安全与进度，实质上都与工程项目价值的保全具有必然的关系，对于工程质量来说又特别重要，因此，企业应加强施工阶段的监督管理，保证工程质量。

五、工程建设控制点

工程项目建设是一个实质性的物质生产过程，其中的人财物消耗必须本着保证正当需求，杜绝各种浪费与不法支出，因此，工程建设进程中的控制措施必须强化。

（一）总体要求

企业应当加强对工程建设过程的监控，实行严格的概预算管理，切实做到及时备料，科学施工，保障资金，落实责任，确保工程项目达到设计要求。按照合同约定，企业自行采购工程物资的，应当按照《企业内部控制应用指引第 7 号——采购业务》等相关指引的规定，组织工程物资采购、验收和付款；由承包单位采购工程物资的，企业应当加强监督，确保工程物资采购符合设计标准和合同要求。严禁不合格工程物资投入工程项目建设。重大设备和大宗材料的采购应当根据有关招标采购的规定执行。

（二）工程监理

企业应当实行严格的工程监理制度，委托经过招标确定的监理单位进行监理。工程监理单位应当依照国家法律法规及相关技术标准、设计文件和工程承包合同，对承包单位在施工质量、工期、进度、安全和资金使用等方面实施监督。工程监理人员应当具备良好的职业操守，客观公正地执行监理任务，发现工程施工不符合设计要求、施工技术标准和合同约定的，应当要求承包单位改正；发现工程设计不符合建筑工程质量标准或者合同约定的质量要求的，应当报告企业要求设计单位改正。未经工程监理人员签字，工程物资不得在工程上使用或者安装，不得进行下一道工序施工，不得拨付工程价款，不得进行竣工验收。

（三）财务监督

企业财会部门应当加强与承包单位的沟通，准确掌握工程进度，根据合同约定，按照规定的审批权限和程序办理工程价款结算，不得无故拖欠。企业应当严格控制工程变更，确需变更的，应当按照规定的权限和程序进行审批。重大的项目变更应当按照项目决策和概预算控制的有关程序和要求重新履行审批手续。因工程变更等原因造成价款支付方式及金额发生变动的，应当提供完整的书面文件和其他相关资料，并对工程变更价款的支付进行严格审核。

六、工程验收控制点

工程竣工验收是整个工程项目的最后一道防线，理应严格控制。

（一）竣工决算

竣工决算环节的控制流程应当科学严密竣工：清理范围、竣工决算依据、决算审计要求、竣工验收程序、资产移交手续等应当明确。工程项目的确认、计量和报告应当符合国家统一的会计准则制度的规定。具体控制政策和措施应当包括：

1. 企业应当建立竣工决算环节的控制制度。对竣工清理、竣工决算、决算审计、竣工验收等作出明确规定，确保竣工决算真实、完整、及时。应建立竣工清理制度，明确竣工清理的范围、内容和方法，如实填写并妥善保管竣工清理清单。加强对工程剩余物资的管理，对于需要处置的剩余物资，应当明确处置权限和审批程序，并将处置收入及时入账。

2. 企业应当依据国家法律法规的规定及时编制竣工决算。竣工决算是以货币为计量单位，以日常核算资料为主要依据，通过编制报表和文字说明书的方法，综合反映经济活动和财务成果的总结，竣工决算是综合反映工程项目从筹建到竣工全过程的财务状况和建设成果。

竣工决算由竣工决算报表和竣工财务决算情况说明书两部分组成。竣工决算报表一般包括竣工工程概况表、竣工财务决算表、交付使用资产总表、建设成本总表、未完工程项目表等。

3. 企业应当建立竣工决算审计制度，及时组织竣工决算审计。未实施竣工决算审计的工程项目，原则上不得办理竣工验收手续。因生产经营确需组织竣工验收的，应同时组织竣工决算审计。企业应当及时组织工程项目竣工验收，确保工程质量符合设计要求。应对竣工验收进行审核，重点审查验收人员、验收范围、验收依据、验收程序等是否符合国家有关规定，并可聘请专业人士或中介机构帮助企业验收。验收合格的工程项目，应当及时编制财产清单，办理资产移交手续，并加强对资产的管理。

4. 企业应当建立工程项目后评估制度，对完工工程项目的经济性与项目建议书和可行性研究报告提出的预期经济目标进行对比分析，并作为绩效考核和责任追究的基本依据。主要从技术、财务和经济三方面，对项目建成后实际达到的各项指标进行分析总结，并与可行性研究方案、计划任务书、设计、计划、概预算等资料进行对比，以检查、预计与设计的完成程度，分析完成或未完成的原因，借以总结经验和教训，为今后投资决策提供参考资料。

（二）竣工验收手续

1. 竣工验收。企业应当及时组织工程项目竣工验收。交付竣工验收的工程项目，应当符合规定的质量标准，有完整的工程技术经济资料，并具备国家规定的其他竣工条件。验收合格的工程项目，应当编制交付使用财产清单，及时办理交付使用手续。

2. 资料归档。企业应当按照国家有关档案管理的规定，及时收集、整理工程建设各环节的文件资料，建立完整的工程项目档案。企业应当建立完工项目后评估制度，重点评价工程项目预期目标的实现情况和项目投资效益等，并以此作为绩效考核和责任追究的依据。

第四节　工程项目控制的案例

成败案析

工程合同：约定粗糙衍生纠纷多①

【案情扫描】

一、事情起因

××工程（1#主厂房钢结构工程）属于高科技产品制造项目工程，产品生命周期及生

① 本案例根据项目管理者联盟的案例素材改编，原文标题为《××工程项目合同索赔案例分析》，本文标题为作者所加。网址 http：//www. mypm. net/case/show_ case_ conten。

产周期短，对项目建设周期相应提出了较高的要求。因此，业主单位采用了“快速跟进”的项目管理模式，又称平行发包模式。配合平行发包模式，在合同中包含了支付预付款占合同总价40%～60%的条款，初始施工进展神速，达到预期设想。但随着合同价格问题等风险在实施过程中逐步体现，整体工程出现了执行难、索赔多的局面。具体案情概要如下：

经邀请招标、价格谈判，该××工程（1#主厂房钢结构工程）合同于2003年9月15日签订，合同约定：单价包死，工程量依实计算，工程总量暂定2 500吨，并有下列条款“施工期间政策性调整包死（无论定额和取费标准及材料价格如何变化工程单项造价均不增减）”。

天有不测风云。合同在执行过程中，钢板材料（主材）市场销售价在签约当期3 700元/吨的基础上，伴随着工程进度的推进而持续大幅上涨：至2003年12月底，期间完成工程量2 500吨，钢板材料（主材）市价平均上涨至4 200元/吨；2004年1月1日以后，期间完成工程量2 000吨，钢板材料（主材）市价平均上涨至4 700元/吨。

鉴于市场行情的巨大变化，施工承包商于2004年3月底以“市场原材料价格猛涨（即通货膨胀），施工方严重亏损，无力履约”为由，向业主单位提出书面合同变更及索赔：要求变更“工程单项造价均不增减”条款，同时要求2004年1月1日以后，工程单项造价补偿价差=4 700－3 700=1 000元/吨。与此同时，施工现场全面停工。

二、事件经过

尽管业主单位与施工单位处于相对位置，不过，置身此情此景，业主单位上下左右的意见也众说纷纭。作为业主方的高层决策者，该如何解决这个严重的问题呢？为此，业主方的高层决策者听取了相关几方的意见：

1. 施工方意见。作为具有国际工程承包经验的施工方，认为当前签订的该国内工程合同，虽然在很多方面与国际接轨，但存在着以下情况：一是即使与国内工程标准合同相比，本合同约定条文亦过于简单，省略了较多有关工程经济方面的详细约定，特别是关于经济变更、纠纷方面。二是单价包死合同本身就是风险最大的合同，按照国际惯例和工程惯例，一般都需要事先约定风险程度，如工程总价的正负3%～5%范围之内（国际工程承包行业平均利润率在3%～5%），超出部分双方另行约定。在国内，称为包干系数。三是在本合同执行过程中，施工方已经为业主承担了部分风险，但业主想把所有风险完全转嫁给施工方，类似“生死”合同，既不合理更不合法，同时违背了合同双方权利对等、风险共担原则。四是合同是依据国家相关法律、法规签订的，违背了国家相关法律法规的，即使双方签字、盖章，合同同样不具有法律效力。因此，根据国家相关的法规，价差是需要调整的。

2. 业主方工程合同主管部门意见。一是由于宏观经济层面出现钢材价格猛烈上涨（根据国家统计数据，半年时间上涨40%），对这种情况虽有所考虑，但上涨幅度过猛超出合同双方预期，是极特殊情况，客观上造成合同双方共同违约。二是由于以往工程工期均较短，在1年之内，并且以往材料价格波动幅度也较小，再加之本合同延续了以往工程合同文本，而以往工程的合同实施过程中没有出现问题，因此，以往不是问题的问题，在当前特定的情况下成了大问题。三是实行通用、标准合同是非常必要的。四是大多数业主均有“把所有风险完全转嫁给施工方”的倾向，实践证明这样做，只会引起施工方的敌意，破坏双方合作的诚意，其结局将会是两败俱伤。施工方严重亏损，无力履约；项目全面停工，项目整体失败，业主血本无归，业主将承担100%的风险。两相比较，业主损失更大。

3. 业主方工程合同审计部门意见：一是工程合同管理与国际接轨是必然趋势，根据国际上的经验，业主是合同双方中的弱者，施工方是合同双方的强者，合同保护弱者，但不是偏袒弱者。对于业主来说，签订一份严谨、规范的合同是非常重要的，这才是真正的“做甲方不做上帝”的心态。二是对于业主方工程合同主管部门来说，既负责合同签订又负责合同执行，在这个过程中与其他相关部门密切合作、听取其他部门意见是非常重要的。合同管理也应该是“预防为主、群策群力”，而尽量避免“事后验尸”。业主方工程合同审计部门作为施工过程审计而没有参与合同谈判、合同起草等事宜，事后弥补往往力所难及。三是根据该合同实际情况，对于合同中甲乙双方均未明确事宜，甲乙双方可以经过友好协商签订补充协议。

三、索赔受理及处置结论

业主单位高层决策者在听取了相关几方意见后，同意受理施工方的索赔。正所谓“索赔事出有因，源于合同，终于合同”。以合同为中心，以工程施工文件、市场价格数据为证据，双方经过艰苦的价格谈判，签订了补充协议：工程单项造价补偿价差600元/吨。

【案例评述】

虽然该合同变更、索赔暂时告一段落，但它却给我们实施工程项目管理与控制工作留下了深深的思考：离开了合同，项目就寸步难行，因此，合同管理是工程项目管理的核心。如何提高项目管理的水平，非常重要的就是提高合同管理的水平。

一、如何认识索赔问题

本案例中的合同采用“工程量清单计价”方法下的固定单价，这个单价并不意味着“材料价格上涨业主就不向承包商补偿了”，不是那么绝对的，那要看是在那个范围，而这个范围也并不是我们经常所说的“包干系数”而是“固定单价合同”。实行工程量清单招标的工程应当采用固定单价合同，以体现风险共担的原则。承、发包双方必须在合同专用条款中约定风险范围和风险费用的计算方法，并约定超出风险范围时的综合单价调整办法，具体调整办法可按下述原则执行：主要材料价格涨跌超出有经验的承包商可预见的范围时，材料单价可以调整。调整方法为：在按合同约定支付工程款时，若工程所在地造价管理部门发布的材料指导价上涨超过开标时材料指导价的10%，10%以内部分由承包人承担，10%以外部分由发包人承担；若工程所在地造价管理部门发布的材料指导价下跌超过开标时材料指导价的5%，5%以内部分由承包人受益，5%以外部分由发包人受益。

针对本案，作为一个当合同执行条件发生特殊变化时，合同双方如何实现“双赢”的案例更合适一些。这主要是因为：本案例中的项目采用单价合同非但不是业主合同人员所说的“不通用、不标准”，反而以该项目来说，在平行发包模式下，使用单价合同是十分适合的。此外，为什么在本合同中不使用调价公式，原因也很直接，因为工期短，使用调价公式意义不大，倒反给业主和承包商带来不少工作量。

这个方面，应该参照《世界银行采购指南》中的第2.24款中“对于交货或完工期在18个月以内的简单合同，价格调整条款通常是不必要的，但对工期超过18个月的合同，应包含价格调整条款”的规定。

二、如何提高合同管理的水平

至少有三个方面值得思考：

1. 合同管理是一个从招投标、签订合同、执行合同的全过程，严格的全程管理即以全面质量管理思想是非常必要的。从本项目管理看，前后脱节现象比较严重。因此，在合同管理中引入全面质量管理思想将是下一步管理工作中一个可能的尝试，管理者注重“细节”管理，更要注重“关节”管理。

2. 合同执行难，难在何处！难在索赔及执行。因此，索赔管理是合同管理的重要内容。索赔是一个复杂的解决过程，如何索赔，需要运用风险管理、冲突管理、谈判沟通管理等多种管理工具，对项目经理综合管理能力提出了较高的要求。因此，项目经理如何做好索赔管理的理论学习与管理实践是一个必须面对的个人修炼难题：在实践中学习，在学习中实践。

3. 万事开头难。索赔管理如何入手呢？应该抓住“成本分析”这一管理工具！因为市场经济下任何价格总是在成本基础上产生的。因此，不管是企业管理还是项目管理，做好成本管理这一基础管理工作是至关重要的，即一切都要用“数字”来说话，一切都要用“数字”来管理。

第十四章

担 保 业 务

担保，是指企业依据《中华人民共和国担保法》和担保合同协议或者协议，按照公平、自愿、互利的原则向被担保人提供一定方式的担保并依法承担相应法律责任的行为，不包含担保企业的担保业务及按揭销售中涉及的担保等具有日常经营性质的担保行为。

担保也是一个“双刃剑”。在帮助他人的同时，可能对自己不利。具体来说，企业至少应当关注涉及担保业务的下列风险：一是对担保申请人的资信状况调查不深，审批不严或越权审批，可能导致企业担保决策失误或遭受欺诈。二是对被担保人出现财务困难或经营陷入困境等状况监控不力，应对措施不当，可能导致企业承担法律责任。三是担保过程中存在舞弊行为，可能导致经办审批等相关人员涉案或企业利益受损。

企业对担保实施控制，其目标包括：保证担保业务规范，防范和控制或有负债风险；保证担保业务的真实、完整和准确，满足信息披露的需要；符合国家有关担保规定和上市地监管机构的要求。

《企业内部控制应用指引第 12 号——担保业务》着力解决企业对外经济担保过程中如何实施内部控制制度，形成更加有利于企业可持续发展的控制环境。其主要内容包括：制定本指引的必要性和依据，对外担保的核心内涵、担保过程中应关注的主要风险，以及如何在调查评估与审批、执行与监控等进行内部控制，分三章共十五条。

第一节 担保控制的内容

一、担保控制的具体内容

企业为其他企业提供债务担保，如果被担保企业不能在债务到期时偿还债务，则企业需要履行偿还债务的连带责任，因此，债务担保有可能形成企业的一项或有负债，企业承担着履行担保责任的潜在风险。基于此，为了保护企业投资者和债权人的利益，企业应当加强对担保业务的会计控制，严格控制担保行为，建立担保决策程序和责任制度，明确担保原则、担保标准和条件、担保责任等相关内容，加强对担保合同订立的管理，及时了解和掌握被担保人的经营和财务状况，防范潜在风险，避免或减少可能发生的损失。

（一）担保业务的受理

1. 被担保企业应提供的资料。在受理担保业务时，应要求被担保企业提供以下完整的资料：

（1）被担保企业出具的担保申请书。

（2）担保事项的经济合同、协议及相关文件资料。

（3）有关反担保的资料。

2. 对被担保企业的资料进行审查。由于被担保企业提供的资料成为是否受理的依据，企业应当对这些材料进行严格的审查。审查的主要内容包括：

（1）资料的完整性。审查被担保企业提交的文件、资料的种类和内容是否完整齐全。

（2）资料的合法性。审查被担保企业提交的文件、资料以及申请的担保事项是否真实、合法、有效。

（3）被担保企业的基本条件。主要审查被担保企业是否符合企业规定的担保原则、标准和条件。

（二）对被担保方的尽职调查

1. 担保企业调查的内容。企业可以以被担保企业经审计过的财务报表为基础，通过调查被担保企业财会部门和主要的管理者，了解和掌握被担保企业的动态情况，通过向被担保企业的商业往来客户、供货商和其他债权人，询问被担保企业资信情况，以及走访外部管理部门，了解其对被担保企业的评价，核实有关情况，借以获取第一手材料。担保企业可以重点调查以下内容：

（1）被担保企业的性质、所属行业、主管部门、注册实收资本、经营期限、经营范围及主营业务。

（2）被担保企业的资金运作如何，资金流量有多大。

（3）被担保企业有哪些负债，向哪些银行借款，是否发行债券，有哪些或有负债。

（4）被担保企业主要的产品或服务有哪些，竞争的主要方式是什么，价格、产品质量、售后服务或原材料来源是什么。

（5）被担保企业对本年销售额和利润的预测值是多少。

（6）被担保企业的一贯资信程度。

2. 撰写调查评估报告。上述工作完成后，应对比担保政策，对担保业务进行科学、合理的评估，撰写调查评估报告。其主要内容应包括：根据调查评价中对各类担保项目风险的审查要点，进行详细的担保事项风险分析；分析担保事项是否符合国家法律法规、产业政策和本企业担保制度规定；担保事项是否真实可行，是否存在欺诈疑点；被担保企业可能存在的履约的困难，及其承担的该项目的获利预测；出现违约后被担保企业拟采取补救措施的可能性等。

（三）担保业务的审批

担保业务审查人员通过对调查评估报告及相关材料的审查，分析被担保企业的履约能力、反担保情况及本企业相关效益，对照本企业的担保责任、担保标准和条件等政策规定，决定是否办理该担保业务。企业必须对本企业提供对外担保的权限作出严格规范，防止层层担保、任意担保。

企业各项经济活动担保由企业财会部门、法制部门统一办理，报企业财会部门领导审核，再由企业领导集体决策审批。企业任何个人都不能单独批准、办理对外担保事项。对越权办理的，无论该担保行为是否给企业造成经济损失，都应追究责任。

必要时，担保企业应要求被担保企业提供以财产物资为抵押的反担保措施或保证书。

（四）签订担保合同

担保事项经审批后，就可以与被担保企业签订担保合同。担保合同一式三份，一份交受益人；一份由财会部门作为登记的附件；一份由经办部门存查。担保合同在签订后，担保经办人员应及时登记担保业务台账。担保合同，按照其具体承担内容可以分为保证合同、抵押合同和质押合同等三种。

保证合同一般应包括以下内容：被保证的主债权种类、数额；债务人履行债务的期限；保证的方式（分为一般担保与连带责任担保）；保证担保的范围；保证的期间；双方认为需要约定的其他事项。

抵押合同一般应包括以下内容：被担保的主债权种类、数额；债务人履行债务的期限；抵押物的名称、数量、质量、状况、所在地、所有权权属或者使用权权属；抵押担保的范围；当事人认为需要约定的其他事项。

质押合同一般应包括以下内容：被担保的主债权种类、数额；债务人履行债务的期限；质押物的名称、数量、质量、状况；质押担保的范围；质物移交的时间；

严密有效的担保合同对维护合同双方的正当权益具有重要的作用。企业在签订担保合同时，必须明确约定担保种类、金额、期限、担保资金的用途及双方认为重要约定的其他事项。担保合同必须经过担保双方法定代表人签章，并加盖单位公章。担保企业要十分注意合同中的各种“陷阱”，对担保合同的条款和细节应反复研究，防止陷入被动。一般来说，企业签订担保合同应由单位法制部门参加或认真听取法律顾问意见。对模糊不清、似是而非的条款，应要紧对方澄清并予明确化。

（五）担保监控

由于担保形成了或有负债，给企业增加了风险，企业应在担保有效期内，进行担保风险监控。应加强对被担保企业资格、被担保项目资金流向的日常监控，定期了解被担保企业的经营管理情况，了解担保事项的进展情况，促使被担保企业按时履约。对异常情况应及时要求被担保企业采取有效措施化解风险。应要求被担保企业定期提供担保期间财务会计报告，必要时参加被担保企业相关的会议，对被担保工程项目的施工进度和财务状况进行审核，也可派员进驻被担保企业工作，被担保企业应提供方便和支持。

作为保证人，担保企业发现被担保企业经营状况、财务状况发生重大变化或出现恶化，如发生合并、分立、解散、破产、严重亏损等，应采取合法措施避免、减轻、转移自身的担保责任。企业可以规定检查的时限，例如担保期在一年以内或风险较大的担保业务，担保业务经办人员需每个月进行一次跟踪检查；担保期在一年以上的担保业务，至少每季度进行一次跟踪检查。

（六）担保合同的履行

担保合同的履行，是指担保合同签订后，企业应被担保企业和受益人要求对担保合同进行修改或应受益人要求履行担保责任，或在担保期满担保合同注销的过程。具体包括修改、展期、终止、垫款、收回垫付款项等环节。

1. 担保合同的修改。担保期间因主合同条款发生变更，被担保人和受益人需要修改担保合同内容，应按要求办理。经办部门应就担保合同的变更内容进行审查后，形成调查报告，同时要求被担保企业提出修改担保合同的意向文件。经批准的，经办部门再重新与被担保企业签订担保合同。

2. 担保合同的展期。担保合同的展期应视同新担保业务进行审批，重新签订担保合同。

3. 担保合同的终止和注销。当出现以下情况时，担保业务经办部门要及时通知被担保企业，担保合同终止；担保有效期届满；修改担保合同；本企业替被担保企业垫付款项；被担保企业和受益人要求终止担保合同的。企业已经承担担保责任的，虽然合同已终止，但在垫付款项未获得全部清偿前，经办部门不得注销担保合同，并要向被担保企业和反担保企业发送催收通知书，通知被担保企业还款。

二、垫付款项及其催收

（一）垫付款项

担保期间，担保业务执行部门收到担保受益人的书面索赔通知后，核对书面索赔通知是否有有效签字、盖章，索赔是否在担保的有效期内，索赔的金额、索赔证据是否与担保合同的规定一致等内容。核对无误后，经有权签字人同意后对外支付垫付款项。支付垫付款项应依照以下顺序：被担保企业与本企业有往来款项的，先以往来款项支付垫付款项，没有往来款项或往来款项不足支付剩下的，由本企业替被担保企业垫付款项，并向被担保企业和反担保企业催收垫付款项。担保业务经办部门填写的垫款通知单，除向被担保企业及反担保企业索要回执外，还要将复印件送会计核算部门留存，但回执原件必须由担保业务经办部门保存。

（二）垫付款项的催收和处理

担保业务经办人员要在垫款当日或第二个工作日内，向被担保企业发出垫款通知书，向反担保企业发送“履行担保责任通知书”，并加强检查的力度，及时、全额收回垫付款项。

第二节　担保控制的流程

担保绝对不是表面上加盖一个橡皮图章的简单事情，需要从风险预警的角度，严格遵循担保业务流程步骤与控制点推进。对于担保而言，事前控制异常重要，即首先确定担保方式和担保原则。特别注意担保方式、特别强调企业不得为企业股东或个人提供担保，企业为关联公司提供的担保，应在安全、可控制的原则上谨慎进行，并应符合关联交易的有关规定，企业为子公司以外的被投资企业提供担保，原则上应获得被投资企业其他股东的反担保，为没有投资关系的外部企业提供担保应以安全及对等互保为原则。对确定被保证人资格的确定，要通过定性指标与定量指标来双重考核确定。在此基础上，确定担保审批权限及程序，提出担保申请，企业审批担保申请，签订担保合同和反担保合同。企业依照规定披露对外担保情况，管理担保档案，同时，跟踪和监督担保也是一个持续性过程，需要关注。对外担保业务流程见图 14 -1。

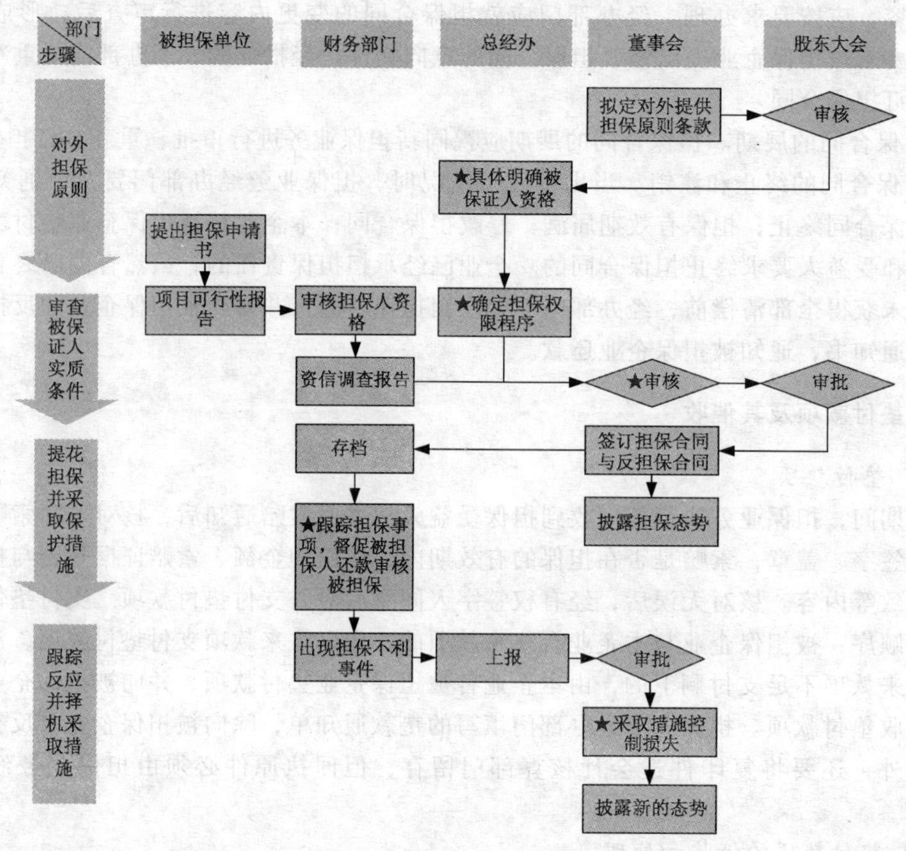

图 14 -1 对外担保业务控制流程图

第三节 担保控制关键点

企业在建立与实施担保业务内部控制过程中，至少应当强化对下列关键方面或关键环节的控制：在职责分工、权限范围和审批程序方面，应当明确规范，机构设置和人员配备应当科学合理；在担保的对象、范围、条件、程序、限额和禁止担保的事项管理方面，应当明确规范；担保评估应当科学严密；担保执行环节的控制措施应当充分有效。现强调分析以下几个关键控制点：

一、职责分工与授权批准

企业应当建立担保业务的岗位责任制，明确相关部门和岗位的职责权限，确保办理担保业务的不相容岗位相互分离、制约和监督。

（一）不相容职务分离

担保业务不相容岗位至少包括：

1. 担保业务的评估与审批。
2. 担保业务的审批与执行。
3. 担保业务的执行和核对。
4. 担保业务相关财产保管和担保业务记录。

（二）授权审批

企业应当建立担保授权制度和审核批准制度，具体要求如下：

1. 明确审批人对担保业务的授权批准方式、权限、程序、责任和相关控制措施，规定经办人办理担保业务的职责范围和工作要求，并按照规定的权限和程序办理担保业务。

企业应当明确担保业务的审批权限。审批人应当根据担保业务授权批准制度的规定，在授权范围内进行审批，不得超越权限审批。经办人应当在职责范围内，按照审批人的批准意见办理担保业务。对于审批人超越权限审批的担保业务，经办人员有权拒绝办理。严禁未经授权的机构或人员办理担保业务。

2. 企业应当制定担保政策，明确担保的对象、范围、方式、条件、程序、担保限额和禁止担保的事项，定期检查担保政策的执行情况及效果。

3. 企业应当制定担保业务流程，明确担保业务的评估、审批、执行，企业内设机构和分支机构不得对外提供担保。

为了真正落实这些制度，企业应当建立担保责任追究制度，对在担保中出现重大决策失误、未履行集体审批程序或不按规定执行担保业务的部门及人员，应当严格追究责任人的责任。

二、担保评估

对外担保业务是风险比较大的一类业务，而且对外担保带来的风险是非常直接的，一旦被担保企业没有按期履行还款协议，则担保企业就成了还款责任人。所以，企业应当对担保业务进行风险评估，确保担保业务符合国家法律法规和本企业的担保政策，防范担保业务风险。

（一）对担保业务进行风险评估

1. 审查担保业务是否符合国家有关法律法规以及本企业发展战略和经营需要。

2. 评估申请担保人的资信状况，评估内容一般包括：申请人基本情况、资产质量、经营情况、行业前景、偿债能力、信用状况用于担保和第三方担保的资产及其权利归属等。

首先，由担保企业的财会部门对被担保企业的财务和经营状况进行评价。主要从被担保企业的短期偿债能力（流动比率、速动比率）、长期偿债能力（资产负债率、产权比率、有形净值债务率、已获利息倍数)、盈利能力(销售毛利率、销售净利率、净资产收益率)、资产管理能力(存货周转率、应收账款周转率、流动资产周转率、总资产周转率)、可持续发展能力状况(市场竞争力、产品市场占有率、三年销售收入平均增长率、三年净利润平均增长率、三年资产周转率)5个方面加以评价。

其次,由担保企业的内审部门对被担保企业的内控制度建立健全和执行情况进行评价。

3. 审查担保项目的合法性、可行性。

4. 综合考虑担保业务的可接受风险水平,并设定担保风险限额。

5. 企业要求申请担保人提供反担保的,还应当对与反担保有关的资产状况进行评估。

(二)禁止担保的情形

1. 担保项目不符合国家法律法规和政策规定的。

2. 已进入重组、托管、兼并或破产清算程序的。

3. 财务状况恶化、资不抵债的。

4. 管理混乱、经营风险较大的。

5. 与其他企业存在经济纠纷,可能承担较大赔偿责任的。

(三)担保审批控制

企业应当按照确定的权限对担保业务进行严格审批。重大担保业务,应当报经董事会或者企业章程规定的类似决策机构批准。

在对担保业务进行风险评估之后,担保业务部门将担保文件和评估资料一并提交给部门经理或总经理,由其提交董事会进行决策审批。审批阶段控制的主要内容是建立担保业务集体决策审批制度,严禁个人审批担保业务,保障决策程序的公正性、决策方法的科学性,提高决策水平,未经董事会审批不得签订担保合同,必要时向有关专家咨询意见。

其中,上市公司须经股东大会审核批准的对外担保,包括但不限于下列情形:

1. 上市公司及其控股子公司的对外担保总额,超过最近一期经审计净资产50%以后提供的任何担保。

2. 为资产负债率超过70%的担保对象提供的担保。

3. 单笔担保额超过最近一期经审计净资产10%的担保。

4. 对股东、实际控制人及其关联方提供的担保。

三、担保执行控制控制点

担保业务经过董事会的集体决策通过后,再由担保业务部门与担保申请人签订担保合同。这就进入了担保业务的执行阶段,执行阶段主要是围绕担保合同以及担保财产的管理进行控制。

(一)对担保执行控制的要求

1. 企业有关部门或人员应当根据职责权限,按规定的程序订立担保合同协议。订立担保合同协议应当符合合同协议内部控制相关规定。

申请担保人同时向多方申请担保的,企业应当与其在担保合同协议中明确约定本企业的担保份额,并落实担保责任。

企业应当在担保合同协议中明确要求被担保人定期提供财务报告与有关资料，并及时报告担保事项的实施情况。

2. 在合同签订时，合同文本页码需连续编号，并加盖骑缝章；担保的金额和期限应大写；杜绝在空白担保书上签字、盖章，以避免事后产生合同纠纷。

企业应当加强对担保合同协议的管理，指定专门部门和人员妥善保管担保合同协议、与担保合同协议相关的主合同协议、反担保函或反担保合同协议，以及抵押、质押权利凭证和有关的原始资料，保证担保项目档案完整、准确．并定期进行检查。

（二）履行连带赔偿责任时的控制

企业对外提供担保预计很可能承担连带赔偿责任的，应当按照国家统一的会计准则制度的规定对或有事项的规定进行确认、计量、记录和报告。

当被担保企业无法偿还到期债务，由于担保企业负有连带偿还责任，担保受益企业要求担保企业偿还债务；担保业务部门把担保受益企业的求偿要求提交给部门经理或总经理；部门经理或总经理再把索赔通知和担保合同提交给董事会进行决策；董事会把经过集体决策的意见传达给担保业务部门；担保业务部门将董事会决策意见转交财会部门，财会部门再会同法律部门和担保业务部门向担保受益企业支付款项。

第四节　担保控制的案例

成败案析

左手牵着资金，右手系着地雷①

【案情扫描】

“担保链”到底是“馅饼”，还是“陷阱”，时常有刺眼的上市公司并不情愿的新闻披露让我们时不时郁闷。随手拾取几个过去几年间的零散片断来剖析一下。

1. 啤酒花“担保链”事件引发新疆板块的“地震”，让人们对“担保链”危害感觉触手可及。啤酒花担保链下，刚刚上了胡润富豪榜的企业董事长艾克拉木·艾沙由夫失踪了——当初何等风光，最后亡命天涯；大股东股份被冻结了——啤酒花第一大股东恒源企业的持股全部被冻结；啤酒花股价连续8个跌停，其封盘量仍高达6 700余万股——投资者8天内市值损失大约60%；与啤酒花“担保链”相关的上市公司新疆众合、天山股份等股票也纷纷跌落马下。那么，中国上市公司担保究竟有多严重？

在担保链下，为数不少的中国上市公司的活力正逐渐被锁住、困死，一些上市公司因此戴上ST帽子，更有甚者最终退市。除此之外，担保链正日益成为一个“毒瘤”侵蚀着中国金融业的肌体，啤酒花涉及的18亿元担保由此引出银行业的忧思，而其股价雪崩引发

① 本案例根据相关近年来相关证券类报纸关于上市公司对外担保的报道进行整理。

的新疆板块的“地震”以及市场的波动也凸显违规担保对证券市场的极大危害。在新疆啤酒花担保链中，2003 年 11 月 4 日啤酒花公布与董事长艾克拉木·艾沙由夫失去联系的同时，公布了其自查结果：企业对外担保累计近 18 亿元，其中有近 10 亿元的对外担保决议未按规定履行信息披露义务。有关资料显示，在啤酒花担保圈中，共涉及天山股份、汇通水利、友好集团、新疆众和 4 家新疆上市公司，互保额度总计近 6 亿元，协议有效期 1 至 3 年不等，但协议到期日全部集中在 2004 年的 3 月份至 8 月份。

2. ST 长控陷入担保深渊。ST 长控企业分别为中元总企业对中国华融资产管理有限企业成都办事处的债务本金 12 650 万元、利息 2 904 万元，长信纸业对华融成都办事处的债务本金 11 620 万元以及在中国银行宜宾分行的借款 83 万美元提供了连带责任担保。2002 年 12 月，宜宾市中级人民法院受理了中元总企业申请的破产还债一案，宜宾中院还于当天根据债权人中国银行宜宾分行的申请，受理了长信纸业破产一案。若中元总企业和长信纸业破产清算不能清偿债务，ST 长控将承担连带清偿责任，并将对其 2002 年财务状况产生重大影响。资料显示，中元总企业系剥离 ST 长控非经营性资产及辅助性资产而组建的国有独资企业，为 ST 长控提供水、电、运输等产品和服务。长信纸业原为 ST 长控子公司，2000 年 ST 将所持长信纸业 40% 股权以 4 800 万元的价格转让给当时的潜在第一大股东四川泰港，因 ST 长控对长信纸业的投资成本已全部计提损失，所以这笔股权转让收入全部计入 ST 长控当年的投资收益，并成为当年利润的主要来源。但 ST 长控在 2000 年再度亏损。继在 2002 年三季度报表中预亏后，ST 长控又刊登公告中提示，因停产时间较长，诉讼频繁，预计 2002 年将发生重大亏损。

3. 亿元担保重挫隧道股份。为 ST 国嘉提供 1 亿元担保的隧道股份，已是相当无奈。该企业有关负责人称，隧道股份会积极向债务人 ST 国嘉进行追偿，尽力减少企业蒙受的损失，但与此同时，企业也做了最坏的打算，即业绩可能会因此而抹去 1 亿元。隧道股份企业为 ST 国嘉提供担保共 1 亿元一审败诉，其中 3 500 万元已终审败诉执行，其余在上诉审理过程中。根据法院终审判决，隧道股份要在 2002 年 12 月 31 日前承担国嘉实业借款本金的还款连带责任，并承担相应的利息。隧道股份有关责任人称，企业已履行了上述责任。此外，根据隧道股份的公告，中国建设银行上海市浦东分行自行将隧道股份至中国建设银行上海市第一、第二支行的存款合计 1 035 万元划转用于抵充贷款本金。显然。隧道股份已深受担保拖累。据公告显示，该企业替 ST 国嘉还债导致的现金流出已超过 4 751 万元。此外，该企业还须为这 1 亿元担保计提或有负债。实际上，这 1 亿元担保已影响到隧道股份 2001 年度业绩。2001 年，隧道股份为 1 亿元的担保计提了共计 4 950 万元的预计负债，并计入隧道股份当期营业外支出。至于这 1 亿元担保究竟会给企业带来多少损失，隧道股份有关负责人称。这与 ST 国嘉的重组进程息息相关，从国嘉的状况来看，恐怕无力偿还这 1 亿元贷款。

其实，上述数案仅仅是上市公司近年来因担保而“跌倒”漩涡中的沧海一粟。剪不断理还乱的链中链更加普遍。比如，ST 国嘉和 ST 兴业两大担保链同时地处上海，这使得本身复杂的各自担保链因为相互牵扯而更加扑朔迷离；方正科技是 ST 国嘉担保链成员——方正科技曾为海鸟发展、申华控股提供过担保——而申华控股旗下的 ST 中西又是 ST

兴业担保链中成员；隧道股份是ST国嘉担保链成员——隧道股份与申华控股、中华企业均有过互保关系——中华企业是ST兴业成员，同时如上述申华控股也因为ST中西而与ST兴业担保链牵扯；爱使股份是ST国嘉担保链成员——爱使股份与方正科技、同济科技有长期互保关系——同济科技是ST兴业担保链成员；开开实业是ST国嘉担保链成员——开开实业长期和上海九百有长期互保关系——上海九百是ST兴业担保链成员。

事实上，这种链中链的现象并非上海所独有，深圳、福建等地的担保链同样显示了这种类似的复杂性。

尽管中国证监会2000年6月6日发布的《关于上市公司为他人提供担保有关问题的通知》第2条也明文禁止上市公司以企业资产为本企业的股东、股东的控股子公司、股东的附属企业或者个人债务提供担保。在我国经济生活中，上市公司为母企业或者大股东提供担保的问题比较突出。有的母企业无视上述规定，明目张胆地要求自己的子公司（上市公司）为其提供担保。这就把上市公司变成了自己的担保器，而上市公司的广大小股东和债权人在多数情况下对此要么被蒙在鼓里，要么虽知情却无能为力。

对于上述规定，有关方面也存在不同的意见，甚至呼吁对此作出修改。比如说商业银行，他们更愿意选择上市公司做保证人或抵押人，而不管作为担保人的上市公司是不是债务人的子公司。因为上市公司的资信比较良好，具有一定的社会信用。

对于现行的、即使担保行为无效，担保人也要与债务人对债权人的损失承担连带赔偿责任的规定，是不是有完善的必要。如果董事长、总经理超越自身的权限对外设立担保，且又不属于表见代理、表见代表的情况，是不是应当由其个人而非企业承担相应的赔偿责任，或者先由企业承担赔偿责任，再由企业向有过错的董事长、总经理行使追偿权。既然《企业法》已明确禁止企业为股东提供担保，而且这种行为极有可能损害小股东和企业自身债权人的利益，因此小股东一旦知道这种担保行为的存在，就应当起来状告涉嫌无效担保行为的董事长或总经理。但至今未曾听说过这种案例，也许是小股东还不知道这种行为损害了企业和自己的利益；或者虽然知道、却不知道怎么去告；或是有人去告了，法院不予受理，因为这是企业利益受到侵害，不是起诉股东的利益受到侵害，而且只是一种潜在的企业利益侵害，好像原告股东的主体资格有问题。

可以说，不管是董事长，还是总经理，拿着子公司的财产给母企业提供担保的行为，本身就是对企业利益的一种侵害，而且为法律所禁止。这样的无效行为一旦发生，企业就应主动对董事长、总经理提起诉讼；如果企业怠于起诉，就应当鼓励小股东提起代表诉讼，让有过错的董事长、总经理为此付出代价。

【案例评述】

在我国，担保行为本身可以促进资金融通和商品流通，保障债权的实现，从而发展社会主义市场经济。但从上市公司对外担保的现状看，不乐观的一面继续存在。笔者提出以下几点意见：

从法人治理层面看，需要界定如下几条：

第一，揭示担保风险。目前出现的担保链，存在一损俱损的作用。由于一些上市公司偿债能力差，银行实际上把风险转嫁给了充任担保人的上市公司的投资者。由于上市公司治理结构不很完善，如果政策无变化，这种担保链将继续存在。但我们要不断宣传担保风险，同时依旧提倡抵押贷款和质押贷款，进一步推进信用贷款，适当降低担保贷款的比重。

第二，建立上市公司偿债能力评估体系。可以委托专业机构，对需要其他上市公司担保的上市公司偿债能力定期进行评估。评估费用由需要担保人的上市公司支付。按评估结果，评估机构给上市公司评定等级，并予以公布。上市公司如果要对其他上市公司担保，可以参考被担保方的所在等级，谨慎抉择。

第三，进一步限制董事会对外担保的权利。目前，一些上市公司往往授权董事会有处置若干金额资产的权利。从投资角度看，这是合理的。但上市公司对外担保，虽然是一种商业行为，但并不是一种投资活动。如果由规章制度或股东大会限制董事会的对外担保权利，那么，现行的担保风险可以进一步降低。当然，担保行为在贷款活动中将始终存在。我们在目前强调担保风险，并不排除担保行为合理的一面。一方面，我们要对一些上市公司的滥担保行为加以限制；另一方面，作为商业行为，担保行为的合法性也必须充分肯定。

如果进一步从企业内部控制的层面看，我们必须进行这样的思考，为了保护企业的投资者和债权人的利益，企业应当加强对担保业务的内部控制，严格控制担保行为，防范潜在风险，避免或减少可能发生的损失。担保业务的内部控制制度如下：

第一，适当的职责分离。担保业务应适当分离的职务主要包括：①受理担保业务申请的人员不能同时是负责最后核准担保业务的人员。②负责调查了解被担保企业经营与财务状况的人员必须同审批担保业务的人员分离。③拟订担保合同人员不能同时担任担保合同的复核工作。④担保责任的记账人员不能同时成为担保合同的核实人员。⑤担保合同的订立人员不能同时负责审核担保责任垫付款项的支付工作。⑥审核履行担保责任垫付款项的人员应同付款的人员分离。⑦记录垫付款项的人员不能同时担任付款业务。⑧审核履行担保责任、支付垫付款项的人员必须同负责从被担保企业收回垫付款项的人员分离。

第二，正确的授权审批。对于担保业务而言，主要存在以下四个关键的审批要点：①在担保业务发生之前，担保业务经过审批。②非经正当审批，不得签订担保合同。③担保责任、担保标准、担保条件等必须经过审核批准。④为被担保企业履行债务支付垫付款项必须经过审批。前两项控制的目的在于防止企业因向虚构的或者无力支付贷款的企业提供担保而蒙受损失，第三项控制的目的则在于保证担保业务按照政策规定的标准、条件等进行。

第三，为防范风险，避免和减少因担保可能发生的损失，企业应制定有关担保的原则、标准和条件等，用来规范担保业务。

第四，充分的凭证和记录。例如，企业在收到担保申请之后，立即编制一份预先编号的担保业务受理书，分别用于调查了解被担保企业财务与经营状况、批准担保签订合同、记录担保责任的控制制度，这会比企业仅仅在审批担保以后才草拟、签订担保合同效果好，避免漏登担保合同的情况。企业可以通过检查预先编号的担保业务受理书来检查已审批担保业务是否全部登记入账或在报表附注中揭示。

第五，定期了解被担保企业的经营与财务状况。

第六，实施反担保制度。在可能情况下，企业可以要求被担保企业为自己提供适当的反担保。当债权人实施担保权利，企业支付垫付款造成自己的损失时，企业的损失可以从反担保中获得优先受偿。

第十五章

业 务 外 包

业务外包，是指企业利用专业化分工优势，将日常经营中的部分业务委托给本企业以外的专业服务机构或其他经济组织（以下简称承包方）完成的经营行为，即主要是指企业（以下又称发包方）为实现战略经营目标，通过合同或协议等形式将业务职能的部分或全部交由外部服务提供商（以下简称承包方）提供的一种管理行为。企业为了聚焦于核心竞争力和节约成本，可以将其包括与会计、财务和财务报告相关的业务在内的诸多功能外包给服务机构。本指引所称业务外包不涉及工程项目外包。

企业应当对业务外包实施分类管理，通常划分为重大业务外包和一般业务外包。重大业务外包是指对企业生产经营有重大影响的业务外包。业务外包通常包括：研究开发、资信调查、可行性研究、委托加工、物业管理、客户服务、IT 服务等。企业的业务外包至少应当关注下列风险：一是外包范围和价格确定不合理、承包方选择不当，可能导致企业遭受损失。二是业务外包监控不严、服务质量低劣，可能导致企业难以发展。

《企业内部控制应用指引第 13 号——业务外包》着力解决企业发展过程中如何实施业务外包，核心是通过业务外包控制，形成更加有利于企业可持续发展的控制环境。其主要内容包括：制定本指引的必要性和依据，业务外包的核心内涵、业务外包过程中应关注的主要风险，以及承包方选择、业务外包实施等控制，分三章共十六条。

第一节 业务外包控制的内容

企业在建立与实施业务外包内部控制中，经常关注的控制内容主要包括以下几个方面：

一、科学合理的外包策略

（一）外包策略

企业应当确定科学合理的业务外包策略，根据外部环境要求和中长期发展战略需要，合理确定业务外包内容，避免将核心业务外包。

所谓业务外包，是企业通过与外部其他企业签订契约，将一些传统上由企业内部员工负责的业务或职能外包给专业、高效的服务提供商的经营形式。之所以说业务外包是精明的策略并不是没有理由的，我们可以借用国际贸易理论来对此作出合理的解释。假设生产两种商品，一国生产技术与另一国相比具有绝对优势，但若两国的相对优势不同，则各国应该分别生产其有相对优势的商品，交易的双方均能获利。企业的实际情况会与政府有一定的差距，但业务外包的策略精神与此相通。因为企业的资源是有限的，将企业的有限资源投放到企业的核心业务才能产生最大的收益，达到资源配置的最佳水平，才能维护持续的竞争优势。业务外包是一种有效的竞争手段。

表面看来，业务外包与企业一体化是截然相反的两种经营策略。一体化战略是将供应链上的其他业务包揽到企业内部来，简化了供应链的管理，使市场的交易活动变成企业内部的协调；而业务外包则是将企业内部员工负责的业务由市场交易来完成，以降低生产成本，提高生产效率，从而使自己的产品更具有竞争力。业务外包可以理解为一种经营管理的策略，简化了企业管理环节。但是细观之下我们不难发现两者相同的地方，最终目的依然是为了获取持续的竞争优势。

竞争的压力使企业永远都应该追求最佳的经济规模，其中一个备受关注的问题就是成本控制，尤其是固定成本。业务外包则可通过承包方分担企业的固定成本，并将固定成本转为可变成本，从而减少企业压力，使企业在核心业务上更加灵活和高效。

业务外包首先应该清楚什么业务是企业具有核心竞争力的业务，可以外包出去的业务必然是非核心业务。将业务外包给专业化生产的厂商，一方面可以节约生产成本，另一方面可以在核心业务上投入更多的资金和精力，这是业务外包策略的精明之处。精明的策略会有其先决的条件，可以肯定的一点是，企业应该有核心的业务，这一业务在市场上具有一定的竞争优势，是企业利润的源泉，我们有理由为这一核心竞争力投入更多的资源以维持其持续的竞争优势。另外一点就是，市场上应该存在着该项业务的外包生产服务提供商。外包生产服务提供商必须是长期进行大规模专业化生产而经验丰富的厂商，才有可能保证产品的质量，同时以更快的速度和更低的成本提供外包服务。成功的业务外包以上两点缺一不可。

（二）承包商选择

1. 资质条件。企业应当建立承包方资质审核和遴选制度，确保引入合格的外包合作伙伴。承包方的遴选一般应当考虑下列因素：承包方的服务能力、资格认证和信誉；承包方与本企业是否存在直接竞争或潜在竞争关系；承包方就知识产权保护方面的力度和效果。

2. 选择机制。企业应当引入承包方竞争机制。发包方可以选择多家企业作为业务承包方，以促进承包方不断改进服务能力，并降低一方服务失败可能给企业带来的损失。

企业一方面要充分了解承包方的情况，一方面要向承包方坦诚地提出自己的所有要求。在选择承包商的起始阶段，企业要与竞标者密切合作，帮助他们建立成本模型，制作定价意向书。然后，将这些方案在所有的竞标者之中加以利用，使意向书的质量得到改善，提高整体竞争水平。通过反复磋商，承包方如果觉得合作有利可图，它就会希望达成协议，并在谈判中作适当的让步。

通常，发包方选择承包商需要考虑的因素包括：以前做过多少成功的案例，有没有本地化的经验，人员的能力如何，具备什么工具，能覆盖的范围有多广，服务的表现怎么样，口碑如何等。有可能的话，最好到承包商以前的用户那里去实地看一看，也可以要求承包商提供他们员工的简历，甚至要求面试。让对方做详细的演示，展示外包项目的工作流程和质量管理情况等。

在其他条件都差不多的基础上，价格当然是最主要的决定因素。但要注意有的小承包商为了争夺单子，什么都答应，最后做得不好，关门了事，到时一点办法都没有。要尽量选择有实力、讲信誉的大企业，如果万一做得不好可以追究责任。

3. 稳步推进。发包方在不是充分确信的情况下，可以先小范围地尝试一下，把业务流程的一小部分外包给他们做，如果效果好，可以逐步增加分量，以降低风险。至于外包时选择单一的承包商，还是选择几家承包商，各有利弊。一般来说，选择单一的外包商比较好管理，但缺点是没有竞争压力，价格很难下降，另外，服务方面如果出了问题，也不太好掌控。而选择几家承包商，优点是没有把所有的鸡蛋都放在一个篮子里，可以分散风险，互相比较，看谁做得更好，更便宜，随后就把更多的业务外包给他。比如一些跨国大企业在做海外外包时，通常就喜欢找几个点，将业务外包分布在中国、印度、菲律宾等不同国家，以互相制约、对比、压价。

4. 扬长避短。针对具体情况要具体分析：如果是属于不同职能领域的业务，比如人力资源、财务，各部分业务互不相干，完全可以分别交给几家承包商；如果是一个完整的大项目，相互之间联系很紧密，最好交给一个承包商，而不分给两家，否则协调起来很困难；如果某个项目分为好几块，每一块之间都没有太大的交叉，就可以分给不同的承包商。这是因为，没有哪一家企业什么都做得最好。比如一个项目里有低、中、高好几个层次，有的企业专长这个领域，有的企业专长那个领域，就可以分给几家承包商。

在将某项业务分别外包给不同的承包商时，为了产生协同效应，可以找一家做大头，作为总的承包商，由他再和其他的企业签合同，将部分业务分包出去。这就像企业装修办公室，只找一家装修企业，这家可以把他承包的部分内容，如家具、设备等再外包给别人。

（三）外包合同控制

企业应当根据外包业务性质的不同，及时与承包方签订不同形式的合同协议文本，包括：技术协议书、外包加工协议、规划试验大纲、咨询合同协议等。

外包合同协议的订立、履行流程及其控制应符合《企业内部控制应用指引第 13 号——业务外包》的有关规定。企业应当在外包合同协议中具体约定下列事项：对于涉及本企业机密的业务和事项，承包方有责任履行保密义务；企业有权获得和评估业务外包项目的实施情况和效果，获得具体的数据和信息，督促承包方改进服务流程和方法；承包方有责任按照合同协议规定的方式和频度，将外包实施的进度和现状告知企业，并对存在问题进行有效沟通。除合同协议约定的保密事项外，企业应当根据业务外包项目实施情况和外界环境的变化，不断更新、修正保密条款，必要时可与承包方补签保密协议。

首先在价格方面，发包方的底价和承包商的报价之间多少会有一些差距，但绝对不能是一方压倒另一方，而要寻找一个合理的平衡点。

发包方要清楚自己的底价。以签订一个五年的外包合同为例。发包方需要具体计算，如果自己做，不外包，在这五年里要花多少钱，如果外包给别人做，可以节省多少钱，这样心里才有底。业内人士认为，一般达到节省30%的成本，是发包方决定是否将业务外包给某一家承包商的底线。这其中尤其要考虑到一些隐性成本。

承包方对自己的报价也要仔细分析。“外包服务不是赌博，不是谁猜的价格比谁准，谁就赚了。如果这样的话是不可能长期做下去的。”IBM针对IT外包服务业务，就有专门制订硬件、软件性价比改善指数的作法。每一年都要回顾上一年的硬件、软件价格，并和当前的情况相比，通过科学计算，看是否和预测的指数一致。如果不一致的话就进行相应的调整，而不是基于大概的猜测。

外包合同的谈判就是从双方各自的基点出发，进一步反复协商，最后确定双赢的价格。其次对于外包的服务范围、服务等级、服务标准等内容，也要在合同里作出明确的规定，越细化、越清楚越好。目前，包括IT、人力资源、财务等外包服务在内，都逐渐形成了一个服务标准——SLA（Service Level Agreement，即服务水平协议）。比如IT外包，就有指标规定，网络一年当中不能断线多少次，总共不能断多少时间。如果出现问题之后，在多长时间之内应该回应。如果指标没有达到，将怎么惩罚等。发包方要想尽量避免风险，必须在合同里把SLA都搞清楚，针对每一个服务项目，都制订出明确的指标。另外还要考虑到承包方解决方案的弹性，以满足将来业务发展变化的需求。

在合同里，双方要把各自承担什么义务都规定清楚，尽量不要有模糊的地方，以免出现问题了再扯皮。除了解决方案和服务标准之外，还要考虑到保密条款、知识产权以及遇到不可抗力时如何处理等问题。这样，在履行合同的时候才好检查是否符合当初的约定，并追究相应的责任。如果外包合同牵涉资产或者人员的转移就要更谨慎。资产的转移还稍微好一些，有硬性的衡量指标，其折旧率在法律上也有明确规定。而人员的转移就更复杂，包括福利、退休政策等，需双方的人力资源部门共同协商，达成一致意见。

二、业务外包控制

对业务外包流程的控制，比如业务外包参与人员主要职责、资产管理政策、流程中断应急措施等内容，要及时发现问题，报业务主管部门负责人，并经企业总经理审批通过后及时解决问题。即使合同条款规定得再详细，外包在实际的运营过程中还是会随时产生新问题，甚至出现某些变数。所以，承包方和发包方都要有一支专门的实施团队，并且建立一套有效的制度，才能确保整个外包合同能够很好地执行、管理，发包方才不至于对承包方失去控制，最后得到的服务才能符合甚至超过合同所规定的标准。

在合同签订以后，有一段业务移交时期。双方都要有一支专门的团队，就外包服务的内容作出更详细的规定，并明确外包的业务流程。如果牵涉资产的转移，就要负责资产的清点。如果涉及人员转移，就要在前期做大量的沟通工作。

对外包活动进行监督和控制是外包决策顺利实施的重要保证，该环节的缺失是众多外包案例失败的重要原因。因此，在合作一开始，就必须建立切实可行的监管机制，由双方的管理小组及相关用户定期举行会议。审查外包合同是否得到正确的执行，并制定标准对执行的业绩进行评分考核。

此外，发包方的管理小组要密切关注市场动态，将外包商的服务质量与行业中的最好水平进行比较，迫使承包商对业务外包进行必要的改良和升级。同时，企业要随时准备对外包活动的调整，如改变业务外包的内容、更改外包商或者干脆将业务收回来自己做等，以此来应对外部环境与企业战略的变化。

第二节　业务外包控制的流程

企业业务外包领域的控制流程可见图 15－1。

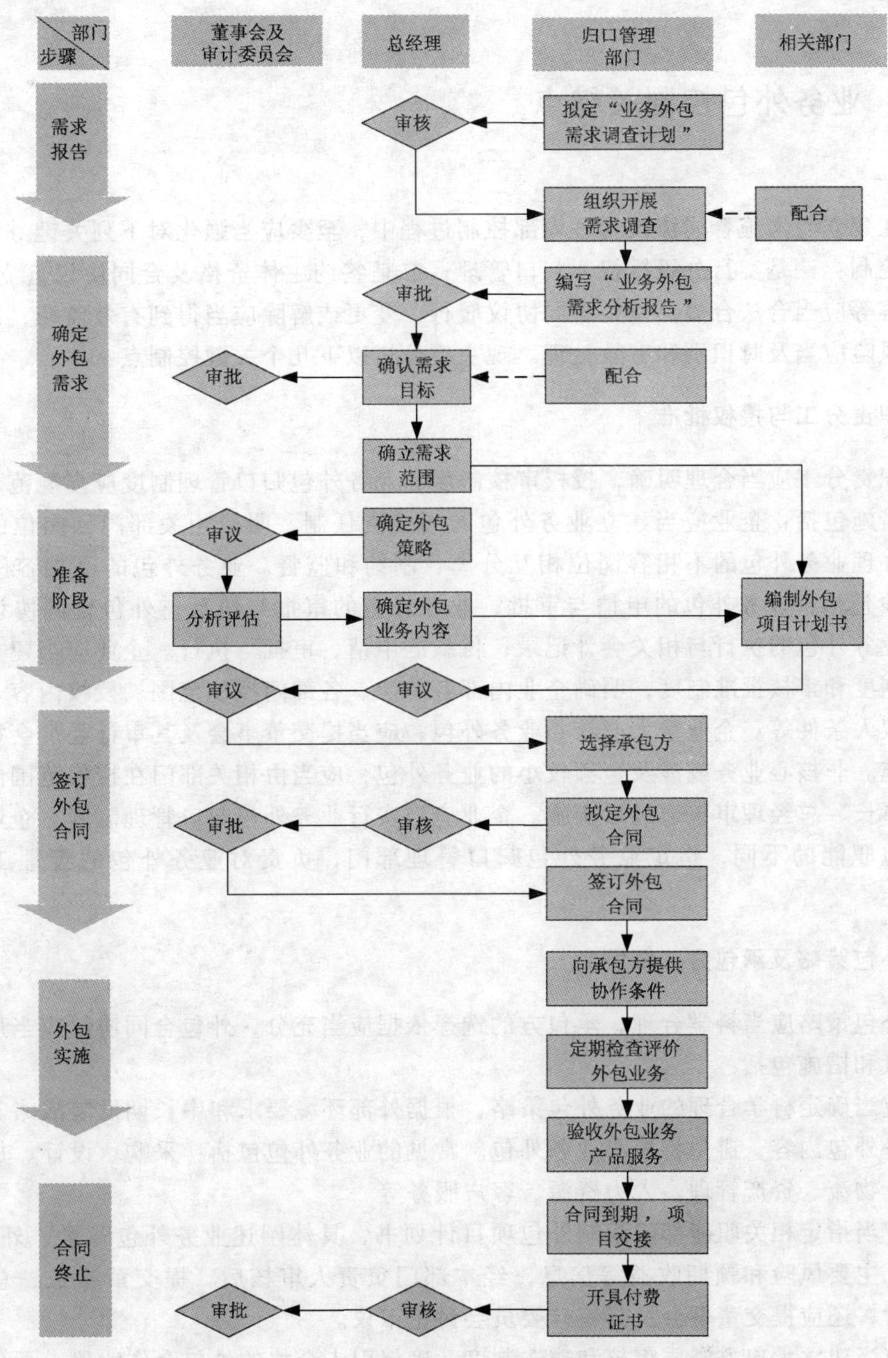

图 15－1 业务外包控制流程图

第三节　业务外包控制关键点

企业在建立与实施合同协议管理内部控制过程中，至少应当强化对下列关键方面或者关键环节的控制：一是实行分级授权，归口管理；二是签约主体资格及合同协议订立的程序、形式、内容等应当合法合规；三是合同协议履行、变更或解除应当得到有效监控；四是合同协议违约风险应当及时识别和有效处理。现主要分析以下几个关键控制点：

一、职责分工与授权批准

企业职责分工应当合理明确，授权审核制度和业务外包归口管理制度应当规范。具体控制政策和措施包括：企业应当建立业务外包的岗位责任制，明确相关部门和岗位的职责权限，确保办理业务外包的不相容岗位相互分离、制约和监督。业务外包的不相容岗位（或职责）至少包括：业务外包的申请与审批；业务外包的审批与执行；外包合同协议的订立与审核；业务外包的执行与相关会计记录；付款的申请、审批与执行。企业应当建立业务外包的授权制度和审核批准制度，明确企业内部各单位、各部门授权范围、授权内容、授权期间和被授权人条件等。企业重大或核心业务外包，应当提交董事会及其审计委员会审议通过后方可实施。非核心业务或涉及金额较小的业务外包，应当由相关部门在授权范围内提出申请，报董事长、总经理审核通过后实施。企业应当实行业务外包归口管理制度。企业应当根据业务外包职能的不同，指定业务外包归口管理部门，负责对业务外包的管理工作进行规范。

二、外包策略及承包方选择控制

企业外包策略应当科学合理，承包方的选择依据应当充分，外包合同协议应当规范。具体控制政策和措施包括：

企业应当确定科学合理的业务外包策略，根据外部环境要求和中长期发展战略需要，合理确定业务外包内容，避免将核心业务外包。常见的业务外包包括：采购、设计、加工、销售、营销、物流、资产管理、人力资源、客户服务等。

企业应当指定相关职能部门编制外包项目计划书，具体阐述业务外包背景、外包内容、实施程序、主要风险和预期收益等信息，经本部门负责人审核后，提交董事长、总经理审议，必要时，还应提交董事会及其审计委员会讨论审议。

企业应当建立承包方资质审核和遴选制度，确保引入合格的外包合作伙伴。承包方的遴选一般应当考虑下列因素：承包方的服务能力、资格认证和信誉；承包方与本企业是否存在直接竞争或潜在竞争关系；承包方就知识产权保护方面的力度和效果。

企业应当引入承包方竞争机制。发包方可以选择多家企业作为业务承包方，以促进承包方不断改进服务能力，并降低一方服务失败可能给企业带来的损失。

企业应当建立规范的外包合同协议管理制度。企业应当根据业务外包性质的不同，及时与承包方签订不同形式的合同协议文本，包括：技术协议书、外包加工协议、规划试验大纲、咨询合同协议等。

企业应当在外包合同协议中具体约定下列事项：对于涉及本企业机密的业务和事项，承包方有责任履行保密义务；企业有权获得和评估业务外包项目的实施情况和效果，获得具体的数据和信息，督促承包方改进服务流程和方法；承包方有责任按照合同协议规定的方式和频度，将外包实施的进度和现状告知企业，并对存在问题进行有效沟通。

除合同协议约定的保密事项外，企业应当根据业务外包项目实施情况和外界环境的变化，不断更新、修正保密条款，必要时可与承包方补签保密协议。

三、业务外包流程控制

企业业务外包流程应有明确规定，固定资产使用应有授权，外部存货管理应当规范，业务外包会计处理应当符合有关规定。具体控制政策和措施包括：

企业应当建立业务外包流程管理制度，明确业务外包流程、业务外包参与人员主要职责、资产管理政策、流程中断应急措施等内容，应报业务主管部门负责人、企业总经理审批通过后执行。

企业应当对所有涉及业务外包流程的员工进行培训，确保员工正确理解和掌握业务外包管理制度。业务外包归口管理部门应当指定专人跟踪监督业务外包流程管理制度的执行情况。

企业应当将本单位与承包方在业务外包执行过程中有关利益冲突、商务往来等方面的政策及时以明确方式告知承包方。业务外包归口管理部门应当指定专人定期检查和评价与承包方的关系，确保业务外包流程顺利执行。

企业应当建立业务外包固定资产管理制度。对于企业所有或有优先购买权的固定资产，如因业务需要交由承包方使用，企业有权要求承包方按照发包方固定资产管理制度要求使用和管理固定资产。企业应当定期审查承包方使用和管理固定资产的情况。交由承包方使用但所有权在本企业的资产，只能用于业务外包活动。未经发包方书面同意，承包方不得将固定资产用作其他用途。

企业应当建立业务外包流动资产管理制度。业务外包过程中形成的原材料、产成品等流动资产，企业应当建立明确的防火、防盗、防未经授权接触和未经批准转移等政策，并有权要求承包方遵循。对承包方责任造成的流动资产损失，企业有权要求承包方赔偿。业务外包过程中形成的商业信息资料（如有关咨询材料）等，承包方有责任保密，并防止企业竞争对手获取同样信息。

企业应当建立外购存货授权管理制度。对于因业务外包需要由承包方购进的存货，承包方只能接受经发包方授权批准的存货订单，并代表发包方检验存货的数量和质量。外购存货信息应当准确、及时地在企业存货系统中加以记录和反映。

企业应当建立自销存货管理制度。因业务外包需要由发包方销售给承包方的存货，承包方只能将其用于外包活动，不得另做他用。存货销售收入应当按照国家统一的会计准则制度的规定加以确认和计量。

企业应当加强对企业所有、交由承包方使用的存货的管理。企业应当定期对承包方处的存货进行盘点，盘点频率由企业根据实际情况确定。对于盘盈盘亏的存货，应当经企业总会计师审批后方可进行会计处理。

企业应当建立外部存货库存管理制度。对于企业所有的、在承包方（或分包方）储存的存货，承包方应当按照发包方存货库存管理制度要求对库存存货进行管理。企业应当指定专人定期对库存存货进行检查。检查中发现的次品、损坏品或过期存货，应当及时予以确认、分离和保护。

企业应当建立存货补偿制度。企业应当指定专人追踪、调查外部存货的一切变动，查明原因，报存货归口管理部门审核后处理。对于承包方无正当原因过度使用存货，造成企业生产成本的上升，企业有权要求承包方进行补偿。

企业应当建立业务外包产品验收制度。承包方最终提供的产品（或服务）应当与外包合同协议约定一致。业务外包归口管理部门应当对所有产品差异予以确认，并及时告知承包方进行调整。

企业应当加强对业务外包的索赔管理。对于因承包方原因导致的外包合同协议未完整履行，企业有权要求承包方赔偿。对于承包方认可的赔款事项，企业应当指定专人进行跟踪、报告，及时收回赔款，并追究责任人责任。对于长期未决赔款，企业可以通过法律手段予以解决。终止对承包方的索赔，应当由业务外包归口管理部门提出申请，详细说明终止索赔理由，报企业总经理审批后执行并备案。

业务外包过程中所有涉及企业资产存量和增量的变动，应当保有其书面凭证，财会部门据此作适当的会计处理。相关会计处理应当及时报财会部门负责人审核。

企业应当设置承包方使用本企业数据的访问权限。数据的授权和访问流程及其控制应当符合《企业内部控制应用指引第 18 号——信息系统》有关规定。

企业应当制订合理的业务可持续计划，避免业务外包失败造成企业商业活动的中断。企业应当定期对所有重要承包方的履约能力进行评估，据此确定业务可持续能力等级，并制订相应的应急方案。业务可持续计划评估报告应当及时提交企业总经理审阅。

第四节　业务外包控制的案例

成败案析

我的外包：像雾像雨又像风[①]

【案情扫描】

在网上，看多了别人的成功经验。今天，我来晒晒我在信息化管理过程中的失败经验，或许，也能够给大家带来一点启示。

① 本案例素材取自于 A 集团旗下子公司财务部网络信息主管王之江的工作情况介绍。

我清楚地记得，那是一个春天，一个百花待放的季节。但是，我心里一点都没有春天的感觉。前不久，我们企业上了一个开源办公自动化（OA）项目。但是，我们企业因为人手不够，而企业人力资源部门又不同意给这个项目加派人手，所以，我们决定寻找外部的合作伙伴，来帮助我们进行一些内部应用型功能的开发与定制。

那时，我们有两个选择：

之一，选择这个开源软件的专门服务商。虽然这个软件是开源的，但是，已经有软件企业看到了其商业价值，开始研究这个开源软件，并为其提供服务。可惜的是，那时，这些企业还是凤毛麟角，而且，都在广州、北京等地区，连上海都没有，离我们企业比较远。我们认为，若选择这么远的企业，到时候服务起来不方便。虽然我们跟他们接触后，发现他们水平还可以，但是出于路途的考虑，我们还是放弃了。

之二，选择离我们企业近一点的一家软件开发企业。我们企业在杭州。杭州的信息化企业虽然不能跟上海、广州、北京比，但是也差不了哪里去。所以，找一家专门为企业提供软件定制的企业，也不是很困难。不过，他们有一个不好的地方，而且，这个缺陷可以说是致命的。一方面，他们对于这套软件不是很熟悉，若让他们进行开发的话，他们需要花费比较多的时间去熟悉和研究这套软件，而这个成本最后肯定会转嫁到我们身上；另一方面是他们以前也没有接触过 OA 软件，可以说，对于办公自动化的业务没有直观的了解。

虽然他们有不足的地方，但是，我们最后还是考虑选择跟附近的一家软件企业合作。我们主要出于以下考虑。一是他们不懂 OA 软件，但是，我们企业有一位以前实施过 OA 软件的人才，只要他提出需求与解决方案，让对方进行开发即可；二是他们虽然不懂这个软件，但是，我们现有已经有了全套的资料，他们根据这套资料，应该可以在短时间内了解这套系统；三主要还是出于路途的考虑，离我们企业近，方便沟通与协作。另外还有一个原因，就是其公关做得不错，借助我们企业一位副总的朋友的关系，顺利地促成了跟我们企业合作的机会。

【案例点评】

但是，后来的经历越来越让主人公觉得当初的选择是多么的不明智，导致他们企业出现进退两难的情况：

一是软件企业不可能那么兢兢业业。因为对 OA 软件开发来说，对他们是一个陌生的业务，重要的是，不是他们的主要业务。他们主要是为一些超市、卖场的企业开发软件。所以，他们在签署合同之前口头答应会派一些经验丰富的程序员，但是，后来派出的都是一些刚入门的程序员。但是，这也不能说他们违反合同，因为他们上面还有一个软件工程师在做指导。可惜的是，其只是挂着名儿的，没有参与任何功能的开发。

由此可以得到的经验教训是，在选择信息化合作伙伴的时候，企业不用太过考虑软件企业的规模，但是，一定要考虑软件企业跟你的项目是否对口；千万不能像瞎猫抓老鼠，抓到一个是一个。若你选择的外包服务商，跟你的项目不对口的话，虽然其实力可能比较强，但是，你也不要想他们给予你太多的关注，因为他们不会“不务正业”，他们现在接受你的项目，可能是他们现在正处于淡季，没多少项目。所以，能接一个项目就行了。

其实，现在通讯这么发达，有时候，路途不一定非常关键。虽然路途远的企业，在上门服务上会遇到一定的问题，但是，通过远程协助工具也可以解决一些常规问题。就算让对方派个一两个专业人员，由企业包吃包住，集中精力花上一个月时间搞开发，也花不了企业多少钱，效果却比找一家没有经验的软件企业要好得多。

二是承包软件企业不熟悉OA项目的具体业务，跟他们交流非常困难。其实，利用过OA系统或者其他大型管理系统的人都知道，这些系统的开发难度不大；难的在于业务的熟悉与系统的设计。主要系统设计与业务处理逻辑做好后，软件开发就是一件很简单的事情。但是，企业在刚开始考虑的时候，把问题想得过于简单。企业错误地认为，只要自己有熟悉OA系统的人才，即使对方没有这方面的人员，也没什么问题。但是后来，企业才发现这个想法是多么一厢情愿。由于承包软件企业人员以前没有接触过OA系统，对于OA系统的相关业务非常不熟悉，发包企业跟他们沟通起来非常麻烦。一个简单的业务，发包企业要重复好几遍，他们才能够接受。最重要的是，发包企业不可能老是在旁边站着看他们开发。最后，他们开发出来的功能，跟发包企业设想的总是有距离。

经历过这个外包业务之后，小王总结出来了一些经验教训，请大家分享：

从经验教训看，若发包企业选择外包服务商的时候，一个切实可行的考核方案是非常有必要的，不能够让软件企业，把项目简单完成了，甚至只是时间到了，就可以轻松地拿到项目资金了，这显然是不行的。为了能够督促合作伙伴完成项目，就必须要有考核方案，而不能简单地用项目时间来度量。值得高兴的是，该案例中的发包企业在这方面虽然做得不够，但是至少还做了一些。在项目开始前，他们还是进行了一番比较深入的需求调研，对开源的OA软件也进行了试用，然后，两者比较，罗列了一些在系统中无法满足的需求。他们在签订合同时，就明确了要实现这些需求，对方才能够拿到项目资金。所以，后来的状况是，发包企业跟对方都陷入了泥潭，不能自拔。该软件企业虽然不能实现全部需求，但是，为了拿到这笔资金，还在那边不断努力；而发包企业因为这个软件开发企业的限制，也不能再随便地寻找其他的开发商。

最后，这个项目还是以失败告终。企业投入了不少精力与金钱，开源OA软件还是没有在企业中上线运行。后来，小王又争取到一笔资金，上了一个成熟的商业OA软件，没花多少时间，就完成了OA项目。

第十六章

财 务 报 告

财务报告是企业在一定时期经营业绩和某一时点财务状况的“晴雨表”，它综合反映组织经营效果和效率，是其他内部控制制度是否有效运行的综合体现。具体而言，财务报告是指反映企业某一特定日期财务状况和某一会计期间经营成果、现金流量的文件。企业应当严格执行会计法律法规和国家统一的会计准则制度，加强对财务报告编制、对外提供和分析利用全过程的管理，明确相关工作流程和要求，落实责任制，确保财务报告合法合规、真实完整和有效利用。

企业编制、对外提供和分析利用财务报告，至少应当关注下列风险：一是编制财务报告违反国家会计法律法规和国家统一的会计准则制度，可能导致企业承担法律责任和声誉受损。二是提供虚假财务报告，误导财务报告使用者，造成决策失误，干扰市场秩序。三是不能有效利用财务报告，难以及时发现企业经营管理中存在的问题，可能导致企业财务和经营风险失控。

《企业内部控制应用指引第 14 号——财务报告》着力解决企业财务报告编制、对外提供和分析利用过程中的内部控制，其主要内容包括：制定指引的必要性和依据，财务报告领域的主要风险，财务报告的范围、企业财务报告编制、对外提供和分析利用等控制，分四章共二十条。

第一节　财务报告控制的内容

一、财务报告编制环节的控制

（一）财务报告编制的控制

1. 会计政策控制。企业编制财务报告，应当重点关注会计政策和会计估计，对财务报告产生重大影响的交易和事项的处理应当按照规定的权限和程序进行审批。企业在编制年度财务报告前，应当进行必要的资产清查、减值测试和债权债务核实。

2. 核算基础控制。企业应当按照国家统一的会计准则制度规定，根据登记完整、核对无误的会计账簿记录和其他有关资料编制财务报告，做到内容完整、数字真实、计算准确，不得漏报或者随意进行取舍。

3. 数据可靠性控制。企业财务报告列示的资产、负债、所有者权益金额应当真实可靠。各项资产计价方法不得随意变更，如有减值，应当合理计提减值准备，严禁虚增或虚减资产。各项负债应当反映企业的现时义务，不得提前、推迟或不确认负债，严禁虚增或虚减负债。所有者权益应当反映企业资产扣除负债后由所有者享有的剩余权益，由实收资本、资本公积、留存收益等构成。企业应当做好所有者权益保值增值工作，严禁虚假出资、抽逃出资、资本不实。

4. 数据真实性控制。对于经营损益类数据，应当如实列示当期收入、费用和利润。各项收入的确认应当遵循规定的标准，不得虚列或者隐瞒收入，推迟或提前确认收入。各项费用、成本的确认应当符合规定，不得随意改变费用、成本的确认标准或计量方法，虚列、多列、不列或者少列费用、成本。利润由收入减去费用后的净额、直接计入当期利润的利得和损失等构成。不得随意调整利润的计算、分配方法，编造虚假利润。

对于各种现金流量数据，由经营活动、投资活动和筹资活动的现金流量构成，应当按照规定划清各类交易和事项的现金流量的界限。

对于报告附注，应该视作财务报告的重要组成部分，对反映企业财务状况、经营成果、现金流量的报表中需要说明的事项，作出真实、完整、清晰的说明。企业应当按照国家统一的会计准则制度编制附注。

（二）财务报告编制的稽核控制

企业应当按照国家统一的会计准则、制度规定的财务报表格式和内容，根据登记完整、核对无误的会计账簿记录和其他有关资料编制财务报表，不得漏报或者任意进行取舍。企业可以通过人工分析或利用计算机信息系统自动检查财务报表之间、财务报表各项目之间的勾稽关系是否正确，重点对下列项目进行校验：

1. 财务报表内有关项目的对应关系。
2. 财务报表中本期与上期有关数字的衔接关系。
3. 财务报表与附表之间的平衡及勾稽关系。

（三）财务报告编制的特殊关注

需要编制合并财务报表的企业集团，应当按照国家统一的会计准则制度的规定，明确合并财务报表的编制范围，不得随意调整合并报表的编制范围。财会部门应将确定合并财务报表编制范围的方法以及发生变更的情况及时提交董事会及其审计委员会审议。

企业发生合并、分立、终止营业和清算等情形的，应当全面清查资产和核实债务，应当按照国家统一的会计准则制度的规定，作出恰当会计判断，选择合理的会计处理方法，编制相应的财务报告。

二、财务报告的对外提供

企业应当建立财务报告报送与披露的管理制度，确保在规定的时间，按照规定的方式，向内部相关负责人及其外部使用者及时报送财务报告。负有履行信息披露责任的企业应当根据国家法律法规及部门规章的规定，及时披露相关信息，确保所有财务报告使用者同时、同质、公平地获取财务报告信息，确保信息披露的真实和完整。

企业应当根据国家法律法规和有关监管规定，聘请会计师事务所对企业财务报告进行审计。建立聘请会计师事务所的制度，明确选聘的标准和程序，严格执行相应的标准和程序，报董事会及其审计委员会审议，需经股东大会决议的还应报经股东大会批准。

企业总会计师和经理应与负责审计的注册会计师就其所出具的初步审计意见进行沟通。沟通的情况及意见应经企业总会计师和经理签字确认后，及时提交审计委员会（或类似机构）及其董事会审议。

三、财务报告的分析利用控制

（一）企业高层务必重视分析

企业应当重视财务报告分析工作，定期召开财务分析会议，充分利用财务报告反映的综合信息，全面分析企业的经营管理状况和存在的问题，不断提高经营管理水平。企业财务分析会议应吸收有关部门负责人参加。总会计师或分管会计工作的负责人应当在财务分析和利用工作中发挥主导作用。

（二）分析务必透彻系统

一要对财务态势解剖深入。企业应当分析企业的资产分布、负债水平和所有者权益结构，通过资产负债率、流动比率、资产周转率等指标分析企业的偿债能力和营运能力；分析企业净资产的增减变化，了解和掌握企业规模和净资产的不断变化过程。

二要对收支动态分析深入。企业应当分析各项收入、费用的构成及其增减变动情况，通过净资产收益率、每股收益等指标，分析企业的盈利能力和发展能力，了解和掌握当期利润增减变化的原因和未来发展趋势。

三要对资金周转解析到位。企业应当分析经营活动、投资活动、筹资活动现金流量的运转情况，重点关注现金流量能否保证生产经营过程的正常运行，防止现金短缺或闲置。

（三）充分利用财务信息的分析价值

企业定期的财务分析应当形成分析报告，构成内部报告的组成部分。财务分析报告结果应当及时传递给企业内部有关经理层级，充分发挥财务报告在企业生产经营管理中的重要作用。

第二节 财务报告控制的流程

企业对财务报表的控制，根据其内容与特性不同，分成财务报告编制前期控制、常规财务报表编制控制流程、财务报告对外报送及披露控制流程、母企业合并报表编制流程，分别见图 16－1、图 16－2、图 16－3 和图 16－4。

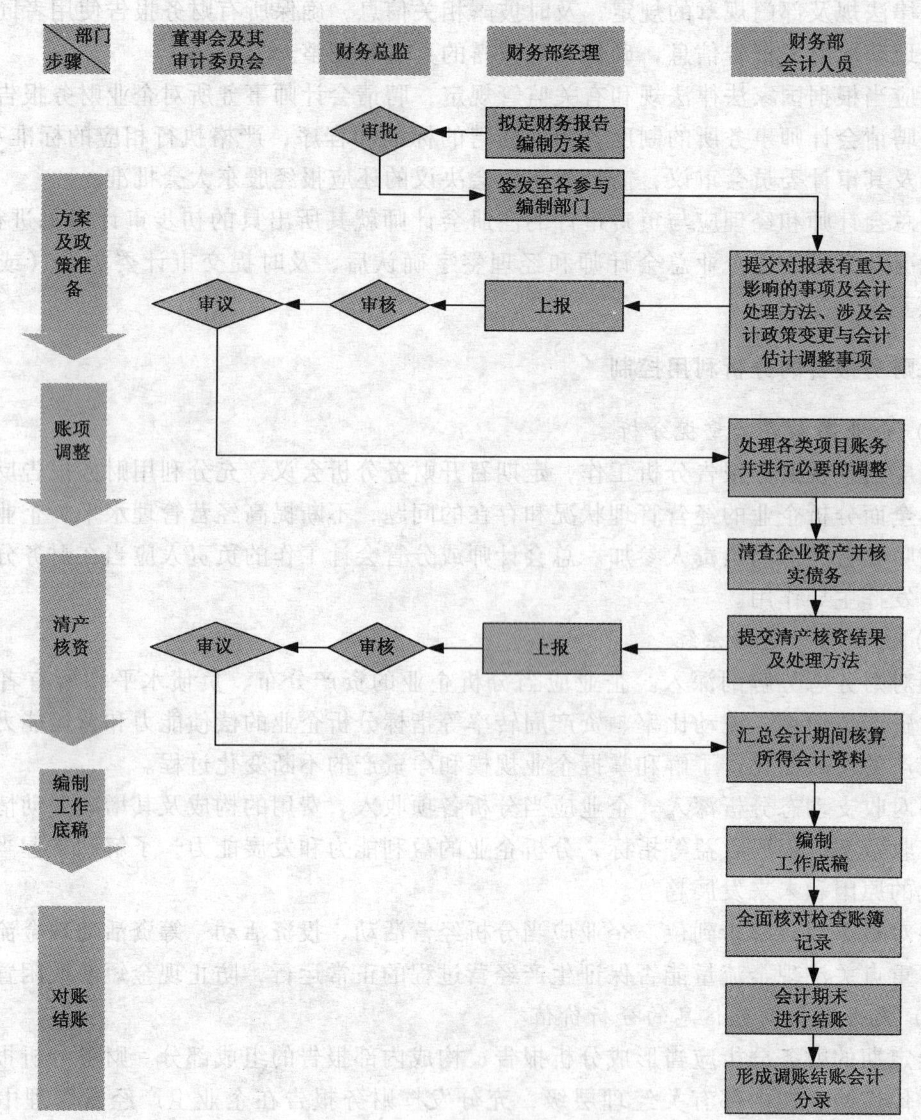

图 16－1 财务报表编制准备控制流程图

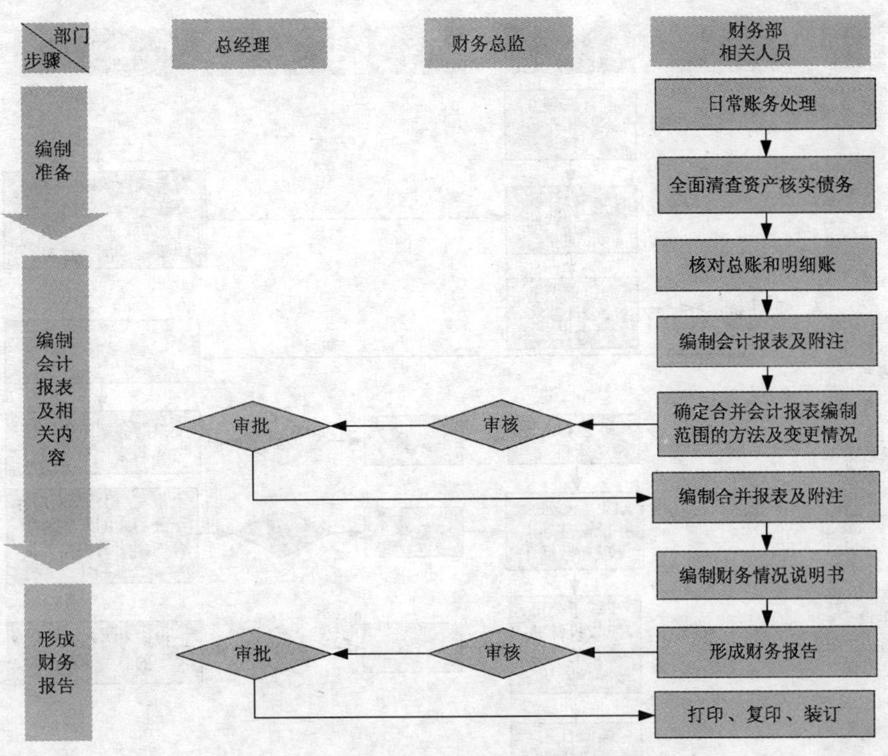

图 16－2 常规财务报表编制控制流程

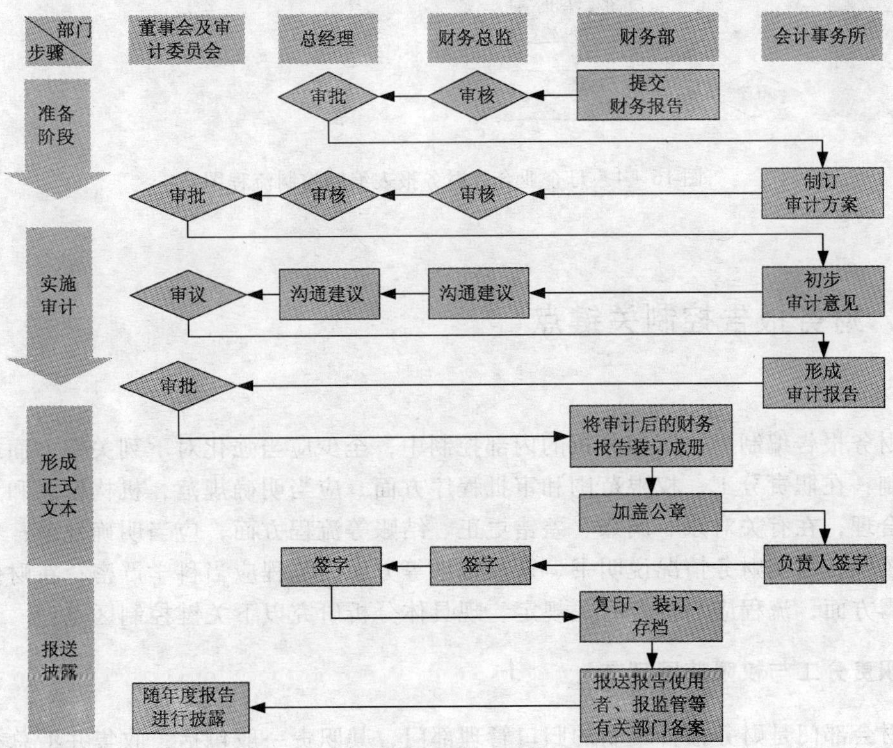

图 16－3 财务报告对外提供控制流程

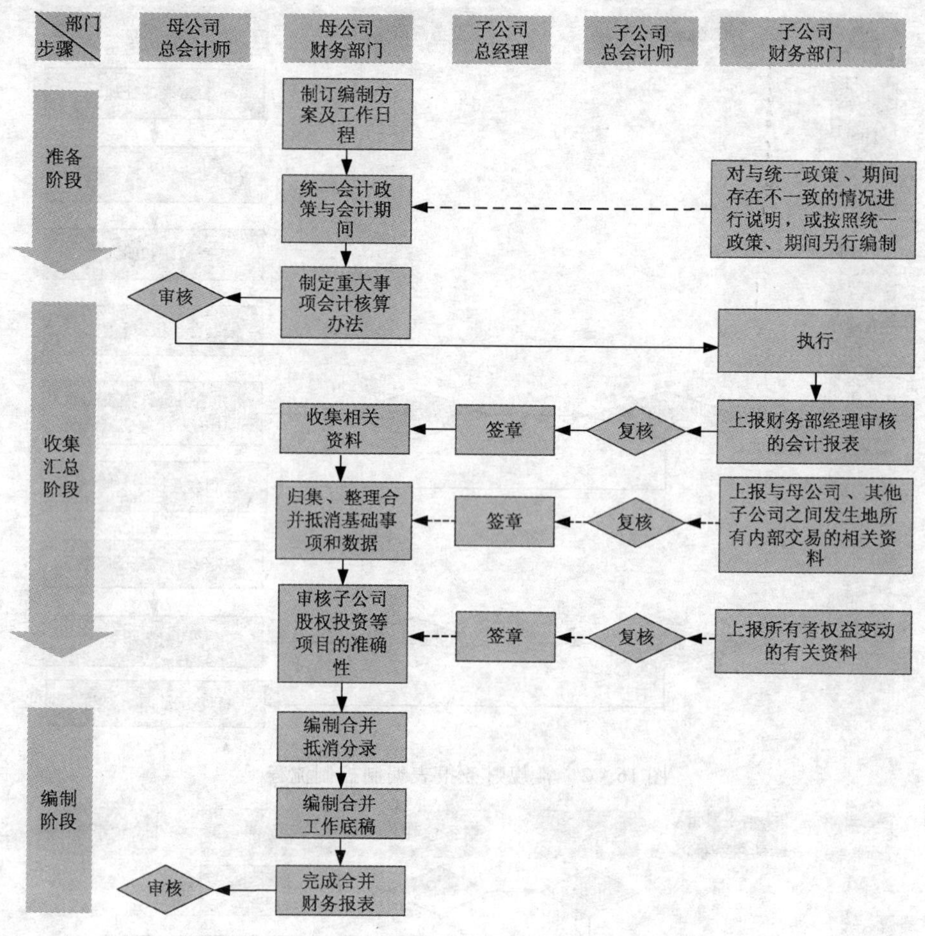

图 16－4　母企业合并财务报表编制控制流程图

第三节　财务报告控制关键点

企业财务报告编制、披露和分析的内部控制中，至少应当强化对下列关键方面或者关键环节的控制：在职责分工、权限范围和审批程序方面，应当明确规范，机构设置和人员配备应当科学合理；在有关对账、调账、差错更正、结账等流程方面，应当明确规范；在起草财务报告、校验、编制财务情况说明书、审核批准等方面，流程应当科学严密；在财务报告的报送与披露方面，流程应当符合有关规定。现具体分析研究以下关键控制区点：

一、职责分工与权限范围环节

企业财会部门是财务报告编制的归口管理部门，其职责一般包括：收集并汇总有关会计信息；制订年度财务报告编制方案；编制年度、半年度、季度、月度财务报告等。

合理的会计机构组织，有利于职责划分，建立岗位责任制，强化内部控制，防止工作中的失误和弊端，提高工作效率。通常，会计机构组织是指在总会计师、财会负责人领导下，由若干会计专业组、会计岗位或会计人员组成的组织体系。会计岗位是会计工作的基层分工，一般企业的会计岗位有：会计主管、出纳、财产物资核算、工资核算、成本费用核算、收入利润核算、资金核算、往来结算、总账报表、稽核等。这些岗位，可以一人一岗、一人多岗或一岗多人。企业可以根据自身特点、规模大小、业务简繁和人员多少等情况具体确定，但出纳人员不得兼管收入、费用、债权、债务等账簿的登记工作，不得负责稽核工作和会计档案保管工作。

企业内部参与财务报告编制的各企业、各部门应当及时向财会部门提供编制财务报告所需的信息，并对所提供信息的真实性和完整性负责。财会部门对于审核原始凭证，编制记账凭证，审核记账凭证，编制财务报表，审核财务报表等环节有专人负责，各岗位的财务人员对工作的结果要进行记录，以便于分清责任。最后，由全体董事、监事和高级管理人员对业财务报告的真实性和完整性承担责任。

二、明确规范对账、调账、差错更正、结账等流程

建立一个有效的会计系统，实施会计控制是内部控制制度的关键。会计系统的建立也就是企业会计制度的设计。会计制度的设计不仅包括规定会计账户、账簿、财务报表等内容的编制说明，还包括发生在企业各部门间各类经营管理活动中会计处理程序的具体规定，把内部控制抽象性、要素性的方法和程序融化为企业会计制度中具体可操作的方法与程序。这里主要介绍会计组织的控制。为了确保会计信息的准确与可靠，应该在会计记录、方法选择、程序处理等方面建立控制制度和控制措施，具体包括：

（一）会计机构组织

会计机构组织是指在会计机构内部，根据各种财务会计业务及其相互之间的联系，进行合理的分工。会计机构的分工首先要确定会计机构和财务机构是否分设。财务工作的重点是资金的筹集和运用控制，而会计工作的重点是资金运用后的核算与监督。两者在企业中可以合并，也可以分开设置，这主要是看企业规模和内部会计组织工作的要求。

（二）会计基础控制

会计基础控制是通过基本的会计程序与方法，完整准确地记录所有经济业务的活动过程控制。会计基础控制是确保会计控制目标实现的基本条件，也是其他会计控制的基础。基础控制主要包括：

1. 完整性控制。它是为保证业务记录完整性而设置的，包括设置业务备忘录、对原始凭证进行复核、对记账凭证按业务顺序编制核算等制度。

2. 准确性控制。它是为实现财务会计数据准确性而实施的控制，包括对原始凭证与记账凭证上记录的经济业务数量、计量单位、填制日期和金额的审核，核对会计凭证的合计金额和会计账簿中的明细账与总账发生额和余额等。

3. 有效性控制。它是为实现经济业务记录及相关处理手续的有效性而实施的控制，包括对原始凭证、会计凭证登记会计账簿前的审核等。

4. 及时性控制。它是保证会计信息能够在最短的时间内记录、报告的过程控制。

（三）差错的更正和调整

在对报表账目进行审核时发现需要调整和更正的事项，要按规定的流程进行处理，要及时反馈到相关岗位和人员，对需更正的事项进行分析，由相关责任人提出更正的意见，由负责人审核确认后，财务人员进行账务处理。

三、明确起草财报、校验、编制说明书、审核批准、报送等流程

会计期末，会计人员在清查、结账、对账等工作完成的基础上，编制财务报告。财务报告要有专人负责审核，根据财务资料对企业的财务状况、经营成果、现金流量等情况进行分析说明，并由专人负责编制财务情况的说明书和报表的附注。企业应当按照国家法律法规和有关监管规定，将经过审计的财务报告装订成册，加盖公章，并由企业经理、总会计师、会计机构负责人签名。履行报备义务的企业，应及时将经审计的财务报告报送监管部门及有关部门备案。

四、财务报告的对外提供流程应当符合有关规定

财务数据的使用者主要是依据经过审计的财务报告作出判断，在财务报告中信息披露的准确、完整成为内控制度的关键。企业的经理层应当做到：

（一）内部控制信息披露的目的在于表明企业的内部控制是否有效

建立一套完善并有效执行的内部控制是经理层的职责。也正因为如此，经理层对本企业的内部控制最熟悉，最有能力对其进行评估。通过对企业内部控制的评估并将结果报告给投资者，证明自己已经尽了管理之责。

（二）企业经理层或董事会对其内部控制进行评估并对外报告，可以改善管理，减少舞弊，从而提升企业价值

一方面，内部控制信息披露可以提高企业经理层对内部控制的意识，从而改善企业内部控制环境。另一方面，提供内部控制信息披露的前提是对内部控制的设计和运行进行了解、记录和评估。这个过程可以发现内部控制中存在的问题，并改善之。内部控制信息披露的这种作用随其涵盖范围的不同而不同，从这种意义上说，内部控制信息披露的范围越广，其对内部控制的改善作用就越大。

（三）内部控制信息披露对信息使用者的直接效用

内部控制信息披露对信息使用者的直接效用是，告诉投资者、政府部门、合作伙伴，该企业所提供的财务报表在多大程度上可靠、企业的长期生存能力和成长性如何、是否在循规蹈矩地运作，从而为他们的决策提供依据。

财务报表附注应当按照一定的顺序披露，先披露是否遵循了国家统一的会计制度和财务报表的编制基础，然后再披露采用的会计政策和会计估计，接下来是财务报表重要项目的进一步解释，最后是未在财务报表中列示，但对理解企业财务状况、经营成果和现金流量十分有用的信息，如或有事项等。对财务报表附注的披露结构和顺序作出规定，重要的信息先披露，次要的信息后披露，便于财务报告使用者迅速清晰地掌握有关企业的重要会计信息。

财务报表附注要披露的内容包括：企业的基本情况、财务报表的编制基础、采用的会计政策和会计估计及其变更的情况。

会计政策发生变更的，应当说明会计政策变更的性质、内容、原因及其影响数，无法进行追溯调整的，应当说明原因。会计估计变更的内容、原因及其影响数，影响数不能确定的，应当说明原因。前期差错的性质及其更正金额，无法进行追溯重述的，应当说明原因。另外，企业还要披露选择对财务报表重要项目具有重大影响的会计政策时所做的判断，便于财务报告使用者了解企业选择某项会计政策的理由，有助于财务报告使用者理解企业选择和运用会计政策的背景，增加其财务报告的可理解性。

（四）关键计量假设的披露

披露企业的资产采用哪种计量属性，便于财务报告使用者更加理解所提供的信息，提高财务报告的可理解性。

（五）报表重要事项的披露

财务报告应当以文字和数字相结合，尽可能以列表的形式披露报表的重要项目的构成或当期增减变化情况。重要的事项至少包括：存在控制关系的关联方发生变化的情况；证券发行、回购和偿还情况；发生的非调整事项；企业结构变化情况，包括企业合并，对被投资企业具有重大影响、共同控制或者控制关系的投资的购买或者处置，终止经营情况；重大的长期资产转让及其出售情况；重大的固定资产和无形资产取得情况；重大的研究和开发支出；重大的资产减值损失情况。

第四节 财务报告控制的案例

成败案析

成也会计，败也会计

【案情扫描】

当中国企业随着各种动机而滋生出形形色色的会计造假手段之时，人们对一些表层的会计操纵技术逐渐掌握了其操纵的分寸。不过，一个更加隐蔽、更加富有创新性设计的会计造假技术同样也开始在会计领域中出现了。因此，道高一尺，魔高一丈。内部控制总是在一次次的挫折中前行的。本案例将通过曾经震惊整个全球会计界的美国安然企业利用特殊目的实体（Speeial Purpose Entity，SPE）实施会计造假的分析，来冷观财务报告编制领域的控制与反控制战役，期待以此给国内会计界一些分析性启示。

一、构造特殊目的实体（Speeial Purpose Entity，SPE）

SPE是为了特定目的而构造的虚拟经济主体，是一种金融工具，企业可以通过它在不增加企业资产负债表中负债的情况下融入资金。安然企业为了能为它们高速的扩张筹措资金，利用SPE成功地进行表外筹资几十亿美元。但是在会计处理上，安然企业未将两个SPE的资产负债纳入合并会计报表进行合并处理，但却将其利润包括在企业的业绩之内。此前的美国会计准则曾经规定，只要非关联方持有权益价值不低于SPE资产公允价值的

3%，企业就可以不将其资产和负债纳入合并报表。但是，根据“实质重于形式”的原则，只要企业对SPE有实质的控制权和承担相应风险，就应将其纳入合并范围。从事后安然企业自愿追溯调整有关SPE的会计处理看，安然企业显然钻了一般公认会计准则(GAAP)的空子。仅就这两个SPE，安然企业就通过合并报表高估利润5亿美元，少计负债25亿美元。

二、构造复杂的企业体系进行关联交易

安然企业创建子公司和合伙企业数量超过3 000个。之所以创建这些企业主体，无非是是为了通过关联交易创造利润。媒体所披露的最典型的关联交易发生在2001年第二季度，安然企业把北美3个燃气电站卖给了关联企业，市场估计此项交易比公允价值高出3亿至5亿美元。安然企业还将它的一家生产石油添加剂的工厂以1.2亿美元的价格卖给另一个关联企业，而该工厂早在1999年被列为“损毁资产”，冲销金额达4.4亿美元。安然企业之所以创建这么多而复杂的企业体系，拉长控制链条，就是为了通过关联交易自上而下传递风险，自下而上传递报酬，在信息的披露上把水搅混。

三、将未来不确定的收益计入本期收益

安然企业所从事的业务，许多是通过与能源和宽带有关的合约及其他衍生工具获取收益，而这些收益取决于对诸多不确定因素的预期。在IT业及通讯业持续下滑的情况下，安然只将合约对自己有利的部分计入财务报表，并且未对相关假设予以充分披露。

安然企业通过金融工具、关联企业制造交易的目的主要有两个：一是以较低的成本筹集更多的资金；二是创造收益和利润，维持高企的股价以迎合华尔街的需要。由于发行股票会稀释股权，于是借债成了筹资的主要选择。然而，借债太多会提高资产负债率，影响资信等级，从而提高借债成本，同时也会影响进一步举债。如果不将负债在资产负债表中披露，上述问题就能迎刃而解。安然企业利用会计手段达到了这个目的，但却同时给自己埋下了巨大的隐患。

20世纪90年代，安然企业大量通过资产证券化进行筹资，其手段复杂而巧妙。安然有800多个信托基金，安然将资产委托出去，以资产及资产的收入作为抵押发行债券，发行所得交由安然使用。发行的债券尽管有抵押，但为了保证发行成功，安然又常使用股票作为进一步的担保。例如，对一家负债达24亿美元的鱼鹰基金，安然所签订的合约就有下面两个担保条件：一是安然的股票价格不能低于一定的价位，否则必须购回这些债券；二是安然的债信评级必须满足要求，即如果安然的债信被评到垃圾级以下时，安然必须把这些发出的债券按发行价买回。这两个条件对安然企业是生死攸关的。由于能源市场的波动，2001年10月底，安然的股价跌到30美元以下，安然必须还债的第一个条件达到了。11月8日，其股价跌到10美元以下，美国的标准普尔企业宣布给安然降级，安然必须还债的第二个条件达到了。根据合约，安然必须拿出34亿美元还债，此时，安然已无力回天，只好宣布破产。

上述案例表明，披露虚假会计信息并不能改变企业本身存在的问题，这些问题最终是要败露的。有趣的是，安然问题的败露与虚假信息的曝光相关联。请看2001年发生的事件：2月20日，《财富》杂志称安然企业为“巨大的密不透风”的企业，其企业债务在堆积，而华尔街仍被蒙在鼓里；10 月 16 日，安然企业宣布第三季度亏损 6.18 亿美元；10 月 26 日，安然企业向美联储主席格林斯潘通报了企业的问题；11 月 8 日，安然企业承认自 1997 年以来虚报盈利约 6 亿美元；12 月 2 日，企业股票价格从当年最高每股 90 美元降至每股 26 美分，下降 99%，安然企业只能选择申请破产。

【案例评述】

如果说安然企业在投资决策方面犯了第一个错误的话，那么运用会计造假是犯了第二个错误。如果说在犯了第一个错误时，还有可能采取行动挽救企业命运的话，那么在犯了第二个错误后，错误的后果达到了极至，企业悲剧性的结局将很难避免。会计造假是一把双刃剑，既可以使其获得暂时的成功，也可以使其永久身败名裂。安然企业可谓“成也会计，败也会计”。

会计造假只能蒙骗一时，不能蒙骗一世。依靠会计造假发展企业无异于“饮鸩止渴”。这是会计造假者应该谨记的。

SPE 的运作在于达成企业特殊的经济目的或转移风险，但是从安然企业事件中可以看出，SPE 确实提供了一种合法的财务报表美化的工具。我国的资本市场的发展还处于一个初级阶段，市场还很不规范，主要表现为：(1) 关联企业交易业绩的规定（即将超过公允价值部分计入资本公积），但鉴于关联交易计价与披露的专业性与复杂性，该领域依然是热衷于利润操纵者的“乐土”。(2) 随着我国资本市场的发展，引入衍生金融工具是必然的，这就要求我国会计准则的制定要未雨绸缪，严格规范。但需要特别指出的是，我国和美国在市场基础、法律基础、监管基础、文化基础方面都不同，因此，我国可借鉴美国会计准则、会计制度的思路，但决不能照搬。(3) 董事会和监事会的监督作用不能充分发挥。通过对安然企业交易运作的分析可知，董事会和监事会的成员中除了要有财务专家外，而且还必须对日益复杂的相关问题如衍生性金融商品进行深入了解，这是他们责无旁贷的事。同时，监事会成员必须要投入企业的日常经营中去。

因此，我国的财务报表可能更加容易被动操纵，花样可能更加多样，这必须引起我们注意。

第十七章

全面预算

全面预算是指企业结合整体目标及资源调配能力，经过合理预测、综合计算和全面平衡，对当年或者超过一个年度或一个特定经营期间的生产经营和财务事项进行相关额度、经费的计划和安排的过程。企业全面预算一般包括经营预算、资本预算和财务预算，并涉及筹资、投资和财务预算。

企业至少应当关注涉及全面预算的下列风险：一是不编制全面预算或全面预算不健全，可能导致企业经营缺乏约束或盲目经营。二是全面预算目标不合理、编制不科学，可能导致企业资源浪费或发展战略难以实现。三是全面预算缺乏刚性、执行不力、考核不严，可能导致全面预算管理流于形式。

《企业内部控制应用指引第 15 号——全面预算》着力解决企业运行过程中如何通过全面预算来提升管理水平，核心是通过全面预算编制与执行，形成更加有利于企业可持续发展的控制环境。其主要内容包括：制定指引的必要性和依据，全面预算的核心内涵、全面预算编制与执行过程中应关注的主要风险，以及全面预算编制、执行和考核等控制，分四章共十七条。

第一节 全面预算控制的内容

一、全面预算的功能与种类

这里首先需要纠正一种看法。在许多组织中，全面预算编制工作往往被简化为一种在过去基础上的外推和追加的过程，而全面预算审批则更简单，甚至不加研究调查，以主观想象为根据任意削减预算，从而使得全面预算完全失去了应有的控制作用，偏离了其基本目的。正是由于存在这种不正常的现象，促使一些新的预算方法发展起来，它们使预算这种传统的控制方法恢复了活力。

（一）全面预算的控制功能

客观上看，全面预算主要是一种控制手段。编制全面预算实际上就是控制过程的第一步——拟定标准。全面预算是以数量化的方式来表明管理工作的标准，本身就具有可考核性，因而有利于根据标准来评定工作成效，找出偏差（控制过程的第二步），并采取纠正措施，消除偏差（控制过程的第三步）。编制全面预算能使确定目标和拟定标准的计划工作得到改进。但是，全面预算的最大价值还在于它对改进协调和控制的贡献。当为组织的各个职能部门都制了全面预算时，就为协调组织的活动提供了基础。同时，全面预算使对预期结果的偏离更容易被查明和评定，因此为控制工作中的纠正措施奠定了基础。全面预算可以得到更好的计划和协调，并为控制提供基础，这正是编制预算的基本目的。如果要使一项预算对任何一级的主管人员真正具有指导和约束作用，预算就必须反映该组织的机构状况。只有充分按照各部门业务工作的需要来制定、协调并完善计划，才有可能编制一个足以作为控制手段的分部门的预算。

把各种计划缩略为一些确切的数字，以便使主管人员清楚地看到哪些资金由谁来使用，将在哪些单位使用，并涉及哪些费用开支计划、收入计划和实物表示的投入量和产出量计划。主管人员明确了这些情况，就有可能有的放矢地授权给下属，以便使之在全面预算的限度内去实施计划。

（二）全面预算的种类

全面预算在形式上是一整套预计的财务报表和其他附表。按照不同的内容可以将全面预算分为经营预算、投资预算和财务预算三大类。

1. 经营预算（Operational Budget）。经营预算是指企业日常发生的各项活动的预算。它主要包括销售预算、生产预算、直接材料采购预算、直接人工预算、制造费用预算、单位生产成本预算、推销及管理费用预算等。其中，最基本和最关键的是销售预算，它是销售预测正式的、详细的说明。销售预测是计划的基础，加之企业主要是靠销售产品和劳务所提供的收入维持经营费用的支出和获利的，因而销售预算也就成为预算控制的基础。生产预算是根据销售预算中的预计销售量，按产品品种、数量分别编制的。生产预算编好后，还应根据分季度的预计销售量，经过对生产能力的平衡排出分季度的生产进度日程表，或称为生产计划大纲，在生产预算和生产分季度日程表的基础上，可以编制直接材料采购预算、直接人工预算和制造费预算。这三项预算构成对企业生产成本的统计。而推销及管理费用预算，包括制造业务范围以外预计发生的各种费用明细项目，例如销售费用、广告费、运输费等。对于实行标准成本控制的企业，还需要编制单位生产成本预算。

2. 投资预算（Investment Budget）。投资预算是对企业固定资产的购置、扩建、改造、更新等，在可行性研究基础上编制的预算。它具体反映在何时进行投资、投资多少、资金从何处取得、何时可获得收益、每年的现金流量为多少、需要多少时间回收全部投资等。投资的资金来源往往是任何企业的限定因素之一，而对厂房和设备等固定资产的投资又往往需要很长时间才能收回，因此，投资预算应当力求和企业的战略以及长期计划紧密联系在一起。

3. 财务预算（Financial Budget）。财务预算是指企业在计划期内反映预计现金收支、经营成果和财务状况的预算。它主要包括“现金预算”、“预算收益表”和“预计资产负债表”。必须指出的是，前述的各种经营预算、投资预算中的资料，都可以折算成金额反映在财务预算内。这样，财务预算就成为各项经营业务和投资的整体计划，故亦称“总预算”。

按照不同的实质内容可以将全面预算分为现金预算、收益预算和资产负债预算三大类。

1. 现金预算。现金预算主要反映计划期间预计的现金收支的详细情况。在完成了初步的现金预算后，就可以知道企业在计划期间需要多少资金，财务主管人就可以预先安排和筹措资金，以满足企业的需求。为了有计划地安排和筹措资金，现金预算的编制期应越短越好。西方国家有不少企业以周为单位，逐周编制预算，甚至还有按天编制的。我国最常见的是按季和按月编制现金预算。

2. 收益预算。预计收益表（或称为预计利润表）是用来综合反映企业在计划期内生产经营的财务情况，并作为预计企业经营活动最终成果的重要依据，是企业财务预算中最主要的预算表之一。

3. 资产负债预算。预计资产负债表主要用来反映企业在计划期末那一天预计的财务状况。它的编制需以计划期间开始日的资产负债表为基础，然后根据计划期各项预算的有关资料进行必要的调整。

二、全面预算的控制循环

全面预算控制循环是指从全面预算目标拟定与全面预算编制、责任落实与推动实施、业绩报告与偏差诊治、业绩评价与责任辨析、奖罚兑现到总结改进的系统化过程，整个过程就是围绕实现预算目标而展开的。

（一）目标拟定与预算编制

全面预算目标是全面预算控制的起点，也是预算编制的基本依据。全面预算目标分为集团预算目标与各层级责任预算目标，所编制的全面预算相应也就分为集团预算与责任预算。在整个全面预算体系中，集团全面预算目标居于最高的统驭地位，它不仅明确了预算期间集团发展的目标方向必须达到的竞争水平，规范着内部各阶层成员企业或责任单位资源配置的整体结构与行为基准，同时也为责任目标值的合理厘定及责任预算的具体编制确立了必须遵循的基本标准。

（二）责任落实与推动实施

责任落实的过程，也就是将集团全面预算目标与集团全面预算按照预算责任体系逐级分解为各责任单位直至具体责任人的责任目标，并通过编制责任预算及厘定各项责任预算标准值加以具体化的过程。责任落实工作是否顺利，在很大程度上取决于集团全面预算组织架构的合理性、责任层次与责任界限的清晰性。而责任预算及其目标的有效实施，必须依赖具有激励与约束功能的各项具体责任业绩标准的控制与推动。

（三）业绩报告与偏差诊治

责任业绩报告反映着责任层次直至集团整体截至某一时点或阶段全面预算执行的进度与运行状态，从中可以发现全面预算执行的实际效果及存在的问题、问题出现的环节及原因、偏离责任目标的程度及其对集团整体全面预算目标的利弊影响，然后针对不同环节与不同原因，开具相宜的诊治处方，进而保证集团全面预算管理目标的最终实现。

（四）责任辨析与业绩评价

业绩评价与责任辨析的作用主要在于两个方面：一是对照责任目标通过责任评价，掌握全面预算的运行状况、成绩、存在的问题及环节，并借助责任辨析查找问题产生的根源，从而为协调矛盾、堵塞漏洞、纠正偏差提供思路；二是通过业绩评价与责任辨析活动，确定各责任单位、责任人责任目标及其各项责任标准值的实现水平，以及不同责任单位或责任人对集团整体全面预算目标的贡献差异，进而为兑现奖罚提供依据。

（五）奖罚兑现

奖优罚劣是全面预算控制之所以具有激励与约束功能的策源地。总部必须建立奖罚制度与可操作性的奖罚细则。在兑现奖罚上，最重要的是两点：透明与严肃。

至一预算期满，总部必须对集团全面预算目标及各层次责任目标的执行的成绩与缺陷、经验与教训、优劣差距与生成原因等进行全面系统地总结与评价。总结与改进环节实际上发挥着一种承前启后的作用，同时也标志着下一个全面预算控制循环的开始。

通过上述全面预算控制的循环过程，企业集团将日益发现诸多裨益的取得已不单纯地源于全面预算编制本身，而更主要地来自全面预算实施过程中不断出现的问题以及因此不得不在强化沟通与协调过程而寻得的答案。

第二节 全面预算控制的流程

全面预算控制的流程见图 17－1、图 17－2。

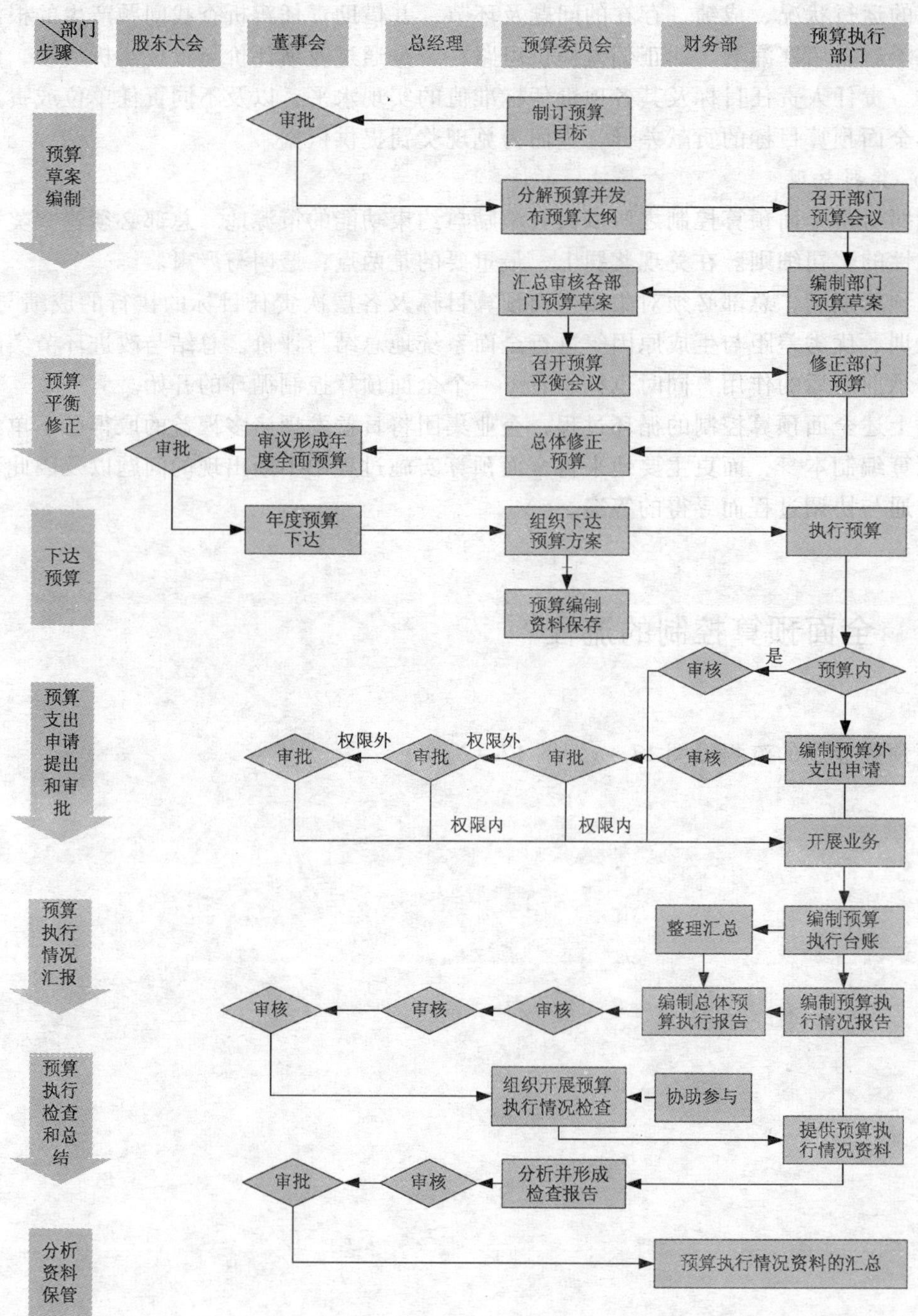

图 17-1 全面预算编制与执行控制流程图

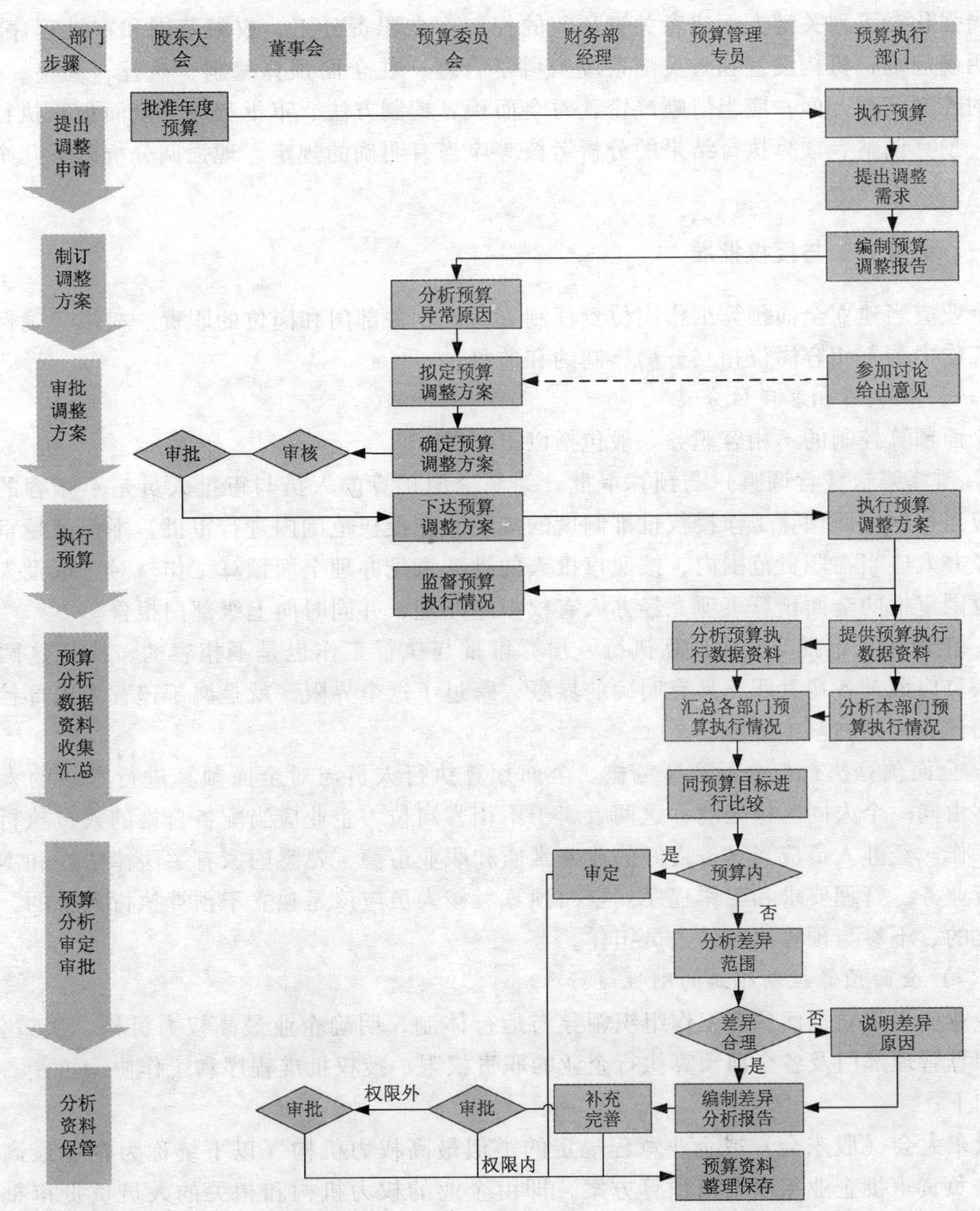

图 17-2 全面预算调整与分析控制流程图

第三节 全面预算控制关键点

企业应当建立全面预算管理体系，明确全面预算编制、审批、执行、分析、考核等各部门、各环节的职责任务、工作程序和具体要求。企业在建立与实施全面预算内部控制中，至少应当强化对下列关键方面或者关键环节的控制：在职责分工、权限范围和审批程序方面，应当明确规范，机构设置和人员配备应当科学合理；在全面预算编制、执行、调整、分析、考核的控制流程方面，应当清晰严密，对全面预算编制方法、审批程序、全面预算执行情况检查、预算调整、预算执行结果的分析考核等应当有明确的规定。现强调分析以下几个关键控制点：

一、岗位分工与授权批准

企业应当建立全面预算工作岗位责任制，明确相关部门和岗位的职责、权限，确保全面预算工作中的不相容岗位相互分离、制约和监督。

（一）强调不相容岗位分离

全面预算控制的不相容职务一般包括以下三种。

1. 预算编制（含调整）与预算审批。编制全面预算的人员与审批人员是不相容的。审批人应当根据全面预算工作授权批准制度的规定，在授权范围内进行审批，不得超越审批权限。经办人应当在职责范围内，按照审批人的批准意见办理全面预算工作。对于审批人超越授权范围审批的全面预算事项，经办人有权拒绝办理，并同时向上级部门报告。

2. 全面预算审批与全面预算执行。预算审批与执行工作也是不相容的，执行这两个工作的人员应该是各司其职，具有明确的界限，跨过了这个界限，就是属于违背了内部控制关于全面预算控制的基本规范。

3. 全面预算执行与全面预算考核。全面预算执行人员与对全面预算进行考核的人员是不能够由同一个人同时担任的，这两者属于不相容岗位。企业应当配备合格的人员执行全面预算工作。经办人员应当具备良好的业务素质和职业道德，熟悉国家有关法律法规和本企业的经营业务、管理要求和工作程序。全面预算考核人员应该是独立于预算执行人员的，应该由独立的、不参与预算执行的人员担任。

（二）全面预算控制组织的刚性运行

企业应当建立全面预算工作组织领导与运行体制，明确企业最高权力机构、决策机构、全面预算管理部门及各全面预算执行企业的职责权限、授权批准程序和工作协调机制，具体内容如下：

股东大会（股东会）或企业章程规定的类似最高权力机构（以下统称为企业最高权力机构）负责审批企业年度全面预算方案，即由企业的权力机构和相关的人员负责审批年度预算方案。

董事会或者企业章程规定的经理、厂长办公会等类似决策机构（以下统称为企业决策机构）负责制订企业年度全面预算方案，即由决策机构负责制订企业年度的全面预算方案。

企业可以设立全面预算委员会、全面预算领导小组等专门机构（以下统称为企业全面预算管理部门）具体负责本企业全面预算管理工作。不具备设立专门机构条件的企业，可以指定财会部门等负责全面预算管理工作，即企业应该建立专门的全面预算管理部门或明确规定由专门的部门（比如说财会部门）负责全面预算的管理工作。

总会计师应当协助企业负责人加强对企业全面预算管理工作的领导与业务指导，总会计师应该协助企业负责人关于全面预算管理的工作。

企业内部相关业务部门的主要负责人应当参与企业全面预算管理工作。

（三）全面预算管理部门的独立设置与全面预算执行部门的有力配合

企业全面预算管理部门主要负责拟订预算目标和预算政策；制定预算管理的具体措施和办法；组织编制、审议、平衡年度等预算草案；组织下达经批准的年度等预算；协调、解决预算编制和执行中的具体问题；考核预算执行情况，督促完成预算目标。

企业内部生产、投资、筹资、物资管理、人力资源、市场营销等业务部门和所属分支机构在企业预算管理部门的领导下，具体负责本部门、本机构业务预算的编制、执行、控制、分析等工作，并配合预算管理部门做好企业总预算的综合平衡、控制、分析、考核等工作。

企业所属子公司在上级企业全面预算管理部门指导下，负责本企业全面预算的编制、执行、控制和分析工作，并接受上级企业的检查和考核。

所属基层企业负责人对本企业全面预算的执行结果负责。

（四）明确的全面预算控制流程

企业应当制定全面预算工作流程，明确全面预算编制、执行、调整、分析与考核等各环节的控制要求，并设置相应的记录或凭证，如实记载各环节工作的开展情况，确保全面预算工作全过程得到有效控制。

二、全面预算编制控制点

全面预算编制是企业实施全面预算管理的起点，也是全面预算管理的关键环节。企业采用什么方法、什么编制程序编制全面预算，对全面预算目标的实现有着至关重要的影响，从而直接影响到全面预算管理的效果。企业应当在企业战略的指导下，以上一期间实际状况为基础，结合本企业业务发展情况，综合考虑全面预算期内经济政策变动、行业市场状况、产品竞争能力、内部环境变化等因素对生产经营活动可能造成的影响，根据自身业务特点和工作实际编制相应的全面预算，并在此基础上汇总编制预算方案。企业年度全面预算方案应当符合本企业发展战略、整体目标和其他有关重大决议，反映本企业全面预算期内经济活动规模、成本费用水平和绩效目标，满足控制经济活动、考评经营管理业绩的需要。制订预算方案，应当做到内容完整，指标统一，要求明确，权责明晰。

企业应当加强对预算编制环节的控制，对编制依据、编制程序、编制方法等作出明确规定，确保预算编制依据合理，程序适当，方法科学。

（一）全面预算编制原则

为了使全面预算内容更准确，更符合实际情况，全面预算编制应遵循以下原则进行：

1. 坚持效益优先原则，实行总量平衡，进行全面预算管理。

2. 坚持积极稳健原则，确保以收定支，加强财务风险控制。

3. 坚持权责对等原则，确保切实可行，围绕经营战略实施。

（二）全面预算编制起点

在编制全面预算的实际操作之前确定全面预算的编制起点，是任何全面预算编制机构首先应当解决的问题。

1. 以销售为起点。以销售为起点的全面预算模式是指以销售预算的结果为起点，分别编制销售预算、生产预算、成本预算、利润预算、现金预算等模式的一种预算方式。该预算以销售收入为主导指标，以利润和现金回收为辅助指标。

由于该模式以市场为导向、以销售为基点，适应市场状况，比较符合实际，适合于成长期的企业和成长期的市场，尤其适合于以价值最大化为目标的企业及实行以销定产的企业，该模式被预算企业普遍采用。由于该模式以销售为起点和导向，重视市场销售，如果应用不当，可能会造成市场的过度开发，从而忽视对成本的管理和现金的回收，在实施该预算时，除了考虑销售等主导指标因素，成本、利润、现金回收等辅助指标也必须给予足够重视。

2. 以利润为起点。以利润为起点的全面预算模式就是以目标利润为起点，分别编制企业收入预算、成本预算，并进行反复平衡，直到实现目标利润为止。该模式的指标体系以利润为主导指标，销售收入和成本为辅助指标。

该模式适合于提高企业利润，改善企业管理，降低营运成本，比较适合以利润最大化为目标的企业或大型企业集团的利润中心。但以利润为核心的预算管理行为可能引发短期行为，使企业只顾预算年度利润，忽略企业长远发展，可能引发冒险行为，使企业只顾追求高额利润，增加企业的财务和经营风险。

（三）编制全面预算方法的选择及对编制全面预算的监督

1. 企业可以选择或综合运用固定预算、弹性预算、零基预算、滚动预算、概率预算等方法编制预算。

（1）固定预算。固定预算是按固定业务量编制的预算，一般按预算期的可实现水平来编制。这是一种较为传统的预算编制方法。固定预算的主要优点是编制较为简便；缺点是实际业务水平与预算业务水平相差较大时，就难以发挥预算应有的作用，难以进行控制、考核、评价等。因此，在市场变化较大或较快的情况下，不宜采用此法。

（2）弹性预算。弹性预算是指按照预算期内可预见的多种业务量水平而编制的、能够适应不同业务量情况的预算。理论上说，所有预算都可采用弹性预算的方法。但在实际工作中，从经济的角度出发，弹性预算多用于成本、费用、利润预算的编制。其主要优点是可以反映一定范围内各业务量水平下的预算，为实际结果与预算的比较提供了一个动态的基础，从而能更好地履行其在控制依据和评价标准两方面的职能。

（3）滚动预算。滚动预算的基本精神就是它的预算期永远保持一个固定期间，其实质是动态的、不断连续更新调整的弹性预算。这种编制方法的优点是保持预算的完整性、持续性，从动态预算中把握企业的未来。由于预算不断修整，使预算与实际情况更相适应，有利于充分发挥预算的指导和控制作用。但在实际中，采用滚动预算，必须有与之相适应的外部条件，如材料供应时间等。当然，采用滚动预算的方法编制预算，也会加大预算编制的工作量。

（4）零基预算。零基预算是以零为基础编制预算的方法，一切从零开始，逐项审议预算期内各项费用的内容及开支标准是否合理，在综合平衡的基础上进行预算的编制。

企业确定预算编制方法，应当遵循经济活动规律，并要符合自身经济业务特点、生产经营周期和管理需要。

预算编制应当实行全员参与、上下结合、分级编制、逐级汇总、综合平衡。

2. 企业预算管理部门应当加强对企业内部预算执行的指导、监督和服务。

(四) 全面预算编制程序

程序是按照既定方式为有效地完成任务而必须实施的工作步骤。程序控制是对重要业务必须按照规定的标准化程序来执行的保障措施，其目的是实现全面预算编制的科学化、规范化。规范全面预算编制程序可以保证预算编制中的权力制衡和信息交流，可防止滥用职权和弄虚作假。因此，为了规范全面预算编制，应对全面预算编制的程序进行控制。

全面预算编制的程序可分为：自上而下式、自下而上式以及上下结合式三种方式。《企业内部控制应用指引第15号——全面预算》要求，企业在编制预算时，应当按照“上下结合、分级编制、逐级汇总、综合平衡”的程序进行，其基本步骤为：

1. 下达目标。全面预算的编制首先应由全面预算委员会根据企业董事会中长期规划和年度经济工作目标，结合企业的发展战略，提出企业下一年度的预算总目标，并将之分解下达至各责任企业。

2. 编制上报。各责任企业根据下达的预算目标和编制政策，结合本企业自身特点以及预算的执行条件，详细编制各项预算草案，并在规定时间内上报。

3. 审议平衡。全面预算管理工作小组会对各责任企业上报的预算草案进行审查、汇总、提出综合平衡的建议。在审查、平衡的过程中，全面预算管理委员会进行充分协调，对发现的问题提出初步调整的意见，并反馈给有关责任企业予以修正。

4. 审核批准。全面预算管理工作小组会将各责任企业调整后的全面预算进行汇总平衡，编制企业年度全面预算草案，报董事会或股东大会审议批准。

5. 下达执行。全面预算管理工作小组将审批通过的全面预算方案分发给各责任企业遵照执行，直接指导全面预算的实施工作。

三、全面预算执行控制点

企业全面预算编制完成后，便开始进入执行阶段，企业各部门在生产经营及相关的各项活动中，需要充分地按全面预算办事，围绕实现全面预算开展经济活动。同时，在全面预算的执行过程中，企业应该明确各项业务的授权审批权限及审批流程，强调预算的“硬约束性”，对于无预算或者超预算的项目进行严格控制。

(一) 对全面预算执行的要求

企业应当加强对全面预算执行环节的控制，对全面预算指标的分解方式、预算执行责任制的建立、重大预算项目的特别关注、预算资金支出的审批要求、预算执行情况的报告与预警机制等作出明确规定，确保全面预算严格执行。

企业全面预算一经批准下达，各预算执行企业必须认真组织实施，将预算指标层层分解，从横向和纵向落实到内部各部门、各环节和各岗位。

企业应当建立全面预算执行责任制度，对照已确定的责任指标，定期或不定期地对相关部门及人员责任指标完成情况进行检查，实施考评。在建立全面预算执行责任制时要充分考虑各责任中心的责权利的关系，主要可以从以下几个方面考虑：

1. 权责明确，权责相当，即授予与其管理职能相适应的经营决策权。权力和责任总是要相等的，如果责任大于权力，或者权力大于责任，就会出现滥用权力或无法控制相应责任，从而使全面预算管理无法实施的情况。权责相当的责任中心有利于提高管理的效率。

2. 责任可控，即赋予权力和完成任务之间有必然联系，可以控制才能承担责任。只有控制了，才能对其负责，才能在实际中让全面预算执行起来有实际效果，通过可控原则的运用使权责范围更加明确，使责任考核不会流于形式，可控和不可控划分界是执行预算责任制的基本要求。

3. 有效激励。任何行为产生都是由动机驱使的。给每个员工权力和责任，让他们有动力去用好权力，完成任务，最为重要的一点就是建立激励机制，让每个员工个人利益与其业绩联系起来，使全面预算能够得到有效执行。

企业应当以年度全面预算作为预算期内组织、协调各项生产经营活动和管理活动的基本依据，可将年度预算细分为季度、月度等时间进度预算，通过实施分期预算控制，实现年度预算目标。

企业对重大全面预算项目和内容，应当密切跟踪其实施进度和完成情况，实行严格监控。

企业应当加强对货币资金收支业务的全面预算控制，及时组织预算资金的收入，严格控制预算资金的支付，调节资金收付平衡，严格控制支付风险。

企业办理采购、工程项目、投资、成本费用、固定资产、存货、筹资等业务，应当严格执行预算标准。对超出企业预算的资金支付，实行严格审批制度。

企业应当健全凭证记录，完善全面预算管理制度，严格执行生产经营年度计划和成本费用的定额、定率标准，并对执行过程进行监控。

（二）全面预算预警机制

预警是度量某种状态偏离预警线的强弱程度，发出预警信号的过程。预警管理的思想起源于20世纪初，20世纪50年代时就证明了它的作用。《企业内部控制应用指引第15号——全面预算》要求，企业应当建立预算执行情况预警机制，科学选择预警指标。合理确定预警范围，及时发出预警信号，积极采取应对措施。有条件的企业，应当逐步推进预算管理的信息化，通过现代电子信息技术手段控制和监控预算执行，提高预警与应对水平。

建立预算预警机制的模式主要为：一是对可计量的风险因素可以运用指标预警法。二是对于不可计量的风险因素则采用因素预警法。与前者相比，因素预警法使用范围较小。三是综合警报，它是把指标预警方法与因素预警方法结合起来，并把诸多因素综合进行考虑。

四、全面预算调整控制点

全面预算调整是预算管理中一个必不可少的环节。一方面，在全面预算执行过程中，主、客观环境的变化，尤其是当外部环境发生重大变化时，如果片面强调预算的刚性，预算就会变得呆板僵化，妨碍企业的有效运作，此时，预算调整就必不可少；另一方面，预算调整又是一个十分规范的过程，必须建立严格规范的调整审批制度和程序，必须按照规定的程序进行调整，在变化中求不变。企业应当加强对预算调整环节的控制，保证预算调整依据充分，方案合理，程序合规。

（一）预算调整的程序

企业正式下达执行的全面预算，不得随意调整。企业在全面预算执行过程中，可能会由于市场环境、经营条件、国家法规政策等发生重大变化，或出现不可抗力的重大自然灾害、公共紧急事件等致使预算的编制基础不成立，或者将导致预算执行结果产生重大差异，需要调整预算的，应当报经原预算审批机构批准。调整预算由预算执行企业逐级向原预算审批机构提出书面报告，阐述预算执行的具体情况、客观因素变化情况及其对预算执行造成的影响程度，提出预算的调整幅度。企业预算管理部门应当对预算执行企业提交的预算调整报告进行审核分析，集中编制企业年度预算调整方案，提交原预算审批机构审议批准，然后下达执行。

对全面预算进行调整绝不能随便，应按照严格的程序，严格规范操作。其程序一般如下：

1. 全面预算执行情况的分析。全面预算执行企业在具体执行预算时，如发现预算偏差，必须进行具体分析，如属于主观原因不得进行调整，如为客观原因则应向预算委员会申请进行预算调整。

2. 全面预算调整的申请。全面预算调整应由责任中心向全面预算管理委员会提出书面申请，申请报告内容应详细说明调整理由、调整的建议方案、调整前后预算指标的比较，以及与原有预算指标的对比、调整后预算指标可能对企业预算总目标的影响等。涉及财务预算调整的，应同时向财会部门申请。

3. 全面预算调整的审查。全面预算委员会接到预算企业调整申请后即进入调整审查程序。预算管理委员会根据预算调整事项性质的不同，根据权限批准预算调整事项，并下发预算企业执行。

（二）企业预算调整方案应当符合的要求

1. 全面预算调整事项符合企业发展战略和现实生产经营状况。

2. 全面预算调整重点放在预算执行中出现的重要的或非正常的关键性差异方面。

3. 全面预算调整方案客观、合理。

对于不符合上述要求的预算调整方案，企业预算审批机构应予以否决。

五、全面预算分析考核控制点

全面预算分析是预算管理体系中的核心环节。通过对相关数据的对比分析，找出差距，分析原因，为提高企业运营效率、改进和优化流程提供支持，为企业生产经营及投资决策提供依据，保证预算的有效执行。全面预算管理委员会及财务管理部门应对预算的执行情况按月度、季度进行分析，对当期实际发生数与预算数之间存在的差异，不论是有利的还是不利的，都要认真分析其成因，而且要写明拟采取的改进措施。预算分析的重点是差异的原因及应采取的措施。

全面预算管理涉及企业经营管理的各个方面，要较好地发挥全面预算管理的作用，就必须坚持实施控制与结果考核相结合。如果没有以预算为基础的考核，预算就会流于形式，失去控制力。在预算管理循环中，预算考核是个承上启下的关键环节。一方面，在预算执行过程中，通过预算考核信息的反馈以及相应的调控，可随时发现和纠正实际业绩与预算的偏差，实现过程控制；另一方面，预算编制、执行、考核作为一个完整的系统，相互作用，周而复始地循环，实现对整个企业经营活动的最终控制。

企业应当加强对全面预算分析与考核环节的控制，通过建立预算执行分析制度、审计制度、考核与奖惩制度等，确保预算分析科学、及时，预算考核严格、有据。

企业应当建立预算执行分析制度。企业预算管理部门应当定期召开预算执行分析会议，通报预算执行情况，研究、解决预算执行中存在的问题，提出改进措施。

企业预算管理部门和各预算执行企业应当充分收集有关财务、业务、市场、技术、政策、法律等方面的信息资料，根据不同情况分别采用比率分析、比较分析、因素分析等方法，从定量与定性两个层面充分反映预算执行企业的现状、发展趋势及其存在的潜力。对于预算执行差异，应当客观分析产生的原因，提出解决措施或建议，提交企业决策机构研究决定。企业应当建立预算执行情况内部审计制度，通过定期或不定期的审计监督，及时发现和纠正预算执行中存在的问题。

企业应当建立全面预算执行情况考核制度。

1. 企业全面预算管理部门应当定期组织预算执行情况考核。有条件的企业，也可设立专门机构负责考核工作。

2. 企业全面预算执行情况考核，应依照预算执行企业上报预算执行报告、预算管理部门审查核实、企业决策机构批准的程序进行。企业内部预算执行企业上报的预算执行报告，应经本企业负责人签章确认。

3. 企业预算执行情况考核，应以企业正式下达的全面预算方案为标准，或以有关部门审定的全面预算执行报告为依据。

企业全面预算执行情况考核，应当坚持公开、公平、公正的原则，考核结果应有完整的记录；应当建立全面预算执行情况奖惩制度，明确奖惩办法，落实奖惩措施。

第四节　全面预算控制的案例

成败案析

以预算为管控龙头，国有资本精细化经营[①]

【案情扫描】

本案例通过全面检视一家企业集团在预算管理与控制方面的全真制度设计，分析其制度安排的合理性与严密性。

① 吴昌秀编著：诺亚舟咨询高级财务管理操作指南系列丛书，《企业全面风险管理》，机械工业出版社 2009 年版。

某集团全面预算管理办法

第一章 总 则

第一条 为了有效控制集团生产经营活动，优化资源配置，提高企业资产运营效率及经济效益，根据财政部《企业国有资本与财务管理暂行办法》和《关于企业实行预算管理的指导意见》有关规定，制定本办法。

第二条 本办法所称全面预算管理是指由业务预算、资本预算和财务预算构成的预算管理体系，是集团发展战略的保障和支持系统。

通过推行全面预算管理在集团内部建立以预算为导向的工作机制，既是优化资源配置，确保资金有序、高效运转，实现成本最低化和效益最大化，完成预算期内既定目标的客观需要，也是集团建立和完善现代企业制度、推动母子公司健康协调发展的必然要求。

第三条 集团全面预算管理按照内部经济活动的责任权限进行，并遵循以下原则：

1. 以集团发展战略为导向，围绕经营目标实施。
2. 以财务控制为基本手段，力求积极稳健，加强风险控制。
3. 全面预算，全员参与，全方位实施，全过程控制。
4. 统筹安排，科学合理，效益优先，综合平衡。
5. 量入为出，量力而行，精打细算，挖潜增效。
6. 细化考核，有效监督，权责对等，激励约束并重。

第四条 集团实行“统一管理，分级负责”的预算控制体系。“统一管理”就是集团对股东会批准的预算方案负责，在全企业范围内统一预算政策，统筹核定、统一调整预算指标，统一管理分、子公司投资资金，统一进行预算考核。“分级负责”就是子公司、分公司（指所有各二级预算单位，包括集团控股子公司、分公司及其他各附属单位，下同）按照集团的安排部署，负责本企业预算工作的组织，指标分解落实，执行过程监控以及执行结果考评，子公司负责人、分公司负责人对本单位预算指标的完成和预算管理工作负责。集团和子公司、分公司为基本预算控制责任中心，所有发生经济活动的各企业、分厂、区队（车间）、班组等均作为基层预算责任中心。

第二章 预算管理组织机构

第五条 按集团章程规定，年度预算方案由董事会负责制定，股东会审议批准。在具体工作中，董事会授权经理层具体实施预算方案的编制，预算方案报董事会审议通过后由股东大会审议批准。

第六条 集团成立预算管理领导组，统一组织、管理全企业的全面预算管理工作。预算管理领导组对董事会负责，主要以预算会议的形式审议预算事项。

预算管理领导组组长由总经理兼任，副组长由副总经理、总工程师、副书记兼任，成员包括各相关职能部门负责人。领导组下设预算管理办公室，由财务处长兼任办公室主任。预算管理办公室在预算管理领导组的领导下负责预算管理日常工作。

预算管理领导组主要职责：制定预算管理办法和措施，审议、平衡年度预算方案及预算调整方案，协调解决预算编制和执行过程中存在的问题，对预算管理进行监督检查，考核、评价预算执行情况和结果。

预算管理办公室主要职责：在预算管理领导组的领导下，具体负责组织集团的预算编制、审查、汇总、上报、下达、报告及集团预算总目标的分解落实等工作，落实预算管理领导组的有关决定，跟踪监督预算执行情况，组织召开预算分析会议，分析预算与实际执行的差异及原因，提出改进管理的措施和建议，督促各单位完成预算指标。

各职能部门主要职责：集团各职能部门作为集团子公司、分公司相关业务预算、资本预算、财务预算指标审核和过程监控的实施主体，要积极配合预算管理办公室做好集团总预算的综合平衡、协调、分析、监控等工作；职能部门负责人对本部门预算执行结果及预算管理工作承担相应责任。

第七条　子公司、分公司都必须充分重视预算管理工作，将预算作为制定工作目标、进行资源配置和落实内部经济责任的主要依据。要根据本单位实际情况成立相应的预算管理机构，在集团预算管理办公室的指导下，组织、管理本单位全面预算管理工作，并接受集团的监督、检查和考核。子公司、分公司负责人对本单位预算的日常控制和执行结果承担责任。

第三章　预算的形式及内容

第八条　全面预算由业务预算、资本预算和财务预算构成，以现金流控制为核心，以实现目标利润为重点，以业务预算、资本预算为基础。全面预算以年度预算报告的形式反映，预算报告包括预算报表、预算编制说明书、指标测算基础、指标分解落实情况以及相应的执行控制措施等。

业务预算包括生产预算、采购预算、销售预算、产销存预算等。业务预算主要依据预算年度市场情况、本单位产能、产品结构、目标利润、消耗定额、期初存货、期末存货以及生产经营工作总体部署等情况进行编制。

资本预算包括固定资产投资预算、权益性资本投资预算和筹资预算等。资本预算主要依据生产经营、更新改造、项目建设、可行性研究、投资决策、现金流转等有关资料编制。资本预算要按照具体投资项目、投资规模、资金渠道、经济效益和工期安排等编制。

财务预算以业务预算、资本预算以及有关财务会计制度为基本依据进行编制，主要以预计损益表、预计现金流量表、预计资产负债表、利润分配预算、营业（销售）成本预算、制造费用预算、期间费用预算以及其他业务和营业外支出预算等形式反映。

集团根据国家有关规定，结合企业实际情况统一制定调整预算编制要求和预算基础表格，统一预算指标计算口径和方法。

第九条　集团根据母子公司管理体制，并针对不同类型的子公司、分公司，分别确定不同的预算管理目标。对各控股子公司以实现利润和净资产收益率为重点；对分公司及其他附属单位以实现利润和成本费用控制为重点，对分公司中的营销部门以实现销售量、销售收入和货款回收为重点；对投资支出（各类专项资金、项目建设资金和企业对外投资等）以投资决策和资金控制为重点。

第四章 预算的编制程序和方法

第十条 集团预算编制按照“上下结合、分级编制、逐级汇总、综合平衡”的程序进行，并按年度编制，季度、月度分解落实。凡是直接或间接占用资产和发生财务收支的单位、分厂、车间等均需编制预算。各子公司、分公司根据集团的总体要求分别汇总（或合并）编制本单位的年度预算方案，集团专业技术分管领导及专业技术部门根据企业统一安排对本系统业务范围内的各子公司、分公司预算事项进行审查，并提出核定意见。

第十一条 年度预算一般采用固定预算的编制方法。固定预算编制的基本方法是先将预算年度业务量、价格、定额等预算先导指标及相关政策性客观性因素固定在经过调研、决策后的预计水平上，然后以此为基础来确定其他项目预计数的预算编制方法。

各预算单位按照先业务预算、资本预算，后财务预算的流程编制本单位预算方案，并按照所承担经济业务的类型、责任权限，编制不同形式的基础预算资料。

第十二条 预算编制的基本程序：

1. 下达目标。集团董事会根据企业发展战略和预算期经济形势的初步预测，在初步决策的基础上，一般于每年10月份提出下一年度预算总体目标，包括销售或营业目标、成本费用目标、利润目标和现金流量目标，并确定预算编制政策。预算管理领导组根据董事会的要求，综合分析预算年度的生产经营环境，拟定年度预算编制手册，下达各预算单位。

2. 编制上报。各预算单位按照预算管理领导组下达的预算目标和政策，结合自身特点以及预测的执行条件，提出本单位详细的预算草案，经本单位经营决策层审议，并由负责人签字后，于11月30日前上报预算管理领导组。子公司、分公司预算草案中年度工资总额基数和经营者基薪等工资成本应有确定的预算指标并附详细说明。

3. 审查平衡。预算管理领导组根据实际需要组织有关技术专家、经济专家、有关业务部门组成预算审核小组，对各预算单位上报的预算方案，围绕提高整体运行效率和实现集团效益最大化两个目标进行审核、评价。总的审核原则是对收入类项目要拓宽渠道、应收尽收；对支出类项目，要严格按照投资规模、设计概算、定额、限额、开支范围和标准、资金状况等进行审查，提出综合平衡的修改意见。

4. 审议批准。各预算单位根据集团的修改意见重新编制预算草案并及时上报本单位、部门，预算管理办公室集中编制集团年度总预算草案，经总经理办公会研究通过形成预算方案，提交董事会和股东会审批。

5. 下达执行。预算管理领导组将董事会和股东会批准的年度总预算分解成一系列指标体系，以正式文件下发各预算单位执行。集团以签订经营业绩责任书的形式，与子公司、分公司明确预算目标权责关系。子公司、分公司根据集团下达的预算指标，结合本单位实际情况逐级分解，并将预算分解情况及时上报集团预算管理办公室。

第十三条 在预算编制工作中，应当认真遵循会计完整性原则，以预算年度内预计发生的全部业务为基础，做到既统筹安排，全面完整，又不重不漏，决不允许留有秘密准备和不合理的预备费用。预计对企业财务状况和经营成果等产生较大影响的重要财务会计事项，都应当纳入预算范围，以使预算能够全面、完整地反映集团预算年度的经营业务收入、成本费用、投（筹）资及资金流转状况。

第五章 预算的执行与控制

第十四条 集团预算管理以年度预算目标为基本标准，以规范化的预算管理制度为执行控制程序，严格按照预算安排开展各项生产经营活动，组织日常财务收支。

预算一经确定，在集团内部便具有“法律效力”。各预算单位都必须以预算为导向，强化预算的刚性约束，抓好预算执行过程控制，建立健全“谁控制，谁负责”的责任机制和相应的激励约束机制，管好该花的钱，管住不该花的钱，杜绝浪费钱，维护预算的严肃性，确保预算的执行力和控制力。

第十五条 对于年度预算指标内的预算事项实行预算授权审批制度，预算负责人根据预算事项的不同性质、额度和控制要求，分别授予不同层级、岗位相应的预算审批权限。未经授权，任何部门、单位、任何人都不能随意对预算进行审批、修改和调整等。经过授权的审批人在授权范围内审批预算事项，经办人应当在职责范围内按照预算安排和审批人的批准意见执行。对于审批人超越授权范围审批的预算事项，经办人有权拒绝执行，同时向本单位责任人及上级预算管理部门报告。

第十六条 各预算单位都必须将预算作为预算期内组织、协调各项经营活动的基本依据，严格按照预算开展各项生产经营和财务收支活动。预算指标要层层分解落实，横向到边，纵向到底，做到人人头上有指标，个个肩上有任务，每一个层面、每一个环节的经济活动都要以预算为执行标准，将预算指标与责任中心、责任人完全落实到位，形成全方位预算执行责任网络体系。同时，各预算单位还必须根据时间进度，科学合理地将年度预算细分为季度预算、月度预算、每日目标，以分期预算目标的落实来确保年度预算目标的实现。

对于收入类项目，要不断巩固和开拓市场，提高产品（或服务）质量，扩大增收渠道，按照应收尽收的原则均衡地组织预算收入。

对于支出类成本费用和资金项目，要按照“谁花钱，谁编预算，先有预算，后有支出”的原则进行控制。没有预算，任何部门和人员都不能随意动用支出，禁止任何形式的“先斩后奏”项目。年度预算（或调整预算）已作出安排的各项财务收支，严格按预算执行；年度预算（或调整预算）未作出安排或未纳入调整预算范围的各类支出，财务不予安排资金。

第十七条 各预算单位都必须强化现金流的预算控制，按时组织预算资金收入，严格控制预算资金支付。预算资金要按照进度收付，不允许资金在不同预算项目之间进行调剂。严禁将预算资金用于预算之外的其他任何用途，以保持集团资金收付基本平衡，控制财务风险。

第十八条 建立预算执行情况内部报告制度，健全集团内部预算信息系统。要加强计量、记录、定额等基础管理工作，完善各项规章制度，加强预算适时监控，及时掌握预算执行动态及结果。各级预算管理部门应当充分运用内部管理报告和财务会计报告等有关资料监控预算执行情况，及时向本单位预算管理领导组报告预算执行进度、执行差异及其对单位预算目标的影响，提出消除差异的建议措施。

建立预算执行情况的预警机制。各预算单位对于预算执行过程中发生的新情况、新问题要进行必要的动态跟踪，对于出现偏差较大的项目、指标，要及时进行预警。预算管理领导组应当责成有关预算单位剖析原因，采取必要的纠偏措施，确保预算目标的全面实现。

第十九条　集团机关各职能部门应根据各自的工作职责制定相应的预算执行监控办法，把预算控制与业务管理紧密结合起来，加强监督检查和考核，将预算监控真正纳入日常工作，不断摸索总结，逐步建立起适应集团发展的定额体系。部门预算指标及预算管理情况作为集团对各处室部门绩效考核的一项主要内容。

第六章　预算调整

第二十条　正式下达的预算，一般不作总目标的调整，各预算单位应及时采取有效的经营管理对策，保证预算目标的实现。属于年度预算中按正常程序应作出安排的支出，不作为预算调整项目，不予追加预算指标。

第二十一条　对于不影响本单位年度“预算总目标”实现的预算各项目金额和月份之间的变化，子公司、分公司可以根据实际经营情况，由本单位预算管理领导组审批后按规定程序进行单位内部的预算调整。各单位的预算内部调整应及时报集团预算管理办公室备案。上述“预算总目标”是指子公司、分公司的“利润总额”、“净利润”、“业务量”、“主营业务收入”以及分公司的“成本费用”等，分公司“成本费用”中“局控成本”、“工资成本”以及“自控成本”项目之间不允许相互调整。

第二十二条　各预算单位在预算执行过程中由于政策法规、市场环境、生产经营条件等发生重大不可抗拒的条件变化，致使预算编制基础不成立，或者将导致预算执行结果与目标产生15%以上偏差的，由集团预算领导组审批后可以调整预算。

第二十三条　预算调整按下列程序进行。首先，由各预算单位按照“预算调整（追加、变更）审批单”所列程序向集团预算管理领导组提出书面报告，阐述预算执行实际状况、客观因素变化情况及其对预算执行造成的影响程度等，提出预算的调整范围和幅度。其次，预算管理办公室要按照不偏离企业发展战略和年度预算目标、经济上能够实现最优化等原则，对各预算单位的预算调整方案进行审核分析，集中编制度预算调整方案，由预算管理领导组审议批准后，下达执行。

第二十四条　各预算单位调整预算申请的上报时间为每年7月10日前，集团调整预算批复一般于9月底之前结束（预算调整未批复前）。

第七章　预算分析

第二十五条　建立预算执行情况分析制度。预算管理办公室负责组织每季度召开集团预算执行分析会议，了解预算执行进度以及存在问题，研究确保预算完成的具体措施，全面掌握预算执行情况。各预算单位要充分利用有关政策、法规、市场、财务、业务、技术等方面的资料和预算执行过程中的动态信息，采用科学的分析方法，从定量与定性两个方面全面反映预算执行的现状、发展趋势及其存在的潜力等。对预算执行过程中产生的偏差，各预算单位应当客观分析具体原因，找出责任归属及改进工作的措施或建议，并针对问题采取有效措施消除偏差。

各预算单位都应当建立月度预算执行分析制度。预算执行过程中，各基层预算责任中心应组织专门人员进行定期、不定期的现场监督检查，追踪预算执行情况，对于预算执行差异要及时提交单位预算管理部门研究。月份预算执行情况分析说明作为子公司、分公司财务情况说明书的一部分直接并入月份财务会计报告中；季度预算分析报告经本部门、本单位负责人签章确认后单独上报集团预算管理办公室。

第二十六条 预算管理领导组应当向董事会、股东会报告年度预算执行情况。预算年度终了，各预算单位应对年度预算执行情况及时进行全面总结分析，形成年度预算执行情况报告。年度预算执行情况报告按照内部议事规范审议通过后，上报集团预算管理办公室。

第二十七条 建立预算执行情况稽查和审计制度。充分发挥集团和各预算单位两级财务和审计部门的监督作用，通过定期实施监督检查，查找预算管理各个环节可能存在的问题与不足，及时纠正预算执行过程中出现的各类偏差。预算管理领导组每半年组织一次对各预算单位预算执行情况的检查，审计监察部对预算执行情况进行年度监督检查，对发现的各类违规、违纪行为将给予相应的处罚，对预算控制中的薄弱环节，应当告知责任单位和部门。相关单位和部门应当及时查明原因，采取措施加以纠正和完善。特殊情况下，集团可以组织不定期的专项稽查和审计。

第二十八条 加强各子公司财务负责人对本企业预算管理的责任落实。财务负责人（财务总监、总会计师等）对本企业预算的日常管理和控制具体负责，并分别就预算编制情况、半年的执行和调整情况以及年度决算等情况向集团预算管理领导组报告和述职。

第八章 预算考核

第二十九条 集团对所有控股子公司、分公司及其他附属单位均进行预算考核。考核对象按照主要业务的不同特点分为经营单位和建设单位两大类。经营单位是指已进入生产经营期的控股子公司、分公司及各附属单位等；建设单位是指主要业务尚处在基本建设期的各核算单位。

第三十条 根据可持续发展和集团效益最大化要求，按照既承认历史原因又鼓励增收节支的原则，集团依据子公司、分公司预算年度权益资本投资额（子公司）、资产总额（分公司）、经营规模、成本费用控制、盈利能力、从业人员人数等指标以及集团对子公司、分公司财务控制程度等具体特点，分类对各单位进行公开、公平、公正的考核。

第三十一条 预算考核体系依据各单位业务特点由不同考核指标构成。经营单位中，子公司考核指标为利润总额、净资产收益率、成本费用利润率以及主营业务收入等，分公司中利润单位（指有财务收支任务的单位）考核指标为利润总额、总资产利润率、成本费用利润率以及货款清收率等，经费支出单位考核指标为费用支出额。建设单位考核指标为投资计划完成率、建管费支出等。

第三十二条 预算考核指标由主要指标、辅助指标两部分组成，实行百分制考核，根据考核期各项指标实际完成情况和考核计分办法分档计算分项指标得分和综合得分。

预算考核按照分期考核、累计算账、年度总考核的方式进行，分公司及附属单位的分期考核按月度落实，子公司按季度落实。

1. 子公司预算考核。子公司预算考核计分标准见表17－1。

表17－1 子公司预算考核计分标准

单位类别	指标分类	指标名称	标准分
经营单位	主要指标	利润总额	
		净资产收益率	
	辅助指标	成本费用利润率	
		主营业务收入	
		股利分配率	
建设单位	主要指标	投资计划完成率	
	辅助指标	建管费支出	

(1) 经营单位考核标准。

①利润总额考核标准。盈利企业利润总额按预算目标值大小分为亿元以上（含亿元）、1 000万~10 000万元（含1 000万元）、100万~1 000万元（含100万元）和100万元以下四个等级，完成预算指标得标准分。

第一，指标超额完成且利润额增加幅度在15%之内，亿元以上企业每提高1.5%加1分；1 000万~10 000万元企业每提高2%加1分；100万~1 000万元企业每提高2.5%加1分；100万元以下企业每提高3%加1分。利润增加幅度超过15%时，超出部分每增加3%加1分，最多加3分。

第二，未完成指标且利润减少幅度在15%之内，亿元以上企业每减少1.5%扣1分；1 000万~10 000万元企业每减少2%扣1分；100万~1 000万元企业每减少2.5%扣1分；100万元以下企业每减少3%扣1分。利润额减少幅度超过15%，超出部分每减少0.5%扣1分，直至本项指标得分扣完。

第三，亏损企业利润总额考核方法与盈利企业相同，利润增减按实际减亏增亏计算。

②净资产收益率考核标准：完成预算指标得标准分。

第一，指标超额完成且增加值在预算目标值的15%之内，每增加预算目标值的1.5%加1分；增加值超过预算目标值的15%，超出部分每增加预算目标值的3%加1分，最多加3分。

第二，未完成指标且减少值在预算目标值的15%之内，每减少预算目标值的1.5%扣1分；减少值超过预算目标值的15%，超出部分每减少预算目标值的0.33%扣1分，直至本项指标得分扣完。

③辅助指标考核标准。

第一，成本费用利润率考核标准：完成预算指标得标准分。

指标超额完成且增加值在预算目标值的15%之内，每增加预算目标值的3%加1分；增加值超过预算目标值的15%，超出部分每增加预算目标值的5%加0.5分，最多加1.5分。

未完成指标且减少值在预算目标值的15%之内，每减少预算目标值的3%扣1分；减少值超过预算目标值的15%，超出部分每减少预算目标值的1%扣1分，直至本项指标得分扣完。

第二，主营业务收入考核标准。主营业务收入按预算目标值大小分为亿元以上、亿元以下两个等级，完成预算指标得标准分。

指标超额完成且增加幅度在15%之内，亿元以上企业每提高3%加1分；亿元以下企业每提高6%加1分。增加幅度超过15%，超出部分每增加5%加0.5分，最多加1.5分。

未完成指标且利润额减少幅度在15%之内，亿元以上企业每减少3%扣1分；亿元以下企业每减少6%扣1分。减少幅度超过15%，超出部分每减少1%扣1分，直至本项指标得分扣完。

第三，股利分配率考核标准。股利分配率为100%，完成得标准分，每减少2%扣1分，直至本项指标得分扣完。

（2）建设单位考核标准。

①投资计划完成率考核标准：投资计划完成率为100%，完成预算指标得标准分。

实际指标完成率在95%~105%之间，不扣分。未完成指标且减少幅度超过5%，超出部分每减少0.33%扣1分，直至本项指标得分扣完；超额完成指标且增加幅度超过5%，超出部分每增加0.17%扣1分，直至本项指标得分扣完。

②建管费支出考核标准：完成预算指标得标准分。

完成费用控制指标且减少幅度在15%之内，每减少1%加1分；减少幅度超过15%，超出部分每减少1%加0.5分，最多加1.5分。

未完成费用控制指标且增加幅度在15%之内，每增加1%扣1分；增加幅度超过15%，超出部分每增加0.4%扣1分，直至本项指标得分扣完。

2. 分公司及附属单位预算考核。分公司及附属单位预算考核计分标准见表17-2。

（1）经营单位考核标准。

①利润总额考核标准。盈利企业利润总额按预算目标值大小分为亿元以上（含亿元）、1 000万~10 000万元（含1 000万元）、100万~1 000万元（含100万元）和100万元以下四个等级，完成预算指标得标准分。

指标超额完成且利润额增加幅度在15%之内，亿元以上企业每提高1.5%加1分；1 000万~10 000万元企业每提高2%加1分；100万~1 000万元企业每提高2.5%加1分；100万元以下企业每提高3%加1分。利润增加幅度超过15%时，超出部分每增加3%加1分，最多加3分。

未完成指标且利润减少幅度在15%之内，亿元以上企业每减少1.5%扣1分；1 000

万～10 000 万元企业每减少 2% 扣 1 分；100 万～1 000 万元企业每减少 2.5% 扣 1 分；100 万元以下企业每减少 3% 扣 1 分。利润额减少幅度超过 15%，超出部分每减少 0.25% 扣 1 分，直至本项指标得分扣完。

表 17－2　　分公司及附属单位预算考核计分标准

单位类别			指标名称	标准分
经营单位	目标利润单位	主要指标	利润总额	40
			总资产利润率	20
			成本费用利润率	20
		辅助指标	货款清收率等备选指标	10
			人均利润	10
	经费单位	主要指标	（成本）费用支出	100
	销售部	主要指标	产品平均售价	40
			货款回收率	40
		主要指标	销售费用	20
建设单位		主要指标	投资计划完成率	60
		辅助指标	建管费支出	40

亏损企业利润总额考核方法与盈利企业相同，利润增减按实际减亏增亏计算。

②总资产利润率考核标准：完成预算指标得标准分。

第一，指标超额完成且增加值在预算目标值的 15% 之内，每增加预算目标值的 1% 加 0.5 分；增加值超过预算目标值的 15%，超出部分每增加预算目标值的 2% 加 0.5 分，最多加 2 分。

第二，未完成指标且减少值在预算目标值的 15% 之内，每减少预算目标值的 1% 扣 1 分；减少值超过预算目标值的 15%，超出部分每减少预算目标值的 0.5% 扣 1 分，直至本项指标得分扣完。

③成本费用利润率考核标准：完成预算指标得标准分。

指标超额完成且增加值在预算目标值的 15% 之内，每增加预算目标值的 1% 加 0.5 分；增加值超过预算目标值的 15%，超出部分每增加预算目标值的 3% 加 0.5 分，最多加 2 分。

未完成指标且减少值在预算目标值的 15% 之内，每减少预算目标值的 1% 扣 1 分；减少值超过预算目标值的 15%，超出部分每减少预算目标值的 0.5% 扣 1 分，直至本项指标得分扣完。

④铁路运输、供电、机修三个分公司的备选辅助指标为“货款清收率”，其考核标准为：货款清收率为 100%，完成得标准分。货款清收率大于 100%，每多 1% 加 1 分，最多加 3 分；货款清收率小于 100%，每少 0.5% 扣 1 分，直至本项指标得分扣完。其他单位根据当年实际情况在总资产周转率、流动资产周转率等备选考核指标中具体确定，资产周

转率的计分办法与子公司“成本费用利润率”相同；未选定该项指标时，此项指标分值自动计入“成本费用利润率”。

⑤人均利润指标考核标准与亿元以上企业主营业务收入考核标准相同。

（2）经费单位考核标准：完成预算指标得标准分。

完成费用控制指标且减少幅度在10%之内，每减少1%加3分；减少幅度超过10%，超出部分每减少2%加1分，最多加5分。

未完成费用控制指标且增加幅度在10%之内，每增加1%扣3分；增加幅度超过10%，超出部分每增加0.2%扣1分，直至本项指标得分扣完。

（3）建设单位考核标准。建设单位考核标准与子公司建设单位考核标准相同。

（4）销售部考核标准。

①产品平均售价考核标准：完成预算指标得标准分。

第一，指标超额完成且增加幅度在2%之内，每增加0.2%加1分；增加幅度超过2%，超出部分每增加0.4%加1分，最多加5分。

第二，未完成指标且减少幅度在1%之内，每减少0.1%扣1分；减少幅度超过1%，超出部分每减少0.01%扣1分，直至本项指标得分扣完。

②货款回收率考核标准。货款回收率为100%，完成得标准分。货款回收率大于100%，每多0.067%加1分，最多加15分；货款回收率小于100%，每减少0.0125%扣1分，直至本项指标得分扣完。

③销售费用考核标准：完成预算指标得标准分。

完成费用控制指标且减少幅度在5%之内，每减少1%加1分；减少幅度超过5%，超出部分每减少2%加1分，最多加3分。

未完成费用控制指标且增加幅度在5%之内，每增加0.5%扣1分；增加幅度超过5%，超出部分每增加0.25%扣1分，直至本项指标得分扣完。

④鉴于目前集团应收欠款仅有4 000万元，而且全部是账龄在5年以上的长期欠款，基本上属于死账、坏账的实际情况，集团将根据各年实际情况对清收旧欠另外计算奖励。

第三十三条　考核指标计算公式：

1. 净资产收益率＝净利润/平均净资产×100%

2. 成本费用利润率＝利润总额/成本费用总额×100%

成本费用总额＝销售（营业）成本＋主营业务税金及附加＋销售（营业）费用＋管理费用＋财务费用＋营业外净支出＋其他业务净支出

3. 总资产利润率预算目标值：当年预算利润总额/（上年平均资产总额×调节系数）

调节系数＝当年预算收入（产量）/上年收入（产量）×0.9

总资产利润率实际完成值＝当年实际利润总额/当年实际平均资产总额

第三十四条　集团依据本办法结合各年工作目标具体核定年度各项指标，并与各预算单位就年度考核目标值签订目标责任书。年度预算调整时，考核指标作相应调整。

第三十五条　为确保预算考核工作的客观、公正与公平，有效发挥对企业的经营评判、管理诊断和行为引导作用，开展年度预算考核时要以子公司、分公司经社会中介机构审计后的财务会计报告为基础。

第三十六条 各控股子公司、分公司及其他各附属单位应根据本办法制定本单位适用的预算考核办法，层层落实预算考核制度。

第九章 附 则

第三十七条 本办法由集团预算管理领导组负责解释，并从2007年1月1日起执行。

【案情评述】

这是来自于一家集团在全面预算管理领域的制度探索，原汁原味的实务环境、原原本本的企业氛围。整体分析这一预算方案，给人感觉已经迈向“细测算、多对接、可调剂、精运行、深调研、严考核、硬兑现”的预算管理与控制方法。如何评析这一预算管控的制度设计呢？如何从中给我们一些启示与思路呢？

第一，加强领导，内部协调一致。全面预算的编制、执行、考核都涉及大量的市场信息和企业内部生产经营过程的信息，涉及企业生产经营的各个方面，其顺利进行需要企业最高管理者重视和参与、上下统一思想和认识，密切配合，需要各部门积极配合的畅通的内部信息网络。

第二，健全预算管理控制系统。从预算编制、跟踪执行过程、差异分析到预算调整，都应建立规范的流程。在编制时综合考虑企业全面的资源与经济活动，在执行过程中每一部门、每一项业务的发生都受到预算的严格约束，执行中不符合预算规定的部分应经过制度规定的程序，由具有相应权力的个人或机构审批才能准许发生，并进行相应的预算调整，由此形成的预算执行信息才能真正成为考评、奖惩和激励的依据。

第三，全面预算与规范法人治理结构相联动。现代预算管理制度强调协调，在母子公司权限划分、企业内部机构的设置方面，按照集权与分权相结合的原则，通过预算明确不同职权范围，并使责、权、利三结合原则能真正落实到实处。预算管理要明确各自的权限空间，从而科学地管理和可靠地执行，使预算决策、预算行为与预算结果得到高度的协调与统一。

第四，预算目标的选择：决策管理与决策控制。预算管理要为不同的目的服务，决策管理和决策控制两项预算的职能之间存在着冲突，若过分强调预算的决策控制的功能，将不可避免地影响决策管理功能的发挥；而若要保证决策管理功能发挥到最佳状态，则无可避免地要放弃决策控制功能。这要求企业根据本企业所面临的特殊环境作出决策。比如在营业收入预算的编制过程中，销售人员掌握着企业的情况这一专门信息，如果预算仅仅是为了管理决策服务，销售人员就会把他的所掌握的信息毫无保留地拿出来，与各部门进行分享；但如果预算的目的之一是作为业绩评价标准，营业收入数值要在年末时用来对企业销售部门的经营业绩进行评价，并由于这一信息的不对称性，销售人员就会对其掌握的信息进行一定的“裁剪”，以不被人识破为前提实现自身利益的最大化。销售部门有可能会有意低估未来。

第五，加强基础工作，建立健全有关制度。把企业管理的方法策略全部融会贯通于预算执行过程中。预算管理要求的基础工作包括岗位责任制的建立、统计信息的及时和准确、内部核算体系的完善、构造适宜的业绩评价体系等。应全面提高预算人员的素质，对各级相关的管理者进行预算管理的培训。

此案例表明：全面预算不是“秀”给别人看的“花架子”，而是实实在在统率企业生产、经营各个方面协同前进的“总开关”。通过预算管理，数据量化，结合相关环节强化过程控制，进一步促使企业各环节精细运行，这是确保企业上下面向市场、面对目标，持续前行的重要措施。

第十八章

合 同 管 理

合同是指企业与自然人、法人及其他组织设立、变更、终止民事权利义务的合同或协议。企业至少应当关注涉及合同管理的下列风险：一是未订立合同、未经授权对外订立合同、合同对方主体资格未达要求、合同内容存在重大疏漏和欺诈，可能导致企业合法权益受到侵害。二是合同未全面履行或监控不当，可能导致企业诉讼失败，经济利益受损。三是合同纠纷处理不当，可能损害企业利益、信誉和形象。

《企业内部控制应用指引第16号——合同管理》着力解决企业经营过程中的合同管理，其主要内容包括：制定本指引的必要性和依据，合同范围，合同管理过程中应关注的主要风险，以及如何在合同订立、合同履行等环节实施内部控制，分三章共十六条。

第一节 合同控制的内容

企业在建立与实施合同管理内部控制过程中，至少应当强化对下列关键方面或者关键环节的控制。

一、签约主体资格控制

资信调查是签约前所进行的一项重要的合同管理活动。企业在签署重大合同之前进行资信调查有利于提高合同的履约率和经济交往的安全性。资信调查分为签约主体资格调查制度和签约主体信用调查制度两项内容。

（一）签约主体资格调查制度的制定

企业制定签约主体资格调查制度，应当包括以下主要内容：

1. 确定调查机构和人员。企业在制定签约主体资格调查制度时，首先应当确定企业内部负责调查的机构和人员。一般来说，除了法律部门或者合同管理部门外，根据合同内容的不同，企业的业务部门也应当承担主要的调查任务。

2. 确定调查的内容。企业对签约主体资格进行调查的主要内容应当包括：

（1）主体资格是否合法。根据我国现行的法律规定，经济活动的主体大致可分为法人（领取企业法人营业执照）、非法人经济组织（领取营业执照）和自然人（包括个人独资、个人合伙，领取营业执照）。合同签约对象的主体不同，所涉及的合同内容也有所不同，因而发生的权利义务也不尽相同。只有了解对方企业的法律性质，才能确定由谁承担责任，是承担有限责任，还是承担无限责任。

①对法人的资格调查。首先要看其是否持有工商行政管理机关颁发的“企业法人营业执照”，并需了解对方经济组织的法定名称、住所、营业范围、主营业地的详细地址，厂长、经理和董事长姓名等事项以及营业执照是否经过年检。若对方是企业，则还需了解其性质，即属于有限责任企业、股份有限企业、总企业、分企业、母企业、子公司中的哪一种，对于不具有法人资格企图以法人名义签订合同的当事人，应予以拒绝。

②对个人独资企业、个人合伙企业、个体工商户、农村承包经营户的调查。应调查其是否依法经工商行政管理部门核准登记，并领取营业执照。至于对公民的资格调查，主要是对公民的自身状况的了解，确定其是否具有法定的权利能力和行为能力。

③对非法人经济管理组织的调查。非法人经济组织是指未取得法人资格，但依照法定程序和条件取得了营业执照，法律允许其从事生产经营活动的组织。在调查非法人经济组织的资格时，应当调查其是否按照法律规定登记并领取营业执照，对于未经核准登记，也未领取营业执照，却以非法人经济组织的名义签订合同的当事人，不能与之签约。有些非法人经济组织是企业法人所属的分支机构，或者为企业和社会团体设立的经营企业，不具有法人资格，但它可以在授权的营业范围内，以其所从属的法人的名义签订合同，所产生的权利义务由法人承担。因此，在调查这一类合同当事人的主体资格时，应注意同时调查其所从属的法人的主体资格。

④对外方当事人的资格调查。对方当事人是外国的企业、组织的，应当查清其法律地位和性质。调查的主要内容有三项：一是调查其企业或组织是否合法存在；二是调查其法定名称、法定代表人姓名、国籍及企业或组织的注册地；三是调查其企业是有限企业还是无限企业，是否具备法人条件。对方当事人是外国公民个人的，应当主要调查其国籍及自身状况，确定其是否具有法定的权利能力和行为能力以及资信能力等。

⑤对保证人的调查。合同的签订要求有保证人保证时，应当调查保证人主体资格的合法性。作为保证人，他必须具有民事行为能力，必须具有代为清偿主债务的能力和承担赔偿责任的能力，还必须符合《中华人民共和国担保法》有关保证人的限制性规定，国家机关不得作为保证人，企业法人的分支机构、职能部门不得作为保证人，但企业法人的分支机构有法人书面授权的，可以在授权范围内提供保证。

（2）经营范围是否合法。签约方应当在其经营范围以内从事经济活动。为此，在签订合同协议前，必须审查合同项目是否超出了其营业执照上规定的经营范围。对于一些重要资料和特殊商品，还应要求其出示生产许可证或经营许可证。企业应当重点调查对方经营范围是否违反了国家限制经营、特许经营和禁止经营的规定。

（3）签约人是否合法。企业在签约前应要求对方合同当事人出具签约资格证明。签约人是法定代表人的应出具法定代表人证明；签约人是代理人的，代理人必须取得法定代表人的授权，并根据授权范围以委托人的名义签订合同，才对委托人直接产生权利义务。必须审查代理人的代理身份和代理资格。审查的具体内容包括：一是其是否有被代理人签发的授权委托书；二是其代理行为是否超越了代理权限；三是其代理权是否超出了代理期限。

(4) 其他自然状况是否真实。其他自然状况主要包括企业注册地址、联系电话、邮政编码、营业地、分支机构等。

3. 确定调查报告制度。企业制定签约主体资格调查制度中应当规定一定的调查期限。在调查期截止之前，企业负责调查的部门应当提交调查报告，调查报告应当对签约方的主体资格进行评估，对没有调查出结果的项目进行说明，以作为签约部门的参考。

4. 明确调查失职责任。对于负责调查的部门和人员，如果因其个人失职而导致调查的信息不实造成损失，应当规定相应的处罚措施。

(二) 签约主体资格调查制度的执行

执行签约主体资格调查制度的重点是如何以灵活多变的调查手段和调查渠道最大限度地了解对方的资格情况。

1. 调查方式。一般调查方式大致有下列几种：

(1) 实地调查方式。实地调查方式可以使当事人直接进入调查角色，便于掌握第一手材料，缺点是如果在异地，投入成本将加大。

(2) 委托调查方式。委托调查是通过行政、银行和法律服务部门协查、咨询的方法，以了解当事人的资信情况。

(3) 间接调查方式。它主要是指利用信息媒体收集有关企业的资信情况。

2. 调查的渠道。调查的渠道很多，企业可以根据调查的对象、内容选定不同的渠道。一般调查的渠道有以下几种：

(1) 企业法人注册的工商行政管理部门。

(2) 行业主管部门或企业主管部门。

(3) 专业银行部门。

3. 签约主体信用调查制度的制定。企业制定签约主体信用调查制度，其调查机构和人员、调查报告和调查责任制度的规定与签约主体资格调查制度基本一致。主要区别是调查内容的不同。企业制定和执行签约主体信用调查制度包括对当事人的履约能力以及履约信用的调查，具体内容如下：

(1) 履约能力的调查。我国法律规定，法人因合同发生的债务承担有限责任，公民、私营企业和个体经济组织等对合同发生的债务承担无限责任。因此，企业在签订合同时应当了解对方的履约能力是否能承担相应的责任。对履行能力的调查又可以分为对财产状况、生产能力和经营能力的调查。

(2) 财产状况的调查。财产状况包括注册资本、实收资本、公积金以及其所拥有的其他形式财产，资本状况是客户经济实际能力和履约能力的标志。注册资本是企业在注册机构登记的资本数额，它是表示企业等法人经济组织依法成立必须具有的最低资本数额。在调查中应注意，资本额与成交商品额间有适当的比例关系。成交贸易额若超过资本额是不适当的，尤其当客户是企业时，其一旦经营失败，便可申请破产。了解企业所负债务与其注册资本的比例，可以确定其是否属于负债经营。对企业资本及负债情况的调查，可以要求对方提供经注册会计师核实的近期经营年报表和资产负债表、损益表以及有业务往来的金融机构出具的资本信用证明。

（3）生产能力的调查。生产能力的调查包括调查对方企业厂房、设备条件，原材料、辅助材料、能源供应状况，生产规模、技术水平、交货能力等。

（4）经营能力的调查。经营能力的调查主要调查对方企业的经营金额、销售渠道、贸易关系、经营做法、近年来的盈亏情况、产品销售情况以及在国内国际市场上竞争能力的强弱情况。

（5）履约信用的调查。履约信用调查是对签约企业信用、信誉的调查。企业的经营历史、经营作风、有关客户的评价、产品的质量以及与金融、政府、司法机关等机构间关系等情况，都是构成其商业信用、信誉的重要内容。

二、合同订立控制

1. 企业应当建立相应的制度，规范合同正式订立前的资格审查、内容谈判、文本拟定等流程，确保合同的签订符合国家及行业有关规定和企业自身利益，防范合同签订过程中的舞弊、欺诈等风险。

2. 企业应当根据合同内容对标的物的生产商、价格及变化趋势、质量、供货期和市场分布等方面进行综合分析论证，掌握市场情况，合理选择合同对方。

3. 重大合同或法律关系复杂的合同，应当指定法律、技术、财会、审计等专业人员参加谈判，必要时可以聘请外部专家参与。对于谈判过程中的重要事项应当予以记录。

4. 企业应当对拟签约对象的民事主体资格、注册资本、资金运营、技术和质量指标保证能力、市场信誉、产品质量等方面进行资格审查，以确定其是否具有对合同的履约能力和独立承担民事责任的能力，并查证对方签约人的合法身份和法律资格。

5. 企业应当指定专人负责拟定合同文本。合同文本原则上由承办部门起草，重大合同或特殊合同应当由企业的法律部门参与起草，必要时可以聘请外部专家参与起草。由对方起草合同，应当进行认真审查，确保合同内容准确反映企业诉求。国家或行业有示范合同文本的，企业可以优先选用。在选用时，对涉及权利义务关系的条款应当进行认真审查，并根据企业的实际需要进行修改。

6. 企业应当建立合同会审制度。合同承办部门应当将起草的合同文本交由合同关键条款涉及的其他专业部门和法律部门会同审核并出具书面意见。

合同审核的重点主要包括以下方面：

一是经济性。合同内容符合企业的经济利益。

二是可行性。签约方资信可靠，有履约能力，具备签约资格；资金来源合法，担保方式可靠，担保资产权属明确。

三是严密性。合同条款齐备、完整，文字表述准确，附加条件适当、合法；合同约定权利义务明确，数量、价款、金额等标示准确；合同有关附件齐备，手续完备。

四是合法性。合同的主体、内容和形式合法；合同订立的程序符合规定，会审意见齐备；资金的来源、使用及结算方式合法，资产动用的审批手续齐备。

7. 企业针对主营业务拟定格式合同的，应当根据格式合同法律义务的特殊性及对企业经营的影响程度，履行更加严格的审查程序。未经授权，签约人员不得擅自更改合同内容。按照规定应当报经国家有关主管部门审查或备案的格式合同，企业应及时报请审批或备案。

8. 经审核同意签订的合同，应当由印章管理部门统一进行分类连续编号。

9. 企业应当建立合同专用章专人保管和收回制度。印章管理部门（或岗位）不得对未经编号或缺少合同审核、报签文件以及代签而缺少授权委托书的合同用印。合同用印后，应当及时收回合同专用章并妥善保管。

10. 企业对于重要合同，原则上应当与合同对方当事人当面签订。对于确需企业先行签字并盖章，然后寄送对方签字并盖章的，应当采用在合同各页码之间加盖骑缝章、使用防伪印记等方法对合同文书加以控制。

11. 正式订立的合同，除即时清结外，应当采用书面形式，包括合同书、补充协议、公文信件、数据电文等。因情况紧急或条件限制等原因未能及时签订书面形式合同的，应当在事后采取相关补签手续。

12. 合同订立后，合同副本及相关审核资料应交由档案管理部门归档，合同正本由合同归口管理部门负责保管和履行。

13. 国家有关法律、行政法规规定应当办理批准、登记等手续生效的合同，企业应当及时按规定办理批准、登记等手续。

14. 企业应当按照信息安全内部控制相关规定做好合同保密工作。任何人不得以任何形式泄露合同在订立和履行过程中涉及的商业秘密和技术秘密。

三、合同履行、变更或解除

1. 企业应当监控合同的履行情况。合同履行过程中，如对方可能发生违约、不能履约、延迟履约等行为的，或企业自身可能无法履行或延迟履行合同的，应当及时采取应对措施，并向企业有关负责人汇报。合同到期时，应及时与对方办理相关手续，了结权利义务关系。

2. 对合同已订立，但发现有显失公平、条款有误或对方有欺诈行为等情形，已经或可能导致企业利益严重受损，合同归口管理部门应当及时向企业有关负责人报告，并采取合法有效措施，制止危害行为的发生或扩大。必要时，可以请求仲裁机构或法院对原合同予以变更或解除。

3. 变更或解除合同应当由合同双方达成书面协议。变更或解除合同的审核程序与合同订立前的审核程序相同；解除合同还应当报有关部门办理注销手续。

4. 企业应当建立严格的合同履行结果验收制度。企业应当按照相关内部控制规定成立或指定独立的合同验收职能部门，确保合同有效履行。

5. 企业财会部门应当根据合同条款审核执行结算业务。凡未按合同条款履约的，或应签订书面合同而未签订的，或验收未通过的业务，财会部门有权拒绝付款。

6. 企业应当建立合同违约处理制度。对方违约的情形，应当按合同条款约定收取违约金；违约金不足以弥补企业损失时，应当要求对方赔偿损失，必要时应采取相应的保全措施。企业自身违约的情形，应当由合同承办部门以书面形式报告企业有关负责人，经批准后履行相应赔偿责任。

7. 企业应当建立合同纠纷处理制度。合同在履行过程中发生纠纷的，应当依据国家相关法律法规，在规定时效内与对方协商谈判并向企业有关负责人报告。具体情况分别处理：如果经双方协商达成一致意见的合同纠纷解决方法，应当签订书面协议，由双方法定代表人或其授权人签章并加盖企业印章后生效；对合同纠纷经协商无法解决的，应向企业有关负责人报告，并依合同约定选择仲裁或诉讼方式解决。法律部门会同有关部门研究仲裁或诉讼方案，报企业有关负责人批准后实施。纠纷处理过程中，任何企业或个人未经授权，不得向合同对方作出实质性答复或承诺。

四、合同违约风险

1. 对方当事人不履行合同义务或者履行合同义务不符合约定的，企业应当要求其承担继续履行、采取补救措施或者赔偿损失等违约责任。对方明确表示或者以自己的行为表明不履行合同义务的，企业可以在履行期限届满之前要求其承担违约责任。

2. 如果是对方当事人未支付价款或者报酬的，企业可以要求其支付价款或者报酬。对方不履行非金钱债务或者履行非金钱债务不符合约定的，企业可以要求其履行。

3. 对于履行合同但是质量不符合约定的，应当按照合同的约定承担违约责任。对违约责任没有约定或者约定不明确，依照合同法的规定仍不能确定的，企业可以根据标的的性质以及损失的大小，合理选择要求对方承担修理、更换、重作、退货、减少价款或者报酬等违约责任。

4. 对方不履行合同义务或者履行合同义务不符合约定的，在履行义务或者采取补救措施后，企业还有其他损失的，应当要求赔偿损失。损失赔偿额应当相当于因违约所造成的损失，包括合同履行后可以获得的利益，但不得超过订立合同时预见到或者应当预见到的因违反合同可能造成的损失。

5. 签订合同的时候可以约定一方违约时应当根据违约情况向对方支付一定数额的违约金，也可以约定因违约产生的损失赔偿额的计算方法。约定的违约金低于造成的损失的，还可以请求人民法院或者仲裁机构予以增加；约定的违约金过分高于造成的损失的，也可以请求人民法院或者仲裁机构予以适当减少。如果对方就迟延履行约定违约金的，在对方支付违约金后，还可以要求其继续履行债务。

6. 签订合同的时候可以依照《中华人民共和国担保法》约定向对方收取或者支付定金作为债权债务的担保。履行合同后，定金应当抵作价款或者收回。给付定金的一方不履行约定的债务的，无权要求返还定金；收受定金的一方不履行约定的债务的，应当双倍返还定金。

7. 合同当中既约定违约金，又约定定金的，对方违约时，企业可以选择适用违约金或者定金条款。

8. 如果是因不可抗力不能履行合同的，根据不可抗力的影响，部分或者全部免除责任，但法律另有规定的除外。但是对方当事人迟延履行后发生不可抗力的，不能免除责任。如果是企业因不可抗力不能履行合同的，应当及时通知对方，以减轻可能给对方造成的损失，并应当在合理期限内提供证明。

9. 对方当事人违约后，企业应当采取适当措施防止损失的扩大；没有采取适当措施致使损失扩大的，就不得对扩大的损失要求赔偿。但是因防止损失扩大而支出的合理费用，可以要求由对方承担。

10. 如果企业和对方当事人都违反合同的，应当各自承担相应的责任。

11. 如果对方当事人是因第三人的原因造成违约的，企业也应当向对方要求承担违约责任。对方和第三人之间的纠纷，依照法律规定或者按照对方与第三人的约定解决。

第二节　合同控制的流程

合同是企业对外经营活动不可缺少的一个环节，控制其可能潜在的风险与损失，是一个现实问题。通常，合同控制分成两个阶段，即正常的订立与执行阶段控制、纠纷处置阶段的控制。合同控制流程图分别见图 18－1、18－2。

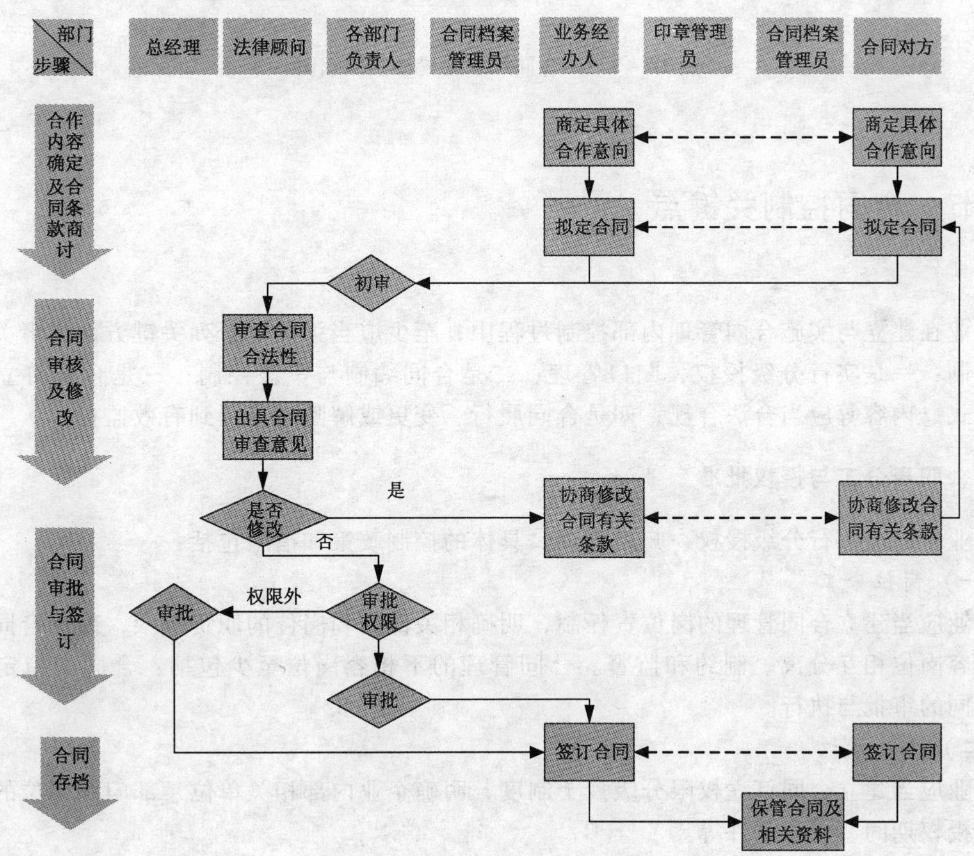

图 18－1　合同订立与执行控制流程图

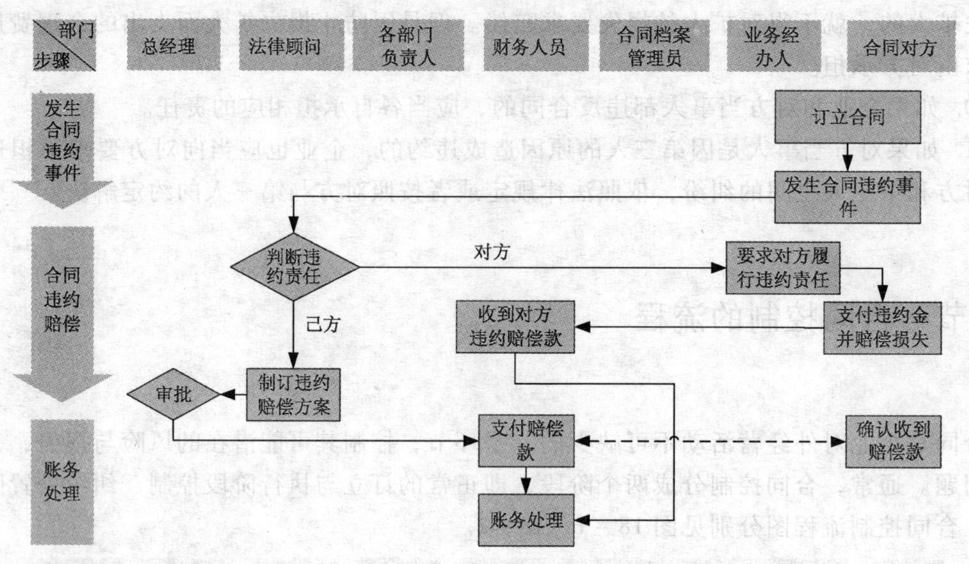

图 18－2　合同纠纷处置控制流程图

第三节　合同控制关键点

企业在建立与实施合同管理内部控制过程中，至少应当强化对下列关键方面或者关键环节的控制：一是实行分级授权，归口管理；二是合同编制与审核控制；三是合同订立的程序、形式、内容等应当合法合规；四是合同履行、变更或解除应当得到有效监控。

一、职责分工与授权批准

企业合同应实行分级授权，归口管理。具体的控制政策和措施包括：

（一）岗位分工

企业应当建立合同管理的岗位责任制，明确相关部门和岗位的职责权限，确保合同管理的不相容岗位相互分离、制约和监督。合同管理的不相容岗位至少包括：合同的拟定与审批；合同的审批与执行。

（二）分组授权

企业应当建立合同订立权限分级授予制度，明确企业内部相关单位、部门和岗位的授权范围、授权期间、授权条件等。

企业对外签订合同应当由法定代表人（或企业章程等文件规定能够代表企业行使职权的主要负责人，下同）或其授权的人签章，同时加盖单位印章或合同专用章。授权签章的，应当签署授权委托书，授权对象应当符合法律法规及企业政策对被授权人资质条件的要求。

被授权人应当在授权委托的范围内签订合同。除非授权委托书明确允许的，被授权人不得转委托。

（三）归口控制

企业应当实行合同归口管理制度。企业可以根据合同管理需要和部门职责范围，指定合同归口管理部门，对合同实施统一规范管理。归口管理部门可以设立法律事务岗位，配备具有法律专业资格的人员。

企业应当根据本单位的业务性质、机构设置和经理层级，建立合同分级管理制度。属于上级合同管理单位权限的合同，下级单位不得签订。如下级单位认为确有需要签订超越权限的合同，应当提出申请，经上级合同管理单位批准后，依授权或委托签订。下级合同归口管理部门应当定期对合同进行统计、归集，并编制合同报表，报上级合同归口管理部门，由上级对下级合同订立情况进行检查。

二、合同审核控制

在合同订立的程序、形式、内容及其审核等方面，应该确保每项一个环节都不出漏洞，应当合法合规。具体控制政策和措施包括：合同承办部门应当将起草的合同文本交由合同关键条款涉及的其他专业部门和法律部门会同审核并出具书面意见。会同审核的重点主要包括以下方面：

（一）经济性

合同内容符合企业的经济利益。

（二）可行性

签约方资信可靠，有履约能力，具备签约资格；资金来源合法，担保方式可靠，担保资产权属明确。

（三）严密性

合同条款齐备、完整，文字表述准确，附加条件适当、合法；合同约定的权利、义务明确，数量、价款、金额等标示准确；合同有关附件齐备，手续完备。

（四）合法性

合同的主体、内容和形式合法；合同订立的程序符合规定，会审意见齐备；资金的来源、使用及结算方式合法，资产动用的审批手续齐备。

企业针对主营业务拟定格式合同的，应当根据格式合同法律义务的特殊性及对企业经营的影响程度，履行更加严格的审查程序。未经授权，签约人员不得擅自更改合同内容。按照规定应当报经国家有关主管部门审查或备案的格式合同，企业应及时报请审批或备案。

三、合同订立控制点

企业合同履行、变更或解除应当得到有效监控，具体控制政策和措施包括：

1. 经审核同意签订的合同，应当由印章管理部门统一进行分类连续编号。

2. 企业应当建立合同专用章专人保管和收回制度。印章管理部门（或岗位）不得对未经编号或缺少合同审核、报签文件以及代签而缺少授权委托书的合同用印。合同用印后，应当及时收回合同专用章并妥善保管。

3. 企业对于重要合同，原则上应当与合同对方当事人当面签订。对于确需企业先行签字并盖章，然后寄送对方签字并盖章的，应当采用在合同各页码之间加盖骑缝章、使用防伪印记等方法对合同文书加以控制。

4. 正式订立的合同，除即时清结外，应当采用书面形式，包括合同书、补充协议、公文信件、数据电文等。因情况紧急或条件限制等原因未能及时签订书面形式合同的，应当在事后采取相关补签手续。

5. 合同订立后，合同副本及相关审核资料应交由档案管理部门归档，合同正本由合同归口管理部门负责保管和履行。

6. 国家有关法律、行政法规规定应当办理批准、登记等手续生效的合同，企业应当及时按规定办理批准、登记等手续。

7. 企业应当按照信息安全内部控制相关规定做好合同保密工作。任何人不得以任何形式泄露合同在订立和履行过程中涉及的商业秘密和技术秘密。

四、合同履行控制点

企业合同违约风险应当及时识别和有效处理，具体控制政策和措施包括：

1. 企业应当监控合同的履行情况。合同在履行过程中，如对方可能发生违约、不能履约、延迟履约等行为的，或企业自身可能无法履行或延迟履行合同的，应当及时采取应对措施，并向企业有关负责人汇报。合同到期时，应及时与对方办理相关手续，了结权利义务关系。

2. 对合同已订立，但发现有显失公平、条款有误或对方有欺诈行为等情形，已经或可能导致企业利益严重受损，合同归口管理部门应当及时向企业有关负责人报告，并采取合法有效措施，制止危害行为的发生或扩大。必要时，可以请求仲裁机构或法院对原合同予以变更或解除。

3. 变更或解除合同应当由合同双方达成书面协议。变更或解除合同的审核程序与合同订立前的审核程序相同，解除合同还应当报有关部门办理注销手续。

4. 企业应当建立严格的合同履行结果验收制度。企业应当按照相关内部控制规定成立或指定独立的合同验收职能部门，确保合同有效履行。

5. 企业财务部门应当根据合同条款审核执行结算业务。凡未按合同条款履约的，或应签订书面合同而未签订的，或验收未通过的业务，财务部门有权拒绝付款。

6. 企业应当建立合同违约处理制度。对方违约的情形，应当按合同条款约定收取违约金；违约金不足以弥补企业损失时，应当要求对方赔偿损失，必要时应采取相应的保全措施。企业自身违约的情形，应当由合同承办部门以书面形式报告企业有关负责人，经批准后履行相应赔偿责任。

7. 企业应当建立合同纠纷处理制度。合同在履行过程中发生纠纷的，应当依据国家相关法律法规，在规定时效内与对方协商谈判并向企业有关负责人报告。经双方协商达成一致意见的合同纠纷解决方法，应当签订书面协议，由双方法定代表人或其授权人签章并加盖单位印章后生效。合同纠纷经协商无法解决的，应向企业有关负责人报告，并依合同约定选择仲裁或诉讼方式解决。法律部门会同有关部门研究仲裁或诉讼方案，报企业有关负责人批准后实施。纠纷处理过程中，任何单位或个人未经授权，不得向合同对方作出实质性答复或承诺。

第四节　合同控制的案例

成败案析

合同管理，何以时常困扰我[①]

【案情扫描】

当下的市场经济，社会上都对建设工程领域的各种不良现象深恶痛绝。不过，作为施工企业，也经常会因为合同而“受伤”，不可避免地会发生各种合同纠纷，严重困扰着施工企业生存与发展，本案例根据作者曾经得到的某法律顾问为某建设企业代理经办案件的情况改编而成。

案件一：1996 年 4 月 28 日，某建筑工程企业与某建材有限企业签订了一项建造办公楼、传达室的建筑工程承包合同。合同规定工程期限从 1996 年 4 月 28 日开工至 1996 年 7 月 28 日竣工验收；工程质量确保合格，力争优良；工程价款支付方式按补充协议办理。补充协议规定：传达室工程竣工验收合格后一次性结算工程款；办公楼主体完成一层时预付工程款 30%，屋面工程完成时，预付工程款 30%，竣工验收结算后，留尾款 40% 在半年内付清。该工程于当年 5 月开工，同年 10 月底竣工，所耗资金全部向银行贷款，但建材有限企业却未按补充协议规定支付工程款。

1996 年 12 月 1 日，建材有限企业在建筑工程企业的一再要求下，派出企业管理人员与建筑工程企业进行工程结算，并立下工程结账单。次年，该建筑工程企业向建材有限企业提出工程变更补充决算报告，经建材有限企业管理人员确认，工程变更增加费用5 896 元，合计应付工程款为 88.9 万元。之后，建筑工程企业多次向建材企业催讨，但后者仍未付款。建造完工的办公楼、传达室一直由建筑工程企业使用。建筑企业在催讨无果的情况下，向市中级人民法院提起诉讼。原告要求法院判令被告支付工程款及逾期支付的违约金，并要求对原告建造的价值 88.9 万元的办公楼、传达室及水泥路面享有留置权，在拍卖后优先支付原告的工程款。

市中级人民法院开庭审理后认为，原、被告双方自愿签订的建筑安装承包合同及补充协议内容不违反国家法律政策，属于有效合同。原告按合同规定履行义务，但被告未按规定支付工程款，属违约行为。现原告要求支付工程款及逾期支付工程款的违约金，合法合理，法院予以采纳。市中级人民法院于 1998 年 6 月 24 日作出一审判决，判令被告建材有限企业支付原告建筑工程企业工程款 88.9 万元，支付逾期付款总金额每日万分之五的违约金。对原告其他的诉讼请求予以驳回。法院判决生效后，建材有限企业仍未在规定期限内偿还工程款及违约金。当年 8 月 13 日，原告向法院申请执行，法院对建材有限企业进

---

① 本案例摘自 http://www.examda.com/pm/Case/20060930/。

行财产执行。在执行过程中查清建材有限企业早已负债累累，根本无力偿还债务。被执行人建材有限企业已于1998年11月2日被市工商行政管理局吊销营业执照，其法人代表人下落不明。该企业的两幢厂房及约400平方米的招待所、餐厅，已被省高级法院判给某土木建筑工程企业所有。其他办公楼、简易仓库、土地使用权、传达室等财产，由市中院执行裁定移交给权利人市农村信用社所有。建材企业已根本无财产可执行。

案件二：1996年5月，某建筑企业与文化开发有限企业签订承建金龙湾公园项目工程合同。工程竣工后，经双方审定工程款为282万余元，但发包方仅支付了88万元。1998年4月，双方达成还款抵押担保协议，但发包方仍未按协议付款，承包方只能诉至法院。1998年12月，市中级法院主持调解，被告同意于1999年2月之前偿还工程款及违约金总计227万余元。然而，经法院多次执行，发包方才支付了35万元。

案件三：1998年10月30日，某建筑企业与某制伞总厂签订了一份工程承包合同，制伞总厂将坐落于厂区内的营业用房工程发包给该建筑企业承建。工程为18间营业用房，合同对工程期限、施工质量、付款方式等作出了详尽约定。

合同签订后，建筑企业按约定1999年2月完成了工程，但制伞总厂却擅自违约，不按合同及时付款。为此，双方于1999年11月9日又签订了一份协议。该协议称，制伞总厂已支付了工程款的23%，尚欠77%，应在2000年5月底前付清。若逾期不付，建筑企业有权将所承建的房屋拍卖，工程款在拍卖款中优先受偿。制伞总厂在工程款未付清之前，房屋不交付使用，房门钥匙由建筑企业保管。

该协议签订后，制伞总厂仅在2000年1月26日支付了工程款的5%，所余逾期仍未付。2000年7月14日，该建筑企业将制伞总厂告上法院。原告在诉状中要求被告方立即支付所欠工程款，原告对其承建的营业房享有优偿权，并要求被告承担本案全部诉讼费用。

法院于7月28日进行调解，调解中，被告辩称，原告所诉为事实，但因企业资金困难，导致工程款至今未付；被告同意原告的诉讼请求，但营业用房早已抵押给另一家企业，抵押款75万元也已用尽。

最后，双方达成协议，由被告制伞总厂在7月31日前支付建筑企业工程款。如逾期不能履行，以被告某店面房折价或拍卖的价款后优先受偿。案件受理费、诉讼费等均由被告负担。

8月初，制伞总厂因资不抵债而宣告破产，并已进入破产程序。法院负责人说，建筑企业的这笔债权，由于有《合同法》中有关优先受偿权的保障，因而可以持调解书向破产清算小组申报债权，并优先受偿。

案件四：1997年9月24日，某房地产企业与某建筑工程企业四分企业签订施工合同，房地产企业将其开发的公寓1号楼工程由四分企业承建。后四分企业按约进场施工，完成了该工程基础部分和主体第一、二层。由于某房地产企业方面的原因，1998年9月28日双方达成决算协议：双方所签订的施工合同作废，四分企业已建部分工程量及材料费、人工费、保证金等款项在工程验收合格后一个月内付清（不计利息）。由于某房地产企业拒不按约支付工程款，四分企业于2000年5月起诉至法院。一审法院认为，双方签订的工程款决算协议，符合法律规定，应当有效。现该工程已实际验收合格，某房地产企业未按决算协议书及书面承诺的验收时间付清工程款，应当承担民事责任。对四分企业要求支付工程款的主张予以支持。被告方某房地产企业不服判决，上诉至当地中级人民法院。二审法院认为，上诉人所称工程未经验收，无充分证据，不予采纳，其上诉理由不能成立。判决驳回上诉，维持原判。

案件五：某市第三建筑企业承建上海某大酒店工程时，因建设企业外方合作伙伴资金没有到位而中止，建设方拖欠工程款和损失费达600多万元，在长达半年催讨无着的情况下，施工企业拿起法律武器，向法院起诉，经一年诉讼，两审判决后胜诉，600余万元工程款和经济损失赔偿费，已全部汇入承包商账户。

【案例评述】

目前，施工合同经济案件大幅度增加，在拖欠工程款严重威胁到施工企业生存的情况下，把希望寄托在建设企业发“善心”归还拖欠款，是无所作为、愚蠢的行为，在市场经济和法制日益完善的情况下是不可取的。只有拿起法律武器，向法院提起索赔诉讼请求，最后取得法律公正的解决，维护自己的利益，才是明智之举。但是如何能在法庭上胜诉，还取决于施工企业财务、技术、经营人员素质和合同条款完善程度，这是值得思考的问题。

1. 案例一与案例二，建筑企业虽然胜诉，但是工程款已无法追回，造成这种结果是由于施工企业在签订合同之前，未做好前期工作，对建设方的社会信誉与经济实力缺乏了解，为承包工程埋下极大的隐患，最后造成恶果。该案例带有普遍性。

2. 案例四与案例五之所以能胜诉是由于施工企业在合同管理上比较严密，合同是打官司的重要法律凭证。案例五中，施工企业之所以取得胜诉，是由于合同签订时条款比较完善，合同管理的资料齐全。施工企业在签订合同时，首先，合同的条款要严密、完备，符合法律、法规，这样才能立于不败之地。新合同法规定不能采用工程留置权。因此，施工企业在签订合同时为防止工程款拖欠，应设定具有偿还能力的保证人或设定有效的抵押手段等。其次，签订合同条款时把今后可能出现的问题事先加以设防。一方面要认真考察对方，了解对方的情况；另一方面设想今后可能出现的问题和纠纷，尽量在合同中加以设定，使合同尽量完备和严密。一旦发生纠纷引起诉讼，设定协议管辖条款，由原告方的法院受理，为今后胜诉打下基础。

3. 施工企业应充分利用法律赋予施工企业优先受偿权的权利，为自己解困。为了解决建设企业拖欠工程款的问题，使工程承包人的回报得到应有的保障，1999年10月1日起实施的《合同法》对此作出了较明确的规定。发包人不按约定支付价款，经承包人催告后在合理期限内仍不支付的，承包人可以与发包人协议将该工程折价，也可以向人民法院申请将该工程依法拍卖。建设工程价款就该工程折价或者拍卖的价款优先受偿，承包人按照该条款规定行使优先受偿权。

4. 当建设方遇到资金紧张或企业运转不正常时，常将资金危机转嫁给施工企业，工程质量存在缺陷或工期拖延，是其拒付工程款的主要借口，因此，在法庭上辩论的焦点是隐蔽检查验收和竣工验收上的分歧。案例四的焦点是工程是否已经验收，双方约定的工程款给付条件是否已经具备。一方面，现行法律规定工程竣工验收由发包人组织进行。《合同法》第279条和《建设工程质量管理条例》第16条对此作出了专门规定。具体到本案中，公寓1号楼工程竣工后依法已由发包人某房地产企业通过验收，法定代表人在决算协议上的签字已证实。根据我国法律规定，建设工程验收合格的，方可交付使用；未经验收的，不得交付使用。在二审过程中，四分企业还举证证实，公寓1号楼工程已交付使用。由此可见，该工程已竣工且确实已经验收。从此案例中，施工企业可得到如下启示，在施工中和竣工验收时，均应及时办理质量验收手续，加强施工技术管理。在合同管理中，坚持建设方和监理方及时签字签证制度，保证合同手续合法性，为以后解决合同纠纷和法庭上的辩论提供充足证据，确保胜诉。

一旦企业发生合同纠纷，财务人员必须与技术、经营人员合作，与企业法律顾问商讨具体对策，收集有关证明材料，要在法庭辩论中争取主动，争得胜诉结果。

第十九章

内部信息传递

一个组织中的各个层级都需要信息，以便识别、评估和应对风险，以及从其他方面去实现主体的目标。来自内部的经营信息，包括财务的和非财务的，与多个经营目标相关。例如，财务信息可以用于经营决策，例如监控业绩和配置资源。可靠的财务信息对于计划、预算、定价、评价业绩、评估合营企业和联营企业以及一系列其他的管理活动而言是十分重要的。

同样，经营信息对于编制内部报告也是必不可少的。它包括常规性的活动——购买、销售和其他交易，以及有关竞争者的产品投放或经济情况等方面的信息，这些会影响存货和应收账款的估价。而合规目标所需的信息，例如有关企业在环保方面的信息或人员数据，也能满足编制内部报告的需要。

信息以定量或定性的形式出现，以便对变化的条件作出反应。经理层的一项挑战是处理和提炼大量的数据以形成可以行动的信息。这项挑战可以通过建立一套信息系统基础结构来追溯、获取、处理和报告相关信息的方式予以解决。这些信息系统——通常被计算机化但同时也包含人工输入或界面——常常被看作是处于处理内部生成数据的有效工具。

内部信息传递，是指企业内部各经理层级之间通过内部报告形式传递生产经营管理信息的过程。企业内部信息传递至少应当关注下列风险：一是内部报告系统缺失，功能不健全，内容不完整，可能影响生产经营有序运行。二是内部信息传递不通畅、不及时，可能导致决策失误、相关政策措施难以落实。三是内部信息传递中泄露商业秘密，可能削弱企业核心竞争力。

《企业内部控制应用指引第 17 号——内部信息传递》着力解决企业经营和发展过程中如何利用好内部信息，形成更加有利于企业可持续发展的控制环境。其主要内容包括：制定指引的必要性和依据，内部信息传递的核心内涵、内部信息传递过程中应关注的主要风险，以及如何形成内部报告、如何利用内部报告等，分三章共十二条。

第一节　内部信息传递控制的内容

一、信息的作用

内部信息是企业的重要资源。在当今社会，知识就是力量，能否掌握充分的信息，将会决定企业的成功。那么信息为何这么重要？

“信息”资源在组织里有两个重要的功能——原料功能和资本功能。

（一）信息作为原料

原料是生产产品用的构件。几乎每一样东西都是以信息作为它的一部分，最成功的公司不再把信息系统看作是可有可无的，而将其作为企业必须具备的商业功能。这类公司不再满足于传统的用户手册式的信息内容。例如，联合包裹服务（UPS）10 亿美元的信息方面的预算仅次于其在航空器上的花费。因为 UPS 不仅出售运送服务，也出售信息。你可以访问 UPS 的网站，跟踪你的包裹。卡迪拉克（Cadillac）有一种叫做 OnStar 的可选功能，它整合了全球卫星定位系统（GPS）——能在地球上任何地方确认你的所在——和联网的探测器、移动电话以及与客户支持中心的连接。如果车的空气囊鼓了起来，探测器就会向客户支持中心发送一个信号，然后支持中心会通过你的手机与你联系。如果没有回答，支持中心就会使用 GPS 定位你的汽车，然后向离你最近的紧急服务报警。

（二）信息作为资本

1. 信息资本是组织中最重要也是最普遍的资本之一。信息以及提供信息的系统对企业而言就像呼吸对人类而言一样重要。信息对于企业管理的特定意义是什么？著名管理学家 Simon 认为：“信息是影响人改变对于决策方案的期待或者评价你的外部刺激。”也就是说，信息对于企业管理的特定意义实际上在于它对决策所产生的影响。信息影响着决策。现代社会企业中的组织机构庞大，管理活动日趋复杂，当生产规模扩大，伴随管理活动的数据也在大量增加。如果对这些数据不能及时有效地进行处理，势必使决策者面临许多不确定因素的情况进行决策。这当然影响到组织目标的实现和企业的发展。

2. 内部信息对管理循环中的各个步骤都有着重要的作用。在企业内部，各级管理者处于相应的责任中心，负责执行诸如生产、营销、人事管理、财务与会计等组织职能。为了达到正确制定各项营运决策的目的，管理者需要许多的相关信息。如果没有信息，各级管理者就无法作出有效与正确的决策。就管理循环的计划功能而言，无论是战略性的长期发展计划还是技术性短期营运计划，均涉及对未来经营活动的预测或预期，需要应用有关产品的生产成本、销售价格与销售收入、销售毛利、营业费用和经营利润等方面的信息。预测信息的产生又需要利用企业的以往业绩和预期经营状况变动等相关信息。

3. 计划的执行同样离不开信息。为完成各项既定的营运计划，管理者需要应用有关各项作业的营运预算或标准成本等信息。例如，通过现金预算协调各个职能部门的现金收支进度。关于计划或预算执行状况的报告与分析，亦是计划执行功能所需的有用信息。

4. 管理循环中的控制功能旨在保证营运活动或作业能依据预定的标准或计划，实现企业的预定经营目标。为执行有效的控制，管理者需要提示性信息，即反映营运计划或预算执行状况及其偏差产生原因与影响的信息。反馈性信息来自对实际交易或绩效的衡量及其与计划或预算的比较分析。根据反馈信息，管理者可以采取适当行动，及时修正计划或预算标准的偏差。例如，企业主管可以责成下属职能部门经理就其负责部门费用预算的超支提出详细解释，并且采取弥补措施，控制有关的费用支出。

二、内部信息的特征

对一些人是信息的数据对另外一些人来讲不一定是信息。如果你收到的信息与你的工作没有很大的关系，它可能就是没有价值的。如果你收到的信息是昨天需要的，现在它对你来讲就是没有价值的，因为，它已经过时。如果你的信息没有被正确的记录，当然也就没有价值。

如何去评价信息的价值呢？是什么使得一些信息有价值，而使得另外一些没有价值呢？我们难以对信息的价值用货币的数量来具体衡量。但是，我们可以根据以下列示的信息的三个要素来评价对信息的需求——时间、内容和形式。使用这些要素，就能定义对有价值的信息的特征。

（一）时间性

在使用相关信息来做决策的时候，时间是一个关键的因素。信息时间方面的特征包括两点：及时性和适时性。及时性意味着在你需要信息的时候拥有它。如果没有能够在合适的时间得到合适的信息，几乎不可能作出任何正确的决定。适时性意味着拥有最新的信息，在当今飞速发展的商业环境中，昨天的信息常常意味着对今天没有价值。

（二）内容性

内容常常被认为是信息最重要的特征。内容性特征包括：准确性，即没有错误；相关性，即信息和想要作的决策是有关系的；完备性，即信息包含了所有你想要的东西。准确性是指收到的信息是被正确处理了的。相关性和完备性意味着收到的信息必须是和任务相关的，你应该收到你所需要的所有的信息。

（三）形式性

这主要包括：细节化，即详细到合适的水平；表现形式，即信息用最合适的形式来表现：口头叙述、图表、颜色、打印文稿、影碟、声音等。

三、内部信息传递的相关制度

内部信息传递是指企业内部各经理层级之间通过内部报告形式传递生产经营管理信息的过程。

（一）内部信息传递的风险

1. 内部报告系统缺失，功能不健全，内容不完整，可能影响生产经营有序运行。
2. 内部信息传递不通畅、不及时，可能导致决策失误、相关政策措施难以落实。
3. 内部信息传递中泄露商业秘密，可能削弱企业核心竞争力。

（二）内部信息的报告制度

1. 内部信息报告的形式和内容。企业应当根据发展战略、风险控制和业绩考核要求，科学规范不同级次内部报告的指标体系，采用多种形式全面反映与企业生产经营管理相关的各种内外部信息。

内部报告指标体系的设计应当与全面预算管理相结合，并随着环境和业务的变化不断进行修订和完善。设计内部报告指标体系时，应当关注企业成本费用预算的执行情况。

内部报告应当简洁明了、通俗易懂、传递及时，便于企业各经理层级和全体员工掌握相关信息，正确履行职责。

2. 内部信息报告的流程。企业应当制定严密的内部报告流程，充分利用信息技术，强化内部报告信息集成和共享，将内部报告纳入企业统一信息平台，构建科学的内部报告网络体系。

企业内部各经理层级均应当指定专人负责内部报告工作，重要信息应及时上报，并可以直接报告高级管理人员。

企业应当建立内部报告审核制度，确保内部报告信息质量。

3. 对外部信息的关注。企业应当关注市场环境、政策变化等外部信息对企业生产经营管理的影响，广泛收集、分析、整理外部信息，并通过内部报告传递到企业内部相关经理层级，以便采取应对策略。

4. 内部报告的渠道。企业应当拓宽内部报告渠道，通过落实奖励措施等多种有效方式，广泛收集合理化建议。

常用的内部信息报告的工具有：

（1）发送电子邮件；

（2）发送语音邮件；

（3）公司时事通讯；

（4）特殊风险事件数据库；

（5）来自 CEO 的信；

（6）电子邮件讨论小组；

（7）通过企业内部网络来获取信息，用个人认为较容易评估的方式来对待企业风险管理；

（8）结合企业持续沟通的信息；

（9）组织、功能、在线广播或电话会议；

（10）强调企业风险管理关键因素的海报或标志；

（11）常规的“风险管理支持者”面对面会议，或在商业、生产过程中负有企业风险管理责任的员工的会议；

（12）常规的风险管理支持者或其他员工的电话会议；

（13）来自企业主要风险管理者及相关员工的常规的时事通讯；

（14）高层与普通员工会议。

企业应当重视和加强反舞弊机制建设，通过设立员工信箱、投诉热线等方式，鼓励员工及企业利益相关方举报和投诉企业内部的违法违规、舞弊和其他有损企业形象的行为。

企业建立投诉热线时可以考虑如下一些问题：

(1) 报告机制是否让个人在使用时感到舒适；

(2) 为了让个人信任这个沟通渠道，不害怕潜在的报复，应采用什么样的程序；

(3) 应由内部还是由独立第三方来管理这个系统；

(4) 怎样区分事件的先后顺序；

(5) 怎样确认合适的后续信息；

(6) 什么是最适合的反应时间；

(7) 文件标准是什么；

(8) 什么样的监督系统最合适；

(9) 技术和安全环境是否能够有效的管理这个系统；

(10) 谁来进行必要的调查；

(11) 怎样将抱怨备案并跟踪；

(12) 提供信息的员工应被建议采取怎样的行动，或结论是怎样的；

(13) 需要怎样的总结报告，以怎样的频率；

(14) 应采取怎样的程序确保必要的范围较广的纠正和适合的预防性行动。

(三) 内部信息的使用制度

1. 企业各级管理人员应当充分利用内部报告管理和指导企业的生产经营活动，及时反映全面预算执行情况，协调企业内部相关部门和各单位的运营进度，严格绩效考核和责任追究，确保企业实现发展目标。

2. 企业应当有效利用内部报告进行风险评估，准确识别和系统分析企业生产经营活动中的内外部风险，确定风险应对策略，实现对风险的有效控制。企业对于内部报告反映出的问题应当及时解决；涉及突出问题和重大风险的，应当启动应急预案。

3. 企业应当制定严格的内部报告保密制度，明确保密内容、保密措施、密级程度和传递范围，防止泄露商业秘密。

(四) 内部信息的评估制度

内部信息传递系统运行需要评估。评估是将当前执行状况与一套标准进行比较的指示器。在评估的有效作用下，对内部信息传递系统活动的持续调节能保证系统达到预期目标。对执行情况与标准的衡量是一个有效的控制机制。

评估的好处是提高效用。例如，销售人员获得的正面评价，有助于增强完成销售定额的动机。负面评价也很有用，可以用来修改或指导不再符合系统目标的活动。如果销售人员没有完成定额，他们可以斟酌现行的销售技巧或衡量其实践。同样，如果学生得到较低的分数，他们可以改进学习方法，争取导师的帮助或学习一些有助于提高能力及增强背景知识的课程。

基于以上考虑，管理者必须在企业内建立内部报告的评估机制，才能有效地控制经营管理功能，定期对内部报告的形成和使用进行全面评估，重点关注内部报告的及时性、安全性和有效性。

第二节 内部信息传递的控制流程

企业内部信息，具有其自身的来源开发、渐次传递、组合分析与发挥效用的过程，现描述其流程见图19－1。

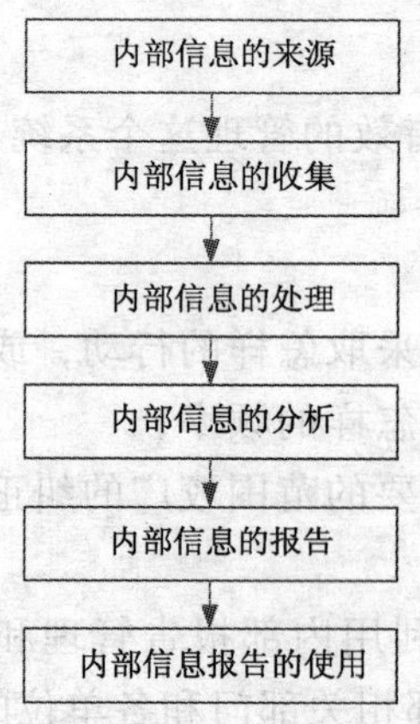

图19－1 企业内部信息传递流程图

第三节 内部信息传递控制的关键点

一、内部信息的来源和使用

内部信息的来源与收集是确定信息如何从内部产生的关键控制点。在这个层次上，要处理的问题有数据的修改或转换的规则、提取的方法以及选择标准。对于企业的市场风险相关的内部信息，数据来源于多个内部系统（包括业务部门、交易处理系统等）。数据通过每个来源的接口收集的。

合理的使用信息将有利于企业的成功。当需要信息的时候能够以合适的方式得到信息，这对企业来讲非常重要。

管理信息系统是为企业管理者提供各种营运决策所需管理信息，其目的在于收集、处理和传导营运决策所需的货币性信息和非货币性信息以及来自交易或非交易的资料与信息。其服务对象涵盖企业内部的全部管理阶层——上至企业最高主管，下至作业班组或单元的组长。无论从提供的信息数量还是重要性上来讲，会计信息都是企业管理控制中一个非常重要的部分。

（一）会计信息

会计是一项十分重要的职能，它旨在应用特定的方法和规则，对企业在各个营运过程中所发生的交易或事项的相关资料作出确认、计量、记录、分类、汇总，并且以财务报表或者其他报表的形式向使用者传达企业的经营成果和财务状况。

会计信息系统着重于确认企业经营过程中所发生的内外部交易或事项的资料，确认能够进入会计系统处理的相关资料（通常为货币资料），并且根据既定的会计原则或准则予以定量化记录反映。换言之，会计信息系统并非要处理经营交易或事项所产生的全部资料，而是要通过确认与衡量，选择可以输入会计系统处理的交易资料。

会计信息是企业内部各级管理人员有效和正确制定各种营运决策及进行控制的重要依据。例如，企业高层管理人员需要整个企业的生产、销售、利润等计划或预算执行情况的信息；采购部经理需要库存存货量变动的资料，借以制定适当的存货采购政策；财务总监需要有关企业资本成本和现金流量等方面的信息，据以调度与控制企业的现金收支；即使作业班组的领班，也需要关于其下属员工的生产耗费与标准或定额成本的差异，借以实施对生产作业的控制。

（二）管理信息

企业的营运规划、控制和决策需要应用多种多样的信息，虽然其中大部分为会计信息，但还有部分信息并非来自会计系统。例如，企业的销售情况和人员情况，对企业的战略性决策有着重大影响，但是，它们不属于企业的经营事项或交易，未被会计系统所接受与处理。因此，会计信息系统并非企业内部唯一的信息来源。

除了会计信息以外，企业管理所需的内部信息大致可以分为以下四类：

1. 营销信息。营销信息主要是收集和处理关于销售状态、价格政策等营销活动的资料，为企业制定适当可行的营销决策提供依据。

2. 财务信息。财务信息主要收集和处理有关资金流动、资金需求等方面的资料，借以为管理者提供最佳融资、筹资模型以及现金流量预测等提供相关依据。

3. 生产信息。生产信息主要收集与处理关于材料规格与性能、库存量、供应商、产品料工费的标准成本、生产技术流程和制成品质量等方面的资料，为产品制造的规划和控制提供相关的管理信息。

4. 人力资源信息。人力资源信息主要收集与处理企业的人力资源需求状况、员工薪资等级和技能标准等方面的资料，为企业的人力资源管理决策提供所需的有用信息。

二、内部信息的处理和分析

在现代商业活动中，对内部信息的处理主要是通过管理信息系统来实现的。

（一）决策系统分析

管理者所作的决策可以指导管理信息系统的设计。因此，第一步是识别所有的管理决策所要用到的信息。这应该包括一个组织中的全部工作职能，从最低一级的监工到最高一级的首席执行官。这一阶段还应考虑每一项决策是否由适当的人作出？是否由适当的部门作出？如果不能弄清这些问题，必然会导致整个信息系统设计错误。如果不适当的人作决策，并且不能在复杂的信息系统实施之前改正过来，那么这些人将继续作出错误的决策，而且还会更快。

（二）信息需求分析

当决策问题被分离出来后，下一步就需要知道做这些决策时究竟需要哪些确切的信息。在组织中，不同管理职能所需的信息是不同的。比如市场部经理所需要的信息与财务部经理所需要的信息肯定是不同的。因此，管理信息系统应该能适应不同职能管理者的需要。最上层的管理者需要关于环境方面的数据和总结报告；最基层的管理者则只需要关于操作问题的报告。一个设计完善的管理信息系统如果要满足管理者的不同要求就应该充分考虑到需求的多样性。在确定信息需求时要解决目前存在的两个主要问题：一是不能以功能交叉的观点理解信息需求，二是对数据访问、数据收集和综合应用设计的有限使用。

在研究库存信息需求的同时，还必须考虑其他功能领域。有的企业可能有必要设计一个可为销售、财务、用户服务和仓库管理人员都能提供信息的功能交叉的数据库。由于许多部门都需要信息进行智能决策，所以原先的信息“所有权”的概念（例如，销售信息只属于销售人员）已经过时并使得生产效率降低。若没有共享的信息，组织就会在一种彼此互不相知的状态下瘫痪。

共享信息作为确定管理者信息需求的一种处理方式还被用于重要的综合应用设计之中。在确定信息需求时，公司为了了解功能交叉的整体状况，需要从部门管理者处输入信息。如果只是单独地访问每个部门，管理者很难对整个组织的全貌有个全面的认识。

（三）决策集成

对每一位管理者的需求和职能范围进行识别后，对于那些在很大程度上相互重叠需要的信息必须予以确定。尽管一个组织对信息的需求存在变化，但信息重复现象还是不可避免的。比如，销售和生产部门的主管都需要关于某一产品质量水平的反馈信息。虽然销售主管关心的是顾客是否满意，而生产主管关心的是产品在生产过程中的质量波动。通过识别出这种冗余的信息，经理层在设计上可以让系统只包含尽可能少的重复信息。

（四）信息处理设计

在这一阶段，内部的技术专家和外部的顾问可以在一起共同开发一个集收集、存储、传送和查询信息功能为一体的实际系统。一个简明的系统流程图包括数据的来源和类型、用户的位置、存储的方式等。在系统实施之前，企业必须仔细检查以保证系统所做的工作正是按照经理层的需要来做的。也就是说，对管理信息系统的最后检查是看它是否有能力满足公司每一位高层管理者对信息的需求。

三、内部信息的报告

内部信息的报告是确定信息信息如何传递给最终用户的关键控制点。在这层次上要处理的问题有数据集合标准、权限考虑以及信息以何种形式（原始形式、标准形式还是可定制的报告形式）进行传递。

管理控制的有效实施是以信息的数量和质量为基础的。管理者很难通过很少的信息量发现事情的真正规律和特征；如果信息的质量很差，管理者在此基础上作出决策的正确性就可想而知了。企业要获得具有一定数量和质量的相关管理信息，就必须在内部建立良好的信息报告制度，收集各方面的信息，如会计信息、客户的跟踪信息、员工的满意程度等。

以会计信息为例，企业应该建立合理的详细的经营账簿、会计记录和账户，以便能正确地和恰当地反映会计事项和资产的处置。可靠的信息记录是内部控制的重要构成。为此必须做到：①信息记录有始有终；②定期核对总账与明细账；③保持财务账与实物账的一致性；④保证会计凭证的审核，记账凭证与原始凭证的一致性；⑤确保以正确的数量、金额将所有的业务在正确的期间反映到正确的账户。充分的会计记录和其他业务记录，在一定程度上能保证企业全面、及时、真实和公允地反映经济活动。例如，会计业务中的记账凭证、日记账、明细账、总账以及银行存款余额调节表、材料与产品盘亏表、试算表、工时记录等记录形式能保证会计信息的真实公允性。对凭证编号、联数和传递程序的规定，在凭证和报表格式设计上，设置职务分离、授权批准、处理过程的标记也是记录控制的重要内容。企业每发生一项经济业务都要反映在会计凭证上。凭证在流程中，经过有关人员复核和核对，可以帮助管理者及时看出核算工作是否正确，并查明和纠正可能发生的差错。

许多公司使用“仪表板”风格的报告来描述企业风险管理必需的信息。这些仪表板的风格的报告使经理层能快速的确定主体的风险概况与可容忍的风险程度一致。如果发生不一致，就表明现有的风险应对或控制没有按照要求实施，经理层可以采取纠正措施。图 19－2 列示了一家大型银行使用的风险概况仪表板，它使经理层可以考虑企业整体的风险，也可以考虑与单个业务单元相关的风险（箭头的方向表示风险的变化趋势，向下的箭头表示预期损失的风险在下降，向上的箭头表示上升）。

公司整体

	质量	预算绩效	成本效益	成长
主要价值驱动	↑	↓	↓	↑

	信用风险	市场风险	流动性风险	经营风险
主要风险类别	↓	↑	↑	↑

业务单元

信用卡	信托	住房贷款	财务计划	零售	电子商务	公司	国际
↓	↑	↑	↓	↑	↓	↓	↑

图 19－2　仪表板风险报告

在内部报告的过程中，企业应该注意信息的三维特征：内容（什么）、时间（何时）和形式（如何）。管理信息意味着给企业提供最有效的方式以在正确的时间通过正确的形式获取正确的信息。

四、内部信息的管理使用

企业必须在使用内部信息的同时管理内部信息。管理内部信息不是一个小任务。实际上，对许多组织而言，它是一个挑战。当今许多大型组织追踪几十万条信息，并以某种方式组织和存放这些信息，以供每一个员工随时取得。

内部信息管理包括一系列任务，如决定谁能查看和使用什么信息，指定如何备份信息，决定信息保存多久以及指定使用何种技术存储信息。最重要的，信息管理可以通过选择恰当的技术来组织信息，使员工能在逻辑层面上使用信息，而不必去关心其物理层面的组织。逻辑层面与物理层面的区分是关键。在内部信息管理中，物理层面处理不同的存储媒介上信息的结构，而逻辑层面处理员工们如何查看他们要求的信息。在最优的、以信息为基础的环境中，员工不需要了解信息存储的任何物理特征。他们只需要知道其所需信息的逻辑特征。在物理层面，技术根据信息存储在不同媒介的什么地方而管理信息，相关术语有比特、字节和词汇。在逻辑层面，员工们把信息作为一种字符、字段、记录、文件、数据库、数据仓库的逻辑组合来查看。

此外，在内部信息的管理和使用过程中，应当制定严格的内部信息保密制度，明确保密内容、保密措施、密级程度和传递范围，防止泄露商业秘密。

第四节　内部信息传递控制的案例

成败案析

不是谁对谁错，而是信息滞后

【案情扫描】

作为企业的创始人和领导人，张总是看着这个“孩子”迅速长大的。虽然是民营企业，公司的经营战略始终坚持走品牌之路，早在1996年公司就设立了自己的男装品牌。现在，公司的主打品牌已经成为业内和消费者心目中的知名品牌。公司年销售额8.5亿人民币，日生产能力15 000套，每年开发40多个新品种。公司的生产线全部从意大利、德国和日本引进。在销售方面，总公司在全国有70多家分公司，2 000家专卖店。管理一家这么大规模的民营企业，张总肩上的担子沉甸甸的。

某天中午休息时间，张总尽管躺在办公室沙发上闭目养神，但此时他的内心却在翻江倒海。昨天，销售经理、生产经理和分公司经理吵得面红耳赤的一幕还历历在目。

2004年12月24日，上午10时，公司会议室……

会议室的人个个面红耳赤，争吵声不绝于耳。张总为了库存问题正在同销售经理、生产经理和分公司经理开会。现在企业规模大了，一个很明显的负面效应是居高不下的库存量。按照公司的经营模式，公司自己的成品仓库、分公司的仓库、代理商仓库和零售店中的成衣都是公司自己的库存。仅总公司成品仓库中就有将近40 000套，这只是总库存量中的一小部分，散布在分公司和零售店的库存总和竟然高达6亿人民币，相当于大半年的销售收入！为此，张总已经伤透了脑筋，却仍想不出解决的良方。因此，今天把销售经理、生产经理和分公司经理召集到一块商量对策，本想“三个抵个诸葛亮”，却没有想到会议变成了吵架会。

销售经理振振有词：“我们的生产有问题，生产计划是根据每年的订货会来，从采购面料到生产、再把货运到分公司及零售店要历时两到五个月。我们在生产半年后的成衣，但半年后我们生产的成衣却不是客户所要的。例如，某款1万件成衣，只能卖出去1 000件，9 000件成了库存。现在，我们全国有2 000多家专卖店，每个专卖店都有款式出现了不同程度的压货，这样一来，库存怎么下得去？”

生产经理急了：“大家也知道生产部下面的计划科做计划是按照三种依据：根据每年三次的订货会确定年生产计划，再根据分公司的日报表和月报表调整生产计划。如果我们不按照订货会的量生产的话，分公司来提货提不到，他们又要抱怨。而且分公司信息的反馈又不准确，再加上我们靠手工计划，计划当然不可能很细化和准确。”

这下矛头指向了分公司经理，华东地区分公司经理说道：“信息反馈的速度慢和不准确这是手工管理造成的必然后果。现在都是靠人工盘点，数据人工输入，而且再订货的方式是通过传真、打电话等方式，确实很难控制。”

在他们的争吵中，张总意识到这已经不是哪个部门的错误了，问题的症结在于每个部门背靠背的运作，信息流通的非常慢，准确性也成问题。计划、生产和销售的矛盾，不仅造成了大量的库存，减慢了资金流的速度，还直接导致了客户服务质量不高，对客户要求的响应慢。这对于走品牌路线的服装公司来说是非常不利的。

【案例评述】

从某种意义上说，服装企业的成功来自于每一季较短的产品生命周期中，对市场机遇敏锐的洞察与把握。为了对消费者行为模式有更深入的了解，对销售数据做快速、准确的数据采集与传递是进行细致分析的基础。因此，服装行业对信息化的渴求是内生的，几乎与生俱来。像案例中张总的公司，具有一定规模，基本确立品牌定位，并初步建立起全国范围内的分销网络的公司，业务数据与信息的即时准确性，将成为其业务发展的瓶颈。为了尽快获得有用的信息，人们自发地倾向于效率较高但错误可能性较高的信息传递方式。例如，在生产企业的部门间沟通中，订单与款式号码往往会被自发地缩减。这样的缩减有助于信息传递的效率，但同时也增加了传递中的错误率。长远来看，造就了一种粗放经营的企业文化。

建议思考以下的问题：在自己的公司里，有没有设置信息经理的职位？如果有，职能是什么？是负责处理业务信息相关的事务还是单纯的计算机系统维护经理？公司对业务数据的搜集、共享有没有一定的规章制度？对于及时准确提供业务数据的行为，有没有奖励？反之，有没有处罚？公司内部对信息技术的态度如何？业务决策是不是真的依靠数据分析的结论，还是从上至下依然崇尚“拍脑袋”决策？

张总需要根据本企业在信息方面的要求，理清信息在企业内部传递流通的种类与渠道，并针对不同的业务情境进行定义与细化，明确员工在信息流中的责任。这样的工作，也许会花费一定的人力物力，但比起系统失败所造成更大的浪费，乃至对全体员工信息化信心的打击而言，还是很小的。企业还可以对信息的种类、要求、搜集及传递规范，对具体作业员工的行为，制定相应的规章制度。笔者所经历的一个比较成功的实施案例，公司高层就明确把输入数据错误提高到生产事故的高度，对无事故的员工则按月发放数据安全奖。通过一套简单的奖惩制度，使令人头疼的数据输入错误率降到1%以下。

最后的建议只有一条：选择行业化的软件产品。我国企业信息化发展到今天，行业细分需求特点日益明显。企业用户已经不仅仅满足于财务管理、进销存管理，更要求对生产制造过程进行现代化管理，以提高核心竞争力。同为纺织行业，棉纺织厂、印染厂、针织厂和服装厂之间差异也很大。一个大而全的通用软件系统满足多种行业的用户需求是不现实的，ERP主要面向制造业企业，面向生产过程的软件应该形成自己的行业特点，行业化成为其发展的必然选择。服装行业作为传统制造业，有着鲜明的行业特点，通用软件产品很难涵盖其生产制造管理。行业化软件按特定行业、特定工业领域设计，具有非常贴切、细致、准确的管理功能，符合行业的管理需求和生产流程，因此功能利用率高。

第二十章

信息系统

信息系统是指利用计算机技术对业务和信息进行集成处理的程序、数据和文档等的总称，是指企业利用计算机和通信技术，对内部控制进行集成、转化和提升所形成的信息化管理平台。

企业至少应当关注涉及信息系统领域的下列风险：一是信息系统缺乏或规划不合理，可能造成信息孤岛或重复建设，导致企业经营管理效率低下；二是系统开发不符合内部控制要求，授权管理不当，可能导致无法利用信息技术实施有效控制；三是系统运行维护和安全措施不到位，可能导致信息泄漏或毁损，系统无法正常运行。

《企业内部控制应用指引第 18 号——信息系统》着力解决企业信息化运行过程中如何实现科学控制，形成更加有利于企业可持续发展的控制环境。其主要内容包括：制定指引的必要性和依据、信息系统的核心内涵、信息系统控制过程中应关注的主要风险，以及信息系统的开发、信息系统的运行与维护等控制，分三章共十五条。

企业应当重视信息系统在内部控制中的作用，根据内部控制要求，结合组织架构、业务范围、地域分布、技术能力等因素，制定信息系统建设整体规划，加大投入力度，有序组织信息系统开发、运行与维护，优化管理流程，防范经营风险，全面提升企业现代化管理水平。

企业应当指定专门机构对信息系统建设实施归口管理，明确相关单位的职责权限，建立有效工作机制。企业可委托专业机构从事信息系统的开发、运行和维护工作。企业负责人对信息系统建设工作负责。

在计算机信息处理环境下，信息系统控制面临下列许多新问题：如何对使用者进行身份识别和权限控制，业务授权问题，职责分离问题，监督问题，会计记录与信息安全问题，访问/接触控制问题，独立复核问题，电子商务和网络经营中的特殊的安全问题，软件开发的质量问题等。只有加强信息系统的控制，才能确保信息的有效、准确、及时、完整和企业经营、财产和信息的有效和安全。

按控制实施的范围和对象分为一般控制和应用控制。这里主要针对一般控制进行分析。

第一节 信息系统控制的内容

一、一般控制

一般控制指对计算机信息系统的构成要素和系统环境实施的控制。其控制措施主要有：

（一）组织控制

1. 集中式处理企业的组织控制。做到信息系统部门与业务部门的职责分离，信息处理部门内部要有恰当的职责分离，即系统分析设计、系统维护、系统操作、文档资料保管以及系统数据库管理等职责要相互分离。

2. 分散式处理企业的组织控制。可成立一个较集中的企业级的计算机服务中心，集中规划和测试要购买的硬软件，为用户提供服务，制订系统开发和文档编制标准，选择人才等。

（二）数据资源控制

1. 备份控制。系统的软件和数据文件必须建立备份，有一份备份必须远离机房存放。数据要定期备份，重要的数据要保留三代。企业应当建立系统数据定期备份制度，明确备份范围、频度、方法、责任人、存放地点、有效性检查等内容。

2. 访问控制。建立严格的控制，禁止未经批准的人员访问系统的数据。常用的控制措施有：密码与权限控制，建立操作日志，注意职责分离，对高度敏感的数据，可加密存储。

（三）系统开发与维护控制

1. 系统开发要经正式批准授权。

2. 系统开发应有用户的代表参与。

3. 系统开发要有内审人员参与。

4. 编好的程序要逐个进行测试，模块（或子系统）的测试必须要有用户代表和内审人员的参加。

5. 要由用户、开发人员、审计人员一起进行系统的总体测试。系统通过试运行和验收后才能正式投入使用。

6. 系统通过验收前，一定要检查系统文档资料的完整规范性。

7. 正式投入运行的系统，若要进行维护修改，必须经申请、批准后才能进行；维护修改后必须进行严格的测试、做好文档记录，并经批准后方可正式投入使用。

（四）计算中心的安全和控制

计算中心应远离灾害多发的地方，建筑要坚固，装上空调、防尘、抽湿、烟雾探测器和自动报警等装置，要锁门及设门卫，防止未经授权的人进入，配备稳压电源和配备不间断电源。要事先制订灾难后的恢复计划。

（五）数据通信控制

1. 针对人为破坏的控制。设置防火墙，采用一次性口令，屏蔽轰炸式进攻，采用数据加密技术，对传送的信息进行顺序编号，对信息收发进行记录，采用回叫机制等。

2. 对线路故障问题的控制。采用回波检测、奇偶校验等控制方法。

（六）电子商务的控制

1. 业务授权和有效性控制。采用数字签名技术、数字认证技术，客户 ID 和密码检查技术等。对个人客户，除可用数字认证外，可通过电话、邮件等对客户身份进行确认。

2. 业务处理控制。收到业务文件时首先检查客户的 ID 和口令，在进行业务处理时也要检查其 ID 和口令，只有与其身份、权限相匹配的业务才进行处理。

3. 电子商务的安全协议与网上付款的安全控制。

（1）安全协议：安全套接层协议和安全电子交易协议。

（2）网上支付：如 CyberCash 网上结算公司，CyberCharge 网上收费公司，DigiCash 数字现金支付，First Virtual Internet Payment System 第一网上虚拟支付系统等。

4. 访问控制。交易双方能访问对方的那些数据，有何种访问权限，需要双方事前订好合同，按合同设置好访问参数。

5. 审计线索。自动登记收到业务和各阶段业务处理的记录，存于业务登记文件中作为审计线索。

（七）微机系统的控制

1. 访问控制。数据加密、微机加锁、运行程序需要密码口令等方法加以控制。

2. 对缺乏恰当的职责分离的控制。用品质好的员工，设置多级口令，有些重要目录、文件、数据的口令由管理人员自己掌握，限制员工对某些程序和数据的访问。

3. 程序与数据的后备控制。根据业务量的多少和处理的时间进行备份，至少应有一份备份保存在机房以外的地方。

4. 对缺乏恰当的系统开发与维护控制的补偿。购买商品化软件，选用品质好的人，管理者或内审人员经常审查输出的报表等。

二、应用控制

应用控制是针对某个具体应用系统的敏感环节和控制要求，为加强具体应用的输入、处理和输出的正确可靠性而建立的控制。

（一）输入控制

其目的是要防止未经审核的、无效的数据输入计算机系统内，并保证经审核的数据能完整、准确地输入并转换为机器可读的形式。

1. 输入前凭证要经审核并做好准备。

2. 只有经批准的人才能进行输入操作并要作操作记录，输入数据要经复核才能处理。

3. 计算机校验：业务数点计，控制总数核对，代码的有效性检验，借贷平衡检验，编号顺序检验，数据合理性检验、数据类型与完整性检验等。

4. 凡在计算机检查中被发现的错误，应由操作员检查错误的原因，交由出错的人改正后重新向系统提交。

（二）处理控制

其目标是要保证信息系统对已输入的数据能按既定的要求准确、完整地处理。

1. 只有经批准的人才能执行处理操作，并要做好操作记录。

2. 处理条件的检查与控制，确保只有在条件满足的情况下才能进行处理。

3. 系统要有防止或及时发现在处理过程中数据丢失、重复或出错的措施。常用的措施有：记录数点计、控制总数核对、平衡检验、合理性检验、溢出检验、常数检验等。

4. 文件检查：保证用于处理的文件确是所要处理的文件。

（三）输出控制

其目的是要保证系统能准确、完整地输出经处理的信息，输出的信息要能满足管理部门的需要，并保证输出的资料能及时送到规定的用户，禁止未经批准的人接触系统的输出资料。

1. 控制只有经批准的人才能执行输出操作，并要登记操作记录。

2. 在会计报表打印输出前由计算机检查报表间应有的勾稽关系是否满足。

3. 对打印输出的资料要进行登记，并经有关人员检查后签章才送出使用或按会计档案的要求保管，未经批准的人不得接触系统的输出资料。

4. 对敏感的重要输出资料应有人监督操作、传送与保管。

5. 打错作废的机密资料应即时销毁或用碎纸机切成碎片后才放进废纸箱。

6. 要防止有人窜改队列文件内的数据。

7. 输出资料的使用者发现资料上有错误、可疑之处应报告系统管理员，以便查清错误的原因与责任。

三、信息系统的内部控制

（一）加强对信息系统本身的控制

信息系统是由人员、计算机硬件、计算机软件、信息系统的运行规范四个部分组成。其核心部分是功能完备的财务软件。财务软件可以是直接购买商品化软件，也可以采用自行开发、委托开发和合作开发等方式实现。在开发的过程中，要明确开发目标，制订计划，进行项目的可行性研究与分析；必须严格遵循国家有关机关和部门制定的标准和规范；监督开发质量，检查各功能模块设置的合理、合法性及程序设计的可靠性，提高系统的可审性。开发单位与使用单位应经常进行沟通，通过不断地调试，发现问题，及时解决，加以完善。要按操作权限严格控制系统软件的安装与修改，按操作规程定期对系统软件进行安全性检查。

（二）加强对信息系统人员的控制

信息系统的人员和传统的财务人员岗位设置有所区别，包括电算主管人员、软件操作人员、审核记账人员、电算维护人员、电算审查人员、数据分析人员和软件开发人员等。首先，经理层重视是信息系统进行内部控制的重要前提；制定并执行相应的管理和规章制度，是有效地进行内部控制不可缺少的一环。同时，信息系统的人员应当具备职业道德和良好的业务素质。日常的操作管理应当规范，做好相关的记录。信息系统上机管理措施应包括轮流值班制度、上机记录制度、完善的操作手册、上机时间安排等。此外，会计软件也应该有完备的操作日志文件和进行数据备份，建立会计档案管理。由于信息系统采用无纸化办公，会计档案存储介质的特点要求强制备份，对于特别重要的数据，要求分别存放于两处不同的建筑物当中。

对信息系统的人员控制，还体现在不相容的职务相分离上。权限的设置要求安全、合理，在满足职能要求的基础上，要加强相互监督职能，便于在工作中牵制，防止舞弊。

（三）加强网络防范的控制

1. 建立安全控制体系，保证会计信息的正常输入与输出。在互联网环境下，为了防止信息系统遭到网络攻击，避免网络攻击破坏会计数据，应该实施一系列控制措施来保证网络安全。

安全控制体系的思想应该包括三个要素：隔离、遏制、消灭。其技术主要包括：①访问控制。由于互联网是一个全方位开放的系统，为了防范来自外部的非法访问，基于互联网的信息系统应建立访问控制措施：如防火墙技术、电子邮件系统控制、网上信息查询控制、漏洞扫描技术、入侵检测技术等。在内部网络和外部网络接口处，防火墙可以是软件、硬件或软硬结合的产品，大体上可实现过滤和代理服务器建立连接，它可以实现身份验证和较完备的日志功能。②网络安全协议和数据自动备份技术。网络安全协议是一组规则，国际上通行的安全协议主要有：超文本传输协议、“安全套接层”协议、安全电子交易协议等。自动备份技术是为了应付突发事件的，保障数据完整的有力工具。要求软件具备紧急响应、强制备份、快速重构和快速恢复等功能。③数据传输控制。要确保数据在输入与输出的过程中，数据的真实性与完整性，不会被篡改与破坏。④防病毒控制。在信息系统的运行与维护过程中应高度重视计算机病毒的防范及相应的技术手段与措施，通过服务器的网络杀毒软件进行实时监控、追踪病毒；财务软件可以捆绑防病毒软件，加强自身的防毒能力；对外来的软件和传输的数据必须经过病毒检查，在业务处理系统中严禁使用网络游戏软件，及时升级防病毒软件。

2. 建立远程控制系统，开展健康的远程作业。目前的信息系统，不仅具备以往信息系统的基本功能，而且还能够支持远程报表、远程报账、远程查询、远程审计等远程处理。建立远程控制系统，是开展健康远程作业的前提。主要采取的控制措施：①子系统安全模式设计。子系统是企业分布在各地具有独立内联网结构的信息系统，既可以完成本系统的全部功能，又可以与母系统传递数据。②远程处理规程控制。双方要制定严格的远程处理控制操作规程，包括操作权限控制、内容授权控制、处理程序控制、通道及服务器安全控制等。

3. 实行电子数据加密和身份认证，增强电子数据防伪的功能。在基于互联网的信息系统中，要保证数据安全。其数据不能非法冒充、窃取、篡改、抵赖。信息的加密技术则是保证数据安全和信息安全的核心技术。加密技术分为信息的加密与解密两个过程。由于数据在传输过程中有可能遭受非法入侵，于是就利用技术手段把重要的数据变为乱码（加密）传递，到达目的地以后再用相同或不同的方法还原（解密）。

（四）一般控制的评审

1. 对被审计单位信息系统背景信息评审。内容有：①被审计单位信息系统的规模。②硬件和网络的技术复杂性。③被审计单位信息系统会计核算和业务系统等应用软件取得的方式。④系统的管理情况。⑤被审计单位信息系统处理业务流程等。

通过对以上背景信息评审，基本收集了被审计单位信息系统硬件和软件的基本情况，包括计算机系统的大小、使用软件的类型、技术复杂性，使得审计人员能够决定采取何种方法采集、转换、分析数据以及可能遇到的困难，提前采取相应措施。

2. 对被审计单位信息系统控制环境评审。评审的主要内容包括计算机操作、数据管理、系统维护等控制措施。具体来说有：

（1）软件控制措施。它是指已投入的应用软件，未经许可，不得擅自修改（包括软件供应商的补丁程序和被审计单位计算机专业人员对软件的修改）。主要测试系统投入使用后，运行中的应用软件是否被修改过？是否有适当的文字记录修改内容及影响？软件的修改是否经过适当的审批？

（2）不相容职能分离控制措施。测试内容有系统管理人员及操作人员是否有明确的管理制度及明确的职责权限？数据库管理人员是否不审批和处理经济业务？系统管理人员和操作人员是否不能接触有关应用程序文件？业务处理职能是否在多人之间分工？

（3）访问控制措施。访问控制的目标是确保只有被授权的用户才能实现对特定数据和资源的访问。主要评审系统是否设有操作日志，记录系统操作情况？操作日志能否被删除，且不可恢复？操作日志如能被删除，有无确定需保留的最低期限？对数据库的访问是否有严格的授权限制？系统管理员、操作人员的口令、密码是否定期更换等。

（4）系统的安全性和灾难恢复控制措施。硬件配置是否能够保证系统安全可靠地运行？使用的应用软件来源是否合法、是否经过有关部门认证？财务系统的计算机是否与外网实现物理隔离？计算机是否有防病毒措施并定期升级病毒库？是否建立了系统备份和系统恢复机制？备份的各种数据是否异地存储？

对信息系统控制环境的评审，主要目的是确定被审计单位信息系统总体控制环境中控制的健全性、合理性和有效性及其存在的风险。

第二节 信息系统控制关键点

现代企业内部控制系统作为系统化的信息集成系统，其建立和实施应按照信息系统的专业化方法来进行，同时，应确保系统的安全和稳定，以保证企业内部控制系统的有效运行，实现企业内部控制的目标。

企业在建立与实施信息系统内部控制中，至少应当强化对下列关键方面或者关键环节的控制：在职责分工、权限范围和审批程序方面应当明确规范，机构设置和人员配备应当科学合理，重大信息系统开发与使用事项应履行审批程序；在信息系统开发、变更和维护方面，其流程应当清晰合理；应当建立访问安全制度，操作权限、信息使用、信息管理应当有明确规定；硬件管理事项和审批程序应当科学合理；会计信息系统流程应当规范，会计信息系统操作管理、硬件、软件和数据管理、会计信息化档案管理应当完善。

一、岗位分工与授权审批

（一）建立计算机信息系统岗位责任制

计算机信息系统岗位一般包括：

1. 系统分析。分析用户的信息需求，并据此制订设计或修改程序的方案。

2. 编程。编写计算机程序来执行系统分析岗位的设计或修改方案。

3. 测试。设计测试方案，对计算机程序是否满足设计或修改方案进行测试，通过反馈给编程岗位以修改程序并最终满足方案。

4. 程序管理。负责保障并监控应用程序正常运行。

5. 数据库管理。对信息系统中的数据进行存储、处理、管理，维护组织数据资源。

6. 数据控制。负责维护计算机路径代码的注册，确保原始数据经过正确授权，监控信息系统工作流程，协调输入和输出，将输入的错误数据反馈到输入部门并跟踪监控其纠正过程，将输出信息分发给经过授权的用户。

7. 终端操作。终端用户负责记录交易内容，授权处理数据，并利用系统输出的结果。

系统开发和变更过程中不相容岗位（或职责）一般应包括：开发（或变更）立项、审批、编程、测试；系统访问过程中不相容岗位（或职责）一般应包括：申请、审批、操作、监控，即这几个职位中是不能够由同一人兼任的。

（二）慎重对待信息系统管理策略

公司计算机信息系统战略规划、重要信息系统政策等重大事项应当经由董事会（或者由公司章程规定的经理、厂长办公会等类似的决策、治理机构，以下简称董事会）审批通过后，方可实施。信息系统战略规划应当与企业业务目标保持一致。信息系统使用部门应该参与信息系统战略规划、重要信息系统政策等的制定。

（三）专业机构负责信息运行

企业可以指定专门部门（或岗位，下称归口管理部门）对计算机信息系统实施归口管理，负责信息系统开发、变更、运行、维护等工作。

财会部门负责信息系统中各项业务账务处理的准确性和及时性、会计电算化制度的制定、财务系统操作规定等；生产、销售、仓储及其他部门（下称用户部门）应当根据本部门在信息系统中的职能定位，参与信息系统建设，按照归口管理部门制定的管理标准、规范、规章来操作和运用信息系统；企业经理层应该明确定义系统归口管理部门和用户部门（含财会部门）在保证系统正常安全运行过程中各自承担的职责，制定部门之间的职责分工表。

二、开发、变更与维护控制点

（一）信息系统的开发控制

计算机信息系统开发包括自行设计、外购调试和外包合作开发。企业在开发信息系统时，应当充分考虑业务和信息的集成性，优化流程，并将相应的处理规则（交易权限）嵌入到系统程序中，以预防、检查、纠正错误和舞弊行为，确保企业业务活动的真实性、合法性和效益性。

1. 企业计算机信息系统开发应当遵循以下原则：

（1）因地制宜原则。企业应当根据行业特点、企业规模、管理理念、组织架构、核算方法等因素设计适合本企业的计算机信息系统。

（2）成本效益原则。计算机信息系统的建设应当能起到降低成本、纠正偏差的作用，根据成本效益原则，企业可以选择对重要领域中关键因素进行信息系统改造。

（3）理念与技术并重原则。计算机信息系统建设应当将信息系统技术与信息系统管理理念整合，企业应当倡导全体员工积极参与信息系统建设，正确理解和使用信息系统，提高信息系统运作效率。

2. 信息系统开发必须经过正式授权审批。企业应当根据信息系统建设整体规划提出项目建设方案，明确建设目标、人员配备、职责分工、经费保障和进度安排等相关内容，按照规定的权限和程序审批后实施。

企业信息系统归口管理部门应当组织内部各单位提出开发需求和关键控制点，规范开发流程，明确系统设计、编程、安装调试、验收、上线等全过程的管理要求，严格按照建设方案、开发流程和相关要求组织开发工作。

企业开发信息系统，可以采取自行开发、外购调试、业务外包等方式。选定外购调试或业务外包方式的，应当采用公开招标等形式择优确定供应商或开发单位。

企业信息系统开发具体程序包括：用户部门提出需求；归口管理部门审核；企业负责人授权批准；系统分析人员设计方案；程序员编写代码；测试员进行测试；系统最终上线；系统维护等。

3. 信息系统开发的设置。企业开发信息系统，应当将生产经营管理业务流程、关键控制点和处理规则嵌入系统程序，实现手工环境下难以实现的控制功能。

企业在系统开发过程中，应当按照不同业务的控制要求，通过信息系统中的权限管理功能控制用户的操作权限，避免将不相容职责的处理权限授予同一用户。

企业应当针对不同数据的输入方式，考虑对进入系统数据的检查和校验功能。对于必须的后台操作，应当加强管理，建立规范的流程制度，对操作情况进行监控或者审计。

企业应当在信息系统中设置操作日志功能，确保操作的可审计性。对异常的或者违背内部控制要求的交易和数据，应当设计由系统自动报告并设置跟踪处理机制。

4. 信息系统开发的跟踪。企业信息系统归口管理部门应当加强信息系统开发全过程的跟踪管理，组织开发单位与内部各单位的日常沟通和协调，督促开发单位按照建设方案、计划进度和质量要求完成编程工作，对配备的硬件设备和系统软件进行检查验收，组织系统上线运行等。

5. 信息系统开发的验收。企业应当组织独立于开发单位的专业机构对开发完成的信息系统进行验收测试，确保在功能、性能、控制要求和安全性等方面符合开发需求。

（二）信息系统的变更控制

企业应当切实做好信息系统上线的各项准备工作，培训业务操作和系统管理人员，制订科学的上线计划和新旧系统转换方案，考虑应急预案，确保新旧系统顺利切换和平稳衔接。系统上线涉及数据迁移的，还应制订详细的数据迁移计划。

（三）信息系统的维护控制

1. 信息系统的操作规范。企业应当加强信息系统运行与维护的管理，制定信息系统工作程序、信息管理制度以及各模块子系统的具体操作规范，及时跟踪、发现和解决系统运行中存在的问题，确保信息系统按照规定的程序、制度和操作规范持续稳定运行。

企业应当建立信息系统变更管理流程，信息系统变更应当严格遵照管理流程进行操作。信息系统操作人员不得擅自进行系统软件的删除、修改等操作；不得擅自升级、改变系统软件版本；不得擅自改变软件系统环境配置。

2. 设立信息系统的安全等级。企业应当根据业务性质、重要性程度、涉密情况等确定信息系统的安全等级，建立不同等级信息的授权使用制度，采用相应技术手段保证信息系统运行安全有序。

企业应当建立信息系统安全保密和泄密责任追究制度。委托专业机构进行系统运行与维护管理的，应当审查该机构的资质，并与其签订服务合同和保密协议。

企业应当采取安装安全软件等措施防范信息系统受到病毒等恶意软件的感染和破坏。

3. 建立用户管理制度。企业应当建立用户管理制度，加强对重要业务系统的访问权限管理，定期审阅系统账号，避免授权不当或存在非授权账号，禁止不相容职务用户账号的交叉操作。

4. 采用网络安全措施。企业应当综合利用防火墙、路由器等网络设备，漏洞扫描、入侵检测等软件技术以及远程访问安全策略等手段，加强网络安全，防范来自网络的攻击和非法侵入。

企业对于通过网络传输的涉密或关键数据，应当采取加密措施，确保信息传递的保密性、准确性和完整性。

5. 定期备份制度。企业应当建立系统数据定期备份制度，明确备份范围、频度、方法、责任人、存放地点、有效性检查等内容。

6. 设备管理方法。企业应当加强服务器等关键信息设备的管理，建立良好的物理环境，指定专人负责检查，及时处理异常情况。未经授权，任何人不得接触关键信息设备。

三、信息系统访问安全控制点

企业应当制定信息系统工作程序、信息管理制度以及各模块子系统的具体操作规范。计算机信息系统操作人员不得擅自进行系统软件的删除、修改等操作，不得擅自升级、改变系统软件版本，不得擅自改变软件系统环境配置。企业应当对信息系统操作人员的账号、密码和使用权限进行严格规范，建立相应的操作管理制度。未经操作培训的人员不得作为操作人员。

企业应当建立账号审批制度，加强对重要业务系统的访问权限管理。对于发生岗位变化或离岗的用户，企业应当及时调整其在系统中的访问权限。企业应当定期对系统中的账号进行审阅，避免有授权不当或非授权账号存在。对于超级用户等特权用户，企业应该严格限制其使用，并对其在系统中的操作全程进行监控。使用完毕后，应当由不相容岗位对其操作日志进行审阅。

企业应当充分利用操作系统、数据库、应用系统自身提供的安全性能，在系统中设置安全参数，以加强系统访问安全。禁止未经授权人员擅自调整、删除或修改系统中设置的各项参数。涉及上网操作的，企业应当加强防火墙、路由器等网络安全方面的管理。

企业可以结合实际情况，本着审慎、稳健的原则，将信息系统访问安全事项交由第三方管理。在此情形下，企业应当加强对第三方的监控。

企业应当定期检测信息系统运行情况，及时进行计算机病毒的预防、检查工作，禁止用户安装非法防病毒软件和私自卸载企业要求安装的防病毒软件。

信息系统操作人员应当在权限范围内进行操作，不得利用他人的口令和密码进入软件系统。更换操作人员或密码泄露后，必须及时更改密码。操作人员如果离开工作现场，必须在离开前锁定或退出已经运行的程序，防止其他人员利用自身账号操作。

企业应当利用计算机信息系统建立信息化平台，规范信息的使用和传递，促进业务流程与信息流程的统一，提高经营管理的效率和效果。

企业应当对所有的重要信息进行密级划分，包括书面形式和电子媒介形式保存的信息。企业可以根据信息的重要性程度和泄密风险损失等划分标准，将信息分为绝密类、机密类、秘密类和重要类等，并建立不同类别信息的授权使用制度。

企业计算机信息系统应当划分为生产、销售、存储等子系统，及时反映和记录交易。交易责任部门在其授权范围内对子系统录入信息的真实性、完整性、准确性和及时性负责，并定期检查、核对所录信息。企业财会部门应当认真审核采购、生产、销售、仓库等部门与财务相关的关键业务数据，保证会计信息与业务流程在时间、数量和价值上的统一。

企业应当建立信息数据变更处理（包括数据导入、数据提取、数据修改等）规范。一经发现已输入数据信息有误，必须按照信息系统操作规定加以修正。企业应当建立数据信息定期备份制度和数据批处理或实时处理的处理前自动备份制度，并在备份完毕后，将备份介质异地保存。企业应当编制完整、具体的灾难恢复计划，同时，应当定期检测、及时修正该计划。

四、硬件日常管理控制点

企业应当制定计算机信息系统硬件管理制度，对设备的新增、报废、流转等情况建档登记，统一管理。

系统硬件维护，包括系统硬件所处环境的维护、系统硬件的检查更换等。一方面，系统硬件受其所处环境的影响，如机房的温度、湿度、电压，网络设施的保护措施等；另一方面，硬件本身也存在寿命、质量等问题。因此，进行系统硬件维护，应当定期或不定期对系统硬件环境及硬件本身状况进行检查，及时发现、排除问题。

企业应当将计算机硬件设备放置在合适的物理环境中，由专人负责管理和检查，其他任何人未经授权不得接触计算机信息系统硬件设备。对于主要系统服务器应当配备不中断电源供给设备。硬件设备的更新、扩充、修复等工作应当由相关人员提出申请，报上级主管负责人审批。企业操作人员应当严格遵守用电安全，不得在计算机专用线路上使用其他用电设备。企业应当完善计算机信息系统硬件设备异常状况处理制度。一经发生异常状况（如冒烟、打火、异常声响等），应当立即通知有关部门，并按处理制度进行处理。

五、会计信息化控制点

企业应当加强会计信息化工作，并对其工作流程进行有效控制。本章所称会计信息化是指利用计算机信息技术代替人工进行财务信息处理，以及替代部分由人工完成的对会计信息的分析和判断的过程。

企业应当建立会计信息化操作管理制度，明确信息系统的合法有权使用人员及其操作权限和操作程序，形成分工牵制的控制形式。企业出纳人员不得兼任电算化系统管理员，不得兼任记账凭证的审核工作。

企业应当建立信息系统硬件、软件和数据管理制度，重点关注下列风险和控制点：

1. 对正在使用的会计核算软件进行修改、对通用会计软件进行升级和对计算机硬件设备进行更换时，企业应有规范的审批流程，并采取替代性措施确保会计数据的连续性。

2. 企业应当健全计算机硬件和软件出现故障时进行排除的管理措施，保证会计数据的完整性。

3. 确保会计数据安全保密，防止对数据的非法修改和删除。

企业应当建立信息化会计档案管理制度。

本章所称信息化会计档案是指存储在磁性介质或光盘介质的会计数据和计算机打印出来的书面等形式的会计数据，包括记账凭证、会计账簿、财务报表（包括报表格式和计算公式）等数据。

企业应当指定专人负责信息化会计档案的管理，做好防消磁、防火、防潮和防尘等工作；对于存储介质保存的会计档案，应当定期检查，防止由于介质损坏而使会计档案丢失。

第三节 信息系统控制的案例

成败案析

信息系统确实好 控制得当是个宝①

【案情扫描】

作为从传统百货公司改编而来的现代百货公司，经过连续四年的嫁接改造与应用创新，以信息系统为强大技术保障的某商业连锁有限公司，可谓顺水顺风，收获颇丰。在“2007 年度中国品牌 500 强”的入围名单中，成为某省唯一一家上榜的零售企业。其公司字号也一字值亿金，品牌价值过 23 亿元，这一结果奠定了该公司在该省商业零售企业中的龙头地位。回顾该公司的发展历程，公司上下深深体会到信息化在现代企业管理中发挥着日益重要的作用，与其他同类从事传统商业的百货公司相比，公司能有今天的成就是与其先进的信息管理系统分不开的。

作者最近专门就信息系统在优化百货连锁行业中的功能，对该公司属于一线店员进行调查时，4 个店家的 9 位被调查者都普遍认为通过信息系统的嫁接，能够进一步改善百货公司的经营管理模式。

他们普遍认为，现代百货的管理由过去以经、代、销经营方式为主转变为以联营、租赁这种经营方式为主，这在很大程度上降低了百货的进货成本、管理成本，但在管理上却出现了很多的漏洞让管理者头痛，不知如何处理。通过信息系统的全程控制，能够适应能

① 本案例根据作者企业管理咨询实践中得到的第一手材料整理改编，因为企业低调行事的风格所限，恕不直言案例发生的具体单位。

力品种繁多的现代百货管理需求，避免许多工作常见的漏洞。联营、租赁这种经营方式在管理过程中所实行的是统销码管理，在信息管理过程中无法进行细化管理，所以在管理过程中产生各种漏洞，但很多漏洞是可以通过信息管理分析来发现，通过管理是可以解决的。

基层店员认为，以下四个领域的传统漏洞，可以通过学习信息系统得到控制：

1. 现代百货管理中“跑单”问题。“跑单”也就是专柜私收款。现代百货经营方式主要是“联营”。联营也就是按合同规定一个分层比例，即“扣率”，来进行销售后的利润分层的一种经营方式。正因为这样才出现了现代专柜“跑单”的现象来逃避商场的利润分层。如以销售额为100元，扣率为20%来计算，那么专柜每跑一下单就相当于商场损失20元，一般大型商场都有几百个专柜，如一个专柜一天跑一个单，那么商场每天就要损失上万元。“跑单”可以通过“联营单品”这种信息管理方式来解决的，在原来联营这种方式基础上管专柜商品的库存数量，各专柜的进、销、返场等都由系统管理数量，之后通过月末盘点来进行核对。这种信息管理方式可以避免“跑单”的漏洞，但信息的录入及库存管理都要增加人力、物力。

2. 现代百货管理中柜组卡问题。所谓柜组卡，不是品牌专柜厂家所发行的优惠卡，是百货商场办的会员卡，专柜办会员卡来为顾客打折。所谓会员卡，就是现代百货商场办理的为顾客打折、积分的一种优惠卡。会员卡的折扣是要求百货商场与品牌商共同承担的。品牌商的临时折扣是由品牌商独自承担的，所以品牌商办理一张会员卡为顾客进行打折，这样就把临时折扣转变成了会员折扣，也就是变成了由百货商场为其承担了临时折扣。如以销售额为100元，会员卡折扣分担各50%来计算，会员卡折扣为90%，那么每笔销售商场就损失了5元钱，如果这个专柜每月销售10 000元那么就一个专柜商场每月损失500元，如果上百个专柜这样做那么损失是非常大的。柜组卡问题可以通过信息系统的会员消费的趋势分析来解决。如果发现在一日内用一张会员卡在一个专柜进行了多笔销售，这张卡很可能是柜组卡，再通过买场管理人员进行调查，制定相应的处罚规定，并把柜组卡结停用。

3. 现代百货专柜随意打折。在现代百货商场管理过程中，为了建立商场的信誉，很多商场都要求各专柜不可以随意打折，并要求明码标价。可是，很多专柜的品牌商和销售员为了专柜利益进行不正当竞争，随意打折，或是增加原价再进行打折来欺骗顾客。专柜随意打折这个问题可以通过买场管理和信息系统相结合来解决，信息系统要想分析出折扣来必须在收银时就输入相应的临时折扣、会员折扣等信息，通过信息系统进行折扣分析，分析出各种折扣报表，卖场管理人员根据各种报表有针对性的对各专柜进行监督。

4. 正柜商品用销售码卖。联营这种经营方式整个专柜只有一个“统销码”，那么A商品用这个码销售，B商品也用这个码销售。但由于专柜的商品过季打折、或厂家促销。使一个专柜出现了多种结算方式，那么就出现了正柜码与促销码分别代表不同的商品。由于促销品与正柜商品的毛利不一样所以一般扣点也不一样，所以有的专柜为了使商场少扣几个点往往把正柜商品按促销商品码进行销售。如以销售额为100元，正柜商品扣点为20%，而促销商品的扣率为8%，那么每卖一笔百货商场就损失了12元，一般一个专柜一一天要卖上万元，那么商场一天就损失上千元，如果上百家专柜都钻商场的空子，那么商场一天就要损失几万元。专柜商品用销售码卖这个问题可以通过信息对同时有多个编码共同使用的专柜进行折扣、客单价分析，如果是折扣较低、扣率较低，那么很可能是专柜商品用促销码买。如果发现有这样的专柜可以对这样的专柜进行重点监督，如发现问题按商场的相应规定加以处理。

总之，现代百货信息化管理得好的话可以及时发现许多商场管理过程中出现的问题，可以为管理者、决策者提供各种分析数据，使信息系统更好地服务于现代百货日常管理、决策管理。

总部管理工作层共同感触到，信息系统是百货零售企业的血脉和神经，公司推进集约管控模式以来，努力推进信息系统的建设，积极为连锁经营提供新动力，推进“强店战略”的实施。

1. 强化环节促统一。该公司推进“进销分离，一级核算”的经营模式后，信息系统囊括了“进、销、结、存”各个环节，编织了一张看不见的信息管理网，企业内部用户可以通过个人电脑终端，在授权的范围内查询相关信息，为经营管理提供最准确、最迅速的数据。以统一的程序编码，在系统内形成了“八个统一”，即信息管理系统、采购大类编码、供应商编码、品牌编码、商品类别编码、商品编码、合同管理和商品管理的统一，可以有效地处理门店的各类数据。公司的供应链管理，可以通过合并信息类别，有效地整合供应商的促销资源、商品资源和品牌资源，这样，与供应商的战略联盟就更加紧密。供应商可以通过网络共享信息资源，及时掌握销售的环比数据和同比数据，以及其他品牌的销售数据，在对此和分析中调整销售策略。同时，供应商还可以通过统一的电子表格，直接向门店或招采总部传递商品信息。

2. 强化通信降成本。在连锁门店银行卡与商场 POS 机一体化的通信系统建设过程中，该公司整合了与银行的通讯网络，保持了畅通的信息传送渠道。过去，各门店分别与银行连接银行卡的通信线路，由于设备和条件的不同，有的用 DDN 走线，有的用电话线，通信的质量也参差不齐，而且要各自付费，叠加在一起的成本相对较高。现在，通过公司的中心转换网络，统一与银联建立通信线路，既提高了银行卡的交易质量，又免除了各门店的通信费用，降低了企业的运营总成本，提升了支付的速度和准确性，为顾客带来了便捷。再有一个好处，就是大大降低了硬件采购的绝对成本，现在每开一家门店，在信息系统的投入上都较以往有较大幅度的减少，维护和维修的费用也同步下降。

3. 强化服务创价值。随着企业的高速发展，该公司充分利用计算机通信设备和既存网络，建立了视频会议系统和 OA 系统。现在，视频会议系统已经覆盖了郊区和外地的 15 家企业，可以通过网络举行各类视频会议，工作效率提高了，商务成本降低了。作为企业内部信息系统的 OA 网络，目前已覆盖了公司总部的管理人员，以及门店的高级管理人员、重要部室负责人，用户总数超过了 500 个，网上流转公文和流转审转批业务合同超过上万份，缩短了文件流转的时间，使企业的反应更为迅捷。同时，还方便了拥有会员卡的顾客，他们可以在所有门店的信息系统上享受优惠折扣、消费积分，从而扩大了销售额和销售量，也为客户关系管理系统提供了可以锁定的信息，有利于对商品的调整，对营销进行升级。

该公司下一步要强化数据的挖掘工程，以及供应商网上结算的电子化体系，通过树立“科技强企”的观念，进一步促进该公司的集约化、标准化、专业化发展战略。

【案例评述】

透过本案例的前因后果，应该对现代连锁经营条件下的信息化管理控制有所启示。连锁经营已成为最具活力的经营方式，几乎渗透到了零售业、餐饮业以及其他服务业等多个行业。发展连锁经营、促进连锁经营发展对我国的生产、流通、消费以及整个国民经济发展具有重要意义。据中国连锁经营协会统计，进入21世纪后，代表连锁业发展趋势的“连锁百强”仍以年均超50%的速度增长，远远超过了社会零售总额年均9.4%的增速。当前，连锁经营在我国的发展还在加速，连锁经营的优势更加突出。

就一般连锁经营模式的优化而言，如何借助于信息技术共享，尽而达到资源配置最优化，资源利用最佳化，获取效益最大化显得至关重要，而完善的信息系统是连锁经营赖以发展的“本钱”。随着商业微利时代的到来，工商联合已成定势。就今后而言，工业产品、商业配送、零售连锁这3个环节的联系将日趋紧密，而支撑这3个环节有机联系的信息传送和反馈尤为重要。直面微利时代，要想在有限的利润空间里获取最大的经济效益，必须建立一套完善的信息体系。否则，社会网络化配送，集团式大规模采购，单品管理和有效期产品报警以及零库存的管理都将无法运作；高度的资源共享，核心业务流程的科学化、标准化，门店商品配置合理化，也成一句空话。在未来的连锁经营发展中，服务行业的连锁经营会成为新的热点。所有这些都离不开信息手段的支持，从某种意义上讲，信息应用规范化、整理分析专业化、商业管理智能化和商业代码作业流程标准化，是连锁经营赖以发展的“本钱”。

通过这一本土案例的调研，使得我们对零售业巨头沃尔玛强大的信息系统所形成的“四个一”技术支持系统更加有了深切的认识：“天上一颗星”——通过卫星传输市场信息；“地上一张网”——通过计算机网络管控其采购供销网络；“送货一条龙”——通过与供应商建立的网络连接系统，供货商直接进行补货；“管控一棵树”——利用计算机网络将上中下游的客户、分店、会员像一棵大树有机整合在一起。信息系统控制流程图见图20-1。

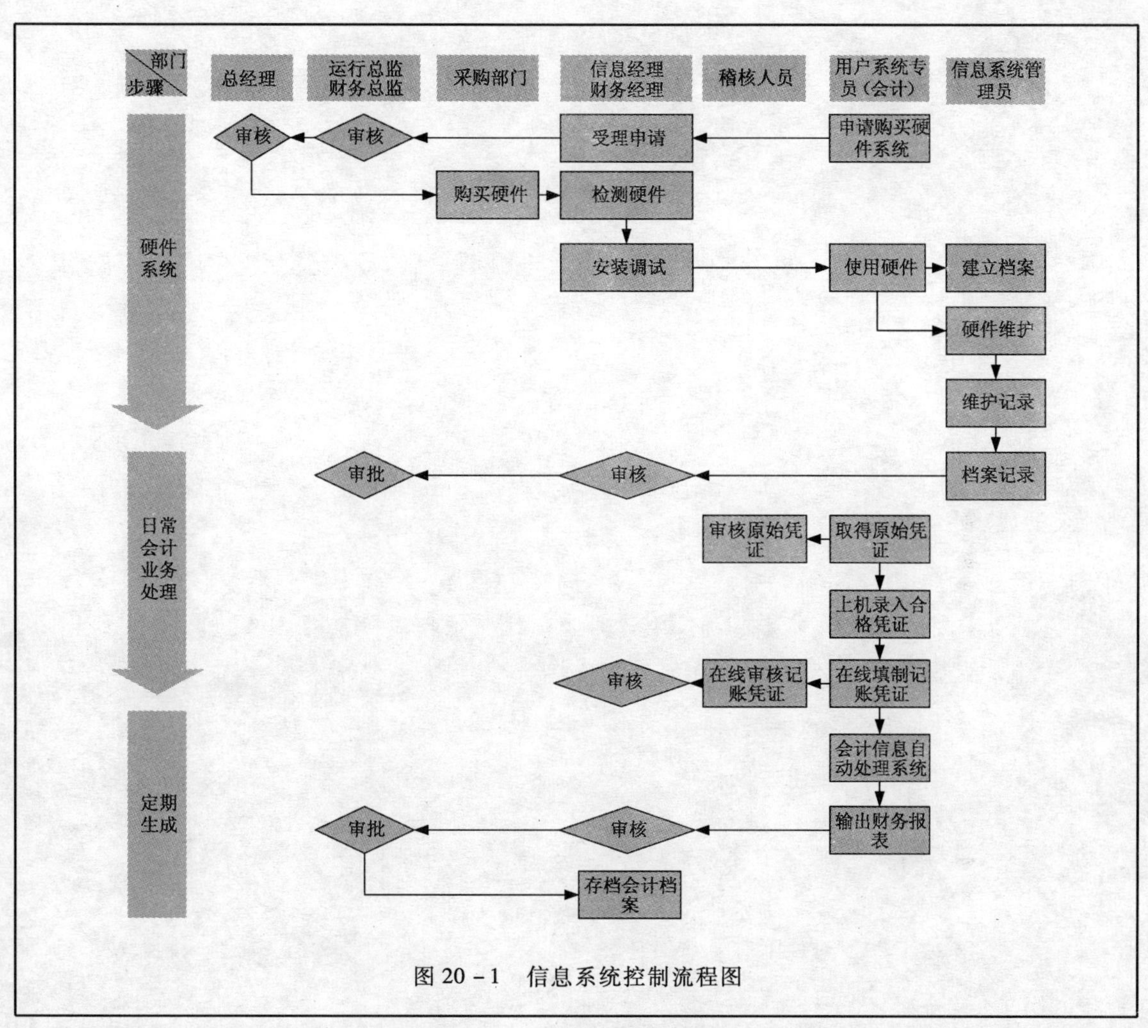

图 20－1　信息系统控制流程图

评 价 审 计

第二十一章

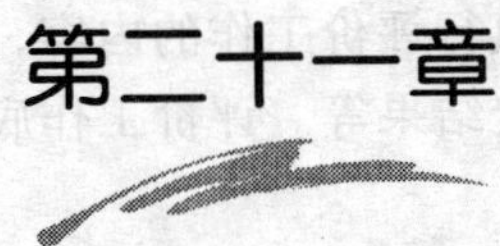

企业内部控制评价指引

企业内部控制的评价，是指对内部控制制度的有效性进行的分析和评定。内部控制评价基本的特征是：关注业务的过程和控制的成效，由企业经理层和职员共同进行，用结构化的方法开展评估活动。内部控制评价的目的是使人们了解在执行过程中哪里存在缺陷以及可能引致的后果，然后让企业内部相关主体自己采取行动改进这种状况，而不是被动地坐等外部的注册会计师来发现问题。研究表明，实施内部控制评价，对于一个企业加强管理、提高运行效率、改进内部审计程序和业务经营程序以及控制各种风险等有着积极的作用。

《企业内部控制基本规范》第四十六条规定："企业应当结合内部监督情况，定期对内部控制的有效性进行评价，出具内部控制评价报告。内部控制评价的方式、范围、程序和频率，由企业根据经营业务调整、经营环境变化、业务发展状况、实际风险水平等自行确定。"同时，《企业内部控制评价指引》第二条规定："本指引所称内部控制评价，是指企业董事会或类似权力机构对内部控制的有效性进行全面评价、形成评价结论、出具评价报告的过程。"可见，这是企业内部对其内部控制执行态势进行自我"回头看"的重要方式。

第一节 框架概述

《企业内部控制评价指引》共分为五章二十七条，从内部控制评价的各个方面阐述了其具体内容：

第一章是总则。概要说明内部控制评价指引制定的依据、适用的范围、遵循的原则等方面。其中，第一条，说明内部控制评价指引出台的目的和依据，目的为了促进企业全面评价内部控制的设计与运行情况，规范内部控制评价程序和评价报告，揭示和防范风险，主要的依据为《企业内部控制基本规范》。第二条，界定了内部控制评价的定义。第三条，阐明了企业实施内部控制评价应遵循的原则，即全面性原则、重要性原则和客观性原则。第四条，指出了企业进行内部控制方法和内部控制评价的责任主体即董事会。

第二章是内部控制评价的内容。该章从四个方面说明内部控制评价的内容：一是内部控制评价的内容应围绕内部环境、风险评估、控制活动、信息与沟通、内部监督五要素进行。二是内部控制的评价是针对内部控制设计和运行有效两个方面而言。三是内部控制评价工作应当形成工作底稿，详细记录企业执行评价工作的内容，包括评价要素、主要风险点、采取的控制措施、有关证据资料以及认定结果等。评价工作底稿应当设计合理、证据充分、简便易行、便于操作。

第三章是内部控制评价的程序。

第十二条阐明内部控制评价工作开展的程序和要求。明确规定了在程序上依次是：制定评价工作方案、组成评价工作组、实施现场测试、认定控制缺陷、汇总评价结果、编报评价报告等环节。

第十三条阐明内部控制评价方案的拟定与审批。企业内部控制评价部门应当拟订评价工作方案，明确评价范围、工作任务、人员组织、进度安排和费用预算等相关内容，报经董事会或其授权机构审批后实施。

第十四条阐明企业内部控制评价的实施部门。企业内部控制评价部门应当根据经批准的评价方案，组成内部控制评价工作组，具体实施内部控制评价工作。评价工作组应当吸收企业内部相关机构熟悉情况的业务骨干参加。评价工作组成员对本部门的内部控制评价工作应当实行回避制度。企业可以委托中介机构实施内部控制评价。为企业提供内部控制审计服务的会计师事务所，不得同时为同一企业提供内部控制评价服务。

第十五条说明内部控制评价方法。包括个别访谈、调查问卷、专题讨论、穿行测试、实地查验、抽样和比较分析等方法。

第四章内部控制缺陷的认定，主要阐明了内部控制缺陷的分析、判断因素和程度的划分。内部控制的缺陷，通常可划分为设计缺陷和运行缺陷，而按照其后果影响程度，则划分为一般缺陷、重要缺陷和重大缺陷。

第五章是内部控制评价报告，主要阐明内部控制评价报告的内容、批准以及披露、保管的要求。

第二节　重要条款解读

一、内部控制评价概述

内部控制评价是企业董事会实施的，对企业内部控制有效性进行评价，以形成评价结论，出具评价报告的过程。企业应当根据国家有关法律法规和《企业内部控制基本规范》的要求，结合企业实际情况，对战略目标、经营管理效率和效果目标、财务报告及相关信息真实完整目标、资产安全目标、合法合规目标等单个或整体控制目标实现进行评价。

（一）内部控制评价的目标

企业内部控制评价的目标是通过对企业内部控制关于体系结构的健全性、制度安排的合理性和执行绩效的有效性进行自我评价，促使企业切实加强内部控制体系的建设并认真执行，并保证内部控制体系得以持续、有效的改进。

1. 强化内部控制意识，建立健全内部控制机制，严格落实各项控制措施，确保内部控制体系有效运行。

2. 提高风险管理水平，为实现企业发展战略和经营目标提供保障。

3. 增强企业业务、财务和管理信息的真实性、完整性和及时性。

4. 保障企业资产的安全和完整。

5. 确保企业各项活动的合法合规性。

6. 为企业的风险管理提供信息服务和决策支持。

（二）内部控制评价的原则

为确保企业内部控制评价能够定位准确、客观，《企业内部控制评价指引》中规定，企业实施内部控制评价，应当遵循下列原则：

一是全面性原则。评价工作应当包括内部控制的设计与运行，涵盖企业及其所属单位的各种业务和事项。

二是重要性原则。评价工作应当在全面评价的基础上，关注重要业务单位、重大业务事项和高风险领域。

三是客观性原则。评价工作应当准确地揭示经营管理的风险状况，如实反映内部控制设计与运行的有效性。

此外，内部控制评价还应坚持以风险为基础的原则，来促进企业构建以风险为基础的内部控制体系。要求内部控制评价应当以风险评估为基础，根据风险发生的可能性和对企业单个或整体控制目标造成的影响程度来确定需要评价的重点业务企业、重要业务领域或流程环节。

（三）内部控制评价的组织机构

企业内部控制评价是一项难度非常大的工作，需要强有力的组织保障。显然，这应该是企业最高级次的组织和人员进行总体负责。所以，《企业内部控制评价指引》第四条规定“企业董事会应当对内部控制评价报告的真实性负责”。

在具体执行过程中，企业应该成立专门的内部评价机构对内部控制进行评价。如果成立专门机构的条件不够，也可以将内部控制评价的工作授权给内部监督部门，即内部审计部门进行。

（四）内部控制评价的分类

企业内部控制评价，一般包括年度评价和专项评价。年度评价是指企业根据内部控制目标，对企业某一年度建立与实施内部控制的有效性进行的评价。例如，企业按照有关法规的要求，每年都必须进行内部控制自我评估并出具内部控制自我评估报告。专项评价是指企业在特定时点对特定范围的内部控制的有效性进行的评价。例如，对企业的货币资金内部控制有效性进行专项评价。

在实务中，还可以将内部控制评价分为全面内部控制评价和专项内部控制评价。全面内部控制评价是指对企业内部控制体系进行评价，包括控制环境、风险评估、控制活动、信息与沟通以及内部监督 5 个要素，对企业的所有业务和管理活动的内部控制进行全面的评价。

专项评价是指针对内部控制中的某一个要素，比如针对控制活动本身，或者针对企业的某项或者某些业务和管理活动的内部控制进行评价。

二、内部控制评价的内容

（一）内部控制五要素的评价

《企业内部控制基本规范》颁布后，企业内部控制评价有了统一的标准，企业应当针对与实现整体控制目标相关的内部环境、风险评估、控制活动、信息与沟通、内部监督等内部控制要素进行全面、系统、有针对性的评价。

1. 内部环境的评价。对企业内部环境的评价应注意评价的焦点是组织架构、发展战略、人力资源、企业文化、社会责任5个方面。具体评价重点包括经营活动的复杂程度、管理权限的集中程度、管理行为守则的健全性和有效性、经理层对逾越既定控制程度的态度、组织文化的内容及组织成员对此的理解与认同、法人治理结构的健全性和有效性、组织各阶层人员的知识与技能、组织架构和职责划分的合理性、重要岗位人员的权责相称程度及其胜任能力、员工聘用程序及培训制度、员工业绩考核与激励机制等。

2. 风险评估的评价。企业组织开展风险评估机制评价，应当以《企业内部控制基本规范》有关风险评估的要求以及各项应用指引中所列主要风险为依据，结合本企业的内部控制制度，对日常经营管理过程中的风险识别、风险分析、应对策略等进行认定和评价。对企业风险评估的评价，应注意的是风险评估整体目标的制定、作业层级目标的制定、风险分析和对变化的管理等。具体评价的重点是被评价企业对抗风险的能力和风险管理的具体办法及效果。

3. 控制活动的评价。企业组织开展控制活动评价，应当以《企业内部控制基本规范》和各项应用指引中的控制措施为依据，结合本企业的内部控制制度，对相关控制措施的设计和运行情况进行认定和评价。关注对企业的每个作业环节是否都定有适当的必要政策和程序，现有的已确认的控制活动均被适当执行。具体评价的重点是控制活动建立的适当性、控制活动对风险的识别和规避、控制活动对组织目标实现的作用、控制活动执行的有效性。

4. 信息与沟通的评价。企业组织开展信息与沟通评价，应当以内部信息传递、财务报告、信息系统等相关应用指引为依据，结合本企业内部控制制度，对信息收集、处理和传递的及时性、反舞弊机制的健全性、财务报告的真实性、信息系统的安全性，以及利用信息系统实施内部控制的有效性等进行认定和评价。主要关注点包括：就员工的任务和控制责任进行沟通的有效性；建立可用来报告不当、可疑行为的沟通渠道；经理层对员工提出的提高生产力和质量及其他类似的改进建议的接受程度；组织内沟通（如采购活动和生产活动之间的沟通）的适当性，以及信息能使员工有效履行其责任的完整性、及时性和充分性；是否建立了与供应商、销售商及其他外界人士畅通沟通的渠道；外界对本企业的了解程度；经理层从顾客、供应商、管理机构或其他外界团体处获取信息后，所采取的追查行动的及时性和适当性。具体评价的要点：获取财务信息、非财务信息的能力，信息处理的及时性和适当性，信息传递渠道的便捷与畅通，管理信息系统的安全可靠性。

5. 内部监督的评价。对内部监督的评价包括：日常监督评价、专项监督评价和缺陷报告评价。

毕马威（KPMG）在其内控指南中提出，董事会在对企业内部控制进行年度评价时，至少应该考虑以下所列的这些问题。

（1）风险评估。它主要包括：企业是否有明确的目标，并且已经与员工沟通？是否给员工在风险评估和控制问题中提供了有效的方向？显著的经营风险、财务风险和其他风险是否已经被认定和评估？认定和评估风险的基准是否是持续适用（显著风险可能包括和市场、信用、流动性、技术、法律和声誉等相关的问题）？经理层和企业中其他员工是否清楚地了解董事会可接受的风险？

（2）控制环境和控制措施。它主要包括：董事会对已认定的风险是否有应对策略？是否制定了处理风险的政策？企业文化、行动守则、人力资源政策和绩效考核系统是否支持企业目标和风险管理以及内部控制系统？在企业内部，高级管理人员是否通过行动和政策来展示必要的胜任能力正直和营造互相信任的氛围？权责是否明确？决策和执行的人员是否合适？决策和执行是否很好地选调运作？企业是否和员工沟通企业对他们的期望以及自由行动的界限？企业的员工是否具有支持企业目标和有效管理风险使企业目标实现的知识、技术和工具？内部控制体系是如何调整以适应新的风险以及如何改正内控缺陷的？

（3）信息和沟通。它主要包括：董事会和经理层能否及时地接收来自企业内外的关于违反企业目标的信息及其可能带来的风险，例如员工的态度和顾客的满意度等信息，信息缺乏和相关的信息系统是否被重新评估为目标及其风险的改变或者被重新评估为缺陷；周期报告包括半年报和年报的程序是否有效地传达企业的现状和前景；是否建立了个人报告内控制度漏洞或其他不合适之处的沟通渠道。

（4）内部监督。它主要包括：企业是否制定了全面风险管理和内部控制的监督程序；这些监督程序是否具有监控企业重新评估风险及有效地调整控制以适应企业目标、业务和内部环境改变的能力；是否存在有效的后续程序保证内控体系的改变以适应风险的变化；与董事会（或董事会专门委员会）沟通风险和控制事件监控程序有效性的方式是否合适；应该包括及时地报告任何显著的内控失效和控制弱点；是否存在内控监督和向董事会报告重大风险的具体安排；这些可能包括违法违规行为或者对公司的声誉和财务状况产生负面影响的行为。

（二）针对内部控制有效性的评价

有效性是企业内部控制评价的一个重要方面，但是，准确地说是对于内部控制的两个方面有效性的评价，即设计有效性和运行有效性。

内部控制设计有效性是指为实现控制目标所必需的内部控制要素都存在并且设计恰当；内部控制运行有效性是指现有内部控制按照规定程序得到了正确执行。

评价控制的设计是指考虑一项控制单独或连同其他控制是否能够有效防止或发现并纠正重大错报。控制得到执行是指某项控制存在且正在使用。设计不当的控制可能表明内部控制存在重大缺陷。

（三）采用信息系统加强内部控制的企业，对信息系统有效性的评价

信息系统控制可以是人工的、自动化的，或是基于自动流程的人工控制。信息系统控制分为两类，即信息技术的一般控制和应用控制。

1. 一般控制是指与多个应用系统有关的政策和程序，有助于保证信息系统持续恰当地运行（包括信息的完整性和数据的安全性），支持应用控制作用的有效发挥。通常包括数据

中心和网络运行控制，系统软件的购置、修改及维护控制，接触或访问权限控制，应用系统的购置、开发及维护控制。例如，程序改变的控制、限制接触程序和数据的控制、与新版应用软件包实施有关的控制等都属于信息技术的一般控制。

应用控制是指主要在业务流程层面运行的人工或自动化程序，与用于生成、记录、处理、报告交易或其他财务数据的程序有关，通常包括检查数据计算的准确性，审核账户和试算平衡表，设置对输入数据和数字序号的自动检查，以及对例外报告进行人工干预。

2. 一般控制评价应当着重考虑与信息系统开发有关的信息技术控制目标、程序变更、计算机运行和对数据的接触是否符合企业内部控制的要求，是否有利于企业内部控制目标的实现，并以此评价信息系统的安全性、可靠性和合理性。

应用控制评价应当结合企业业务流程的特点，着重考虑信息系统中与业务流程相关的控制点，并以此评价相关应用系统操作数据的真实性、准确性和合规性。

（四）企业集团的内部控制评价

企业集团对被评价企业内部控制的有效性进行评价，应当至少涉及下列内容：

1. 被评价企业内部控制是否在风险评估基础上涵盖了企业层面的风险和所有重要的业务流程层面的风险。

2. 被评价企业内部控制设计的方法是否适当，内部控制建设的时间进度安排是否科学、阶段性工作要求是否合理。

3. 被评价企业内部控制设计和运行的组织是否有效，人员配备、职责分工和授权是否合理。

4. 被评价企业是否开展内部控制自查并上报有关自查报告。

5. 被评价企业是否建立有利于促进内部控制各项政策措施落实和问题整改的机制。

6. 被评价企业在评价期间是否出现过重大风险事故等。

三、内部控制评价的程序

（一）内部控制评价的程序

内部控制评价程序一般包括制订评价工作方案、组成评价工作组、实施现场测试、认定控制缺陷、汇总评价结果、编报评价报告等环节。

企业可以授权内部审计部门或专门机构（以下简称内部控制评价部门）负责内部控制评价的具体组织实施工作。图 21－1 列示了企业内部控制评价的流程。

1. 制订评价方案。评价方案应明确本次评价的目的、范围、准则、时间安排和相应的资源配置。在制订后，应报经理层和董事会审批。

内部控制评价范围的确定应当遵循风险导向、自上而下的原则来确定需要评价的分支机构、重要业务单元、重点业务领域或流程环节。

2. 组成评价小组。企业内部控制评价部门应当根据经批准的评价方案，组成内部控制评价工作组，具体实施内部控制评价工作。评价工作组应当吸收企业内部相关机构熟悉情况的业务骨干参加。评价工作组成员对本部门的内部控制评价工作应当实行回避制度。

3. 实施现场测试。内部控制评价工作组应当对被评价单位进行现场测试，综合运用个别访谈、调查问卷、专题讨论、穿行测试、实地查验、抽样和比较分析等方法，充分收集被

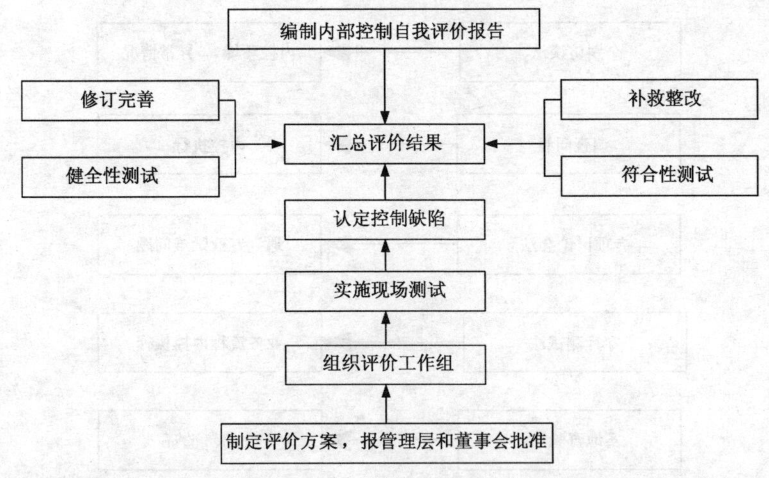

图 21－1　企业内部控制评价的流程

评价单位内部控制设计和运行是否有效的证据，按照评价的具体内容，如实填写评价工作底稿，研究分析内部控制缺陷。

4. 认定控制缺陷。内部控制评价工作组应当根据现场测试获取的证据，对内部控制缺陷进行初步认定，并按其影响程度分为重大缺陷、重要缺陷和一般缺陷。

5. 汇总评价结果。企业内部控制评价部门应当编制内部控制缺陷认定汇总表，结合日常监督和专项监督发现的内部控制缺陷及其持续改进情况，对内部控制缺陷及其成因、表现形式和影响程度进行综合分析和全面复核，提出认定意见。

6. 编制评价报告。评价人员在汇总检查评价结果基础上，根据评价实施情况，编制评价报告，并向有关人员和机构报告。

（二）内部控制评价的方法

对企业内部控制评价的方法见图 21－2。

1. 个别访谈法。它是指企业根据检查评价需要，对被检查企业员工进行单独访谈，以获取有关信息。通过找有关人员谈话，可以调查了解内部控制制度，还可以针对可疑账项或异常情况等向有关人员提出询问。具体的运用流程是：

（1）设计访谈提纲。无论是哪一种形式的访谈，一般在访谈之前都要设计一个访谈提纲，明确访谈的目的和所要获得的信息，列出所要访谈的内容和提问的主要问题。

（2）恰当进行提问。要想通过访谈获取所需资料，对提问有特殊的要求。在表述上要求简单、清楚、明了、准确，并尽可能地适合受访者；在类型上可以有开放型与封闭型、具体型与抽象型、清晰型与含混型之分。另外，适时、适度的追问也十分重要。

（3）准确捕捉信息，及时收集有关资料。访谈法收集资料的主要形式是“倾听”。“倾听”可以在不同的层面上进行：在态度上，访谈者应该是“积极关注的听”，而不应该是“表面的或消极的听”；在情感层面上，访谈者要“有感情的听”和“同情的听”，避免“无感情的听”；在认知层面，要随时将受访者所说的话或信息迅速地纳入自己的认知结构中加以理解和同化，必要时还要与对方进行对话，与对方进行平等的交流，共同建构新的认

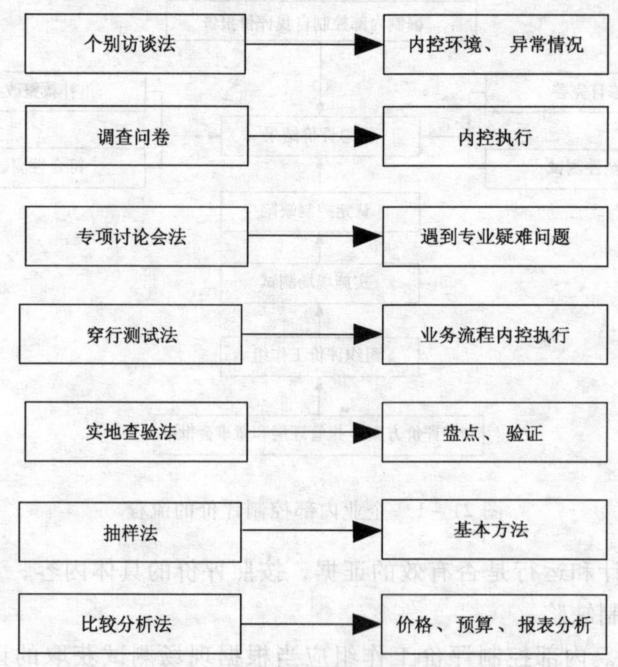

图 21－2 企业内部控制评价的方法

识和意义。另外，“倾听”还需要特别遵循两个原则：不要轻易地打断对方和容忍沉默。

（4）适当地作出回应。访谈者不只是提问和倾听，还需要将自己的态度、意向和想法及时地传递给对方。回应的方式多种多样，可以是诸如“对”、“是吗?”、“很好”等言语行为，也可以是点头、微笑等非言语行为，还可以是重复、重组和总结。

（5）及时做好访谈记录，一般还要录音或录像。

2. 调查问卷法。它是指通过对某一控制活动全过程通过设计调查问卷的方法来评估其执行情况。

3. 专题讨论会法。它是指通过召集与业务流程相关的管理人员就业务流程的特定项目或具体问题进行讨论及评估的一种方法。

4. 穿行测试法。它是指通过抽取一份全过程的文件，来了解整个业务流程执行情况的评估评价方法。

5. 实地查验法。它是指企业对财产进行盘点、清查，以及对存货出、入库等控制环节进行现场查验。

进行实地查验首先要有计划，明确目的，一般情况下，实地查验要和纳税评估结合起来进行的，在实地查验过程中要尽量取得企业生产经营的第一手资料，资料要详细、准确。

6. 抽样法。它是指企业针对具体的内部控制业务流程，按照业务发生频率及固有风险的高低，从确定的抽样总体中抽取一定比例的业务样本，对业务样本的符合性进行判断，进而对业务流程控制运行的有效性作出评价。

7. 比较分析法。它是指通过分析、比较数据间的关系、趋势或比率来取得评价证据的方法。

常用的计算及比较包括下列各类：

（1）绝对额比较。例如，将本期金额（如某账户余额）和预期金额进行简单比较等。

（2）共同比财务报表，也称垂直分析。它是指先计算出某财务报表的各组成要素占有关总额的百分比（例如，现金占总资产的百分比、毛利占销售收入的百分比），再将此比例与预期数比较。

（3）比率分析。它是注册会计师和财务分析人员常用的分析方法。此方法要求先计算出各种比率，再将其与预期比率进行比较。对计算出来的比率可单独分析，也可归类（如偿债能力、效率及获利比率等）分析。

（三）内部控制评价的证据

企业应当根据通过评估和测试获取与内部控制有效性相关的证据，并合理保证证据的充分性和适当性。

证据的充分性是指获取证据的数量应当能合理保证相关控制的有效；证据的适当性是指获取的证据应当与相关控制的设计与运行有关，并能可靠地反映控制的实际运行状况。相关性和可靠性是证据适当性的核心内容，只有相关且可靠的证据才是高质量的。

证据要有证明力，必须与内部控制评价的目标相关。证据的可靠性是证据的可信程度。

充分性和恰当性是证据的两个重要特征，两者缺一不可，只有充分且适当的证据才是有证明力的。

1. 内部控制设计和运行有效性的判断应考虑的因素。企业应当根据所收集的证据，判断相关控制的设计与运行是否有效。企业在判断内部控制设计与运行有效性时，应当充分考虑下列因素：

（1）是否针对风险设置了合理的细化控制目标。

（2）是否针对细化控制目标设置了对应的控制活动。

（3）相关控制活动是如何运行的。

（4）相关控制活动是否得到了持续一致的运行。

（5）实施相关控制活动的人员是否具备必需的权限和能力。

2. 导致内部控制失效的风险。企业应当充分评估下列因素导致内部控制失效的风险：

（1）控制活动的类型，一般包括人工控制和自动控制、预防性控制和发现性控制等。

（2）控制活动的复杂性，通常与企业组织架构、市场环境、经营规模、人员素质等相关。

（3）经理层逾越内部控制的风险。

（4）实施控制活动所需要的职业判断的程度。

（5）控制活动所针对风险事项的性质及其重要性。

（6）一项控制活动对其他控制活动有效性的依赖程度。

3. 内部控制评价工作的结果的保管。企业应当及时记录开展内部控制评价工作的方法和程序，并以适当形式妥善保存相关证据。内控评价记录涉及的表格有：内部控制检查评价汇总表、企业内控环境评价表、企业自查评价表、内控流程检查工作底稿（含财务报告抽样记录表）、内部控制缺陷认定汇总表、内控工作意见和建议表等。

内部控制评价机构应当根据评估结果和经核实的证据，确认内部控制缺陷，出具评价结论编制评价报告，报送董事会审阅。

四、内部控制缺陷认定和评价报告

（一）内部控制缺陷认定

1. 内部控制缺陷的分类。内部控制缺陷，是指内部控制的设计存在漏洞，不能有效防范错误与舞弊，或者内部控制的运行存在弱点和偏差，不能及时发现并纠正错误与舞弊的情形。内部控制缺陷包括设计缺陷和运行缺陷。

（1）设计缺陷。设计缺陷是指缺少为实现控制目标所必需的控制，或现存控制设计不适当，即使正常运行也难以实现控制目标。内部控制不健全是指缺少实现内控目标必需的控制，即在企业生产经营活动过程中的某些环节、某些方面无章可循。这种情况长期下去，势必会导致经营秩序混乱、账目不清、决策失误，降低企业的抗风险能力，甚至使企业最终破产倒闭。内部控制制度不适当是指现有内控设计不合理，以至于即使按设计运行，通常也无法实现内控目标。企业建立的内部控制制度不符合企业生产经营活动的实际情况，或生搬硬套其他企业的内部控制制度，或内部控制度陈旧过时，不能适应变化了的内控环境的需要，都属于内部控制不适当。

（2）运行缺陷。运行缺陷是指现存设计完好的控制没有按设计意图运行，或执行者没有获得必要授权或缺乏胜任能力以有效地实施控制。有些企业表面上似乎建立健全了企业内部控制制度，但往往只是写在纸上，挂在墙上，形同虚设，这种现象在相当一部分企业中存在。此外，企业内部普遍存在授权不明、权责不清的情况，这也是内部控制不能有效运行的重要原因。内部控制在我国的发展比较快，但是人员素质还没跟上，员工必要的胜任能力不够，这在中小型企业中还是比较普遍的现象。

2. 内部控制缺陷的认定标准。企业对内部控制评价过程中发现的问题，应当从定性和定量等方面进行衡量，判断是否构成内部控制缺陷，以及缺陷是属于一般缺陷、重要缺陷还是重大缺陷（或称实质性漏洞）。美国上市公司会计监管委员会（PCAOB）审计准则第2号指出审计师必须评估已发现的控制缺陷，并且决定这些缺陷单独或累加之后，是否是重要缺陷或实质性漏洞。根据缺陷对企业影响的严重程度可以分为3类：

（1）重大缺陷。它是指一个或多个控制缺陷的组合，可能导致企业严重偏离控制目标。

（2）重要缺陷。它是指一个或多个控制缺陷的组合，其严重程度和经济后果低于重大缺陷，但仍有可能导致企业偏离控制目标。

（3）一般缺陷。它是指除重大缺陷、重要缺陷之外的其他缺陷。

控制缺陷具体分类见表21-1。

表21-1 控制缺陷的类型

缺陷的分类	错报的可能性	错报的潜在程度
一般缺陷	微小	不重要
重要缺陷	大于微小	大于不重要
重大缺陷	大于微小	重大

对缺陷的严重性进行评估应当包括定量和定性两个方面。

企业判断和认定内部控制缺陷是否构成重大缺陷，应当考虑下列因素：①影响整体控制目标实现的多个一般缺陷的组合是否构成重大缺陷。②针对同一细化控制目标所采取的不同控制活动之间的相互作用。③针对同一细化控制目标是否存在其他补偿性控制活动。

定量分析是指对事物进行数量测定和量化处理。定量方面的考虑与财务报表审计中的考虑基本相同，即对于财务报告内部控制未能防止或发现的单独或累加后的错报，是否对财务报表定量方面产生了重大影响。也就是说，定量分析要求评估人员从问题可能引起的年报以及中报的潜在错报、漏报入手，从数量方面对缺陷进行界定。

在实际操作中，企业可以参考企业会计准则和审计准则的相关规定。我国在《企业会计准则第 13 号——或有事项》应用指南中规定："基本确定"为大于 95% 但小于 100%；"很可能"为大于 50% 但小于或等于 95%；"可能"为大于 5% 但小于或等于 50%；"极小可能"为大于 0 但小于或等于 5%。

《中国注册会计师审计准则第 1221 号——重要性》指南对重要性作出了一般性的规定，达到以下指标的具有重要性：①对以营利为目的的企业，来自经常性业务的税前利润或税后净利润的 5%，或总收入的 0.5%。②对非营利组织，费用总额或总收入的 0.5%。③对共同基金公司，净资产的 0.5%。

此外，审计实务中用来判定重要性水平的一些参考数据主要有：税前净利润的 5% ~10%；资产总额的 0.5% ~1%；净资产的 1%；营业收入的 0.5% ~1%。从数量上看，对报表的影响达到以上指标且可能或很可能发生的缺陷属于重要缺陷或重大缺陷。在重要缺陷和重大缺陷的区分上，企业可以根据自身的情况和风险承受能力来确定。没有达到以上指标的缺陷属于一般性缺陷。

（二）内部控制评价报告

《企业内部控制评价指引》要求董事会应根据内部控制检查监督工作报告及相关信息，评价公司内部控制的建立和实施情况，形成内部控制自我评估报告，并分别对内容作出了规定。美国 2002 年颁布的《萨班斯—奥克斯利法案》强制要求公众公司年度报告中应包含内部控制报告及其评价，并要求会计师事务所对公司经理层作出的评价出具鉴证报告。但是，国内外对内部控制自我评估报告的格式并没有统一，只是对必要的内容作了规定。内部控制评价报告至少应当披露下列内容：

1. 董事会对内部控制报告真实性的声明。
2. 内部控制评价工作的总体情况。
3. 内部控制评价的依据。
4. 内部控制评价的范围。
5. 内部控制评价的程序和方法。
6. 内部控制缺陷及其认定情况。
7. 内部控制缺陷的整改情况及重大缺陷拟采取的整改措施。
8. 内部控制有效性的结论。

企业可以根据被评估的整体控制目标的不同，适当调整评价报告的内容。

内部控制评价报告应当报经董事会或类似权力机构批准后对外披露或报送相关部门。

企业内部控制评价部门应当关注自内部控制评价报告基准日至内部控制评价报告发出日之间是否发生影响内部控制有效性的因素，并根据其性质和影响程度对评价结论进行相应调整。

企业应当以12月31日作为年度内部控制评价报告的基准日。

内部控制评价报告应于基准日后4个月内报出。

第三节 内部控制评价的案例

成败案析

亚新科技内部控制评价体系

【案情扫描】

亚新科工业技术有限公司（原名亚洲战略投资公司）是一家总部设在北京的外资企业。公司从1993年开始进入中国运营，累计现金总投资额约5亿美元。公司经过10多年发展，目前在国内已拥有17家独资和控股合资企业，在美国有两家独资公司；公司员工总数达到2.5万人，是目前国内最大的专业汽车零部件制造集团之一。

1999年，亚新科建立了一套完整的内部控制制度，即《亚新科集团内控管理程序》（AMP），共分3册88个项目。每个项目基本上由5部分组成，即目的、要求、职责、文件与记录、参考资料。

2002年，作为《亚新科内控管理程序》的配套项目，为了对企业内控制度和管理风险进行有效评价，以便量化反映各下属企业的实际内控管理情况，使内控制度更好地发挥功效，亚新科总部又建立了内控评价体系。该评价体系是根据企业的主要业务循环并结合内控5个要素对经营风险防范的相关要求，依据国家相关的法律法规、亚新科集团内控管理程序（AMP）建立的。2004年，为了使内控评价体系更具操作性及直观性，亚新科总部对内控评价体系进行了进一步修订。其目的是保证2004年度内控评价活动能够更加科学和客观，进一步真实反映企业的实际内控管理状况，并使评分评价结果能够更加精确地反映各企业间的内控管理水平差异。

具体而言，对每一个内控项目按内部控制的5个要素进行分类，将评价中发现的问题归到每一个内控项目，再按照一定的评分方法得出内控的总体得分情况，以反映企业内控管理水平和管理风险的高低。亚新科工业技术公司内控评价体系的设计方法如下：

（一）内控评价范围和内容

在进行内控评价时，亚新科根据本单位及下属企业实际的业务内容并结合内控管理对经营风险防范的相关要求，确定内控的评价范围是企业构建的全套内控制度，并将上文提及的88个内控项目按照大类划分为13个业务循环，即综合项目、环保与职工健康安全、内部控制、信用管理、财务报告、销售和收款、采购和付款、生产和物流、法律事务、IT

安全、安全保卫、投资管理、人力资源。

内控评价的内容是对内控制度的执行有效性进行评价。针对这一目标，对每一个项目首先按照内部控制的5个要素（即控制环境、风险评估、控制活动、信息与交流、监督检查）进行分解，然后再将每一个要素分解为具体的评分内容，采用具体的方法对其进行评价。具体而言，对一个内控项目的评价内容主要包括该项管理业务的管理程序建设、人员培训、风险评估、实际风险控制活动的开展情况、文档资料的收集保管、与其他部门的交流等方面，力争全面涵盖该项业务中可能存在的主要风险控制点。

（二）内控评价标准和方法

在对内控制度进行评价时，确定适当的评价标准非常重要。实务中有几种内控评价标准模式被采用。一种是COSO报告中的5个要素标准，即将内控项目按COSO5个要素进行细分，再按照COSO中每一要素的必要条款确定评价标准；第二种是采用一般标准和具体标准作为评价标准，其中的一般标准主要指内控制度的完整、合理和有效性，而具体标准又可以划分为要素标准和作业标准；第三种模式是结果评价标准和过程评价标准，其中结果评价标准主要是考核内控目标的达到程度，而过程评价标准主要指内控执行过程中的有效程度如何。亚新科在选用内控评价标准时，采用的是以COSO报告的5个要素所要求具备的基本条款作为评价标准。

在对内控项目进行评价时，以现场抽样调查为主，辅以访谈、计算核实、观察、检查等手段。实际工作时将根据具体的评价项目和内容确定。

（三）内控评价评分标准

在确定内控评价评分标准和方法时，考虑到内控评价需要定期进行，并且与前期评价相关，亚新科首先确定整体内控评价评分由三部分构成：基本项目、以前评价中发现问题纠正情况、本次评价中发现的新问题及评价师综合印象。然后，再按照每一部分的具体内容确定相应的评分标准和方法。

第一部分：基本项目（该部分满分为70分）

基本项目评分是指内控评价人员依据内控评价项目评分和各项目权重加权得出的评价分，是评分评价的主体。由于内控评价项目中各个具体评分内容所包含的风险不同，对每一个具体评分内容，将根据其风险大小分为高、中、低三级；同时，为了体现不同风险等级问题分值的区别，使高风险问题在整个项目值中占较大比例，低风险问题占较小比例，给每个风险等级赋予了一个权重，分别设为5、3、1。权重间距越大，不同风险等级问题的区别会体现的越明显。这样每一个具体的评分内容的分数将根据该评价项目的总分及其风险等级来确定（即按权重分配，当评价内容增加时，在总分内容一定的情况下，会自动减少每一项评价内容的分值分配情况）。

为有效凸显企业管理水平，将企业的每个具体评分项目所对应的业务完成程度分为5级（见表21-2）。

每个评价项目的得分＝∑（该评价项目中每个评分项目的权重×完成程度）

基本项目得分＝∑评价项目分值×70%

第二部分：以前评价中发现问题纠正情况得分（该部分满分为20分）

表 21-2 具体评分项目业务完成程度分级

完成程度	具体含义
100%	全部完成（或做到）。程序非常完善，完全按程序实施
75%	完成（或做到大部分，或基本完成（做到）。有程序，但不很完善；基本照程序实施
50%	完成（或做到）一部分。包括有一定的程序，但程序极不完善，也未完全按程序实施
20%	完成程度很低，大部分风险未能得到有效控制。没有书面程序，但有一定的习惯做法；完全凭习惯或主管领导指示办事。有少量的风险控制意识
0%	完全未做，与该业务相关风险没有任何防范措施。没有书面程序，也没有具有控制意识的习惯做法；办事随意，各行其是，根本没有风险控制意识

这是为了跟踪运营公司及时解决已经发现的内控薄弱环节情况而进行的评价，该项得分和内控薄弱环节跟踪改进完成程度直接相关。

第二部分项目得分＝20%×已经改进完成的问题数/上年评价师提出的薄弱问题数

第三部分：外部审计师管理建议落实情况（该部分满分为10分）

该部分是指企业的外部审计师在进行年度审计后针对企业存在的管理风险提出的改进建议。这些管理建议是否得到了被审计企业的重视并被贯彻落实的情况需要进行检查评价。

第三部分项目得分的计算公式如下：

第三部分项目得分＝10%×已经完成整改数/上年度外部审计师提出的整改数

需要明确的一点是，基本项目得分、以前审计中发现问题纠正情况得分、外部审计师管理建议整改得分三个部分的得分分别占总分的70%，20%，10%。在按照上述做法得到每个部分的分值之后，三个部分得分总和即为各运营公司的内控得分。

（四）内控评价等级评定

在采用一定的内控评价方法和内控评分方法得到总体内控得分后，需要对企业的内控制度进行一个总体评价。亚新科内控评分评价采用的是百分制，评价等级按五级确定(见表21-3)。

表 21-3 评价等级

级别	分值	优良程度
第一级	90分以上	优
第二级	71~89分	良好
第三级	60~70分	合格但不足
第四级	40~59分	不合格
第五级	40分以下	差或极差

如果内控评价后得到的内控得分是90分以上，则可以认为该企业的内控执行有效性评价结果为优；如果得分是71~89分之间，则可以认为该企业的内控执行有效性评价结果

为良好，其余结果可依此类推。

【案例评述】

亚新科内控评价体系是亚新科从自身实际需要出发对构建内部控制评价系统所做的积极尝试。在内控评价的内容、范围、方法以及如何设计和实施内控评分系统和等级评定方法等方面，为其他企业提供了可供借鉴且具有可操作性的范例。在对亚新科内控评价体系研究的过程中，我们深深感到以下几点特别值得注意。

（一）正确界定内部控制评价的目标

从中西方内控评价的发展史中我们可以看出，原有的内控评价目标大都从审计角度出发考核企业所制定和执行的内控制度能否达到可靠性、合法合规性、经营效率和效果。而在具体执行中，其侧重点更是关注于可靠性和合法合规性，至于经营效率和效果在内控评价中受到的关注程度历来较少。

COSO委员会在《企业风险管理控制框架》中将内控目标界定为四类：战略目标、经营目标、报告目标以及合规目标。这已经远远超出以往的内控规范。企业也日益认识到构建内部控制体系的目标，不但是要满足监管部门对于信息提供和披露方面的需求，更重要的是，内控制度要有助于企业战略目标和企业经营的效果和效率的实现。应该说，内控制度的立足点之一是要通过制度化规范标准的构建，来规范企业员工的行为，加强行为理性，提高企业的经济效益。由此立论，内部控制评价的目标应该是从内部控制的目标出发，来对内部控制的设计和执行进行评价，考核内部控制所规定的目标实现与否。在具体界定内部控制评价目标时，不同的评价主体可能对内部控制评价的目标界定也不同，如监管部门推动实施的内控评价，其目标可能更多地关注内控制度所达到的报告目标和合规目标；而企业自身进行的内控评价，其目标就不应局限于报告目标和合规目标，还应该包括内控对企业战略目标和经营目标实现的作用程度。

（二）内控评价体系应以风险管理理念为基准

COSO在《企业风险管理控制框架》中将风险明确定义为“对企业战略目标实现产生负面影响的事件”。除此之外，该框架还引入了风险偏好、风险容忍度、风险对策、压力测试、情景分析等概念和方法，可以在概率统计的基础上，合理地确保企业的发展战略与风险偏好相一致，增长、风险与回报相联系，从而实现全面风险管理的四项目标。

在构建内控评价体系的过程中，应该以风险管理理念为基准。风险管理成为组织管理的关键所在。内控评价的重点应该是确认风险及测试管理风险的方法，在风险导向的内控评价中，分析、确认、揭示关键性的经营风险，在评价标准、指标和权重的选择上均要把握风险管理理念，这才是内控评价的焦点。

（三）内控评价体系应选取科学合理的标准

制定内部控制评价标准是进行内部控制评价的依据和前提。缺乏科学合理的评价标准而进行的内部控制评价，其结果可能不能真实反映企业内部控制的健全和有效与否。在对内部控制进行评价时，首先必须确定的是采用何种评价标准对内控整体乃至具体的内控项目进行评价。

考虑到内部控制的战略目标、经营目标和合法合规性目标，内部控制的评价标准可以选用结果评价标准和过程评价标准。结果评价标准就是要考核内控目标的实现程度，是基于内控目标而建立的一系列结果考核指标。

（四）规范内部控制评价的内容

自内部控制产生以来，内部控制的内容就一直争议很大。从最初的内部牵制，发展到内部控制结构，再到COSO报告的整体框架以及后来的风险管理框架，内控的范围好似有日益扩大的趋势。由此产生的一个问题便是，内部控制评价是限于会计相关控制，还是扩展到内部控制的各个环节？

我们认为，界定内部控制评价的内容应是从评价主体和评价目标出发。如果内部控制评价是出于监管部门的硬性要求，由外部中介机构进行，考虑到我国注册会计师行业目前的执业水平，将内部控制评价范围限定在会计相关控制方面较为合理。而如果是企业自身对构建的内部控制制度作出评价，则应该考虑其构建内控制度的经营、会计和战略目标，评价的内容就不仅应该包括会计控制，而还应该包括公司治理、业务和流程控制等方面的内容。

第二十二章

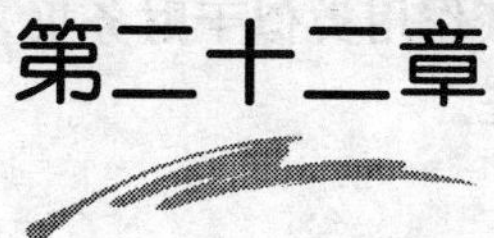

企业内部控制审计指引

近几年来，我国开始重视企业内部控制的建设，先后出台了许多针对上市公司内部控制的规范，如《上海证券交易所上市公司内部控制指引》、《深圳证券交易所上市公司内部控制指引》等。与此同时，聘请注册会师对内部控制的有效性进行审计也在世界范围内盛行。中国证监会2006年5月出台的《首次公开发行股票并上市管理办法》中规定，注册会计师出具了无保留结论的内部控制审计报告是企业公开发行证券的条件之一。在《企业内部控制基本规范》的印发文件中也明确规定，自2009年7月1日起在上市公司范围内施行《企业内部控制基本规范》，鼓励非上市的大中型企业执行。执行规范的上市公司，应当对本公司内部控制的有效性进行评价，披露年度评价报告，并聘请具有证券、期货业务资格的会计师事务所对内部控制的有效性进行审计。

内部控制审计是指会计师事务所接受委托，对特定基准日内部控制设计与运行的有效性进行审计。

内部控制审计的含义的理解应当掌握以下几点：

第一，内部控制审计是一项专门审计业务。注册会计师在执行财务报表审计时，根据《中国注册会计师审计准则第1211号——了解被审计企业及其环境并评估重大错报风险》和《中国注册会计师审计准则第1231号——针对评估的重大错报风险实施的程序》等准则对内部控制进行了解和测试，旨在确定控制风险水平。当控制风险水平确定后，注册会计师在整个审计期间都要考虑内部控制的有效性。如果不准备审计某些领域，则无须确定这些领域的控制风险水平。而注册会计师执行内部控制审计业务则是一项专门审计业务，应当事先与委托人就内部控制审计范围达成一致意见。凡是业务约定书确定的内部控制审计范围，注册会计师都要进行审计。

第二，内部控制审计的范围限于特定日期与财务报表相关的内部控制。通常，注册会计师对特定日期的内部控制进行审计。特定日期可以是会计年度结束日，也可以是某中期结束日。注册会计师对特定日期的内部控制审计时，应在接近此日期之前的一段时间内对内部控制进行了解和测试，并对该日期的内部控制的有效性发表审计意见。意见类型包括无保留意见、带说明段的无保留意见、否定意见和无法表示意见。如果注册会计师对某特定期间的内部控制进行审计，应对该期间的内部控制进行了解和测试，并对该期间的内部控制的有效性发表审计意见，出具审计报告。

第三，被审计企业董事会应当就内部控制的有效性提供书面认定。被审计企业董事会就内部控制的有效性提供书面认定，其作用类似于财务报表，它用于明确被审计企业管理建立健全内部控制并保持其有效性的责任。

第一节　框架概述

企业内部控制审计指引分为7章，共35条，分章说明了企业内部控制审计的业务的流程，以及各流程中应当注意的要点。主要内容如下：

一、总则

第一章总则，共5条。

第一，审计指引出台的目的。为了指导注册会计师执行企业内部控制（以下简称内部控制）审计业务，明确工作要求，保证执业质量。

第二，内部控制审计的定义。内部控制审计，是指会计师事务所接受委托，对特定基准日内部控制设计与运行的有效性进行审计。

第三，董事会和注册会计师的责任。董事会的责任是建立健全和有效实施内部控制，评价内部控制的有效性。注册会计师的责任是按照《企业内部控制审计指引》的要求，在实施审计工作的基础上对内部控制有效性发表审计意见。内部控制审计不能减轻董事会的责任。

第四，内部控制审计业务提供合理保证。注册会计师执行内部控制审计工作，应当获取充分的、适当的证据，为发表内部控制审计意见提供合理保证，并作为支持审计意见的基础。在确定内部控制是否有效时，注册会计师应当考虑内部控制是否能够为企业财务报告的可靠性以及按照适用的会计准则和相关会计制度的规定编制财务报表提供合理保证。注册会计师应当对财务报告内部控制有效性，发表审计意见，并对内部控制审计过程中注意到的非财务报告内部控制的重大缺陷，在内部控制审计报告中增加“非财务报告内部控制重大缺陷描述段”予以披露。

第五，内部控制审计与财务报表审计整合进行（以下称整合审计）。整合审计的目标：①获取充分适当的证据，支持注册会计师在内部控制审计中对内部控制有效性发表的意见；②获取充分适当的证据，支持注册会计师在财务报表审计中对控制风险的评估结果。

二、计划审计工作

第二章计划审计工作，共4条。

第一，专业胜任能力。注册会计师应当恰当地计划内部控制审计工作，配备具有专业胜任能力的项目组，并对助理人员进行适当督导。

第二，计划审计工作应当考虑的事项。

（1）与企业相关的风险。

（2）相关法律法规和行业情况。

（3）企业组织结构、经营特点和资本结构等相关重要事项。

（4）企业内部控制最近发生变化的程度。

（5）与企业沟通过的内部控制缺陷。

（6）重要性、风险等与确定内部控制重大缺陷相关的因素。

（7）对内部控制有效性的初步判断。

（8）可获取的、与内部控制有效性相关的类型和范围。

第三，风险评估在内部控制审计业务中的运用。注册会计师应当充分认识风险评估在内部控制审计中的作用，以风险评估为基础，选择拟测试的控制，确定测试所需要收集的证据。内部控制的特定领域存在重大缺陷的风险越高，给予该领域的审计关注就越多。

第四，考虑利用其他人员的工作。为了实现内部控制审计的目的，如果利用他人的工作能够提供内部控制有效性的证据，注册会计师应当考虑利用企业内部审计人员、内部控制评价人员和其他人员的工作及可利用程度。

三、实施审计工作

第三章实施审计工作，共9条。

第一，注册会计师应当按照自上而下的方法实施审计工作。注册会计师在实施审计工作时，可以将企业层面控制和业务层面控制的测试结合起来。

第二，企业层面控制的测试。企业层面的控制测试应当关注：与内部环境相关的控制；针对经理层凌驾于内部控制之上而采用的控制；企业的风险评估过程；对内部信息传递和财务报告流程的控制；对控制有效性的内部监督和评价。由于内部环境对维护有效的内部控制具有重要影响，期末财务报告流程对财务报告以及注册会计师针对内部控制和发表的意见具有重要影响，注册会计师应当对企业的内部环境和期末财务报告流程进行评价。

第三，业务层面控制的测试。注册会计师在进行业层面的控制测试时，应当把握重要性原则。应当根据在特定的重大账户或列报中错报发生的领域和原因，确定潜在错报的可能来源。注册会计师确定的重大账户、列报及相关认定应当与财务报表审计中确定的相同。

在确定某项控制是否作为拟测试的控制时，注册会计师应当考虑该项控制单独或连同其他控制是否足以应对特定相关认定的评估的错报风险。在测试控制设计的有效性时，注册会计师应当确定企业的内部控制，如果由拥有有效执行控制所需的授权和专业胜任能力的人员按规定执行，能否实现控制目标和有效地防止或发现可能导致财务报表发生重大错报的错误或舞弊；应当综合运用询问适当人员、观察企业经营活动和检查相关文件等程序；应当确定控制是否正在按照设计运行、执行人员是否拥有有效执行控制所需的授权和专业胜任能力；应当综合运用询问适当人员、观察企业经营活动、检查相关文件以及重新执行内部控制等程序。与拟测试控制相关的风险越大，注册会计师需要获取的证据就越多。

第四，注册会计师在测试内部控制设计与运行的有效形时，应当采用询问适当人员、观察经营活动、检察相关文件、穿行测试和重新执行等方法。

第五，确定测试控制的日期。在确定测试控制的日期时，注册会计师应尽量在接近经理层评估日执行控制测试，并使测试涵盖足够长的期间。

四、评价控制缺陷

第四章评价控制缺陷，共3条。

第一，内部控制缺陷的分类，按其严重程度可以分为一般缺陷、重要缺陷和重大缺陷。控制缺陷的严重性与错报的发生与否无关，而取决于企业控制是否存在无法防止或发现错报的合理可能性。

第二，内部控制缺陷判断的因素。风险因素对评价一项缺陷或几项缺陷的组合是否可能导致账户余额或列报出现错报产生影响。受控制缺陷影响的财务报表金额或交易总额、受本期已发生或预计未来期间可能发生的控制缺陷影响的账户余额或某类交易所涉及的活动数量、发现高级管理人员舞弊、重述财务报表、内部控制监督无效等均可能表明企业内部控制存在重大缺陷。

在评价一项内控缺陷或多项内控缺陷组合是否构成重大缺陷时，注册会计师应当评价补偿性控制的影响。

五、完成审计工作

第五章完成审计工作，共4条。

第一，获取经理层说明书。注册会计师应当向经理层获取书面声明。如果未能获得经理层的书面声明，包括经理层拒绝提供书面声明，注册会计师应当将其视为审计范围受到限制，并解除业务约定或出具无法表示意见的审计报告。

第二，与董事会和经理层进行沟通。注册会计师应当以书面形式与董事会和经理层沟通审计过程中识别的所有重大缺陷。书面沟通应当在注册会计师出具内部控制审计报告之前进行。如果认为企业审计委员会对财务报告和内部控制的监督无效，注册会计师应当就这一事项以书面形式与董事会沟通。

第三，形成审计意见。注册会计师应当评价获取的审计证据，形成对内部控制有效性的意见。

六、审计报告

第六章审计报告，共7条，包括：审计报告的基本要求；审计报告的基本内容；非标准审计报告。非标准的审计报告包括带说明段的无保留意见审计报告、否定意见审计报告、无法表示意见审计报告。

七、记录审计工作

第七章记录审计工作，共2条。注册会计师应当形成审计工作记录的内容，并说明注册会计师编制内部控制审计工作底稿可以参看《中国注册会计师审计准则第1131号——审计工作底稿》的规定。审计指引开始执行的时间为2011年7月1日。

第二节 重要条款解读

一、接受内部控制审计的委托

因为内部控制审计的目标是对被审计单位管理当局关于与会计报表相关的内部控制有效性发表意见，所以注册会计师必须在同时满足以下条件时，才能接受委托执行内部控制审计业务：

1. 被审计单位已经承诺对其内部控制有效性负责，即被审计单位管理当局明确确认在内部控制方面的责任，这是注册会计师执行内部控制审计的责任划分基础。

2. 管理当局已按照既定标准对内部控制有效性进行了评价，即客户单位内部控制设计和执行有合适的标准，外界人员也可根据该标准对其进行评价，这是注册会计师进行内部控制审计的基础。

3. 有足够证据支持管理当局的评价：管理当局的评价结论是建立在足够证据基础上的，注册会计师在执行内部控制评价时，通过采用一定的方法可以再次查明内部控制设计和执行的相关事实，收集到必要证据支持其评价意见。这构成内部控制审计的证据基础。

4. 管型当局提供有关内部控制有效性的书面认定，如果被审计单位不提供内部控制有效性的书面认定，注册会计师也就不可能对内部控制有效性发表审计意见。

具备了以上条件后，注册会计师要考虑自身能力能否保持独立性，初步评估风险，确定是否接受委托。如果接受委托，会计师事务所应当与委托人就约定事项达成一致意见，并签订业务约定书。

二、内部控制审计计划

在制订计划前，注册会计师应当向被审计企业经理层获取有关内部控制有效性的书面认定，以及获取内部控制手册、流程图、调查问卷和备忘录等文件。

（一）*在制订审计计划时，注册会计师应当考虑对审计风险的影响*

1. 注册会计师执行其他业务时了解的内部控制情况。

2. 影响企业所在行业的事项，包括财务报告实务、经济状况、法律法规和技术革新。

3. 与企业业务相关的事项，包括组织架构、经营特征和资本结构。

4. 以前与审计委员会或经理层沟通的控制缺陷。

5. 企业经营活动或内部控制最近发生变化的程度。

6. 注册会计师对重要性、风险以及与确定重大缺陷相关的其他因素所作的初步判断。

7. 企业注意到的法律法规事项。

8. 针对内部控制可获得的相关证据的类型和范围。

9. 对内部控制有效性作出的初步判断。

10. 经营活动的相对复杂程度。

11. 与评价财务报表发生重大错报的可能性和内部控制有效性相关的公共信息。

12. 注册会计师对客户和业务的接受与保持进行评价时了解的与企业相关的风险情况。

如果被审计企业有多个经营场所，注册会计师应当选择某些经营场所的内部控制进行了解和测试。在选择了解和测试的经营场所时，注册会计师除考虑上述有关因素外，还应当考虑的因素有：①控制环境的有效性，尤其是经理层对各经营场所行使授权的控制和有效监督经营活动的能力；②各经营场所发生交易的性质和金额；③不同场所之间经营活动和内部控制的相似性；④会计处理的集中程度。

（二）考虑风险评估在内控审计中的作用

注册会计师应当充分认识风险评估在内部控制审计中的作用，根据风险评估结果，确定重要的账户、列报和相关认定，选择拟进行测试的控制以及确定针对特定控制所需收集的证据。

在进行风险评估以及确定必要的程序时，注册会计师应当考虑企业组织架构、经营业务或流程的复杂程度可能产生的重要影响和作用。企业组织架构、经营业务或流程的复杂程度可能影响企业实现控制目标的方式。企业的规模和复杂程度也可能影响错报风险以及应对该风险所需实施的控制。注册会计师应当根据企业情况调整工作范围，以获取充分、适当的证据，支持发表的意见。

（三）考虑舞弊对内部控制审计计划的影响

由于舞弊所带来的错报风险比较高，注册会计师应当高度关注与舞弊风险相关的领域。对舞弊风险进行评估，包括评价企业的控制是否足以应对已识别的由舞弊导致的重大错报风险，并评价为应对经理层凌驾于其他控制之上的风险设计的控制。企业为应对这些风险可能采取的控制包括：

1. 针对重大的非常规交易，尤其是针对那些导致记账分录延迟或异常的交易的控制。
2. 针对关联方交易的控制。
3. 与经理层的重大估计相关的控制。
4. 针对期末财务报告过程中编制的记账分录和调整分录的控制。
5. 能够缓解经理层伪造或不恰当操纵财务结果的动机及压力的控制。

（四）对其他人员工作的利用

如果利用他人的工作能够提供内部控制有效性的证据，注册会计师应当考虑利用企业内部审计人员、内控评价人员和其他人员的工作，或者接受他们的直接帮助。如内部审计的工作结果是经理层评价内部控制有效性的重要基础，注册会计师应当考虑被审核企业内部审计人员的专业能力、独立性及工作范围。值得注意的是，在内部控制审计中，注册会计师可能利用其他人员工作的程度还受到与被测试控制有关的风险的影响。随着与某项控制有关的风险的增加，注册会计师应当相应地扩大对该项控制执行测试的范围。

三、实施内部控制审计工作

注册会计师应当根据审计计划，测试内部控制设计和运行的有效性。注册会计师应当按照自上而下的方法实施审计。对企业内部控制有效性的测试可分为企业层面控制的测试和业务层面控制的测试。

（一）企业层面控制测试的思路

企业层面的控制测试的思路包括：初步了解内部控制的整体风险，识别企业层面的内部控制，识别重要账户、列报和相关认定，执行控制测试等（见图 22－1）。

（二）企业层面的控制测试

企业层面的控制包括以下内容：

1. 与内部环境相关的控制。由于内部环境对维护有效的内部控制具有重要影响，注册会计师应当评价企业的内部环境。

在评价内部环境时，注册会计师应当评估下列事项：①经理层的理念和经营风格是否能够促进有效的内部控制；②健全的诚实正直和道德价值观（特别是高层管理人员的）是否已经形成并为大家所了解；③审计委员会是否了解并履行对财务报告和内部控制的监督责任。

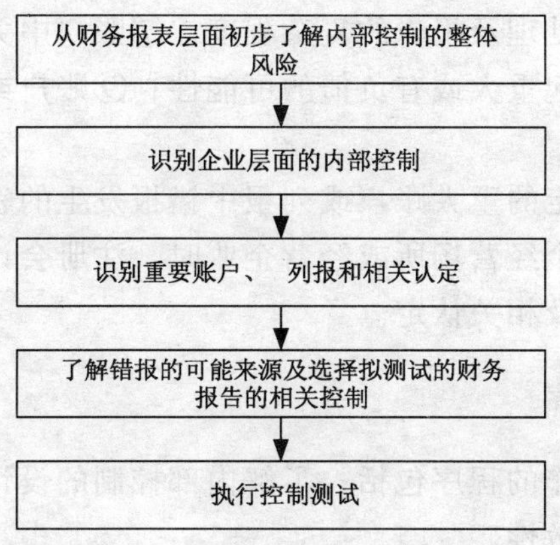

图 22－1 企业层面控制测试的思路

2. 针对经理层凌驾于内部控制之上而采用的控制。

3. 企业的风险评估过程。

4. 对内部信息传递和财务报告流程的控制。因为财务报告流程对注册会计师针对内部控制发表的意见具有重要影响，所以注册会计师在对财务报告流程的控制进行评价时，应当重点关注：企业为生成年报和季报而使用的流程的输入、执行的程序及输出；期末财务报告流程涉及的经营场所；经理层参与期末财务报告流程的具体人员；期末财务报告流程中涉及信息技术的程度；调整分录及合并分录的类型；经理层、董事会和审计委员会对期末财务报告流程进行监督的性质及范围。

5. 对控制有效性的内部监督和评价。它包括监督经营结果的控制、审计部门和审计委员会的活动等。

（三）业务层面控制的测试

1. 业务层面控制测试步骤。业务层面的控制测试步骤包括：了解内控设计情况，评价控制目标及活动，评价执行情况（穿行测试），符合性测试等（见图 22－2）。

2. 业务层面控制的测试表现为识别重大的账户、列报及相关认定。它具体包括：①账

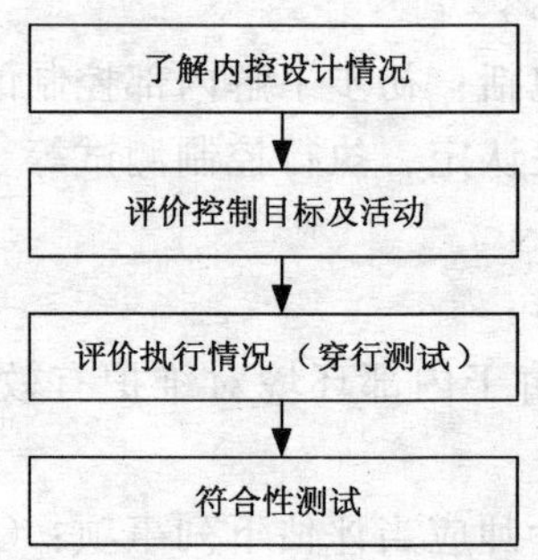

图 22－2 业务层面控制测试的步骤

户或列报的性质；②账户的规模和构成；③通过账户处理或在列报中反映的交易的业务量、复杂性及同质性；④对因错误或舞弊导致的错报的敏感度；⑤账户容易发生损失的程度；⑥与账户或列报相关的会计处理及报告的复杂程度；⑦账户中关联方交易的存在情况；⑧由账户或列报中反映的活动引起重大或有负债的可能性；⑨账户或列报特征与前期相比发生的变化。

注册会计师可根据在特定的重大账户或列报中错报发生的领域和原因，确定潜在错报的可能来源。当一家企业有多个经营场所或经营企业时，注册会计师应当在合并财务报表的基础上识别重要的账户、列报及相关认定。

四、实施审计工作的程序

注册会计师实施审计工作的程序包括：了解内部控制的设计，测试内部控制设计的有效性，测试内部控制运行的有效性。

（一）了解内部控制的设计

在审计过程中，调查了解内部控制构成了审计准备阶段的重要内容。在调查了解的时候，注册会计师应当实施以下程序，以了解内部控制的设计：询问被审核企业的有关人员；检查内部控制生成的文件和记录；观察被审核企业的经营管理活动。

了解内部控制的具体内容包括：

1. 了解控制环境。注册会计师需要获取控制环境各个子要素的有关信息，然后利用这些信息来评价被审计单位管理人员和其他管理人员对内部控制重要性的态度和意识。

2. 了解风险评估。注册会计师通过调查被审计单位管理者如何确定风险、评估风险的重要性、如何将风险发生的可能性与管理目标、经营计划和财务报告的相关内容联系起来并采取相应措施，来了解管理部门的风险评估过程。

3. 了解控制活动。被审计单位的控制活动包括货币资金控制、实物资产控制、销售与收款控制、采购与付款控制、成本费用控制、预算管理控制、工程项目控制、投资控制、产品研发控制、担保控制等。

4. 了解信息和沟通。了解这一要素重点是被审计单位的会计系统。在调查会计系统时应该查明以下事项：被审计单位经营活动的主要业务类别、处理经济业务的程序，各项业务的会计处理程序和所依据信息的来源，会计系统的设计和重要的会计凭证、账簿种类和会计报表项目，各部门间信息的传递方式等。

5. 了解监督方法。这主要应了解被审计单位经常性的监督检查办法，即管理者为监督各项工作的运行而使用的预算、计划、责任报告等制度方法，内部审计部门的设置和工作情况等。

（二）测试内部控制设计的有效性

注册会计师应当在了解内部控制各要素的基础上，根据内部控制能否防止和发现会计报告有关认定的重大错报，评价内部控制设计的有效性。在测试控制设计的有效性时，注册会计师应当确定企业的内部控制，如果由拥有有效执行控制所需的授权和专业胜任能力的人员按规定执行，能否实现控制目标或发现可能导致财务报表发生重大错报的错误或舞弊。如果某项控制由拥有必要授权和专业胜任能力的人员按照规定的程序与要求执行，能够实现控制目标，表明该项控制的设计是有效的。

在评价内部控制设计的有效性时，注册会计师应当关注内部控制整体能否实现控制目标，而不应孤立地关注特定内部控制。

在确定评价特定内部控制设计有效性的程序时，应当考虑以下因素：①特定内部控制的性质；②特定内部控制的描述方式；③经营活动及其管理系统的复杂性。

（三）测试内部控制运行的有效性

注册会计师应对相关内部控制进行测试，获取充分、适当的证据，以评价内部控制执行的有效性。在测试控制运行的有效性时，注册会计师应当确定控制是否正在按照设计运行，执行人员是否拥有有效执行控制所需的授权和专业胜任能力。如果某项控制正在按照设计运行，执行人员拥有必要授权和专业胜任能力，能够实现控制目标，表明该项控制的运行是有效的。

在测试内部控制运行的有效性时，注册会计师应当关注该项内部控制是否得到执行、如何执行、由谁执行以及是否得到一贯执行。

在测试内部控制运行的有效性时，注册会计师通常采取以下方法：询问被审计单位的有关人员；检查内部控制生成的文件和记录；观察被审计单位的经营管理活动；穿行测试；重新执行有关内部控制。

在测试内部控制运行的有效性时，注册会计师通常实施下面程序。

1. 确定拟测试的控制及其数量。注册会计师在确定拟测试的控制及其数量时应当考虑与拟测试控制相关的风险。与控制相关的风险包括该控制无效的可能性和因控制无效可能产生的重大缺陷。下列因素影响与某项控制相关的风险：

（1）该项控制拟防止或发现的错报的性质和重要性。

（2）该项控制的性质及其运行频率。

（3）相关账户和认定的固有风险。

（4）交易的数量和性质是否发生变动，进而可能对该项控制设计或运行的有效性产生不利影响。

（5）账户是否曾经出现错报。

（6）企业层面的控制对其他控制的监督的有效性。

（7）该项控制对其他控制有效性的依赖程度。

(8) 执行或监督该项控制的人员的专业胜任能力，以及是否发生变动。

(9) 该项控制是人工操作还是自动完成。

(10) 该项控制的复杂性，以及运行过程中需作出的判断的重要性。

通常来说，与拟测试控制相关的风险越大，注册会计师需要获取的证据就越多。

2. 确定测试控制的日期。在确定测试控制的日期时，注册会计师应尽量在接近企业内部控制评价基准日执行控制测试，并使测试涵盖足够长的期间。

如果在期中时点测试特定控制，注册会计师应当确定还需要获取哪些证据，以证实剩余期间控制的运行情况。在确定将期中时点的测试结果延伸至期末而需要获取的补充证据时，注册会计师应当考虑下列因素的影响：

(1) 在评估日前测试的特定控制，包括与控制相关的风险、控制的性质和测试的结果。

(2) 期中时点之后，内部控制发生重大变化的可能性。

(3) 剩余期间的长短。

(4) 期中时点获取的有关控制有效性的证据的充分性。

3. 在评价获取的证据是否充分、适当时，注册会计师应当运用专业判断，并考虑以下因素：

(1) 特定内部控制的性质。

(2) 特定内部控制在实现控制目标中的重要性。

(3) 被审计单位对特定内部控制执行有效性进行测试的性质和范围。

(4) 特定内部控制未得到遵循的风险。

(四) 特定内部控制未得到遵循的风险

注册会计师在评价特定内部控制未得到遵循的风险时，应当考虑以下因素：

1. 交易的数量和性质是否发生变化，以致对特定内部控制的设计和执行产生不利影响。

2. 内部控制是否发生变化。

3. 执行或监控内部控制的关键人员是否发生变动。

4. 特定内部控制对其他内部控制有效性的依赖程度。

5. 特定内部控制的复杂程度。

6. 特定内部控制的执行是依赖人工还是电子设备。

7. 特定控制目标的实现是否依赖于多项内部控制。

由于某些内部控制是连续执行的，而某些内部控制只在特定时间执行，注册会计师应当根据内部控制的性质及其执行的时间和频率，合理确定控制测试的性质、时间和范围。当经理层在作出内部控制有效性认定之前已对内部控制进行了改进时，如果注册会计师确定新的内部控制能够实现相关目标，并且已有效执行了适当的时间，可不考虑改进前内部控制设计的合理性和运行的有效性。

(五) 后续年度的审计

注册会计师在确定后续年度的审计测试的性质、时间和范围时，应当考虑以前执行内部控制审计所了解的情况。下列因素可能影响后续年度审计中与某项控制相关的风险：①以前年度审计中所实施程序的性质、时间和范围；②以前年度控制测试的结果；③上次审计之后，控制或其运行流程是否发生变化。

五、评价控制缺陷

注册会计师对企业内部控制的缺陷进行评价时，要根据内部控制缺陷的严重程度考虑对内部控制的影响。如果控制的设计或运行不能及时防止或发现错报，表明内部控制存在缺陷。控制存在的缺陷包括设计缺陷和运行缺陷。

（一）企业内部控制缺陷的分类

企业内部控制存在的不足，按其严重程度可以分为一般缺陷、重要缺陷和重大缺陷（见表22－1）。

1. 如果控制的设计或运行不能及时防止或发现错报，表明内部控制存在缺陷。

2. 重要缺陷是指一项缺陷或几项缺陷的组合，其严重程度和经济后果不如重大缺陷但仍可能导致企业偏离控制目标。

3. 重大缺陷是一项缺陷或几项缺陷的组合，导致企业偏离控制目标。

表22－1　　控制缺陷的类型

缺陷的分类	错报的可能性	错报的潜在程度
一般缺陷	微小	不重要
重要缺陷	大于微小	大于不重要
重大缺陷	大于微小	重大

（二）控制缺陷严重性的评价

注册会计师应当评价其注意到的各项控制缺陷的严重性，以确定这些缺陷单独或合并起来是否构成企业评价基准日内部控制的重大缺陷。

1. 控制缺陷的严重性与错报的发生与否无关，而取决于企业控制是否存在无法防止或发现错报的合理可能性。控制缺陷的严重性取决的因素有：

（1）企业控制是否存在无法防止或发现账户余额或列报错报的合理可能性。

（2）因一项或多项（控制）缺陷导致的潜在错报的重要程度。

①风险因素对评价一项缺陷或几项缺陷的组合是否可能导致账户余额或列报出现错报产生影响。风险因素主要包括下列方面：账户、列报及相关认定的性质；相关资产或负债容易发生损失或舞弊的程度；确定相关金额时所涉及判断的主观性、复杂性及范围；该项控制与其他控制的相互作用或关系；控制缺陷之间的相互作用；控制缺陷的未来可能影响。

②在评价一项或多项控制缺陷可能导致的错报的重要程度时，注册会计师应当考虑下列因素：受控制缺陷影响的财务报表金额或交易总额；受本期已发生或预计未来期间可能发生的控制缺陷影响的账户余额或某类交易所涉及的活动数量。

③在确定一项或几项缺陷的组合是否构成重大缺陷时，注册会计师还应当评价补偿性控制的影响。

2. 可能表明企业内部控制存在重大缺陷的情况。

（1）注册会计师发现董事、监事和高级管理人员舞弊。

（2）企业更正已经公布的财务报表。

（3）注册会计师发现当期财务报表存在重大错报，而内部控制在运行过程中未能发现该错报。

（4）企业审计委员会和内部审计机构对内部控制的监督无效。

（三）业务层面控制缺陷的评价

1. 确定受缺陷影响的会计科目和披露事项。

2. 判断错报发生的可能性。

3. 计算潜在影响的金额。

4. 根据错报发生的潜在可能性和潜在影响金额，判断缺陷的类型。

5. 考虑定性因素。

6. 重新确定缺陷类型。

（四）企业层面的控制缺陷评价

企业层面的控制缺陷通常不会导致错报，但会增加业务层面的错报的可能性，量化的方法对于评估业务层面的控制缺陷帮助不大，需要更多地考虑定性的方法。

六、完成审计工作

注册会计师应当评价获取的审计证据，形成对内部控制有效性的意见。在对内部控制有效性形成意见后，注册会计师应当评价经理层按照有关政府部门和监管机构的要求在企业年度报告中对内部控制的披露是否适当。只有在审计工作范围没有受到限制时，注册会计师才能对内部控制的有效性形成意见。

（一）经理层说明书

在出具审计报告前，注册会计师应当向经理层获取书面声明。

1. 书面声明的内容至少应该包括：

（1）企业董事会认可其对建立健全和有效实施内部控制负责。

（2）企业已对内部控制的有效性作出评价，并说明评价时采用的标准以及得出的结论。

（3）企业没有利用注册会计师执行的审计程序及其结果作为评价的基础。

（4）企业已向注册会计师披露识别出的所有内部控制缺陷，并单独披露其中的重大缺陷和重要缺陷。

（5）企业对于注册会计师在以前年度审计中识别的重大缺陷和重要缺陷，是否已经采取措施予以解决。

（6）企业在内部控制评价基准日后，内部控制是否发生重大变化，或者存在对内部控制具有重要影响的其他因素。

2. 注册会计师应当按照《中国注册会计师审计准则第 1341 号——经理层声明》的规定，确定声明书的签署者、声明书涵盖的期间以及何时获取更新的声明书等。《中国注册会计师审计准则第 1341 号——经理层声明》规定：

“第十四条　当要求经理层提供声明书时，注册会计师应当要求将声明书送注册会计师本人。声明书应当包括要求列明的信息，标明适当的日期并经签署。

第十五条　经理层声明书标明的日期通常与审计报告日一致。但在某些情况下，注册会计计师也可能在审计过程中或审计报告日后就某些交易或事项获取单独的声明书。

第十六条 经理层声明书通常由经理层中对被审计企业及其财务负主要责任的人员签署。在某些情况下，注册会计师也可以向经理层中的其他人员获取经理层声明书。”

3. 未能获取经理层书面声明对审计意见的影响。如果未能获得经理层的书面声明，包括经理层拒绝提供书面声明，注册会计师应当将其视为审计范围受到限制，并解除业务约定或出具无法表示意见的审计报告。

（二）沟通相关事项

在注册会计师出具内部控制审计报告之前，注册会计师应当以书面形式与董事会和审计委员会沟通审计过程中识别的所有重大缺陷。

注册会计师应当考虑在审计过程中识别的任何控制缺陷或多个控制缺陷的组合是否构成应关注缺陷。如果构成应关注缺陷，注册会计师应当就此以书面形式与董事会和审计委员会沟通。

内部控制审计不能保证注册会计师能够发现严重程度小于重大缺陷的所有控制缺陷。注册会计师不应在出具的报告中声明，在审计中没有发现严重程度小于重大缺陷的控制缺陷。

七、审计报告

注册会计师在完成内部控制审计后，应当单独对内部控制出具审计报告，并将已经审计的经理层对内部控制的评估报告附于审计报告之后。注册会计师在审计报告中清楚地表达对内部控制的意见，并对出具的审计报告负责。

（一）审计报告的基本内容

1. 标题。审计报告的标题应当统一规范为“内部控制审计报告”。

2. 收件人。审计报告的收件人是指注册会计师按照业务约定书的要求将审计报告送达的对象，一般是指审计业务的委托人。审计报告应当载明收件人的全称。

3. 引言段。审计报告的引言段应当说明企业的名称和内部控制已经审计，并包括下列内容：

（1）指出内部控制审计依据的控制标准。

（2）提及经理层对内部控制的评估报告。

（3）指明内部控制的评估截止日期。

4. 企业对内部控制的责任段。企业对内部控制的责任段应当说明，按照国家有关法律法规的要求，设计、实施和维护有效的内部控制，并评估其有效性是经理层的责任。

5. 注册会计师的责任段。此责任段应当说明下列内容：

（1）注册会计师的责任是在实施审计工作的基础上对内部控制有效性发表审计意见。注册会计师按照《企业内部控制审计指引》的规定执行了审计工作。《企业内部控制审计指引》要求注册会计师遵守职业道德规范，计划和实施审计工作以对企业在所有重大方面是否保持了有效的内部控制获取合理保证。

（2）审计工作包括获取对内部控制的了解，评估重大缺陷存在的风险，根据评估的风险测试和评价内部控制设计和运行的有效性。

（3）注册会计师相信已获取的证据是充分、适当的，为其发表审计意见提供了基础。

6. 内部控制的固有局限性段。内部控制的固有局限性段应当说明，内部控制具有固有局限性，存在错误或舞弊导致的错报未被发现的可能性。此外，由于情况的变化可能导致内部控制变得不恰当，或降低对控制政策、程序遵循的程度，根据内部控制评价结果推测未来内部控制有效性具有一定的风险。

7. 财务报告内部控制审计意见段。审计意见段应当说明，企业于特定日期是否按照适当的控制标准的要求，在所有重大方面保持了有效的内部控制。

8. 非财务报告内部控制重大缺陷描述段。

9. 注册会计师的签名和盖章。审计报告应当由注册会计师签名并盖章。

10. 会计师事务所的名称、地址及盖章。审计报告应当载明会计师事务所的名称和地址，并加盖会计师事务所公章。

11. 报告日期。审计报告应当注明报告日期。报告的日期不应早于注册会计师获取充分、适当的证据（包括董事会认可对内部控制及评估报告的责任且已批准评估报告的证据），并在此基础上对内部控制形成审计意见的日期。

（二）审计报告的意见类型

审计报告的包括：标准审计报告、带说明段的无保留意见、否定意见和无法表示意见四种意见类型。

1. 无保留意见的审计报告。如果符合下列所有条件，注册会计师应当出具无保留意见的审计报告：

（1）企业按照《企业内部控制基本规范》、《企业内部控制应用指引》、《企业内部控制评价指引》以及企业自身内部控制制度的要求，在所有重大方面保持了有效的内部控制。

（2）注册会计师已经按照《企业内部控制审计指引》的要求计划和实施审计工作，在审计过程中未受到限制。

当出具无保留意见的审计报告时，注册会计师应当以“我们认为”作为意见段的开头，并使用“在所有重大方面”、“保持了有效的内部控制”等术语。

如果确定企业对内部控制评估报告的要素不完整或表达不当（例如，企业内部控制评估报告的认定意见与内部控制审计报告意见存在不符），注册会计师应当在报告中增加说明段。当注册会计师出具的无保留意见的审计报告不附加说明段、提请关注事项段或任何修饰性用语时，该报告称为标准审计报告。

无保留意见的内部控制审计报告的格式可参考下文：

内部控制审计报告

××股份有限公司全体股东：

按照《企业内部控制审计指引》及中国注册会计师执业准则的相关要求，我们审计了××股份有限公司（以下简称××公司）××年×月×日的财务报告内部控制的有效性。

一、企业对内部控制的责任

按照《企业内部控制基本规范》、《企业内部控制应用指引》、《企业内部控制评价指引》的规定，建立健全和有效实施内部控制，并评价其有效性是企业董事会的责任。

二、注册会计师的责任

我们的责任是在实施审计工作的基础上，对财务报告内部控制的有效性发表审计意见，并对注意到的非财务报告内部控制的重大缺陷进行披露。

三、内部控制的固有局限性

内部控制具有固有局限性，存在不能防止和发现错报的可能性。此外，由于情况的变化可能导致内部控制变得不恰当，或对控制政策和程序遵循的程度降低，根据内部控制审计结果推测未来内部控制的有效性具有一定风险。

四、财务报告内部控制审计意见

我们认为，××公司按照《企业内部控制基本规范》和相关规定在所有重大方面保持了有效的财务报告内部控制。

五、非财务报告内部控制的重大缺陷

在内部控制审计过程中，我们注意到××公司的非财务报告内部控制存在重大缺陷[描述该缺陷的性质及其对实现相关控制目标的影响程度]。由于存在上述重大缺陷，我们提醒本报告使用者注意相关风险。需要指出的是，我们并不对××公司的非财务报告内部控制发表意见或提供保证。本段内容不影响对财务报告内部控制有效性发表的审计意见。

××会计师事务所　　　　　中国注册会计师：×××（签名并盖章）

（盖章）　　　　　中国注册会计师：×××（签名并盖章）

中国××市　　××年×月×日

2. 带强调事项段的无保留意见审计报告。注册会计师认为财务报告内部控制虽不存在重大缺陷，但仍有一项或者多项重大事项需要提请内部控制审计报告使用者注意的，应当在内部控制审计报告中增加强调事项段予以说明。

注册会计师应当在强调事项段中指明，该段内容仅用于提醒内部控制审计报告使用者关注，并不影响对财务报告内部控制发表的审计意见。

带强调事项段的无保留意见内部控制审计报告的格式可参考下文：

内部控制审计报告

××股份有限公司全体股东：

按照《企业内部控制审计指引》及中国注册会计师执业准则的相关要求，我们审计了××股份有限公司（以下简称××公司）××年×月×日的财务报告内部控制的有效性。

["一、企业对内部控制的责任"至"五、非财务报告内部控制的重大缺陷"参见标准内部控制审计报告相关段落表述]

六、强调事项

我们提醒内部控制审计报告使用者关注（描述强调事项的性质及其对内部控制的重大影响）。本段内容不影响已对财务报告内部控制发表的审计意见。

××会计师事务所　　　　　中国注册会计师：×××（签名并盖章）

（盖章）　　　　　中国注册会计师：×××（签名并盖章）

中国××市　　××年×月×日

3. 否定意见的审计报告。注册会计师认为财务报告内部控制存在一项或多项重大缺陷的，除非审计范围受到限制，应当对财务报告内部控制发表否定意见。

注册会计师出具否定意见的内部控制审计报告，还应当包括下列内容：

（1）重大缺陷的定义。

（2）重大缺陷的性质及其对财务报告内部控制的影响程度。

否定意见内部控制审计报告格式可参考下文：

内部控制审计报告

××股份有限公司全体股东：

按照《企业内部控制审计指引》及中国注册会计师执业准则的相关要求，我们审计了××股份有限公司（以下简称××公司）××年×月×日的财务报告内部控制的有效性。

[“一、企业对内部控制的责任”至“三、内部控制的固有局限性”参见标准内部控制审计报告相关段落表述]

四、导致否定意见的事项

重大缺陷，是指一个或多个控制缺陷的组合，可能导致企业严重偏离控制目标。

[指出注册会计师已识别出的重大缺陷，并说明重大缺陷的性质及其对财务报告内部控制的影响程度]

有效的内部控制能够为财务报告及相关信息的真实完整提供合理保证，而上述重大缺陷使××公司内部控制失去这一功能。

五、财务报告内部控制审计意见

我们认为，由于存在上述重大缺陷及其对实现控制目标的影响，××公司未能按照《企业内部控制基本规范》和相关规定在所有重大方面保持有效的财务报告内部控制。

六、非财务报告内部控制的重大缺陷

[参见标准内部控制审计报告相关段落表述]

××会计师事务所　　　　中国注册会计师：×××（签名并盖章）

（盖章）　　　　中国注册会计师：×××（签名并盖章）

中国××市　　　××年×月×日

4. 无法表示意见的审计报告。注册会计师审计范围受到限制的，应当解除业务约定或出具无法表示意见的内部控制审计报告，并就审计范围受到限制的情况，以书面形式与董事会进行沟通。

注册会计师在出具无法表示意见的内部控制审计报告时，应当在内部控制审计报告中指明审计范围受到限制，无法对内部控制的有效性发表意见。

注册会计师在已执行的有限程序中发现财务报告内部控制存在重大缺陷的，应当在内部控制审计报告中对重大缺陷作出详细说明。

无法表示意见内部控制审计报告格式可参考下文：

内部控制审计报告

××股份有限公司全体股东：

我们接受委托，对××股份有限公司（以下简称××公司）××年×月×日的财务报告内部控制进行审计。

[删除注册会计师的责任段，“一、企业对内部控制的责任”和“二、内部控制的固有局限性”参见标准内部控制审计报告相关段落表述]

三、导致无法表示意见的事项

[描述审计范围受到限制的具体情况]

四、财务报告内部控制审计意见

由于审计范围受到上述限制，我们未能实施必要的审计程序以获取发表意见所需的充分、适当证据，因此，我们无法对××公司财务报告内部控制的有效性发表意见。

五、识别的财务报告内部控制重大缺陷（如在审计范围受到限制前，执行有限程序未能识别出重大缺陷，则应删除本段）

重大缺陷，是指一个或多个控制缺陷的组合，可能导致企业严重偏离控制目标。

尽管我们无法对××公司财务报告内部控制的有效性发表意见，但在我们实施的有限程序的过程中，发现了以下重大缺陷：

[指出注册会计师已识别出的重大缺陷，并说明重大缺陷的性质及其对财务报告内部控制的影响程度]

有效的内部控制能够为财务报告及相关信息的真实完整提供合理保证，而上述重大缺陷使××公司内部控制失去这一功能。

六、非财务报告内部控制的重大缺陷

[参见标准内部控制审计报告相关段落表述]

××会计师事务所　　　　中国注册会计师：×××（签名并盖章）

（盖章）　　　　中国注册会计师：×××（签名并盖章）

中国××市　　××年×月×日

（三）非财务报告内部控制缺陷的处理

注册会计师对在审计过程中注意到的非财务报告内部控制缺陷，应当区别具体情况予以处理：

1. 注册会计师认为非财务报告内部控制缺陷为一般缺陷的，应当与企业进行沟通，提醒企业加以改进，但无需在内部控制审计报告中说明。

2. 注册会计师认为非财务报告内部控制缺陷为重要缺陷的，应当以书面形式与企业董事会和经理层沟通，提醒企业加以改进，但无需在内部控制审计报告中说明。

3. 注册会计师认为非财务报告内部控制缺陷为重大缺陷的，应当以书面形式与企业董事会和经理层沟通，提醒企业加以改进。同时，应当在内部控制审计报告中增加非财务报告内部控制重大缺陷描述段，对重大缺陷的性质及其对实现相关控制目标的影响程度进行披露，提示内部控制审计报告使用者注意相关风险。

（四）日后事项的处理

在企业内部控制评价基准日并不存在但在该基准日之后至审计报告日之前（以下简称期后期间）内部控制可能发生变化，或出现其他可能对内部控制产生重要影响的因素，注册会计师应当询问是否存在这类变化或影响因素，并获取企业关于这些情况的书面声明。

注册会计师知悉对企业内部控制评价基准日内部控制有效性有重大负面影响的期后事项的，应当对财务报告内部控制发表否定意见。

注册会计师不能确定期后事项对内部控制有效性的影响程度的，应当出具无法表示意见的内部控制审计报告。

（五）记录审计工作

注册会计师应当按照《中国注册会计师审计准则第 1131 号——审计工作底稿》的规定，编制内部控制审计工作底稿，完整记录审计工作情况。

注册会计师应当在审计工作底稿中记录下列内容：

1. 内部控制审计计划及重大修改情况。
2. 相关风险评估和选择拟测试的内部控制的主要过程及结果。
3. 测试内部控制设计与运行有效性的程序及结果。
4. 对识别的控制缺陷的评价。
5. 形成的审计结论和意见。
6. 其他重要事项。

第三节　内部控制审计的案例

成败案析

风华尼纶厂物资采购内部控制审计方案

【案情扫描】

关于风华维尼纶厂物资采购审计计划及工作方案

一、审计目的

为进一步完善物资采购内部控制制度，提高物资采购工作的预见性和计划性，促进企业加强和改善物资采购管理，保障风华维尼纶厂物资供应工作有条不紊地进行，根据风华集团 2008 年度审计计划的安排，风华集团审计部拟对风华维尼纶厂物资采购内部控制情况进行审计调查。

二、审计范围

风华维尼纶厂及其所属各有关单位 2008 年 1 ~ 12 月物资采购计划、领用、存放环节的内部控制制度建立及执行情况。重大问题追溯到以前年度或延伸至审计日，相关审计单位延伸至关联交易单位：天水风华物流公司、天水三雅公司。

三、审计重点

1. 物资采购内部控制制度的建立和执行情况。检查平价物资采购制度是否健全、完善、合理、科学；各环节之间能否起到相互制约、相互监督的作用已制订的采购制度是否严格执行；对违反物资采购制度的情况是否建立相应的责任追究制度及考核奖惩制度。

2. 采购计划的编制及执行情况。检查物资采购计划编制是否及时、准确、合理，审核、上报是否符合内部控制制度，是否建立科学、合理的物资储备定额以及定额的执行情况。审核实际采购的各类物资品种、数量是否与采购计划确定的内容相符，有无超计划或无计划采购行为，有无不按采购计划执行造成超储积压问题。

3. 工程项目物资管理控制情况。审查项目剩余物资处理的内部管理制度的建立健全及执行情况，项目完工后剩余物资的处理情况。

4. 与改制分流单位的关联交易控制情况。审查与改制分流单位金维公司、物流公司的物资供应管理关系是否理顺，是否建立健全相关管理制度。

四、审计方法

1. 采取审计与调查相结合的方法。审计组根据审计方案确定的重点开展工作，对所涉及单位进行实地走访，采取询问、实地观察等方式相结合的审计方法开展审计。

2. 采取科学的审计方法。对物资供应的内控制度进行健全性测试，将测试结果以文字说明法、调查表法等方法进行描述。在健全性测试后，根据其可信赖程度作出初步评价。运用经验估计法或统计抽样法来确定需要进行符合性测试的样本量，再针对提取的样本运用业务程序测试和功能测试两种方法对内部控制系统的实施情况和有效程度进行测试。根据符合性测试的结果对物资供应内部控制制度进行总体评价，以确定实质性测试的范围和重点。

五、审计组组成及分工

1. 审计组组成。

组长：王安民

组员：张天霞、吴小莉、高华

2. 审计组成员分工。

王安民：负责审前调查的总结和审计方案的编写，协调审计过程中遇到的各种问题，编写审计报告，对审计项目质量负责，同时负责上述审计重点的第1项和第4项工作。

张天霞、吴小莉、高华：分别负责上述审计重点的第2项和第3项工作。

六、审计时间

2009年1月1日至2月1日。

【案例评述】

1. 风华集团审计部执行的是物资采购内部控制审计工作，符合审计准则的相关规定。物资采购控制审计其基本过程包括：①编制年度审计计划，确定审计对象。②获取与研究相关资料，制订项目审计计划和审计方案。③审查、评价内部控制。一般情况下，物资采购控制审计工作是根据审计准则的要求，结合现代内部审计理念，并参照独立审计、政府审计有关审计准备阶段的要求，将审查、评价内部控制作为物资采购实施阶段的内容来处理。

2. 审计组的审计计划及工作方案的拟定从形式和内容上都是比较全面的，但要点不突出。审计工作方案中对内部控制的重点和难点不够突出，这可能使审计人员在审计过程中难以抓住审计的关键点。建议审计人员应通过审阅资料、咨询技术专家、进行分析性复核、现场观察物资采购流程、询问等方法，研究相关背景资料，初步评价重要性和审计风险，进而制订适合本组织实际情况的物资采购项目审计计划及审计方案。立足于实践性、可操作性，在审计计划与方案中增加审计调查已发现事项的初步分析及拟执行的审计程序、重要性和审计风险的评估。

3. 审计组在完成审计计划与方案的同时即实施现场审计是不适当的。项目审计计划与审计方案应向被审计单位发出物资采购审计通知书。在工作中应注重工作程序，以保证工作效率和提高工作质量。物资采购内控审计通知书的内容应包括：被审计单位名称；审计依据、范围、内容与方式，必要的追溯和延伸事项；审计起始日期和预计终结日期；审计组成员情况；审计配合要求等。

参 考 文 献

1. 中华人民共和国财政部、中国证券监督管理委员会、中华人民共和国审计署、中国银行业监督管理委员会、中国保险业监督管理委员会制定:《企业内部控制基本规范 2010》,中国财政经济出版社 2010 年版。

2. 内部控制框架课题组编著:《国有企业内部控制框架》,机械工业出版社 2009 年版。

3. 王保平著:《集团内部控制论》,经济科学出版社 2009 年版。

4. 企业内部控制标准委员会秘书处(财政部会计司)编:《内部控制理论研究与实战》,中国财政经济出版社 2007 年版。

5. (美)Treadawy 委员会起组织委员会制定,方红星主译:《内部控制——整合框架》,东北财经大学出版社 2008 年版。

6. (美)Treadawy 委员会起组织委员会制定,张宜霞译:《企业风险管理:应用技术》,东北财经大学出版社 2006 年版。

7. 胡为民等编著:《内部控制企业风险管理——实物操作指南》,电子工业出版社 2007 年版。

8. 李连华主编:《内部控制学》,厦门大学出版社 2007 年版。

9. 李凤鸣著:《内部控制与风险防范》,经济科学出版社 1998 年版。